벤처 창업론

IT 벤처 중심

조석홍 · 이준원 공저

도서출판 두남

머리말

현재 세계 산업의 조류는 정보통신, 생명공학, 복합소재 등 첨단산업 중심으로 재편되고 있다. 또한 선도기업간에 특허 및 기술을 공유하는 전략적 제휴가 세계적으로 확산되고 기술 선진국의 기술보호주의가 강화되는 등 세계적으로 기술경쟁이 첨예하게 대립되어 있다.

또한 과학기술의 발달과 함께 정보통신의 진전으로 인한 급격한 환경 변화는 인류 삶의 질은 물론 인류의 가치관까지도 바꾸어 놓고 있다. 더욱이 정보기술(Information Technology : IT)은 과거 수 십년 동안 어느 기술분야 보다도 빠른 속도로 꾸준히 발전해 왔다. 이제 IT는 우리 생활의 일부로 자리 잡고 있으며 앞으로도 계속 IT의 역할은 증가할 것이 확실하다.

따라서 오늘날 이러한 전환기적 상황에서 우리나라는 성공적인 경제개발 경험과 우수한 기술 및 풍부한 인적자원을 바탕으로 한 벤처기업 창업과 함께 국제 경쟁력을 확보하는 것이 중요하며 이러한 중요성은 갈수록 더욱 커질 것으로 보인다.

일반적으로 벤처기업이라 함은 신기술이나 아이디어를 기반으로 소수의 핵심 인적자원이 협력하여 창업하는 것으로서, 위험성은 크나 성공할 경우 높은 수익이 기대되는 모험사업을 영위하는 기업을 일컫는다.

창업이란 새로운 기업조직을 설립하여 사업을 개시하는 것이다. 이러한 창업은 새로운 기회를 제공해 주기 때문에, 삶과 일에 대한 새로운 도전이라 할 수 있다.

그러나 창업의 길은 멀고도 험난하다. 오늘날 모든 것이 정보 없이는 성공할 수 없듯이, 창업도 정보 없이는 성공을 기대할 수 없다. 최근 창업열기가 높아지는 가운데 창업을 시도한 기업인도 많이 등장하고 있지만 성공한 창업가는 극소수에 불과한 현실을 감안할 때, IT를 기반으로 한 예비 창업가들에게 창업에 관한 새로운 정보와 지식을 주면서 조금이나마 도움이 되었으면 하는 바램이다.

저자들은 저서를 집필하면서 많은 국내외 창업관련 서적과 연구보고서, 그리고 인터넷 자료 및 선행연구와 실무지침서를 참고로 작성하였지만 저자들의 일천한 경험과 학문적인 부족 등으로 하나하나 인용처를 다 밝히지 못하고 참고문헌으로 처리하게 된 점을 넓은 아량으로 양해해 주시기 바란다.

끝으로 한 권의 저서가 출판되기까지 여러분들의 많은 도움이 있었음을 다시 한번 말씀드리면서 특히 본서의 출판을 도와주시고 허락하신 도서출판 두남의 전두표 선배님과 직원들께 감사를 드린다.

2010. 3.
공저자

차 례

제 I 부 벤처기업

제8장 사업타당성 분석 — 222

제9장 사업계획서의 작성 — 241

제10장 벤처기업 자금조달 — 275

제Ⅲ부 IT의 이해

제11장 IT 이해 — 307

제 I 부 벤처기업

제1장 벤처기업의 이해

【제 I 부 벤처기업】

제1절 벤처기업 개념

1. 벤처기업의 정의

벤처기업이라는 용어는 상당히 최근에야 일반화 된 것이다. 기술혁신의 급속한 진전과 정보화 사회의 도래 등은 연구개발 집약적 산업을 크게 신장시켰으며, 기존 산업의 연구개발 집약화도 촉진됨에 따라 독자적인 고도의 기술을 가지고 시장을 개척하는 소규모 기업의 중요성이 커지게 되었다. 이러한 기업은 기존의 중소기업과 대비하기 위해 '지식 집약적인 새로운 중소기업', '사회의 요구를 충족시키기 위한 혁신적 기업'으로 파악되는가 하면 '연구개발능력의 집약적 발휘를 주제로 하는 기업'등으로 이해하기도 하며, 이러한 유형의 중소기업은 오늘날 중요한 기술개발담당자로 인식되고 있다. 이에 따라 이러한 유형의 중소기업들은 '창조적 기술지식 집약형 중소기업', '연구개발형 중소기업', '기술개발 선행형 중소기업', '기술지향형 중소기업', '벤처 비즈니스', '하이테크 기업'등으로 다양하게 불리고 있는데, 일반적으로는 이들을 '벤처기업'으로 부르고 있다.

이러한 "벤처기업"은 학자들에 따라서도 벤처기업은 다양하게 정의되고 있다. 예를 들어, Bollinger, Hope & Utterbak(1983)는 소수의 핵심창업자가 기술혁신 아이디어의 개발과 상업화를 기본 동기로 하여 설립한 업체라 했고, Cooper(1971)는 연구개발을 강조하거나 기술적으로 새로운 지식을 이용하는데 중점을 둔 회사로 정의하였다. 우리나라에서는 이장우(1997)가 '고위험과 고성과를 특징으로 하는 기술집약적 중소기업 즉, 새로운 아이디어와 기술을 가지고 사업에 도전하는 모험적인 중소기업'을 지칭하는 것으로 정의하였고, 김진현(1997)은 '소수의 핵심적 기술 창업인이 기술혁신으로 개발한 아이디어를 상업화하기 위해 설립한 신규기업, 또는 첨단기술을 보유한 신생기업으로 사업에 대한 위험도는 높으나 성공하는 경우 높은 이익이 기대되며, 모험적 사업에 도전하여 성취하려는 왕성한 기업가 정신을 가진 기업'으로 정의하였다.

그러나 일반적으로 문헌에서 언급하고 있는 벤처기업의 특성은 다음과 같은 내용을 공통적으로 포함하고 있다. ① 스스로의 전략과 독자적인 기업특성을 갖고 있다. ② 연구개발집약형, 디자인개발 집약형으로 이른바 지식집약형을 그 특징으로 한다. ③ 시장 지향적이며, 마케팅전개능력이 있다. ④ 구성원들이 각각의 전문가로서 높은 능력의 소지자로서 인적자원이 판매소구(sales point)가 되어 있다. ⑤ 대기업의 관료적인 대조직과는 달리 기동성이 풍부한 동태적 조직을 갖는다.

한편, 보다 실무적인 정의로서, 우리나라 유가증권에 관한 규정에서는 신기술 사업금융회사나 창업투자회사가 회사 지분의 10%이상을 투자한 회사를 벤처기업으로 정의하고 있으며, 벤처기업육성에 관한 특별 조치법상의 정의는 다음과 같다.

① 창투사 등 벤처캐피탈회사의 투자총액이 당해기업 자본금의 20%이상이거나 주식인수총액이 당해기업 자본금의 10%이상인 기업
② 총매출액 대비 연구개발비 비율이 5%이상인 기업
③ 특허 · 실용신안 · 의장권을 이용한 매출실적이 총매출의 50%이상인 기업
④ 공업발전법에 의한 공업기술기반 개발사업의 성과를 사업화하는 기업 등 대통령령이 정하는 신기술 · 지식집약적 기업

한편 외국의 사례를 보면, 일본에서는 중소기업으로서 연구개발투자비가 매출액의 3%이상인 기업을 벤처비즈니스로 분류하고 있다. 한편, 미국의 학술지들(예를 들어, Journal of Business Venturing 그리고 Frontiers of Entre*/ preurship Research 등)에서는 벤처기업에 대한 엄격한 정의 없이 벤처기업(venture business)이란 표기 외에 기술집약적, 고성장 신생기업 또는 하이테크 중소기업이라는 개념과 혼용하여 사용하고 있다. 이렇듯 다양하게 벤처기업에 대한 정의가 내려져 있지만, 이들의 기본적인 구성개념은 크게 다르지 않다는 것을 알 수 있다.

한편, 현대적인 벤처기업에 대해서는 단순히 독립된 개체로서의 '고위험과 고성과를 특징으로 하는 기술집약적 중소기업, 즉 새로운 아이디어와 기술을 가지고 사업에 도전하는 모험적인 중소기업'을 지칭하는 것이 아닌 사회적인 네트워크로서 개념이 확산되고 있다. 즉, 현대적 벤처기업은 독립된 개체라기보다 교육기관, 기업, 정부, 지역경제단체, 벤처캐피탈 등 사회시스템의 각 주체들과 유기적으로 연결된 사회적 네트워크라는 것이다.

결국 벤처는 Venture(모험)라는 단어에서 보듯이 기술과 모험이 결합된 사업 형태이다. 벤처는 지금까지 성공 모델이 없는 새로운 사업 형태이기 때문에 모험 사업이며, 실패할 확률이 그만큼 높다. 반면 성공했을 경우에 돌아오는 성과 또한 일반 사업보다 훨씬 높은 사업을 가리킨다. 이른바 High Risk, High Return 형태의 기업이다.

2. 벤처기업 특성

벤처기업의 특성을 살펴보면 평균적인 중소기업보다도 다음과 같은 측면에서 앞선 기업이라고 볼 수 있다. 첫째, 벤처기업의 창업자는 뛰어난 지적 능력과 고도의 전문기술을 지닌 고학력 기술자 출신이 많다. 이들은 무엇보다도 과감한 도전의식과 예리한 판단력을 바탕으로 한 모험정신이 있으며, 위험감수 성향을 보이고 있다. 둘째, 벤처기업의 창업동기는 기업, 대학 또는 연구소 등 이전 직장에서 습득한 기술을 사업화하고자 하는 경우가 가장 많다.

따라서 벤처기업은 기초과학이 발달하고 전반적인 기술수준이 높아 사업화

내지 기업화할 수 있는 대상 기술이 많은 국가에서 번창하게 된다. 이것은 미국에서 벤처기업이 발전할 수 있었던 중요한 요인 중의 하나이다. 셋째, 벤처기업은 고도의 기술력을 가지고 있으며, 지속적인 기술개발을 한다. 벤처기업은 고도로 전문지식을 집약하고 연구개발과 디자인개발을 기초로 하기 때문에 매출액 대비 연구개발 투자비율이 높고 기술 및 연구인력의 구성비가매우 높다. 넷째, 벤처기업은 동태적이고 수평적인 인간 중심의 경영조직 구축을 통해 창조성을 최대한 발휘할 수 있는 인적 경영자원을 축적하고 있다. 전 직원이 공동체를 이루어 공개경영과 인간존중의 이념을 가지고 책임을 다하는 기업이 많다. 다섯째, 벤처기업은 고성장 분야에 진출하는 경우가 많으며 특정제품의 전문화에 주력한다. 여섯째, 벤처기업은 벤처캐피탈이나 엔젤의 왕성한 활동을 필요로 하며, 이들의 지원을 받고 있는 첨단기술 집약 지역과 이에 인접한 지역에 입지하고 있는 기업이 많다.

이상에서 논의한 바와 같이 벤처기업은 기본적으로 고부가가치기업, 신기술기업, 기술집약기업, 모험기업 등의 개념을 공통적으로 포함하고 있다. 벤처기업의 특성을 요약해 본다면, "위험부담은 크지만 성공하면 기대수익이 큰 독자적인 신기술이나 아이디어를 가지고 왕성한 기업가 정신을 바탕으로 신규시장을 개척해 나가는 신생 중소기업"이라고 할 수 있다.

벤처기업의 이러한 특성은 우리 경제에 긍정적인 영향을 미친다. 벤처기업의 역할은 다음과 같이 요약될 수 있을 것이다. 첫째, 벤처기업은 기술수준 제고에 선도적인 역할을 한다. 벤처기업은 종래의 개량형이나 모방형의 기술개발보다는 획기적인 기술개발을 시도하고 있으며, 일반적으로 주요 기술의 혁신적 변화에 대한기여도가 매우 높다. 또한 벤처기업은 컴퓨터 전자, 통신, 생명공학 및 의료사업 등 첨단기술 분야에 집중적으로 진출하고 있어 정보화 사회의 기반기술을 개발하는 데에도 중요한 역할을 수행하고 있다.

둘째, 벤처기업은 산업구조의 고도화를 촉진시킨다. 21세기를 맞이하면서 산업혁명에 버금가는 정부기술혁명, 인터넷으로 대표되는 디지털혁명, 생명공학혁명 등이 일어나고 있다. 이에 따라 향후 국민경제와 산업경제의 지속적 발전을 위해서는 이른바 지식경제, 인터넷경제, 디지털경제 등으로 지칭되는 신경제(neweconomy)에 맞는 산업구조의 고도화가 요구되고 있다.

 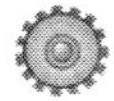

오늘의 산업환경하에서 벤처기업의 주요 활동분야는 기존의 전통산업 대신 정보기술을 활용하는 기술집약적 하이테크 분야가 주종을 이루기 때문에 지식경제 시대에 적합한 산업구조의 고도화를 선도할 수 있다. 또한 벤처기업은 대규모 자본이나 시설이 아닌 신기술과 아이디어를 통해 산업발전을 이끌어 나가며, 기존 산업에 비해 훨씬 높은 R&D 투자를 통해 기술집약 산업을 발전시키고 있다. 결국 선진국에 비해 고비용과 저효율이라는 기존 산업의 멍에를 극복하고, 선진국과 어깨를 나란히 하면서 저비용과 고효율을 추구할 수 있는 벤처기업의 발전을 토대로 21세기가 요구하는 산업구조의 고도화가 가능하다.

셋째, 벤처기업의 육성은 벤처캐피탈을 비롯해 금융부문의 확대와 전체 자본시장의 발전을 가져온다. 미국의 경험을 통해 보듯 이벤처의 발전과 금융산업 및 자본시장의 발전은 동시적으로 일어난다. 한국에서도 벤처의 발전과 더불어 벤처캐피탈의 발전, 코스닥의 성장, 제3시장의 대두, 엔젤이나 투자조합의 활성화 등과 같은 금융 및 자본시장의 양적 확대가 이루어지고 있다. 또한 벤처기업은 기존의 제조기업과 달리 기술 혹은 아이디어를 기업경쟁력의 원천으로 삼고 있다. 이에 따라 기존 부동산이나 물적 담보를 요구하던 금융기관의 관행을 깨뜨리고, 성장가능성을 염두에 둔 미래가치에 따른 투자분위기를 조성함으로써 선진 금융시스템의 발전을 촉진하게 된다.

넷째, 벤처기업은 신규고용 창출 및 전직 인력의 흡수에 의하여 고용을 유발시키는 효과를 가져온다. 벤처기업은 상대적으로 고부가가치 분야에서의 성장률이 높을 뿐만 아니라, 아소싱을 통한 관련 산업 파급효과가 크며, 새로운 관련 분야의 시장수요를 증대시킴으로써, 장기적으로 대기업이나 중소기업보다 고용유발효과가 클 것으로 기대되고 있다. 특히 벤처기업의 고용창출효과는 양적인 고용비중 증대에 못지않게, 질적인 고용구조의 측면에서도 바람직한 변화를 초래하고 있다. 예를 들어 능력위주의 인재활용이라는 벤처기업 문화의 특성에 따라 학력이나 신분에 의해 결정되는 사회분위기를 척결하고 경쟁력을 갖춘 인재 양성을 촉발하고 있다. 또한 이러한 벤처문화가 대기업 부문으로 파급되어, 최근에는 대기업들도 과거의 연공서열식 지급을 폐지하거나 축소하고 있으며, 우수 인력을 확보하거나 유지하기 위해 능력을 중시하고 업적에 따라 성과를 보상하려는 움직임을 보이고 있다.

다섯째, 벤처기업은 제품 차별화를 통해 국제수지 개선 및 산업의 생산성 향상에 기여함으로써 국가경쟁력을 제고시킨다. 벤처기업은 무엇보다 기술력에 경쟁기반을 두고 제품 차별화를 시도함으로써 고부가가치 분야에서 국제경쟁력을 획득하고 수출증대에도 기여하게 된다. 또한 벤처기업에 의한 신기술 상업화는 기술수준의 향상을 가져오는 것은 물론 경제 전체의 생산성 향상에 크게 기여하게 된다. 즉, 재료비, 인건비, 에너지 절약 등 직접적인 효과뿐만 아니라 불량률 감소, 공정 단축 및 자동화 등에 의해 생산 효율성을 제고시키는 효과를 거둠으로써 국내기업의 경쟁력향상을 기대할 수 있다.

3. 벤처기업의 비즈니스

벤처기업은 원래는 소프트웨어나 첨단 기술분야의 모험 사업을 일컫는 말이지만 우리나라에서는 벤처의 개념을 폭넓게 해석하고 있어 일반인들이 생각하듯이 꼭 기술적인 것에 한정되지 않는다. 오히려 엄밀한 의미에서는 벤처에 속하지 않은 분야가 그리 많지 않을 정도이다.

예를 들면, 농림, 수산업, 음료, 섬유, 기계, 전기, 건설, 운수, 창고, 교육, 보건, 도소매업까지 벤처기업으로 지정 받을 수 있다. 또 정부에서는 벤처기업 활성화를 위해 벤처기업에 대해 많은 혜택과 특례를 부여해 주고 있다. 어떤 의미에서는 혜택이 지나치다 할 정도이다.

벤처기업을 알기 전에 먼저 벤처비즈니스가 무엇인지 알아볼 필요성이 있다. 벤처비즈니스란(Venture Business) 첨단 신기술이나 참신한 아이디어를 바탕으로 경영의 위험성은 높지만 성공할 경우 높은 기대 수익이 예상되는 신생기업 또는 신규 사업(New Business High risk High return)을 의미한다. 즉 도산 가능성이 높은 모험적인 기업을 의미하는 것이다. 주로 대기업이 하기 어려운 특수한 부분의 업무를 목적으로 하는 회사인데 처음에는 전자, 화학, 기계 등의 2차 산업분야에서 시작했는데 지금은 3차 산업에까지 확대되어 있다. 따라서 벤처비즈니스를 간략하게 정리해보면

첫째 첨단 신기술이나 참신한 아이디어를 바탕으로 경영의 위험성은 높

지만 성공할 경우 높은 기대 수익이 예상되는 신생기업 또는 신규 사업(New Business High risk High return)을 의미한다.

둘째 기술 수준이 높은 신기술의 사업화를 위해 강한 기업가 정신을 가진 기술 창업인 또는 기존 기업인이 점진적인 기술 축적을 통해 위험 부담은 높으나 성공시 기대수익이 큰 사업을 운영하는 신기술 기업, 기술집약기업, 연구개발형 기업, 하이테크 기업을 의미한다.

셋째 왕성한 기업가 정신을 바탕으로 시장이 형성되어 있지 않은 첨단 기술 개발에 과감히 도전하여 신 시장을 개척하는 사업으로 높은 위험성에도 불구하고 성공 가능성을 보고 이에 과감히 도전하는 기업을 의미한다.

넷째 차별화되는 기술력을 자산으로 신제품을 개발하고 상품화를 통해 자금력을 끌어들임으로써 사업화에 성공하고 창업가와 투자가가 함께 큰 수익을 올리는 모험적인 사업을 수행하는 기술 집약형 기업 벤처비즈니스에 대한 정의는 이상과 같다.

4. 벤처기업과 일반 중소기업의 관계

벤처기업은 중소기업의 큰 범주 안에 포함된다고 볼 수 있으나 중소기업과는 달리 창업 초기에서부터 모험성을 내포한 왕성한 창업가 정신에 기인하고 위험성을 부담하지만 성공시 높은 기대수익이 예상되는 고부가가치 성향을 가짐을 볼 수 있다.

반면 일반 중소기업은 분야별 전문직종으로서 우위를 유지하고 경영합리화를 통한 기업존속을 통한 이윤추구에 그 목적이 있다는데서 차이를 찾을 수 있다.

우리나라의 경우 기술집약적 중소기업을 포괄하는 벤처기업과 일반 중소기업과의 차이를 다음과 같이 항목별로 서술하고 있다.[4]

첫째, 창업자의 특성에 있어서는 학력수준이 다른 중소기업 사장보다 높으며 이전 경력으로서는 연구소·대학 등 기술개발 하부구조의 출신이 상대적으로 많다.

둘째, 기술개발을 위한 자원투입면에서 매출액에 대한 R&D 투자비율과 생산직 종업원 중 과학·기술 및 숙련기능집약도가 높다.

셋째, 시장과 관련하여 기술집약적 중소기업들은 수입 또는 수출품목의 개발에 치중하는 반면, 여타 기술개발업체에 있어서는 상대적으로 국내 기존 경쟁업체들에 대한 경쟁력 열위의 극복이나 우위의 개발을 목표로 하는 경우가 많다.

넷째, 기술적 문제의 해결과정에서 기술집약적 중소기업들은 응용·개발 연구단계에서 시작하는 반면 여타 중소기술개발업체에 있어서는 개발·엔지니어링 단계에서 시작하는 경향이 높다.

다섯째, 경영성과를 볼 때 여타 기존의 중소기업에 비해 기술집약적 중소기업 고용성장률과 1인당 매출 구성비가 높은 것으로 나타난다.

여섯째, 기술개발을 위한 기술획득방법 및 경로를 보면, 기술집약적 중소기업에 있어서 여타 중소기술개발업체들에 비해 기술개발 핵심 책임자의 분사를 통해 모조직으로부터 기술이전 효과가 크게 나타나고 있는 반면, 외부로부터의 공식·비공식 기술지원에 대한 의존은 상대적으로 보다 적다.

5. 벤처기업과 소호의 관계

벤처기업은 첨단 기술 분야와 비 기술 분야로 나눌 수 있는데, 첨단 기술 분야를 기술 벤처로 분류한다면 비 기술 분야의 High Risk 사업을 소호(SOHO) 산업의 범주로 분류할 수 있을 것이다. 비 기술 벤처 중 서비스 사업이나 첨단 아이디어 사업, 틈새 사업 등이 여기에 해당된다. 물론 소호사업은 이보다 훨씬 더 넓은 개념으로, 종류를 막론하고 혼자서, 또는 소규모로 영위할 수 있는 사업 일체를 소호로 분류할 수 있을 것이다.

이러한 분류는 이론적인 것이고, 실제에 있어서는 두 가지 개념이 혼용되기도 하고, 반대로 쓰이기도 한다. 벤처를 기술 소호라고 부르는가 하면, 소호를 서비스 벤처로 부르기도 한다. 인터넷 관련 사업이면 언론에서는 대부분 벤처라 부르지만 사실은 비 기술 분야인 소호가 대부분이다. 예를 들면, 미국의 벤처기업 중 나스닥 시장에서 연일 상승가를 타는 인터넷 서점 '아마존'이나

 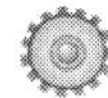

우리 나라 벤처기업 중 선두그룹인 '골드뱅크'는 비 기술, 서비스 사업의 일종이므로 이는 엄밀한 의미에 있어서는 소호로 분류되어야 하나 언론이나 일반인들에게는 벤처로 알려져 있다. 벤처나 소호 모두 소규모로 시작한다는 점에서는 소호로 볼 수도 있을 것이다.

또 소호와 벤처는 모두 80년대를 기점으로 미국에서 일어난 사업 형태로, 이의 배경은 산업의 소프트화 트렌드이다. 80년 대 이전 제조업 위주의 산업사회에서라면 아무리 뛰어난 기술과 아이디어가 있어도 이를 사업화 할 수가 없었다. 부품 하나를 납품하려 해도 중소기업 규모의 설비를 갖추어야만 가능했기 때문이다. 그러나 산업이 소프트한 트렌드로 바뀌자 소프트웨어나 기술, 또는 아이디어 하나로 창업이 가능하게 되었으며, 이것이 벤처와 소호의 등장 배경이 되었다.

사업의 소프트화 현황을 보면 미국의 10대 부자 중 7명이 벤처나 소호족 출신인 것이 단적으로 보여주고 있다. 일본도 2-3명이 이르고 있어 우리나라에도 앞으로 10년 이내에는 벤처나 소호 출신들이 100대 부자 중에는 여러 명이 진입할 수 있을 것으로 보인다.

제2절 벤처기업 유형

1. 일반적인 분류

1) 파생된 독립적 벤처(Venture Spin-off)

가장 전형적 형태로서 독립적으로 벤처기업을 창업하여 운영하는 것이다. 이때 창업이전의 직장을 의미하는 배태조직(Incubating Organization)이 대학, 연구소, 대기업인 경우가 많다. 즉 이러한 배태조직으로부터 파생되어 나온 사업이라는 의미이다.

2) 합작 벤처(New Style Joint Venture)

중소규모의 벤처기업이 고도의 기술을 제공하고 대기업은 자본과 판매망 또는 기술개발 결과의 활용과 적용에 역점을 두는 경우이다.

3) 벤처머징(Venture Merging)

대기업이 전략적 필요에 의해 벤처기업을 흡수합병하여 자회사나 사업부로 운영하는 것을 말한다.

4) 내부벤처(Internal Venture)

대기업이 회사내부에 모험자본을 마련해 놓고 기업내부의 종업원들에게 사업아이디어를 제안하게 하여 벤처기업을 스스로 하거나 참여하도록 하는 방식이다. 최근 대기업들이 적극적으로 추진하고 있는 전략으로서 기업내 기업가정신을 고취시킬 수 있는 장점이 있다.

한편, Pratt & Morris(1985)는 벤처기업을 창업과정의 차이에서 스핀오픈(spin-off)형과 자영(independent)형으로 대별하고 있다. 전자는 대기업의 연구부문이나 디자인 부문에 속하고 있는 사람들이 독립하여 외부에 기업을 설립하는 경우이고, 후자는 임의의 소수의 전문가그룹이 모험기업을 자영하는 형식으로 설립하는 경우이다.

또한, 벤처기업은 수행주체에 따라 다음의 그림과 같이 분류할 수도 있다. 첫째, 개인이나 중소기업이 별도의 회사를 설립하여 창업하는 형태가 있다. 이것은 주로 새로운 기술적 아이디어를 기반으로 사업화를 도모하는 기술창업형 중소기업들을 포함한다. 둘째, 중소기업이 기업내부에서 사업을 운영하는 형태이다. 이것은 주로 지속적으로 기술을 축적해 나가려는 중소기업들이 많이 이용한다. 셋째, 대기업이 독립적인 회사를 설립하는 형태로서, 이러한 형태는 내부창업형 모험기업이라고도 불린다. 넷째, 대기업이 기업내부에 사업부를 설치하여 벤처를 영위하는 형태이다. 이것은 보통 대기업내 신규모험사업부형식으로 운영된다.

【표 1-1】 벤처기업의 수행주체에 따른 분류

	중소기업주도형	대기업주도형
창업형	기술창업형 중소기업	내부창업형 벤처기업
기존기업형	기술축적형 중소기업	대기업내 신규벤처사업부

벤처기업의 유형을 분류하는 기준으로서 벤처캐피탈의 관여정도에 따른 분류를 생각해볼 수 있다. 여기에서는 벤처기업의 유형에 관한 학자들의 분류 및 실질적인 분류기준이라 할 수 있는 벤처캐피탈의 참여정도에 따른 분류를 살펴보고자 한다.

5) 기타 유형 분류

수행주체와 기술성격에 따라 창업의 형태를 여러 가지로 나눌 수 있는데, 상업의 수행주체가 중소기업이냐 대기업이냐에 따라, 그리고 사업의 기술특성이 기존시장의 기술과 비교하여 혁신기술형, 축적시술형, 기존기술형이냐에 따라 5가지로 나눌 수 있다.

첫째, 기술혁신형 창업은 중소기업이 혁신적인 기술에 기반하여 창업하는 형태를 말한다. 둘째, 기술축적형 창업은 혁신적 기술보다는 품질이나 생산성을 높이는 개량기술에 기반하여 창업하는 형태를 말한다. 셋째, 내부창업형은 혁신기술 또는 개량기술에 기반한 아이템으로 대기업에 의해 추진되는 형태를 말한다. 마지막으로 중소기업에 의한 사업참여형 창업과 대기업 내 신규사업부 설립형태가 있는데 이는 기존 기술에 바탕을 두고 단순히 기존 사업아이템에 참여하는 것으로서 주도하는 주체에 따라 사업참여형 창업과 대기업 내 신규사업부 설립으로 구분할 수 있다.

2. 로버트(Robert)의 유형 분류

벤처기업에 대한 관심과 중요성이 높아지고, 벤처캐피탈제도의 발달로 인해 다양한 형태의 벤처기업이 많이 생겨나고 있다. 먼저, Robert는 다양한 형태의 벤처기업을 다음과 같이 6가지 유형으로 분류하고 있는데, 이를 살펴보면 다음과 같다.

1) 파생된 독립적 벤처기업

가장 전형적인 형태로서 독립적으로 벤처기업을 창업하여 운영하는 것이다. 이 때 창업 전의 직장을 의미하는 보육조직(incubating organization)이 대학, 연구소, 대기업인 경우가 많다. 이 보육조직으로부터 파생되어 나온 사업이라는 의미이다.

2) 합작 벤처기업

중소규모의 벤처기업이 고도의 기술을 제공하고, 대기업은 자본과 판매망 또는 기술개발 결과의 활용과 적용에 역점을 두는 경우로, 벤처기업은 기술을 제공하고 대기업은 자본과 경영지원을 지원하는 방식이다.

3) 흡수 합병된 벤처기업

대기업이 전략적 필요에 의해 벤처기업을 흡수 합병하여 자회사나 사업부로 운영하는 것을 말한다.

4) 내부 벤처기업

대기업이 회사 내부에 모험자본을 마련해 놓고, 기업 내부의 종업원들에게 사업아이디어를 제안하게 하여 벤처기업을 스스로 하거나 참여하도록 하는 방식이다. 즉, 대기업이 벤처캐피탈을 지원하고 아이디어를 가지고 있는 종업원이 창업하는 방식이다.

5) 벤처캐피탈회사

엄격히 말해서 벤처캐피탈은 금융회사이지 벤처기업은 아니다. 그러나 벤처기업에 대한 자본참여를 하기 때문에 넓은 의미에서 벤처기업과 연관이 된

다고 할 수 있다. 이 때 벤처캐피탈은 원칙적으로 자본참여만 할 뿐 경영참여는 하지 않는다.

6) 경영참가형 벤처캐피탈

벤처캐피탈과 같이 벤처기업에 자본참여를 하지만, 이 경우에는 경영참여까지도 하는 형이다. 그러나 경영참가가 경영권 확보 자체를 목적으로 하기보다는 벤처기업을 정상적으로 운영하기 위한 과도기적 지원육성이 일반적이다.

3. 바이드의 분류

바이드에 의하면 창업자는 주어진 사업 기회가 어느 수준의 위험과 보상을 갖고 있고, 사업을 추진할 때 확보할 수 있는 경쟁 우위의 수준은 어떠한지를 총체적으로 파악할 수 있어야 한다고 주장하고 있다. 명확한 판단을 통해 자신의 계획 사업과 과거의 다른 창업자들이 추구한 사업 기회가 어떠한 수준인가를 비교적인 시각으로 파악할 수 있기 때문이다. 이러한 총체적 비교분석을 위해 바이드는 창업자가 봉착하는 경쟁 장벽을 이겨내기 위해 수행하는 활동 중에 투입, 창의성, 역량 등의 3요소가 사업의 특성에 따라 적절히 결합되어야 한다고 제시하면서, 전형적 벤처 유형에 따라 이들의 효과적인 결합 양태가 달라진다는 점을 보여주고 있다.

여기서 투입은 일단 소모한 시간과 자금에 대해 복원하기가 어려운, 즉 처분가치가 한정된 유형, 무형의 자산에 투자하는 활동을 말한다. 창의성은 혁신성 또는 통찰력으로서 새로운 제품, 공정, 유통, 조직 등을 통해 경쟁 우위를 구축하는 활동을 말한다. 역량은 어려운 일을 완수하는 활동으로서 창업자가 사업 추진시 해야 할 일을 적절히 판단하고 그것을 바르게 수행하는 것이다.

바이드는 이러한 창업자 활동 요소의 조합이 사업의 위험/보상의 수준이라는 차원과 경쟁 우위의 지속성이라는 차원 상에 전형적 벤처 유형에 따라 다양하게 나타난다고 설명하고 있다.

1) 획기적 벤처

획기적 벤처는 위험/보상의 수준과 경쟁 우위의 지속성에서 모두 극단적으로 높은 경우로서 대체재가 없는 혁신적인 제품이나 서비스를 제공하는 기업이다. Federal Express, Xerox 등을 그 예로 들 수 있다. 이러한 유형의 벤처는 창업자가 뛰어난 창의성, 역량, 투입력을 갖도록 요구한다. 외적인 변화는 이런 기업에 특별한 영향을 미치지 못한다. 오히려 급진적인 변화는 투자자를 위축시켜 혁신적 기술과 제품 개발에 장애 요소로 작용한다. 이런 유형에 속한 창업자는 다음 사항에 유의해야 한다.

① 고객이 대체재로부터 전환하는데 드는 비용과 이득
② 극복되어야 할 기술 및 운영상의 문제
③ 선도 기업의 우위와 그 지속성
④ 필요 자금의 액수와 시기 및 투자자의 투자 의도

2) 개인 계약 업체

개인 계약 업체는 획기적 벤처와는 반대로 극단적인 경우로서 위험/보상의 수준과 경쟁 우위의 지속성이 모두 떨어지는 평범한 창업자의 개인 중심적 사업체이다. 이는 주로 'Me-Too' 전략을 추구하는 컨설팅, 회계 등의 서비스업에서 흔히 볼 수 있다. 이러한 유형은 외부 변화에 영향을 많이 받으며, 기업의 발전에 있어 개인의 역량에 기반을 둔 고객의 평가가 중요한 몫을 차지한다. 이 경우 보통 창업자 스스로가 자신의 명성, 인맥, 고객 기반 등을 잘 알고 있기 때문에 체계적인 사업성 분석이 거의 요구되지 않는다.

3) 거래/투기 업체

부동산, 증권, 석유등에 투자하는 거래/투기 업체는 조직체의 필요성이 거의 없다. 이유형의 창업자는 단기적인 시세 차익을 노리는 특성을 지닌다. 외적 변화가 주요 촉매제로서 창업자의 자본 투입이 중요한 이윤이 원천이 된다. 이 경우 다음 두 가지 측면의 분석이 매우 중요하다.

① 취득 자산의 시가가 상승할 것이라고 기대할 수 있는 시장의 역학
② 창업자가 취득한 자산을 시가 상승 시까지 보유할 수 있는 능력

4) 기관 경쟁 업체

기관 경쟁 업체는 신탁회사, 증권사, 헤드헌팅사, 컨설팅사 등에서 찾아볼 수 있는데, 마케팅과 조직력에서 많은 창의성을 요구하는 특징을 가지고 있다. 개인 계약 업체보다는 높은 수익을 얻는다. 이러한 유형의 창업자는 경쟁환경을 체계적으로 분석하는 것보다는 단기적인 사업 기회를 포착하고 실행에 옮기는 능력을 갖는 것이 중요하다.

5) 네트워킹 벤처 및 기업 연합체

네트워크 벤처 및 기업 연합체는 사실 전화번호부, 벼룩시장 광고, 유료 통화 서비스, 중개 서비스 등을 예로 들 수 있는데, 창업자가 참여 고객들에게 정보 교류의 장을 마련해 주고 조정하는 메커니즘을 제공해주는 역할을 하는 것이다. 이러한 유형의 창업자는 마케팅과 운영상의 능력도 있어야 하지만, 조정 역할을 수행하기 위해 신기술을 동원하고 고객에게 차별적인 가치를 창출해줄 수 있는 창의성을 발휘하는 것이 무엇보다도 중요하다. 그러한 가치의 규모가 크고 절대적으로 요구되는 고객층의 규모가 클수록 마케팅과 인프라 구조 등에 대한 많은 투자를 해야 하므로 상당한 수준의 사업 위험을 수반한다. 그러나 선도적 업체인 경우 그 경쟁 우위가 장기간 지속될 수 있다.

6) 속도 경쟁 업체

속도 경쟁 업체는 하드디스크 드라이브, 윈도용 소프트웨어, 워크스테이션 업체 등 주로 첨단 기술 업체를 예로 들 수 있는데, 외적인 환경 변화에 따라 빠른 속도로 관련 제품이나 서비스를 제공함으로써 큰 이익을 얻는다. 이러한 유형의 업체는 엔지니어링, 생산, 마케팅 등에 있어서 뛰어난 역량을 가지고 있어야만 새로운 사업 기회를 성공적으로 포착할 수 있다. 산업 표준과 잘 발달되어 있기 때문에 창업자의 별다른 창의성이 요구되지 않는 특징을 갖는다.

뛰어난 디자인 능력, 적은 예산으로 적시에 고품질의 제품을 생산하는 능력, 그리고 효과적으로 판매하는 능력이 무엇보다도 중요하다. 이 유형 업체의 창업자는 다음 사항에 주안점을 두어야 한다.

① 성공을 위해 필요한 재능과 자금을 획득하고 관리하는 능력
② 시장이 허용하는 성공적인 경쟁 업체의 수
③ 성공에 따른 보상의 수준과 그 지속성
④ 속도전과 실패를 감내할 수 있는 창업자의 경쟁에 대한 태도

7) 틈새 마케팅 업체

틈새 마케팅 업체는 자연 식품 업체, 한정 서비스 항공사, 모험 여행사, 예술 영화 업체 등에서 볼 수 있는 사업 유형으로서 창업자는 기존 경쟁 업체가 제대로 충족시키지 못하고 있는 고객층과 세분화 시장의 욕구를 충족시키는 데 주안점을 둔다. 특별한 역량이나 자원의 투입이 필요하지는 않으나, 창업자는 틈새 시장을 발견하고 그 욕구를 적절하게 충족시킬 수 있는 마케팅, 기술 및 운영상의 창의성을 보여야 한다. 이러한 유형의 창업자는 다음 사항들을 주의 깊게 분석해야 한다.

4. 벤처캐피탈에 의한 유형

1) 독립형 벤처기업(기술창업인+벤처캐피탈)

벤처기업의 전형적인 형태로서, 첨단기술분야의 기술창업인이 대기업, 대학 및 연구소 등으로부터 이직한 후 특허나 기술을 바탕으로 독립적 벤처기업을 창업하여 경영하는 기업형태에 벤처캐피탈이 참여하는 경우이다. 이러한 형태의 벤처기업은 기술창업인이 경영능력이 인정되는 경우이다. 그리고 벤처캐피탈회사도 자본 외에 영업, 경영관리 및 기술지도 등을 실시하게 된다.

2) 전문형 벤처기업(기술창업인+전문경영인+벤처캐피탈)

기술창업인이 기술개발에 전념하고자 하거나 경영능력이 부족하여 전문경

영인을 영입하여 기업을 경영하도록 하는 조건으로 벤처캐피탈이 참여하는 경우이다.

대부분 전문경영인은 벤처캐피탈회사가 추천하고 기술창업인의 동의를 얻어 영입한다. 반면에 기술창업인이 초청하는 경우도 있지만, 대부분 전문경영인은 자본가의 신분을 갖게 된다.

3) 합작형 벤처기업(기술창업인+자본가+벤처캐피탈)

기술창업인은 창업한 후에 계속적으로 기술의 보완이나 개발에 전념하고, 기업경영의 총괄은 경영능력이 있는 자본가가 맡게 되는 경우이다. 벤처기업으로서 바람직한 형태이지만, 기술창업인과 자본가 사이에 상당한 이해관계가 조정되어야 한다. 양자 사이에 이해가 상충될 경우에 벤처캐피탈회사가 중재를 하게 된다.

또는 중소규모의 벤처기업이 고도의 기술을 제공하고, 대기업의 자본과 마케팅 채널, 기업의 신용을 활용하는 방식으로 창업하는 형태도 있다.

4) 복합형 벤처기업(기술창업인+자본가+전문경영인+벤처캐피탈)

기술창업인은 창업한 후에 기술개발과 생산에 전념하고 영업과 경영관리는 전문경영인이 맡으며 재력 있는 자본가가 사업자금을 대는 경우로서, 다소 복잡한 구조이거나 마케팅 채널이나 대외섭외가 중요한 경우에 이러한 기업구조를 만들게 된다. 벤처캐피탈은 이해관계 조정자 내지 경영의 감사기능을 추가적으로 부여받을 수 있다.

5) 도입형 벤처기업(기술→자본가+벤처캐피탈)

주요 연구기관의 연구결과나 특허와 같은 산업재산권, 해외의 선진기술을 도입하여 기업화하는 경우이다. 이 경우는 대부분 벤처캐피탈회사의 주도로 추진되고, 이에 관심이 있는 자본가를 구하여 벤처캐피탈회사와 합작투자를 하게 된다. 그리고 경영진과 경영자원을 조직화하는 사업구조도 벤처캐피탈의 입장을 많이 반영하게 된다.

6) 분리형 벤처기업(기술→자본가+전문경영인+벤처캐피탈)

도입형 벤처기업에 전문경영인이 추가되는 구조로서, 초창기 기업을 운영하는 경우에 있을 수 있다. 이 때 전문경영인이 자본의 일부를 분배받게 된다.

7) 합병형 벤처기업(벤처기업+벤처캐피탈)

벤처기업의 자금부족이나 경영부실 또는 규모의 경제성을 실현하고자 하는 경우와 대기업이 전략적 필요성에 따라 벤처기업을 흡수합병 하여 자회사나 사업부로 운영하는 형태이다.

8) 내부형 벤처기업(대기업-기술창출인+벤처캐피탈)

대기업이 회사내부에 벤처캐피탈을 마련해 놓고, 기업내부의 종업원에게 좋은 아이디어를 창출하도록 하고, 벤처사업에 참여하도록 하는 형태이다. 이는 기업이 기존의 사업을 확장하거나 새로운 사업을 추진하고자 할 때, 프로젝트팀을 운영하는 경우이다.

9) 경영참가형 벤처기업(벤처기업+벤처캐피탈)

벤처캐피탈회사가 벤처기업에 자본참여를 통하여 투자하는 것으로 벤처캐피탈이 벤처기업의 인사, 생산, 마케팅, 재무 및 회계 등 경영전반을 총괄하여 벤처캐피탈의 자회사로 운영하는 형태이다.

10) 컨소시엄형 벤처기업(벤처기업+벤처캐피탈 컨소시엄)

앞의 모든 경우에 벤처캐피탈회사가 컨소시엄을 구성하여 벤처기업에 투자하는 경우로서 주식뿐만 아니라 전환사채와 같은 지분을 같은 투자와 지분대신 로열티만을 받는 조건부투자 등을 포함하여 공동으로 투자하는 형태이다.

벤처캐피탈회사가 복합적으로 컨소시엄을 이루어 투자하는 경우는 프로젝트의 규모가 크거나 성공하면 큰 이익을 얻을 수는 있지만, 위험성도 크다는 점이 지적될 수 있다. 투자와 조건부투자를 혼합하여 지원하는 경우는 기술창업인 등 사업 주체측에서 자본금을 많이 조달할 능력이 부족하거나 절세 방안

으로, 또는 지분조정과정에서 이루어지는 경우이다.

이 밖에 여러 가지 모양의 벤처기업이 있을 수 있으며, 벤처기업에 투자하는 벤처캐피탈회사도 벤처기업 자체는 아니지만, 벤처기업의 자본에 참여하고 있기 때문에 넓은 의미의 벤처기업의 한가지 형태인 벤처캐피탈형 벤처기업이라고 할 수 있다.

제3절 벤처기업의 성장단계

벤처기업이 기업으로서 성공할 경우에는 창업되어 성숙되기까지 일정한 발전단계를 거치게 된다. 벤처기업은 일반적으로 연구개발기, 창업기, 위험동반성장기, 안정성장기라는 네 단계를 거치게 된다. 이를 기업의 라이프사이클이라는 관점에서 정리해 보면, 연구단계, 창업단계, 성장단계, 확장단계, 성숙단계로 구분할 수 있다.

이러한 각 단계에서는 해결해야 할 경영과제가 다르기 때문에, 단계별로 자금의 용도나 조달방법도 달라진다.

1. 연구개발단계

기업은 신제품이나 신기술의 기업화에 대한 아이디어의 단계로부터 시작된다. 이 단계는 새롭고 검증되지 않은 아이디어나 제품을 모형으로 제작하고, 그 목표시장을 정하며, 경영자원을 조직화하는 착안단계이다.

경영자의 머리 속에는 새로운 사업에 관한 여러 가지 구상이 설계되어 있다. 장래의 가능성을 결정하는 기초를 이룬다는 점에서 가장 중요한 단계이며, 자금은 그다지 필요로 하지 않는다.

이 시기는 사업에 따른 위험과 생활의 불안을 줄이면서 기업화를 하고자, 대학, 연구소 또는 대기업 등에 근무하면서 사업을 연구 개발하는 단계이기도

하다. 그리고 여기에 소요되는 자금은 개인의 자기자금과 가족이나 친지 등으로부터의 차입에 의하여 조달하지 않으면 안 된다. 그러나 신기술의 내용이 독특하고 시장성이 있다고 보는 경우는 비교적 소규모의 정책자금이 지원될 수도 있다.

일반적으로 국내 벤처캐피탈이 이 단계에 위치하는 벤처기업들에 투자하는 경우가 드문 반면, 미국의 경우 연구개발형 기업의 경영 또는 육성과 경험이 많은 일부 독립적인 민간 벤처캐피탈이 이 단계부터 투자를 하기도 한다. 이와 같이 창업단계 이전의 연구개발단계에 투자되는 자금은 사업의 종자돈으로서, 씨앗자금(seed money) 또는 씨앗캐피탈(seed capital)이라고 말한다.

2. 창업단계

창업단계는 신제품이나 신기술을 기업화하고자 구체적으로 사업을 시작하는 단계이다. 목표시장 등 마케팅 전략이 정해지면, 경영진과 종업원이 구성되고 생산에 착수하게 된다. 이 때 중요한 포인트는 경영자가 어느 정도 시장의 수요를 파악하고 새로운 기술이나 아이디어를 사업계획과 연결시킬 수 있는가, 어떤 사람과 어떤 조직으로 사업을 시작하려고 하는가 등이 될 것이다.

이 단계에서는 사업개시나 사업정착을 위한 창업자금 또는 기업화자금이 소요되지만, 높은 위험이 따르기 때문에 벤처캐피탈도 이 단계에서 투자하기를 꺼리는 것이 보통이다. 따라서 창업자의 보유자금이나 담보에 의한 대출 등으로 조달할 수밖에 없게 되는데, 이러한 자금조달 방법에는 아무래도 한계가 있기 마련이므로 창업이 순조롭게 이루어지지 않은 경우가 많다.

반면 사업계획이 훌륭한 경우에는 벤처캐피탈이 투자를 실행하게 되고, 이사회에 참가하여 중요한 의사결정에 참여하기도 하며, 기술과 경영컨설팅을 하기도 하는 등 자금과 경영지원을 함께 하는 단계이기도 하다.

3. 성장단계

성장단계는 신제품이나 신기술이 시장에 진입할 수 있게 되고, 시장을 점차 확대하면서 성장하는 단계이다. 새로운 기술이나 경영 노하우가 시장에서 받

아들여진다는 사실이 확인되어 기업의 매출액이 대폭적으로 신장되어 가는 시기라고 볼 수 있다. 이 단계에서는 재무상태나 조직면에서의 사소한 불균형에 대해서는 신경을 쓰지 않으며, 경영자를 중심으로 단결하여 사업을 확대한다.

따라서 설비투자와 마케팅채널 구성 등 성장자금이 필요하게 된다. 이 단계에서도 기업은 경영의 틀이 완전히 잡히지 않기 때문에 제품의 개량, 기술개발, 마케팅과 판로의 변경, 판매가격의 수정 등을 필요로 한다. 또한, 아직 자본축적이 충분히 이루어지지 않아 재무구조도 나쁘고, 담보력이 미약하여 은행대출을 크게 기대하기 어렵다. 그러나 기업이 손익분기점에 놓이게 되어 그 미래가 확실해지기 시작하면, 벤처캐피탈은 적극적으로 투자를 하고자 한다. 이 시기는 연구개발자금, 설비투자자금, 마케팅자금 등 양적 확대를 위한 성장자금이 필요하게 되어, 벤처캐피탈을 도입할 수 있는 가장 적절한 시기이다. 왜냐하면 기업가가 과감하게 투자하여 사업을 적극적으로 확대하려면, 아무래도 타인자본을 효과적으로 조달하여 운용할 필요가 있기 때문이다.

4. 확장단계

기업은 이윤이나 사회적 동기로 성장발전을 통하여 계속 존재하고자 한다. 이 단계에서의 최대 경영과제는 동 업계 또는 다른 업종에서 신규 참가한 회사와의 경쟁이다. 당연히 대기업과의 전면적인 경쟁도 전개된다.

그리하여 기업은 규모를 확대하거나 신제품을 추가하고자 하며, 또는 새로운 시장에 진출하고자 한다. 이 단계에서는 자본축적도 어느 정도 이루어지고 있고 담보력도 있기 때문에 금융기관으로부터 주목받게 되어 자금조달이 비교적 용이하게 이루어진다. 기업으로서는 소요자금, 자금코스트, 경영권의 확보, 세무문제, 주식공개준비 등 여러 가지 사항을 고려하여 각종 금융기관을 선택하여 이용하게 된다. 기업의 전망이 가시적으로 밝다면, 벤처캐피탈도 더 적극적으로 투자하고자 한다.

벤처캐피탈은 다른 금융기관보다도 탄력적으로 자금을 지원할 수 있기 때문에 이 시기에 투자는 유리한 조건으로 받을 수 있고, 기업의 가치가 증대되어 벤처기업과 벤처캐피탈이 모두 양호한 수익성과 성장성을 확보할 수 있다.

5. 성숙단계

이 단계 이후에는 기업의 종합적인 역량에 의해서 사회적 존재로서 사업기반을 구축해 나가야 한다. 실질적으로나 형식적으로 주식을 거래소에 상장할 수 있는 단계를 말한다. 이제까지는 벤처기업으로서 성장성에 중심이 놓여져 있었으나, 이 단계부터는 기업의 종합적인 경영력에 의하여 사회적인 존재로서 기반을 형성해 나갈 역할이 부여되는 시기이다.

자금 조달면에서 보면, 주식공개에 의하여 직접 금융시장에서 자금을 조달할 수 있게 되기 때문에 벤처캐피탈은 이 단계에 이른 기업에 대하여 조속한 주식공개를 권유하게 되며, 벤처기업도 가능한 대로 주식공개를 추진하는 것이 유리하다.

또한 추가로 신규투자를 하지 않게 되고, 새로운 계열기업을 창업하거나 점진적으로 기업을 성장시키면서 사회적 책임에 관심을 갖고 기업의 이해관계자들에게 기여하게 된다. 이 시기에 벤처기업의 주식이 공개시장에 상장되면, 벤처캐피탈회사는 대부분의 보유주식을 매각함으로써 비로소 자본이득을 얻게 된다.

제4절 벤처기업 역할

1. 미시적 역할

1) 창업기 역할

창업기에는 보통 부족한 자본과 인원을 가지고 새로운 기술과 노하우를 바탕으로 사업을 시작하는 단계이다. 이 시기에는 시간적인 압박과 제한된 자원 때문에 비즈니스로서 기본적인 사항이 무시되며 여러 종류의 경영상 리스크가 존재하는 복합리스트 단계이다. 이 리스크를 어떻게 제어하고 관리하여야 할 것인가에 대하여는 기업설립단계에서 면밀한 기획과 실행이 필요하다. 이

단계에서 주요 경영전략은 다음과 같다.

① 회사의 형태, 조직, 주주관리 등을 명확히 결정한다.
② 전체를 포괄하고 신뢰할 수 있는 사업계획을 작성한다.
③ 성장에 필요한 자본금을 확보한다.
④ 특허권과 실용신안권 등을 획득한다.
⑤ 기술개발에 주력한다.
⑥ 공인회계사, 세무사 등 전문가를 선정한다.
⑦ 회사설립에 따른 창업자와 임원의 개인소득세에 대한 영향을 조사한다.
⑧ 관리회계, 세무, 업무상 절차 등에 관한 방침을 확정한다.

2) 성장초기 역할

아이디어의 상품화에 성공하여 사업이 순조롭게 진행되는 단계이다. 이 단계에서는 시장의 수요에 맞추기 위하여 인적자원과 공장, 기계, 설비 등 물적자원 및 자금을 총동원하여 생산에 전념하는 시기이다. 또한 창업경영자가 영업, 재무 및 기타 거의 모든 부문에 책임을 지는 리더십 리스크가 존재한다. 이 시기에는 판매와 리더십 리스크를 어떻게 관리하느냐가 가장 중요한 문제이다. 하이테크와 연구개발에만 기업에너지를 사용해서는 안되며, 기업의 조직화에 초점을 맞춤으로써 다음 단계로의 성장을 기대할 수 있다. 이 단계에서의 중요한 관리사항은 다음과 같다.

고도의 정보화사회에서 경쟁에 이기기 위해서는 제조와 마케팅에 관한 종합적이고도 계속적인 최신정보가 필요하다. 이를 위해 경영정보시스템과 사무기기 자동화 등과 같이 컴퓨터의 이용이 불가피하게 된다.

기업규모에 맞는 재무보고 시스템을 만들지 않으면 안 된다. 이 단계에서는 신속한 재무보고가 필요하며, 특히 사업에 필수적인 업무, 즉 자금조달, 재고, 시제품, 예측, 예산 등에 관해서는 보고시스템을 잘 갖추어야 한다.

사업이 성장함에 따라 최고경영자의 교육-훈련이 필요하다. 사람의 선천적인 능력이나 기술적 능력과는 달리 경영관리능력은 교육훈련에 의해 증진될 수 있다.

3) 성장중기 역할

시장에서 제품의 수요가 늘어나고 이익이 발생하기 시작하는 시기이다. 수요가 많아지면 하이테크사업초기에는 조직과 관리상의 리스크를 간과하기 쉽다. 기업은 언젠가는 경쟁이 치열해지고 시장확보와 계속적인 연구개발을 위한 소요자금이 필요하게 된다. 조직과 관리상의 문제점이 계속 방치된다면 다른 문제가 파생되기 쉽다. 예로서 매출을 정확히 예측할 수 없거나 생산 일정이 불규칙하게 되고 부문간의 의사소통이 어려워지는 것을 들 수 있다.

조직과 관리 부문에 투자가 경시되고, 경영관리의식이 결여되기 쉬운 이 단계에서의 중요한 경영전략을 살펴보면 다음과 같다.

① 실정에 맞는 조직적인 제조 및 재고관리를 한다.
② 적절한 재무관리시스템을 구축해야 한다.
③ 기업의 시스템화-조직화에 초점을 두는 동시에 경험 있는 경영진의 충원도 고려할 시기이다.

4) 성장가속기 역할

기업의 규모가 상당히 큰 단계로 성장을 지속해 나가기 위하여 관리직의 동기부여가 필요하게 된다. 이를 위한 방안으로 권한이양에 의한 분권화를 이루는 분산된 관리체제가 필요하게 된다. 즉, 분산된 관리체계를 총괄해야 한다는 의미에서 통제 리스크가 문제로 등장하게 된다. 이 단계에서의 중요한 경영전략은 다음과 같다.

① 다각화가 진행되어 제휴와 매수가 확대정책의 하나로 된다.
② 경영체제와 조직의 점검, 진단이 필요하게 된다.
③ 인적 자원의 재교육, 재배치를 통하여 분권관리와 전체 통제시스템을 완성시킨다.

5) 성장안정기 역할

권한의 분권화가 진행되면 조직의 통일관리가 어렵게 된다. 이 단계는 경영

자가 다시 중앙집권화를 지향하는 시기로 조직이 비대해지고 효율적인 경영을 막는 관료 리스크가 중요한 과제로 나타나게 된다. 이 단계에서의 중요한 경영전략은 다음과 같다.

① 효율적인 조직의 확립, 새로운 인재의 충원, 종업원의 재교육을 행하는 것이 중요하다.
② 생산성향상을 위한 QC활동도 중요하다.
③ 새로운 경영전략의 검토가 필요하다.

6) 성장성숙기 역할

기업규모의 확대에 따라 조직의 거대화가 진행되어 유연하고 창조적인 경영의 유지가 곤란하게 된다. 즉, 조직의 관료화가 보다 진전되어 조직의 경직화 리스크가 발생한다. 이 단계에서는 다음과 같은 점에 유의해야 한다.

① 해외자회사, 지점, 관련회사의 관리, 내부통제의 충실화와 보다 정밀한 재무보고서의 작성 등이 필요하다.
② 규모가 커진 벤처비즈니스를 활성화시키기 위하여 사내 벤처제도 등이 고려되어야 할 것이다.
③ 새로운 경영기법을 구사한 전략형 리스크 관리제도의 도입에 의한 조직 활성화가 필요하다.

7) 성장 지속기 역할

친인척 또는 소수주주에 의한 사적 기업에서 다수주주에 의한 공적기업으로 전환되는 시기이다. 그 결과 기업에 대한 이해관계자가 많아지기 때문에 자유로운 기업경영이 어려워지게 된다. 즉, 주식공개 리스크가 존재하게 된다. 따라서 기업으로서 경영권을 확보할 수 있는가 신중한 검토를 하지 않으면 안 된다. 이 단계에서는,

① 주식공개에 대한 영향과 기업가에 대한 영향 등을 검토해야 한다.
② 주식매점에 대한 대응책을 세우지 않으면 안 된다.
③ 공적 기업으로서 책임을 다하는 경영체질의 개선, 체재구축이 필요하다.

이제까지 각 성장단계별 리스크와 그 경영전략에 대해서 설명했지만, 이것은 어디까지나 공통사항으로서의 문제점을 지적한 데에 불과하다. 실제로는 각각의 벤처비즈니스에 대한 독특한 문제점과 리스크가 존재한다. 이러한 성장단계별의 모든 리스크를 예상하고, 이를 관리할 수 있는 기업경영자가 있어야 기업이 창업에서 계속기업으로서 성장할 수 있는 것이다.

2. 거시적 역할

1) 벤처기업과 국민경제

현재 구조조정 과정에 있는 우리 경제의 활력을 회복하고, 21세기 지식정보화 시대에 효율적으로 대처하기 위해서는 고부가가치산업 구조로의 이행이 절대적으로 필요하며 벤처기업의 집중 육성은 유력한 돌파구로서 기대되고 있다.

벤처기업이 국민경제에 기여할 수 있는 것은 벤처기업자체의 성격에 기인하는데, 벤처기업이란 시장에 이미 존재하고 있거나 기존에 없었던 사업 기회를 찾아내어 지식과 기술을 바탕으로 전혀 새로운 것을 만들어 내는 것이다. 그러므로 벤처기업으로 시장에서 사라졌거나 침체되고 있는 사업 기회를 재발견하고, 새로운 사업을 창출할 수 있다. 이와 같은 벤처기업의 역할은 경제전반에 활력을 불어넣고, 경제의 하부구조를 건전하게 하는 효과를 가져온다. 벤처기업이 새로운 사업기회를 찾는 과정에서 기술혁신에 도전하는 성향이 높아 신기술의 개발과 확산에 중요한 역할도 한다. 또한 새로운 사업 기회를 찾는 기업이 많을수록 신규 고용창출의 효과를 볼 수 있다. 이외에도 수많은 벤처기업이 창업되고 퇴출되는 과정에서 비효율적인 기업은 여과되어 산업의 경쟁력 강화에도 도움이 되며, 경제전반의 효율성 제고에도 기여한다.

좀 더 구체적으로 보면 구조적 변혁기에 위치한 우리의 경제적 환경과 정책적 필요성에 의거한 벤처기업의 경제적 의미와 역할은 다음과 같이 도출할 수 있다.

첫째, 우리 경제는 그 동안의 모방적 실행학습효과(learning by doing effect)에 의존한 성장 동력이 구조적 한계를 노출함으로써 이를 대체할 수 있

는 새로운 성장 동력을 추구하지 않을 수 없었다. 이에 따라 새로운 분야에 새로운 기술로 도전하는 신규성과 역동성을 내포한 벤처기업이 새로운 성장 활력을 불어 놓을 주체로 부각되고 있다.

둘째, 우리 경제는 소수의 전략산업에 지나치게 의존적인 구조를 갖는 한편 대기업 위주의 경직된 산업조직에 의해 환경변화에 대한 유연한 대처능력과 경쟁성이 결여되어 있다고 할 수 있다. 독창적이고도 다양한 고도의 기술력을 기반으로 소비자 욕구의 다양화·개성화에 유연하게 대처할 수 있으며 강한 독립성을 시연할 수 있는 벤처기업은 우리 산업구조의 미래지향적 재편을 선도하고 경직적 산업조직에 경쟁성을 부과할 수 있다.

셋째, 조직과 기술이 가치창출의 핵심원천으로 역할을 수행함으로써 임금과 같은 단순 비교우위요소를 기반으로 한 경쟁우위는 더 이상 기대할 수 없으며, 최근의 경쟁력 위기는 이에 기인하는 바 적지 않다.

따라서 우리 경제가 경쟁력 위기를 극복하여 안정적이고 지속적인 성장을 시연하기 위해서는 지식과 기술에 기반을 둔 고부가가치화가 중요한 전제조건으로 자리잡음에 따라 지식·기술 집약성을 내포한 벤처기업의 역할이 요구되고 있는 것이다.

2) 산업구조의 세대교체 및 재편

현재 우리 경제는 고비용·저효율의 구조적 문제를 안고 있으며, 이는 가까운 시일 내에 개선될 것으로 보기는 어렵다. 또한 경제구조가 산업발전 단계상으로 볼 때 노년기상에 위치해 있어 후발 공업국들의 가공조립형 산업의 육성에 따라 경쟁력을 상실, 성장의 한계를 맞고 있으며, 이에 따라 새로운 산업을 찾아 육성하지 않으면 안되는 시점에 이르렀다고 할 수 있다.

따라서 이러한 고비용·저효율의 경제구조와 노후화된 산업에 대한 대안으로 떠오른 것이 기술집약형 중소기업인 벤처기업의 육성이다. 즉, 성공적인 벤처기업의 육성은 우리경제의 기술기반을 넓히는 한편 고부가가치 산업으로 산업구조를 전환시키고 아울러 세계산업구조 개편에 능동적으로 대응케 할 수 있다.

또 다른 측면으로 우리경제는 소수의 전략산업에 지나치게 의존적인 구조를 갖는 한편 대기업 위주의 경직된 산업조직에 의해 환경변화에 대한 유연한 대처능력과 경쟁성이 결여되어 있다고 할 수 있다. 결국 독창적이고도 다양한 고도의 기술력을 기반으로 소비자 욕구의 다양화·개성화에 유연하게 대처할 수 있으며, 강한 독립성을 실현할 수 있는 벤처기업만이 우리 산업구조의 미래지향적 재편을 선도하고 경직적 산업조직에 경쟁성을 부과할 수 있을 것이다.

3) 노동시장구조의 고도화

벤처기업은 정보통신·첨단전자·컴퓨터·영상·생명공학 등과 같이 고도지식기반산업에 치중되어 있으므로, 종업원들은 노동을 통하여 자신의 능력을 발휘할 수 있는 기회를 얻게 된다. 즉, 지금까지의 고용관계가 노동제공에 대한 대가로 보수를 받는 소극적인 관계였다면, 향후 벤처기업에서의 고용관계는 일을 통한 질적·양적 효익의 향상을 바탕으로 자신을 완성하는 적극적인 관계로 노동시장구조가 고도화될 것임을 의미한다.

이에 따라, IMF 이후 전면적인 구조조정 과정에 있는 우리 경제에서 벤처기업의 육성은 그야말로 새로운 돌파구를 마련할 수 있는 최선의 방법이라 할 수 있으며, 이는 단지 고용창출의 효과뿐만 아니라 노동시장 구조의 고도화에도 크게 기여할 것으로 전망되고 있다.

4) 대·중소기업의 새로운 역할분담

지금까지의 우리경제는 대기업과 중소기업의 관계가 서로 먹고 먹히는, 즉 제로섬게임(Zero-sum game)의 측면이 강했던 것이 사실이다. 고유업종제도 등의 중소기업보호제도가 있으나, 경제 전체의 효율성 면에서는 물론 실제 중소기업의 보호 효과면에서도 여전히 많은 문제를 내포하고 있다. 그러나 벤처기업의 등장은 이러한 대·중소기업의 관계를 상당히 개선시킬 것으로 기대되는데, 높은 기술력을 가진 중소기업은 대기업과 대등한 관계를 유지할 수 있기 때문이다.

또한 오늘날처럼 기술이 폭넓고 빠르게 발전하고 제품수명이 짧아지는 상황에서는 보다 민첩한 중소기업이 신기술·신제품의 개발에서 성장초기까지

를 맡고, 광범위한 판매망을 가진 대기업이 본격적인 성장단계부터를 담당하는 방식이 대기업과 중소기업 모두에게 유리할 수 있다. 따라서 벤처기업은 대기업과 중소기업간의 새로운 역할분담을 가능케 할 수 있으며, 이를 통해 우리의 고질적인 대·중소기업 문제가 상당히 호전될 수 있을 것이다.

5) 사회적 역할

지식은 사회구조를 근본적으로 바꾸면서 새로운 사회적 힘, 경제적 힘, 정치체제를 창조해 나가고 있다. 이러한 탈자본주의 사회에서는 전통적인 생산요소였던 토지, 자본, 노동은 부차적인 요소가 되며 지식이 가장 핵심적인 자원이 될 것으로 전망하고 있다.

또한 21세기에는 정보통신의 발달로 전 인류가 일대일의 관계로 연결되어 모든 정보를 공유할 수 있는 세계적 차원의 네트워크가 구축될 것이다. 따라서 국가의 역할은 축소되며 더 이상 중앙정부가 통치의 핵이 되지 못할 것이며, 어느 한 국가에 한정된 상품, 기술, 기업, 산업이라는 것은 존재하지 않게 되어 경제적인 의미에서도 국경의 개념이 무의미해질 것이다.

이처럼 산업혁명이 종료되고 정보혁명이 전개되면서 자연스럽게 나타나는 현상 중 하나가 벤처산업이라고 할 수 있다. 일상적인 기능들이 점점 줄어들면서 권력은 분산되기 때문에 모든 조직에 있어 중앙집권적 구조는 무너지기 시작하며 분권화의 물결이 사회전반에 확산되고 있다. 이러한 흐름으로 보아 공업화 산업사회의 다음 단계는 지식산업사회로서 비교적 규모가 적으며, 정보지식 및 기술집약적인 벤처산업이 성장산업이 될 것임을 예측하는데 무리가 없을 것으로 본다.

이러한 관점에서, 벤처기업은 21세기 지식정보화 사회에 효율적으로 대처하고, 소품종·대량생산의 규모의 경제시대에서 다품종·소량생산체제로 전환하는 경제 패러다임의 전환기에 효율적으로 대처할 수 있는 사회적 의미와 역할을 지닌 기업형태라고 볼 수 있을 것이다.

벤처기업은 여러 단계를 거처 성장하게 된다. 특정 목표를 달성하기 위해 출발한 프로젝트가 여러 단계를 거쳐 기업화함으로써 벤처기업의 생성을 보여주거나 기술집약적 중소기업이 대기업으로 성장해 가면서 벤처기업의 발전과정을 보여주기도 한다.

벤처기업은 프로젝트의 개발과정을 거치고, 기술집약적 중소기업에서 시장하여 대기업으로 성장해 가는 기업의 창업 및 성장과정으로 볼 수 있다. 벤처기업의 사업화과정에 대하여 많은 학자들이 여러 단계를 제시하고 있으며, 이러한 단계의 구분은 벤처기업을 효율적으로 경영하고자 경영자원의 조달과 운용에 대한 계략과 전략수립에 중요한 영향요인을 파악할 수 있다는 점에 그 의의가 있으며 성장단계에 관한 분류단계를 알아본다.5)

3. 벤처기업 성패요인

1) 벤처기업의 성공조건

벤처기업의 성공에 관련된 연구들을 종합해보면, 벤처기업의 성공은 기업가 정신과 경영능력, 연구개발 활동과 기술개발 능력, 제품·서비스 특성, 시장 특성, 재무능력 등에 영향을 받는다는 일반적 사실을 표를 통해 확인할 수 있다.

[표 1-2] 벤처기업의 성공조건

구 분	성공조건
Sandberg(1986)	① 창업인의특성 ② 산업구조 ③ 전략요인
Miller & Camp(1986)	① 환경에 관한 부분 - 경쟁환경 : 성장산업을 택할 것, 경쟁력 우위가 있는 시장을 택할 것, 국제적으로 경쟁할 수 있는 시장을 택할 것 ② 사업전략 부분 - 고성장과 고시장점유율의 결합은 수익에 영향이 있다 - 높은 시장점유율은 현재 수익에 영향이 있다 - 시장 진입시기는 빠를수록 좋다 - 시장의 범위는 공격적이고 광범위해야 한다 - 제품의 성격은 가격우위보다 제품의 특화가 더 유리하다
Verper(1997)	① 사업서비스의 발달 ② 교육부문의 지원 ③ 물류산업의 발달 ④ 언론의 활동 ⑤ 기술혁신
이장우(1997)	① 창업가의 광적인 의지 및 실천력 ② 기존자원의 효율적 활용 즉 간접비용의 최소화 ③ 위험감수정신 ④ 시장중시 및 수요자 요구의 명확한 인식 ⑤ 자금조달원의 다양화

일반적으로 벤처기업이 지속적인 성장을 통하여 성공하기 위해서는 다음과 같은 요소를 가지고 있어야 한다. 첫째, 고도의 기술력과 지속적인 기술개발이 이루어져야 할 것이다. 둘째, 새로운 발상과 기술로 신규시장을 창출하고 기업을 성장시킬 수 있는 능력을 가진 창업자가 있어야 한다. 셋째, 기업공개가 가능한 수준으로 성장할 수 있어야 하고 고수익을 창출해야 한다. 넷째, 경영과 지분이 분리되어야 한다. 즉, 창업자는 창업자일 뿐이지 회사가 성장하더라도 계속 소유권을 주장해서는 안 된다.

2) 벤처기업의 위험요소

벤처기업의 모험성, 즉 위험부담은 기술 · 시장 · 경영관리 · 정책 등 네 가지 부문의 실패에서 비롯된다. 벤처기업은 본질적으로 새로운 지식에 기초하여 생성되는 기업이므로 기술의 신규성에 따르는 위험부담이 항상 존재하며, 또한 새로운 시장이거나 아직 미성숙된 시장에의 도전을 기본목표로 하고 있기 때문에 시장실패의 위험이 있는 것은 당연하다. 뿐만 아니라 벤처기업은 기술자 창업이 일반적이기 때문에 자금 · 판매 · 영업 등 경영관리부문의 위험부담이 있으며, 경영이념이나 전문적인 경영기법보다는 창조성에 익숙한 사람에 의하여 창업되고 각종 경영자원이 부족한 가운데 출발하기 때문에 경영관리 실패에 따른 위험부담이 크다. 그리고 정책에 의한 영향이 크기 때문에 정책측면의 위험성도 상존하고 있다. 그렇지만 벤처기업에 있어서 가장 기본적인 문제는 기술위험 및 시장위험과 연관되어 있다고 볼 수 있다. 경영관리와 정책위험은 벤처기업 육성에 대한 확고한 인식이 있으며 제도적 · 정책적으로 어느 정도 완화될 수 있지만, 기술과 시장은 본질적인 문제이기 때문이다. 기술적 불확실성이 강조되기는 하지만 대부분의 벤처기업이 기술적 배경을 가지고 출발하기 때문에 가끔 '기술 창업인'으로 불리기도 한다. 그러나 기술자만이 벤처기업을 설립하고 발전시키는 것이 아니라는 것은 벤처기업의 시장위험을 고려하면 명백해질 것이다.

새로운 제품이나 공정에 관한 기술적 문제가 해결되었다 하더라도 그것이 시장에서 활용될 수 있느냐의 문제는 별개의 문제이다. 아무리 기술적으로 우수하고 사회적으로 가치 있는 기술이라 하더라도 그것이 시장경제에서 성공하지 못하면 벤처기업으로서 성공하지 못한다. 그러므로 벤처기업에 있어서 두 가지의 위험은 항상 공존한다.

선후관계에서 볼 때, 벤처기업의 위험극복은 기술자의 위험극복과 시장위험을 극복하려는 '기업가 정신'이 핵심요체라 할 수 있다. 종종 우리는 기술위험을 극복하려는 노력에만 주력하고 시장위험을 극복하려는 노력을 등한시하거나 낮게 평가하려는 경향이 있으나, 기술혁신의 역사는 오히려 후자의 노력이 더 큰 역할을 수행해 왔음을 보여주고 있으며 벤처기업의 역할 등 기술의 '상품화' 내지 '기업화'에 있다는 것을 주지할 필요가 있다.

제2장 국내외 벤처기업

제1절 우리나라 벤처기업 발전

1. 발전과정

1) 태동기(1995년 이전)

이 시기는 1995년 이전에 창업한 벤처기업을 통합하여 부르고자 한다. 이 시기에는 벤처기업이라는 용어가 생소하였고, 오히려 기술 집약형 중소기업이라는 이름으로 불리워진 기업들이 대다수였다. 1995년 이전에는 1세대 벤처기업이라고 할 수 있는 메디슨, 비트 컴퓨터, 미래산업 등이 존재하였으며, 이들은 해당 분야에서 독보적인 기술력을 인정받으면서 그 성과를 거두었다. 정부에서는 재벌의 경제력 집중을 완화하고, 기술 집약적 중소기업을 육성하고자 1986년 창업지원법을 제정하였으며, 이에 따라 민간창투사들이 발전하게 되는 계기를 마련하였다. 또한 중소기업들에 대한 자금지원을 원활하게 하기 위한 신기술 금융회사가 신기술 금융법에 의해 탄생하게 되었다. 이 시기는 높은 성취동기와 열정을 가진 다수의 창업자들이 등장하면서 벤처기업의 가능성을 보여준 시기이다.

그러나 회수 시장의 미비와 벤처기업 창업에 패한 낮은 인식, 대기업 취업에 대한 높은 매력도 등으로 인해 이 당시에는 벤처기업 창업이 활성화되지는 못하였다. 그리고 사회 간접자본이라고 할 수 있는 대학에서의 창업에 대한 교육도 미비하였으며, 연구소에서 사업화되지 못한 기술들이 벤처기업 창업으로 연결될 수 있는 지원장치가 부족하였다.

2) 기반구축기(1996년~1998년)

기반 구축기는 1996년부터 1998년으로 시대 구분을 하였다. 기반 구축기에는 자본 회수시장이라고 할 수 있는 KOSDAQ이 생겼으며, 창업을 지원하기 위한 법률 지원기관 및 컨설팅 기관들이 태동하였고, 창업보육기관이 생겨나기 시작하였다. 이 시기에는 자본을 손쉽게 회수할 수 있는 제도적 장치인 KOSDAQ이 탄생함으로 해서 엔젤 및 벤처기업 캐피탈이 증가하게 되는 계기를 마련하였다. 이 당시 벤처기업 캐피탈의 현황을 보면 1996년 54개이던 벤처기업 캐피탈이 1998년 72개로 증가하였으며, 납입자본금 또한 7,986억원에서 1조 263억원으로 증가하는 성과를 거두게 되었다.[2)]

벤처기업의 창업도 1996년 이후 급속히 증가하여 벤처기업 인증 작업이 시작된 1999년 이전에 창업된 벤처기업은 총 2,042개로 나타났다. 이들 중에는 상당수가 1997년 IMF 이후, 정부의 벤처기업에 대한 강력한 육성의지가 반영되면서 생겨났다고 할 수 있을 것이다. 이 시기에는 KOSDAQ의 공시제도 미비 및 KOSDAQ에 대한 인식부족으로 인해 KOSDAQ 지수가 낮은 수준에 머물었으며, 엔젤이 생겨났지만 그 활동이 미미한 수준이었던 시기였다. 그러나 전반적으로 본다면, 벤처기업 발전단계가 급속히 발전할 수 있는 계기를 마련한 시기였다고 할 것이다.

3) 도약기(1998년 이후)

도약기는 1998년 이후부터 현재의 시기를 통칭하도록 한다. 도약기에는 벤처기업 창업이 폭발적으로 증가하여 벤처기업의 수가 2001년 1사분기에는 11000여 개로 증가하였다. KOSDAQ에 대한 관심이 증가하면서 KOSDAQ에도 자금이 급격히 유입되어, KOSDAQ 지수는 250을 돌파하면서 한때는 증권

거래소보다 일일 거래 자금의 규모가 더 큰 경우도 있었고, 1999년에는 1년간 13배가 성장하는 성과를 가져오기도 하였다. 벤처기업 캐피탈도 이에 맞추어 급속하게 발전하면서 벤처기업 캐피탈의 수도 2000년 8월에는 137개로 급격히 증가하였다.

벤처기업 캐피탈의 경우에는 1996년부터 집중적으로 투자하는 등 양적으로 급증함과 동시에 올바른 벤처기업에 대한 투자를 위한 벤처기업 평가 틀을 만들고자 하는 노력도 동반되고 있다. 벤처기업 창업의 경우에는 양적인 증가와 동시에 질적인 성장도 이루었다. 벤처기업으로 인증을 받은 기업의 경우 다양한 자금 공급원이 생김과 동시에 유리한 위치를 점할 수 있게 되었다. 또한 벤처기업에 대한 인식이 개선되고, 대기업보다 벤처기업에 대한 취업 선호도가 상승하면서 벤처기업에 우수한 인력이 많이 유입되었고, 또한 벤처기업의 경영성과가 향상됨과 동시에 벤처기업에서 다시 파생된 벤처기업이 나타나는 선순환의 사이클을 형성하게 되었다. 또한 한국의 벤처기업붐을 감지한 다양한 외국계 벤처기업 캐피탈의 국내 진출과 3부 시장의 생성, 엔젤 및 투자조합 결성의 확대, 대기업의 사내벤처기업 활성화 및 벤처기업 투자 강화, 벤처기업과 대기업과의 협력관계 모색 등은 벤처기업 발전단계를 일대 도약시키는 촉매제로 작용하였다.

그러나 벤처기업 창업의 경우 과거 기술 집약형 벤처기업들과는 달리 아이디어 위주의 인터넷 벤처기업이 집중적으로 창업되면서 건전한 수익모델을 제대로 창출하지 못함과 동시에 너무 이른 IPO(Initial Public Offerings)로 인해 그 한계성을 드러내는 경우도 많았다. 또한, 이 시기에는 일반인들의 KOSDAQ 참여가 급증함으로 인해 KOSDAQ의 성장이라는 성과를 거두기도 하였지만, KOSDAQ 기업에 대한 무분별한 투자 과잉으로 말미암아 벤처기업 거품론이 제기되는 부작용도 발생하였다. 또한 작전세력의 개입으로 KOSDAQ의 이미지가 반감되면서 1999년 말부터 시작된 금융경색과 NASDAQ의 급락으로 인해 KOSDAQ이 급전직하하여 KOSDAQ지수가 70선까지 떨어지면서 벤처기업 캐피탈은 자금 유동성 위기를 겪기도 하였다. 벤처기업 캐피탈의 자금 유동성 위기는 벤처기업의 자금난을 가중시키게 되었다. 또한 중견기업으로 성장한 1세대 벤처기업들도 KOSDAQ 활황기에 모은 자금을 창업보육센터 건립 및 벤처기업 투자조합에 대한 투자, 무리한 M&A등을 시도함으로써 경영위기에 봉착하는 경우도 발생하였다.

4) 전반적인 발전 과정

한국의 벤처기업 발전단계는 짧은 시기에 급속히 성장하였다. 발전단계라는 단어는 생각하지도 못한 1995년 이전의 시기에는 벤처기업보다는 재벌위주의 경제 환경 하에서 고군분투하던 벤처기업들에 대한 관심이 1997년 환란 이후 증가하면서 자금 및 우수 인력의 유입, 벤처기업 창업 증가 등 긍정적인 요인을 가져왔다. 이와 같이 한국의 벤처기업 발전단계는 단시일내에 압축 성장을 함으로써, 한때 IMF 위기를 겪고 있는 한국의 차세대 성장 엔진으로 부각되기도 하였다.

인프라 관점에서 본 한국 벤처기업 발전단계를 살펴보면 아직도 한국 벤처기업 발전단계는 부족한 면이 많이 있다. 우선 인프라 관점에서 보면 경제적 인프라의 경우에는 많은 수정 및 투자를 통해 보완이 이루어졌지만, 사회적 인프라의 경우 신뢰의 부족이 가장 큰 문제점으로 작용하고 있으며, 신뢰부족은 기업의 경영에도 상당한 애로 요인으로 작용하고 있다. 사회적 신뢰의 회복은 비단 정부만의 노력으로 이루어지는 것은 아닐 것이다. 기업들이 경영투명성을 강화하고, 이를 적극적으로 지원하는 사회적 분위기가 마련이 되어야 할 것이다. 제도적 인프라의 경우 기업에 대한 규제의 철폐 및 기업 퇴출장벽을 완화시켜야 하며, 이와 동시에 기업간 M&A를 활성화할 수 있는 제도적 장치의 마련이 시급하다고 본다. 과학 기술 및 교육 인프라의 관점에서는 일관된 창업교육 시스템의 확충과 함께 다양한 창업 사례를 개발하여 이를 교육에 활용할 수 있도록 하여야 하며, 기초 과학 및 IT에 대한 투자를 확대하여 다양한 기술을 가진 벤처기업이 창업될 수 있는 토양을 마련하여야 한다고 본다. 또한 기술을 보유한 공대생과 경영 마인드를 가진 상대생들과의 교류의 장을 넓힐 수 있는 기회를 제공함으로서 사장되는 우수한 기술로 인한 사회적 비용의 증가를 최소화하여야 할 것이다.

제2절 우리나라 벤처기업 특성

1. 일반적 특성

우리나라에 벤처창업 붐이 조성된 배경은 다음과 같이 세 가지로 정리 가능하다. 첫째, 국내 벤처시스템이 완비단계에 있다는 것이다. 저금리 기조의 유지와 정부의 적극적인 활성화 대책 제시로 코스닥시장은 급속히 성장하였다. 코스닥시장의 급성장은 저금리로 인해 투자할 곳을 찾지 못하던 시장의 유동자금을 급속히 흡수하는 연쇄효과를 일으켰고, 이 부분의 경쟁 심화는 다시 등록되지 않은 벤처기업에의 투자로 연결되었다. 그 과정에서 벤처캐피탈도 기존 벤처기업투자를 통한 수익 증대뿐만 아니라 시중 유휴자금 흡수에 성공하여 투자의 확대 재생산이 가능하게 되었다는 것이다. 특히, 이 과정에서 벤처기업의 성공사례는 기폭제로 작용하였다.

둘째, IMF 경제위기로 인한 구조조정의 결과도 일역을 담당하였다. IMF경제 위기 이전에 대부분의 고급인력은 대기업, 국책연구기관 및 연구소에 집중되어 있었다. 그러나, 경제위기로 인해 기존 대기업은 주력사업의 성숙과 수익성 악화, 경직적인 의사결정 체계 등은 생존의 위협에 직면하였고 IT분야의 알짜사업 매각, 인력 삭감, 기존 사업부 해체 등 구조조정을 단행하게 되었고, 그 과정에서 고급 유휴전문인력이 급속히 증가하였다. 이들은 벤처창업에 밑거름 역할을 담당하게 되는 것이다.

셋째, 미국 실리콘밸리에서 출발한 벤처혁명이 국내에까지 파급되었기 때문이다. `80년대 정보기술, 바이오 등에서 소규모 창업이 늘어나는 가운데 냉전 붕괴로 군사기술이 민수용으로 전환되면서 벤처혁명이 시작되었다. 그리고, 이 벤처기업들에 힘입어 `80년대 경기침체를 벗어나 `90년대 사상 유래없는 호황을 누리게 된다. 이러한 성공사례는 세계 각국에 전파되었고 우리나라에서도 벤처창업 활성화 정책을 강력히 추진하게 된 계기가 되었다.

넷째 경영 및 지배구조 측면을 특성이다. 일반적으로 미국의 벤처기업을 살펴보면, 벤처 투자는 각 구성원들이 지분을 분산 소유함으로써 위험을 공유하고 공감대를 형성하고 있다. 국내의 경우, 최고 경영자의 소유지분은 약 47% 정도이고 일반적 중소기업에 비해서는 지분의 분산소유가 상당히 진전되어 있는 것이라고 추측할 수 있다. 그러나 여전히 최고 경영자의 지분비율은 미국 등의 경우에 비해서는 지나치게 높은데, 이는 창투사, 개인투자가 등 외부의 투자비율이 아직은 낮은 것도 주요한 이유가 될 것이다. 또, 경영 및 관리 형태 측면에서도 대주주가 직접 관리, 통제하는 비율이 83%에 달해 아직은 선진적 경영체제를 도입하는 측면은 미흡한 것으로 나타났다.

다섯째 임금 및 보상체계 특성이다. 우선 벤처기업 근로자의 소득원을 짚어보면 근로자의 입장에서 대기업이 아닌 벤처기업에서 일함으로써 얻을 수 있는 소득은 크게 자본이득과 급여소득으로 구분 가능하다. 급여소득이란 말 그대로 급여를 통해 얻을 수 있는 재무적 이익을 말한다. 급여소득 측면에서만 본다면 근로자는 벤처기업에서 일할 유인이 없다는 것은 미국이나 한국이나 동일하다고 볼 수 있다. 벤처기업의 급여소득은 대기업은 물론이거니와 일반 중소기업 수준에도 못 미치는 경우가 허다하기 때문이다. 그러나, 미국의 경우 급여소득의 손실은 자본이득을 통해 충분히 보상되고도 남는 경우가 많다. 자본이득의 경우, 스톡옵션(stock option) 및 우리사주를 통해 벤처기업 상장 이전에 근로자들이 얻는 지분이, 벤처기업 상장 후 폭발적으로 그 가치가 증가함에 따라 발생하는 것이다.

이처럼 일반 중소기업 및 대기업의 경우보다 벤처기업에서는 스톡옵션 및 우리사주 지급분이 충분히 많다는 점이 근로자들에게는 유인이 되는 것이다.

2. 구조적 특성

우리나라 벤처기업은 신기술 또는 첨단기술을 대상으로 하고 창업을 통해 기술적 아이디어를 상업화한다는 두 가지의 특징을 지니고 있다.

우리나라 벤처기업의 구조적 특징을 살펴보면 다음과 같다. 첫째, 창업자가 젊고 전 직장에서 기술개발 경험과 경영관리 경력이 있다. 둘째, 기술이 전 직장에서 파생되거나 이전된 경우가 많다. 셋째, 매출액에 대한 연구개발투자의 비율이 높고, 인력자원의 기술 및 기능집약도가 높다. 넷째, 인력관리에 역점을 두며 마케팅, 재무, 생산 등 여러 경영기능을 자체적으로 수행하기보다는 외부기관을 이용한다. 다섯째, 주로 고성장 산업분야에 진출한다. 여섯째, 경영성과 면에서 높은 매출성장률, 부가가치율, 수출비율 등이 특징이다. 일곱째, 의사결정이 신속하고 추진력이 강하다.

한편, 국내 벤처기업의 특징을 살펴보기 위하여 벤처기업의 본산이라 할 수 있는 미국의 벤처기업들과 비교한 결과를 살펴보면 다음 표와 같다.

【표 2-1】 우리나라 기술집약형 벤처기업과 미국의 NTBF의 특징 비교

공통점	차이점
창업자가 평균 대졸이상의 고학력과 기업, 연구소 또는 대학에서의 전직경력을 배경으로 함	NTBF에 비해 창업자의 평균연령이 높고 전공면에서 공학출신의 기술창업인 비중이 낮음 창업자의 모조직으로서 대학, 연구기관 등 과학기술 하부구조의 빈도가 극히 낮음
창업자 또는 기술동업자의 모조직으로부터의 spin-off를 통한 기술이전 효과가 큼 R&D 투지비율 및 인적자원의 기술 및 기능 집약도가 높음	NTBF와는 달리 기술집약형 중소기업이 집중적으로 발전하는 TOIC가 형성되고 있지 않음
국내 산업기술발전단계로 보아 유동기 산업분야에서 제품혁신에 치중해서 비교적 산업진입 코스트가 낮은 품목에 진출하고 있음	NTBF는 세계적으로 첨단기술이라 할 수 있는 급진적인 기술혁명을 이루고 있는 반면, 우리나라 기술집약형 중소기업은 국제시장에서 품질 경쟁력이 위주가 되는 품목 즉, 선진국수준에서 과도기 내지 경화기의 품목을 개발하고 있음
일반 중소기업이 대체로 개발 및 엔지니어링 단계의 기술개발에 주력하는데 비해 기술집약형 중소기업은 제품의 핵심기술 요소에 대한 응용 및 기술연구부터 수행하는 경우가 많음	NTBF는 주로 자국 내에서 이루어진 연구를 바탕으로 특정기술을 응용, 사업화하고 있는 반면, 우리나라의 기술집약형 중소기업은 외국에서 이미 개발, 양산단계에 들어선 제품을 모방 내지 소화 개량함으로써 국내 신제품을 개발하고 있는 경우가 많음
경영 성과 면에서 높은 산출 및 고용성장을 고부가가치비율을 시연함	NTBF는 세계시장 점유를 목표로 높은 수출비율을 실현하고 있는 반면, 우리나라 기술집약형 중소기업은 수출보다는 수입 대체로 목표하는 경우가 많음

여기서 알 수 있듯이 우리나라 벤처비즈니스는 일부 산업분야를 제외하고는 혁신적 기술개발능력을 갖추지 못하고 있어 전반적인 과학기술 하부구조

도 약하다. 따라서 우리나라는 미국, 일본, 유럽 등 선진국에서 이미 개발하고 상품화된 기술을 도입하거나 모방하여 상품화하기 때문에 성공률은 다소 높으나 성공시 상대적으로 수익률이 낮다고 할 수 있다.

3. 선진국과 한국 벤처기업의 차이점

1) 사회 · 경제적 환경의 비교

1946년 이후 체계적으로 등장하기 시작한 미국의 벤처기업과 벤처캐피탈이 미국의 산업구조 고도화, 기업경영의 다각화, 첨단산업발전의 원동력으로 작용하게 됨을 인지하고 정부는 1980년대부터 미국의 벤처기업, 벤처캐피탈로부터의 교훈을 실천하고 있다.

대체적으로 미국에 있어서는 기업화 대상의 적정기술이 많고 벤처기업을 희망하는 인적자원이 풍부하여 벤처기업의 수요가 큰 것에 착안하여 벤처캐피탈이 자생적으로 발생했기 때문에 민간 벤처캐피탈회사에 의해 주도되었고 정부의 정책적 지원은 사후적이고 유인적인 특성을 갖고 있다.

반면에 벤처비즈니스 후발국인 일본과 우리나라는 기술개발의 촉진과 첨단기술의 기업화를 이룩하기 위하여 정부주도에 의해 벤처기업과 벤처캐피탈을 정책적으로 육성하고 있는 실정이다.

이와 같은 차이는 벤처기업 생성기반, 벤처캐피탈의 규모와 발전과정, 벤처기업 및 벤처캐피탈의 운영현황에 있어서 벤처기업 선발국과 후발국의 차이를 나타내는 결과로 볼 수 있다. 즉, 벤처기업 선발국인 미국은 신기술, 신지식, 기업가 정신이 중심이 된 벤처기업이 벤처캐피탈의 육성을 가져왔고 후발국인 일본, 우리나라는 벤처캐피탈이 제도화되어 벤처기업을 성장시키고 있다는 차이점을 보이고 있다.

2) 벤처기업의 특성의 차이

미국의 벤처기업은 첨단기술을 비롯하여 기술기반이 다양한 가운데 고수익성을 목표로 설립 운영되고 있기 때문에 벤처기업의 대상분야도 첨단기술분야 단계별로 기업화 초기사업에 집중되는 고수익성 지향적이다.

그렇지만 일본의 경우는 첨단기술분야에의 집중도가 미국처럼 크지 않고 성장단계에 돌입하고 있는 벤처기업에의 투자가 많으며 유통, 서비스부분의 비중이 높은 것이 특색이다.

우리나라의 경우는 벤처기업의 개념이 기술집약형 중소기업의 성격을 지님으로 인하여 국내시장에서는 신규성이 있으나 선진국 시장에서는 제품수명주기상 성장기와 성숙기의 사이에 있는 경향을 보이고 있다. 그 결과 우리나라 벤처기업이 생산하는 제품은 수입대체상품의 개발이라는 특성을 보이는 것이 보통이다.

이러한 벤처기업의 기술수준, 기술조건은 오히려 우리의 기술 욕구를 잘 반영하고 있다고 할 수 있으며 세계적으로 기술의 신규성, 첨단성이 있는 사업의 생성이 크지 않은 것은 기술개발능력, 즉 기술공급측면의 취약성에 기인한 것으로 볼 수 있다.

한편 벤처캐피탈의 투자자금 회수기간도 미국이 3-4년으로 비교적 짧은데 반하여 일본과 우리나라는 비교적 회수기간이 길다는 점 또한 차이점이라고 볼 수 있다.

4. 벤처기업의 해외진출 특성

현재 많은 우리나라 벤처기업들은 해외진출을 이미 시도하였거나, 진출을 준비하고 있다. 또한 아직 해외진출을 생각하고 있지 않은 벤처기업이라고 하더라도 추후에는 기업의 지속적인 성장을 위해서는 해외진출이 필요하다고 본다. 본 장에서는 한국 벤처기업의 해외진출의 필요성을 다섯가지로 분류하여 살펴보고자 한다.

첫째 내수 시장의 규모가 작기 때문에 성장의 한계가 존재할 수밖에 없다. 벤처기업이 최초에는 틈새시장을 중심으로 하여 성장하더라도, 기업이 성숙함에 따라 비용이 증가하게 됨에 따라 더욱 많은 매출액을 올려야하는데 국내시장의 규모만으로는 이를 만족시킬 수 없으므로 필연적으로 해외 진출을 시도하게 되는 것이다.

두 번째로는 정보통신 기술의 발달로 해외 진출 비용이 현격하게 감소되었다는 것이다. 이는 과거와 달리 한 국가의 기업이 다른 국가에 진입하는데 드는 비용이 급속하게 감소함에 따라 해외진출시 손실보다는 이익이 더욱 증가하게 되었음을 의미한다. 게다가 국내에만 머물러 있는 기업들은 과거에는 정부의 산업 보호정책에 의해 안정적인 시장을 어느 정도 확보할 수 있었으나 이제는 해외 기업들의 국내 진입 가속화 및 글로벌 소비자의 등장으로 해서 안정적인 시장이 존재하지 않고 어느 곳이나 글로벌 경쟁을 피할 수 없게 되었다는 것이다. 이와 같이 글로벌 경쟁이 가속화되고 있는 가운데 국내시장만을 고집하는 것은 결국 경쟁에서 뒤떨어지는 결과를 낳을 뿐이므로 적극적인 해외진출을 통해 국제 경쟁력을 강화하는 것이 필요하다고 할 것이다.

세 번째로는 세계화를 통한 글로벌 표준화와 규모의 경제 달성 및 신규시장의 확보 필요성이다. 위의 두 번째 요인은 글로벌화가 가속화된 원인을 제시한 요소라고 한다면 글로벌 표준화와 규모의 경제는 글로벌화를 추진하는 근본적인 원인을 나타낸다고 보아야 할 것이다. 즉, 정보통신 기술의 발달로 글로벌화가 가속되면서 모든 산업에서는 현재 글로벌 표준을 잡기 위한 경쟁이 치열하게 진행되고 있다. 특히 인터넷 및 첨단 산업에서는 이러한 기술 경쟁이 더욱 강화되고 있는 것은 모두가 인정하고 있다. 이의 이유는 첨단산업에서 자사의 기술이 한번 산업의 표준을 획득하게 되면, 매출액의 급속한 성장에 비례하여 단위당 생산원가가 감소하는 수확체증의 법칙이 작용하기 때문이다. 반면 산업 표준을 획득하지 못한 기업의 경우 새로운 산업표준을 따라가야 하는데 드는 추가적인 비용부담과 함께 기업 이미지의 하락으로 과거보다 더한 손실을 감수해야만 한다. 현재 한국의 벤처기업들의 대부분은 인터넷 및 첨단산업을 중심으로 발전하여 왔다는 점을 감안한다면, 한국 벤처기업들의 해외 진출의 필요성은 더욱 강하게 제기된다고 할 것이다.

네 번째로 해외 선진기업들과의 경쟁으로 선진 지식의 조기 습득과 이를 통한 경쟁력 강화를 위해서도 국제화는 필수적이다. 해외 선진기업들이 가지고 있는 그들만의 경영 노하우 및 기술 지식을 습득하고 이를 현실에 맞게 수정하여 사용할 수 있어야만 한국 기업들도 세계적인 선두 기업으로의 자질을 갖출 수 있을 것이다. 따라서 해외 선진기업들의 지식을 습득하기 위한 가장 좋은 방법은 그들과 경쟁을 하면서 지식을 습득하고, 개발하는 것이다.

마지막으로 정보통신 벤처기업의 경우 태생적으로 글로벌화가 필요충분조건이라고 할 것이다. 이는 정보통신 산업의 경우 기술 집약적인 하드웨어 산업의 경우에는 위에서 설명한 바와 같이 글로벌 표준을 획득하여야만 높은 수익이 보장되기 때문이다. 또한 컨텐트 산업의 경우에는 글로벌 시민을 대상으로 하여 많은 관객들에게 노출이 됨으로 해서 높은 수익과 함께 자국의 문화를 세계에 알린다는 측면에서 더욱 글로벌화가 강조된다. 컨텐트 산업의 글로벌화는 정부의 과감한 육성 및 지원정책이 동반되어야 할 것이다.

이상에서 본 바와 같이 한국 벤처기업들의 해외진출은 이제 당위성의 문제를 넘어서 생존의 문제와 직결된다고 할 것이다. 과거 교통수단의 발달이 각국의 기업들이 해외로 진출하게 되는 밑거름의 역할을 하였다면, 이제 정보통신 기술의 발달은 기업들의 해외진출을 일상적인 기업 행위의 일부분으로 만들었다고 해도 과언이 아니다. 따라서 한국의 벤처기업들도 적극적인 해외진출을 통한 기업 경쟁력의 강화 및 성장 한계를 극복하기 위한 글로벌 스탠다드에 대한 학습을 증진하여야 할 시기에 접어들었다고 본다.

5. 국내 벤처기업의 전망

1) 벤처 침체의 장기화

닷컴 위기론이 대두된 이후 벤처기업의 자금 확보가 힘들어짐에 따라 이러한 벤처 침체 현상의 장기화에 대한 우려가 높다. 벤처기업의 수익 모델 부재와 지속적인 적자로 인해 투자자로부터의 자금 유치 상황이 더욱 어려워지고 있으며, 창업투자회사들의 경영상 어려움이 가중되고 창업투자조합의 결성금액이 급격히 감소하면서 벤처캐피탈도 타격을 받고 있다.

그러나 우수한 기술력과 확실한 수익 모델을 지니고 있는 벤처기업들은 오히려 벤처거품이 걷히면서 경쟁력을 인정받아 풍부한 자금을 확보하고 있다. 또한 모바일(Mobile)관련 비즈니스의 출현과 선도적 바이오 업체들의 해외진출은 벤처 시장 활성화의 기반으로 자리잡을 것으로 보인다.

하지만 여전히 미국 경제의 경착륙 위험과 국내 구조조정 지연 등 경제적 여건의 불확실성이 존재하는 상황에서 보다 안정적이고 확고한 입지를 굳히기 위해서는 벤처 침체의 원인을 분석하고 그 해결 방안을 모색할 필요가 있다.

2) 벤처업계의 구조조정

한 때 일어났던 벤처붐에 이어 닷컴 위기론의 대두와 함께 벤처 시장이 위축되는 과정을 겪으면서 벤처업계를 둘러싼 새로운 흐름들이 나타났다.

먼저 벤처기업간 양극화 현상에 대해 설명하면, 벤처기업 중 확실한 수익모델과 안정적인 수익을 확보할 수 있는 기업들에 자금이 몰리고 있으며 반대로 수익 전망이 불투명한 기업들은 자금 확보에 큰 어려움을 겪고 있다. 특히 인터넷 사업에 대한 거품론에 대한 반응으로 제조업 벤처에 대한 투자가 상대적으로 증가하고 있다.

또한 과거 대기업에서 유출되었던 벤처 인력들이 다시 대기업으로 돌아가는 유턴 현상이 발생하고 있어 벤처업계의 인력난이 가중되고 있다. 대기업의 경우 회사의 인사 제도를 바꾸면서까지 재입사를 환영하고 있어 이러한 현상을 더욱 부추기고 있다. 뿐만 아니라 모바일이나 바이오 같은 신생 벤처기업으로 기존의 벤처인력이 횡적 이동을 함에 따라 기존의 벤처기업들은 지속적인 사업 운영에 있어 난관에 봉착해 있는 상황이다.

제3절 외국의 벤처기업

1. 미국 벤처기업

1) 미국 벤처기업 발전과정

미국의 벤처는 1950년대 이후 지금까지 4단계로 발전해 왔다.

첫 번째 단계(1950년대~1960년대)에는 미국 항공우주국(NASA)을 중심으로 군사, 우주개발의 국가적 프로젝트가 활발하게 추진되었던 때이다. 당시의 대부분의 벤처기업들은 이 프로젝트에 참여했던 수많은 연구자들과 경영자들이 대학, 대기업, 연구기관으로부터 전직함으로써 설립된 것들이다.

두 번째 단계(~1970년대)는 반도체를 중심으로 한 전자산업의 기술혁신이

일어났던 시기로, 약 40여 개의 반도체 기업들이 실리콘밸리를 기반으로 설립되었다.

세 번째 단계(1978년 이후 ~)는 제3차 벤처붐이 일어났던 시기로, 정부의 투자 촉진책이 시행되면서 반도체, 유전공학, 컴퓨터 등 첨단기술을 중심으로 이러한 붐이 조성되었다.

마지막 네 번째 단계(1990년 ~ 현재)는 마이크로일렉트로닉스 기술 진보에 기반하여 본격적인 정보화를 주도하는 기간이다.

미국 벤처캐피탈협회(National Venture Capital Association : NVCA)는 최근 미국 벤처기업들의 실태분석을 통해 다음과 같은 특징을 제시하고 있다.

첫째, 벤처기업들 중 약 50%가 창업 후 5년 미만의 신생기업이며, 그 중 81%는 아직 미상장 상태이다.

둘째, 창업 후 약 5년 이내에 급성장을 이룩하였다.

셋째, 1990년대 벤처기업의 연평균 순이익 증가율은 35%이며, 수출증가율은 23%로서 매우 높게 나타나고 있다.

넷째, 1990년대 벤처기업들은 총 54억 달러를 연구 및 상품개발에 투자하였다. 이는 미국 500대 기업의 종업원 1명당 평균 연구개발 투자비의 2배가 넘는 수준으로 연구개발 투자의 비율이 대단히 높다.

다섯째, 벤처캐피탈이 핵심 자금조달원이며, 종업원 수당 · 시설비 · 운용자금 등도 이를 통해 조달되고 있다.

여섯째, 전문 투자회사의 투자비중은 69%로서 매우 높지만, 회사의 창업자로부터는 7%, 개인투자가로부터 8%, 동업자로부터 5% 그리고 상장을 통하여 10%의 벤처캐피탈을 조성하는 등 자금조달원이 매우 다양하게 나타난다.

일곱째, 벤처기업의 사업분야가 대부분 첨단분야인 소프트웨어, 생명공학, 반도체 및 전자통신장비, 의료기기 등에 집중되어 있다.

2) 미국의 벤처산업 동향

미국은 실리콘밸리를 중심으로 한 벤처산업이 가장 잘 발달된 나라로서, 약 3만~4만개의 벤처기업들이 활동하고 있는 것으로 추정된다. 이들은 주로 소프트웨어, 생명공학, 정보통신, 반도체 및 전자 등 첨단기술업종을 영위하고 있다.

미국의 벤처캐피탈은 정부의 인가를 받아 설립되는 중소기업투자와 민간 벤처캐피탈회사의 두 가지 유형으로 구분할 수 있다. 중소기업 투자회사(SBIC)는 민간 벤처캐피탈회사와 달리 중소기업투자법에 규정된 투자대상 기업에 대해 제한적으로 투자하고, 정부로부터 각종 장기저리융자와 지급보증 등과 같은 각종 지원을 받는다.

80년대 후반까지 뚜렷한 성장세를 지속하던 벤처캐피탈의 자금조달과 투자실적은 80년대 말에 이르러서는 경기침체 및 주식시장의 위축으로 둔화되었다. 그러나 1990년 이후 벤처기업의 기업공개가 활성해 지면서 높은 투자수익을 기대하는 투자자들이 벤처캐피탈에 대한 투자를 선호함에 따라 벤처캐피탈의 자금조달과 투자실적도 늘어나기 시작했다.

3) 미국의 벤처기업 지원제도

미국 경제가 활력을 되찾은 이유로 꼽히는 미국의 벤처붐은 사회의 전반적 영향요인과 벤처기업의 발전 단계별 자금지원기관, 이를 뒷받침하는 세제 및 투자자금 회수를 촉진하는 금융환경, 원활한 인력공급, 창업을 용이하게 해주는 창업보육센터 등의 잘 정비된 시장과 환경적 제반 요건이 존재하기 때문에 가능하였다.

미국의 벤처기업 지원제도는 1953년 중소기업법 (Small Business Act)에 의해 설립되고 1958년 중소기업 투자법(SBIA)에 의해 권한을 위임받은 중소기업청(SBA)이 중심이 되어 운영되고 있으며, 그 외 자본 소득세율 인하를 통한 유휴자금 유인, 벤처캐피탈의 자금기반의 확충, NASDAQ의 활성화를 위한 정책 등이 시행되고 있다.

(1) 중소기업청(SBA)에 의한 지원제도

미국의 중소기업지원은 SBA 본청을 중심으로 지방청, 지방사무소, 출장소와의 네트워크를 통해 운영되고 있다. 중소기업청에서 행해지는 주요지원 업무는 금융지원, 지도 및 연수, 정보제공, 정부조달지원, 수출지원, 기술개발촉

진 등을 들 수 있다. SBA의 지방조직은 중소기업과 직접 연결되어 정보나 각종 지원을 제공하는 창구역할을 담당하고 있다.

【표 2-2】 미국 벤처기업의 업종별 비중(단위 : %)

	반도체 · 전자	S/W	정보통신	멀티미디어	의료 · 생명	컴퓨터관련	전기 · 기타
비율	8.2	22.6	23.7	18.8	16.8	3.0	6.9

먼저 금융 및 신용보증지원은 직접대출과 보증대출로 구성되어 있으나 대부분이 보증 대출로시 일빈금융기괸을 통헤 대출되며, 대출을 신청한 기업이 업종이나 희망 상환기간 등에 있어 신청금융기관의 범위를 벗어나는 경우, 신청기업은 SBA에 보증서 발급을 요청할 수 있도록 되어 있다.

중소기업 투자회사(SBIC)는 SBA가 발행하는 라이센스를 받아 중소기업에 투자하는 민영투자회사로서 미 전역에 274개의 SBIC가 있다.

중소기업육성센터(SBDC)는 민간, 교육기관, 연방정부, 주정부, 공동으로 각 지원센터를 통해 경영 및 실무지원을 하고 있는데 여기서는 재무, 마케팅, 생산, 기술 등 경영 전반에 걸친 조언 및 실행가능성 연구와 해외거래지원, 기술지원, 조달지원, 벤처캐피탈 자금의 조달, 저개발지역 지원 등의 업무를 수행한다.

또한 SBA의 온라인 네트워크를 통해 중소기업에 최신의 정보를 제공하는 전자게시판 시스템을 운영하고 있으며, 또한 자동조달정보 시스템, 사업정보센터, 엔젤자금 전자네트워크 등의 정보네트워크를 구축해 운영하고 있다.

기술개발촉진을 위해서 제조업 출장 파트너십 제도를 통해 국립연구소를 중심으로 중소기업에 기술자를 파견하여 신기술을 전수하고, 중소기업혁신연구사업, 중소기업 기술이전 프로그램을 통해 연방정부가 중소기업의 연구개발을 지원하고 있다.

(2) 민간 자금 유입을 위한 지원

미국의 벤처기업 지원제도의 중심은 민간차원에서 비롯되었다. 정부가 정한 법과 제도를 이용하여 직접적으로 벤처기업을 지원하는 것은 정부가 아니라 민간이다. 엔젤은 제도 금융권의 지원대상 밖에 위치한 연구개발 및 창업 초기의 기업에 대한 자금지원의 상당부분을 담당한다. 이들은 정부로부터는 단지 세제지원만을 받으면서 벤처기업의 높은 위험을 스스로 부담한다. 중소기업투자회사보다 훨씬 많은 600여 개의 민간 벤처캐피탈회사들이 투자조합의 형태로 벤처기업에 투자하고 있다. 이들 역시 엔젤과 마찬가지로 정부로부터 세제지원 외에는 별다른 지원을 받고 있지 않다.

가) 엔젤

벤처기업 설립 직후 자금조달이 가장 어려운 시기에 자금을 지원함으로써 벤처기업이 자금조달에서 매우 중요한 위치를 차지하는 개인 투자가인 엔젤이 가장 활성화되어 있는 곳이 미국이다.

미국에서 전체 엔젤의 연간 투자금액은 벤처캐피탈 투자액의 약 5배 규모인 약 200억 달러로 추산되고 있다. 엔젤은 벤처캐피탈에 비해 상대적으로 규모가 적은 소기업과 신설기업 등에 투자하기 때문에 업체당 투자금액은 40만 달러 정도이고, 5~10명이 고동 투자하는 경우가 많기 때문에 1인당 평균 투자액은 4~8만 달러이다. 한편 업체당 평균 창업비용이 약 2만 5,000달러 정도 소요되고 있는 점을 감안할 때 엔젤의 연간 투자금액 200억 달러는 80만개 업체의 창업자금에 상당한다.

나) NASDAQ 시장

미국의 벤처기업들은 대표적인 장외시장인 NASDAQ을 통해 기업공개를 추진함으로써 증권시장을 이용한 직접금융시장에서 자금을 조달하고 있는 경우가 많다. NASDAQ을 통한 투자성과의 공개는 벤처기업이 엔젤이나 벤처캐피탈로부터 자금을 쉽게 조달할 수 있도록 해준다.

미국의 경우 벤처기업이 창업에서 NASDAQ 시장을 통한 기업공개까지 평균 5년이 소요된다. 때문에 벤처기업에 투자한 엔젤과 벤처캐피탈은 투자성과를 단기에 얻을 수 있다. 1979년 미국 증권협회(NASD)는 NASDAQ 등록요건을 대폭 완화하여 벤처캐피탈을 쉽게 이용할 수 있도록 되어 있다.

NASDAQ 시장은 많은 투자자들이 주식을 소유할 수 있도록 한 주식분산규정과 벤처기업들의 활발한 등록, 불성실한 고지에 대한 엄격한 처벌 제도

및 높은 수익성으로 인한 투자자들의 적극적인 참여 등으로 번창할 수 있었으며 벤처기업의 주요 자금원으로 이용되고 있다.

다) 민간벤처캐피탈 회사

민간 벤처캐피탈회사는 일반적으로 설립주체에 따라 금융기관과 일반기업 등의 자회사와 독립적인 회사로 나눌 수 있다. 그러나 대부분의 경우 법인세 및 배당소득세 등과 같은 이중과세를 피하기 위해 투자조합의 형태로 설립되고 있다. 보통 벤처캐피탈회사가 연·기금, 보험회사, 개인투자자 등을 모아 하나의 투자조합을 결성하며 이때 벤처캐피탈회사는 투자기업의 선정, 펀드 관리, 투자기업에 대한 경영지원 능의 업부를 맡는 무한책임사원이 뇌며, 나른 투자자는 일반조합원이 된다.

민간 벤처캐피탈회사의 주요 자금 조달원은 기관투자가의 투자로 1993년 종업원 퇴직 소득보장법의 개정으로 벤처캐피탈에 대한 연·기금의 비중이 59%에 달하여 벤처캐피탈의 최대 자금 조달원으로 부상하였다.

라) 인력부문의 지원

미국의 벤처기업들은 서부의 실리콘밸리, 동부의 시애틀 및 보스톤 교외의 route128 지역을 중심으로 발전하였다. 이들 지역은 스탠포드 대학과 MIT 등이 함께 위치하고 있어, 벤처기업최대의 필요조건이 고급인력에 대한 수요를 충족시켜 왔다.

이들 대학의 고급 인력들을 유인하기 위한 제도적 장치로 스톡옵션이 이용되고 있으며 이외에도 대학 및 연구원들을 벤처기업이 이용할 수 있도록 촉진하는 SBDC 프로그램 등이 있다.

마) 창업보육센터

창업보육센터는 벤처기업 등 중소기업의 창업과 성장을 기원하기 위해 정부 또는 비영리기관이 설립한 기관으로 북미지역에는 2008년 현재 약 1,000개의 창업보육센터가 운영되고 있다.

창업보육센터는 각 설립주체가 지역공동체와 산업체간 밀접한 협력을 통하여 기술집약형 창업기업에 대해 저렴한 비용으로 사무실 등 사업공간을 제공하고 경영과 기술상담은 물론 금융지원 주선, 마케팅 지원 등 여러 가지 면에서 기업의 성장을 지원하고 있다.

바) 각종 조세지원

(가) S법인 제도

정부부문의 벤처기업에 대한 지원 중 중요한 몫을 차지하는 것이 세제지원이다. 1958년 된 S법인제도[57]는 일정한 규모 이하의 소규모 법인에게 법인세를 과세하지 않는 대신 해당법인의 손익을 개인주주에게 출자비율로 배분하여 개인 소득세를 과세하는 제도이다. 따라서 개인주주는 출자기업에서 손실이 발생할 경우 다른 소득과 출자기업의 손실을 합산하기 때문에 결과적으로 세금감면 혜택을 받을 수 있다.

(나) 미공개기업의 주식매각손 과세 특례제도

통상적으로 주식매각손은 개인별 연간 3,000달러를 한도로 통상소득과 합산할 수 있다. 그러나 1958년에 특정 중소기업 주식의 매각 손은 同한도를 넘는 큰 금액까지도 통상소득과 합산할 수 있는 세금 우대 제도가 도입되었다.

즉, 주식매각손 과세 특례대상이 되는 적격 중소기업의 설립 또는 증자 시에 주식을 취득한 개인이 同주식의 매각으로 입은 손실은 5만 달러(납부공동신고인 경우에는 10만 달러)를 한도로 통상소득과 합산할 수 있다.

(다) SBIC 주식 투자에 대한 세금우대제도

개인이 SBIC가 발행하는 주식에 투자하고 5년 이상 보유한 후 매각할 경우 발생된 주식매각이익의 50%에 대해서는 과세하지 않는다. 또한 SBIC 발행주식에 투자한 개인투자가는 동 주식의 매각 시 발행한 매각손을 손실로 인정받아 주식매각손 전액을 개인투자가의 통상소득과 합산할 수 있다.

(라) 주식매각이익 과세특례제도

미국에서는 주식매각이익이 다른 소득과 합산되어 종합과세 되고 있다. 그러나 적격 중소기업이 발행한 주식을 5년 이상 보유하고 나서 매각할 경우에는 주식매각이익의 50%에 대하여서는 과세하지 않는 특례제도가 도입되었

다. 단, 비과세 되는 금액의 한도에 당해 연도에 매각된 주식 취득가액의 10배 또는 1,000만 달러에서 전년도까지 비과세된 적격주식의 매각이익 누계액을 차감한 잔액 중 큰 금액이 적용된다.

2. 영국 벤처기업

1) 벤처기업 현황

영국은 미국에 이어 세계 제2의 벤처 산업국으로 알려지고 있으며, 영국 정부는 1979년 "중기재정 및 경제정책"을 수립하여, 민간기업에 최적의 경제활동 여건을 제공하는데 정책의 우선순위를 두고 본격적으로 벤처신업을 육성하기 시작하였다.

2) 영국의 벤처기업 지원제도

영국에서도 80년대 이후부터 벤처기업 육성을 위한 각종지원책이 마련되고 있다. 영국 벤처기업협회의 조사에 따르면 영국의 벤처기업은 1만 4천여 개에 달하며 그에 따른 총 고용인원은 100만명 이상일 것으로 보고 있다. 1983년 이후 벤처기업에 투자된 자금은 140억 파운드에 달하고 있다.

영국의 벤처기업 지원제도는 미국의 제도와 유사하다. 영국의 제도 중 특이할 만한 것은 Business Link 제도인데, 이는 정부의 각 기관 및 정부자치단체, 공공단체 등의 다양한 지원책을 일괄처리 하는 창구이다. Business Link는 정부에서 출자하고 재정적 지원을 하지만 주식회사의 형태로 운영된다.

영국 역시 엔젤과 벤처캐피탈이 벤처기업의 주요 자금공급원 이기는 하지만 미국에 비해 창업초기에 투자하는 비중은 떨어진다. 다른 나라의 벤처캐피탈 및 개인투자가와 비교할 때 특이한 점은 이들의 투자대상 중 상당 부분이 기업매수 및 합병과 관련한 것을 들 수 있다.

(1) 원활한 사업진행을 위한 지원

가) Business Link 제도

영국의 벤처기업 지원제도 중 가장 독특한 내용으로서 신설기업이 경영에 필요한 자문을 받을 수 있도록 설립된 주식회사이다. 이는 연구개발형 기업이나 신설기업이 기업경영상 직면하는 여러 가지 문제점을 해결하기 위해 설립된 것이다. 1996년 말 80개 사가 있으며 주된 기능은 정부 각 기관이 실시하는 중소기업 지원 시책의 창구를 일원화하여 중소기업자가 보다 편리하게 정부의 지원정책을 이용하게 하는 것이다.

비즈니스 링크의 주요 출자자는 통산사업부(Department of Trade and Industry)이고, 그밖에 지방자치단체와 상공회의소 등도 출자하고 있으며, 설립 후 3년간은 통산사업부가 재정적으로 지원하고 있다.

나) Science Park

사이언스 파크는 대학부지 안에 산·학·연 공동연구단지를 만들어 연구실의 성과를 바로 사업화 하는 신기술 창업시스템의 하나로, 80년대 초 경제 불황을 타개하는 방편으로 도입하였다.

켐브리지 대학의 경우 세인트존스 혁신센터 등 3개 사의 사이언스 파크를 운영중이다. 1987년 세워진 세인트존스 혁신센터에는 70개 기업이 입주하여 500명을 고용하고 있으며, 연간 2,500만 파운드의 매출실적을 올리고 있다. 이 단지에 입주한 기업의 성공률은 88%로 켐브리지 지역의 평균(50%)을 크게 상회하고 있다.

(2) 투자유인을 위한 지원

가) 기업투자자금 지원제도

기업투자자금 지원제도(EIS)는 1994년에 종전의 기업창업제도와 기업확장제도를 확대·개편한 것이다. 이는 벤처기업의 자금조달을 지원하는 제도로 투자액의 일부를 세액공제하고, 주식매각이익의 면세, 주식매각손의 타소득과의 손익통산이라는 우대조치 부여 등의 조치를 시행했다. 또, 일정한 조건을 갖추어 세무당국으로부터 승인을 받은 적격 미공개 기업이 발행하는 신규주식을 취득한 개인투자기에 대해 세금을 우대하고 있다.

나) 벤처캐피탈 신탁회사 (VCT)

VCT는 투자위험이 부족하고 투자대상 기업에 대한 정보가 부족한 개인투자가들의 위험을 분산시켜 주기 위해 1995년 4월 1일에 도입된 제도이다.

1995년 세제개정 이후 도입된 VIC 제도는 적격 미공개 기업에 투자하는 회사형 투자신탁에 투자하는 개인에 대한 세금우대 제도이다. 이 제도의 적용대상 기업은 100만 파운드까지 자금조달이 가능하다.

VCT에 투자하는 개인투자가에게는 투자 시 투자액 20% 세액공제, VCT 주식 배당에 대하여 비과세, 5년간 보유한 VCT 주식 매각 시 발생한 매각익에 대하여 33% 면세 등의 인센티브를 부여하고 있다.

다) 벤처캐피탈 투자신탁제도

벤처캐피탈 투자신탁제도(VCIT)는 증권시장에 상장되지 않은 벤처기업 및 중소기업의 자금조달을 용이하게 하기 위해, 비상장 기업에 대한 투자를 추진할 목적으로 전문 벤처캐피탈 투자회사를 설립한 것이다. 이 투자에 대하여서는 배당소득 및 자본이득에 대해서는 세제상의 인센티브를 주고 있다. 투자대상은 총 자사의 1,000만 파운드 이하인 비상장주식(대체 투자시장의 상장주식도 포함)이다. 이 제도에 의한 투자가 안정적이고 높은 수익률을 달성할 수 있도록 실제투자는 투자신탁의 구성 후 3년간 유보하고 있다.

라) AIM 등록기업 세금우대제도

런던 증권거래소(LSE)는 벤처기업과 중소기업이 금융시장에서의 자금조달을 한층 더 용이하게 할 수 있도록 공개기준을 대폭 완화시킨 AIM을 1995년에 발족시켰다. 영국정부는 AIM을 활성화시키기 위해 AIM 거래주식을 세제상 공개주식이 아닌 미공개주식으로 취급하기로 결정하였다.

이에 따라, AIM 거래주식에 대해서는 EIS, VCT, 주식매각의 과세연기제도 및 주식 매각손 통상소득과의 합산 등과 같은 세금우대제도가 모두 적용된다.

【표 2-3】 영국증권시장별 상장요건(자료 : 중소기업청)

상장기준	1부시장 (Official List)	2부시장 (USM)	AIM
최소공모주식	25%	10%	없음
최소주식발행총액	70만 파운드	없음	없음
제출서류	사업설명서, 재무제표	사업설명서, 재무제표	사업설명서
업력	3년	2년	없음
발행공고	전국지에 광고	전국지에 광고	없음
최소상장비용	735만 파운드	35만 파운드	미정

(3) 인력부분의 지원

앞서 언급한 영국 각 대학 중심의 Science Park는 벤처기업의 대학 연구 결과를 이용한 사업화뿐만 아니라 이들 대학을 졸업한 고급인력들에 대한 벤처기업의 접근을 쉽게 하는 효과를 가져오고 있다.

[표 2-4] 영국의 벤처기업 지원제도 및 정책

구분	주요 내용
원활한 사업진행을 위한 지원	- Business Link 제도 - Science Park
투자유인을 위한 지원	- 기업투자자금 지원제도 - 벤처캐피탈 신탁회사 - 벤처캐피탈 투자신탁제도 - AIM등록기업 세금우대제도
인력부분의 지원	- 정부 보조금을 매개로 연구인력의 중소기업 활용 - 산학협동 촉진시책

이외에도 정부의 보조금을 매개로 한 전문연구인력의 중소기업활용 및 산학협동 촉진시책 등이 이루어지고 있다. 구체적으로 살펴보면 중소기업이 자사에 필요한 기술을 개발하기 위해 대학의 연구원을 이용할 경우 비용의 일부를 정부가 부담하는 CBP, 대학이나 연구소의 개발기술을 이용한 사업화에 대하여 50%까지 자금을 지원하는 Link 등이 있다.

3. 일본 벤처기업

1) 일본 벤처기업 현황

일본에서는 우리나라와 달리 벤처기업에 대한 공식적인 개념 정의를 내리고 있지 않기 때문에 벤처기업의 범위에 대해 논란이 있을 수 있지만 벤처캐피탈의 경우 공적 벤처캐피탈과 민간 벤처캐피탈로 나누어지는데 1996년, 3개의 공적 벤처캐피탈과 93개 민간 벤처캐피탈이 활동하고 있는 것으로 나타나고 있다.

공적 캐피탈회사는 융자는 하지 않고 투자만 하며, 이들이 투자 위험도가 높은 초기단계의 벤처기업에 대한 투자를 활성화하기 위한 조치로서 투자손실에 대해 정부가 투자손실 준비금의 상각을 인정해 주고 있다. 또 지방공공단체가 추천한 중소기업에 투자한 경우 자체단체가 투자금액의 70%를 보증하여 위험을 분산하도록 하고 있다.

한편, 일본의 벤처캐피탈 업계는 상위집중도가 매우 큰 것이 특징으로 투자잔액 상위 10개 사의 시장점유율이 약 70%에 이르고 있다. 이와 같이 일부 벤처캐피탈에 의한 시장과 점화는 업계의 건전한 발전을 해칠 우려가 있기 때문에 개성 있는 벤처캐피탈 성장에 의한 업계의 저변확대와 시장활성화가 요구되고 있다.

벤처캐피탈의 투자대상은 소비 및 서비스 관련 등의 이른바 하이테크 산업에 대한 투자는 20%에도 미치지 못한다. 이처럼, 일본 벤처캐피탈 중 투자업종에 전념하고 있는 기업이 매우 적다는 점에서 미국의 벤처캐피탈과 대조되는 특징을 가진다.

일본에서는 과거 두 차례의 벤처붐이 있었는데, 제 1차 붐은 1970년~1973년 기간이며 발생배경은 급여생활자들의 독립 및 개업이 증가한 점과 공해처리 · 환경보전 · 생명공학 등 다방면에서 기업가가 등장하였기 때문이다. 제 2차 붐은 1983년~1986년 기간에 발생하였으며, 두 차례의 오일쇼크에 의해 에너지 절약 및 생산의 효율화의 필요성으로 인해 전기 · 전자, 신소재, 바이오테크놀로지 등의 분야에 집중적으로 투자를 하였다. 제 3차 붐은 1993년부터 현재에 이르는 기간으로서 버블붕괴와 미국의 생산성 향상에 자극을 받아 산업구조의 고도화와 경쟁력 회복의 관점에서 벤처붐이 진행 중에 있다.

일본 벤처기업의 국제화의 동향은 이미 일본 대부분의 기업이 해외로 거점이동을 추진하는 상황에서 상당한 관심을 일으키고 있는데, 이미 40%의 벤처기업이 해외와의 관련성을 맺고 있는 것으로 파악되었다. 진출지역으로는 북미와 아시아 지역이 집중되며, 제품수출을 통한 관련이 가장 높고, 다음으로 해외대리점 판매의 비중이 높았다. 단, 아시아 지역의 경우에는 현지 생산 자회사의 비율이 해외 대리점에 의한 관련보다 높게 나타났다. 한편 현지법인의 진출지역은 아시아 지역이 68.9%로 대다수를 차지하며, 북미 지역이 19.4%로 높고 나머지는 10% 수준이다.

2) 일본 벤처기업 지원제도

일본의 벤처산업 지원정책은 "신규사업법" 및 "중소기업창조 활동촉진법"에 의한 지원과 세제상 우대조치, 장외시장 활성화 조치, 지방자치단체의 지원 등으로 대별할 수 있다.

(1) 신규사업에 의한 지원

1989년 12월부터 시행된 동법은 신규사업에 대한 자금공급을 원활히 하기 위하여 통산성 장관의 인정을 받은 특정 신규산업에 대한 채무보증제도와 출자제도에 대한 사항들을 규정하고 있으며 자금조달과 기술개발 및 경영연수 등 종합적인 지원시책을 실시하고 있다.

주요 지원내용은 기술력을 보유하고 있으나 자금조달 능력부족으로 연구개발 및 사업수행이 곤란한 벤처기업을 대상으로 'Venture Enterprise Center'가 최대 1억엔 까지 무담보 채무보증을 실시하고 있다.

아울러 벤처기업과 투자자를 연결하고 각종 전문가로부터 조언을 받을 수 있도록 하는 '벤처플라자'를 운영하고 있다. 또한 벤처기업의 인재확보 및 지원방안의 일환으로 스톡옵션제도를 실시하고 있다.

(2) 중소기업창조활동촉진법에 의한 지원

중소기업창조활동촉진법은 지방자치 단체가 벤처기업의 주식·사채를 인수하는 벤처캐피탈회사를 지원하기 위해 공익법인을 이른바 "벤처 재단"으로 지정한 후, 동 재단을 통해 벤처캐피탈을 지원하는 것을 핵심내용으로 하고 있으며 벤처재단의 지원형태는 크게 세 가지로 나눌 수 있는데 첫째, 간접투자로 벤처캐피탈회사가 창조적 중소기업에 대해 투자 (주식, 전환사채, 보증사채의 인수)하는 경우 저리로 융자[59)]해 주는 방식이다. 둘째는 벤처재단이 창조적 중소기업에 직접투자 (주식, 전환사채, 보증사채의 인수)하는 방식이며, 셋째는 벤처캐피탈회사가 인수한 사채인수금액의 70%를 재단이 지급 보증하는 방식이다.

(3) 조세지원

일본의 벤처 산업관련 조세지원 현황을 보면, 우선 일정요건을 갖춘 사업자에 대하여 설비 취득 시 취득가액의 7% 세액공액 또는 30%의 특별상각을 허용하고 있으며 리스의 경우에도 리스비용의 60%에 대해 7%의 세액공제를 허용하고 있다.

또한 투자손실준비금제도를 도입하여 벤처캐피탈회사가 벤처기업에 투자하는 금액의 최고 20%까지 적립하여 투자 손실 발생 시 상각토록 하였으며, 벤처기업이 창업 후 5년 이내에 발생하는 손실금의 이월가능기간을 5년에서 7년으로 연장하였다.

그러나 막대한 금융자산의 존재에도 불구하고 일본에서의 엔젤 활동은 미약하다. 여기에는 여러 가지 원인이 있을 수 있으나 미국이나 영국에서와 같은 투자 손실에 대한 소득공제제도가 없다는 점이 중요한 원인중의 하나로 생각된다. 소득공제나 세액공제가 없기 때문에 투자는 개인자격으로 이루어지기보다는 법인자격으로 이루어지고 있다.

최근 일본에서는 개인보유 유휴자금의 벤처산업 자금화를 위해 이른바 엔젤 투자에 대해 세금우대조치 도입을 추진 중이다. 주요내용을 보면, 창업 후 5년 이내의 주식회사로 R&D 비율이 3% 이상인 기업의 주식을 매입하였을 경우, 주식양도 손실의 이월공제기간을 1년에서 3년으로 연장하고 양도 이외에 회사 도산 등에 의한 손실이월공제 신설 등을 주요내용으로 하고 있다.

또한, 엔젤의 활성화를 유도하기 위하여 '엔젤 세제'를 도입하고 있다.

이 제도의 핵심은 주식 양도이익과 통산을 당해 연도에 국한하여 허용하는 것이고 양도손실 외에 회사의 해산 등 사실상의 도산에 의한 손실까지 통산할 수 있게 하였다.

(4) 장외시장 활성화

일본은 1963년부터 제1장외시장을 운영하여 왔으나, 최근 미국 NASDAQ과 최근 유럽 각국의 벤처기업 전용시장개설 등에 자극을 받아 벤처기업의 기업공개를 통한 자금조달을 보다 원활하게 하기 위해 제2장외시장을 1995년 7월에 개설하였다.

제2장외시장은 제1장외시장에 비하여 등록요건을 대폭 완화하였는데, 설립경과년수, 이익, 자본금 등에 관한 규정을 삭제하였다. 이 시장의 등록대상 기

업은 신규성과 장래성이 있는 사업을 영위하는 R&D 비율이 3%이상인 연구개발형 또는 지식집약형 벤처기업이며 적자기업도 등록이 가능하다.

발행주식수와 주주 수에 대한규정도 제1시장에 비해 크게 완화되었다. 반면 이러한 완화조건이 투자자의 피해로 연결되는 것을 차단하기 위해 기업공시의무를 강화하였다.

(5) 지방자치단체의 지원사업

80년대 일본의 지방자치단체는 벤처기업을 의식한 지방차원의 정책을 내놓았는데 그 주된 내용은 융자와 보조금이다.

이러한 '지방의 벤처화'는 그 후 주식공개 붐을 오랫동안 떠받치는 원동력이 되었다. 현재 주식시장의 침체 상태인데도 벤처 공개 붐은 계속되고 있으며, 공개기업의 상당수는 지방에 거점을 둔 기업이다.

이와 함께 각 자치단체는 자치단체별로 첨단산업 영위기업을 대상으로 한 창업 보육센터의 건설을 확대함과 아울러, 이곳에 벤처기업이 우선적으로 입주할 수 있도록 하여 경영, 기술측면에서의 지원 및 인재육성사업 등 소프트한 측면에서의 지원을 실시하고 있다.

앞에서 설명한 일본 정부의 벤처기업에 대한 지원정책 내용을 정리하면 다음 표와 같다.

[표 2-5] 일본의 벤처기업 지원제도 및 정책

구분	주요 내용
신규사업법에 의한 지원	- Venture Enterprise Center에 의한 무담보 채무보증 - 벤처프라자 운영 - 스톡옵션제도에 대한 사업상 특례 인정
중소기업창조활동촉진법에 의한 지원	- 벤처재단설립을 통한 벤처캐피탈 설립
조세지원	- 설비취득 및 리스시 세액공제 허용 - 개인투자자에 의한 주식양도 손실이월 공제기간 연장 - 엔젤세제의 도입
장외시장 활성화 대책	- 벤처기업의 자금조달원활화를 위해 등록요건을 대폭 완화한 제2장외시장 신설
지방자치단체의 지원	- 특별융자, 보조금 등을 통한 지원 - 창업보육센터 확대, 경영지원, 인재육성 등의 소프트적인 측면에서의 지원

4. 이스라엘 벤처기업

1) 벤처기업 동향

이스라엘의 벤처기업의 역사는 일천하지만, 90년대 들어 '제2의 실리콘밸리'로 불릴 정도로 벤처기업의 강국으로 발돋움하고 있다. 이는 중동평화협정 체결을 계기로 엄청난 국방비를 절감하여 경제개발에 투자할 수 있게 되었고, 기술적으로 군수산업에서 양성된 양질의 기술인력을 첨단산업에 투자할 수 있었기 때문이다.

이스라엘 벤처기업의 주요 활동분야는 전자・통신・반도체・화학・소재・컴퓨터 소프트웨어・의료장비 등의 첨단분야에 집중되어 있다. 이스라엘 벤처기업은 세계적으로 미국, 영국 다음으로 많은 것으로 벤처기업 활동이 활발한 나라임을 알 수 있으며, 매년 100개~200개 이상의 벤처기업이 탄생하고 있다.

EU의 신 시장에는 주식공개가 미흡하지만 영국의 장외시장(Alternative Investment Market : AIM)에도 6개 사가 상장되었다.

미국 주식시장에서와 마찬가지로 영국의 장외시장에서도 1996년의 이스라엘 기업의 등록과 자금조달규모가 두드러짐을 보이고 있다.

이스라엘은 100여개 기업이 미국 주식시장에 상장되어 있으며, NASDAQ 시장에도 많은 기업이 등록되어 캐나다에 이어 세계 제2위를 기록하고 있다.

벤처캐피탈의 경우 1993년 산업무역부가 공공 벤처캐피탈인 YOZMA를 설립한 것이 최초로 역사는 매우 일천하다고 볼 수 있다.

이스라엘의 벤처캐피탈은 거대기업의 산하에 있는 경우가 많지만, 3~4명에 불과한 소수정예체제로 운영되고 있는 것이 특징이라고 할 수 있으며 소수인력의 약점을 보완하기 위해 각 기금마다 전문분석가, 회계사, 변호사 등을 두고 세계적으로 유명한 '유태인 비즈니스 네트워크'를 효율적으로 활용하고 있다.

이스라엘은 선진국의 R&D 거점으로 활용되고 있다. 미국은 1977년에 이스라엘과 공동출자로 "2국간 연구개발기금(BIRD)"을 창설하여 양국 기업간에 긴밀한 교류를 촉진하고, 연구개발 과제에 대한 금융지원을 계속하고 있다.

최근 들어서는 일본 기업의 진출도 활발하여, 메이커로서는 Brothers가 비디오 압축기술분야에 2개의 자회사를 설립하였으며, 후지쓰가 반도체 R&D를 위한 공동투자, 교 세라가 이스라엘의 마이크로 부품 메이커에 투자, 네믹람더가 음향장치 및 컨버터 제조에 특화하는 전액 출자회사를 설립, NEC가 이스라엘 교육 소프트웨어 사를 매수하는 등 대기업이 속속 진출하고 있다. 또한 일본의 상사, 금융기관 등도 벤처기업과 관련하여 진출하고 있다.

2) 이스라엘의 벤처기업 지원제도

이스라엘의 벤처기업 지원제도 중 대표적인 것은 최근에 실시되고 있는 아이디어·기술 보유자 창업 유도를 위한 통상산업부 내 수석과학관실인 OCS의 주관으로 운영되고 있는 기술 인큐베이터 계획과 창업의 성공을 위해 지원하는 공공 벤처캐피탈 펀드(YOZMA)의 설립 등을 들 수 있다.

(1) 기술 인큐베이터 계획

인큐베이터의 주요기능은 기업인들이 그들의 프로젝트를 성공적으로 마치고 이를 상업적으로 성공 가능한 벤처산업이 되도록 지원하는데 있으며 이를 위해 ① R&D 계획준비나 아이디어에 대한 기술적·마케팅 타당성 지원, ② 연구인력 채용·조직에 대한 지원, ③ 플랜트·설비·행정설비 등 프로젝트 수행에 적합한 유형설비제공, ④ 행정적 안내·지도, ⑤ 비서·행정·보수유지·구매·예약·법률적 서비스 제공, ⑥ 투자자본 유치와 상품화·마케팅에 대한 지원 등을 실시하고 있다.

동 계획성과를 보면, 1996년 8월 말 인큐베이터 내에서 보육과정을 마친 프로젝트 수는 총 280개로 이 중 58%가 성공적인 것으로 평가하고 있고 나머지 42%는 실패한 것으로 평가되고 있으며, 이와 같은 실적은 벤처기업 속성을 감안할 때 매우 높은 실적이라고 볼 수 있다.

(2) 공공 벤처캐피탈 펀드 제도

공공 벤처캐피탈 펀드인(YVC)는 1992년에 설립되어 1993년 1월부터 영업을 개시하였으며, 동 기금의 설립목적은 이스라엘 민간 벤처캐피탈 산업발전

도모, 이스라엘의 벤처산업에 대한 외국인 투자유치, 이스라엘의 수출 지향적 하이테크 산업의 성장을 촉진하기 위한 것이다.

YVC의 자금조성은 국내자본은 물론 외국자본을 유치하는 양면작전을 구사하여, 현재 8개국으로부터 국제 벤처캐피탈 기금조성을 완료하였으며, 중국, 싱가포르 등과도 협력기금을 조성해 놓고 있으며 계속 펀드를 조성하고 있다.

(3) 외국인 투자유인 정책

이스라엘 정부는 기술은 국가존립의 핵심요소로 평가하고, 벤처산업의 지속적 발전을 위해 연구개발 지원활동 외에 무엇보다 지속적인 자금의 조달이 매우 중요하다고 보고 외국인 투자에 대한 특별 우대조치가 없이도 이스라엘 벤처기업의 기술력을 높이 평가하여 많은 외국인 투자가가 몰려든 상황이었으나 최근에는 이스라엘의 적극적인 벤처기업 육성책으로 외국인 투자를 활성화하기 위해, 벤처기업에 투자한 외국인 투자가의 경우 투자비율에 따라 추후 주식 배당금에 대한 원천 과세율을 인하해 주고 있다. 즉, 주식배당금에 대한 표준 원천과세율은 15%이나 외국인 투자비율이 50%인 경우 13.5%를, 100%인 경우 12%로 인하하는 등의 인센티브를 부여하고 있다.

한편, 이스라엘의 정부는 최근 미국 주식시장의 큰손으로 떠오른 연금기금, 비영리기관 기금 등 미국계 자금유치를 위해서도 한시적 특혜조치를 강구하고 있으며 재무부에서는 1997년 중 외국의 연금 기금 등이 이스라엘 벤처기업에 투자 시 자본소득에 대한 면세방안을 강구한 바 있다.

(4) 연구개발 지원제도

1984년 ‘연구개발촉진법’ 제정을 통해 시행되고 있는 다양한 연구개발 지원제도도 이스라엘 벤처산업의 발전에 매우 중요한 역할을 수행하고 있으며 지원업무는 산업무역부 내의 수석과학관실(OCS)이 총괄하고 있다.

연구개발 기금 프로그램의 내용을 보면 첫째, 신제품 생산·신공정 개발과 기존제품에 대한 획기적인 개선을 위한 노하우·공정·시스템을 창출하는 프로그램에 대해서는 50%까지 지원하고, 기존 민수제품의 개선을 위한 연구개발에 대해서는 30%까지, 외부 투자기업에 대해서는 연구개발 투자비의 5%까지 보조하도록 하고 있다.

【표 2-6】 이스라엘의 벤처기업 지원제도 및 정책

구 분	주 요 내 용
기술 인큐베이터 계획	- 벤처기업을 상업적으로 성공 가능토록 지원하기 위해 행정적. 법률적 지원
공공 벤처캐피탈 펀드	- 국내 및 국내 자본을 유치하여 지분참여 형식으로 창업기업 지원
외국인 투자유치	- 외국인 투자가에게 투자비율에 따라 추후 주식배당금에 대한 원천과세율을 인하 - 벤처기업 투자 시 자본소득에 대해 면세
연구개발 지원제도	- 신제품생산. 신공정개발과 기존제품에 대한 획기적인 개선을 위한 노하우. 공정. 시스템을 창출하는 프로그램에 대해서는 50%까지 지원, 기존 민수제품의 개선을 위한 연구개발에 대해서는 30%까지, 외부 투자기업에 대해서는 연구개발 투자비의 5%까지 보조

제4절 외국 벤처기업 정책 특성

1. 미국의 벤처기업 정책

미국의 벤처기업은 주로 자본시장을 통하여 자본을 조달하고 있는데, 자본시장이 그 기능을 충분히 발휘할 수 있는 것은 무엇보다도 시장의 기본이념으로 투자가의 자기 책임 원칙이 확립되어 있기 때문이다.

또한 미국에서는 철저한 정보공시 하에서 주식투자를 통해서 투자자가 사업 리스크를 분담하는 차원에서 기업에 자금이 공급되어 자금조달 면에서 기업의 성장을 지원하는 자본시장의 메커니즘이 원활히 기능하고 있다.

그리고 가장 자본주의적 개념인 벤처기업을 위한 자본주의적 사회구조를

가지고 있어 벤처기업에 대한 별다른 지원 없이도 구조적 메커니즘이 잘 돌아가고 있다는 점을 특징으로 들 수 있다.

이러한 이유에서 미국벤처기업의 지원은 정부가 아닌 민간부문의 역할이 더 크다고 할 수 있다. 정부가 하고 있는 역할은 세제분야에 주로 집중되어 있을 뿐이고 나머지는 엔젤, 민간 벤처캐피탈, 대학 등의 민간부문이 담당하고 있다. 그러므로 미국에서의 벤처기업에 대한 지원제도의 성격은 지원이라기보다는 가능성이 있는 기업에 대한 선별적인 투자라고 볼 수 있다.

마지막으로 미국의 벤처기업이 발달할 수 있는 이유는 창의력과 다양성을 중시하는 사회적 분위기와 실패를 두려워하지 않는 모험심, 벤처기업에 대한 긍정적 인식에 있음을 볼 수 있다.

2. 일본의 벤처기업 정책

자금조달의 실질적 제한, 민간은행의 융자기피, 현행 상법상의 제약으로 인한 스톡옵션제도 활용 미약, 세제상의 인센티브 결여 등의 문제와 집단 우선주의 풍토, 보신주의, 획일적인 가치관, 실패를 인정하지 않는 사회 풍토 등으로 인하여 일본의 벤처산업은 미국과 비교해 봤을 때 아직 미성숙한 단계에 머물러 있다고 볼 수 있다.

일본에서는 정부가 주도하여 벤처기업의 육성을 주도하고 있는데 이는 한국과 매우 비슷하다. 그 이유는 한국과 일본경제가 관 주도하의 경제구조로 발전해 왔기 때문에 자본 시장이 관치금융 구조로 인해 서구에 비해 상대적으로 뒤떨어져 있기 때문이다.

3. 영국의 벤처기업 정책

영국의 벤처기업 지원제도의 특징은 첫째, 정부의 직접적인 지원보다는 벤처캐피탈에 대한 세제지원, 기존 중소기업 지원제도의 사용자 편의 도모 등과 같은 간접적 방식을 택하고 있다는 것이다.

둘째, 세제 지원대상 투자가들의 범위를 명확히 하기 위해 지원대상 벤처기업에 대한 범위를 네거티브 시스템에 의한 중소기업의 개념으로 정의하고 있다. 이는 한국과 큰 차이점을 보이는 부분으로, 우리나라에서는 구체적으로 어떤 기업이 벤처기업이라는 식으로 정의하고 있으나 영국은 특정 업종을 제외한 기업을 모두 잠재적 벤처기업으로 인정하고 있다.

셋째, 미국의 NASDAQ이 첨단 관련 기업들이 상장되어 있는 자본시장으로 인식되는 반면 영국의 장외주식시장인 AIM은 정규거래소 시장으로 가기 위한 징검다리로 인식되고 있다는 점이다. 이는 AIM상장기업을 이류기업으로 낙인 시키는 결과를 초래하여 벤처기업의 적립금융을 가로막는 요인으로 작용할 수 있다.

4. 이스라엘의 벤처기업 정책

이스라엘은 작은 나라지만 벤처기업을 중심으로 한 첨단산업 분야에서는 가히 세계적인 강국이라 해도 과언이 아니다. 이 같은 이스라엘의 벤처산업 발전은 세계 수준의 고급기술인력을 바탕으로 한 매우 효율적인 지원정책의 영향이 컸다고 할 수 있다.

이스라엘의 경우에도 정부 주도하에 지원정책이 시행되고 있지만 특징적인 점은 이스라엘의 벤처기업이 가지고 있는 높은 기술력을 바탕으로 해외자본을 적극적으로 유치했다는 점이고 이는 창업초기 단계의 벤처기업에 집중적으로 투자되었다. 또한 전 국민적인 개방체제를 중동평화협정의 체결과 동시에 연구개발 쪽으로 전환시켜 우수한 인력을 효율적으로 활용하고 있다는 점도 이스라엘만이 가지고 있는 독특한 장점이라고 볼 수 있다.

제3장 우리나라 벤처기업 지원제도

【제 I 부 벤처기업】

제1절 벤처기업 지원정책 체계

1. 벤처지원 정책의 시작

1990년대 후반 들어 외환위기를 겪게 되고 국민의 정부가 출범하면서 벤처기업에 대한 육성시책이 강화되고 중소기업정책에 큰 전환이 이루어지기 시작하였다. 정부는 지식정보사회로의 전환과정에서 지식정보를 활발히 활용하는 경제주체로 벤처기업의 중요성을 인식하였으며, 외환위기 이후 고용창출의 필요성 및 경제의 지식 기반화 촉진 등 성장과 안정의 새로운 원천으로서 벤처기업의 중요성에 주목하게 된 것이다. 이를 위해 정부는 「벤처기업 육성에 관한 특별조치법」을 10년 한시법으로 제정(1997.8)하고, 중소기업특별위원회를 신설(1998년 4월)하여 중소기업정책의 조정기능을 강화하고 정책적 중요성 제고하게 되었다.

한편으로는 대기업 중심의 육성정책에서 벤처기업 육성을 통해 산업부문간 균형발전을 도모하게 된다.

2. 벤처지원정책 발전과정

우리나라의 벤처지원 정책을 제 1기 벤처관련 시장 기반구축기(~ 1997년),

제 2기 벤처관련 시장 성장기(1998년 ~ 2000 전반기), 그리고 제 3기 벤처관련 시장 조정기(2000 후반 ~ 현재)로 나누어 각 시기별로 주요 정책을 살펴보면 다음과 같다.

첫째, 1997년까지 정부는 주로 벤처기업과 관련한 제도적 장치를 마련하게 된다. 그 대표적인 사례로 벤처기업과 관련된 법률을 제정한 것을 들 수 있다. 1986년에 제정된 「중소기업창업지원법」과 「신기술금융사업금융지원에관한법률」 등은 기술집약형 제조업의 창업을 촉진하는데 그 목적이 있다. 특히, 「신기술금융사업금융지원에관한법률」은 초기 기술집약형 중소기업에 대한 투자시장을 조성하는 데에 큰 역할을 하였다. 또한, 1996년 코스닥시장 개설을 통해 벤처투자자에 대한 투자회수시장을 제공하고, 벤처기업에 직접 자금을 조달할 수 있는 기회를 제공하였으며, 1997년 8월에는 「벤처기업육성에관한특별조치법」이 제정됨으로써 우리나라 벤처기업 육성정책이 본격적으로 펼쳐지게 되었다.

이후 제 2기인 1998년에서 2000년 전반기까지 정부는 앞서 마련된 제도적인 장치를 통해 벤처기업을 본격적으로 지원하였으며, 이 시기에 실질적으로 벤처 관련시장이 성장하게 된다. 정부는 창업보육센터를 설립하여 창업을 지원하고, 벤처투자조합에 대한 정부출자를 확대 실시하였으며, 벤처기업에 대한 각종 기술개발 자금지원도 확대하였다. 한편으론 벤처기업 투자에 대한 세제 혜택이 강화되었으며, 코스닥시장 등록기준을 완화하는 등 코스닥시장 활성화를 통해 벤처기업의 기업공개를 통한 자금조달을 용이하게 해 주었다.

제 3기인 2000년 후반부터 현재까지는 벤처관련 시장이 조정기에 진입함에 따라 정부의 정책은 자금조달 부문에서 안정적인 재원조달과 조정 시기에 나타난 여러 가지 문제점을 해결하기 위한 시장의 건전화 두 가지 측면에 중점을 두게 된다.

「자금조달정책」부분에서 정부는 코스닥시장 침체에 따른 벤처관련 시장의 거품이 제거되고 조정기에 들어서면서 민간 자본시장이 위축되는 시점에서, 정부의 투자조합 출자를 증대시켜 벤처부문으로 안정적인 투자자금이 공급되도록 지원하였다. 한편으론 벤처비리를 위시하여 여러 문제점이 발생하여 벤처관련 시장에 대한 신뢰감이 급격히 하락하여, 벤처관련 시장의 건전화를 위한 정책을 도입하였다.

시장 건전화의 일환으로 정부는 우선 정책자금 수혜자인 벤처기업에 대한 사후관리 강화하고 있으며, 벤처기업의 건전한 환경을 마련하기 위해 새로운 평가기준을 토대로 한 벤처기업 실태조사가 진행 중에 있다. 또, 코스닥시장의 투명성 제고를 위해 코스닥 등록 및 퇴출제도의 개선을 추진하고 있으며, 벤처기업 주요 출자자의 책임강화, 벤처캐피탈에 대한 매각제한제도 등이 이 시기에 추진되었다.

3. 지원정책 체계

벤처육성정책은 다음과 같이 크게 세 가지 방식으로 구분될 수 있다. 첫째, 법・제도적인 환경 구축이다. 1997년 본격적인 벤처육성정책을 위하여 벤처기업육성에 관한 특별조치법이 제정되었다. 특히, 벤처기업육성에 관한 특별조치법에 벤처기업 확인제도를 도입하여 기술 집약적이고 높은 수익이 기대되는 중소기업에 대해 정부가 "벤처기업"이라고 확인하여, 벤처기업에 대해 선별적 지원 환경을 제공하였다. 1996년에는 코스닥시장을 개설하고, 1999년 초 상장기업과의 차별 해소, 공모제도 완화, 세제지원 등 코스닥시장 활성화 대책을 발표하여 벤처투자의 회수를 용이하게 하였다. 여기서 주목할 것은 벤처확인기업에 대해서는 등록심사시 업력, 자본금, 경상이익, 부채비율 등의 등록요건을 면제하여 성장가능성이 높은 첨단 기술 벤처기업의 진입을 지원하여 코스닥시장을 벤처기업 중심으로 운영하도록 하였다. 또한 벤처투자 유도 및 벤처투자 유도 및 창업동기 부여를 위해 각종 조세지원을 실시하였다. 또한 벤처투자 유도 및 창업동기 부여를 위해 각종 조세지원을 실시하였다. 한편, 벤처기업간 전략적 제휴를 목적으로 주식교환(Swap)시 양도소득세의 50%를 감면해주고 있다.

둘째, 정부가 정책자금 집행을 통해 벤처기업에 직접 자원배분을 하고 있다. 대체로 융자 혹은 출연 방식이었으며, 융자의 경우 장기 및 저리로 중소기업에 유리한 조건으로 대출하였다. 자금지원 분야로는 크게 중소기업의 기업운영 혹은 경영지원이거나 중소벤처기업의 기술개발 분야로 시상실패가 우려되고 사회적 파급효과가 큰 분야에 대해 정부가 직접 개입하여 지원하였다.

그 외 정부의 직접 지원분야로는 벤처기업 창업, 해외진출/수출, 그리고 판로/입지 등을 들 수 있으나 그 비중은 미미한 편이다.

셋째, 시장을 통한 간접 지원 방식이다, 정부는 모험 또는 위험 자본시장을 육성하기 위해 각종 세제 지원 등을 통해 벤처캐피탈 산업을 형성하였고 코스닥시장을 개설하였다. 벤처관련 모든 부처들이 실시하고 있듯이 벤처투자조합에 대한 출자를 통해 민관 매칭펀드 조성하고 있으며, 중소·벤처기업에 대한 정부의 신용보증이나 채권보증을 통한 자금지원(벤처 Primary CBO)과 창투사 및 창업조합이 보유하고 있는 투자 자산이나 벤처기업이 발행한 회사체를 담보로한 자산유동화 증권(ABS) 발행 방식도 실시중이다. 특히, 중소기업청, 정보통신부, 과학기술부, 문화관광부 등이 벤처투자조합에 출자하고 있으며, 이들 정부의 출자금액은 전체 벤처캐피탈에서 높은 비중을 차지하고 있다. 국내 벤처캐피탈 시장의 중요한 특징은 정부의 자금출자 비중이 높은 점이며, 이는 최근에 더욱 증가하고 있다.

벤처투자조합의 결성은 최근에 더욱 정부에 의존을 많이 하고 있음을 알 수가 있다. 경기가 불안정한 상화에서 민간자본은 벤처부문에 더욱 민감하게 반응하여 투자가 위축되고 있기 때문으로 해석 할 수 있다. 현재와 같이 경기하강국면에서 정부의 적극적인 투자조합참여는 안정적인 벤처 자금 조달시장을 형성한다는 점에서 바람직하다고 평가할 수 있다.

넷째, 최근 벤처비리를 위시한 여러 문제점 발생으로 벤처관련 시장에 대한 신뢰감이 급격히 하락하여, 벤처관련 시장의 건전화를 위한 정책을 도입하려는 시도를 하고 있다. 정책자금 수혜 벤처기업에 대한 사후관리 강화 등이 목적이며, 벤처기업의 건전한 환경을 마련하기 위해 새로운 평가기준을 토대로 벤처기업 실태조사 실시와 코스닥시장 투명성제고를 위해 코스닥 등록 및 퇴출제도의 개선 추진, 벤처기업 주요 출자자의 책임강화, 벤처캐피탈에 대한 매각제한제도 등 도입을 추진 중이다.

4. 벤처지원 정책의 특징

정부는 많은 부분에서 시장 벤처시스템의 역할을 대체하는 시장에의 깊숙

한 개입을 하고 있다. 정부의 벤처정책은 다음과 같이 크게 두 가지 특징을 지니고 있다.

첫째, 벤처확인제도를 기반으로 한 선택적, 차별적 지원 방식을 채택하였다. 이는 대기업 중심의 경제구조에서 벤처부문으로 자원이동을 유도하였으며, 벤처기업에 대한 사회적 인식 제고 및 벤처붐 조성에는 기여하였다고 평가된다. 즉, 정부가 직접적 역할을 통해 벤처관련 시장을 형성해왔으며, 최근까지도 벤처부문의 양적 팽창을 목적으로 하고 있다. 벤처확인제도는 네 가지 유형으로 벤처기업을 인증하고 있으며, 각 유형은 나름대로의 목적을 가지고 있다.

하지만, 정부에 의한 벤처기업인증은 자원배분의 왜곡을 야기할 수 있는 문제점을 갖는다. 인증을 받은 기업은 다양한 형태의 지원을 받을 수 있기 때문에 '인증프리미엄'이 존재하여, 인증만을 받기 위한 재원투여 동기가 존재한다. 예를 들어, 인증을 위한 벤처캐피탈 투자 등을 추구할 위험 존재한다. 또한, 이 제도를 유지하기 위한 사회적 비용(social cost)이 존재한다. 진정한 벤처기업을 선별하기 위한 선별비용(screening cost)이 존재하며, 인증을 받은 기업에 대한 도덕적 해이를 차단하기 위한 감시비용(monitoring cost)이 존재하고, 지속적인 벤처기업 인증에 소요되는 집행비용(administrative cost)이 필요하다. 더욱이 인증 받은 벤처기업의수가 증가할수록 이를 관리할 비용도 증가한다.

벤처확인제도가 내포하는 보다 큰 문제점은 정부가 시장기능을 대체하는 것으로 자생적 시장기능 약화를 초래한다. 정부가 지원대상을 직접 선별한다는 점에서, 그리고 융자나 출연 사업을 통해 각종 정책자금지원으로 벤처캐피탈의 본연의 역할을 대체하고 있다. 따라서, 아직까지는 벤처시스템 중 시장의 역할보다는 정부의 역할이 컸다. 최근들어 더욱 시장평가에 의한 벤처캐피탈형(Type I)과 특허신기술형(Type III)의 비중은 감소하고, 비시장적, 비객관적인 평가기관 우수평가형(IV) 비중의 확대되는 실정이다.

정부가 벤처확인제도를 통해 시장을 대체할 수 있더라도, 완전한 대체가 가능한지를 검토해야 할 것이다. 정부가 잠재적 고성장이라고 평가하는 기업에 벤처캐피탈 역할의 일부인 자금지원을 할 수는 있지만, 벤처캐피탈의 또 다른 중요한 역할인 고위험 감소를 통한 고성장을 실현시키기 위해 필수적인 개별 기업 사업아이템의 특성에 따른 각종 지원(즉, 자금지원 후 관리)을 수행하는 데에 한계가 존재한다. 그러한 지원을 수행하는 데에 있어 벤처캐피탈(=시장)보다는 유인(incentive)이 부족함을 인식해야 할 것이다. 그 이유는 벤처기업의 고위험 감소와 고성장을 실현시키기 위한 벤처캐피탈의 사후관리는 필수적인 것이며, 이에 대한 유인은 벤처캐피탈이 벤처기업에게 대출형식이 아닌 지분투자(equity investment)방식의 자금지원이기 때문에 발생하는 것이다. 정부의 벤처기업에 대한 자금지원은 지분투자방식을 취할 수 없기 때문에, 그리고 (어느 특정 기업들에 대한 전폭적 지원이 불가능한) 정부이기 때문에, 자연히 벤처기업 성공을 위해 추가적으로 필요한 사후관리에 대한 유인이 부족할 수밖에 없다. 벤처정책이 약자보호·지원 성격의 중소기업정책의 연장선에서 있어, 집중 육성이 필요한 고성장잠재력을 갖는 벤처부문의 특성을 충분히 반영하지 못하고 있다.

두 번째 특징으로는 현재의 벤처정책은 벤처부문의 특성을 고려한 것이기보다는 중소기업정책의 연장선에서 추진되어 왔다는 것이다. 현 벤처정책은 약자보호·지원 성격의 중소기업정책의 연장선상에 있어, 기업활동 전반에 대한 지원 기조를 유지하고 있을 뿐이다. 다시 말해서, 기존의 중소기업정책에 벤처확인제도를 추가하는 것에 그치고 있는 실정이다.[19] 고위험 감소와 고수익 창출을 위해 선택과 집중육성이 필수불가결한 벤처기업에 기존의 중소기업정책을 망라한 약자보호·지원은 벤처기업의 본질인 창의성과 도전성을 퇴색시킬수 있으므로 적절하지 않다고 판단된다. 또한, 벤처기업의 Primary CBO 발행을 적극 추진하여, 실물시장에서 조정의 지연을 초래하고 있다. 이는 벤처기업의 퇴출 및 인수합병을 지연 중소기업특별위원회의 설립(1998. 4)은 중소기업정책 및 벤처정책의 조정기능 강화하는데에 목적이 있으며, 중소기업과 벤처기업을 같은 정책 대상의 범주로 인식하고 있다.

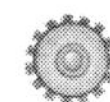

제2절 벤처기업 지원제도

1. 벤처기업 지원제도 변천

1980년대부터 정부는 중소기업 고유업종제도를 시행하고 기술 및 금융지원을 강화하는 등 중소기업 육성정책을 본격화하여 1986년 "중소기업 창업지원법"과 "신기술 금융지원에 관한 법률"의 제정을 통해 중소·벤처기업에 대한 창업지원체제를 확립하였다. 1990년에 들어 산업활동에서 중소기업의 역할이 강조됨에 따라 중소기업 관련법을 정비하였으며, 1996년에는 중소기업청을 설립하였다.

1997년에는 침체된 국내경제에 활력을 불어넣고 고비용·저효율의 산업구조를 고부가가치 산업구조로 개편하기 위해서는 벤처산업의 육성이 시급하다는 인식 하에 "벤처기업 육성에 관한 특별 조치법"을 제정하였다.

현재 우리 나라는 "벤처기업 육성에 관한 특별 조치법"을 중심으로 산업자원부, 중소기업청, 과학기술부, 정보통신부 등에서 다양한 지원정책을 실시하고 있다.

2. 벤처기업 지원법 체계

우리나라의 경우는 일본의 경우와 같이 정부주도의 육성책이 지원제도의 주된 역할을 하고 있다. 현재 우리나라의 벤처기업과 관련한 법규 및 제도는 중소기업 창업지원법과 신기술 사업금융지원법 그리고 지식경제부에서 제정한 벤처기업 육성을 위한 특별조치법이 있다. 이밖에도 중소기업청 등에서 마련한 벤처기업창업 및 소기업 지원대책, 벤처기업 창업활성화 종합대책 등 다양한 제도가 일부분 시행되고 있다.

이중 가장 중심이 되는 법인 벤처기업육성에 관한 특별조치법은 "기존 기업의 벤처기업으로의 전환과 벤처기업의 창업을 촉진하여 우리산업의 구조조정을 원활히 하고 경쟁력을 제고하는데 기여함"을 목적으로 하고 있다. 이들 3개 법안 외에도 조세감면규제법을 통해 각종 세제지원을 마련하고 있으며,

각 중앙부처 및 지방자치단체도 독특한 벤처기업 지원제도를 마련하고 있다.

3. 정부종합 지원체계

중앙행정기관들 중에서는 산업자원부가 벤처기업 전반의 수출을 지원하고, 정보통신부가 IT 벤처기업의 수출을 집중 지원하며, 문화관광부가 게임 및 컨텐츠 관련 기업의 수출을 지원한다. 그 뿐 아니라 중소기업청에서는 산업자원부의 정책을 좀 더 구체화하여 실천하려고 한다.

이밖에 재정경제부는 벤처기업관련 재정환경을 조성하고, 필요시 한국수출입은행을 통해 자금을 지원한다. 또 외교통산부의 재외공관들도 벤처기업의 해외진출에 협조하도록 되어 있다. 환경부도 해외진출 벤처형 중소기업에 기술개발자금을 지원하여, 환경 벤처의 해외진출을 돕는다. 보건복지부는 의료기기의 수출을 지원하기 위하여 한국보건산업진흥원을 설치한다.

중앙행정기관은 수많은 산하기관과 산하단체를 가지고 있다. 이러한 산하기관 및 산하단체가 저마다 벤처기업 수출지원정책을 개발하여, 시행하고 있다.

그리고 민간부문에서도 벤처기업의 해외 진출을 돕는 방안들이 모색되고 있다. 대기업이 벤처기업과 제휴하여 해외진출을 돕고 있으며, 투자자들은 투자펀드를 조성하며, 벤처기업들은 단독으로 또는 단체를 결성하여 해외진출을 도모한다.

이뿐 아니라 외국기업들도 한국 벤처기업의 해외진출을 돕는다. 우선 IPO(international procurement officer)를 통해 한국 IT 벤처회사의 제품을 한국에서 직접 구매해 간다. 그리고 OEM을 통해 수출을 촉진하고, 필요시 자신들이 한국벤처기업에 직접 투자를 하기도 하는데, 투자를 하는 경우 수익금 회수를 위해 해당 벤처기업의 해외진출을 스스로 돕기도 한다.

4. 기관별 지원정책

다양한 기관, 단체, 기업들이 벤처기업을 지원하고 있는데, 이들의 지원정책들 중 비교적 최근의 지원방안들을 중심으로 살펴보면 다음과 같다. 먼저 대통령은 벤처기업 육성을 국정의 중요한 과제로 삼고 있을 뿐 아니라, 해외

순방에 나서서 한국의 벤처기업들이 해외교류를 확대하는데 필요한 국제적 여건을 조성한다. 그리고 중앙행정기관, 산하기관, 산하단체, 대기업, 기타 등이 있는데 이를 살펴보면 다음과 같다 .

1) 지식경제부

기술창업 평가 보증제도: 기술력 있는 창업기업에 자금지원, 엔젤 조합의 최소 결성금액 하향조정: 소규모투자 활성화, 창투사들의 조합원 모집 광고 허용, 주식교환제도의 도입: 벤처기업들의 전략적 제휴를 촉진, 지방에 벤처기업 육성촉진지구 확대지정, 대일 수출유망 품목(56개, SW 3개 포함)에 대해 수출보험 혜택 제공, 외국계 기업의 국내조달 수출(IPO) 촉진, 전자무역 부양정책(인터넷으로 무역수출 지원, 원가절감), 종합상사 출자총액 확대, 종합상사의 중소기업 수출대행 분에 대한 무역금융지원, 수출보험기금 확대, 중소기업 외상수출에 대한 신용보증, 무역금융 신용보증 한도 확대 등이 있다. 그리고 해외 IT 홍보사절단 및 IT 시장개척단 파견, 해외 IT 인적 네트워크 구축, 중소 IT 기업의 해외마케팅 지원, 대외경제협력기금 등 금융지원 확대, 정부차원의 통상외교 강화: 정보통신주재관,IT 전담대사 추진, 수출선 다변화 지원, CDMA, ADSL, SI, PDA 등 새로운 수출전략품목 육성, 해외전시회 참가지원, IT 분야 해외자본 유치, 해외 IT 지원센터 강화, 한민족 IT 전문가 대회, SW에 대한 한국수출입은행의 연불수출자금 지원 협조, 대통령 주재 이동통신 해외진출 전략회의 정례화, 한중 이동통신표준 및 산업협력연구소 설치, 모바일 비전 계획, 환태평양 CDMA 벨트 구상, 특화 펀드(한중이동통신펀드, 나스닥상장펀드) 조성, 해외진출 촉진 위해 외국정부와 협력체계 구축, IT 해외진출을 위한 의자유치 허브 포탈 구축(itbizkorea) 정보화촉진기금 조기 집행 및 변동금리제도 도입, 중소기업경영지원단, 인터넷 e-Biz 활성화 지원단 강화, 제품인증을 통한 판로개척을 지원하기 위한 “IT 시험연구소”, IT 벤처기업을 대상으로 한 M&A 박람회 개최, 마케팅 채널 구축 사업, Global IT Korea 2006 계획 수립, 세계은행 정보화격차해소재단(DGF)의 교육훈련센터 국내유치, 정통부 조달시 중소벤처기업 제품 우선 구입 등이 있다.

2) 문화체육관광부

문화산업진흥기금 융자 확대, 문화콘텐츠 창작기반 조성에 예산지원, 문화콘텐츠 *국내의 마케팅 및 수출활성화 예산 지원, CT 전문 인력양성, 아시아 출판문학정보센터 설립 등이 있다.

3) 중소기업청

투자자금 공급:연기금의 벤처투자 허용, 벤처캐피털 해외투자유치단 파견, 개인투자조합 결성의 최소금액을 3억원으로 인하, 여성벤처펀드 결성추진, 지방벤처투자마트 20회 개최, 다산벤처의 투자확대, 코스닥 시장을 벤처, 기술기업 위주로 재편, 해외거점 활용하여 신속한 정보제공, 우수 중소벤처기업에 대한 신용 및 직접대출 규모 확대, 창업승인 기간을 1개월로 단축, 연구개발형 창업보육센터를 생산형 보육센터로 리모델링, 경영안정 자금지원사업, 코리안 e-마켓플레이스(koreasme)에 다국어 서비스 제공, 수출기업화 사업 추진: 출비용 지원, 수출하는 중소기업을 지원하기 위한 외화 Primary CBO 발행, 해외벤처 네트워크 활용, 해외진출 현지거점의 확보지원, 해외기술협력 및 기술개발 지원, 해외 고급기술 인력의 유치 지원, 해외무역 박람회 참가지원 및 효율화, 벤처기업세계화지원단 운영 등이 있다.

4) 한국수출입은행

수출실적이 없는 신설 IT 벤처기업에 대해서도 수출금융 제공: 수출계약금을 수출실적으로 인정하고 자금지원, 포괄수출금융제 실시: IT 기술 및 제품 수출기업에 운전 자금제공, 포괄기술제공금융제도 도입: 소프트웨어 등 기술 수출기업에 운전자금, IT 수출기업에 대한 융자비율 확대: 80%에서 100%로, 해외시장개척 자금 신설하여 수출 지원, 중소기업의 담보제공 능력을 향상시키기 위해 한국수출보험공사의 단기수출보험증권을 정규담보로 인정, 이동통신 수출지원을 위해 원조성 경제협력기금과 일반수출금융을 혼합하여 유리한 조건으로 자금 지원하는 Mixed Credit 제도 운영 등이 있다.

5) KOTRA

3D 전자카달로그 제공 등 벤처기업의 온라인 수출지원 강화, 화상 상담 솔류션을 무역관별로 설치하여 벤처기업 수출 상담 지원, 중소벤처기업 지사화 사업 확대 강화: 지사화 업체당 1건 이상 수출계약토록 유도, 지방업체 15,000개를 신규 수출기업으로 육성, 무역정보 공급체계 구축(KOTIS 사업), KTNET를 통해 무역절차 자동화 및 "전자무역 종합육성시책" 추진, 수출마케팅과 IT 결합으로 수출확대, Silkroad 21 사업(수출마케팅 지원) 추진 및 민간의 EC21 등 민간 거래알선 사이트와 연결하여 마케팅 기능 강화, 벤처 해외 창구 일원화 추진, "세계문화연구회" 설립 등이 있다.

6) 중소기업진흥 공단

대미 시장개척 위해 "Best of Korea(BOK) 2002" 시행, 인터넷 중소기업관 개편, 강화, 중소기업에 무료로 전자 카달로그 제작 지원, 해외현지의 수출인큐베이터 강화 등이 있다.

7) 한국소프트웨어산업진흥원

해외현지 마케팅 네트워크 구축: 국내 수출유망기업과 세계각지의 우수 IT 유통사 및 협력사를 발굴(150개 업체)하여 연계, i-Park 운영 및 확대, 수출유망 국내 IT 기업 발굴, 시장별 현지 Market Enabler(컨설팅사, 판매대행사, 에이전트, sw개발사) 모집, 활용, 해외 마켓 채널(부가가치사업자, 유통사업자, OEM 파트너, Si 사업자)과 국내 기업 연결, 해외 IT 바이어 초청, 현지 IT 상담회, IT 수출종합지원 정보 시스템 운영, 한민족 IT 네트워크(KIN) 구축 및 대회 개최 등이 있다.

8) 한국IT중소벤처기업연합회

IT 분야 외국인 고용 추천, 경영지원사업 참여 컨설팅사 선정, IT 벤처 아카데미 개설, 전시회 참가 지원, 해외 IT 시장 정보공유 채널 구축, 한국 IT 전문 마켓플레이스 웹 구축, 유망 IT 벤처 영문 디렉토리 제작 등이 있다.

9) 이동통신수출진흥센터

국가별 이동통신 시장조사 및 진출전략 수립, 마케팅 DB 구축, 해외전시회 참가지원, 이동통신 해외 홍보사업 등이 있다.

10) 한국소프트웨어산업협회

SW 수출기업에 대한 환율우대쿠폰 발행, 무역금융 융자한도로 50%에서 70% 상향 조정, 전자적 무체물의 수출입확인 기능 등이 있다.

11) 지방자치단체

해외 마케팅 비용 지원(경기도, 광주, 전남도, 강원도, 인천시 등)이 있다.

12) 대기업

한국통신은 벤처기업과 함께 해외 e-business solution 협력 수출지원하며 현대종합상사는 벤처투자 및 기술벤처기업들과 함께 해외진출 지원한다. 그리고 SK 글로벌은 벤처투자 및 해외시장 공동 진출지원하며 삼성 SDS는 벤처기업과 공동으로 SI 분야 진출지원하며 하나로통신은 인터넷 벤처기업과 ADSL 일본 진출을 추진한다.

제3절 벤처기업 사업별 지원내용

1. 투자환경 개선을 위한 조치

벤처기업에 대한 투자환경을 개선하는 것은 벤처기업이 조달할 수 있는 자금의 조달 방안을 확대하여서 더욱 안정적인 기업운영과 투자자에게 투자에 대한 신뢰감을 주는 역할을 한다. 정부에서는 금융지원과 신용보증 지원을 통하여 자금지원을 실시하고 있는데, 살펴보면 다음과 같다.

1) 금융지원제도

벤처기업의 원활한 운영을 위해 안정된 자금공급을 위한 제도를 마련하며 벤처캐피탈에 대한 정부 지원을 위해 벤처기업육성에 관한 특별조치법이 1997년 10월 1일부터 시행되고 있다. 이 법이 지니고 있는 가장 중요한 의의를 살펴보면, 벤처기업의 자금원을 확대하고 투자경로의 다양화를 위한 여러 조치들을 담고 있다는 것이다. 그 내용을 간추려보면 다음과 같다.

우선 기금관리기본법의 대상이 되거나 이에 준하는 연・기금이 벤처기업 또는 창업투자조합에 운용자금의 10% 이내에서 투자하는 것을 허용하고 있으며 벤치기업 및 코스닥 등록기업의 주식에 대해서는 별도의 투자한도를 신설하여 투자신탁회사가 자기자본의 20%까지 소유할 수 있게 하였다. 또한 보험회사의 재산이용방법에 벤처기업에 대한 투자와 창업투자조합에 대한 출자를 추가하고, 투자와 출자의 한도를 총자본의 100%까지 허용하였다. 현행 법령상 자사소속 창업투자회사를 통한 대기업의 중소기업 출자한도가 30%로 되어 있는 반면, 일반 대기업의 출자한도는 20%로 되어 있는 것을 30%로 상향조정하였다.

그리고 코스닥시장 내에 벤처기업부를 1998년 1월 3일에 개설하고 코스닥 등록 벤처기업에 대한 주권상장법인의 특례를 다음과 같이 부여하고 있다. 즉, 증권거래소 상장법인과 차별성을 완화하였으며 (우선주 발행한도 특례, 주식배당특례, 신종사채 발행특례, 사채발행특례, 보증금의 대신 납부, 주주총회의 질서 유지권, 주주총회 소집공고 등), 해외증권발행 및 해외시장 상장허용 등 상장법인에게 부여한 특례를 코스닥등록 벤처기업에 동일하게 부여하였고, 코스닥등록 벤처주식에 대한 외국인투자도 전면 허용하였다. 현행법상 창업투자회사만이 창업투자조합의 운영. 관리권을 갖도록 규정된 것을, 창업투자회사와의 계약에 의해 창업투자회사 외의 자에게 업무위탁을 할 수 있도록 규정하였다. 더불어 외국인의 벤처기업 주식취득 제한을 철폐하였다.

2) 신용보증지원

기술은 있으나 담보나 현물출자 능력이 없는 창업자를 위해 신용을 통한 지원이 이루어지고 있는데 구체적으로 평가특별 보증제도, 사전평가 보증예약제도, 기술증대 보증제도의 전역 보증지원, 기술증대 보증제도의 부분 보증지원, 기술우대 보증제도, 회사사채발행 보증제도 등이 도입되고 있다.

먼저 벤처기업평가 특별 보증제도는 기술력 있는 중소·벤처기업 창업촉진을 위하여 우수한 기술력 및 아이템을 토대로 창업하는 창업자에게 기술성 및 사업성을 엄격히 평가하여 기술력을 담보로 신용증서를 발급함으로써 기술력 있는 예비 창업 또는 창업기업의 기반구축을 지원하는 제도로 동일 기업당 5억 원 한도 내에서 2년 거치 3년 분할상환을 조건으로 7.5%의 이자로 대출해 주고 있다.

예비 창업기업에 대한 사전평가 보증제도는 벤처기업 창업지원을 위한 새로운 형태의 금융지원체제로 기술창업계획, 아이템 및 보유기술에 대한 사업성 사전평가를 실시해 창업초기단계의 필요자금에 대한 보증지원 가능금액을 사전에 확정하여 보증하는 제도이다.

기술증대 보증제도는 기술력의 우수성을 인정받는 기업 또는 각종 기술개발자금 관련 정책자금을 배정 받은 경우 그 기업에 대하여 기술력을 위주로 신용조사와 보증심사의 절차를 간소화하여 보증서를 발급함으로써 신속히 자금이 대출되도록 지원하는 제도이다. 우대지원의 내용을 보면 운전자금 6억 원까지 간이심사를 적용하며, 정식 심사시 재무상태가 다소 취약하더라도 기술력을 총 배점의 70% 적용하여 사업성이 양호한 경우 보증지원을 하고 제3자 연대보증을 면제시켜 준다.

2. 기술개발 및 인력관리 지원

기술 및 인력공급의 확대를 위해 우선 벤처기업 육성에 관한 특별조치법 제6호에서는 산업재산권을 근거로 한 현물출자를 허용하도록 하고 있다. 이는 기술을 근거로 한 출자를 가능토록 함으로써 자본금 증대효과 및 보유기술의 사업화를 촉진하기 위한 것이다.

스톡옵션 제도의 활성화를 위해 제10조에서는 주식액면가 인하를 통한 조정(100원 이상)을 통해 주식유동성을 확보함으로써 스톡옵션제도 활성화를 위한 기반을 마련했고 스톡옵션에 대한 세제감면으로 벤처기업의 고급인력 확보 및 경쟁력 제고를 촉진하기 위한 기반을 마련하고 있다. 또한 벤처기업 종업원의 옵션 행사 이익에 대한 비과세 및 주식처분 시 양도차익에 대한 비과세를 조세감면법에 규정해 놓고 있다.

그리고 벤처기업에 대한 교수, 연구원의 참여를 확대시키기 위해 이들이 벤처기업을 창업하거나 벤처기업 임원으로 근무하게 될 경우 3년 이내의 휴직을 허용하며), 병역특례 지정업체의 벤처기업 창업 시 해당기술 개발에 참여한 전문연구요원의 전직을 허용하고 전문연구요원이 적시에 전직할 수 있도록 벤처기업을 지정업체로 수시 선정이 가능토록 특례를 규정하고 있다.

기업의 자금조달 원활화 및 기술개발의 유인을 부여하기 위해 벤처기업이 개발한 기술의 가치를 평가하여 그 기술을 담보로 평가액에 상당하는 금액의 자금 지원과 기술가치 평가액에 해당하는 금액의 신용보증서를 발급하여 벤처기업에 대한 자금지원 및 기술개발을 유도하는 기술담보제도 및 기술가치 평가제도를 도입하고 있다.

3. 입지지원

벤처기업에 대한 입지공급을 원활히 하고 벤처창업 인프라를 확대하기 위한 조치로써 창업보육센터 운영, 벤처기업 집적시설 지정, 창업사업계획 승인 제도 등이 시행되고 있다.

창업보육센터는 기술과 사업성은 있으나 자금, 장소 및 시설확보에 어려움이 있는 창업자 또는 창업 예비자에게 개인 또는 공동작업장 등의 시설을 저렴하게 제공함과 아울러 경영, 세무, 기술지도 등의 지원을 통해 창업에 따른 위험부담을 줄이고 원활한 성장을 유도하여 성공 가능성을 높이기 위해 설치된 시설이다. 99년 1월 현재 전국에 21개 창업 센터에 390명의 입주자가 입주해 있으며 9개소가 건립되고 있다.

벤처기업 집적시설은 벤처기업간에 동일한 장소에서의 기술 및 정보교환을 통한 경쟁 협조 등으로 시너지 효과를 창출하기 위한 것으로 도심의 민간 인텔리전트 빌딩을 벤처기업의 창업공간으로 활용할 수 있도록 벤처기업 집적시설로 지정하여 입주하는 벤처기업에 대해서는 등록세, 취득세, 재산세 등이 감면되며 99년 1월 현재 26개소가 집적시설로 지정되어 있다.

간접적인 지원 제도라고 볼 수 있는 창업사업계획 승인제도는 창업자가 제조업종을 영위하기 위해 계획입지(국가, 지방, 농공단지)가 아닌 개별입지에 공장을 설립하고자 하는 경우, 농지, 산림, 환경, 토지이용 관련법 등에 의해 개별적으로 받아야 할 복잡한 인・허가 사항을 일괄 의제 처리토록 함으로써 인허가절차의 간소화로 공장설립을 지원하는 입지에 대한 승인제도이다. 따라서 창업자라 하더라도 계획입지인 국가공업단지, 지방공업단지, 농공단지 또는 아파트형 공장에 입주를 위해 관리권자와 분양계획 또는 임대계약을 체결하는 경우에는 창업사업계획 승인대상이 아니다.

4. 수출 판로 지원

우리나라 벤처기업은 규모가 작고 전문적인 경영능력이 취약하기 때문에 판로나 수출을 담당할 전담 부서를 설치하지 못하고 있는 경우가 많다. 이를 위해서 정부에서는 방송광고지원, 수출자금지원, 수출신용보증특례 보험우대지원, 수출기업화사업, 인터넷 제품홍보, 해외 유명규격 인증획득지원 등의 정책을 실시하고 있다. 방송광고 지원은 TV 광고가 가격이 비싼 점을 고려, 중소기업청, 한국방송광고공사, KBS, MBC, SBS가 공동으로 벤처기업에 대한 이미지 제고 및 신기술 개발제품에 대해 판로를 지원하고 있다.

수출신용특례 및 보험우대지원은 수출자가 제작, 원자재 구매를 위한 무역금융 등을 외국환은행으로부터 대출 받고자 하는 경우 수출보험공사가 이를 연대보증 함으로써 수출자에 대한 금융기관의 자금지원을 촉진하고자 하는 제도로서, 특히 벤처기업 등 유망중소기업에 대해 수출보험의 정책적 우대지원을 통해 수출저변을 확대하는데 목적이 있다. 지원내용은 신용장(L/C)을 수취한 경우에는 생산, 원자재 구매 등에 소요되는 무역금융 전액에 대해 보증을 지원하고 신용장이 없는 경우에도 업체별로 50%까지 보증한도를 상향 조정하였다.

5. 조세 감면 등의 지원

1) 중소기업 투자준비금의 손금산입

조세감면법에서는 사업용 자산의 신규취득 또는 개체에 소요되는 자금에 충당하기 위하여 당해 사업연도 종료일 현재 사업용 자산가액에 100분의 20을 곱하여 산출한 금액 범위내의 금액을 손금산입하는 것을 허용하고 있다.

2) 중소기업 투자세액공제

사업용 자산을 새로 취득한 경우(중고품투자 제외), 조세감면법에 의해 투자자금의 3%에 대해 투자를 완료한 날이 속하는 과세연도 소득세 (사업소득에 대한 소득세에 한함)또는 법인세에서 공제한다. 2개 과세연도 이상에 걸쳐서 투자되는 경우에는 완료된 연도에 공제를 받는 것이 원칙이나 각 과세연도에 투자한 금액을 공제할 수도 있다.

투자 금액은 실제 투자금액으로 하는 것이 원칙이나 과세종료일 현재 진행중인 것은 작업 진행률에 의하여 계산한 금액과 당해 기간 중 실제로 지출한 금액 중 많은 금액으로 한다.

3) 창업중소기업 등에 대한 세액 감면

조세감면법 제 6조는 당해 사업에서 최초로 소득이 발생한 날이 속하는 과세연도와 그 다음 과세연도 개시 일로부터 5년 이내에 종료하는 과세연도(총 6개 과세연도)까지 발생한 소득에 대해 창업중소기업의 소득세 또는 법인세의 50%이상에 상당하는 세액을 감면할 수 있도록 하고 있다. 벤처기업은 창업일이 속하는 사업연도부터 연구개발비가 매출액의 5%을 계속 유지하는 경우에 한하여 세액감면을 적용 받을 수 있다. 중소기업창업지원법에 의한 창업보육센터를 영위하는 경우에도 창업중소기업과 동일한 세제지원이 적용된다.

4) 중소제조업 등에 대한 특별세액감면

제조업, 부가통신업, 연구 및 개발업, 방송업, 엔지니어링사업, 정보처리 및 컴퓨터 운용 관련업, 물류산업을 영위하는 중소기업에 대하여 조감법 제 7조와 농어촌 특별세법 제 4조에 의해 당해 사업연도의 당해 사업에서 발생한 소득에 대한 소득세 또는 법인세의 20%에 해당하는 세액을 감면하고, 농어촌 특별세액 전액 비과세한다.

5) 기술 및 인력개발비에 대한 세액공제

조감법 제9조에 의해 중소기업이 지출한 기술, 인력 개발비(다른 중소기업에 지출한 기술, 인력 개발비 포함)의 100분의 15를 소득세 또는 법인세에서 공제한다. 그러나 당해 사업연도 지출액이 최근 2년간 지출한 기술, 인력 개발비의 연평균 지출액을 초과하고 그 금액의 50%가 100분의 15보다 클 경우 이를 선택하여 소득세 또는 법인세에서 공제할 수 있다.

6) 지방이전 중소기업에 대한 세액감면

수도권 안의 공장시설을 전부 수도권외 지역으로 이전하여 이전 일로부터 1년 이내에 사업을 개시하는 경우(이전을 위해 조업을 중단한 날로부터 소급하여 1년 이상 계속하여 조업한 실적이 있는 공장이라야 함), 조감법 제 46조에 의해 이전 후의 공장에서 발생하는 소득에 대하여는 이전 일이 속하는 과세연도와 그 다음연도 개시일부터 3년 이내에 종료하는 과세연도는 소득세 또는 법인세의 100분의 50에 해당하는 세액을, 그 다음 2년 이내에 종료하는 과세연도는 100분의 30에 상당하는 세액을 감면 받을 수 있다.

6. 기타지원

이상의 지원정책 이외에도 각종 조세지원, 소자본 주식회사 설립, 실험실공장 설치 · 등록, 법률자문, 현물출자허용, 벤처기업 전국대회 등의 지원제도가 시행되고 있다.

먼저 벤처기업의 활성화를 위한 조세지원에는 벤처기업이 경영에만 전념할 수 있도록 2년 간 각종 세무조사면제, 법인세 · 등록세 등의 국세와 취득세 · 등록세 등의 지방세감면, 창업중소기업의 공장설립 시 부과되는 각종 부담금 부과대상 제외, 창업보육센터 사업자에 대한 취득세 · 등록세 등 지방세 감면,

중소기업창업투자 회사 등에 대한 조세특례, 엔젤 등에 대해 투자자금에 대한 종합소득 공제 양도소득세 비과세, 배당소득의 종합소득과세표준에 불산입, 배당소득에 대한 원천징수 및 종합소득과세표준에 불산입, 소득세 원천징수의 특례 등의 지원책이 실시되고 있다.

제4절 벤처기업 지원제도의 특징

1. 지원제도 일반

특히 최근에 벤처기업에 대한 관심이 증대하면서 정부는 선진국의 제도를 참고하여 상당히 많은 부분의 도입이 이루어져 왔다.

시장경제원리에 입각하여 벤처기업은 자생적으로 발생하고 경쟁에서 낙오된 경우 시장에서 탈락되는 것이 원칙이다. 이를 위해서는 시장 메커니즘이 효율적으로 작동할 수 있는 각종 사회여건이 잘 정비되어 있어야 한다.

그러나 우리나라 벤처기업의 정책은 미국처럼 벤처기업이 활성화되기 위한 사회 전반적인 인프라가 충분히 갖추어지지 못한 상태이기 때문에 정부 주도의 인위적인 벤처기업 육성책에 초점을 맞출 수밖에 없는 여건에 놓여 있다.

정부주도하의 우리나라 벤처기업의 육성정책은 외국 특히 미국의 상황과 비교해 보면, 자본시장이 성숙하지 못해 벤처기업의 활성화를 위한 자금지원이 제도를 통해 이루어지지 않고 있다는 점 때문에 정부가 벤처기업의 자금지원에 직접 관여하는 경우가 많다. 정부의 세제특례나 인력공급정책은 취약한 반면 금융조달을 위한 자본시장은 가장 활성화되어 있는 미국과 비교해 보면 위와 같은 사실은 더욱 명백해 진다. 벤처캐피탈, 즉 모험자본은 결코 조건 없는 지원자금이 아니며 수익을 원하는 투자자일 뿐이다.

위와 같은 점에서, 장기적으로 현재의 인위적인 육성정책에서 탈피하여 창의적인 사고를 할 수 있도록 유도하는 교육제도의 개선 등의 방법을 통하여 자본외적인 시장 메커니즘이 제대로 작동할 수 있도록 하는 경제적 시스템의 개선이 필요하다.

2. 지원제도와 정부 역할

1) 벤처부문의 시장실패와 정부의 역할

벤처기업은 앞서 언급한 바와 같이 고성장의 잠재성을 보유하고 있어, 사회 전반적으로 벤처기업을 운영하고자하는 창업정신(entrepreneurship)이 제고될 수 있다. 또한, 벤처기업은 투자자에게 매력적인 투자대상이 될 수 있다. 하지만, 벤처기업이 본질적으로 보유하고 있는 아래에서 언급할 몇 가지 특성들로 인해, 사회적으로 바람직한 양만큼의 자원이 벤처기업으로 공급되기 어려운 시장 실패의 가능성이 존재하며, 따라서 벤처기업은 기업성장에 필요한 자금조달(funding)에 어려움을 겪게 된다. 이러한 자본조달의 어려움은 벤처사업에 대한 불확실성의 증대로 예비 창업가의 창업의욕을 감소시키는 반작용을 유발시킨다. Sahlman et al(1999)은 창업정신을 현재 자신이 갖고 있는 자원이 얼마인지 상관없이 사업 기회를 추구하는 것으로 규정하였다.

우리가 주목하는 벤처기업의 특성들로는 첫째, 높은 불확실성이다. 벤처기업은 성장단계상 창업초기 혹은 성장기에 있으며, 고수익 창출이 첨단기술을 통한 새로운 수요 개척을 요구하는 만큼, 잠재적으로 높은 불확실성(high risk)을 내포하고 있다. 여기서 불확실성이란 미래에 발생되는 성과에 대한 확률분포로 이해된다.

벤처기업이 그 바탕을 두고 있는 첨단기술은 기존에 존재하지 않았던 것이고 따라서 성공 확률이나 관련 시장크기에 대한 정보는 매우 부족하다. 일반적으로, 불확실성이 클수록 잠재적 성과에 대한 확률분포 영역이 넓어짐을 의미한다. 벤처기업의 경우 다른 일반기업들보다 그 성과에 대해 확률분포의 영역이 넓다고 하겠다.

하지만, 시장자본은 대체로 위험회피(risk aversion)의 성향을 보이고 있다. 이는 시장자본은 불확실성이 높은 벤처기업보다는 좀 더 안전한 투자대상을 찾아 움직이는 것을 의미한다.

우리가 관심을 갖는 벤처부문의 두 번째 특징은 벤처기업과 잠재적 투자자

사이에 기업이 보유하고 있는 기술력이나 사업 아이디어에 대한 비전, 기업 내부의 업무 프로세스, 시장 추이 등 자금조달과 관련된 각종 정보에 대해 서로 다른 정보를 보유하고 있는 정보의 비대칭성(information asymmetry) 혹은 정보의 격차(information gap)가 존재한다는 것이다. 벤처기업가는 외부투자자보다 특정 기술, 기업 내부에서 발생하고 있는 상황에 대해 더 많은 정보를 보유하고 있다. 이러한 정보의 우월성으로 벤처기업가는 기회주의적 행동(opportunistic behavior)을 할 유인을 갖는다. 특히, 벤처기업가와 외부투자자 사이의 이러한 정보의 비대칭은 그들 사이에 이해상충을 발생시킨다. 예를 들어, 기업가는 기업의 약점들을 숨기고, 기업의 각종 성과를 부풀려 투자자에게 자신의 기업이 매력적인 투자 대상임을 역설할 수 있다. 또한, 자본조달 시점에서 약속한 것보다 더욱 불확실한 전략을 취하거나, 투자자가 기대한 것과 다르게 기업가는 열심히 사업을 추진하지 않을 수 있다. 더욱이 기업가는 투자자의 자금으로 그의 평판(reputation)을 높이는 프로젝트를 추진하여, 프로젝트의 성과가 아주 형편없더라도 기업가는 그 프로젝트를 운영하면서 개인적 편익(private benefit)을 향유할 수 있다.

셋째, 벤처기업은 첨단기술이나 참신한 아이디어에 의존하므로 건물, 기계, 혹은 부동산 등의 물질적 자산(physical asset)이 부족한 반면, 특허, 등록상표, 또는 기업가의 인적자본 등의 무형자산(intangible asset or soft asset)을 보유하고 있다.

은행 등 대부분의 자본대여자들은 물적자산을 담보로 이용하여 여신활동을 하고 있어 담보능력이 충분한 기업들을 주 고객으로 하고 있다. 또한 이들은 기업 성장단계상 성숙기에 있어 사업의 위험성이 상대적으로 낮은 기업들을 대상으로 하고 있다. 따라서, 창업초기나 성장기의 상대적으로 사업의 위험성이 높으며 담보능력이 부족한 기업들은 이들로부터 자금조달이 불가능한 경향이 높다. 더욱이, 벤처기업이 보유하는 무형자산을 평가하고 가치를 부여하는 시장이 활성화되어 있지 않는 현실에서 무형자산에 의존하는 벤처기업은 자본조달에 어려움이 있다.

이처럼 창업 이전 및 초기 단계의 벤처기업이 지니는 불확실성, 정보의 비대칭성 및 물적 담보의 부족과 같은 특징은 민간 부분 금융시장이 일찍부터 발달해 있는 미국에서 조차도 이들에게 자금 공급을 회피하는 시장실패 현상으로 나타나고 있다. 미국의 벤처캐피탈은 대부분 성장 이후 단계의 벤처기업에 투자를 집중하고 있어 초기 단계의 벤처기업이 자금을 조달하는 것이 쉽지 않다. 1990년대 말부터 초기 단계 벤처기업에 집중적으로 투자하는 CMGI나 ICG(Internet Capital Group)와 같은 민간 창업보육센터가 활성화되었으나, 벤처 거품 이후 이들의 급격한 주가 폭락으로 인해 주식시장으로부터 자금조달이 불가능하게 됨에 따라 창업이전 및 초기 단계의 벤처기업 투자에 어려움을 겪고 있다.

그러므로 정부의 역할은 이처럼 벤처부분에 내재되어 있는 특성으로 인한 시장실패를 보정하는데 있다. 정부는 벤처부문의 시장실패 원인인 고위험과 높은 정보비대칭성의 문제를 완화시키는 시스템이 시장에서 형성되고 성장할 수 있는 환경을 조성하여야 한다. 그리고 혁신적인 기술개발이 지속적으로 일어나며 활발한 창업활동이 계속될 수 있도록 벤처부문에 사회적으로 바람직한 수준까지 자원을 공급할 수 있는 유인을 제고하여야 한다.

3. 지원제도 문제점

구체적 정책에 있어서 가장 큰 문제를 보이고 있는 것이 기술개발자금, 창업 지원자금 등의 형태로 이루어지는 정부의 자금지원 부문이다. 정부의 자금지원은 여러 가지 형태로 이루어지지만 기본적으로는 정부가 은행에 저리로 빌려주고 이를 은행이 정부가 지원대상으로 정한 기업들에게 역시 시중 대출금리보다 낮은 수준으로 빌려주는 형식을 취하고 있다. 이 과정에서 은행은 기업들에게 담보를 요구하거나 신용보증기관으로부터 신용보증서를 요구하게 되는데 이러한 방식의 자금지원은 많은 문제점을 야기할 수밖에 없다.

우선 저리의 자금지원은 결국 보조금을 지급하는 것과 마찬가지로서 지원대상의 결정 과정에 있어서 형식적이거나 비전문성이 개입될 가능성이 상존하며, 사후관리의 부재 등으로 인한 문제점은 벤처기업으로 하여금 도덕적 해이(Moral Hazard)라는 문제점을 일으키도록 만들기 쉽다. 또한 정부에 의한 자금주입은 벤처캐피탈이나 엔젤 캐피탈과 같은 민간의 벤처기업에 대한 자금조달

시장을 위축시키는 역효과를 초래할 수 있다. 벤처기업의 입장에서 저리의 융자자금을 받을 수 있다면 굳이 경영권이 제한될 수도 있는 지분 투자를 받을 필요가 없기 때문이다. 이러한 식의 자금 지원은 경쟁력을 갖추어 자금을 조달하려는 벤처기업의 유인을 약화시킴으로써 벤처기업의 자생력 및 경쟁력을 약화시키게 된다. 더욱이 이러한 지원자금은 이를 절실히 필요로 하는 한계기업들로 흘러들 가능성이 많으며 이는 결국 이들의 퇴출을 막음으로서 산업의 비효율성을 증대시키게 된다. 결론적으로 현행의 자금지원 위주의 벤처정책은 일시적으로 벤처기업군의 외적인 성장을 이루는데 효과적일지는 모르나 그 사회적 부작용이 심각하게 나타날 가능성이 높으며 진정 경쟁력 있는 벤처 정책은 일시적으로 벤처기업군의 성장과는 거리가 멀다고 할 수 있다.

정부의 역할이 강조되는 벤처기업의 창업기반조성 정책의 경우도 벤처기업에 대한 이해부족으로 인한 문제점들을 드러내고 있다. 정부의 창업보육 및 지원센터의 설립을 중심으로 한 창업지원 정책의 경우 창업보육센터의 기능이 창업초기에 필요한 기술, 경영, 법률 등의 고급 생산자 서비스의 제공기능을 강화할 필요가 있다. 더욱이 지역안배에 따른 지원센터의 설치 및 각각의 지방자치 단체가 구색 갖추기 식으로 추진하는 산업단지에서는 첨단 벤처기업이 나오기 어렵다는 점을 인식해야 할 것이다. 벤처관련시장과 관련해서 벤처캐피탈 시장의 경우 공기업 성격의 신기술사업 금융업자들의 역할이 진정한 의미의 벤처캐피탈과 거리가 멀고 창업투자회사들의 경우 100억원 이상의 설립자본금 규정과 40% 이상의 투자 의무 비율 등의 규제에 의해 인위적인 벤처캐피탈 시장을 형성해 놓고 있으나 많은 창업투자회사의 경우 약정투자, 자금대여 등 변칙적인 형태의 투자가 횡행하고 있으며 수익성이 지극히 악화되고 있는 상황이다.

또한 100억원 이상의 설립자본금을 요구하는 대형 벤처캐피탈 시장이 제 기능을 하고 활성화되기에는 다음과 같은 이유에서 커다란 장애를 만날 수 있다. 즉, 벤처캐피탈 리스트로서의 능력만 있으면 제반 경영자 서비스의 제공자들 및 자금의 제공자들과 합작하여 회사를 자유롭게 만들어 투자 할 수 있는 기반(분위기)을 조성하는 것이 벤처캐피탈 시장 활성화의 첩경임에도 불구하고 높은 자본금 규정으로 진입장벽을 조성하는 것은 벤처캐피탈을 일반 여

신금융업과 같은 규제대상으로 보는 몰이해에서 비롯된 것이다. 코스닥시장의 경우 제도적 개선 등을 통해 제반 여건 조성에 노력이 이루어졌음에도 불구하고 극심한 경기 침체와 맞물려 일일거래량 및 거래대금 측면에서 최악의 상황을 보이고 있으며, 특히 유동성 부족으로 벤처기업 투자자의 투자지분 회수시장이자 벤처기업 직접금융에 의한 자금조달 시장으로서의 기능을 거의 상실하고 있는 형편이다.

4. 지원제도 개선방안

1) 벤처기업 분류상의 문제점 및 개선방향

벤처캐피탈 투자 벤처기업 경우를 보면 특히 벤처기업에서 벤처캐피탈이 투자하는 것이 아니라, 단순히 벤처 캐피탈이 투자하면 비 벤처기업이 바로 벤처기업으로 되는 문제를 가져올 수 있다. 대부분의 벤처캐피탈이 자본력이 열악한 우리의 현실에서는 부실한 벤처기업을 양산하는 수단으로 이용되기 쉽다. 또한 벤처캐피탈의 적지 않은 수가 재벌계열사이거나 단기적인 목적에서 고리사채 위주의 투자를 하는 경향으로 보아 이미 창업 후 어느 정도 성공을 거둔 기업이 아니면 벤처캐피탈의 투자를 받기 힘들다는 점에서도 본래의 벤처기업특별법의 목적에 어긋난다고 볼 수 있다.

따라서 개선방안으로 벤처캐피탈의 투자라는 요건은 매우 형식적인 것으로 우선 보다 실질적인 기준이 마련되어야 할 것으로 보인다. 특히 기술개발 중이거나 창업초기에 있는 유망기업을 발굴하고 투자를 유도할 수 있는 제도적 장치가 요구된다.

또 연구개발투자 벤처기업 경우는 확인기준을 살펴보면 벤처기업특별법에 의하나 연구개발투자 벤처기업으로 확인 받기 위해서는 당해 기업의 연간 총매출액에 대한 연구개발 비율이 원칙적으로 직전 사업연도를 기준으로 5%이상이어야 하고, 직전 사업연도 또는 당해 사업연도 중에 창업된 기업은 벤처기업 확인을 요청한 날이 속하는 분기의 직전 2분기 이상의 매출액 또는 연구개발비를 직전 사업연도 매출액 또는 연구 개발비로 산정하여 5% 이상이어야 한다.

따라서 문제점으로 대두되는 것은 위의 요건에서도 역시 확인을 위한 기준이 매우 형식적이라는 점을 문제로 들 수 있다. 각 기업마다 기술개발비의 투자효율성이 다를 수 있다는 점을 살펴보면, 5%라는 기준이 현실적인지에 대한 의문이 제기될 수 있다. 또한 투자 비율의 산정에 있어서도 직전 사업연도 매출액의 비율만을 기준으로 하기 때문에 직전 사업연도 이전에 아무리 우수한 기술을 개발하거나 많은 연구개발비를 투자하더라도 직전 사업연도 이외의 투자비용은 벤처기업으로 확인되는데 반영되지 않는다는 점에서 연구 개발비 투자의 지속성을 저해할 우려가 크다.

그러므로 개선방안으로 연구개발비 투자 비율에 대한 실질적 심사 방안의 마련이 요구되며, 기업의 규모나 연구 개발비 투자효율성에 따라 차등적인 비율적용을 고려하는 방안을 생각해 볼 수 있다. 자금력에 제한을 받고 있는 사업초기의 기업들은 현실적으로 연매출액의 5%이상을 연구개발비로 투자한다는 것은 쉬운 일이 아니다.

따라서 연매출액이 일정규모에 이르지 못하는 기업의 경우에는 기업에 대한 질적 평가를 조건으로 현행의 5% 보다 그 비율을 낮추는 방안도 강구될 필요가 있다.

2) 벤처관계법의 체계상 문제점 및 개선방향

현재 중소·벤처기업에 관하여 직접적인 규정을 두고 있는 법률은 대략 11개 정도이고, 중소·벤처기업을 간접적으로 규율하고 있는 법률은 더욱 많다. 특히 제조업의 경우에는 공장 입지의 선정, 각종 인·허가, 공장건축과 관련된 법은 무수히 많다. 게다가 이에 따른 시행령, 시행규칙, 고시 등을 합치면 중소·벤처기업을 운영하는 사업자 입장에서는 기업활동에 모든 노력을 쏟아붓기 힘든 상황에 처해 있다고 볼 수 있다.

따라서 관련법규간의 상충 문제로서 현행의 벤처 관계법들은 중소·벤처기업의 실태와 발전추이 등에 대한 명백한 분석이 결여된 채 만들었기 때문에 현실과 괴리를 보이고 있는 규정들이 적지 않다. 또한 중소·벤처기업정책의 변화와 정책적 필요에 따라 법률이 제정된 관계로 각 법률들이 체계적으로 연결되어 있지 못하고 서로 중복 및 상충된 규정을 두고 있는 경우를 많이 볼 수 있다.

또한 중소·벤처기업 이해당사자의 득실에 따라 행정적 편의, 여론을 의식하여 인기를 얻기 위해 선심성 법률을 특례법의 형식으로 입법하였기 때문에, 일반법에 대한 특례법 규정의 양산으로 관련법 체계에 혼란을 초래하고 있다.

또 용어개념의 불명확인데 외국의 입법 사례를 충분한 검토 없이 참조하거나 해석하여 법률용어가 불일치 하는 경우가 있고, 일상의 용어와 현격한 차이를 지닌 용어가 사용되는 일도 발생한다. 또한 불확정 개념의 과도한 사용으로 법령의 해석 여하에 따라 기업의 생존이나 발전여부가 결정되는 상황에서, 일반 국민 및 기업인의 법에 대한 예측가능성을 현저히 저하시켜 법에 대한 신뢰와 안정성을 저해하는 문제가 발생한다.

이에 대한 개선방안으로 중소·벤처기업지원에 관한 법제가 올바르게 기능하기 위해서는 지원의 내용이 실질적이며, 지원체계가 체계적이고 효율성을 갖추는 것이 요구된다. 또한 벤처기업들이 쉽게 이용할 수 있는 지원제도 역시 필요하다. 이러한 관점에서 발전가능성이 있는 기업들을 선별하여 지원하는 방안이 요구되고 있으며, 이러한 제도가 제대로 수행되는지 여부를 제대로 모니터링 할 수 있는 체계의 구축이 요구된다.

제1절 일반 벤처기업 특징

1. 일반 벤처기업 구분

벤처기업에 대한 정의는 1997년 제정된 「벤처기업육성에관한특별조치법」에서부터 찾아 볼 수 있다. 벤처기업에 대한 정의는 벤처기업육성에관한특별조치법에서 다음과 같이 규정하고 있다. "벤처기업" 이라 함은 중소기업기본법 규정에 의한 중소기업으로서 다음에 해당하는 기업을 말한다. 즉, 벤처캐피탈 투자기업, 연구개발 투자기업, 신기술 개발기업, 기술평가 기업으로 규정하고 있다. 이들 4개 기업을 간단하게 정리하면 표와 같다.

【표 4-1】 벤처기업의 구분

구 분	기 준
벤처캐피탈 투자기업	창업투자회사(조합)·신기술사업금융업자(조합) 또는 한국벤처투자조합으로부터 총 주식의 10%이상(주식(신주에 한함), 전환사채 포함 20% 이상) 투자받은 기업
연구개발 투자기업	직전 사업연도의 연구개발비가 직전사업연도의 총매출액의 5% 이상인 기업

	- 직전 사업연도 또는 당해 사업연도 중에 창업된 기업은 직전 2분기 이상의 매출액 또는 연구개발비를 직전 사업연도의 매출액 또는 수출액으로 산정
특허기술(신기술) 개발기업	특허권·실용신안권(실시권은 제외) 및 기술개발사업에 의한 매출액(수출액)이 총매출액의 50%(25%) 이상인 기업
기술평가기업	벤처기업평가기관에서 기술성 또는 사업화 능력이 우수하다고 평가받은 기업(창업기업, 자체기술 개발기업, 상기기준 미달된 기업)

2. 벤처기업 유형별 특징

1) 벤처캐피탈 투자기업

벤처캐피탈 투자기업이란 우리나라의 벤처 캐피탈인 중소기업 창업투자회사(조합) 신기술 사업금융업자(조합), 한국벤처투자조합, (주)다산벤처가 투자한 기업을 말한다. 즉, 벤처캐피탈의 투자총액(주식(신주에 한함), 전환사채 포함)이 당해기업(주식회사 또는 합자회사) 자본금의 100분의 20이상이거나 주식(신주에 한함)인수 총액이 당해기업 자본금의 100분의 10이상인 기업을 말한다. 다만, 창업투자회사가 투자한 시점이 7년이 지난 기업은 제외된다. 여기서 투자는 주식, 무담보 전환사채 또는 무담보 신주인수권부사채를 인수하는 것으로 정의된다.

예를 들어, A 기업의 자본금이 2억원이라고 할 때, 현 시점에서 벤처캐피탈이 A 기업의 주식(신주)을 2천만원이상 보유하고 있거나, A 기업의 주식, 전환 및 신주인수권부사채를 4천만원이상 보유한 경우에 A 기업은 벤처캐피탈 투자기업으로 벤처기업 확인을 받을 수 있다.

벤처캐피탈 투자기업이란 우리나라의 벤처캐피탈인 중소기업 창업투자회사(조합), 신기술 사업금융업자(조합) 또는 한국벤처투자조합, 다산벤처(주)가 투자한 기업을 말한다.

즉, 벤처캐피탈의 투자총액이 당해 기업 자본금의 100분의 20이상이거나 주식인수총액이 당해 기업 자본금의 100분의 10이상인 기업을 말한다. 여기서 벤처캐피탈이 투자한 시점이 창업 후 7년이 지난 기업은 제외된다.

【표 4-2】 벤처 캐피탈투자기업의 구분

구분		창업투자회사	신기술사업금융회사	다산벤처(주)
설립법		중소기업창업지원법	여신전문금융업법	상법
관할부서		중소기업청	재정경제부	중소기업청
설립요건		등록사항 ·상법상 주식회사 ·납입자본금 100억 이상 ·상근 전문인력 3인 이상	인가사항 ·납입자본금 50억원 이상의 주식회사 ·시행령이 정하는 전문 인력 3인 이상 보유	상업상 주식회사 (2001년 창투사 등록 예정)
회사성격		비통화 금융기관적 민간 벤처캐피탈	비통화금융기관적 민간 벤처캐피탈	공공 벤처캐피탈
회사수		93개	6개	1개
지원대상		·창업중소기업 ·사업 개시 일로부터 14년이내의 법인(개인사업자인 경우 10년 이내) ·업종일부제한(법 제3조, 시행령 제3조, 업무운용 규정 제12조)	·신기술 사업자 ·종업원 1,000인 이하 총 자산 300억원 이상 중견기업	제한 없음
자금관련 허용업무	자금조달	·중소기업창업지원 자금 ·중소기업창업투자 조합 결성 ·회사채 발행	·정부/대통령이 정하는 기금, 금융기관차입, 외국정부. 국제기구로부터 차입 ·신기술사업투자 조합 결성 ·회사채 발행	제한 없음
	자금운용	·투자. 제한적 자금 대여, 제한적 팩토링	·투자. 융자. 조건부 융자. 리스. 팩토링	투자. 경영지도
피보증대상		기술신용보증기금 벤처특별보증 대상	보증 대상	해당 사항 없음

2) 연구개발투자기업

연구개발투기업이란 직전 사업연도의 연구개발비(R&D)[11]가 직전 사업연도의 총 매출액에 대비 100분의 5이상인 기업을 말한다. 다만, 직전 사업연도 또는 당해 사업연도 중에 창업된 기업은 벤처기업 확인을 요청한 날이 속하는 분기의 직전 2분기 이상의 매출액에 대한 연구개발비를 기준으로 산정 된다.

여기서 연구개발비는 기술개발촉진법 시행령 제27조의 규정에 의하여 한국산업기술진흥협회에 신고된 기업부설연구소(연구개발전담부서 제외)를 통해 지출된 비용에 한정된다.

3) 특허기술(또는 신기술) 개발기업

특허기술(신기술) 개발기업이란 특허권 · 실용신안권(실시권은 제외) 및 신기술개발사업 등에 의해 생산된 제품의 직전 4분기의 매출액(또는 수출액)이 총매출액의 50%(또는 25%)이상인 기업을 말한다. 여기서 총매출액은 총매출액의 산정기간이 4분기인 경우는 9,600만원이상, 동 기간이 2/4분기인 경우에는 4,800만원 이상 이어야 한다. 특허기술(신기술) 개발기업은 크게 특허기술 개발기업, 신기술 개발기업, 공공기관 이전 기술이용기업의 3가지로 구분된다.

첫째, 특허기술 개발기업이란 특허권 · 실용신안권(등록출원중인 기술중 심사청구 및 출원공개된 기술로서 특허청장이 인정하는 기술 포함)에 의해 생산된 제품의 직전 4분기 매출액이 총매출액의 50%이상이거나 당해제품의 수출액이 총매출액의 25%이상인 기업을 의미한다. 다만, 직전 4분기(직전 또는 당해 사업연도)중에 창업된 기업인 경우에는 벤처기업 확인을 요청한 날이 속하는 분기의 직전 2분기의 매출액 또는 수출액을 기준으로 산정된다.

둘째, 신기술(기술개발사업) 개발기업이란 신기술을 이용하거나 해외도입기술중 조세감면 대상인 고도기술을 이용하여 생산한 제품의 직전 4분기 매출액이 총매출액의 50%이상이거나 당해제품의 수출액이 그 제품 총매출액의 25%이상인 기업으로 정의된다. 다만, 직전 4분기(직전 또는 당해 사업연도)중에 창업된 기업인경우에는 벤처기업 확인을 요청한 날이 속하는 분기의 직전 2분기의 매출액 또는 수출액으로 산정된다. 신기술 개발기업에 해당하는 사업은 다음에 제시되어 있다.

셋째, 공공기관 이전 기술이용기업이란 공공연구기관, 한국기술거래소를 통하여 이전(양도 · 양수에 의한 이전을 말한다) 받은 기술에 의해 생산된 제품의 직전4분기 매출액이 총매출액의 50%이상이거나 수출액이 총매출액의 25%이상인 기업을 말한다. 다만, 직전 4분기 중에 창업된 기업은 벤처기업 확인을 요청한 날이 속하는 분기의 직전 2분기의 매출액 또는 수출액을 기준으로 산정된다.

【표 4-3】 신기술 개발기업에 해당하는 사업 및 조건

사 업	조 건
산업기반기술개발사업, 자본재시제품개발사업, 에너지기술개발사업, 대체에너지기술개발사업, 첨단기술제품개발사업, 우수신기술인증사업 (NT), 기계류·부품·소재의품질인증사업(EM), 청정생산기술 개발사업(이상 산업자원부), 기술혁신 개발사업(중소기업청)	기술개발 완료일 또는 인증일로부터 5년이내의 사업에 한하여 인정
전기통신기술개발사업, 정보통신기술개발사업, 우수신기술사업, 소프트웨어개발사업, 컴퓨터프로그램저작권사업(정보통신부)	우수신기술사업만 인증일로부터 3년, 나머지 사업은 기술개발 완료일로부터 5년이내의 사업에 한하여 인정
영상·음반·비디오물·게임물 산업 또는 관광산업중 창작 신기술 또는 신기법을 이용하거나 지식집약도가 높은 사업(문화관광부)	창업투사회사(소합), 신기술사업금융업자(소합) 또는 한국벤처투자조합으로부터 총사업비용의 20%이상을 출자받은 사업과 컴퓨터그래픽 합성 등 디지털 기술을 이용하거나 새롭고 독창적인 지식을 이용한 영화·방송프로그램·음반·비디오 또는 게임물 제작, 3D기법을 이용한 애니메이션 제작, 게임소프트웨어, 주제공원, 국제회의 등 외국인 관광객을 유치할 목적으로 독특한 여행상품을 기획하는 사업중 당해사업의 매출실적 증가율이 전년대비 300%이상인 사업에 한함
국산신기술 제품개발 이용사업, 신기술이용사업, 특정연구개발사업, 중점연구개발사업, 원자력연구개발사업, 기초과학연구사업(과학기술부)	기술개발 완료일 또는 인증일로부터 5년이내 사업에 한함
환경기술연구개발사업(환경부)	기술개발 완료일로부터 5년이내의 사업에 한함
외국인투자촉진법 제26조의 규정에 의한 조세감면대상인 고도기술사업(산업자원부) 건설신기술이용사업(건설교통부) 농림수산특정연구사업(농림부)	인증일로부터 5년이내의 사업에 한함 인증일로부터 5년이내의 사업에 한함 기술개발완료일로부터 5년이내 사업에 한함

4) 기술평가 기업

기술평가 기업이란 벤처기업평가기관으로부터 기술성 또는 사업화 능력이 우수하다고 평가받은 기업을 말한다.

벤처평가를 받을 수 있는 기업은 ① 창업중인 기업(예비창업자), ② 자체기술 개발기업 ③ 특허 · 실용신안 등록기업 및 신기술개발기업 중 사업화의 정도가 신기술개발 기업의 대상기준에 미달하는 기업 ④ 의장권 등록기업이다.

【표 4-4】 공공연구기관의 범위

•국 · 공립 연구기관
•정부출연연구기관등의설립 · 운영및육성에관한법률 제8조제1항의 규정에 의한 연구기관
•특정연구기관육성법에 의한 연구기관 - 한국과학기술원, 한국원자력안전기술원, 한국원자력연구소, 한국과학재단, 광주과학기술원, 한국과학기술평가원, 한국산업기술평가원, 정보통신연구진흥원, 한국인삼연초연구원
•고등교육법에 의한 학교 - 대학, 산업대학, 교육대학, 전문대학, 방송통신대학, 기술대학
•민법 또는 다른 법률에 의하여 설립된 산업 및 기술분야의 법인 · 단체로서 다음 요건을 충족하는 기관 - 국가 · 지방자치단체 또는 정부투자기관이 연구개발사업에 소요되는 연간비용의 2분의 1 이상을 출연하거나 보조하는 법인 또는 단체 - 국가 · 지방자치단체 또는 정부투자기관이 자본금 또는 재산의 2분의 1이상을 출자 또는 출연한 법인 - 기타 관계중앙행정기관의 장이 기술이전의 촉진을 위하여 필요하다고 인정하여 지정하는 법인 또는 단체

여기서, 벤처기업 평가기관에는 기술신용보증기금(기술평가센터), 중소기업진흥공단, 한국과학기술원, 한국과학기술평가원, 한국벤처연구소, 한국보건산업진흥원, 한국산업기술평가원, 한국산업디자인진흥원, 한국정보통신연구진흥원, 한국과학기술연구원 등이 있다.

제2절 IT 벤처기업 특징

1. IT 벤처기업의 의미

벤처기업이 무엇인가는 명확한 개념정의가 없으며 특히 IT 벤처기업에 대한 정의는 더욱 어렵다고 할 수 있다. 일반적으로 벤처기업의 개념은 경제발

전 단계나 상황에 따라 다양한 견해가 있으나, IT 벤처기업이란 일반적으로 정보 통신 분야에서 첨단 신기술이나 참신한 아이디어를 사업화해서 신규 시장을 개척하는 기술 집약적이고 미래의 성장 가능성이 높은 기업(high-tech, high-risk, high-return)을 의미하는데 우리나라에서는 중소기업으로서 벤처캐피탈이 투자한 기업, 연구 개발비중이 높은 기업, 특허・신기술 개발 기업, 기술평가 우수기업을 대상으로 벤처기업 확인 제도를 실시하고 있다.

미국에서는 일찍이 왕성한 기업가 의욕을 가진 유능한 기술창업인이 조직으로부터 이적하여 첨단 신기술을 개발하고, 이를 기업화하여 기존 대기업을 제치고 제한된 분야에서 급속한 성장을 이룩하는 기업을 일컬어 High Technology Small Firm (HTSF), New Technology Based Firm(NTBF), Risky Business, High Technology Business 등으로 불러왔다. 그 후 일본에서도 집중적인 연구개발활동을 통해 얻은 신기술을 바탕으로 신규사업에서 크게 활약하는 초기 중소기업을 연구 개발형 기업이라고 부르면서 이를 영어식으로 벤처기업이라고 표현해 왔다.

그러나 아직도 이러한 기업에 대한 범위를 실제로 어떻게 구분하여야 할 것인가에 대한 일관된 정의는 내려져 있지 않으면서 벤처기업의 개념에 대한 정의는 많다. 크게 벤처기업을 통칭되는 기업군은 크게 보아 두 가지 개념으로 대별되고 있다. 먼저, "고위험=고수입"이라는 단어로 함축되는 기업군을 지칭하는 경우이다. 이는 벤처 캐피털의 투자 대상이라는 관점에서 정의되는 기업군이다. 다음으로는 흔히 신기술 기반 기업이라고 불리는 기업군을 지칭하는 경우로 높은 R&D 수준이 중요한 판별 기준이며, 급속한 기술 발전에 유연하게 대응하는 신생 혹은 기존 기업군이 그 대상에 해당한다.

즉, 벤처기업은 고수익, 고위험이란 의미를 내포하고, 그 제품 또는 사업방법이 기술혁신과 창조성에 바탕을 두고 경영의 독립성을 견지하며, 기업의 성장과 주식공개를 지향한다는 관점에서 이를 구체적으로 설명하면 다음과 같다.

첫째, 벤처기업은 대개 새로운 기술과 아이디어에 바탕을 두고 있으므로 수요 및 기술 측면의 불확실성으로 인한 위험이 따른다. 기술과 아이디어에 바탕을 둔 벤처기업이 성공하면 기술 및 시장우위를 획득하여 독점적 지위를 향유한다. 시간의 흐름에 따라 새로운 신기술의 출현과 시장 특성 변화로 독점적 사업은 저위험과 저수익의 경쟁적인 전통적 사업으로 변화한다. 전통적 사업은 제품수요가 포화상태가 되고 대체재의 출현 등으로 시장이 축소되면서 사양사업으로 이전한다. 이렇게 벤처기업은 독점적 사업, 전통적 사업, 사양사업으로 변화하는 수명주기를 가진다.

둘째, 고위험, 고수익이 있는 사업이라고 해서 모두 벤처기업이라고 말할 수 없으며, 기술혁신과 아이디어를 기반으로 할 경우에만 벤처기업이라고 할 수 있다. 기술에 바탕을 두기 때문에 기업의 매출액 대비 R&D 투자비율이 높고, 창조성이 사업성공에 중요한 요소가 된다. 기술혁신의 유형이나 분야에 대해 제한을 두기에는 어려움이 있다. 혁신제품이면서 정보통신, 전자, 소프트웨어 등 첨단산업이 벤처기업의 주된 분야임에는 틀림없지만, 벤처기업의 속성상 기존의 범주에 속하지 않는 것이 오히려 진정한 벤처기업일 가능성이 크다. 그러므로 벤처기업의 범위를 좁게 한정하기보다는 유연하게 범위를 설정하는 것이 바람직하다.

셋째, 벤처기업은 제품기획, 구매, 생산 및 유통 등 의사결정에 있어서 독자적이다. 불확실하고 급변하는 환경은 경영 및 사업스타일에 있어서 독립적인 의사결정과 혁신성을 요구하기 때문이다. 그러므로 벤처기업의 성격상 동태적 환경에서 생존하기 위해서는 기획 및 의사결정의 독립성이 유지될 수밖에 없다.

넷째, 벤처기업은 경영의 참여자, 기술제공자, 자본투자가에게 가능한 위험 부담에 대한 보상을 가능한 빨리 해줄 필요가 있으며, 향후 한 차원 높은 성장을 위해 추가 자본조달을 계속 필요로 한다. 벤처기업은 위험부담을 참여한 주체들 간에 분배하고, 더 높은 성장을 위해 자본참여를 지속적으로 유도하여 벤처기업에 대한 참여와 평가를 사회적 차원으로 확대시킨다.

2. IT 벤처기업 정의

앞의 개념들을 종합해서 IT벤처기업을 정의하면 다음과 같이 정의를 내릴 수 있다. IT벤처기업이란 컴퓨터나 마이크로프로세서를 사용하여 정보의 가공, 축적을 용이하게 하는 제품, 서비스를 생산하거나 유무선 매체의 망을 이

용하여 이를 기반으로 하는 제품, 서비스를 생산하는 기업으로서 성장의욕과 모험심이 강한 창업가에 의해 경영됨으로써 기술력을 바탕으로 제품의 독창성과 사업의 독립성을 지니고 있는 기업이라 할 수 있다. 이러한 IT벤처기업은 디지털 사회의 발전 원동력인 정보의 창출과 유통을 담당할 핵심산업으로서 산업구조를 고도화하고 성장을 주도하기 때문에 매우 중요하다. 여기서 디지털 사회란 컴퓨터, 통신, 소프트웨어 등의 디지털 기술과 국제표준으로 통합된 인터넷 위에서 언제, 어디서나 누구나와도 지식과 정보를 "빛의 속도"로 교환하여 개인, 기업, 국가의 경쟁력이 지식과 정보의 활용 정도에 의해 결정되는 사회를 말한다. 또한 정보통신 산업은 인터넷을 중심으로 디지털 컨텐츠, S/W, 정보통신기기 등 신산업의 창출을 주도하여 신규 고용의 원천이 되고 물가안정에 기여하고 있다.

3. IT 벤처기업 역할

우리나라의 경우 중소기업은 사업체수에 있어서는 전체기업의 99.5%를, 종업원 수에 있어서는 78.8%를 차지하고 있으며, 생산액에 있어서도 54%를 차지하고 있는 등 국가 경제에서 차지하는 비중이 매우 높은 편이다(2004년도 말). 이것은 중소기업의 경쟁력이 곧 국가 경쟁력과 직결된다는 것을 의미하는 것이기도 하다. 그러나 지금의 우리 중소기업들은 자본, 기술, 인력과 정보 등이 취약하여 커다란 위협을 받고 있다. 중소기업들 스스로가 정보화에 대한 인식이 저조할 뿐만 아니라, 정보통신기술을 도입하는데 드는 비용을 감당하기가 힘들다. 또한 사내에 정보통신기술 활용능력을 갖춘 적정한 인재가 부족하고 외부에서 전문 인력을 영입하려고 하여도 기업의 정보화 수준이나 채용 인력의 정보통신기술 수준을 평가할 수 있는 실력이 없다는 문제점이 있다.

하지만 1960년대 대기업 중심으로 재편된 이후, 우리 경제에서 중소기업이 차지하는 비중은 꾸준히 증대되어 왔다. 중소기업의 역할이 증대됨에 따라 IT 벤처기업의 중요성이 더욱 강조되고 있다.

이러한 기업은 혁신적 기술개발의 주체로서 국내 고용기회의 다양화와 고용 구조 변화를 주도하고 있다. 벤처기업들은 전체 IT산업의 대다수를 차지하고 있다.

중소기업은 IT산업의 특성상 일반 중소기업보다는 벤처의 특성에 가까울 것으로 판단된다. 이러한 벤처기업들은 IT산업의 첨병으로서 신기술개발의 선구자이자 e-비즈니스의 최대 창출자이다. 그러므로 IT산업은 새로운 경제 패러다임의 기초가 되는 산업이자, 활발한 창업 열기의 주역이기도 하다. 중소기업청 확인 벤처 중에서도 IT업체들은 다수를 차지한다.

과거 우리 경제성장의 원동력은 정부가 주도하고 대기업이 중심이 되어 중화학공업 위주로 가치를 창출하는 산업사회 경제 패러다임이었으며, 1997년 외환위기를 통해 이와 같은 패러다임의 한계가 드러났다. IMF 위기를 극복하고 21세기 지속적인 성장과 삶의 질 향상을 위해서는 지식정보사회에 걸맞는 새로운 산업의 육성정책이 필요하며, 이는 고부가가치 시장을 지향하고 IT벤처기업이 선도하며 첨단 지식정보를 기반으로 가치를 창출하는 것이다.

IT산업은 국내 경제의 성장엔진으로서 90년대 우리나라 경제성장을 견인하였고, IMF 외환위기를 극복하는데 크게 기여하였다. 그러나 신경제의 거품이 꺼진 후 경기침체 등의 과정을 겪으면서 IT산업은 구조적 변화를 경험하고 있다. 한편으로는 중국의 부상 등 글로벌화에 따른 경쟁은 더욱 심화되고 있다. 이러한 과정에서도 IT 분야에서는 지속적인 기술발전에 따라 새로운 서비스 및 제품은 끊임없이 등장하고 있다.

IT벤처기업은 대기업과 협력관계에 있어서 단계적으로 접근할 필요가 있다. 먼저 IT중소·벤처기업은 단순한 하청업체가 아닌 협력업체라는 인식이 필요하며, 납품단가와 발주물량의 안정화로 중소기업의 생존토대를 마련하고 대기업과 중소벤처기업간 공동기술개발체제 구축, 상호인력 파견 기업경영 노하우 전수 및 대기업의 해외 판매망을 활용해야 한다. 더욱이 대기업과 중소기업간 네트워크를 통한 유기적 협력관계 구축을 이루어 IT벤처기업은 IT산업의 핵심부품의 개발 및 공급 기지로서의 역할 수행을 수행해야 한다.

제3절 IT 벤처기업지원 기반 구축

1. IT 벤처기업 일반현황

오늘날의 IT 벤처기업은 급속한 기술혁신과 그 결과의 신속한 상업화를 통한 이윤 창출은 글로벌 경제 하에서 국가의 경제성장과 발전을 이끄는 원동력으로 작용하고 있으며, 벤처기업은 이러한 변화를 담당하는 핵심적인 경제주체로서 그 역할을 담당해 오고 있다. 그럼에도 정작 벤처 경영인들은 이구동성으로 벤처기업이 생성되고 성장하고 발전하는 생태적 환경이 정부의 많은 지원 정책에도 불구하고 여전히 어려움에 처해 있다고 한다. 정부의 벤처 지원 정책 덕분으로 벤처 산업은 양적 규모는 엄청나게 커졌지만 벤처 산업은 양적 규모는 엄청나게 커졌지만 이를 떠받칠 토대는 아직 허약하다는 것이다. 이에 대해 정부는 단순 인프라 지원 형태에서 벗어나 투자 조합 결성을 통한 자금지원, 인큐베이팅 지원 등의 보다 적극적인 질적 지원을 통해 벤처 생태 환경을 개선하고자 노력하고 있지만 그 효과가 아직은 미지수인 채로 남아 있다.

문제는 시스템이다. 벤처 산업 규모가 작았을 때는 사안별 정책이 효과를 발휘했을지 모르지만 지금과 같은 엄청난 벤처 산업 규모 하에서는 힘들 수밖에 없다. 벤처의 생성, 성장, 발전을 연결시킬 수 있는 시스템이 필요한 것이다.

IT 벤처기업의 현황과 애로점을 진단하고, 창업 초기 벤처기업들이 직면한 이같은 애로사항들을 어떻게 하면 시스템적으로 해결할 수 있을 것인가에 대방안이 필요하다.

2. IT 벤처기업의 애로요인

1) 전반적인 애로요인

벤처기업으로 확인 받은 업체에 대해서는 세제·금융·인력·공장 설립 등에 대해 우대지원을 실시하고 있는데, 벤처캐피탈이 일정지분이상 투자한 중소기업을 벤처기업으로 확인하고 있으나, 벤처캐피탈의 지분 회수로 자격상실이 되었음에도 불구하고 벤처기업으로 관리되는 사례가 종종 발생하고 있다.

한편, 이처럼 많은 중소기업들이 벤처기업으로 지정되고, 창업도 활발한 편이지만 기술력을 바탕으로 한 해외 진출은 아직 초보 수준이며 세계 시장에서 국제 경쟁력을 지닌 벤처기업은 극소수인 실정이다.

그리고 짧은 기간에 집중 지원하는 과정에서 일부 지원 시책의 효율성이 저하되거나 벤처 관련 주체들의 도덕적 해이가 종종 발생하고 각 정부 부처별로 벤처 정책에 대한 정책 수단을 경쟁적으로 개발함으로써 종합적인 조정 기능이 미흡한 실정이다.

벤처기업은 조직관리, 판로개척, 자금조달, 기술개발 등 비즈니스 관련 경험이 적기 때문에 해당 사업을 영위하는 데 있어 상당한 어려움을 겪고 있다. 특히 기업 업력이 짧은 벤처기업일수록 기업운영에 관한 노하우 부재로 인해 우수한 기술력을 확보하고도 도산하는 경우가 종종 발생하고 있다. 이러한 측면에서 볼 때 벤처기업이 조직규모 및 market power를 배양하여 영속 기업(going concern)으로 발전하는 과정에는 여러 가지 성장 애로요인들이 있을 수 있다.

벤처기업 경영 요소에는 자금, 입지, 기술, 인력, 시장, 정보, 기업지원 서비스 등 여러 가지 공급요건들이 있는데, 각각의 요건별로 벤처기업의 성장을 지연시키는 다양한 애로요인들이 존재하고 있다.

벤처기업 성장에 따른 애로점은 경영전반 측면, 자금조달 측면, 해외진출 측면, 기술개발 측면으로 분류하여 볼 수 있다.

일반적으로 벤처기업의 경영전반 측면 애로요인을 살펴보면 벤처기업의 가장 큰 애로요인은 자금조달과 관련된 문제이고, 마케팅 및 판로개척, 인력문제, 기술개발 순으로 조사되었다. 벤처기업의 자금조달 측면에서는 벤처기업의 기술을 제대로 평가할 수 있는 기관의 부족이 등이 가장 큰 애로점이고 투자주체별 네트워크 부족, 자금회수 작성의 어려움, 제한된 분야의 투자성향 순으로 등이다. 벤처기업의 해외진출 측면에서는 해외진출 자금부족이 가장 큰 애로점이었고, 정보부족, 전문인력 부족, 언어장벽, 기술력 부족 등이 애로점 이다. 그리고 기술개발 측면에서는 기술개발 자금부족이 가장 큰 애로요인으로 작용한다.

위의 이러한 애로요인들을 종합해보면, 벤처기업이 성장하는 데 가장 커다란 걸림돌로 작용하고 있는 것은 자금조달 문제이며, 다음으로 마케팅, 인력조달, 기술개발과 관련된 요소인 것으로 조사되었다. 그런데 이러한 문제점들을 벤처기업 스스로 하나하나를 해결한다는 것은 창업 초기에 있는 기업들에게는 불가능에 가까운 일일 수 있다. 왜냐하면 이들 애로요인들이 요인별로 분리되어 있다기 보다는 복합적으로 연결되어 있고 특히 기술중심의 벤처기업들은 기술 이외의 어느 것 하나도 안정적인 형태로 존재하지 않기 때문에 하나의 문제점 해결이 기업의 성공을 보장해 줄 수 없기 때문이다.

애로요인의 복잡성은 앞서 제기한 애로요인들을 면밀히 살펴 보면 알 수 있는데, 마케팅 영업상의 애로요인은 그 분야의 전문적 인력을 조달할 능력이 없는데서 기인할 수 있으며 전문적인 인력이 있다하더라도 자금적인 능력이 없다면 이들 인력을 유치하는 것은 어려운 문제일 수 있으며 많은 돈을 들여 유능한 인력을 유치해 온다 하더라도 조직구조가 안정적이지 못하다면 그 인력을 오랫동안 기업내부에 잔류시킬 수 없다. 애로의 개별적 해소는 창업초기 기업에게는 성장을 보장해 줄 수 있는 안전장치로서 작동하지 않는 것이다.

그러므로 기술에 대한 믿음을 바탕으로 모험적 투자를 감행한 창업초기 벤처기업들이 성장기로의 진입을 촉진하기 위해서는 정부가 벤처기업의 애로사안별로 벤처 지원 정책을 내놓기 보다는 정부와 민간부문의 관련 경제주체들이 '창업초기 벤처기업이 직면한 애로의 근원적 문제를 해결해 나가기 위해 갖추어야 할 시스템적 지원책으로는 무엇이 있겠는가'에 문제해결의 초점을 맞출 필요가 있으며, 이때 비로소 벤처기업은 국가 경제에 기여할 수 있는 원동력으로서의 역할을 충실히 수행해 나가게 될 것이다.

2) 기술개발상의 애로요인

기술개발 자금부족과 연구인력의 부족은 모든 벤처기업들이 애로점으로 지적하는 요인으로 우수신기술과 같은 개발자금을 정부에서 지원하고 있으나, 기업차원에서는 항상 부족한 것으로 느끼고 있다. 우수신기술 개발자금의 경우 벤처기업 입장에서는 개발하는 데 소요되는 인건비 및 신규 개발 장비 구입 등을 포함할 경우 개발자금이 상당히 부족한 것이 현실이다.

또한 기술개발 중 실패한 경험이 있는 경우, 실패원인은 많은 비중을 차지한 것이 개발비용 부족 및 예산초과 등으로 나타난다. 이는 최초 기술개발에 투자되는 비용이 개발과정 중에 증가하는 경우가 많아 중도에 포기한 경우가 많았고, 계획된 기술에서 시장상황에 맞추어 추가 기술을 통합하는 과정에서 발생하는 개발비용이 증가하여 기술개발이 실패한 경우가 상당수 있는 것으로 보인다.

그리고 다음으로는 개발인력의 기술수준 부족과, 타사 개발로 인한 경쟁력 상실과 개발기술의 진부화가, 특허분쟁 등 법적문제 등 1기술개발 실패원인을 꼽히고 있다.

3) 투자 유치시 애로요인

우수신기술 벤처기업들이 벤처캐피탈이나 투자기관으로부터 투자유치시 가장 어려운 부문을 조사한 결과, 투자기관과의 프리미엄 조정과 관련된 문제가 가장 힘든 부분이다. 이것은 벤처기업에서 요구하는 투자규모나 조건이 투자기관이 제시하는 기업가치 산정이 일치되지 않기 때문에 프리미엄 조정의 문제가 대두되는 것으로 판단된다.

3. IT 벤처기업 발전요인

1) IT 벤처기업 성공 요인

벤처기업의 발전여부는 성장성, 수익성, 안정성, 경영자의 만족도 등 다양한 잣대로 재어 볼 수 있기 때문에 성공여부를 평가하기 위한 객관적인 기준을 설정하는 것은 쉽지 않다. 따라서 일반적으로 벤처기업의 성공을 인지시켜주는 기준을 기업공개(IPO : Initial Public Offering) 여부에 두고 있지만 벤처기업이 IPO로 갈 확률은 매우 낮기 때문에 이를 성공의 잣대로 본다는 데에는 무리가 있다. 특히 M&A, 배당 등과 같이 투자자에 만족을 줄 만한 가치를 제공하는 IPO 이외의 다른 수단이 있을 경우에는 벤처기업의 성공기준을 다른 잣대로도 재어볼 수 있을 것이다.

이런 관점에서 재무제표 중심의 벤처기업 평가에 대한 비판이 많이 제기되

고 있긴 하지만 매출실적, 수익성, 안정성 등의 재무적 지표가 우수한 기업을 성공벤처기업이라고 규정하더라도 큰 무리는 아닐 것이다. 이러한 성공벤처기업과 일반벤처기업을 상호 비교하여 추정한 성공벤처기업의 공통된 특성을 요약하면 다음과 같다.

첫째, 성공벤처기업 창업자의 학력은 상대적으로 약간 높게 나타나고 있으며 전공과의 관련성도 높다. 또한 창업자의 경영경험은 중요하지 않은 것으로 나타났다. 이는 창업자가 공공연구소, 대학이나 대학부설연구소 등에서 개발한 기술을 상품화하여 성공한 경우가 많기 때문인데 이러한 점에서 산・학・연간 연계 강화가 벤처산업 발전에 긴요하다는 것을 알 수 있다.

둘째, 성공벤처기업 창업자의 성취욕구가 보다 높았다. 이는 벤처기업 성공에 창업자의 열정과 실천력이 중요한 밑거름이 된다.

셋째, 성장률이 높은 산업에 있는 벤처기업이 보다 성공가능성이 높았다.

넷째, 경영 전략적 측면에서 시장선택 전략이나 원가우위 및 마케팅 차별화 전략에서의 통계적 유의 차이는 없었다.

그러나 기술혁신 차별화 전략과 외부자원 활용 전략에 있어서는 통계적인 유의한 차이가 나타났다. 이는 성공벤처기업이 기술혁신을 끊임없이 추구하면서도 다양한 외부자원을 적절히 활용하는 전략을 잘 구사하였다고 할 수 있다.

다섯째, 성공벤처기업은 자금동원 능력이나 기술능력이 매우 뛰어났다. 이러한 결과는 기술력이 우수하여 자금조달이 용이하였을 수도 있고 반면에 자금력이 우수하여 기술력을 축적하였을 수도 있었는지는 모르지만 양자는 벤처기업성과에 중요한 영향을 미치고 있었다.

2) 체계적인 벤처 기반 구축

정부는 그동안 지속적으로 벤처기업 지원을 위해 많은 노력을 기울인 결과 현재와 같은 벤처 붐을 조성하는 데 성공하였다. 특히 초기 단계 벤처기업의 기술개발이나 창업지원을 위해 여러 가지 벤처펀드를 조성, 직접적인 자금지원을 해왔다.

그러나 벤처기업이 크게 성장・발전함에 따라 자금수요가 크게 증대, 종전과 같은 융자방식의 한정된 자금만으로는 효율적인 지원이 불가능할 뿐만 아니라 벤처기업 발전보다 자금자체의 이용에 눈독을 들이는 도덕적 해이 현상이 일어나 일부 사회적 문제로 제기된 바 있다.

따라서 향후 정부의 벤처기업 지원정책은 자금지원 등 직접적인 지원정책보다 건실한 벤처기업 육성을 위한 인프라 구축 등 간접적인 지원책에 중점을 두어야 할 것이다. 자금지원 역시 직접 융자방식보다 투자방식으로 전환하고 보다 적극적으로 벤처캐피탈 또는 코스닥이나 인수합병(M&A)을 통해 자금을 조달할 수 있도록 벤처자금 조달 시장이나 제도를 정비, 강화할 필요가 있다.

향후 벤처기업 육성의 주안점은 벤처기업의 성장토양의 조성 및 지속적·안정적 발전을 위한 사회경제적 여건, 제도 및 인프라 구축에 두어야 할 것이다. 벤처기업은 기업가의 창의성·자발성에 크게 의존하기 때문에 벤처기업이 시장환경 속에 자연스럽게 창출, 성장할 수 있는 제도적 여건 및 벤처집적지 등 시설 마련이 중요하다. 또한 건강한 기업가 정신을 배태하는 문화, 새로운 아이디어와 신기술을 갖춘 고급인력을 끊임없이 배출하는 과학기술적 토대를 구축하고 벤처기업이 필요로 하는 기술, 경영, 마케팅, 세무, 수출 등 관련 정보를 손쉽게 획득할 수 있는 정보네트워크 등의 구축이 벤처기업 육성을 위해 무엇보다 중요하다.

벤처자금시장의 육성의 경우에도 벤처기업의 특성상 과거 경제개발 시기의 산업정책에서와 같이 정부의 직접적인 보조금 지급과 같은 동원자원 집중방식은 불가능하기 때문에 정부는 기업에 대한 직접적인 지원보다는 외부효과가 크고 거래비용을 절감시켜주기 위한 환경조성에 주력, 시장메커니즘을 최대한 활용하는 간접적 방식의 지원이 필요하다.

이와 관련 벤처캐피탈의 활성화 및 자금 환류 시스템의 구축을 위한 제도개선이 획기적으로 마련되어야겠다. 벤처기업 발전의 요체는 기술개발 및 혁신이라고 할 때 창의적인 인재의 양성 및 인력확보도 대단히 중요하다. 따라서 과학기술인력 양성을 위한 획기적인 교육제도 및 인센티브 제도를 마련하고 교육의 내용과 질 면에서 보다 창의적이고 토론 위주로의 전환이 필요하다.

또한 벤처기업의 대부분이 과학·기술의 성과를 산업화하는 경우라고 볼 때 벤처기업이 속해 있는 산업계와 과학·기술의 자원이 집중되어 있는 학계 및 연구계와의 연계시스템 구축도 강화해 나갈 필요가 있다.

3) 벤처기업의 국제화 지원

높은 기술성과 산업성장성을 갖춘 이상적인 유형인 하이테크형 벤처기업도 있지만 반면에 기술수준 및 기술 잠재력도 낮고 관련시장도 성숙단계 혹은 정체기에 달한 경우도 있는 등 아직 발전 초기 단계에 있음을 알 수 있다.

업종별 분포도 전자정보 및 기계금속 등 일부 업종에 밀집해 있을 뿐 생명공학, 의료, 우주공학 등 여타 첨단 분야 창업은 아직 미미한 수준에 있어 산업·업종간 균형 있는 발전이 요구된다. 우리나라의 많은 벤처기업들이 국내시장에만 안주한다면 이는 수출 부진뿐만 아니라 결국 국내 산업의 국제경쟁력 약화를 초래, 외국기업들과의 글루벌 경쟁에서 뒤처지게 될 것이다.

또한, 벤처기업의 해외진출은 외국 시장의 확보뿐만 아니라 선진 외국기업들과의 공동연구개발, 기술습득 등을 통한 기술력향상에도 필수적이며 벤처기업의 성공에 필수적인 마케팅 등 관련 국제 네트워크에 진입하기 위해서도 벤처기업의 국제화는 활성화 되어야 한다.

공동기술개발이나 마케팅활동 등을 위한 전략적 제휴가 국내기업간은 물론 국제적으로도 보다 활발히 추진될 필요가 있고 또한 벤처투자 회수시장으로서나 비효율제거를 위한 벤처기업 자체의 발전을 위해서도 국제적인 M&A가 보다 활성화될 필요가 있다. 최근에 세계 시장에서 M&A가 활발하게 이루어지고 있는 것은 산업구조조정을 통한 생산성 향상으로 국제 경쟁력을 향상시키기 위해서다. 경쟁력이 없는 사업부분은 과감히 처분하여 경영자원을 핵심부분에 집중하고 있는 실정이다. 세계적으로 대형화 추세가 보편화되면서 금융·정보통신·인터넷 기업 등을 중심으로 기업들 스스로 M&A를 통한 경쟁력 강화에 심혈을 기울이고 있는 것이다.

또한 최근에 인터넷부문 등의 벤처기업을 중심으로 전략적 제휴 바람이 세차게 불고 있는데, 이들 업체들간의 제휴가 기술연관성과 상호 보완성을 중심으로 결합함으로써 시너지효과를 높이고 새로운 시장을 창출하기 위한 전략적 차원에서 진행되고 있음을 인식할 필요가 있다.

전략적 제휴의 내용과 방법도 훨씬 다양해지고 있는데 자본과 기술의 제휴라는 전통적 방식에서 고객 공유, 판매와 마케팅 공조, 신규사업 진출, 해외시장 진출, 벤처기업 공동 창업 등으로 확대되고 있으며, 국내 벤처기업간 전략적 제휴에서 중소기업, 대기업, 해외기업, 마케팅 전문기업 등 대상 폭도 크게 확대되고 있음을 유념할 필요가 있다.

4) 효율적인 평가체제의 확립

먼저, 기술 집약형 벤처기업을 육성하기 위해서 이들 기업에 대한 투자・융자가 이루어지게 되는데, 벤처기업은 통상 기술자원이 핵심이기 때문에 담보가 부족하여 은행 등 금융기관의 융자가 쉽지 않고 또한 기술력에 대한 객관적 평가가 여의치 않기 때문에 투자위험이 상존하고 있다. 따라서 이들 벤처기업의 기술 및 상업성에 대한 객관적 평가가 중요시되고 있다.

벤처캐피탈회사가 자금 지원의 중추적인 역할을 하게 되겠지만 이들 회사 역시규모가 영세하고 아직 역사가 짧아 전문 인력이 부족해서 자금지원을 위한 심사 평가를 제대로 못하고 있는 실정이다. 그럼에도 벤처캐피탈은 주로 투자지분의 매각을 통해 이익을 실현하게 되므로 벤처캐피탈의 입장에서 본다면 투자대상기업의 장기적인 수익 잠재성에 대한 평가가 중요시되지 않을 수 없다.

향후 국내 벤처캐피탈도 특정 기업이 추구하는 시장의 수익성, 보유기술의 적절성 및 독자성 등에 대한 심사를 통해 해당 기업의 장기적인 수익성을 평가할 수 있는 능력을 갖출 때 벤처캐피탈은 물론 벤처기업 발전에 크게 공헌하게 될 것이다. 따라서 벤처캐피탈, 기술신용보증기금, 전문기술 평가기관 등을 통해 기술평가, 상업화가능성 평가, 시장성 평가, 경영평가 등을 종합적으로 할 수 있는 심사 전문 인력을 양성, 확보하고 객관적이고 투명한 평가기법 및 체제를 구축해 나가야겠다.

이를 위해 세계 수준의 전문가집단으로 구성된 평가단 풀제도를 도입 한다든가 또는 기술 분야특성별 평가전문기관을 지정, 특성화하는 방법도 좋은 대안이 될 수 있을 것이다. 다음, 정부 및 관련기관의 벤처기업 지원정책 수립, 집행 및 그 성과에 대한 평가와 개선책이 마련돼야 할 것이다.

벤처기업 육성정책이 여러 부처 및 기관에서 추진되고 있을 뿐만 아니라 지방정부에서도 활발하게 추진됨에 따른 비효율을 최소화하기 위하여 부처간 혹은 중앙・지방정부간 정책조정 기능이 강화될 필요가 있다.

더욱이 이러한 조정기구를 통하여 벤처기업 지원시책에 대한 평가시스템을 마련하여 정기적으로 평가, 문제점을 추출하고 개선방안을 마련하는 등 사후 관리도 강화할 필요가 있다.

제4절 정보통신 산업과 IT 벤처기업

1. 정보통신산업의 특징

최근 정보통신 산업을 중심으로 기술집약적 중소기업 또는 벤처기업의 육성에 대한 논의가 활발하게 진행되고 있다. 이러한 논의의 바탕은 첫째, 정보통신 산업이 21세기 정보화사회의 기간산업이라는 인식에 기초하며, 둘째, 정보통신 산업에서 벤처기업의 역할이 중요하다는 인식에서 출발한 것이다. 정보통신 산업이 21세기 정보화사회의 기간산업이라는 것은 대부분이 공감하고 있다. 그러나 정보통신 산업에 있어서 벤처기업의 중요성은 제조업에서 중소기업이 갖는 중요성과 역할을 뛰어 넘어 더욱 강조할 필요가 있다. 그것은 정보통신 산업의 다음과 같은 특징에 기인하는 것이다.

셋째, 정보통신 산업은 성장산업으로서 기술적 기회(technological opportunities)가 무한한 산업이다. 기술공간(technological space)에서 도전 받지 않고 개척되지 않은 공간이 무한하여, 신규기술을 통한 기술집약적 중소기업의 시장진입이 용이하다. 정보통신 산업은 산업의 진화과정에서 초기 또는 성장단계의 산업으로서 기술이나 제품·서비스의 개념과 표준 등이 성숙·보편화되어 있지 않아, 시장과 기술의 변화에 탄력적으로 대응·적응할 수 있는 기술집약적 중소기업이 상대적으로 유리하다. 이에 따라 기술개발을 능동적으로 선도하고, 새로운 시장을 끊임없이 개척하는 기술집약적 중소기업 또는 벤처기업이 정보통신 산업의 시장경쟁을 주도하고 있는 것은 주지의 사실이다.

넷째, 정보통신 산업은 자동차, 조선, 철강, 석유화학 등 대규모 고정자본을 요구하는 산업화 시대의 기간산업과 달리 고정자본에 의한 진입장벽이 상대적으로 낮은 산업이다. 정보통신 산업은 지식 · 기술집약적 산업으로서 기업 및 산업의 경쟁력의 원천은 인간의 창의력과 지식이기 때문에 시장진입의 무기는 새로운 기술과 아이디어이다. 소프트웨어 산업의 경우 필요한 진입자산은 새로운 아이디어와 이를 구체화할 소수의 전문인력과 최소한의 자본(조그마한 작업실과 컴퓨터 몇 대)만 보유하면 진입이 가능하다. 기술과 아이디어는 결국 인력에 체화 되어 있으므로 전문인력의 양과 질이 기업과 산업의 동태적 경쟁력을 좌우하게 된다. 여기에 인력양성이라는 정부의 중요한 기능이 있으며, 이러한 전문인력의 창업화 의지를 북돋우고 창업을 활성화하는 환경을 조성하는 일이 정부의 중요한 역할인 것이다.

창업된 기업은 필연적으로 기업의 도산을 수반한다. 특히, 시장과 기술의 불확실성이 높고 급속한 변화를 겪고 있는 정보통신 산업에서 창업기업의 실패율은 다른 산업보다 상대적으로 높다.

그러나 기업의 자산인 기술과 아이디어는 인력에 체화 되어 있으므로, 정보통신 산업에서 창업기업의 도산은 상대적으로 사회적 손실이 작을 수 있다.

오히려 이러한 창업과 실패, 재도전의 역동적인 산업의 변화는 궁극적으로 산업의 구조조정을 앞당기고 경쟁을 통한 산업의 경쟁력을 제고한다.

다섯째, 정보통신 산업을 비롯해 전 산업에 걸친 현상으로 정보통신 기술의 발전에 따라 중소기업의 대기업에 대한 규모의 열위성(size disadvantage)이 약화되고 있다. 정보통신 기술의 발전에 따라 핵심기술을 보유한 기업이 생산요소조건 및 시장구조에 따라 연구개발, 생산, 유통, 판매 등 기업의 기능을 효율적으로 지리적으로 분산 또는 조달(outsourcing)할 수 있어, 기업기능을 내부 조직화한 대기업에 비해 중소기업의 규모의 열위성이 적을 수 있게 되었다. 오히려 변화하는 시장환경에 능동적으로 적응할 수 있도록 기업규모의 다운사이징화(down-sizing)가 활발하게 일어나고 있는 것은 세계적인 추세이다.

정보통신 산업의 환경은 급속한 기술발전에 따른 불확실성과 변화로 요약될 수 있다. 그러나 불확실성과 변화는 기회를 의미한다. 기술과 시장의 변화가 급속하고, 불확실성이 높은 정보통신 산업 환경 하에서는 기술개발과 시장개척을 능동적으로 선도하는 벤처기업의 창업 활성화와 육성을 통하여 산업의 경쟁기반을 확립하고, 활력 있는 산업구조를 이룩하는 것이 중요하다. 시장과 기술이 급속히 변화하는 정보통신산업에서 정부의 시장개입을 통한 중소기업의 보호와 지원정책은 바람직하지 않으며, 오히려 막대한 사회적 비용을 수반할 뿐이다. 정보통신 중소기업 육성을 위한 정책은 시장경쟁을 통해 산업의 역동성을 지원하는 정책이어야 한다. 따라서 정보통신 산업에서 중소기업 정책방향은 기술과 아이디어가 있는 잠재적 창업가의 사업화 의지를 북돋우고, 사업화 위험성을 가능한 낮출 수 있는 환경을 조성하고, 이들이 시장에 진출한 후에는 시장의 치열한 경쟁을 통해 우수 기업군으로 성장함으로써 정보통신 산업의 발전을 도모하는 정책적 접근이 바람직하다.

2. 정보통신 벤처기업의 창업활성화

기술집약적 중소기업인 벤처기업의 창업활성화는 다음의 세 가지 기본적인 기반요인(infrastructural factor)에 의존한다. 첫째, 벤처기업들의 창업과 성장을 지원하는 벤처캐피탈, 장외시장 등 시장기능의 발달 정도에 의존한다. 둘째, 창업에 수반되는 위험도를 낮추고, 창업관련 자원에 대한 접근 및 조달이 용이한 창업지원 환경이 시장기능을 보완할 수 있도록 잘 구비되어 있는 정도에 의존한다. 셋째, 창업에 필요한 기술과 지식을 습득하는 대학, 기업 및 국책연구소 등의 모태조직이 모험적인 창업가를 양적, 질적으로 배태할 수 있는 정도에 의존한다.

1) 벤처캐피탈 활성화

벤처기업 창업활성화의 기본요건으로서 벤처캐피탈, 장외시장 등 관련 시장의 발달과 시장의 활성화를 위한 정부 정책을 들 수 있다. 제Ⅱ장에서 제시될 설문조사분석에 의하면 벤처기업 최대의 애로사항은 자금조달이다. 이는 창업과정에서뿐만 아니라 기업활동에 있어서 자금이라는 것이 필요 자원을 조달할 수 있는 매개체(medium)이기 때문이다. 따라서, 창업기업에 있어서 자금조달의 어려움은 보다 광범위한 자원의 제약을 포괄적으로 의미하고 있는 것이다. 그러나 초기단계의 벤처기업에 대한 자금제약은 그것이 가지는 정보의 비대칭성과 고위험도 때문에 더욱 크다. 따라서 창업 및 초기단계의 벤처기업에 대한 자금시장의 형성과 활성화를 위한 정부의 정책이 요구되는 것이다.

창업지원 환경이 잘 구비되어 있는 대표적인 곳으로 실리콘 밸리(Silicon Valley)가 자주 언급된다.

실리콘 밸리에서 벤처캐피탈의 역할은 절대적이다, 미국의 600여 개의 벤처캐피탈회사 가운데 약 300여 개가 실리콘 밸리의 특정지역에 밀집해 있으며, 벤처캐피탈은 창업관련 자원 공급의 중심이 되고 있다.

벤처캐피탈은 벤처기업의 사업아이디어가 지원할 가치가 있다고 판단되면 그 즉시 창업자금 뿐만 아니라 시설, 회계, 경영, 마케팅 등에 대한 정보와 자원을 패키지화하여 순차적으로 알선, 지원한다. 특정 사업아이디어의 부가가치를 높일 수 있는 다른 보완기술의 결합과 경영자, 마케팅 전문가 등이 공급되고, 벤처캐피탈과 창업가 그리고 다른 경영전문가와의 팀워크에 의해서 사업화와 기업화가 이루어지는 것이다. 즉, 창업가가 보유하지 못한 보완적인 기술과 지식(또는 자원)을 결합시킴으로써 사업아이디어의 사업화와 기업조직화가 그만큼 신속히 이루어질 수 있게 하며 또한 성공 가능성을 높이는 것이다.

이러한 벤처캐피탈의 통합적 창업지원은 벤처캐피탈을 중심으로 하는 경영자원 공급시장간의 네트워크화로 가능한 것이다. 이러한 벤처캐피탈을 중심으로 하는 경영자원 관련 시장의 네트워크화는 실리콘 밸리가 갖는 독특한 문화임에는 틀림이 없으나 벤처캐피탈이 나아갈 방향을 제시해 주고 있음은 틀림이 없다.

2) 창업지원환경의 구축: 벤처네트워크의 형성

창업에 수반되는 위험도를 낮추고, 창업관련 자원에 대한 접근 및 조달이 용이한 창업지원환경이 구비되어 있는 정도는 창업관련 공공재의 보급, 벤처네트워크의 조성정도, 창업관련 사회문화와 밀접한 관련이 있다.

벤처기업은 창업과 성장과정에서 필요한 자원을 시장을 통하여 조달하는 것은 용이하지 않다. 이는 벤처기업이 안고 있는 정보의 비대칭성과 고위험도의 정도가 심하기 때문이다. 자원의 수요자로서 벤처기업은 기술, 자금, 시설, 인력, 회계, 마케팅 등에 대해 다양한 정보와 시장참여자와 거래를 필요로 한

 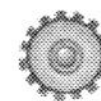

다. 또한 이러한 자원의 공급자로서 시장참여자들은 벤처기업의 존재, 기술력, 경영가의 자질, 관련시장의 동향 등에 대한 정보의 불확실성과 비 대칭성을 갖고 있다. 이러한 벤처기업과 자원의 공급자간의 정보의 불확실성과 비대칭성은 궁극적으로 창업관련 자원의 수요와 공급을 제약하여 시장의 형성과 발달을 제약하게 한다.

다른 한편으로, 창업관련 시장의 미 발달은 창업되는 벤처기업의 수가 시장의 형성과 발전을 유지할 수 있을 정도로 충분하지 않은 것에도 이유가 있다. 특히, 우리나라의 경우에 창업되는 벤처기업의 수가 아직 벤처기업 관련 시장의 발달을 가져올 만큼의 임계수준(critical mass)을 넘어서지 못하고 있는 것으로 판단된다. 따라서 벤처기업을 사회적으로 바람직한 수준으로 창업시키기 위해서는 정부가 시장에 개입하여 시장기능을 보정하고 창업가들이 사업아이디어를 구체화하고 상업화를 실험하기 위한 자원(정보, 시설, 자금)에 대한 가용성을 높이는 것이 필요하다. 이는 다음의 두 가지 방법으로 접근할 수 있을 것이다.

첫째, 시장에서 제공되는 창업관련 자원의 공급이 사회적으로 바람직한 양만큼 공급되지 않을 때에 정부(지자체)가 시장에 개입하여 공급하는 것이다. 즉, 기술과 아이디어가 있는 잠재적 창업가를 창업으로 유도하기 위해서는 창업에 수반되는 위험도를 낮추어야 하나 그러한 자원이 시장에 의해서 제공되기 어렵거나, 매우 제한되어 있으므로 정부에 의해서 제공되어야 한다는 것이다. 이러한 공공재적자원은 창업기업의 기술과 인력의 모태가 되는 모태조직을 중심으로 예컨대, 모태조직의 창업보육센터(BI : Business Incubator) 또는 기술보육센터(Technology Business Incubator) 등의 형태로 제공되는 것이 가장 효과적일 것이다.

둘째, 시장에 의해서 공급될 수 있는 자원의 효율적인 공급을 위해서 창업기업과 자원의 공급자간의 시장 형성을 지원하고 활성화시키는 것이다. 벤처기업이 다양한 정보와 자원에 대해 개별적으로 탐색과 거래를 수행하기에는 정보의 비대칭성과 탐색 · 거래비용이 너무 크다. 벤처기업에 대한 지원은 전술한 바와 같이 자금조달애로라고 포괄적으로 표현되는 다양한 자원의 체계적인 공급을 요구한다. 이는 벤처기업이 필요로 하는 다양한 자원이 적기에 통합적으로 제공되어야 하기 때문이다. 문제는 누가 벤처기업이 필요로 하는 자원을 통합적으로 지원할 수 있는 가이다.

벤처기업과 공급자들간의 정보의 불확실성과 비대칭성은 각 참여자간의 네트워크화로 인하여 줄일 수 있고 시장의 효율성이 달성될 수 있다. 이러한 네트워크화는 벤처기업을 적기에 지원할 수 있는 시스템이며 효율적으로 지원할 수 있는 방법이다. 시장에서 기업자원을 네트워크화하여 통합적으로 적기에 지원할 수 있는 네트워크의 중심적 역할을 수행할 수 있는 것은 벤처캐피탈이다. 벤처기업의 양산은 벤처캐피탈을 중심으로 하는 벤처기업 관련 시장의 발전을 가져오고 또한 관련시장의 발달은 벤처기업의 창업과 성장의 환경으로 작용하여 서로 상호 의존적으로 발전한다. 그러나 우리의 경우에는 창업되는 벤처기업의 수가 관련 시장의 발달과 네트워크화를 자생적으로 형성·유지할 수 있는 정도는 아니다.

따라서 시장외에서 경영자원 관련 시장의 네트워크화를 지원할 필요성이 제기된다. 정보의 불확실성과 비대칭성을 줄일 수 있는 네트워크의 중심으로서 전술한 창업보육센터가 그 역할을 할 수 있다. 기술, 인력, 시설에 대한 지원을 기초로 하고 있는 모태조직의 창업보육센터는 창업기업의 기업조직화 과정에서 관련시장(회계, 특허, 시장조사, 자금)에 대한 정보제공 및 알선의 주체가 될 수 있는 것이다. 이는 궁극적으로 창업기업의 산실인 모태조직(또는 모태조직의 창업보육센터)을 중심으로 하는 벤처네트워크 형성을 의미하는 것이다.

3) 연구개발투자의 효율화와 인력양성

모태조직이 모험적인 창업가를 양적, 질적으로 배태할 수 있는 정도는 산업전반에 걸친 기술축적의 정도와 전문인력 보유의 정도에 의존한다. 벤처기업의 창업활성화를 위한 정부의 가장 기본적인 역할이 여기에 있는 것이다.

이는 대학, 연구소, 기업 등 모태조직에 대한 연구개발 투자확대와 대학의 인력양성에 기초한다. 즉, 산업전반에 걸친 기술지식의 축적과 전문인력의 양산이 벤처기업의 창업활성화의 토양이 되는 것이다. 따라서 벤처기업 창업활성화를 위해서는 대학, 연구소, 기업 등 모태조직에 대한 연구개발투자의 확

대와 효율성 제고가 요구되며, 특히 대학에 대한 인력양성 및 기술개발 지원을 확대함으로써 연구개발 주체인 인력양성을 통한 연구개발의 효율화를 추구하여야 한다.

3. 사업아이디어의 상용화

창업을 위한 필수조건은 창업가가 대학, 연구소 또는 기업으로부터 체득한 기술과 지식에 기초한 "사업 아이디어"이다. 그러나 창업가의 기술적 아이디어는 시장에 진입할 수 있는 제품과 서비스의 형태로 구체화 되기 까지는 많은 실험과 다른 관련 부문과의 기술적 융합을 요구한다. 따라서 "사업화 가능성"의 유무와 정도를 파악하기 위해서는 관련된 다양한 기술적 정보를 요구하고, 획득된 정보를 기초로 초기의 아이디어를 수정・보완해야 "사업화의 가능성"을 높일 수 있을 것이다. 또한 창업가가 구체화하려는 제품과 서비스의 시장구조와 동향에 관하여 많은 정보를 수집할수록, 사업 아이디어에 대한 상업성을 보다 정확하게 평가할 수 있고, 따라서 창업에 수반되는 위험도를 줄일 수 있다.

그러나 창업자가 필요로 하는 정보는 시장과 기술에 관한 것뿐만 아니라, 창업과 관련된 각종 조세 및 금융지원제도와 창업관련 복잡한 행정절차를 포함하는 광범위한 것이다. 이외에도 인력의 조달과 기업조직의 구성. 판매 및 서비스, 자금조달, 유통 및 경영가로서 갖추어야 경영지식 등 다양한 정보를 필요로 한다.

다양한 정보는 다양한 정보의 원천(information sources)을 수반한다. 다양한 창업정보 및 자금, 인력 등 자원을 창업가가 일일이 탐색하는 데는 엄청난 기회비용을 요구하며 창업의 실기를 놓칠 우려가 있다. 특히 시장과 기술변화가 심한 정보통신 산업의 환경에서는 적기에 통합적인 정보를 제공하는 것은 더욱 중요하다.

그러나 벤처기업이 안고 있는 정보의 비대칭성과 고 위험도에 의해서 외부로부터의 자금조달은 매우 한정적이어서 필요한 자원을 시장을 통하여 조달하는 것은 용이하지 않다. 자금조달이 가능하다고 해도 다양한 자원에 대한 탐색 및 거래비용은 엄청날 것이다. 자원의 수요자로서 벤처기업은 기술, 자금, 시설, 인력, 회계, 마케팅등에 대해 다양한 정보와 시장참여자와 거래를 필요로 한다. 또한 이러한 자원의 공급자로서 시장참여자들은 벤처기업의 존재, 기술력, 경영가의 자질, 관련 시장의 동향 등에 대한 정보의 불확실성과 비 대칭성을 갖고 있다. 이는 궁극적으로 창업관련 자원의 수요와 공급을 제약하여 시장의 형성과 발달을 제약하게 한다.

다른 한편으로, 창업관련 시장의 미 발달은 창업되는 벤처기업의 수가 시장의 형성과 발전을 유지할 수 있을 정도로 충분하지 않는 것에도 이유가 있다. 특히, 우리나라의 경우 아직 벤처기업 관련 시장의 형성과 발달을 가져올 만큼 창업되는 벤처기업의 수와 수요가 충분하지 않다. 따라서 정부가 시장에 개입하여 시장기능을 보정하고 창업가들이 사업아이디어를 구체화하고 상업화를 실험하기 위한 자원(정보, 시설, 자금)에 대한 가용성을 높이는 것이 필요하다. 이는 다음의 두 가지 방법으로 접근할 수 있을 것이다.

첫째, 시장에서 제공되는 창업관련 자원의 공급이 사회적으로 바람직한 양만큼 공급되지 않을 때에 정부(지자체)가 시장에 개입하여 공급하는 것이다. 즉, 기술과 아이디어가 있는 잠재적 창업가를 창업으로 유도하기 위해서는 창업에 수반되는 위험도를 낮추어야 하나 그러한 자원이 시장에 의해서 제공되기 어렵거나, 매우 제한되어 있으므로 정부에 의해서 제공되어야 한다는 것이다. 이러한 공공재적 자원은 창업기업의 기술과 인력의 모태가 되는 모태조직을 중심으로 예컨대, 모태조직의 창업보육센터 또는 기술보육센터 등의 형태로 제공되는 것이 가장 효과적일 것이다.

둘째, 시장에 의해서 공급될 수 있는 자원의 효율적인 공급을 위해서 창업기업과 자원의 공급자간의 시장 형성을 지원하고 활성화시키는 것이다. 벤처기업에 대한 지원은 전술한 바와 같이 자금조달애로로 포괄적으로 표현되는 각 자원의 체계적인 공급을 요구한다. 이는 벤처기업이 필요로 하는 다양한 자원이 적기에 통합적으로 제공되어야 하기 때문이다. 문제는 누가 벤처기업이 필요로 하는 자원을 통합적으로 지원할 수 있는가 이다.

벤처기업과 벤처기업이 필요로 하는 다양한 정보와 자원 공급자들간의 정보의 불확실성과 비대칭성은 각 참여자간의 네트워크화로 인하여 줄일 수 있

고 시장의 효율성이 달성될 수 있다. 이러한 네트워크화는 벤처기업을 적기에 지원할 수 있는 시스템이며 효율적으로 지원할 수 있는 방법이다. 시장에서 기업자원을 네트워크화 하여 통합적으로 적기에 지원할 수 있는 네트워크의 중심적 역할을 수행할 수 있는 것은 벤처캐피탈이다. 그러나 우리의 경우에는 창업되는 벤처기업의 수가 관련 시장의 발달과 네트워크화를 자생적으로 형성・유지할 수 있는 정도는 아니다. 따라서 벤처기업 관련 시장의 네트워크 중심의 기능을 수행할 수 있는 시장보완 기능이 요구된다.

정보의 불확실성과 비 대칭성을 줄일 수 있는 네트워크의 중심으로서 전술한 창업보육센터가 그 역할을 할 수 있다. 기술, 인력, 시설에 대한 지원을 기초로 하고 있는 모태조직의 창업보육센터는 창업기업의 기업조직화 과정에서 관련시장(회계, 특허, 시장조사, 자금)에 대한 정보제공 및 알선의 주체가 될 수 있는 것이다. 이는 궁극적으로 창업기업의 산실인 모태조직(또는 창업보육센터)을 중심으로 하는 벤처네트워크 형성을 의미하는 것이다.

제1절 벤처기업 인사/조직관리

1. 인사/조직관리의 개념과 중요성

1) 개념

인사/조직관리란 벤처기업이 보유하고 있는 인적자원에 대한 일련의 종합적인 관리활동이다. 다시 말해서 인사/조직관리란 벤처기업이 필요로 하는 인적자원의 모집·선발·교육훈련·배치·보상·욕구충족 등의 제반 활동을 계획·조직·지휘·통제하는 일련의 과정을 말한다.

인사/조직관리는 인적자원의 조달, 개발, 유지, 동기유발 등의 활동을 종합적으로 관리하는 활동이다. 인적자원의 조달활동이란 조직구성원의 모집·면접·시험·선발 등의 채용기능을 말하며, 개발활동은 조직구성원의 잠재적 능력을 실현할 수 있도록 훈련개발·배치·전보·승진 등을 통한 인적자원의 능력과 지적 향상을 꾀하는 기능을 뜻한다.

그리고 유지활동이란 조직구성원의 직무·보상·복리후생·안전후생·의사소통·제안제도 등을 통해, 일할 수 있는 양호한 직무환경이나 분위기를 유지하는 기능을 의미한다. 따라서 인사/조직관리란 경영목적을 달성하기 위하

여 조직구성원의 능력을 조달・개발・유지하며, 자율적으로 신바람나게 근무할 수 있도록 동기부여를 하는 일련의 과학적 기법을 뜻한다.

2) 중요성

벤처기업경영에 동원되는 경영자원 중에서 인적자원을 관리대상으로 하는 것이 인사/조직관리이다. 따라서 인사/조직관리는 경영활동의 부문적인 영역이 된다. 정보화사회에 있어서 생산요소를 통합하는 인간능력이 중요시됨에 따라 인적자원은 오늘날 가장 중요한 경영자원으로 인정받고 있다.

인사/조직관리의 중요성이 부각되는 데에는 다음과 같은 배경이 있다

(1) 인사/조직관리는 충원과정을 벤처기업의 목적 및 조직문화와 연결시키는데 도움이 된다.

인력의 충원이란 단지 사람을 채용하는 것이 아니라 개발하려는 조직문화의 유형에 적합한 사람을 채용하는 것이다. 따라서 효과적인 인적자원계획은 새로이 충원된 인력과 조직의 문화가 조화될 수 있도록 짜여져야 한다.

(2) 인사/조직관리는 충원과정을 조직전략과 연결시키는데 도움이 된다.

인적자원계획은 조직전략을 뒷받침하고 실천하기 위한 주요계획 중의 하나이다. 성장전략의 경우 조직확장에 따라 우수한 노동력의 확보계획이 요청된다. 마찬가지로 축소전략의 경우 영업활동의 축소로 인해 인력감소의 필요가 있을 때 어떻게 대응할 것인가에 대한 계획이 요구된다. 그래서 인력계획의 역할과 인적자원 전문가의 지원은 벤처기업의 성공에 중요한 요인이 될 수 있다.

(3) 인사/조직관리는 충원과정을 새로운 컴퓨터 관련기술의 요구와 연결시키는데 도움이 된다.

오늘날 벤처기업들이 당면하고 있는 인적자원에 대한 도전은 새로운 기술과 인적자원을 어떻게 적합시키느냐의 문제이다.

2. 인사/조직관리와 평가

1) 인적자원 관리계획

인적자원 관리계획(HRMP : human resourse management planning)에서는 벤처기업경영 발전전략을 수행해 나가는데 필요한 인적자원의 전반적인 수급계획, 분야별로 필요한 인재의 채용계획 등을 현재 보유하고 있는 인적자원과 비교하여 종합계획을 세우는 과정이다. 이 인적자원 관리계획은 벤처기업경영의 전략계획에 따라 수립된다.

【그림 5-1】 인적자원 관리계획의 수립과정

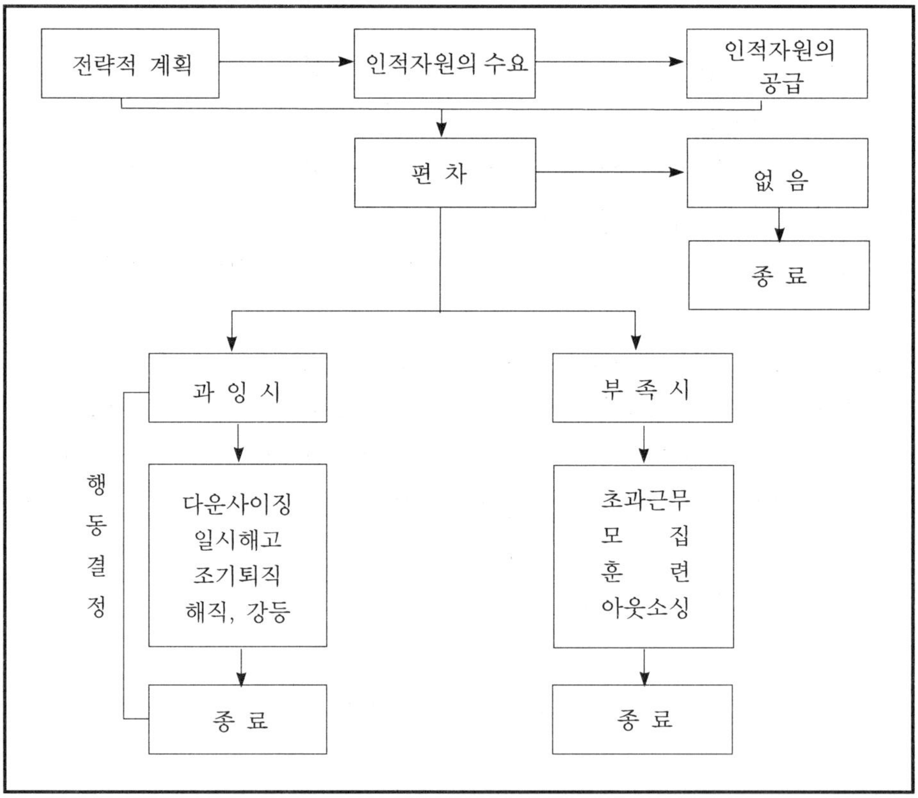

전략적 계획 → 인적자원의 수요 → 인적자원의 공급

편 차 → 없 음 → 종 료

과 잉 시 → 다운사이징 / 일시해고 / 조기퇴직 / 해직, 강등 → 종 료

부 족 시 → 초과근무 / 모 집 / 훈 련 / 아웃소싱 → 종 료

행동결정

자료 : 오종석 · 조영복, 현대경영학, 삼영사, 2001, 341면

즉 정치 · 경제 · 사회 환경의 변화를 고려하여 수립한 벤처기업경영 발전전략에 따라 인적자원 관리계획이 수립되며, 이를 현재의 인적자원과 비교하여

종합적인 수급계획을 수립하게 된다.

즉 인적자원 관리계획의 과정에서는 우선 벤처기업경영의 발전전략에 따라 인적자원의 수요와 공급계획을 세워 이를 비교하게 되며, 이 과정에서 공급과잉시에는 다운사이징 전략계획 등을 세우게 되고, 공급부족시에는 추가채용, 아웃소싱 등의 전략계획을 세우게 된다.

2) 인적자원의 충원

인적자원의 충원이란 벤처기업경영 전략의 목표를 달성하기 위해 필요한 인적자원을 공개채용방식 등을 통하여 모집하고 선발하는 제반 활동을 말한다.

여기에서 인적자원의 모집(recruiting)이란 벤처기업경영 발전전략에 부합할 수 있는 지식, 능력, 인품 등을 갖춘 인재를 발굴하여 벤처기업의 신규채용 모집에 지원하도록 유인하는 인사관리과정이다. 이 방법에는 내부에서 공급원을 찾는 방법과 외부에서 공급원을 찾는 방법이 있다.

【표 5-1】 인적자원의 모집방법의 비교

	내부적 공급원	외부적 공급원
방 법	승진, 전직/교육, 훈련 직무공고, 직무응찰 기능저장목록 재고용	연고모집 자발적 응모 직업소개소, 교육기관 광고, 인턴십, 리스고용 등
장 점	간편, 시간 및 비용 절감 보유기록을 통해 정확한 능력평가 사기앙양 및 동기유발 능력개발 촉진	유능한 인력 선택, 확보 새로운 지식과 정보 제공 조직의 활성화 인력개발 비용 절감
단 점	유능한 인재 확보 곤란 지나친 경쟁 조장 파벌주의의 형성	모집과 인력확보 비용 소요 업무적응에 시간과 노력 듦 부적격자 채용 가능성 내부인력의 사기 저하, 갈등

자료 : 오종석 · 조영복, 전게서, 340면

내부에서 공급원을 찾는 방법은 가장 손쉬운 방법으로서 내부 승진, 전직 등을 통하여 필요한 인재를 발굴하여 선발 대상으로 하는 것이고, 외부에서 공급원을 찾는 방법은 공개모집 등을 통하여 필요한 인재를 발굴하여 선발대상으로 하는 것이다.

한편 인적자원의 선발(selection)이란 모집에 응모한 사람 중에서 적격자를 다양한 선발방법을 통하여 선발하는 인적자원 관리과정이다. 이 선발에는 서류심사, 인성 및 적성검사, 면접 등의 과정을 거치는 것이 보통인데, 적격자를 선발할 수 있도록 다양한 선발방법이 개발되고 있다.

특색 있고 많이 사용되고 있는 선발방법은 다음과 같다.

(1) 스트레스 면접 : 스트레스 면접은 제 2차 세계대전 중에 미국 정보국의 요원을 선발하기 위해서 고안된 방법으로 면접자가 피면접자를 수세에 몰리게 하고 그로 하여금 짜증나게 하거나 당황하게 만들어 좌절시키도록 한 다음, 피면접자의 감정이 매우 고조되었을 때에 그들의 행위에 대한 지배력을 유지할 수 있는가를 알아보는 것이다. 이 방법은 치열한 경쟁사회에서 보다 유연하고 침착한 인재를 뽑기 위해 사용되고 있다. 예컨대 일본 중세의 무장 오다 노부나가 (織田信長)는 성난 목소리로 등용후보자를 불러들여 영문도 모르게 화를 내고는 당장 나가라고 호통을 친다. 위축되어 뒷걸음질쳐 나가면 다음 후보자를 불러 똑같은 호통을 되풀이한다. 호통맞고 물러가는 중에 짐짓 떨어뜨려 놓은 휴지조각을 주워서 나가는 침착성있는 인재를 찾아내기 위해서다.[1)]

(2) 패널(panel) 면접 : 패널면접은 전문직이나 관리계층의 종업원을 선발하기 위해 테스트나 다른 기법과 함께 때때로 이용된다. 이것은 여러명의 질문자가 있고 면접 후 피면접자에 대한 그들의 개인적 의견교환을 할 수 있기 때문에 지원자를 보다 포괄적으로 검토할 수 있다. 그런데 이 방법은 면접자들의 인상이나 편견이 중지로 모아져 평가될 수 있다는 장점이 있으나 그 형태가 매우 공식적이어서 지원자와의 비우호적인 분위기를 형성하기가 쉽고 잘못하면 긴장된 상태에 놓이게 할 위험이 있다.[2)]

---

1) 김석진・박덕제, 전게서, 173면
2) 남명수・류랑도, 전게서, 162면

(3) 다차원 면접제 : "오전9시 서울대공원 정문 앞 집합. 12시까지 자유이용권으로 즐거운 놀이. 점심식사 후 3시간 자유토론. 오후 6시 방배동으로 이동 후 호프집에서 맥주파티. 공식일정은 오후9시에 끝. 이 후는 원하는 사람만 2차." 이 일정은 1995년 상반기 미원그룹에 지원했던 취업희망자 중 일부가 치른 면접시간표이다. 미원그룹의 '다차원면접'은 지원자들이 자유로운 분위기 속에서 자신의 역량을 발휘할 수 있도록 기존 관행을 깨고 면접장소를 회사 밖으로 바꾸어 버렸다. 이러한 면접방법은 지원자들을 종합적으로 평가할 수 있다는 장점이 있다.[3)]

(4) 인턴사원제 : 인턴사원제는 고급인력들을 적은 돈으로 채용할 수 있다는 점 때문에 당분간 이를 통한 신규채용이 계속될 것으로 보인다. 지난 2월 전경련이 발표한 올해 30대 그룹 채용계획을 보면 대졸자 신규채용규모는 정규직이 3천2백여명, 인턴이 4천 3백여명에 이른다. 중견벤처기업들의 인턴채용 역시 늘고 있다. 지난 하반기에 정규사원 50명을 채용한 오뚜기는 지난 2월 대졸영업직 인턴사원 1백여명을 채용했다. 대한무역투자진흥공사, 에넥스, 일화, 로커스, 신도리코 등도 수십 명에서 수백 명의 인턴사원을 모집했다.

인턴제가 실시되면서 대학생들의 사고가 점차 변화되기 시작했다. 예전에 대학생들이 '무조건 대벤처기업'만을 선호했던 것에서 '실속있는 벤처기업' 쪽으로 눈을 돌리고 있다. 대학생들의 사고가 전환되면서 중견벤처기업 채용시 명문대생들이 대거 몰리는 진풍경이 벌어지기도 했다. 대벤처기업의 경우 인턴기간이 끝난 후 정규직 발령을 보장해 주지 않고 현재 빅딜과 구조조정 한파를 겪고 있기 때문에 선발한 인턴사원들의 발령 여부도 불투명한 상황이다. 하지만 중견벤처기업은 대부분 정규직 발령을 보장하고 있어 6개월 후 보다 안정적인 일터를 원하는 대학생들이 중견벤처기업을 선호하는 것으로 분석된다.[4)]

---

3) 한국경영자총협회, 「신인사 TREND 35」, 양정사, 1996, 166면
4) 김석진 · 박덕제, 전게서, 176-177면

3) 인적자원에 대한 보상제도

인적자원에 대한 보상이란 종업원이 벤처기업의 발전을 위해 공헌하고 기여한 것에 대한 대가로서 보답하여 줌으로써 종업원 개개인의 욕구를 충족시켜주는 과정을 말한다.

이 보상수단으로서는 다양한 보상형태가 있는데, 기본적인 것이 임금이며, 기타 성과금, 복리후생제도 등을 들 수 있다.

오늘날 임금의 지급방식으로서 연봉제를 도입하는 벤처기업이 많아지고 있다. 연봉제란 보통 1년 단위로 개개인의 업적을 평가하여 그 평가결과에 따라 연봉을 차등화하여 지급하는 것을 말한다. 이 연봉제는 개개인의 능력을 최대한 발휘할 수 있도록 하고, 우수 인재의 확보, 탄력적인 임금제도의 운용 가능, 연봉액의 산출시 상사와 부하직원간의 원활한 의사소통으로 새로운 노사문화의 정착 등을 기대할 수 있으나, 잘못 운용시에는 조직원간의 불협화음과 갈등, 비인간적인 요소의 대두 등으로 인해 벤처기업 생산성에 악영향을 미칠 수도 있다.

【표 5-2】 연봉제의 장단점

장 점	단 점
· 개인능력 최대한 발휘 가능 · 성과위주의 인사관리 가능 · 우수한 인재확보 가능 · 탄력적인 임금제도의 운용 가능 · 임금체계와 관리의 단순화 가능 · 상하간의 의사소통의 원활화 · 평가에 부정적인 인식 배제 가능 · 경영 참여의식의 고양 · 혁신적인 조직풍토의 조성과 활성화 가능	· 공정한 평가제도 정착에 시간 필요 · 평가제도의 불합리성에 이의제기 · 종업원 상호간의 알력과 불협화음 · 소속감 및 충성심의 저하 · 수입의 불안정으로 인한 불안감 증대 · 단기 업적 및 성과를 높이기 위한 행동 증가 – 벤처기업의 장기발전에 저해 · 종업원간 과도한 경쟁유발로 전체적인 시너지 효과 경감

4) 인적자원의 유지관리

인적자원의 유지관리의 내용은 크게 근무부서의 이동, 승진 및 퇴직관리로 구분할 수 있다. 우선 근무부서의 이동은 직무요건, 작업조건, 직무가 제공하

는 기회 등을 감안하여 각 업무부서에 배치한 종업원을 적재적소로 전보 또는 재배치하는 것을 의미한다. 보통 벤처기업은 장차 고급간부가 되었을 경우를 위해 종업원을 일정기간 경과 후에는 근무부서를 이동시켜 주고 있다. 이를 통해 경영자를 양성하고, 종업원에게 새로운 일을 맡김으로써 자기계발과 발전의 기회로 삼도록 배려하는 것이다.

또한 승진은 개개인에게 있어 자기발전의 욕구를 충족시켜 주는 것으로서 효율적인 인적자원개발의 근본이 되고 있다. 따라서 적절하고 공정한 승진제도의 운용이야말로 인사/조직관리의 성패를 좌우하는 가장 중요한 것이다.

승진은 능력주의 원칙, 기회부여 원칙, 실적주의 원칙에 입각하여 실행되어야 하지만, 최근 연공서열주의를 탈피한 능력위주의 승진제도는 벤처기업조직의 활성화와 개인 능력개발을 촉진한다는 측면에서 매우 중요시되고 있다.

이 승진제도를 공정하고 객관적이며 합리적으로 운용하려면 우선 업적평가제도를 정립하는 것이 선행되어야 한다. 보통 고유업무, 추가업무, 봉사활동, 벤처기업발전에의 기여도 등으로 구분하여 평가하며, 자기 스스로 1차평가를 하는 자벤처기업적평가제도가 각광을 받고 있다. 또한 이 평가를 공정하게 수행하기 위해 공개주의 및 평가자와 피평가자가 대화를 통해 평가결과를 공유하는 개념도 도입되고 있으며, 1년 단위로 평가하는 경우 연초에 업무계획와 목표를 종업원 스스로 세우도록 하고, 연말에 평가할 때에는 계획목표의 달성여부에 초점을 맞추어 평가하는 제도도 많이 활용되고 있다.

한편 퇴직관리란 종업원이 다년간 근무하여 일정한 연령에 도달하였을 때에 벤처기업과 종업원간의 고용관계를 영구히 단절시키는 것, 또는 일정한 퇴직 연령에 도달하지 않았어도 벤처기업 구조조정 차원에서 벤처기업과 종업원의 고용관계를 단절시키는 것을 말한다. 퇴직 연령에 도달하여 정상적으로 고용관계를 단절시키는 제도는 강제적인 것이 아니므로 노사관계에서 별 문제가 되지는 않는다. 그러나 구조조정 차원에서 강제 퇴직시키는 제도는 노사관계에 악영향을 미칠 수 있으며, 따라서 벤처기업은 이러한 제도의 운용에서 매우 조심스럽게 접근하고 있다.

3. 조직관리

1) 벤처기업환경과 조직

전통적인 조직체계도 경영환경의 변화와 더불어 크게 변화하고 있다. 즉 전통적인 단순조직구조, 관료제조직, 단순 기능조직 형태로는 급변하는 경영환경변화에 대응할 수 없다. 따라서 오늘날 사업부제 조직형태, 프로세스 조직형태, 네트워크 조직형태, 학습조직형태, 열린 조직형태 및 팀조직 형태 등의 다양한 조직 형태가 각광을 받고 있다.

이는 곧 경영환경의 변화가 조직설계에 가장 많은 영향을 미치고 있다는 것을 보여 주는 것이다. 즉 경영환경은 조직의 전략수립, 조직설계 및 조직관리에 중요한 영향을 미치므로, 환경이 변화함으로써 조직은 불확실성에 직면하게 되고, 불확실성의 정도에 따라 이를 해소할 수 있는 새로운 조직형태가 탄생하곤 하였다.

2) 조직변화

최근 국내경기의 침체는 기업으로 하여금 조직형태의 일대 혁신을 가져오게 하는 계기가 되었다. 즉 구조조정, 조직의 슬림화 추구 등으로 인해 거대한 공룡조직으로 대표되던 우리나라 기업들은 조직형태에 일대 혁신을 기하게 되었고, 이를 통해 종업원이나 경영자 모두 벤처기업경영환경 변화와 더불어 조직변화가 필수적이라는 인식을 갖게 되었다.

특히 우리나라와 일본 등 동양권 나라의 기업조직은 그 동안 잘 변화하지 않는 고정적인 개념의 조직형태, 수직적 관계를 중시하는 연공서열 조직형태, 관료주의 조직형태, 왜곡된 노사관계를 형성하기 쉬운 조직형태가 주를 이루고 있었던 것이 사실이다. 그러나 이제는 이러한 종전의 조직형태로는 벤처기업발전을 기약할 수 없다. 따라서 각 벤처기업의 발전전략에 부합할 수 있는 조직형태의 개발과 변화가 계속되어야만 한다.

그런데 조직변화의 방향은 대내외 고객지향적(종업원 욕구 충족 포함), 개인지향적, 공생지향적 및 학습지향적이어야만 한다. 이 중 하나라도 소홀히 하는 경우 완전한 미래지향적인 조직이라고 할 수 없으며, 따라서 그러한 조

직형태를 가지고 있는 벤처기업은 21세기 치열한 경쟁 속에서 살아 남을 수 없을 것이다.

첫째, 고객지향적인 조직이란 대내외 고객욕구를 충족시킬 수 있도록 조직을 설계하고 관리하는 것을 말한다. 이를 위해서는 기능중심의 조직형태를 프로세스 중심의 조직형태로 변화시켜 조직간의 장벽을 제거하고 우리는 하나의 목표를 달성하기 위해 공동으로 협동하여 추구하는 것이라는 인식을 가지도록 하여야 하며, 특히 고객지향적하면 외부 고객만을 생각하는데 내부 고객, 즉 종업원의 욕구를 충족시켜 주는 것을 꼭 염두에 두어야 한다.

예컨대 기능중심의 조직형태에서는 생산부와 영업부는 독립적인 조직으로 인식하고 부서간 협조가 전혀 이루어지지 않을 뿐만 아니라 심지어는 생산이 제대로 이루어지질 않아서 판매가 부진한 경우에도 판매부진은 오직 영업부의 잘못으로만 인식하는 경우가 있다. 이러한 잘못된 인식은 조직형태를 프로세스 중심으로 바꾸어 줌으로써 생산업무와 판매업무는 직결된다는 인식을 갖게 하여 주어, 위험의 공유, 즉 잘되어도 두 부서 모두의 노력으로 잘 된 것이며, 잘못 되어도 두 부서 모두의 잘못으로 인한 것이라는 점을 인식시켜야 한다.

둘째, 개인지향적인 조직이란 개개인의 능력과 창의성을 최대한 발휘할 수 있도록 배려하여 주고, 단위 부서의 독립성과 자율성을 최대한 보장하여 주는 조직형태를 말한다. 오늘날 벤처기업발전은 개개인의 능력개발과 발전으로부터 출발하는 것이라고 해도 과언이 아니다. 따라서 개인의 잠재능력을 개발할 수 있는 조직형태가 무엇보다도 중요한데, 이는 팀제와 같은 형태로서 자율책임하에 업무를 추진할 수 있도록 해 주는 것이 선결과제이다.

셋째, 공생지향적 조직이란 네트워크형 조직이 대표적인 것으로서, 벤처기업내부에 국한하지 않고, 벤처기업간에도 지나친 경쟁은 오히려 추가적인 비용발생과 불이익을 낳을 수 있다는 개념하에 벤처기업간에도 과감하게 협력할 것은 협력하고 경쟁할 것은 경쟁하는 조직체계를 설계하고 관리하는 것을 말한다.

오늘날 벤처기업경영환경은 치열한 경쟁시대에 있다. 따라서 벤처기업은 경쟁우위를 확보하지 않고서는 살아 남을 수가 없다. 이를 위해 벤처기업들은 동종업종간은 물론이고 이종업종간에도 전략적 제휴를 통해 벤처기업내적 효과성 극대화와 벤처기업외적 비효율성 제거를 달성함으로써 경쟁우위를 확보하려고 전력을 다하고 있다.

넷째, 학습지향적인 조직이란 지식 및 기술개발의 중요성을 인식하고 지식창출과 지식관리를 체계적으로 실시하기 위해 항상 교육하고 배우는 조직형태를 설계하고 운영하는 것을 말한다. 오늘날 벤처기업은 항시 교육체제를 가지고 있다. 이를 통해 새로운 지식과 아이디어를 계속하여 개발하고 있고, 이를 벤처기업경영에 적용하고 있다. 일명 지식경영이라고 하는 이 형태는 21세기 벤처기업경영의 경쟁력 확보에 지름길로 여겨지고 있다.

4. 조직 유형

1) 프로세스 조직

벤처기업경영활동은 하나의 큰 프로세스 하에서 움직인다고 볼 수 있다. 즉 벤처기업별로 약간의 차이는 있지만 구매활동, 생산활동, 물류활동, 판매활동, 고객서비스로 이어지는 프로세스는 어느 벤처기업이건 유사하다. 따라서 이 벤처기업경영활동의 프로세스를 잘 이해하고 이에 알맞는 벤처기업조직형태를 설계하고 운용하는 것이 중요하다.

이 프로세스 조직은 경영혁신 개념에 의해 재설계된 벤처기업조직을 바탕으로 획기적인 경영성과를 도모할 수 있도록 기능중심이 아니라 프로세스를 기본단위로 하여 벤처기업조직을 설계하는 것을 말한다. 이 프로세스 조직형태의 최종목표는 고객만족이다. 이 목표달성을 위해 프로세스 선상에 있는 모든 세부조직은 전체로서는 하나처럼 움직이고 작동하게 된다. 따라서 과거 기능중심의 조직형태에서 나타날 수 있는 가장 큰 병폐이었던 세부조직간의 비협조, 두터운 장벽 등이 제거되고 부서간 협력체제의 구축 및 하나의 공동 목표달성을 위해 모두 노력하게 된다.

프로세스 조직형태의 주요한 특징은 다음과 같다.

(1) 수평적 조직

프로세스 조직형태에서는 관리자의 역할은 줄어들고, 그 만큼 조직의 계층

도 적어지게 되며, 의사결정이 완결된 프로세스를 담당하는 팀에 의해 이루어진다. 따라서 프로세스 조직형태에서는 자율책임하에 동등한 사람들의 팀에 의해 업무가 이루어지고, 의사결정이 이루어져 결국 수평적인 조직이 된다.

(2) 프로세스팀을 기본단위로 하는 조직

프로세스 조직형태에서 조직설계를 하는 기본단위는 작업을 담당하는 최소단위인 프로세스팀이다. 이 프로세스팀은 하나의 전체 프로세스를 수행하기 위해 함께 작업하는 사람들의 집합체를 의미한다. 그러므로 하나의 완결된 업무프로세스를 효과적으로 수행하도록 하기 위해 그 동안 흩어져 있던 작업자들을 프로세스팀으로 묶어 함께 협력하며 작업할 수 있도록 하여 준다.

(3) 지원기능 위주의 스탭

전통적인 조직체제의 기본원리는 계획→조정→통제→점검・평가과정을 거치면서 스탭이 전 과정을 통제・관리하였다. 따라서 스탭은 지속적으로 조직 전체를 확인하고 통제하는 기능위주로 작용하였다. 그러나 이것은 확인・통제하는데 드는 비용만큼 성과를 얻지 못할 뿐만 아니라 구성원의 사기를 저하시키고, 창의적이고 자율적인 분위기 속에서 얻을 수 있는 시너지 효과를 기대할 수 없다. 그러나 프로세스 조직형태에서는 스탭이 확인・통제가 아니라 종업원이 협력하면서 업무를 추진할 수 있도록 지원하는 기능위주로 작용한다.

(4) 프로세스의 단순화

프로세스 조직형태를 설계하는 경우 기본적으로 업무프로세스를 근본적으로 재설계하는 리엔지니어링작업이 선행된다. 그런데 이 리엔지니어링 작업은 불필요한 작업, 결재단계의 축소 등 업무프로세스를 단순화하는 것이 주요한 내용이다. 따라서 이에 따라 재설계된 프로세스는 획기적으로 단순화된다.

(5) 분업・단순 작업에서 다기능・복합작업으로 전환

프로세스 조직형태에서 각각 개개인은 자신의 업무 기능만을 생각하는 것이 아니라 자신의 업무와 프로세스 상의 전후 업무의 연관성을 생각하면서 작업해야만 한다. 즉 과거 생산업무를 담당하는 자는 생산업무 자체만 처리하면 자신의 업무를 다한 것으로 생각하였다. 그러나 프로세스 조직에서는 생산업무가 판매업무에 어떤 영향을 미치는가를 생각하면서 업무를 수행하여야 하므로 생산업무에 대한 지식뿐만 아니라 판매업무에 대한 지식도 동시에 알고 자신의 업무를 추진하여야 한다. 따라서 개개인의 업무 성격도 분업・단순 작업에서 다기능・복합작업으로 전환된다.

(6) 평가와 보상

프로세스 조직형태에서는 개개인의 잠재적 능력을 최대한 발휘할 수 있도록 동기부여가 부여되어야 한다. 이를 위한 최선의 제도가 공정한 평가와 이에 따른 보상제도이다.

2) 네트워크 조직

네트워크 조직형태란 급변하는 벤처기업경영환경변화 속에서 벤처기업경쟁력을 확보하기 위해 수직적 통합뿐만 아니라 수평적 통합, 시간과 공간을 초월한 통합, 벤처기업 내는 물론 벤처기업간 통합, 인터넷 등 정보기반의 조직간 통합을 구현한 조직을 말한다.

오늘날 벤처기업경영환경은 국경과 이념을 초월한 치열한 경쟁시대에서 생존을 위해 몸부림치고 있다. 따라서 시간과 공간을 초월하고, 적대시 해오던 벤처기업, 직접적인 경쟁관계에 있는 벤처기업간에도 전략적 제휴와 조직간 통합을 통해 경쟁할 것은 경쟁하고, 협력할 것은 협력하는 조직체제를 구축하고 있다. 이러한 벤처기업경영환경의 변화에 대응할 수 있는 조직형태가 바로 네트워크 조직형태이다.

네트워크 조직형태는 의사소통 경로가 확고하게 설정되어 있고, 공식적・비공식적인 관계의 형성, 문제해결을 위한 협력과 의견교환이 이루어지는 견고한 네트워크 조직형태와 광범위한 통신망으로 연결되어 있어 이 통신망에 의한 통합과 업무협력이 이루어지는 느슨한 네트워크 조직형태로 구분할 수 있다.

또한 조직 내 모든 부문이 상호 협력하면서 문제를 해결하며, 소규모의 자

율적인 단위를 구축하고 전략적 네트워크를 통하여 시너지 효과를 창출하는 내부 네트워크 조직형태와 둘 이상의 외부 조직과 지속적인 관계구축을 통하여 조직 내의 비효율성을 제거하고 조직외부와의 효율성의 극대화를 추구하는 외부 네트워크 조직형태로 구분할 수 있다.[5)]

이와 같은 네트워크 조직형태의 특성은 다음과 같다.

(1) 수평적 통합화

네트워크 조직형태에서 조직을 설계하는 기본 단위는 수평적 통합화를 구축하는 것이다. 이 수평적 통합화를 통해 동등한 자격으로 업무를 협력하고 작업을 수행하게 된다.

(2) 조직의 슬림화

네트워크 조직형태에서는 자사 조직은 핵심역량에 집중하여 소규모화시키고, 나머지는 아웃소싱을 통해 외부 조직에 업무를 위탁하게 되므로 조직이 슬림화된다.

(3) 의사소통의 활성화

네트워크 조직형태에서는 상호 자유롭고 원활한 의사소통을 통해 문제를 해결하는 것이 기본이다. 이 의사소통경로는 정보전달경로, 기회전달경로, 시스템 통합경로 등으로 구분 할 수 있는데, 이 의사소통경로가 얼마만큼 원활하게 작동하는가가 네트워크 조직형태의 성패를 좌우하게 된다.

(4) 적극적인 아웃소싱

네트워크 조직형태에서는 경쟁력을 가지고 있는 핵심역량 사업 부문만을 직접 수행하고 부수적인 기능 또는 경쟁력이 없는 기능은 적극적으로 아웃소싱 함으로써 경영자원의 효율적 활용을 기하게 된다.

(5) 상호 신뢰관계의 형성

네트워크 조직형태에서는 경쟁관계에 있는 벤처기업간에도 협력관계를 구

---

5) 남명수・류랑도, 전게서, 73~74면

축하게 되므로 상호 신뢰가 형성되지 않는다면 이러한 관계를 형성하는 것이 불가능하게 된다.

3) 팀 조직

기업경영환경이 매우 빨리 변화하고 있으므로 벤처기업들은 이러한 급변하는 환경변화에 신속히 대응하기 위해 유연성있는 조직형태를 구축하기를 바라고 있었다. 이러한 벤처기업의 요구에 가장 적합한 조직형태가 바로 팀 조직형태이다.

카젠바흐와 스믹스느 팀의 정의에 대해, "상호 보완적인 기능을 가진 소수의 사람들이 공동의 목표달성을 위해 상호 책임을 공유하면서 문제해결을 위해 공동의 접근방법을 사용하는 조직단위"라고 하고 있다. 이것은 과거 과·부 조직형태에서 오는 조직간 비협조, 환경변화에 따른 조직혁신의 어려움 등의 폐단을 제거하고, 유연성있는 조직, 상호 협력하는 조직형태를 구축하는 것이라고 할 수 있다.

팀 조직형태를 운영하다 보면 공식적인 조직과 더불어 특별한 과제를 단기에 해결하기 위한 특별 팀을 구성하는 것이 필요하다. 이러한 특별한 팀으로는 각 종 프로젝트 팀, T/F(task force) 팀 등을 들 수 있다.

이러한 팀 조직형태의 특성은 다음과 같다.

(1) 팀 조직형태를 통해 조직의 유연성을 확보할 수 있다.
(2) 팀 조직형태를 통해 조직의 슬림화를 기할 수 있다.
(3) 팀 조직형태를 통해 문제 해결을 쉽게, 그리고 전체 의견일치로 해결할 수 있다.
(4) 팀 구성원 상호간에 수평적인 관계형성을 통해 상호 협력하는 체제를 구축할 수 있다.
(5) 팀 구성원 전체가 하나라는 공동체 의식을 제고할 수 있다.
(6) 인재양성이 쉽다.

제2절 벤처기업 생산관리

1. 생산관리 개념

1) 생산관리 필요성

생산관리는 고객이 필요한 좋은 제품(서비스)을 싸고 신속하게 생산하는 것이다. 그러기 위해서 제품생산에 필요한 최양질의 원자재를 저가격으로 구입하여 납기를 준수하고 낭비없는 방법으로 생산한다. 작업자는 최고의 능률을 발휘하여 작업을 수행하여야 하며, 기술적으로 성능이 우수한 기계설비를 가장 경제적으로 운영시킬 필요가 있다. 그 외에 물류관리・재고관리・품질관리 기타 생산에 관계하는 모든 것에 대해서 능률화를 도모하고, 동시에 원가절감을 행하여야 한다.

생산관리를 간단히 정의하면 "생산관리(Production/Operations)는 고객이 요구하는 양질(良質)의 제품(서비스)을 적기(適期)에 적량(適量)을 적정한 가격으로 생산 공급한다는 생산목표를 달성하기 위하여, 생산 시스템을 설계하고 통제하는 것이다."라고 할 수 있다.

과거의 생산관리는 생산성의 향상, 즉 최소의 자원을 투입하여 최대의 효과를 얻는 것에 그 목적을 두었다. 그러나 오늘날과 같이 빠르게 변하는 고객의 욕구와 치열한 시장에서의 경쟁은 벤처기업에게 생산성향상 이상의 것을 요구한다. 따라서 오늘날의 생산관리는 다음과 같은 경제환경의 변화에 따른 벤처기업경영의 요소라고 볼 수 있다.

첫째, 경제질서의 글로벌화(Globalization) 또는 범세계화 현상이다.

둘째, 지식경제시대의 벤처기업은 제품 및 서비스를 생산하여 판매하는 단순한 조직이 아니라, 지식을 외부로부터 수집하고 내부적으로 창출하는 조직이다.

셋째, 생산성이 높은 고부가가치의 제품을 생산함으로써 벤처기업경쟁력을 제고시켜야 한다.

넷째, 경제구조가 제품을 생산하는 제조 중심에서 서비스 중심으로 급속하게 변화하고 있다.

2) 생산관리 시스템

생산관리 시스템은 벤처기업시스템을 형성하는 인사·재무·회계·마케팅·연구개발등 다른 구성인자와 함께 벤처기업의 부문 또는 하위시스템의 하나이다. 생산관리 시스템은 개방시스템으로 보아야 한다.

생산관리 시스템은 투입, 변환과정, 산출, 통제 시스템, 피드백과 같은 5개의 기본 구성요소로 되어 있다.

(1) 투입

조직내로 들어오는 모든 유형·무형의 자원을 의미한다. 이와 같은 자원에는 노동력, 자재, 재료, 장비, 인간의 지식, 지능, 정보, 경험 등을 모두 포함한다.

(2) 변환과정

유형의 투입물과 인적자원의 활용으로서 제품이나 서비스를 산출하는 활동적인 공정을 의미한다. 변환과정은 규칙, 진행과정, 자원, 개념, 업무절차, 기술을 적극적으로 활용하여 투입을 산출로 전환시키는 것이다.

(3) 산출

산출은 변환과정의 결과이며 유형의 제품과 무형의 서비스를 포함한다.

(4) 통제 시스템

투입, 변환과정, 산출 등의 구성요소 속에 연계되어서 생산관리 시스템이 착오없이 운영되도록 조정한다.

(5) 피드백

투입, 변환과정, 산출, 통제 시스템 사이의 의사소통 연결체계이다.

【그림 5-2】 생산관리 시스템

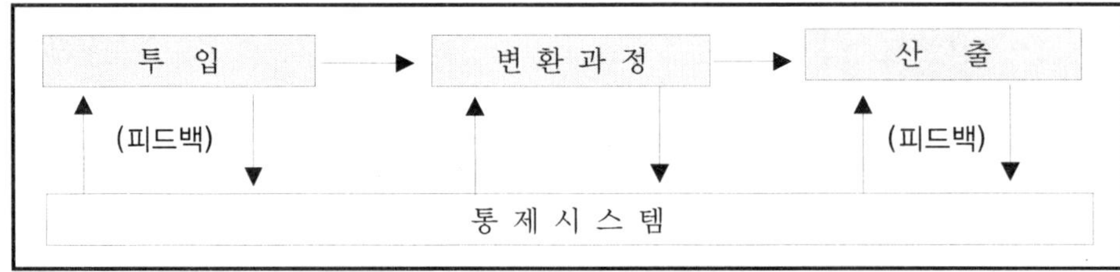

3) 생산관리의 일반 원칙

생산관리를 합리적으로 수행해 나아가기 위한 기본원칙으로서 다음의 원칙이 있다.

(1) 표준화

과학적인 연구결과 합당하다고 인정되는 표준 및 규격을 미리 정해 놓고, 재료·제품·설비 등의 형태·크기·품질·작업방법·업무처리 방법 등을 맞추어 나가려는 원칙이다.

(2) 난순화

제품 또는 작업방법 등과 관련하여 불필요하거나 중요하지 않은 요소와 과정을 배제함으로써 보다 간단한 방법이나 수단에 의하여 생산활동을 전개하려는 원칙이다. 단순화를 통하여 재료·노력·설비 등이 효과적으로 활용됨으로써 생산비 절감과 생산기간의 단축이 가능하게 된다.

(3) 전문화

업무나 작업을 분업의 원리에 따라서 분담시킴으로써 맡은 업무와 작업만을 전문적으로 수행하게 하려는 원리이다. 전문화를 통하여 기능이 숙련되며 생산성향상과 품질향상 등이 이루어진다.

2. 제품개발

1) 제품개발의 의의

제품개발은 벤처기업의 사활이 걸린 문제이다. 무리한 신제품개발로 인하여 그 신제품이 출시되기도 전에 벤처기업이 몰락의 길로 들어서는 경우도 왕왕 볼 수 있고, 하나의 신제품이 시장에서 호평을 받음에 따라 어렵던 벤처기업의 상황을 반전시키는 경우도 있다. 이와 같은 중대성으로 인하여 신제품개발은 벤처기업에 있어서 신중히 검토되어야 하는 중대한 전략적 차원의 의사결정이 아닐 수 없다.

제품개발과 관련하여 벤처기업이 직면하는 어려운 문제는 제품다양성의 정도를 결정하는 의사결정이다. 제품다양성의 문제는 결국 비용의 증가라는 측면과 소비자가 원하는 바에 부응하는 상반되는 문제를 어떻게 조합할 것인가 하는 문제로서 결국 벤처기업의 내부상황에 적합한 결론을 유도해 내야 한다.

2) 제품개발의 원칙

제품개발과 관련하여 통용되는 절대적인 원칙은 아직까지 없지만 가능성 있는 여러 가지 방향이 제시되고 있다.

첫째, 신제품개발에서 제시되고 있는 원칙은 창조성이다. 이는 독창성과 구별되는 개념으로서 창조성을 중시한다.

둘째, 원래의 본업에 충실을 기하며 변혁을 주도한다. 즉, 본업의 핵심 잠재력을 바탕으로 본업의 내용을 변화시킨다.

셋째, 개발에 중점을 둔다. 즉, 기초연구에 치중하기보다는 개발에 중점을 두어 업무를 추진한다.

넷째, 시장에 초점을 둔다. 제품수요에 바탕으로 두고 소비자가 원하는 제품개발에 주력해야 한다는 뜻이며 이를 바탕으로 틈새시장 찾아내기 및 틈새시장에서의 시장점유율 높이기 전략에 신경을 써야 한다.

3) 제품개발과정

제품개발과정은 일반적으로 다음과 같은 5단계로 구성되어 있다. 데이비드 우먼은 60개의 신제품 아이디어 중 단지 하나만이 성공적인 제품으로 귀착되었다는 연구보고를 통하여 신제품이 출시되기까지의 좁은 문을 설명하였다.

(1) 아이디어의 창출 및 평가

제품개발과정의 첫 단계는 고객과 기존의 기술로부터 얻을 수 있는 아이디어의 창출 및 평가(idea generation and evaluation)의 단계이다. 아이디어의 창출 및 평가 단계의 진행은 고객이 원하는 바와 이를 뒷받침 할 수 있는 기술력을 바탕으로 이루어져야 한다. 아이디어 제공의 원천은 벤처기업내의 연구개발부서, 생산, 마케팅부서와 벤처기업에 종사는 전직원이 될 수 있고 벤처

기업외부의 소비자가 될 수도 있다. 가능한 많은 아이디어를 수집하고 수집된 아이디어를 여러 관점에서 평가하는 단계이다.

【그림 5-3】 제품개발과정

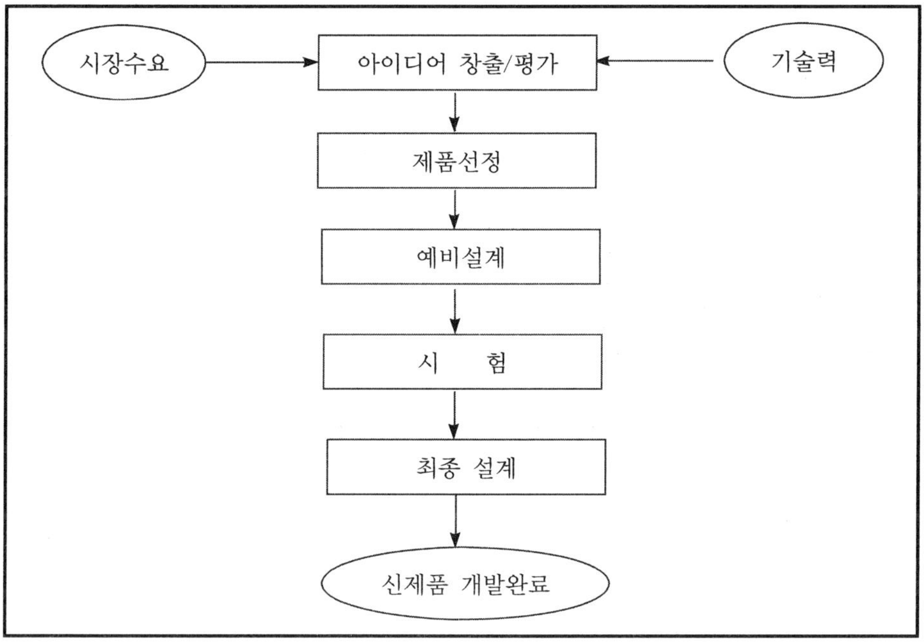

3. 품질관리

1) 품질의 중요성

품질에 대한 정의는 내부적인 관점과 외부적인 관점에서 고려할 수 있다. 내부적 관점에서 볼 때 품질이란 벤처기업이 내부적으로 설정한 기준이다. 외부적인 관점에서의 품질이란 고객이 원하는 결과를 달성하는 것이다. 즉 품질은 벤처기업생존의 핵심이다.

벤처기업이 생산하는 서비스의 질은 여러 가지 측면에서 벤처기업에게 영향을 미친다.

첫째, 벤처기업의 명성이다. 벤처기업의 명성은 여러 부류의 거래 관계자에게 알려져 좋은 신용을 얻게 된다.

둘째, 수익성의 증대이다. 이는 품질향상이 시장점유율의 증가와 원가의 절감을 가져와 최종적으로 수익을 증가시키게 된다.

【그림 5-4】 품질과 수익성과의 관계

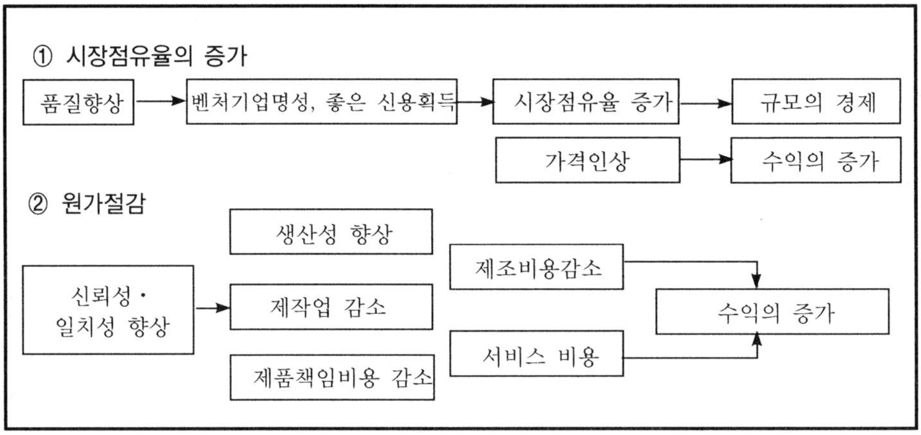

자료 : 전용수외 2인(2001), 현대경영학의 이해, p.426

셋째, 제품에 대한 벤처기업의 책임문제이다. 고객이 불량품을 사용함으로써 발생하는 손해 혹은 사고에 대하여 벤처기업은 책임을 져야한다. 따라서 신뢰할 수 있고 명세서와 일치하는 제품을 생산하는 벤처기업은 제품 책임비용을 감소시킬 수 있다.

넷째, 국제 관계이다. 오늘날과 같은 국제시대에서 효과적으로 경쟁할 수 있는 최대의 무기는 품질과 가격, 즉 가치이다.

2) 무결점운동과 전사적 품질관리

개방화 시대와 국제화 시대에는 애국적인 이유로 국산품을 애용하자는 호소에 대하여 소비자들은 냉담하다. 교육을 받은 소비자들은 품질에 대한 인식이 강하며 품질과 내구력을 검토하여 최상의 가치를 제공하는 제품을 구입한다. 이러한 환경 속에서 벤처기업이 생존하려면 총체적인 품질관리가 절대적이며 무결점(zero defect; ZD)운동과 전사적 품질 관리(total quality control; TQC)가 요구된다.

 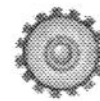

결점이 없는 제품을 생산하기 위한 무결점운동은 동기부여활동의 일환으로 조직 전반적인 관점에서 품질을 향상시키는 동시에 비용의 절감을 도모하는 운동이다.

한편 전사적 품질관리란 단기적인 이익보다 장기적인 품질관리에 목적을 두고 행해지는 것으로 전체 종업원이 품질관리를 위한 계획을 수립하고, 결함을 제거 수정하기 위하여 지속적으로 노력하는 것이다.

전사적 품질관리 프로그램이 성공하려면 다음과 같은 네 가지 사항에 유념해야 한다. 첫째, 모든 프로세스와 제품을 포함한 전체 벤처기업활동에서 품질의식과 품질지향적인 태도를 중시해야 한다. 둘째, 구성원들을 인간적으로 대우하고 창의력을 고취시켜야 품질개선을 이룰 수 있다. 셋째, 모든 수준의 직급에 권한을 부여하는 분권화된 경영방식에 기초를 두어야 한다. 넷째, 전사적 품질관리는 원칙, 정책, 경영활동이 조직의 구석구석에까지 미칠 수 있도록 총체적으로 운영되어야 한다.

제3절 벤처기업 마케팅 관리

1. 마케팅의 정의

마케팅이란 개인이나 조직이 목적을 충족시킬 수 있도록 교환을 창출하기 위하여 아이디어와 상품 및 서비스를 개발하고 가격을 결정하며, 이를 촉진시키고 유통시킬 것을 계획하여 실행하는 과정을 말한다.

한편, 미국마케팅협회는 마케팅을 “상품과 서비스를 생산자로부터 소비자 및 사용자에게 유통시키는 벤처기업활동의 수행”이라 정의하여 상품에 관한 소유권 이전과 상품의 물적 유통을 수행하는 것을 마케팅이라 보고 있다. 코틀러(Philip Kotler) 교수는 “마케팅이란 현재 또는 잠재적인 최종소비자의 필요와 욕구를 충족시킬 수 있는 재화와 서비스를 제공하기 위하여 제품, 가격,

경로, 판매촉진 등의 경영활동 등을 수행하는 시스템을 의미한다."고 정의하고 있다. 한편 맥카시(E. J. McCarthy)는 마케팅이란 생산자로부터 소비자 혹은 사용자에 이르기까지 소비자의 만족과 벤처기업의 목적을 달성하기 위해서 재화 및 서비스의 유통을 관리하는 벤처기업활동을 수행하는 것이라 정의하고 있다.

2. 마케팅의 중요성

우리의 일상생활은 마케팅에서 시작하여 마케팅에서 끝난다. 매일의 일상생활 속에서 벤처기업은 끊임없이 마케팅을 하게 되고 이를 일반 소비자들은 접하게 된다. 이는 경제성장에 따른 소비자 개인의 가처분 소득의 증가로 말미암아 소비자의 욕구가 점차 다양화, 고급화, 개성화 되어 가고 이를 충족시키기 위한 벤처기업의 노력에 따라 시장에서의 경쟁이 심화되면서 마케팅의 중요성은 부각되었다.

동시에 벤처기업이 생산하는 제품간 물리적 품질의 차이가 없어지는 상황이 발생함에 따라 경쟁이 더욱 격화된 것도 마케팅이 중요하게 대두된 근본이유의 하나가 된다. 수요가 공급을 초과하던 시대에 벤처기업입장에서 행해지던 고압적 판매나 일방적 광고 대신 소비자주권의 중시, 소비자의 필요와 욕구에 적응하여 상품을 개발하고 판매하는 방향으로 전환함으로서 마케팅의 역할은 보다 중요해졌다고 할 수 있다.

3. 마케팅의 범위

마케팅의 범위는 마케팅행위의 대상의 범위와 마케팅행위 참여자의 유형에 따라 살필 수 있다. 미국마케팅협회의 정의는 마케팅행위의 대상을 유형의 제품, 무형의 서비스, 뿐만 아니라 아이디어를 포함하여 포괄적으로 보고 있다. 이는 넓은 의미의 제품이라고 볼 수 있다. 따라서 마케팅을 그 행위의 대상에 따라 영역을 분류해 보면 다음과 같이 3가지 형태 마케팅으로 분류할 수 있다.

첫째 분류는 소비재 마케팅이다. 소비재 마케팅은 개인적인 소비를 위하여

제품을 구매하는 개인과 가정을 대상으로 하는 마케팅을 말한다. 일반적인 마케팅을 말할 때 통상 소비재 마케팅을 의미한다.

둘째 분류는 산업재 마케팅이다. 산업재 마케팅은 다른 제품의 생산을 목적으로 제품을 구매하는 벤처기업을 대상으로 하는 마케팅이다. 조직간 마케팅이라 불리기도 한다.

셋째 형태는 서비스 마케팅이다. 이는 유형의 제품이 아니라 무형의 서비스를 대상으로 하는 마케팅을 말한다.

이와 같이 마케팅행위의 대상에 따른 마케팅의 분류는 구체적인 접근방식이나 전략적 프레임은 다르나 본질적 측면에서 고객의 관점에서 사고하고 행동하는 것이라고 볼 때 기저에 깔려있는 기본구조는 같다. 특히, 제품을 대상으로 하는 마케팅과 서비스를 대상으로 하는 마케팅은 더 이상 그 구별이 필요 없을 정도로 중복되어 가는 추세이다. 가령 예를 들어, 버거킹을 햄버거를 생산하고 판매하는 제조업체로 보느냐 아니면 따뜻한 햄버그를 빠른 시간에 깨끗한 환경에서 먹을 수 있도록 해 주는 서비스벤처기업이냐 하는 분류의 문제는 별 의미가 없다. 이것은 바로 많은 제품 혹은 서비스 시장이 치열한 경쟁상황에 직면함에 따라 제조업자는 서비스를 이용한 차별화, 서비스업자는 제품을 기반으로 한 차별화를 시도함으로서 나타나는 현상이라 할 수 있다.

그리고 마케팅의 범위는 마케팅 행위의 참여자가 영리조직이냐 비영리 조직이냐에 따라 영리마케팅과 비영리마케팅으로 구분된다. 대체로 1960년 초반까지는 마케팅을 영리를 추구하는 벤처기업의 목적달성을 위한 기능으로 인식하였으나 1969년에 코틀러와 레비 교수의 주도로 영리추구기관인 벤처기업만이 마케팅활동을 추구하는 것이 아니라 학교, 정부, 교회 등 비영리기관도 마케팅행위를 수행하는 것으로 보아야 한다는 획기적인 주장이 제기되었다.

마케팅 범위의 확장론은 많은 학자들이 지지와 반대를 동시에 했다. 그러나 시간이 지남에 따라 비영리 마케팅을 인정하는 시각이 많아짐에 따라 비영리 조직의 마케팅은 일반적으로 수용되고 있다.

4. 마케팅전략

마케팅전략이란 마케팅 관련 활동의 전체를 지칭하는 것으로 그 활동을 위하여 마케팅 제수단을 결정하고 마케팅믹스를 하며 마케팅활동을 추진하는 것을 말한다.

마케팅전략은 벤처기업의 마케팅목적에 근거하여 계획되며, 그 전략을 수행하기 위하여 마케팅활동의 계획이 수립된다. 마케팅활동의 계획이 결정되면 그 전략의 실행을 위한 구체적 활동의 실시계획이 결정된다. 이 실시계획을 일반적으로 마케팅전술이라고 한다. 마케팅전략 수립의 출발점도 고객을 파악하는 데서부터 시작된다. 잠재고객의 다양한 욕구를 이해하고 분석하기 위한 고객세분화, 즉 시장세분화를 통해서 표적시장을 선정한다. 마케팅전략을 구성하는 주요 구성요소는 마케팅정보의 수집, 시장기회의 평가, 표적시장의 설정, 마케팅 제수단의 선택적 통합, 즉, 마케팅믹스로 구성되어 있다.

표적시장에서의 표적고객이 선정되고 이들에 대한 특성이 파악되면 그 다음에는 자사의 제품이나 상표를 표적고객에게 인식시키는 활동, 즉 포지셔닝을 실시하게 된다. 이들 3자(세분화, 표적화, 포지셔닝)를 'STP 마케팅' 또는 '마케팅전략의 STP'라고 한다. 표적시장과 제품포지셔닝이 끝나면 다음에 표적시장을 대상으로 경쟁우위를 확보하기 위한 마케팅믹스를 결정함으로써 마케팅전략이 구체화된다. 마케팅 기회를 평가하여 특정시장이 유망하다고 판단되면 그 시장의 규모와 구조 측면을 고려해야한다.

마케팅전략과정에서 핵심적인 역할은 표적시장의 설정과 마케팅믹스의 창출로 대변된다. 마케팅믹스에는 제품계획의 수립, 가격의 설정, 유통경로의 설정, 판매촉진 정책의 전개 등이 포함된다. 그리고 마케팅 전략에 따라 다음의 단계는 마케팅관리가 이루어지고 마케팅감사가 실시되며 이 마케팅 감사는 다음 마케팅 전략 수립시 반영된다. 이하에서는 이러한 관리과정을 중심으로 마케팅에 대한 세부적인 사항을 살핀다.

1) 마케팅정책 수립: 수요의 측정과 예측

마케팅 정책을 수립함에 있어 벤처기업은 현재와 미래의 시장의 규모를 신

중하게 추정하여야 한다. 현재의 시장규모를 측정하기 위해서는 그 시장에서 팔리고 있는 모든 제품을 찾아내어 이들 제품의 현재 매출액율을 추정하여야 한다. 미래의 시장규모를 예측하기 위해서는 시장의 과거성장률추세, 그밖에 다른 요소의 변화가 시장에 미치는 영향 등을 고려하여야 한다.

2) 시장세분화

(1) 시장세분화의 의의

시장세분화란 일반적으로 충족시키기에 너무 큰 전체 시장을 공통된 속성을 지닌 세분시장으로 나누는 작업을 말하는데 이러한 세분회는 소비자의 요구조건, 구매반응 등의 여러 요인에 의해 이루어지기 때문에 먼저 소비자와 그들의 행동에 대한 분석과 충분한 이해가 있어야 한다.

(2) 시장세분화의 주요변수

시장세분화하는 데 있어서는 다음의 여러 가지 시장세분화기준 또는 변수에 따라 나눌 수 있다.

가) 지리적 변수 : 지역- 영동, 중부, 영남, 호남, 시·군규모, 인구밀도, 기후
나) 인구통계학적 변수 : 연령, 성별, 가족수, 소득수준, 직업, 교육수준, 가족생활주기- 미혼, 독신, 기혼, 종교, 인종, 국적
다) 사회심리적 변수 : 사회계급, 생활스타일-유행형, 절약형, 개성
라) 행동특성적 변수 : 구매형태-규칙적 구매, 충동적 구매, 소구혜택-경제성, 편의성, 자기과시성, 사용자지위-사용자, 비사용자, 잠재소비자, 사용률, 마케팅요인에 대한 민감성

(3) 효율적 시장세분화를 위한 조건

가) 측정가능성(measurability) : 각 세분시장의 구매력이나 예상매출액 등은 측정 가능하여야 하고,
나) 접근가능성(accessibility) : 해당 세분시장에 마케팅활동을 효과적으로 집중시킬 수 있어야 한다.

다) 실질성(substantiality) : 또한 이 세분시장은 충분히 크고 수익성이 있어야 하며,

라) 실행가능성(actionability) : 효율적인 마케팅프로그램의 수립이 가능하고 실행될 수 있어야 한다.

3) 표적시장 선정

벤처기업은 표적시장을 후일 더 큰 시장에로의 공격을 위한 교두보로 생각할 수 있는데 표적시장을 선택하는 데는 다음과 같은 전략이 있다.

(1) 단일세분시장전략(singe-segment concentration)

단일세분시장만을 대상으로 하는 것으로 보통 소규모의 벤처기업이 사용한다.

(2) 제품전문화 전략(product concentration)

모든 소비자집단을 대상으로 한 가지 제품형만을 생산·판매하려는 전략이다.

(3) 시장전문화전략(market concentration)

특정 소비자집단의 다양한 욕구에 맞는 여러 제품형을 생산·판매하려는 전략이다.

(4) 선택적 전문화전략(selective specialization)

서로 아무런 관련은 없으나 저마다 매력적 기회를 가진 여러 세분시장을 선택하여 제품을 공급하는 전략이다.

(5) 전시장 포괄전략(full coverage)

이는 모든 세분시장에 각기 다른 제품형을 생산·공급하려는 전략이다.

4) 포지셔닝

(1) 포지셔닝의 의의

주요 시장구획을 탐색한 후 벤처기업은 그 시장부문에 어떻게 진출한 것인

가를 결정하기 위하여 경쟁을 파악하고 자사의 위치를 결정하여야 한다. 이와 같이 시장포지셔닝은 제품이나 상세한 마케팅믹스에 대한 경쟁적 위치를 선정하는 과정을 말하는데 진출하고자 하는 시장의 목표고객의 마음속에 위치를 잡는 것을 의미한다.

(2) 구성요소

마케팅관리자가 선택할 수 있는 포지셔닝 전략에는 여러 형태가 있을 수 있다. 그 첫째는 제품의 구체적인 속성을 놓고 소비자들의 마음속에 그 위치를 구축하는 것이다. 예컨대 광고를 통하여 제품의 싼 가격을 강조함으로써 그러한 이미지를 소비자들에게 심어주려는 노력이 이에 속한다. 또한 소비자들의 욕구나 욕망, 또는 추구하고 있는 효익을 토대로 그 위치를 구축하려 할 수도 있다. 예컨대 치약의 경우, 단순히 충치예방을 목적으로 소비자들이 제품을 구입하는 것이 아니라 맛을 중요시 할 때에는 그러한 효익을 강조함으로써 맛에 관한 이미지를 심어주려는 노력을 기울이는 것이 그러한 예이다.

그러나 기본적으로 표적시장을 선정하고 난 후에 그러한 표적시장에 효과적으로 진출하기 위하여 포지셔닝을 개발하기 이전에 먼저 어떠한 마케팅믹스 전략이 적정한가를 고려하여야 할 필요가 있다. 다음은 이러한 마케팅믹스의 제구성요소들이다.

5) 마케팅믹스

벤처기업이 목표시장을 선정한 후 시장포지셔닝을 결정하였다면 그 다음에는 마케팅믹스의 세부계획을 수립하여야 한다. 마케팅믹스란 목표시장에서 벤처기업이 원하는 반응을 산출하기 위하여 통제 가능한 마케팅변수들, 즉 제품, 가격, 유통, 촉진 등을 적절하게 배합하는 것을 말한다.

(1) 제품계획

가) 제품의 의의

제품은 기본적 욕구 또는 2차적 욕구를 충족시켜 줄 수 있는 것으로 시장에 출시되어 관심이나 취득, 사용 또는 소비의 대상이 될 수 있는 유형·무형의 일련의 속성을 뜻한다. 제품에는 물리적 대상물, 서비스, 사람, 장소, 조직, 아이디어 등이 포함된다.

나) 제품의 3가지 요소

제품은 다음과 같이 3가지 요소로 분해될 수 있다.

핵심제품 : 판매자가 제공하거나 구매자가 추구하는 본질적 효용이나 편익을 말한다.

유형제품 : 제품계획자는 중핵제품을 유형제품으로 형상화시켜야 한다. 유형제품은 표적시장에 제시된 물리적 대상이나 서비스를 말하는데 컴퓨터, 양복, 비누, 은행의 금융서비스가 모두 유형제품에 해당된다. 유형제품에는 품질 수준, 특성, 스타일, 상표, 포장 등 5가지 특징이 있다.

확장제품 : 유형제품을 구입할 때 구매자가 받게 되는 부수적 편익의 총합을 말한다. IBM컴퓨터의 보강제품은 물리적 컴퓨터뿐만 아니라 그에 수반되는 각종의 용법・소프트웨어・프로그램서비스・수리서비스・보증서비스 등이 포함된다. 따라서 회사는 하나의 컴퓨터를 판매하는 것이 아니고 하나의 시스템을 판매하는 것으로 이해하여야 하며, 이를 위해 소비자의 전체시스템을 파악하여야 한다.

5. 제품의 분류

마케팅관리자들은 제품유형별 마케팅전략을 모색하기 위하여 다음과 같이 제품특성에 기반한 제품분류방안을 개발하였다.

1) 내구성 또는 유형성에 의한 분류

(1) 비내구재(nondurable goods)

보통 한 번 또는 두 세 번 사용하면 소모되는 유형제품을 말한다. 이런 제품은 신속하게 소모되고 빈번하게 구매된다. 따라서 어떤 장소에서든지 구매가능하도록 하고, 적은 이익을 가산하며, 대량광고를 통해 시용(trial)을 유도

하고, 선호도를 심어주어야 한다.

(2) 내구재(durable goods)

냉장고, 의류와 같이 여러 회에 걸쳐 반복 사용될 수 있는 유형재를 말한다. 내구재에는 많은 인적판매와 서비스가 수반되어야 하고, 많은 이익을 가산할 수 있으며, 판매보증이 잘 되어야 한다.

(3) 서비스(service)

판매의 대상으로 제공되고 제반활동과 편익 또는 만족을 말한다. 서비스는 무형이고 분리가 불가능하며, 변농성과 소모성이 높다. 따라서 높은 수준의 품질관리와 공급자의 신뢰성 및 적응성이 요구된다.

【표 5-3】 소비재의 분류와 특성

구 분	편의품	선매품	전문품
구매빈도	높음	중간	낮음.
구매 관여수준	낮음	중간	높음.
문제해결방식	습관적 구매	복잡한 구매의사결정이 따름	상표 애호도에 따른 구매
제품유형	치약, 세제, 커피, 비누	가전제품, 의류, 승용차, 가구 등	로렉스시계, 니콘카메라, 구찌핸드백, 전문의료서비스 등
마케팅전략	저가격 정책, 확대유통전략, 제품 차별성 낮춤, 판촉 빈도 강화, 광고비 지출확대, 이미지광고 확대 등	고가격 정책, 선택적 유통망 구축, 제품차별성 강조, 제품특성 광고 확대, 인적판매 확대	최고가격, 독점적 유통망 확보, 상표가산 강화, 구매자지위 강조 광고, 인적판매 중요성 강화

2) 소비자의 쇼핑습성에 따른 분류

(1) 편의품(convenience goods)

고객이 빈번하게 그리고 즉시 구매하며 비교와 구매에 있어서 최소한의 노력을 투입하는 제품을 보통 편의품이라고 한다.

(2) 선매품(shopping goods)

고객이 여러 상표들의 적합성·품질·가격·스타일 등을 비교하여 상표를 선정하고 구매하는 제품으로 가구, 의류 등이 이에 속한다. 선매품은 동질적 선매품과 이질적 선매품으로 구분된다. 동질적 선매품은 품질면에선 유사하지만 가격면에서 큰 차이가 있기 때문에 상표간의 비교를 하게 된다.

(3) 전문품(specialty goods)

대다수 구매자들이 습관적으로 상당한 구매노력을 기울이며 독특한 특성을 보유하고 있거나 상표식별이 가능한 제품을 말한다. 기호품과 스테레오·카메라·고급의류 등이 여기에 속한다.

(4) 미탐색품(unsought goods)

소비자에게 알려져 있지 않거나 알려져 있더라도 구매의욕이 없는 제품을 말한다. 흡연탐지기(smoke detector)와 식품가공기(food processor) 같은 신제품은 광고를 통해 소비자에게 고지되기까지 미탐색품이다. 고지되어 있지만 찾지 않는 제품의 전형적인 예로 생명보험과 묘지, 백과사전 등이 있다. 이와 같은 제품 자체의 성격 때문에 미탐색품은 광고나 인적판매와 같은 마케팅 노력이 많이 투입되어야 한다.

3) 신제품개발

신제품개발이란 새로운 제품을 생산하는 것을 말한다. 신제품은 다음 3가지로 분류된다. 첫째 지금까지 전혀 존재하지 않았던 혁신적이며 특이한 제품, 둘째, 기존제품과 중요한 속성이 차별화된 제품, 셋째, 당해 벤처기업에는 새로우나 시장에는 이미 존재하는 모방제품 등이 그것이다.

어느 상품이 신제품이나 아니냐를 결정하는 중요한 기준은 표적시장이 이를 어떻게 지각하느냐에 달려 있다. 구매자가 외형이나 성능 등 특성이 다른 경쟁제품과 큰 차이가 있다고 지각하면 그 상품은 신제품이라고 할 수 있다.

성공적인 신제품 개발은 다음과 같은 이유로 인해서 더욱 어려워질 것으로 보인다. 즉, 주요 신제품아이디어의 부족, 소규모의 분화된 시장, 사회적 규제

와 정부규제의 증가, 비용의 증가, 신제품개발 증대, 자본의 부족, 신제품 수명의 단축 등이 바로 신제품개발의 성공에 영향을 준다.

(1) 신제품개발의 중요성

오늘날 대부분의 회사의 판매와 이익이 신제품에서 유입된다는 사실 이외에도 회사가 신제품의 개발에 관심을 갖는 이유는 다음과 같다.

첫째, 회사존립의 정당화로 고객욕구충족수단인 제품의 생산이 중요하다.

둘째, 자원의 결핍이 문제가 된다. 자원의 효율적 사용이 중요시된다. 우리에게 주어진 자원은 이미 그 한계에 와 있으며 자원 결핍은 따라서 자연스럽게 그 사용측면에서의 효율성을 도모하게 된다.

셋째, 마케팅프로그램의 출발점이 바로 신제품의 개발이다. 제품이 없으면 벤처기업은 존재가치가 없어진다.

넷째, 회사이익을 결정하는 요인이 바로 제품이다.

다섯째, 신제품개발에 소요되는 비용이 엄청나게 들어간다.

여섯째, 벤처기업성장의 필수요건이다. 신제품이 끊임없이 개발되지 못한다면 벤처기업은 성장이 불가능하게 된다.

일곱째, 소비자의 욕구수준이 계속 증대하고 있다. 소비자는 경제활동의 대가로 풍요로운 생활을 누리고 있으며 이러한 생활의 풍요로움으로 소비자의 욕구수준은 더욱 다양화, 개성화 되어 감에 따라 신제품 개발의 필요성은 더욱 증대하고 있다.

(2) 신제품개발과정

신제품개발은 다음 여섯 단계의 과정을 거쳐 개발된다.

가) 신제품아이디어의 창출 : 신제품개발은 아이디어에서 비롯된다. 뛰어난 아이디어는 판매사원이나 서비스사원, 마케팅부서 이외의 종업원, 소비자나 산업용품 사용자, 중간상인, 정부기관, 경쟁상품, 협회, 사설연구기관과 발명가 등으로부터 창출된다.

나) 아이디어 스크리닝 및 평가 : 신제품의 아이디어가 이익·매출액·벤처기업의 이미지 등 벤처기업의 목적과 일치되는가를 검토하여 추후 검

토를 필요로 하는가를 확정하는 것이다.

다) 사업 타당성분석 : 아이디어는 구체적인 사업계획으로 발전되어 경영관리자는

㉠ 제품의 특성을 확인하고

㉡ 시장수요와 제품의 수익성을 추정하며

㉢ 제품개발을 위한 프로그램을 설정하여

㉣ 제품의 타당성 검토의 책임을 부과하게 된다.

㉡과 ㉢의 단계에서 이른바 개념검사(concept testing), 즉 나중에 실시하게 될 제품과 시장의 예비조사에 대조를 이루는 제품아이디어를 예비검사를 하게 되는 것이다.

4) 제품개발

서면상의 아이디어가 실제적인 제품으로 전환된다. 확정된 명세서에 따라 시험용 모델이나 소량의 제품을 제조하고, 그 상품의 생산타당성을 확정하기 위해서 필요한 실험실검사와 기술적 평가를 하게 된다.

(1) 시험마케팅

본격적인 마케팅프로그램의 타당성을 분석하기 위하여 간이시장시험, 사용검사, 한정된 지역내에서의 시장생산실험을 하게 된다. 이 단계에서는 시험 및 검사결과에 따라 디자인과 생산요소를 조절하여야 한다. 이 시점에서 경영자는 이 제품을 시장생산단계로 이행시키느냐의 여부에 관한 최종결정을 하게 된다. 이때 두 가지 중요문제에 직면하게 된다. 즉. 경쟁업자가 연구・조사를 방해하고 자기들의 독자적인 연구로 맞설 수 있고, 시험마케팅에서 소요되는 시차를 최대한으로 이용하여 시험마케팅을 하지 않고 자기들의 신제품을 출시하게 되는 경우도 있다.

(2) 시장생산단계

전량생산과 마케팅프로그램을 계획하게 되면 제품을 출시된다. 이 시점까

지의 개발단계에서는 경영관리자가 제품을 완전히 임의로 통제하게 된다. 그러나 일단 제품이 탄생하고 제품수명주기로 접어들게 되면 이 상품의 운명은 외부의 경쟁환경이 주요 결정요인이 되는 것이다.

5) 제품믹스

(1) 의의

제품믹스는 제품구색이라고도 하며 구매자에게 판매할 수 있는 제품계열과 품목들의 집합을 의미한다. 제품믹스는 제품계열과 제품품목으로 구성되는데 제품계열은 여러 측면에서 유사한 제품군을 의미하며 제품품목은 계열내의 개별적인 개발단위를 의미한다.

【표 5-4】 제품믹스

제품계열	제품품목
기능, 소비자집단, 유통, 가격범위 등이 동일한 제품	제품계열내의 크기, 가격, 형태에 의한 구별

(2) 제품믹스의 종류

벤처기업이 가지고 있는 제품믹스는 아래 표와 같이 다음의 폭과 깊이 그리고 일관성에 의하여 분석될 수 있다.

【표 5-5】 제품믹스의 종류

종 류	의 의	전 략
제품믹스의 폭	서로 다른 제품계열의 수	· 넓이의 확대 : 제품다양화 · 넓이의 축소 : 제품단순화
제품믹스의 깊이	각 제품계열내의 품목수	제품차별화
제품믹스의 길이	제품믹스내의 총품목수	
제품믹스의 일관성	다양한 제품계열들의 최종용도, 생산시설, 유통경로 측면에서의 밀접성 정도	

제4절 벤처기업 재무관리

1. 재무관리의 원칙

1) 자본유지의 원칙

자본유지의 원칙이란 회사는 법정자본금에 상당하는 재산을 항상 보유하여 자본의 내용을 충실히 해야한다는 원칙으로, 자본 충실의 원칙이라고도 한다. 벤처기업은 계속사업체이기 때문에 벤처기업활동의 진전에 따라 계속 변화하고 있다. 그러므로 자본유지의 문제는 일정시점에서 자본금을 충실히 한다는 형식적인 테두리를 벗어나, 재무관리의 관점에서 동태적·실질적으로 다룰 필요가 있다. 그러기 위해서는 벤처기업자본을 실제적인 생산력으로 보고, 그 생산력 유지의 관점에서 자본유지문제를 생각해야 한다. 이 생산력의 유지, 더 나아가 혁신을 통하여 벤처기업이윤이 실현되며 벤처기업자본은 보다 적극적으로 유지되는 것이다.

2) 수익성의 원칙

재무관리는 수익성과 안정성에 그 목표를 두고 있다.

수익성이란 자본이익률을 말한다. 자본이익률을 실천적인 의미에서 볼 때, 총자본순이익률(순이익의 총자본에 대한 비율)로 산정된다. 또 자본이익률을 총자본영업이익률(영업이익의 총자산에 대한 비율)로 산정할 수 있는데, 이는 매출액이익률과 총자본이익률로 분석되므로 수익성의 원칙은 매출액이익률의 상승과 총자본회전율의 증대를 지향하는 것이라고 볼 수 있다. 이상을 요약하면 다음과 같은 공식으로 나타낼 수 있다.

$$\text{총자본영업이익률} = \frac{\text{영업이익}}{\text{총자본}} = \frac{\text{영업이익}}{\text{매출액}} \times \frac{\text{매출액}}{\text{총자본}}$$
$$= \text{매출액영업이익률} \times \text{총자본회전율}$$

3) 유동성의 원칙

재무유동성은 대차대조표의 자산항목과 자본항목의 관계비율로서 유동비

율(current ratio)의 크기를 측정한다. 유동비율은 다음 공식으로 구한다.

$$유동비율 = \frac{유동자산}{유동부채(단기차입자본)}$$

이 비율은 일반적으로 벤처기업의 지급능력을 나타내는 것이지만, 여신자가 벤처기업의 신용을 판단하는 자료로 이용하고 있다. 즉 이 유동성이 클수록 벤처기업의 지급능력이 크며, 재무유동성이 유지된다. 경험적으로 이것은 200% 이상의 유지가 필요하다 하여, 이를 2대 1의 원칙이라고도 한다.

이 유동비율은 경영자의 재무관리상 중요할 뿐 아니라, 은행업자가 신용수여의 관점에서 중시하고 있기 때문에, 이것을 은행가비율(banker's ratio)이라고도 한다. 유동비율을 보충하는 것으로 당좌비율(quick ratio) 또는 산업시험비율(acid test ratio)이 이용된다. 이것은 유동자산 중에 특히 현금×예금×받을어음, 외상매출금 등과 같은 당좌자산의 유동부채(단기차입자본)에 대한 비율이다. 그것은 다음과 같은 산식으로 구한다.

$$당좌비율또는산성시험비율 = \frac{당좌자산}{유동부채} \times 100$$

이 비율은 100%를 내리지 않는 것이 그 표준으로 되어있고, 그것이 클수록 유동성이 큰 것으로 판정된다. 재무관리에 있어서는 이 유동성의 유지가 매우 중요하므로, 이 유동성비율과 당좌비율에 언제나 주목하여 지급능력을 확보하도록 재무계획을 수립하여야 한다.

2. 재무계획

1) 재무계획의 본질

벤처기업에 있어서의 재무계획은 재무관리를 위한 출발점이며, 매우 중요한 의의를 지니고 있다. 재무관리는 이 재무계획을 바탕으로 벤처기업의 재무활동 집행을 통제하려는 것이다. 따라서 재무계획은 재무통제의 전제가 된다.

그러므로 재무계획이 적절하지 못하면 그에 따라 수행되는 재무통제도 결코 유효한 것이 못 된다. 이 재무계획과 재무통제를 내용으로 하는 재무관리는 직접적으로는 벤처기업의 재무활동을 대상으로 하고 있지만, 재무활동은 벤처기업의 모든 경영활동 수행과 밀접한 관계가 있기 때문에 재무계획의 적부는 실로 벤처기업의 성패에도 결정적인 영향을 준다. 재무계획은 벤처기업에 필요한 자금의 조달 및 사용에 관한 계획이다.

【그림 5-5】 재무계획 단계

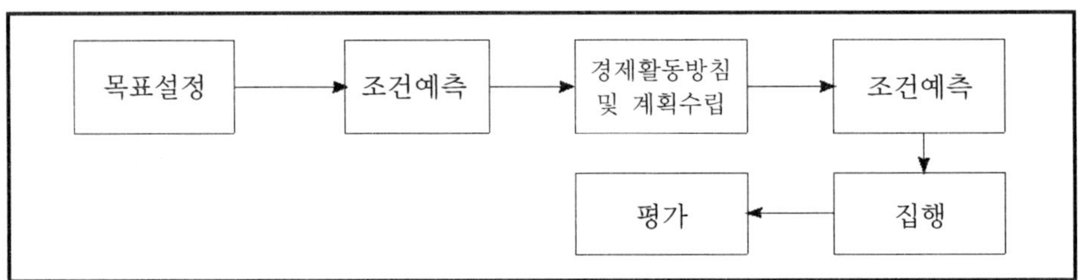

재무계획은 그림과 같은 순서로 작성된다.

(1) 목표의 설정 : 먼저 벤처기업은 단기목표 및 장기목표를 수립해야 한다.

(2) 조건의 예측 : 벤처기업목적의 실현에 영향을 미치는 조건(즉, 주로 경영의 외적 조건: 정치 · 경제 · 사회 등)에 관해 예측을 하여야 한다.

(3) 경제활동방침 및 계획수립 : 예측을 근거로 벤처기업의 경영활동에 대한 일정한 방침 및 계획을 수립한다. 이것이 곧 예산편성이다. 예산편성은 보통 1개년을 기간으로 하는 예산의 형식으로 표현되는데, 이 경우 재무계획은 화폐액과 함께 판매단위 · 인원수 등으로 벤처기업의 모든 경영활동에 대하여 그 달성목표가 명시되도록 표현되어야 한다.

(4) 지시 및 집행 : 승인된 계획표(즉, 예산서)에 따라 책임자가 자본지출을 집행하고 경영활동을 진행한다.

(5) 평가(통제) : 실시결과를 목표와 비교하여, 필요할 경우에는 그 목표 · 예측 및 계획을 수정한다.

2) 재무계획의 내용

예산편성이 그대로 재무계획의 내용을 이루는 것이 아니라는 것은 재무계

획에서 다루어지는 계획요소를 보아도 분명하다. 재무계획을 구성하는 요소에는 다음과 같은 항목을 들 수 있다.

① 현금수지계획
② 운전자금계획
③ 고정자본 또는 설비자본계획
④ 자본구조계획 또는 견적대차대조표
⑤ 이익계획 또는 견적손익계산서

(1) 현금수지계획

재무계획은 직접적으로는 각 집행부문의 경영활동에 사용되는 자본과 그 조달의 적합 관계를 대상으로 삼고 있다. 따라서 재무계획은 벤처기업자본의 대표형태인 현금의 수입 및 지출에 관한 계획을 수립하여, 현금관리에 도움이 되어야 한다. 현금수지의 적합은 현금이 변형한 신용, 즉 채권 및 채무관리에 관한 신용관리와 밀접한 관계가 있다. 따라서 재무계획은 일정한 계획기간에 있어서 현금지불에 지장이 없도록 현금수입의 계획을 수립하여야 한다.

(2) 운전자본계획

벤처기업은 현금수지의 적합처리를 포함하여 운전자본관리(working capital manage ment)에 관한 재무계획을 수립할 필요가 있다. 운전자본의 내용에는 문제가 있으나, 일반적으로는 고정자산에 대한 유동자산으로서의 총운전자본 또는 유동자산에서 단기차입자본을 공제한 차액으로서의 순운전자본(net working capital)을 의미한다. 재무계획의 견지에서는 이 순운전자본의 적정한 유지가 중요하다.

운전자본관리에서는 벤처기업의 경영활동에 필요한 적정액의 순운전자본을 어떻게 유지하느냐의 문제를 재무계획의 목표로 삼아야 한다. 운전자본에는 고정적 운전자본과 변동적 운전자본이 있다.

고정적 운전자본은 고정자본과는 다르다. 그것은 단기간에 끊임없이 화폐자산으로 전화하고 있는 자본부분이다. 벤처기업은 적극적인 경영활동을 수행하기 위하여 항상 일정액을 유지해야 하는데, 이것이 고정적 운전자본이다.

고정적 운전자본에는 다시 정규운전자본과 예비적 또는 조적적 운전자본이 있다. 변동적 운전자본은 벤처기업의 경상적인 경영활동에 요구되는 운전자본액 이상으로 필요한 것인데, 그것은 생산량의 증대에 따라 변화하는 운전자본을 의미한다.

(3) 고정자본/설비자본 계획

근대벤처기업에는 고정자본 또는 설비자본 부분이 점점 증대하고 있다. 그러므로 경영활동에서 요구되는 고정자본의 유지와 그에 필요한 장기자본의 조달은 재무계획에 매우 중요한 항목으로 되어 있다. 이 때문에 고정자본관리가 중요하며, 그에 대한 재무계획 수립이 당연히 요구되는 것이다. 이것은 운전자본에 대한 재무계획 수립과도 밀접한 관계가 있다.

벤처기업의 고정자본은 결코 그 자체만으로 운용되는 것은 아니다. 그것은 노무비로써의 지출, 원재료 기타의 운전자본과 연결되어 사용된다. 그러므로 고정자본에 대한 재무계획을 운전자본에 대한 재무계획과 서로 연관하여 수립할 필요가 있다. 그러므로 먼저 고정자본을 운용하는 데 필요한 운전자본의 크기를 어떻게 확정하느냐에 대한 계획을 수립한다. 다음에, 고정자본의 운용 자체에 수반하는 개량비·대체비 혹은 확장비 등을 미리 계획해 둘 필요가 있다. 이렇게 함으로써 고정자본을 보다 유효하게 사용할 수 있다.

(4) 자본구조 계획

현금수지·운용자본 및 고정자본에 대한 계획수립은 이들 각 자본관리를 위해 필요할 뿐 아니라, 벤처기업 전체의 자본관리를 위한 종합적인 재무계획을 수립하기 위해서도 필요하다. 종합적인 재무계획이란 벤처기업의 총자본 운용에 대한 총자본조달의 상호관계를 적정하고 유효하게 하기 위한 자본구조계획을 말한다. 구체적으로는 견적대차대조표의 작성을 의미하고 있다. 그것은 벤처기업총자본의 운용과 조달의 적합한 관계유지에 관한 정태적 구조에 대한 재무계획의 수립이다.

(5) 이익계획 또는 견적손익계산서

벤처기업은 각 집행부문활동의 재무적 종합에 관하여 계획을 수립할 필요

가 있다. 그것은 일정기간 벤처기업총자본의 유효한 운용에 관한 재무계획의 수립이다. 따라서 그것은 동태적인 종합적 재무계획을 의미하고 있다. 일반적으로 이것은 이익계획으로서 수립되고 있다. 구체적으로 이 종합적 재무계획의 내용은 견적손익계산서를 통해서 표시되고 있는데, 벤처기업목적에 비추어볼 때, 재무계획은 매우 중요한 의미를 지니고 있다.

이상, 벤처기업의 통일적인 재무계획을 수립할 경우에는 그들 상호관계를 밝히는 체계를 수립할 필요가 있다. 그 체계는 다음 그림과 같은 것으로 이해함이 적당할 것이다.

【그림 5-6】 벤처기업의 재무계획

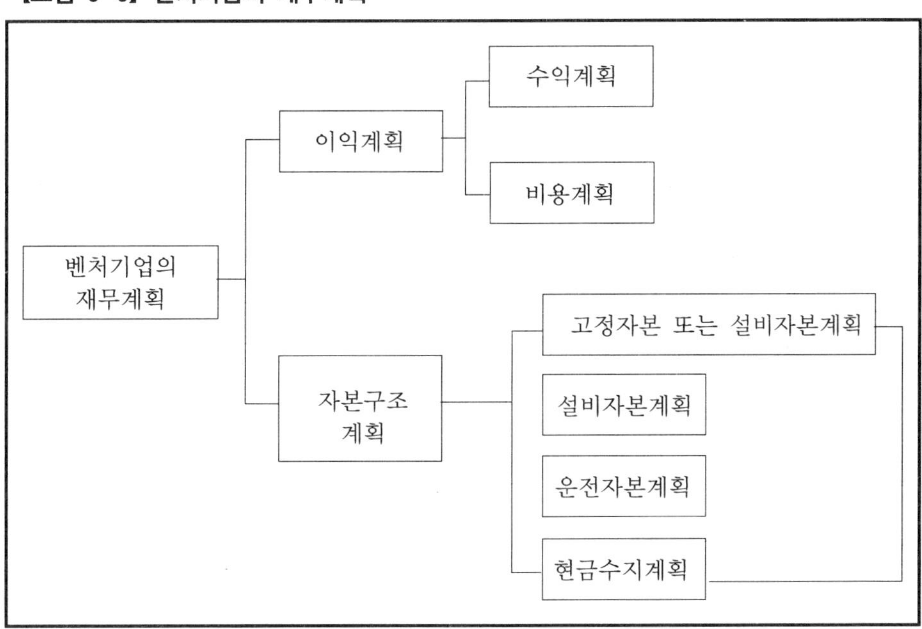

3. 재무분석

1) 재무분석의 의의

경영활동의 결과는 결산기에 있어서의 대차대조표 및 손익계산서 등의 재무제표에 숫자로 나타난다. 따라서 벤처기업을 합리적으로 운영하기 위해서는 이들 자료를 과학적으로 분석하여 경영활동의 실정을 정확하게 파악하여 그 적부를 판단하지 않으면 안된다.

이것은 일반적으로 각종의 비율을 이용한다. 이와 같이 재무분석 및 재무비교는 각각 부가계산에서 얻은 숫자자료를 이용하여, 벤처기업의 경영내용을 동일 벤처기업에 대하여 분석하고 또한 벤처기업 상호간에 비교하려는 것이다.

그 비교·분석자료에 의하여, 이것을 ⓐ 자본구성의 분석 및 비교, ⓑ 자산구성의 분석 및 비교, ⓒ 자본과 자산의 대비분석 및 비교, ⓓ 손익분석 및 비교로 구분할 수가 있다.

(1) 자본구성의 분석 및 비교

이 비교·분석에서는 자본구성의 적정 여부를 판단한다. 즉 먼저 자기자본과 타인자본과의 비율에 대하여 분석·비교한다. 이 타인자본의 자기자본에 대한 비율이 1대 1이상이 되어 있고 타인자본이 많게 되면 그만큼 자기자본은 차입자본에 의해 압박되고, 타인자본에 대한 신용의 기초도 약해지므로 채권자의 안정성은 희박하게 되는 것이다. 이러한 경우에는 경영재무상 주의하지 않으면 안된다.

더욱이 자본구성의 비교·분석에 있어서는 벤처기업이 보유하고 있는 총자본과 타인자본의 비교에 대해서도 비판한다. 이들 자본상호간의 관계에서 산출되는 비율을 자본구성률이라고 한다. 이 비율에 의하여 동일 벤처기업의 기간비교와 다수 벤처기업의 상호비교를 할 때는 자본구성의 적부에 대한 판단을 할 수 있게 된다.

$$\text{① 총자본안전율} = \frac{\text{자기자본}}{\text{총자본}} \times 100(\%)$$

$$\text{② 총자본안전율} = \frac{\text{타인자본}}{\text{총자본}} \times 100(\%)$$

총자본 중에 자기자본이 많을수록 재무상 안전하므로 이 비율로서는 ①이 높을수록, 또한 ②가 낮을수록 좋다

$$\cdot\ \text{차입자본안전율또는부채비율} = \frac{\text{타인자본}}{\text{자기자본}} \times 100(\%)$$

· 동부채비율 $= \frac{\text{유동부채}}{\text{자기자본}} \times 100(\%)$

· 고정부채비율 $= \frac{\text{고정부채}}{\text{자기자본}} \times 100(\%)$

· 고정부채장기자본적합율 $= \frac{\text{고정부채}}{\text{자기자본} + \text{고정부채}} \times 100(\%)$

· 납입자본안전율 $= \frac{\text{납입자본}}{\text{적립금}} \times 100(\%)$

(2) 자산구성의 분석 및 비교

자산구성의 분석 및 비교에서는 벤처기업의 각종 자산의 상호관계에 대하여 분석·비교하고 그 구성이 적정한가를 판정하는 것이다. 이것은 주로 고정자산과 유동자산과의 비율 및 총 자산에서 차지하는 고정자산과 유동자산과의 구성비율에 대하여 판단한다. 만일, 유동자산에 비하여 고정자산의 비율이 높을 때는 과대한 자본고정화에 따른 경영재무상 위험이 있는 것이다.

이 비교·분석은 경영재무의 능률향상에 대한 중요한 판단이 되며, 벤처기업의 설비정책에 대해서도 중요한 자료를 제공할 수가 있다. 이것에 사용되는 각종 자산의 구성비율은 다음과 같이 산정한다.

· 유동자산대고정자산비율 $= \frac{\text{유동자산}}{\text{고정자산}} \times 100(\%)$

· 고정자산대총자산비율 $= \frac{\text{고정자산}}{\text{총자산}} \times 100(\%)$

· 유동자산대총자산비율 $= \frac{\text{유동자산}}{\text{총자산}} \times 100(\%)$

· 재고자산대유형고정자산비율 $= \frac{\text{재고자산}}{\text{유형고정자산}} \times 100(\%)$

(3) 자본과 자산의 관계분석 및 비교

이것은 자본과 자산의 관계를 분석·비교함으로써 재무상황이 고정적인가, 유동적인가를 판정하려는 것이며, 재무분석·비교 중에서 특히 중요한 다음과 같은 방법이 있다.

$$\cdot \text{고정비율} = \frac{\text{고정자산}}{\text{자기자본}} \times 100(\%)$$

$$\cdot \text{장기자본적합률} = \frac{\text{고정자산}}{\text{고정자본} + \text{장기타인}} \text{자본} \times 100(\%)$$

일반적으로 고정자산에 대한 자본투하는 자기자본액을 초과하지 않는 것이 좋다. 그러므로 고정비율은 100% 이하가 되어야 할 것이다. 장기자본적합률은 자기자본에 장기타인자본을 가한 장기자본이 고정자산에 대하여 어떻게 적합하고 있는가를 나타낸다. 따라서 만일 장기자본에 비교하여 고정자산이 크게 되면 이 비율도 크게 되고, 그것은 고정자산에 과대한 투자가 되어 있다는 것을 의미한다.

유동비율은 자산의 유동성을 나타내는 것이며 일반적으로 200% 이상이어야 한다. 즉, 단기타인자본의 2배 이상의 유동자산을 가져야 벤처기업은 우선 안전하다고 보는 것이다. 이 비율은 2대 1의 원칙이라고도 하고, 은행이 벤처기업에 융자할 때에 그 신용능력을 판단하기 위하여 중요시되는 비율이다. 따라서 은행비율이라고도 한다.

$$\cdot \text{유동비율} = \frac{\text{유동자산}}{\text{단기타인자본(유동부채)}} \times 100(\%)$$

당좌비율은 유동자산 중에서 현금・예금・수입어음・외상매출금 등의 당좌자산의 단기타인자본에 대한 비율이다. 이 비율은 100이하가 되지 않을 때는 단기타인자본의 자금안전이 확보되는 것이다.

$$\cdot \text{당좌비율(산성시험비율)} = \frac{\text{당좌자산}}{\text{단기타인자본(유동부채)}} \times 100(\%)$$

(4) 손익분석 및 비교

손익분석 및 비교는 영업기간에 있어서의 비용 및 수익의 비교・분석을 통

하여 경영활동의 성적을 판단하려는 것이다. 그 중에서 특히 중요한 것은 이익률의 비교·분석이다. 이것은 당해 기간의 이익과 그 획득을 위하여 사용된 자본과의 비율에서 산정된다. 이 이익률에 의하여 동일 벤처기업 또는 다수벤처기업 상호간의 분석 및 비교를 한다. 이익률에는 ⓐ 총자본이익률, ⓑ 자기자본이익률, ⓒ 원시자본이익률, ⓓ 배당률, ⓔ 매출액총이익률, ⓕ 매출액순이익률 등의 여러 종류가 있다.

총자본이익률은 그 영업기간의 순이익과 총자본과의 비율로서 산출되는 것이며, 이것에 의하여 그 기간에 있어서의 총자본의 성적이 판단된다. 그러나 순이익에는 경영활동 외의 손익, 예를 들면 투자이익 또는 영업 외의 손실 등이 가감되어 있으므로 이것은 반드시 경영활동에 대한 정확한 판단이 되지 못한다.

자기자본이익률은 자기자본에 대한 비교로서 산출된다. 이것은 출자자가 그 수익력을 판단하는 데 도움이 된다. 또한 원시자본이익률은 자기자본 중에서 납입자본에 대한 이자율을 의미하여 이것을 간단하게 자본금이익률이라고도 한다. 이것은 납입자본금에 대한 배당률을 결정하기 위한 기초가 된다. 다음에 배당률은 배당금의 원시자본에 대한 비율이며 이것은 주주 등의 입장에서 본 경우의 수익력의 측정에 대하여 중요하다. 이들 각 손익분석 및 비교를 위하여 사용되는 각종 이익률은 다음과 같이 산출된다.

- 총자본이익률 $= \frac{\text{당기순이익}}{\text{총자본}} \times 100(\%)$
- 자기자본이익률 $= \frac{\text{당기순이익}}{\text{자기자본}} \times 100(\%)$
- 원시본이익률 $= \frac{\text{당기순이익}}{\text{원시자본}} \times 100(\%)$
- 배당률 $= \frac{\text{당기배당금}}{\text{원시자본}} \times 100(\%)$
- 매출총이익률 $= \frac{\text{매출총이익}}{\text{매출액}} \times 100(\%)$
- 매출순이익률 $= \frac{\text{당기순이익}}{\text{총매출}} \times 100(\%)$

제 II 부

벤처기업 창업

제6장 벤처기업 창업 전략

【제Ⅱ부 벤처기업 창업】

제1절 창업의 정의와 범위

1. 창업의 정의

창업이란 사업가의 정신과 능력을 갖춘 개인이나 소수인원이 내·외부 환경으로부터 얻은 사업 아이디어를 가지고, 사업목표를 세우고 난 후 사업기회에 물적·인적자원을 투입하여 재화의 생산 또는 용역제공의 사업을 시작하는 것을 말한다. 중소기업창업지원법에서는 창업이란 제조업, 광업, 건축, 엔지니어링 기타 기술서비스업, 정보처리 기타 컴퓨터운용관련업, 기계 및 장비 임대업을 새로이 개시하는 것을 말한다.

그러면 창업의 사업 개시일이란 개인사업자는 부가가치세법의 규정에 의한 사업개시일을 말하며, 법인의 경우 법인설립 등기일을 말한다(중소기업창업지원법). 한편 부가가치세법상 기타사업의 개시일은 재화 또는 용역의 공급을 개시한 날을 의미한다. 일반적으로 부가가치세법에 의한 사업자등록일을 사업의 개시일로 보고 있다.

이렇게 새로이 기업을 설립하는 창업은 다음과 같은 특성을 갖고 있다.

첫째, 창업결정은 전형적인 불확실성 하에서의 의사결정이다. 창업은 이제까지 전혀 경험하지 못한 미지의 사업을 시작하는 것이기 때문에 그 결과에 대한 예측이 어렵고 불확실할 수밖에 없다.

둘째, 창업은 많은 자원의 투입을 전제로 하는 투자의사결정이다. 즉, 창업은 다수 인적자원의 투입과 많은 자본의 투자를 통해서 가능하게 된다. 그러나 이러한 자원의 투자에 대한 보상은 장기간에 걸쳐 서서히 이루어지며, 그 보상의 크기 또한 불확실하기 때문에 창업에는 큰 위험이 수반된다.

셋째, 창업은 본질적으로 진취적이고 창조적이며 모험적인 성격을 갖고 있다. 사업가적 자질을 갖고 있는 야심가, 자기사업을 통해 자아실현을 추구하려는 사람, 그리고 성장 및 성과개선을 추구하는 기업들의 변신수단으로 추진된다는 특성을 갖고 있다.

한편 중소기업 창업지원법에서는 창업의 정의를 '새로이 중소기업을 설립하는 것'으로 정의하고 있다. 즉, 새로운 기업조직을 설립하는 것은 물론, 기존의 기업이 이제까지와 전혀 다른 새로운 기업조직을 설립하는 것과 기존의 기업이 이제까지 전혀 다른 새로운 종류의 제품을 생산하거나 판매하는 일을 시작하는 것까지를 포함하여 원시적이고 실질적으로 사업을 개시하는 것을 의미한다고 할 수 있다.

2. 창업의 범위

창업은 사업의 기초를 세우는 것으로 기업가의 능력을 갖춘 개인이나 단체가 사업 아이디어를 가지고 사업목표를 세우고, 적절한 시기에 자본, 인원, 설비, 원자재 등 경영자원을 확보하여 제품을 생산하거나 용역을 제공하는 기업을 새로이 설립하는 것을 말한다. 즉 돈을 버는 것을 목적으로 여러 가지 요소들인, 사람・기계・공간・원료 등을 체계적으로 결합하는 시스템을 말한다.

1) 타인의 사업을 승계하여 동종사업을 계속

상속이나 양도에 의해 사업체를 취득하는 경우, 폐업한 타인의 공장을 인수하거나, 기존공장을 임차하는 등의 경우는 창업으로 보지 아니한다. 단, 사업승계 후에 다른 업종의 사업을 영위할 경우는 창업으로 인정한다.

2) 법인전환, 조직변경후 동종사업을 계속

개인사업자가 법인 전환, 합명, 합작, 유한, 주식회사 등이 상호간 법인 형태를 변경하거나 기업을 인수합병하는 등은 창업으로 보지 아니한다. 단, 조직변경 전후의 업종이 다른 경우는 변경전의 사업을 폐지하고 변경후의 사업을 창업한 것으로 인정한다.

3) 폐업 후 동종사업 계속

폐업 후 사업을 개시하여 폐업전의 사업과 동종사업을 계속하는 경우로, '폐업 후 동종사업 계속'이라 함은 폐업 후 사업을 개시하여 폐업전의 사업과 동종의 사업을 계속하는 경우이며, 사업을 폐지한 후 동종의 사업을 재개하더라도 창업으로 보지 아니한다. 다만, 폐업을 한 후에 사업을 재개하는 경우에 폐업전의 사업과는 다른 업종의 사업을 새로이 개시하는 경우에는 창업으로 인정한다.

제2절 창업 구성 요소

1. 창업의 요소 개념

창업의 가장 핵심적인 요소는 인적자원으로 창업기업가, 종업원 등이 있고, 제품아이디어인 창업아이디어, 그리고 자본요소인 창업자본 등 이들 3가지 핵심요소들이 성공적인 창업의 기본요건이다. 따라서 만약 이들 중 어느 것에 결함이나 약점이 있는 경우 성공적인 창업은 어렵다. 이들 3가지 핵심 창업요소들의 질(質)과 양(量), 그리고 이들의 합리적인 결합이 창업기간의 단축은 물론, 창업비용도 절감할 수 있고 창업의 성공확률도 높여줄 수 있을 것이다.

사업 아이디어는 무엇을 가지고 창업할 것인가? 어떠한 재화를 생산하고 서비스할 것인가? 등에 대한 사업 아이템과 동기를 말한다. 자본은 창업자가

의도하는 사업을 실현하는 데 필요한 인력・설비・기술・원자재 등의 조달에 이용되는 창업을 위한 원천적 자원이다.

창업이라는 것은 새로운 생명체의 탄생을 위한 파종행위와 유사하다. 어떤 열매나 채소라는 생산물을 키워서 결실을 얻기 위해서는 파종이라는 행위를 해야 하듯이 어떤 제품이나 용역을 생산하여 이익이라는 열매를 얻기 위해 새로운 사업 조직을 만드는 창업행위가 필요하다는 뜻이다.

2. 인적요소

창업을 하는데 필요한 기본적 투입요소 중 가장 핵심적인 것은 인적요소이다. 인적요소는 창업의 주체인 창업자를 위시하여, 생산, 판매, 일반관리 등 기업조직의 각 기능을 담당할 인적 자원을 지칭한다. 즉, 창업을 하는데 있어서는 창업을 주도적으로 계획하고 추진하며, 창업에 모든 재정적 부담과 위험을 책임지는 창업자가 있어야 한다.

일반적으로 창업자가 갖추어야 할 기본적 자질로서 기술적 자질, 인간적 자질, 개념적 자질을 들고 있다. 기술적 자질이란 특정 과업을 달성하는데 있어서 경험, 교육, 훈련을 통해서 얻는 지식, 방법, 기술, 장비 등을 이용할 줄 아는 능력을 말한다. 인간적 자질이란 종업원들에게 동기를 부여할 줄 알고, 효과적인 리더십을 발휘할 줄 알며, 사람들에게 일을 시키거나 혹은 사람들과 함께 일하는데 있어서의 능력을 의미한다. 개념적 자질이란 환경 및 전체 조직의 복합성을 명료하게 파악하여 대처할 수 있고, 조직 구성원들의 활동이 어떻게 조직 목표에 연결되는가를 이해할 수 있는 능력과 판단을 가르친다.

창업자의 자질과 특성을 개인적 자질과 관리자적 자질로 구분하고 개인적 자질을 건강 상태와 개인적 특성으로 관리자적 자질을 경영 이념과 관리 능력으로 분류했다. 창업자는 육체적으로나 정신적으로 건강해야 한다. 또한 창업자는 지적 수준 창조성, 모험성, 책임감, 지구력 등을 골고루 갖추고 있어야 한다는 것이다. 관리자적 자질로는 창업자가 가지고 있어야 할 경영이념과 다양한 관리능력을 들고 있다. 창업자는 분석력, 예측력, 조직력, 추진력, 포용력 등을 갖추고 있어야 함을 의미하고 있다. 또한 창업자는 투철한 사회적 책임

감과 경영 윤리관을 갖고 있어야 함을 보여주고 있다.

3. 제품요소

창업의 기본요소 중 인적요소처럼 중요한 것으로 제품요소가 있다. 제품요소란 사업의 구체적인 아이디어를 지칭한다. 즉, 창업을 통해 무엇을 할 것인가에 대한 사업내용을 말한다. 이는 기업의 존재이유와 목적으로 대변하게 된다.

창업하는 기업이 어떤 제품을 생산할 것인가에 대한 해답이 되는 것은 사업 아이디어이다. 사업 아이디어는 기업의 시스템 중 산출을 의미하는 것으로 기업의 생산품은 재화이든가 서비스다. 성공적인 기업을 설립하기 위해서 필요한 것은 수익성이 있는 상품을 선택하는 것이다. 창업 아이디어는 상품 아이디어를 의미하며, 팔릴 수 있는 상품을 만들어 낼 수 있는 착상이라 할 수 있다.

창업시 제품에 대한 현명한 탐색과 선택문제는 성공과 실패의 중요한 요인으로 된다. 창업아이디어가 어떻게 탐색되고 선택되든 창업아이디어, 즉 제품요인이 갖추어야 할 요건은 충분한 시장수요를 가져야 한다는 것이다. 시장수요는 제품의 효용가치가 제품의 가격보다 크다고 인식될 때 자연적으로 생겨난다. 즉, 제품을 구입할 때 소비자들이 부담하는 화폐가치보다 더 큰 효용가치를 제공하는 제품이라는 사실이 알려진다면, 그러한 제품에 대한 시장수요는 있게 마련이다. 이러한 제품은 기능, 용도, 간편성, 경제성 등의 측면에서 제품력을 갖춘 제품이다. 제품력을 갖춘 제품이란 창조적인 제품이며, 창조적인 제품의 생산은 창조적인 아이디어와 새로운 기술의 결합에 의해 가능하게 된다.

그러나 제품요소는 결국 창업자나 창업에 참여하는 사람들의 아이디어에 의해 결정된다는 점에서 인적요소에 의해 전적으로 좌우된다는 사실을 알 수 있다. 즉, 제품요소는 창업자의 상상력과 창조성, 그리고 창업에 동참하는 참여자들의 기발한 아이디어와 분석된 정보로 뒷받침된 조언 등 인적요인에 의해 결정된다. 다른 한편으로 제품요소는 물적 요소에 의해서도 영향을 받게 된다. 왜냐하면 제아무리 훌륭한 제품아이디어(제품개념)를 가지고 있다 할지라도 이를 생산할 수 있는 기계나 자본 등 물적 자원이 뒷받침되지 않으면, 이를 제품화할 수 없기 때문이다.

새로운 사업 아이디어의 원천으로 고객, 기존회사, 유통채널 등을 통해서 사업 아이디어를 찾을 수 있다. 또 창업자는 시장조사를 통해서 사업 아이디어를 가장 많이 얻을 수 있다. 그러므로 창업자는 인구 규모, 소득 수준, 교육 정도, 연령, 연령 변화 추세, 경쟁자의 수, 경쟁자의 특성 그리고 제품과 서비스의 구매 행동 등을 통계적인 소비자 조사 방법을 이용하여 분석한다. 그러나 가장 주요한 사업 아이디어 원천은 바로 창업자 자신의 연구와 개발이다.

4. 자본요소

자본은 창업기업가가 기업을 설립하는 데 필요한 인력, 설비, 기술 등 경영자원을 확보하는 데 이용되는 자금원천이다.

창업요소 중 중요한 비중을 차지하는 자본은, 앞서 논의한 제품아이디어인 사업아이디어를 구체적으로 상품화하는 데 필요한 자금, 기술, 기계와 설비, 재료나 부품, 건물 등에 투자할 수 있는 자금을 말한다. 제품개념(또는 구상)이 제품화되기 위해서는 적합한 기술과 자본요소들이 투입되어야 한다. 창업의 자본요소 중 중요한 것은 자본과 기술이다. 생산에 필요한 자재나 부품, 기계 및 생산설비, 그리고 공장 등은 결국 자본의 투자에 의해 취득가능하기 때문이다. 그리고 앞서 다룬 인적자원의 양과 질도 결국은 자본에 의해 좌우될 것이기 때문이다. 따라서 안정적인 창업자본의 조달과 이용, 그리고 이를 위한 정부나 관계기관의 지원제도 등도 성공적인 창업을 위해 인적 자원만큼 중요한 것이다. 아이디어가 제품화되기 위해서는 적합한 기술과 물적요소들이 투입되어야 한다. 창업의 물적요소 중 가장 중요한 것은 자본과 기술이다. 생산에 필요한 자재나 부품, 기계 및 생산설비, 그리고 공장 등은 결국 자본의 투자에 의해 취득가능하기 때문이다. 그리고 인적요소의 양과 질도 결국은 자본의 투자에 의해 취득가능하기 때문이다. 따라서 안정적인 창업자본의 조달과 이용, 그리고 이를 위한 정부나 관계기관의 지원제도 등은 성공적인 창업을 위해 인적 자원만큼 중요하다.

제3절 창업자 정신

1. 창업자의 특성

창업의 성공과 실패는 창업자의 사업가적 기질이나 적성에 따라 큰 차이를 가져온다. 물론 업종도 잘 선택해야 하고, 사업장의 입지조건도 업종과 일치되어야 성공이 보장된다. 하지만 사업성패의 원인은 창업자 자신에게 있다는 중요한 사실을 잊어서는 안된다.

흔히 창업자는 본인이 성실하고 부지런하며 대인관계도 원만하고 외모나 인격적인 면까지 골고루 우수하다고 판단되면 승부수를 거는데, 여기서부터 오차가 발생한다. 이 모든 것은 스스로의 생각에 합당한 것일 뿐 고객이 평가하는 내용은 그렇지 못한 경우가 대부분이다.

창업자에게 요구되는 몇 가지의 특성을 살펴보면 다음과 같다.

첫째, 창업자는 적극적으로 사고하는 능력을 가지고 있어야 한다. 어떤 문제 상황에 부딪쳤을 때 이의 해결방안을 스스로 찾아보고 시도해 보고자 하는 강한 의욕을 가져야 한다. "어떻게 되겠지", "누가 도와주겠지"와 같은 사고방식은 의타적이어서 문제해결에 도움이 되지 못한다.

둘째, 창업자는 타인과 만나는 것을 즐기며 사교적인 성격을 가지고 있어야 한다. 조용하고 부끄러움을 잘 타는 성격은 흔히 '여성적'이라는 평을 들을 수 있을지는 모르나, 자기사업을 경영해 나가는 데는 별로 도움이 되지 않는 성격의 특성인 것이다. 따라서 쾌활하고 남과 대면하는 일을 즐기며 이야기하기를 좋아하는 성격이 보다 바람직하다고 생각된다.

셋째, 창업자는 상황을 민감하게 판단할 수 있는 특성이 있어야 한다. 사업을 경영하려면 그 규모가 크건 작건간에 시작에서부터 매사를 스스로 판단하고 결정내려야 되는 경우가 대부분이다. 물론 가까운 가족이나 친지 또는 전문가의 도움을 받고 조언을 참조하기는 하나, 결국 마지막 판단을 내리는 사람은 경영자 자신이므로 그때그때 상황에 대한 정보를 구하고 그 가능성을 판단할 수 있는 민감성이 요구된다.

넷째, 창업자는 좌절에 대하여 이를 극복할 수 있는 힘을 가지고 있어야 한다. 경영을 해 나가다 보면 즐겁고 순탄한 길을 걸을 수도 있으나 괴롭고 좌절감에 힘겨워할 수도 있다. 좌절감에 부딪쳤을 때 자기의 역량을 탓하거나 능력이 없음을 비판하여 스스로 죄책감에 빠져들기보다는, 실패의 원인이 무엇이고 앞으로 실패의 상황을 어떻게 보완해 나감으로써 성공으로 이끌어 갈 수 있는지를 생각해 보는 능력이 보다 바람직하다. 이러한 능력은 인내와 끈기, 그리고 일에 대한 지구력과도 관련된다.

다섯째, 성취에 대한 강한 욕구를 가지고 있을 때 창업자는 성공할 가능성이 크다고 본다. 일단 심사숙고해서 사업의 업종을 결정하고 사업을 시작하게 되면, 온갖 열정과 성의를 다하여 그 일에 전념하고 추진하여 이루어 놓겠다는 강한 욕구와 의지력이 필요하다. 물론 경영의 결과로 이윤을 얻는 것이 성취에 대한 보상이지만, 한걸음 더 나아가서 일 자체에서의 보람과 즐거움을 찾을 수 있을 때 더욱 촉진제 역할을 하게 될 것이다.

여섯째, 창업자는 대화를 즐길 뿐 아니라 어느 정도의 설득력과 화술을 갖추는 것이 바람직하다. 한가지 유념해 둘 것은, 화술이라고 해서 능란하고 청산유수격의 말솜씨보다는 상대방의 의견을 듣고 진지하게 자기의 생각과 의견을 전달해 주는 태도가 더욱 중요하다. 특히 상품에 대한 올바른 정보를 진솔하게 펼쳐 보이는 것이 과장된 선전보다 훨씬 구매자를 설득시킬 수 있는 원동력이 될 것은 분명하다.

일곱째, 창업자는 어느 정도의 수치(數値) 감각이 있어야 한다. 수학을 잘할 필요는 없으나, 장부정리나 재고정리 등 수치를 사용하고 이를 사업에 적용하는 데 무리가 없어야 한다.

2. 창업자의 자세

경영자는 창업이라는 모험적 과정을 거치지 않고도 얼마든지 될 수 있다. 반면 창업자는 실패라는 모험적 과정을 거치지 않고는 결코 그 이름을 얻을 수 없는 독특한 지위에 있는 사람이다. 창업자라는 용어는 경영자보다도 한층 더 모험지향적이고, 창조적이며, 투쟁적인 의미를 지닌다고 볼 수 있다.

【표 6-1】 창업자와 경영자의 개념적 차이

구 분	창 업 자	경 영 자
자 격	위험을 무릅쓰고 창업을 해야 한다.	창업을 하지 않아도 경영자가 될 수 있다.
추구목표	무에서 유를 창조한다.	작은 유에서 큰 유를 창조한다.
실패감수	실패를 기꺼이 감수한다.	가능한 실패할 일을 하지 않는다.
실패결과	창업자의 실패는 기업과 가정의 몰락을 의미한다.	경영자의 실패는 개인의 사표제출로 끝난다.
경영목표	당장의 이익보다는 미래의 성장성을 중시한다.	당장 눈에 보이는 이익을 중시한다.
사고방식	수평적 사고	수직적 사고
행동경향	행동우선	연구분석 우선

창업을 성공적으로 이끌기 위해 창업자로서 간직해야 할 바람직한 자세를 살펴보면 다음과 같다.

1) 창업에는 연습이 없다. 창업은 성공할 확률보다 실패할 확률이 훨씬 크다.
2) 선무당이 되지 말라. 창업준비는 망망대해를 항해하기 전에 항해술을 익히는 것이라고 볼 수 있다. 따라서 이론적인 교육보다 실제의 경험을 쌓는 것이 중요하다.
3) 워밍업은 길거나 짧게 하지 말라. 준비기간은 너무 길어도 시기를 놓치게 되며 너무 짧으면 준비가 부족하게 된다.
4) 숲과 나무를 함께 보라. 전체시장 규모를 파악하고 업종의 경기와 전망을 살펴보아야 한다.
5) 베스트 셀러보다 스테디 셀러를 선택하라. 유행하고 있는 아이템보다 소비 잠재력이 크고 어느 정도 시장이 개척되어 있는 안정적인 아이템이 좋다.
6) 모르는 길은 피하고 아는 길로 가라. 주위 사람들이 오랜 경험을 쌓은 업종을 선택하는 것이 유리하다.
7) 나이를 의식하라. 나이에 적합한 업종과 아이템을 선택해야 성공할 가능

성이 높다.

8) 입에 쓴약이 몸에 좋다. 독단적인 결정을 피하고 제3자와 충분히 상담한 후 결정을 내리는 것이 좋다.
9) 구슬이 서말이라도 꿰어야 보배이다. 창업에 관한 기본사항에 대해 구체적인 계획을 세우고 추진해야 한다.
10) 무리한 수가 악수(惡手)이다. 사업이란 욕심만으로 되지 않는다. 자금조달 능력을 고려하지 않은 무리한 창업은 피하는 것이 현명하다.

3. 창업자의 능력

앞으로의 사업환경 변화는 매우 빠른 속도로 급변할 것이다. 그리고 경제구조의 변화, 기업간 경쟁의 격화, 소비자 의식의 다양화, 공해문제의 대두 등 기업발전을 위한 조건들이 점점 어렵게 될 것이다. 이러한 환경변화 속에서 창업자는 앞으로 더욱 경영의 중핵으로서 역할과 과제가 중요시될 수밖에 없다.

새로운 미래지향적 경영자의 역할을 살펴보면 다음과 같다.

첫째, 경영쇄신의 중심적인 역할로서 경영전반의 혁신에 대한 '변화에의 적응'을 스스로 추진해 가야 한다.

둘째, 부하 능력발휘의 중심적인 역할로서 부하에게 창조능력을 발휘시키고, 일을 통한 자기실현의 욕구를 충족시키는 중심적인 역할을 맡아야 한다.

셋째, 인간화의 중심적인 역할로서 직장의 비인간화는 피할 수 없는 것이므로 인간관계의 중추적 역할을 맡아야 한다.

넷째, 세대간의 의식의 갭(Gap)을 메우는 역할로서 젊은 층과 중고령층의 의식과 가치관의 갭을 메우는 것은 쉬운 일이 아니지만, 그 갭을 메꾸는 역할을 맡아야 한다.

따라서 창업자에게 요구되는 부문별 능력은 다음과 같다.

4. 창업자의 자기관리

자기관리란 인생목표 달성과정에 있어서 마음의 육성과 성숙을 실현하는 인격적인 면의 자기관리와 지식과 기능을 연마하는 직능적인 면의 자기관리로 분류된다. 창조적인 인생설계를 통한 삶의 보람은 인격적 자기관리와 직능적 자기관리의 수레바퀴가 지속적으로 추진될 때 비로소 성취될 수 있다.

인간은 이율배반적인 모순 덩어리이다. 다시 말해서 인간은 매우 합리적이면서도 비합리적이고, 아주 선한 존재이면서 악한 존재이며, 부지런하면서도 게으르기 쉬운 존재이다. 결국 인간은 이와 같은 모순과 끊임없이 투쟁해야 될 존재인 것이다. 타인과의 싸움보다 자기자신과의 싸움에서 승자가 되려면 철저한 자기관리가 선결요건이며, 이것은 인생의 목표달성에 중요한 과제 중의 하나이다.

1) 풍부한 인간성

경영자는 조직의 리더로서 좋은 인간관계를 유지시키고 부하의 사기와 조직의 능력을 높임으로써 경영목표를 달성시킨다는 중요한 임무를 지니게 된다. 그러므로 부하가 갖고 있는 능력을 최대한 발휘시키고 그 능력을 목표달성에 충분히 활용하는 것이 경영자이다. 그러기 위해서는 부하를 엄격하게 관리하고 질타와 격려에 힘쓰는 것도 한 가지 방법일지도 모른다.

그러나 마치 양치기가 양을 몰듯이 단순히 경영자와 부하라는 상하관계에서 생기는 권위를 믿고 질타와 격려만으로는 부하가 따라오지 않는다. 거기에는 상사와 부하와의 사이에 인간으로서의 공감, 즉 부하가 리더로서의 상사에 대하여 느끼는 인간적인 매력이 있어야만 된다.

조직구성원의 인생관・직업관・인간관・가치관이 매우 다양화되고 있는 시대이다. 과거에는 명령과 목표에 순종하고 주어진 일을 열심히 하는 부하가 많았다. 그러나 지금은 직장에서의 보람 못지않게 개인생활을 누리는 데 중점을 두는 세대, 즉 '무감각한 세대'가 늘어가고 있는 시대이다. 더욱이 이러한 세대의 특징은 주어진 일의 의미나 가치가 충분히 납득이 가지 않으면 움직이지 않는다.

일반적으로 부하는 일보다는 사람을 따른다고 한다. 그러나 상사가 무슨 특별한 일을 할 수 있기 때문이라는 이유에서 부하가 상사를 따른다는 것은 별로 기대할 수 없다. 상사의 몸에 밴 인간적인 매력이 있거나 인격이 고매하면서 품위가 뛰어난 상사에 대하여 인간성의 풍부함을 느끼지 않는 한 부하는 잘 따라오지 않는다.

그러면 인간성이란 무엇인가? 인간미와 상대방의 마음에 전해지는 인간으로서의 감정을 의미한다. 부하를 움직이는 것은 단순한 상사의 명령과 질타·격려가 아니라 거기에 포함된 상사의 마음과 성의와 애정이다. 풍부한 인간성을 갖추는 데 필요한 실천사항을 정리하면 다음과 같다.

첫째 성실하며 상하를 막론하고 모든 사람들이 탁 털어놓고 이야기하고 싶은 인품을 지니면서 건강하고 활력이 있으면서 언동에 위협적인 점이 없고 천천히 설명한다.

둘째 항상 몸이 청결하고 접촉하는 상대방에게 상쾌한 느낌을 주면서 태도가 당당하고 비굴함이 없어야 한다.

셋째 상대에게 불쾌감을 주지 않고 건설적인 방향으로 반대의견을 표현할 수 있어야 한다.

넷째 자기계발을 통하여 부하에게도 자극을 주면서 일하는 보람과 사는 보람을 느끼고 있다.

2) 적극적 사고

인간이 이룩하는 실적(업적)은 의욕과 능력의 함수관계에서 비롯된다. 능력이 없기 때문에 실패하는 사람보다는 일에 대한 의욕이 부족하여 실패하는 사람을 주변에서 많이 볼 수 있다. 결국 현재의 능력보다는 하려는 적극적인 정신자세에 따라 엄청난 결과를 초래한다는 것이다.

인생의 목표달성도 자신의 소극적 사고로부터 전환된 적극적이고 올바른 사고로 철저히 임해야 될 것이다. 그러기 위해서는 뚜렷한 목표를 설정한 후 강렬한 의욕을 가지면서 모든 일에 긍정적이고 낙관적으로 임한다.

또 적극성을 지닌 사람과 인간관계를 심화시키면서 자기분석을 명확히 하고 업무수행자세를 냉정하게 갖춘다. 그리고 실패에서 오는 경험을 중시면서 성공감을 만끽하고 동기부여 요소를 활용한다.

제4절 창업기업 형태

1. 기업형태 결정의 중요성과 기준

1) 기업형태 결정의 중요성

기업형태의 결정은 창업에 있어 매우 중요하다. 과거와는 달리 최근기업환경은 매우 복잡하고 다양하다. 과거에는 경영자의 개인능력에 따라 회사가 경영될 수 있었다. 그것은 국내 경쟁업체도 그리 많지 않았고, 제품이 만들어지면 큰 판매활동 없이도 순조롭게 매출이 신장되었으며 마진폭도 컸다. 뿐만 아니라 오늘날과 같이 종업원의 문제로 인한 경영환경은 전혀 생소한 경우였다.

그러나 최근의 기업환경, 특히 창업환경은 과거와는 무척 다르다. 따라서 종업원의 직업관이 점차 변화되어 가고 있다. 경영자의 지시만 있으면 밤낮없이 열심히 하던 종업원의 근무태도에도 많은 변화가 일어났으며, 보다 좋은 환경, 보다 좋은 복리후생제도, 여가시간이 많은 그런 직장을 선호하는 경향으로 점차 바뀌어 가고 있다.

기업환경의 변화도 마찬가지이다. 경쟁관계에 있는 회사도 과거에는 국내 일부 기업에 불과했지만, 이제는 세계의 기업이 모두 경쟁 상대가 되었다. 시장개방에 따라 세계 모든 나라의 상품이 국내에서 별다른 제한 없이 판매되고 있다.

이런 상황에서 기업형태의 결정은 큰 의미를 지닌다. 거의 모든 기업의 경영 책임을 경영자 한 사람이 감당하면서 영업, 자금조달, 종업원 관리, 생산관리 등 기업 전반에 걸쳐 만능 경영을 하여야 하는 개인기업 형태의 창업을 할 것이냐, 조직을 갖추어서 회사업무의 대부분을 능력있는 종업원에게 분담시켜 전체를 통괄할 수 있는 법인형태로 창업을 할 것이냐의 결정은 창업 기업의 기초확립에도 매우 중요하다. 물론 반드시 규모가 크고 종업원이 많으면 법인형태로 설립하고, 규모가 적으면 개인기업 형태로 출발해야 한다는 의미는 아니다.

모든 상황이 경영자의 능력과 조직의 필요에 의해서 회사형태는 달라질 수 있는 것이다. 기업형태에 관한 법률상의 규정은 기업의 자본조달과 기술・경영능력의 보완, 그리고 거래의 활성화에 도움이 되는 체계를 만드는 데 목적이 있기 때문에 창업에 있어서는 하나의 형식요건이 되는 것이다. 그러나 실질적으로 우리나라에서는 많은 법인기업이 법류상으로는 주식회사이면서 운영은 가족회사와 마찬가지의 형태로 경영되고 있는 경우가 허다하다.

따라서 창업자는 여러 가지 기업환경과 경영능력, 그리고 개인기업과 법인기업의 장・단점을 비교 평가하여 자기 실정에 맞는 기업형태를 선택할 필요가 있다. 왜냐하면 이런 장・단점에 대한 비교 없이는 어느 쪽이 자기에게 합당한 형태인지 판단할 수 없기 때문이다.

2) 기업형태의 결정 기준

창업자는 창업자의 특수한 사정이나 선호하는 경향과 성격에 따라 두가지 형태 중 한 가지 형태로 회사를 설립할 수 있다. 특수한 사정이 없는 경우에는 양 제도를 비교 평가하여 이득이 큰 쪽을 선택하는 것이 바람직할 것이다. 즉, 창업자의 입장에서 어느 쪽이 절세 효과가 더 큰지를 비교 평가함으로서 개인기업과 법인기업 선택의 기준을 삼는 것이 타당할 것이다. 기업이 내는 세금은 세무조정 후 과세표준이 되는 이익에 따라서 달라지는데 세제 정책상 개인기업보다 법인기업이 더 유리하다.

과세표준이 소규모일 경우에는 개인기업이든 법인기업이든 크게 상관없으나, 소득 규모가 그 이상을 초과할 때는 개인기업보다 법인형태인 주식회사가 더 절세 효과가 큼을 알 수 있다. 따라서 창업자는 자기가 경영하려고 하는 사업의 소득규모가 어느 정도 될지를 판단하여 기업형태 결정의 기준으로 삼아야 할 것이며, 회사 설립시부터 이런 점을 종합적으로 검토하여 기업형태를 결정하는 것이 현명할 것이다. 또한 창업시 개인기업으로 설립하였다 하더라도 규모가 조금 커지면 법인전환 등의 복잡한 절차를 밟음으로써 새삼스럽게 복잡한 절차가 필요할 뿐만 아니라, 비용도 추가로 들기 때문에 처음부터 법인으로 출발하는 추세이다.

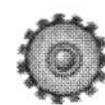

2. 개인기업의 설립 방법

개인기업을 설립하는 데는 별도의 상법적 절차가 필요치 않아 그 설립절차가 간편하고 휴・폐업이 비교적 간단하다. 정부의 인허가 업종인 경우 이외에는 관할세무서에서 사업등록증만 교부받으면 언제나 영업이 가능하다.

개인기업을 창업하려면 먼저 업종을 선정한 후 이에 대한 사업계획을 수립하여 관할 세무서에 사업자등록을 신청하여 사업자등록증을 교부받음으로써 사업을 개시할 수 있다. 다만, 그 업종이 정부의 인・허가사항이라면 먼저 해당 관청으로부터 인・허가를 얻어야 한다.

개인이 사업을 개시하고자 하면 먼저 시작하고자 하는 해당 업종을 관할하는 주무부처의 법령에 의하여 필요시 인・허가를 받은 다음에 사업개시일로부터 20일 이내에 관할세무서 민원봉사실에 사업자 등록신청서를 제출하여 사업자등록증을 교부받아야 한다.

그리고 관할 지방세무서에서는 사업자등록 신청일로부터 14일 이내에 사업자등록번호가 기재된 사업자등록증을 교부한다.

사업개시 후 1년 예상 공급대가의 합계액이 일정규모 이상인 자는 사업자등록을 신청하여, 사업자등록증을 교부받음으로써 개인기업이 설립되며, 일정규모 미만인 자(간이과세자)는 간이과세 신청을 사업자등록신청과 동시에 신청하여 사업자 등록증을 교부받음으로써 개인기업이 설립된다.

개인사업자의 사업자등록은 사업을 시작한 날로부터 20일 이내에 <표 1-3>와 같은 구비 서류를 갖추어 관할세무서에 사업자등록신청을 한다.

3. 법인기업의 설립 방법

법인인 경우는 설립절차가 상당히 까다로워 보통 법무사 같은 전문가에게 법인등록 서류를 대행시키는 것이 일반적이다. 그러나 아무리 등록서류를 대행시킨다 해도 반드시 창업자가 알고 있어야 하고 직접 해야 할 일이 몇 가지 있다.

법인설립 절차에 대해서는 좀더 자세히 설명하면, 우선 법인에는 앞서 설명한 바와 같이 주식회사, 유한회사, 합명회사, 합자회사라는 4가지 형태가 있지만 현실적으로 등록되고 있는 법인형태의 대부분은 주식회사 형태이므로 여기서는 주식회사의 설립절차에 대해서만 설명하도록 한다.

법인형태 중 가장 대표직인 형태이다. 주식회사를 설립하는 데는 발기설립과 모집설립이라는 2가지 방법이 있다.

먼저 발기설립은 법원이 선임한 검사인이 법인설립 사항을 조사하고 법원에 그 결과를 보고하여 법원이 필요한 조치를 취할 수 있도록 상법에 규정하고 있으므로, 설립절차가 다소 복잡하고 비용과 시간이 많이 드는 단점이 있기 때문에 대부분의 경우 모집설립 방법을 선호하고 있다.

주식회사란 자기가 인수한 주식의 금액을 한도로 회사에 대하여 출자의무를 질 뿐 회사채권자에 대하여는 전혀 책임을 지지 않는 사원(간접 유한책임사원), 즉 주주로만 구성되는 회사를 말한다. 주식회사는 3인 이상의 발기인이 발기인조합을 구성하여 상법이 정하는 바에 따라 정관작성, 주식인수 및 주금납입 등 일정한 절차를 거쳐 법원에 설립등기를 함으로써 설립된다.

주식회사는 전형적인 자본단체로서, 회사의 소유와 경영이 분리되는 현상이 가장 뚜렷하다. 즉 주식회사는 주주의 변동이 회사의 존재 및 경영에 미치는 영향이 가장 적은 회사형태로서 항구적인 사업을 경영하기 위하여 흔히 이용된다.

주식회사는 주주의 지분이 주식으로 세분화되어 그 양도가 자유로워 주주는 언제든지 주식의 양도로서 투자한 자본을 용이하게 회수할 수 있다. 주주는 유한책임을 지기 때문에 회사가 해산하는 경우, 종국에 가서 주식을 포기함으로써 더 이상의 책임을 지지 않으므로 오늘날 주식회사는 합리적인 투자대상이 되고 있다.

따라서 기업을 설립하고자 하는 경우에 약간은 복잡한 절차가 수행되지만 주식회사를 설립하는 것이 여러모로 유리하다. 주식회사는 주식과 사채를 발행하여 불특정 다수인으로부터 큰 자본을 조달할 수 있어 회사설립 후 지속적인 성장을 위해서는 주식회사로 설립하는 것이 유리하다.

우리나라에서는 보통 법인을 주식회사로 이해하는 경우가 많다. 그 이유는 법인을 설립한다고 하면 대부분 주식회사를 설립하기 때문이며, 통상적으로 법인이 개인기업보다 유리한 점이 많기 때문에 최근에는 주식회사를 설립하는 경향이 높다.

4. 개인기업과 법인기업의 비교

기업의 법률적 형태는 개인기업 형태와 법인기업 형태로 구분할 수 있다.

개인기업 형태는 설립등기가 필요없고 사업자등록만으로 사업개시가 가능함으로 기업설립이 용이하다. 또한 창업비용과 창업자금이 비교적 적게 소요되어 소자본을 가진 창업자도 혼자서 창업이 가능하고 기업활동에 있어 자유롭고 신속한 사업계획의 수립·변경이 용이한 반면에 일정규모 이상 성장하지 않는 중소규모의 사업에 안정적이고 적합하다. 개인기업은 기술과 아이디어 및 자금운용상의 비밀유지가 가능하며 기업이윤이 발생하면 기업주가 독점할 수 있다. 그러나 대표자는 채무사에 내하여 무한책임을 지며 대표자 변경시 계속기업으로서 영속성이 없고 사업양도시에는 양도된 영업권 또는 부동산에 대하여 높은 양도세가 부과된다.

법인기업의 형태는 합자회사, 합명회사, 유한회사, 주식회사로 구분할 수 있다. 기준에 따라 법인기업의 형태를 구분하지만 주식회사가 법인기업의 대표성을 갖는다고 할 수 있다.

【표 6-2】 개인기업과 법인기업의 장점

개 인 기 업	법 인 기 업
· 기업이윤 전부를 기업주가 독점 할 수 있다. · 설립등기가 필요 없고 사업자등록만으로 사업개시가 가능하므로 기업설립이 용이하다. · 창업비용과 창업자금이 비교적 적게 소요되어 소자본을 가진 창업자도 창업이 가능하다. · 일정규모 이상으로는 성장하지 않는 중소규모의 사업에 안정적이고 적합하다. · 기업활동에 있어 자유롭고, 신속한 계획수립 및 계획변경 등이 용이하다. · 개인기업은 인적 조직체로서 제조방법, 자금운용상의 비밀유지가 가능하다.	· 일정규모 이상으로 성장 가능한 유망사업의 경우에 적합하다. · 주식회사는 신주발행 및 회사채 발행 등을 통한 다수인으로부터 자본조달이 용이하다. · 대표자는 회사운영에 대해 일정한 책임을 지며, 주주는 주금납입을 한도로 채무자에 대해 유한책임을 진다. · 사업양도시에는 주식을 양도하면 되므로 주식양도에 대하여 원칙적으로 낮은 세율의 양도소득세가 부가된다. 또한 주식을 상장후에 양도하면 세금이 없다. · 대외공신력과 신용도가 높기 때문에 영업수행과 관공서, 금융기관 등과의 거래에 있어서도 유리하다.

우리나라의 일반적인 회사의 형태는 주식회사이며, 기업의 영속성과 성장성 측면에서 주식회사 형태의 기업을 창업하는 것이 유리하다. 그러나 회사의 형태는 아니지만 개인사업자 형태의 개인기업이 실질적으로 많이 존재한다.

주식회사는 개인기업보다 대외공신력과 신용도가 높기 때문에 신주 및 회사채 발행을 통한 자금조달이 용이하고 영업수행에 있어서도 기업의 이미지가 제고되어 유리한 점이 많다.

특히 벤처기업을 창업하는 경우에는 개인기업보다는 주식회사의 형태로 하는 것이 더욱 유리하다고 할 수 있다.

【표 6-3】 개인기업과 법인기업의 단점

개 인 기 업	법 인 기 업
· 대표자는 채무자에 대하여 무한책임을 지며, 대표자가 바뀌는 경우에는 폐업을 하고, 신규로 사업자등록을 해야 하므로 기업의 계속성이 단절된다. · 사업 양도시에는 양도된 영업권 또는 부동산에 대하여 높은 양도소득세가 부과된다.	· 설립절차가 복잡하고 최소한 5천만원 이상의 자본금이 있어야 설립이 가능하다. * 벤처기업의 주식회사 설립시는 자본금이 2천만원 이상이면 된다. · 대표자가 기업자금을 개인용도로 사용하면 회사는 대표자로부터 이자를 받아야 하는 등 세제상의 불이익이 있다.

5. 연령별 창업 유형

1) 창업자 연령에 의한 창업유형

중소기업의 성공사례를 조사한 통계에서 창업하여 성공에 이르는 연령층은 25세부터 35세까지가 가장 많은 것으로 나타나고 있다.

이와 같은 결과는 동 연령층이 두뇌의 움직임과 신체의 활동이 기민하여 환경변화에 신속하게 적응할 수 있기 때문일 것이다. 이것이 40세가 되면 모험정신이 약화되고 신체의 활동도 둔화되어 45~50세가 되면 모험정신은 거의 사라지며 극히 신중해진다. 그리고 55~60세가 되면 지금까지 해왔던 일과 전혀 다른 환경에 적응하는 것이 매우 어려워지기 때문에 퇴직 후의 전업(轉業)이나 사업은 지금까지 종사해 온 분야나 연관분야에서 창업 아이디어를 찾게 되고 이것이 안전하고 또 성공 가능성도 크다.

이와 같이 창업자의 연령에 따른 창업유형을 구분해 보면 다음과 같이 5가

지 유형으로 나눌 수 있다.

(1) 모험창업

모험창업에 속하는 연령은 20대이다. 이 연령층은 자기의 전공, 직업과 관계없이 도전분야에서 도전정신을 기반으로 한 창업을 실행한다. 경험과 지식이 부족한 상태에서의 창업이기 때문에 다른 연령층보다 실패율이 높으나 성공 가능성 또한 매우 높으며 설령 실패하더라도 재기의 가능성이 높은 것이 특징이다.

(2) 선택창업

31세부터 35세까지의 연령층은 선택창업 즉, 자신의 적성과 맞는 분야를 찾아서 창업을 하는 게 좋다. 자기 적성과 기존 업무와의 상관관계를 고려하여 사업 아이템을 발굴해야 한다.

(3) 기반창업

36세에서 40세까지의 연령층은 기반창업 즉, 사회생활 및 일정분야에서 자기가 닦아 놓은 기반과 경험을 최대한 활용할 수 있어야 한다.

(4) 전문창업

41세에서 50세까지의 연령층은 전문창업 즉, 기존 업무분야에서 20여년 이상의 경험과 전문적 지식 또한 풍부하게 축적되어 있는 연령층으로 학력을 불문하고 자기업무 분야에서는 본인이 최고의 실무 전문가라는 점을 인식하고 자신의 전문분야 내에서 창업 아이디어를 찾는 것이 바람직하다.

(5) 안정창업

51세 이상의 연령층은 안정창업 유형에 속한다. 이들은 사회경륜과 전문지식은 풍부하나 많은 지식이 오히려 행동보다 생각을 깊게 하는 원인이 되기 때문에 모험성이 전혀 없는 안전한 사업분야를 선택하고자 하는 특성을 보인다. 신중한 선택 끝에 창업에 들어가기 때문에 일단 창업한 후에는 다른 유형의 창업보다 실패율이 낮다는 점이 특징이나 창업을 통한 성공가능성은 극히 낮은 양상을 보인다.

6. 사업 아이디어에 의한 창업

예비 창업자는 창업후 자신의 사업체가 어떠한 재화(상품)와 서비스를 생산하여 어떻게 소비자에게 공급할 것인가에 대해 사업을 시작하기 전에 분명히 해 두어야 한다. 왜냐하면 창업의 출발점, 즉 사업 아이디어 및 창업자의 능력과 적성이 어디로부터 도출되었는가에 따라 창업에 대한 검토·분석 그리고 창업과정이 매우 달라지기 때문이다.

1) 기술형 창업

창업의 출발점은 기술과 시장으로 크게 나누어 볼 수 있다. 예비 창업자가 보유한 사업 아이디어 또는 아이템과 관련된 전문적 기술이나 노하우를 기반으로 한 창업의 유형을 기술형 창업(Technology Driven Inaugration)이라고 할 수 있다. 이러한 기술형 창업의 대표적인 것으로 벤처창업을 들 수 있으며 통계에 의하면 벤처 비즈니스의 85%가 자신이 창업 이전에 종사했던 조직 즉, 배태조직(胚胎組織)에서 기술을 습득한 기술자나 연구자에 의한 창업이라고 한다.

2) 시장형 창업

사업아이디어가 시장의 수요에 기반을 두고 있는 창업을 시장형 창업(Market Driven Inaugration)이라 한다. 즉, 시장형 창업이란 기술과 많은 자본이 필요한 제조업 창업과는 달리 적은 자본으로 시장 및 사회변화에 부응한 신선한 사업 아이디어를 가지고 시장수요에 의존하여 창업하는 경우를 말한다. 시장형 창업은 최근에 조성되고 있는 프렌차이즈, SOHO(Small Office Home Office), 소점포 창업 등을 들 수 있다.

시장형 창업의 방법으로는 전문적인 지식과 기술보다는 아예 수요가 증명된 기존시장에 진출하거나 또는 기존시장이 가지지 못한 사각지대, 즉 틈새(Niche)시장의 공략 등 잠재적 시장수요를 탐색하여 이를 공략하는 것이 효과적인 방법이다. 그러나 기술형 창업이라 해도 소비자의 수요를 전혀 고려하지 않는 창업은 성공할 수 없고 그와 반대로 시장형 창업이라고 해도 경쟁기업의 상품이나 서비스를 차별화할 수 있는 기술 없이는 성공할 수 없다.

제7장 벤처기업 창업 절차

제1절 창업 환경분석

1. 창업 환경분석의 필요성

성공적인 창업을 위해서는 주변의 창업 환경분석을 위한 충분한 사전준비와 체계적 절차가 필요하다. 창업의 준비와 절차는 창업을 하는 동기와 창업의 형태, 그리고 창업규모와 업종 등에 따라 약간씩 다를 수 있다.

한 창업과정의 준비는 기업에게 사업기회를 주며 기업의 성공기회를 한층 더 높여 줄 수 있다. 더구나 벤처기업을 창업하기 위해서는 일반적인 몇 단계의 창업과정을 거쳐야 한다.

일반적으로 벤처기업은 대부분이 서비스와 제조업 창업이며, 제조업은 제품을 제조·제작·수리 가공하는 업종을 말한다. 대체적으로 제조업의 창업이 복잡하고 어려운 이유는 제품을 생산하는 분야이기 때문에 기술, 즉 전문지식과 경험을 갖춘 인원이 필요하며 제품생산을 위한 기계설비와 이를 설치할 공장을 확보하는데 드는 비용, 즉 초기자금 투자가 다른 산업에 비해 많기 때문이다. 제조업의 창업에서 창업기업가가 특별히 유의해야 할 것이 공장 설립과정인데 공장을 새로이 건축하는 것보다 기존의 공장을 매입·임차하여 생산활동을 시작하는 것이 수월한 방법일 수 있다. 그리고 제조업의 업종에는 허가·신고·등록 등의 인·허가가 필요한 업종과 그리고 인·허가 없이도 제조활동을 할 수 있는 업종이 있으므로 창업 준비단계에서부터 이런 것이 필요한 업종인지를 확인해야 할 것이다.

제조업의 전체적인 창업과정은 일반적으로 사업에 관련된 아이디어를 탐색하여 선별하는 착상단계와 사업성을 분석하고 평가하며, 이를 기초로 사업계획서를 작성하고, 기업형태를 결정하는 계획단계를 거쳐 회사를 창업자금을 확보하여 사업장을 계약하여 회사를 설립하여 생산·영업을 개시하는 실행단계로 진행된다. 회사의 영업을 개시하기 위해서는 법인의 경우는 법인설립등기와 사업자등록을 하고 의무가입장 신고를 함으로써 비로소 가능해 진다. 개인기업의 경우는 물론 법인설립등기는 필요 없게 된다.

제조업의 경우는 공장설립을 위한 입지선정과 공장건축의 과정이 필요하기 때문에 업종이나 사업규모, 창업기업가의 여건에 따라 다소의 차이는 있지만 기본적으로 제1단계 업종선정 및 사업계획수립, 제2단계 회사설립 및 사업자등록, 제3단계 공장입지선정 및 공장설립(공장확보), 제4단계 사업 개시를 위한 기타 행정절차와 그리고 개업준비 및 조직구성을 하는 순서로 진행된다.

2. 창업업종 및 아이템 선정

1) 업종선택

창업을 하려면 먼저 업종 및 사업 아이템을 선정한 후, 이에 대한 타당성 조사를 실시하고 사업규모, 기업형태, 창업멤버와 조직구성 등을 포함한 사업계획을 수립하여야 한다. 업종 선정시 창업기업가가 검토해야 할 사항은 다음과 같다.

창업을 하는데 있어서 우선해야 할 첫 번째 단계는 창업하려고 하는 업종을 먼저 선정하는 일부터 비롯된다. 경영능력이 뛰어나고 자금이 아무리 풍부하더라도, 선택한 업종이 사양사업이라면 실패할 가능성이 많은 것이다. 업종선정, 즉 생산제품의 선정은 제조업의 창업절차 중 최우선적인 과제로서 사업

의 성공여부를 결정적으로 가름하는 가장 중요한 과정이다. 따라서 제조업을 창업하려는 창업기업가는 자신의 경험, 지식, 기술 즉 주어진 인적·물적 자원으로 생산이 가능한 업종을 선택하는 것이 좋다. 그것은 아무리 좋은 업종도 창업기업가가 그에 대해 경험이나 기술이 없으면 실패할 확률이 높기 때문이다. 선택한 업종이 성장기에 있고, 자신의 성격과 맞으면 성공할 확률은 그만큼 커진다.

창업하려는 업종의 내수 및 수출시장의 제품수요가 꾸준하며 경쟁력이 있는지를 살펴보아야 한다. 특히 이 업종에 국내외 경쟁업체들의 동향과 대기업의 투자가능성, 개발도상국의 추격가능성에 대해서도 검토하여야 한다. 대기업이 전문화를 위해 중소기업에 이양하는 품목도 시장확보 측면에서 유리할 수 있다. 그러나 현재 설비투자가 과도하게 이루어진 업종은 창업하지 않는 것이 바람직하다.

2) 사업아이템 선정

창업가는 사업아이템 선정을 시작으로 직접 기업을 경영하는 사업가의 길을 걷게 된다. 사업아이템 선정에 있어 무엇보다도 중요한 것은 창업기업가가 '어느 분야에서 경쟁력이 있는가?' 하는 것이다. 사업아이템 선정에 있어 현재의 유행과 추세도 중요하지만 자기의 실력을 발휘할 수 있고 적성에 맞는 분야를 선택해야 한다. 창업 성공의 지름길은 자기 자신이 객관적으로 판단했을 때 경쟁력이 있는 사업아이템을 선택하는 일이다.

사업아이템의 선정시에는 위의 업종 선정시 내용들을 고려하여 다음과 같은 기본적인 사항들을 검토해야 한다.

① 성장가능성이 있는가?
② 일시적인 유행에 그치는 분야인가?
③ 실패의 위험이 적은가?
④ 자신의 경험이나 전공을 활용할 수 있는가?
⑤ 공장을 설립해야 하는지 아니면 아웃소싱이 가능한가?
⑥ 대기업이 참여하기 곤란한가?

⑦ 자기자본 규모에 적당한가?
⑧ 수요와 시장성이 충분한지 또는 1~2년 내에 수요가 형성될 수 있는가?
⑨ 투입비용에 대비하여 수익성은 높은가?

이러한 기본적인 사항들을 창업기업가 스스로 판단하기 보다는 주변에 관련 업종에 종사하는 사람이 있으면 필히 면담을 하거나 인터넷, 전문잡지, 신문, 정부의 관련자료 등을 통하여 정보수집을 하여 제3자의 입장에서 객관적인 사업타당성 분석을 실시하여 최적의 사업아이템을 선정하여야 한다.

3. 사업타당성 분석

1) 사업타당성 분석

창업의 사업타당성분석(feasibility analysis)이란 선별된 창업아이디어를 선택할 것인지, 기각할 것인지를 최종적으로 결정하기 위해 사업추진능력, 시장성 분석(market analysis), 기술성 분석(technical analysis), 경제성 분석으로 구성된다. 이에 부가적으로 성장성 및 위험요소 분석이 요구된다. 이에 대한 자세한 내용은 다음 장에서 설명될 것이다.

창업가가 사업타당성 분석을 하는 것이 쉽지 않는 것은 사실이다. 그러나 이 조사를 철저하게 하지 못하면 창업기업가는 이 사업에서 성공의 확률을 높일 수 없다. 객관적인 조사를 실시하고 판단해야 하며, 그리고 다시 한번 재검토의 과정을 필히 거쳐야 실패위험 줄일 수 있다.

사업계획서는 추진할 구체적인 사업내용과 세부 일정계획을 기록해 놓은 서류를 말한다. 사업계획서는 창업기업가의 창업계획을 체계적으로 정리한 것으로서 소규모의 소매업이라도 창업기업가 및 업종의 특성에 맞는 사업계획서를 작성하여 실행해 나가야 한다.

사업타당성 분석을 바탕으로 작성하는 사업계획서는 사업전략과 사업수익목표를 구체적으로 제시하는 창업기업가 자신의 사업에 대한 청사진이라 할 수 있다. 또한 창업 과정을 계획성 있고 차질 없이 추진할 수 있게 하며, 창업기간을 단축시키고 경비를 줄여 줄 뿐만 아니라 창업 성공확률을 높여줄 수

있는 가장 중요한 과정중의 하나이다.

사업계획 수립 이후부터는 예비 창업기업가가 직접 사업계획을 실행에 옮기는 단계다. 즉, 해당업종을 담당하는 관청에서 사업의 인·허가를 받아야 하고 해당관청에 사업자등록 또는 법인설립등기를 하는 단계다.

4. 사업규모분석

사업규모는 창업가 자신이 충분히 감당할 수 있는 것이라야 한다. 즉, 자기자금의 2분의 1규모 정도로 시작한다면 예상치 않은 자금수요 등에 대처할 수 있을 것이다. 사업장은 자금규모와 맞물려 있기 때문에 동시에 결정되는 게 보통이다. 그리고 적어도 같은 업종의 기존회사와 경쟁사보다는 더 좋은 시설과 인력을 확보할 수 있는 규모이어야 한다.

사업규모 결정시 고려사항은 다음과 같다.

첫째, 창업기업의 자금조달 능력

자금조달 규모가 결국은 사업규모를 결정하는 핵심요소이다. 사업규모를 자기자금 조달능력의 2분의 1의 규모로 축소하여야 창업 이후에 발생하는 긴급자금의 수요 또는 운전자금의 유동성 확보 등의 모든 상황에 대처할 수 있다.

둘째, 업종에 따른 사업규모와 동종업계의 평균 자본규모 파악

창업과 관련된 사업분야는 산업분류표상 크게 나누어 제조업, 광업, 건설·운수·창고·통신업, 도·소매업, 서비스업으로 분류된다. 이들 업종은 일반적으로 제조업이 가장 큰 규모를 요구하고 있으며, 소매업과 서비스업은 적은 규모로도 시작할 수 있는 업종이다. 무엇보다도 사업규모 결정에 있어 경쟁회사를 정확히 분석하여 적어도 그 경쟁회사보다는 더 좋은 시설과 인력을 갖출 수 있는 규모이어야 유리하다.

셋째, 취급하고자 하는 제품과 상품을 고려

제조업이라도 많은 시설투자가 필요한 설비산업인 경우와 좁은 공간에 기계 몇 대만 설치하고서도 영위할 수 있는 사업도 있기 때문이다.

제2절 창업 일반 절차

1. 사업계획수립

창업을 하려면 먼저 업종 및 사업아이템을 선정한 후 이에 대한 사업 타당성 조사를 실시하고 사업규모, 기업형태, 창업멤버와 조직구성 등을 포함한 사업계획을 수립하여야 한다.

또한 공장설립이 필요한 경우에는 사업계획 수립단계부터 설립하고자 하는 공장의 규모와 성격 및 설립 가능성에 대하여 관계법령을 충분히 검토하여야 하며 가급적 해당업무의 관련부처, 시・군・구청 또는 중소기업 상담회사를 직접 방문하거나 전화 또는 민원문서를 통하여 공장설립에 관한 종합적 이해를 하여야 한다.

창업사업계획 처리절차로서 창업사업계획의 승인을 받으려면 시・군・구청마다 설치된 중소기업창업 민원실에 비치되어 있는 창업사업계획 승인신청서에 관계서류를 첨부하여 시장・군수・구청장에게 제출하면 된다.

한편 자유입지라도 공장설치가 불가능한 지역은 입지관련 법령에 의해 공장설치보다는 농사나 산림보전 등의 목적에 적합한 것으로 설정된 지역이기 때문에 공장을 설립할 수 없다. 따라서 공장설치가 허용되지 않는 지역에서 공장을 설립하려면 처음 용도지역의 설정취지에 맞추어 여러 가지 엄격한 인・허가 사항을 구비해야 한다.

그러나 정부에서는 중소기업 창업의 활성화를 도모하기 위해 공장설치가 허용되지 않는 지역에서도 중소기업 창업자로서 일정요건을 갖춘 경우에는 시・군・구청장으로부터 창업 사업계획을 승인받아 공장을 설립할 수 있도록 하고 있으며, 공장설립 절차도 간소화해 주는 제도를 시행하고 있다.

2. 공장설립승인

사업계획을 수립하였으면 창업자는 직접 사업계획에 따라 해당업종을 담당하는 관청에서 사업에 필요한 인・허가를 받은 후 사업자등록과 법인설립등

기를 하여야 한다.

창업을 위하여 공장이 필요할 경우 공장을 설립할 수 있는 지역은 국가공단, 지방공단, 농공단지와 같이 공장을 건설하기 위해 국가 등에서 조성해 놓은 계획입지 같은 지역이나 국토이용관리법 및 도시계획법상으로 세분된 개별적인 용도지역이나 용도지구 중 공장설치가 허용되는 자유입지와 같은 지역이다.

자유입지일 경우 공장설립이 허용되는 지역인가의 여부를 확인하기 위하여는 해당 군청의 국토이용계획확인원, 지적공부 또는 해당 시청의 도시계획확인원의 열람을 신청하여 알 수 있다.

계획입지는 산업입지 및 개발에 관한 법률에서 정한 목적(국가공단은 국가기간산업 육성분야, 지방공단은 지역개발 분야, 농공단지는 농어촌지역개발 분야 등)에 부합할 경우 신청하여 입주할 수 있으며, 자유입지는 국토이용관리법 및 도시계획법 등이 허용하는 지역에서 공장설치가 가능하다.

3. 회사설립 및 사업자등록

기업의 창업방법은 크게 세 가지로 나눌 수 있다. 즉 기업을 신설하는 방법, 기존기업을 인수하거나 합병하는 방법, 특정 제품을 생산하는 업체와 계약하여 그 제품을 독점적으로 판매할 수 있는 대리점을 개설하는 방법 등이 있다.

창업방법이 확정되면, 기업형태별 장・단점을 조사하고 계획 중인 사업의 규모를 참작하여 어떤 기업형태로 회사를 설립하는 것이 가장 유리할 것인지를 판단해 기업형태를 결정해야 한다.

기업 경영책임을 경영주가 모두 감당하면서 영업, 자금조달, 종업원 관리, 생산관리 등 기업 전반에 걸쳐 만능 경영을 하여야 하는 개인기업 형태의 창업을 할 것인지, 조직을 갖추어서 회사업무의 대부분을 능력있는 종업원에게 분담시켜 전체를 통괄할 수 있는 법인형태로 창업을 할 것인지를 먼저 결정하여야 한다.

물론 반드시 규모가 크고 종업원이 많으면 법인형태로 설립하고, 규모가 작으면 개인기업 형태로 출발해야 한다는 의미는 아니다. 우리나라에서는 많은 기업이 법률상으로는 주식회사이면서 운영은 가족회사와 마찬가지의 형태로 경영되고 있는 경우가 많다.

이와 같은 현상은 비록 자본과 경영이 분리되지 않은 경우라 하더라도 상법상으로 주식회사의 설립요건을 갖추고 있으면, 정부는 이를 권장하여 기업이 필요한 자본을 널리 일반으로부터 모집하여 현대적 개념의 기업으로 성장할 수 있도록 상법·증권거래법·세법상 각종 혜택을 주어 이를 장려하기 때문이다. 창업기업가는 기업환경과 경영능력, 그리고 개인기업과 법인기업의 장·단점을 비교 평가하여 자기 실정에 맞는 기업형태를 선택할 필요가 있다.

창업의 업종선정과 사업타당성이 입증된 아이디어가 사업활동으로 이어지기 위해서는 해당관청에서 법적인 인·허가를 취득하여야 하는데, 개인기업이나 법인기업 형태로 사업주체를 결정하여 사업자등록이나 법인설립 등기를 해야 한다. 개인기업의 경우에는 사업장을 관할하는 세무서에 사업자등록을 위한 신청서를 제출한 후 사업자등록증을 교부받아서 설립할 수 있으며 법인의 경우는 관할지방법원이나 등기소에 설립등기를 한 후 관할세무서에 법인설립등기를 하여야 한다.

4. 사업개시

1) 사업개시전 검토사항

앞에서 설명한 단계가 완료되면 마지막으로 창업에 관련된 행정절차를 마무리하여야 한다. 필요한 행정절차로는 부동산등기, 취업규칙신고, 사업장설치계획신고, 산업재해보험관계성립 및 의료보험조합 관련신고 등이 있다.

사업개시절차 및 개업준비는 창업의 마무리 단계이다. 회사설립, 공장건축 및 생산설비설치가 완료됨으로써 회사의 골격이 갖추어지게 된다. 창업하게 될 기업을 어떻게 운영할 것인가가 바로 개업준비 절차에서 이행되어야 할 창업절차이다. 개업준비 절차에서는 본격적인 영업에 돌입하기 위해 필요한 관리·영업·생산직 직원을 충원하고 훈련·교육하는 일에서부터 체계적인 조직의 구성으로 이어진다. 이러한 것을 자세히 살펴보면 다음과 같다.

(1) 생산분야

회사실정에 맞는 조직이 구성되면 각 분야별로 생산파트에서는 원부자재 조달, 생산설비 시운전 및 시제품 생산과정을 거친 후, 본격적인 생산에 돌입해야 한다. 그리고 공장등록, 공장설립완료 보고, 부동산 등기 등의 절차도 이행하여야 한다.

(2) 관리분야

관리분야의 업무는 급여규정, 회계규정 등 각종 회사내규의 제정, 업무에 필요한 각종 장표와 서식 제정과 더불어 직원연수도 집중적으로 실시해야 한다. 대외기관에 신고해야 할 각종사규, 즉 취업규칙신고, 사업장설치 계획신고, 산업재해보험관계 성립신고, 그리고 기타 대외기관 신고 등을 이행해야 한다.

(3) 영업분야

영업분야의 업무내용은 영업체계의 확립, 시장개척 활동 및 시장조사 등을 병행하여 실시함으로써 본격 영업에 대비하여 자사제품을 홍보하고 소비자 반응을 체크하여 제품의 성공가능성을 타진해보는 등 보다 더 좋은 제품으로 발전해 갈 수 있도록 다양한 측면에서 소비자 반응을 살피는 일이 중요하다. 그리고 영업사원에 대한 정신교육과 더불어 영업직에 대한 자긍심 제고 노력 및 영업직 직원에 대한 연수도 병행하여 실시하는 것이 필요하다.

2) 사업 개시일

제조업의 경우 사업장별로 재화의 제조를 개시한 날이며, 광업의 경우에는 광물의 채취·채광을 개시한 날이고, 기타 사업의 경우에는 재화와 용역의 공급을 개시한 날이다.

사업자등록은 사업장 소재지 관할세무서 민원봉사실에 신청을 하면 세무서에서는 신청서를 선별하여 외판업, 중기, 화물, 용달, 택시사업자와 대리, 중개주선업 등의 사업자에 대해서는 즉시 발급한다.

기타 사업자에 대하여는 해당과에서 신청사항을 확인한 후 발급하여 민원봉사실에서 우송 또는 직접 교부하게 된다.

사업자등록을 하면 사업자등록번호가 나오게 되는데 이 사업자등록번호는 모든 상거래에 있어 그 사업체를 거래시마다 표시하며 사용되는 고유번호이다.

3) 사업 시작 전도 등록가능

모든 사업자는 사업 개시일로부터 20일 이내에 사업자등록을 하여야 하며 등록시 부여받은 사업자등록번호를 사용하여 세금계산서를 주고 받아 납부 또는 환급세액의 계산도 하게 된다. 그러나 사업자가 사업을 개시하기 전에 상품을 구입하거나 시설투자를 하고자 하는 경우 상품매입시 부담한 부가가치세를 환급받으려면 사업을 개시하기 전에 사업자등록을 하여 매입계산서를 교부받는 것이 유리하다. 이 때에는 사업을 개시할 것이 객관적으로 확인되어야 사업자등록증이 교부된다.

사업자등록은 사업장마다 하여야 하며 사업장이라 함은 사업자 또는 그 사용인이 상시 주재하여 거래의 전부 또는 일부를 행하는 장소를 말한다. 법인의 경우 법인의 본점, 지점 모두 사업자등록을 하여야 하고 개인도 사업장이 2개 이상 있을 때에는 사업장마다 사업자등록을 하여야 하며 직매장도 사업자등록을 하여야 한다.

여기서 사업자등록 신청서 작성시에 해당되는 사업자의 유형 중 부가가치세가 과세되는 사업자의 유형은 매출액의 규모에 따라 일반과세자, 간이과세자, 과세특례자로 구분된다.

제3절 벤처기업 창업절차

1. 벤처기업 창업개념

벤처창업은 창업을 추진중인 예비 창업자가 벤처기업 평가기관으로부터 기술성 또는 사업화 능력이 우수한 것으로 평가받은 경우에 예비 벤처기업으로 확인하여 동 창업자가 기업을 설립하면 벤처기업으로 인정하는 제도이다.

이러한 벤처기업 창업제도는 벤처기업 육성에 관한 특별조치법 개정·공포(1998.12.30)와 그 후속 조치로 동법 시행령(1999.4.30) 및 벤처기업 확인요령(1996.6.1) 등의 개정으로 도입하였으며 기술력과 지식집약형 아이디어를 가진 예비 창업자들이 보다 편리하게 벤처창업을 하고 창업 이전에 벤처기업 평가기관을 통하여 사업성 또는 기술성에 대하여 사전평가를 받음으로써 벤처창업자의 사업성공률을 높이기 위하여 도입한 제도이다.

또한 벤처기업 육성에 관한 특별조치법 제2조 제1항 제4호 규정에서는 창업중인 기업이 벤처기업평가기관으로부터 기술성 또는 사업화 능력이 우수한 것으로 평가를 받은 기업을 벤처기업으로 정의하고 있다.

이때 벤처기업 창업시 유리한 점으로는 수도권 지역은 벤처기업 창업자에 대해서만 창업 후 6년간 소득세 또는 법인세 50% 감면과 2년간 취득세 및 등록세 면제 등 조세특례를 부여하고 있다. 또 창업자본금 완화에선는 설립자본금 2천만원 이상으로 주식회사를 설립할 수 있으며 사업 성공 가능성 제고를 위하여 사전에 평가기관으로부터 기술성 및 사업의 타당성을 평가받으므로 사업의 실패율을 줄일 수 있고, 벤처창업자금, 기술신용보증 등 지원혜택의 수혜 범위가 넓다.

2. 벤처기업 창업

1) 벤처기업 기술평가신청

벤처기업을 희망하는 예비 창업자는 벤처기업 평가기관에 벤처기업평가신청서를 제출하여 사업성 또는 기술성을 평가받아야 하는데 이때 제출서류로는 벤처기업 평가신청서 및 기술사업계획서와 전문연구기관의 시험성적서(해당자에 한함), 연구보고서, 산업재산권 등 기술개발을 증명할 수 있는 서류(해당자에 한함)등이 필요하다.

그러면 벤처기업 평가기관에서는 기술사업계획서 평가 및 예비 창업자 면담 등을 통하여 기술평가를 실시하며 평가기관에 따라 다소 차이는 있으나 통상적으로 벤처평가 신청일로부터 25일 내외에 벤처기업 평가서를 발급하며 동 평가서의 유효기간은 6개월이다.

2) 예비 벤처기업 확인신청

벤처기업 평가기관으로부터 사업성 또는 기술성이 우수하다고 평가받은 예비 창업자는 창업하고자 하는 사업장(창업보육센터, 벤처빌딩 등) 소재지를 관할하는 지방중소기업청에 벤처기업 확인서 발급 신청서를 제출하여 예비 벤처기업 확인을 받아야 한다. 이때 신청 제출서류는 벤처기업 확인서 발급 신청서, 벤처기업 평가서 원본, 기술사업계획서등이 필요하다.

지방중소기업청에서는 그 신청일로부터 15일 이내에 벤처기업 확인서를 발급하며 동 확인서는 예비 벤처기업임을 증명하는 서류로써 그 유효기간은 6개월이므로 동 기간내에 개인사업자는 사업장 소재지 관할 세무서에 사업자 등록을, 법인설립자는 사업장 소재지 관할 지방법원 등기소에 법인설립등기를 마쳐야 한다.

3) 기업설립 및 사업장 설치

창업하고자 하는 업종이 사업 인·허가를 요하는 경우에는 관련기관으로부터 사업 인·허가를 받은 후에 개인기업 또는 주식회사를 설립함과 동시에 사업장 또는 사무실을 설치한다. 주식회사를 설립하는 경우 그 설립 자본금을 2,000만원 이상으로 할 수 있다. 이 경우 법인설립등기 신청서에 벤처기업 확인서 사본을 첨부하여야 한다.

4) 벤처기업 확인서 재발급 요청

예비 창업자는 법인설립등기 및 법인설립신고 또는 개인사업자는 사업자등록 이후, 즉시 예비 벤처기업 확인서를 관할 지방중소기업청에 제출하여 벤처기업 확인서를 재발급받아야 한다. 이 경우 제출서류로는 벤처기업 확인서 발급 신청서, 기 발급받은 벤처기업 확인서 원본, 기업현황 및 실태조사표, 법인등기부등본(법인에 한함), 사업자등록증명원(신청일 기준 30일 이내의 것),

개시대차대조표등이 필요하다.

지방중소기업청에서는 그 신청일로부터 15일 이내에 그 법인 또는 개인사업자 명의로 벤처기업 확인서를 발급하며 동 확인서를 받음으로써 벤처기업을 창업하는 것이다. 동 벤처기업 확인서 유효기간은 그 발급일로부터 2년이다.

5) 실험실 창업

실험실 창업이란 1998년 12월 30일 벤처기업육성에 관한 특별조치법을 개정하면서 대학의 교수 또는 연구기관의 연구원이 그 소속기관의 실험실 내에서 기업을 설립하고 소속 대학 또는 연구기관이 보유하고 있는 연구시설을 활용하여 그 자신이 개발한 연구성과를 사업화할 수 있도록 교수·연구원의 실험실 창업제도를 마련하고 있다.

또 실험실 공장설치·등록으로 이는 벤처기업 육성에 관한 특별조치법 제2조 제5항의 실험실 공장이란 벤처기업의 창업을 촉진하기 위하여 대학이나 연구기관이 보유하고 있는 연구시설 안에 공업배치 및 공장설립에 관한 도시형 공장에 해당하는 업종의 생산시설을 갖춘 사업장을 말한다.

이때 실험실 공장설치 규모는 생산시설용으로 쓰이는 바닥 면적의 합계가 500㎡를 초과할 수 없다. 여기서 생산시설용의 바닥면적에는 수도권 이외의 지역에서는 제조시설의 바닥 면적만을 의미하지만 수도권지역에서의 생산시설용의 바닥면적에는 제조시설과 사무실, 창고 등의 바닥면적이 포함된다. 그리고 실험실 공장이 2개 이상인 경우 그 면적을 합한 실험실 공장의 총면적은 당해 대학 또는 연구기관의 건축물 연면적의 2분의 1을 초과할 수 없도록 하고 있다.

6) 기업부설연구소 신고

기업이 지속적으로 성장하기 위해서는 다른 기업보다 먼저 새로운 제품을 수요자에게 공급하여야 한다. 이를 위하여 무엇보다도 연구개발을 전담하는 연구소 또는 부서의 설립이 필요하다. 또한, 정부에서는 일정요건을 갖춘 기업부설연구소와 기업의 연구개발 전담부서를 설립·신고시 조세지원·자금

지원 및 병역특례 등의 혜택을 부여함으로써 기업의 연구개발을 적극 유도하고 있다.

연구소와 연구개발 전담부서의 차이점은 전담부서는 연구소에 비하여 소규모의 연구조직 형태로서 인적 요건상 연구전담 요원을 1인 이상 요구하고 있는 점에서 구분되며 물적 요건은 동일하다. 그러나 연구개발 전담부서는 지원제도의 폭이 연구소에 비하여 상대적으로 협소한 경우도 있을 뿐만 아니라 "연구소"라는 명칭을 사용할 수 없다.

연구소/전담부서 신고·인정제도는 기본적으로 설립, 신고 체제이므로 이를 신고하고자 하는 기업은 먼저 회사의 조직개편 및 연구시설(연구기자재 포함) 보완 등을 통하여 소정의 요건을 보유한 상태에서 소정의 신고서류를 작성하고 상시비치서류 관련대장을 비치한 후 한국산업기술진흥협회에 신고하면 된다.

연구소/전담부서 설립신고 절차는 한국산업기술진흥협회에 서류를 신청한 날로부터 30일 이내에 서류심사, 현지확인 및 종합평가 등의 절차를 거쳐 처리되며, 신고 기준에 적합한 경우에 한하여 기업부설연구소 인정서를, 전담부서에 대해서는 연구개발 전담부서 확인서를 각각 발급한다.

연구소의 소재지와 관련하여 유의할 사항은 연구소/전담부서의 직원 및 연구시설은 동일한 소재지에 위치함을 원칙으로 하나, 연구수행의 원활화를 위하여 필요한 경우에는 연구소/전담부서의 소재지를 2개 이상으로 할 수 있다. 다만 이러한 경우에도 소재지별로 각각 연구소의 인정기준을 갖추어야 한다.

또한 1개 기업에서 2개 이상의 연구소 전담부서를 설치하고 이를 각각 신고코자 할 경우에는 연구소와 전담부서 상호간의 전문분야 또는 설치한 소재지가 다른 때에 한하여 연구소 또는 전담부서로 신고할 수 있다.

제4절 벤처기업 인력 및 입지지원

1. 벤처기업 인력지원

1) 인력지원의 의의

벤처기업이 필요로 하는 우수한 연구·기술 및 경영 인력의 유치를 지원하기 위하여 정부에서는 병역특례연구요원제도 개선, 외부인력에 대한 스톡옵션제도 도입 및 교수·연구원의 임직원 채용 지원 제도(교수 등의 겸직허용) 등 다양한 인력 풀(Pool) 시스템을 지원하고 있다.

1998년 10월말 병역법 시행령을 개정하여 기업부설연구소를 보유한 벤처기업에 대하여 병역특례기관 지정횟수를 년 1회에서 년 2회로 확대함과 아울러 병역특례전문연구요원은 의무 종사 기간 2년 이내에도 벤처기업으로의 전직도 가능하도록 허용하였다.

또한 새로운 형태의 스톡옵션제도는 1999년 4월 벤처기업육성에 관한 특별조치법 시행령 개정으로 시행되는 제도로서 그 주요내용은 스톡옵션 대상을 현행 당해 법인 임직원에게만 허용하던 것을 벤처기업(거래소 및 코스닥 상장기업 제외)에 대해서는 당해 법인 임직원 이외에 교수, 연구원, 회계사, 세무사, 변호사 등으로 확대토록 하였고, 스톡옵션을 부여받은 자에 대해서는 옵션 행사시 받은 주식에 대하여 소득세를 비과세하는 것이다.

그리고 교수·연구원의 임직원 활용제도는 1998년 12월 개정된 벤처기업육성에 관한 특별조치법에 의하여 도입된 제도로서 벤처기업이 필요로 하는 해당 분야 교수·연구원과 임직원으로의 채용을 협의한 후 채용하는 제도이다. 이때에 그 교수 및 연구원은 당해 소속기관의 장(대학의 장, 연구기관의 장)으로부터 겸직허가를 받아야 한다.

벤처기업 인력지원 제도는 병역특례연구요원제도 활용, 외부인력에 대한 스톡옵션 제도, 교수·연구원 등의 임직원 활용 등이 있다.

2) 병역특례연구요원제도 활용

병역특례전문연구요원 및 산업기능요원제도는 국가 발전에 필요한 기술인력의 양성과 지원을 위하여 정부가 지정한 연구기관, 기간산업체 및 방위산업체 등에서 일정 기간을 근무하면 병역을 마친 것으로 보는 병역대체 복무제도이다. 병역특례전문연구요원제도란 현역 입영대상자 또는 보충역 중 학문과 기술 연구분야에서 일정 기간 종사하면 공익 근병역특례 산업기능요원제도란 현역 입영대상자 또는 보충역 중 산업을 육성・지원하기 위하여 현역병 해당 기술분야에 근무하고, 공익근무요원 소집대상 보충역은 제조 및 생산분야 등에 종사하면 공익 근무요원의 복무를 마친 것으로 보는 제도이다.

특히 병역특례전문연구요원제도는 벤처기업의 기술개발 능력을 뒷받침할 수 있는 우수기술인력(석사 이상 학위 취득자)을 공급하는 제도를 말한다. 즉 기업의 입장에서는 고급인력을 조달할 수 있고 병역특례연구요원의 입장에서는 병역의무 대신 기업에서 지속적인 연구업무(기간 5년)에 종사할 수 있는 이점이 있다.

병역특례업체 혜택을 받기 위해서는 우선 지정업체로 신청하여 선정되어야 하며, 지정업체로 선정된 후 필요한 인원을 신청하여 배정받으면 법정의 관리행위를 지속적으로 하여야 한다. 그리고 지원인력으로 선발되기 위해서는 법정의 자격요건을 갖춘 후 소정의 절차를 거쳐야 하고, 지원인력으로 편입된 후에는 복무관리규정 등에 따라 성실히 업무를 수행하여야 한다.

최근 정부에서는 벤처기업에 대한 병역특례전문연구요원 공급을 확대하기 위하여 병역특례지정업체 선정기준을 완화하여 기존 대기업의 경우 기업당 석사 5인 이상에서 중소・벤처기업당 석사 2인 이상으로 지정기준을 개선・완화하였으며 병역특례 지정업체 지정・신청 횟수를 기존의 연 1회에서 벤처기업의 경우 연 2회로 확대하였다.

아울러 병역특례전문연구요원의 벤처기업에로의 전직・파견 제한을 완화하였다. 즉 병역특례전문연구요원은 의무종사 기간인 2년 이내에도 관할 지방병무청장의 승인을 얻어 대기업, 국・공립연구기관, 대학, 벤처기업에서 벤처기업으로 옮겨 종사할 수 있도록 하였다.

3) 외부인력에 대한 스톡옵션제도

스톡옵션(Stock-Option, 주식매입선택권)이란 회사가 그 임직원들에게 일정

량의 회사주식을 발행당시 가격으로 취득할 수 있는 권리를 부여하는 일정의 인센티브(유인보상) 제도이다. 즉 회사가 임직원에게 일정기간 내에 자기회사의 주식을 사전에 약정된 가격으로 일정수량만큼 매수할 수 있는 권리(Stock Option)를 주는 제도를 말하는데 회사는 동 제도를 활용하여 회사와 임직원들의 주인의식을 갖고 열심히 일할 수 있는 동기를 부여할 수 있다.

특히 벤처기업에 우수한 연구 및 경영인력의 공급을 원활히 지원하기 위하여 1998년 12월 벤처기업육성에 관한 특별조치법을 개정하여 벤처기업에 한해서는 스톡옵션 대상을 현행 당해 법인 임직원 이외에 교수・연구원・회계사・변호사 또는 대학, 연구기관 등 법인으로 확대하도록 하였다.

스톡옵션을 부여받은 외부인력에 대해서도 조세특례제한법을 개정, 사업소득・기타 소득에 대해 비과세중에 있다.

4) 교수、연구원 활용

고급 연구 인력의 벤처기업 경영 및 기술개발에 참여를 촉진하기 위하여 1998년 12월 벤처기업육성에 관한 특별조치법을 개정하여 교수・연구원의 벤처기업 대표자 또는 임직원의 겸임, 겸직을 허용하였다.

벤처기업은 당해 기술개발 분야에 필요한 인력을 스톡옵션을 활용하여 조달하여 교수・연구원을 임직원으로 채용하여 활용할 수 있는데 후자의 경우 교수・연구원은 당해 신분을 유지하면서 벤처기업 임직원을 겸직하는 것이다.

교수・연구원의 활용절차는 벤처기업이 추진하는 특정 프로젝트의 저명한 교수・연구원과 연구개발 참여 및 임직원으로의 참여 여부(또는 스톡옵션 부여 등)를 사전 협의와 벤처기업에 임직원으로 참여하고자 하는 교수 또는 연구원은 그 소속기관의 장(대학의 장, 연구기관의 장)으로부터 벤처기업 임직원 겸직 허가를 받아야 한다. 그리고 벤처기업은 교수・연구원을 고용하였을 경우 임직원으로 고용된 교수・연구원은 산업재해보상보험의 적용 대상자가 되므로 의무적으로 산업재해보상보험에 가입하여야하고 임직원으로 고용된 교수・연구원은 고용보험의 적용 대상자가 되므로 의무적으로 고용보험에 가입하여야 한다.

2. 벤처기업 입지지원

1) 창업보육센터 지원

기술과 사업성은 있으나 자금·장소 및 시설확보에 어려움이 있는 창업자 또는 예비 창업자에게 개인 또는 공동 작업시설을 저렴하게 제공함과 아울러 경영·세무·기술지도 등의 지원을 통해 창업에 따른 위험 부담을 줄이고 원활한 성장을 유도하여 성공 가능성을 높이기 위하여 설치된 시설로서 지원 내용은 벤처 및 기술집약형 업종의 창업자(창업일로부터 1년 이내) 및 예비 창업자를 입주 대상으로 하고 금융기관 불량거래자, 대기업자가 발행주식 총수 또는 출자총액의 50% 이상을 소유하고 있는 자, 휴·폐업중인 자, 공해다발 업종 영위자등은 제외된다.

입주 기간은 2년 이내(보육센터 운영주와 입주자간 협의하여 연장 가능) 이며 입주 비용은 임대료 및 사용료는 보육센터 운영주와 입주자간의 계약에 의하여 정한다.

지원시설 및 내용은 작업장(공장), 범용제조시설, 실험기기, 자료실, 사무설비 등 창업에 필요한 제반시설, 경영·세무·기술지도에 관한 상담과 행정지원 등이 있다.

2) 벤처빌딩

벤처기업 집적시설은 기술과 사업성은 있으나 자금·장소 및 시설확보에 어려움이 있는 창업자 또는 예비창업자에게 개인 또는 공동작업시설을 저렴하게 제공함과 아울러 경영, 세무, 기술지도 등의 지원을 통해 창업에 따른 위험부담을 줄이고 창업 초창기에 사업기반이 안정궤도로 진입할 수 있도록 지원하기 위하여 설치된 시설이다.

즉, 벤처기업 및 그 지원시설을 집중적으로 입주하게 함으로써 벤처기업의 영업활동을 활성화하기 위하여 시·도지사에 의해 지정받은 건축물을 말한다. 여기서 벤처기업 집적시설은 벤처기업 집적시설의 지정요건을 갖춘 경우 일반인이 시·도지사에게 벤처기업 집적시설의 지정신청을 하여 시·도지사의 지정을 받는 경우와 시·도지사가 벤처기업 집적시설을 지정하여 벤처기

업 및 그 지원시설을 입주하게 하는 경우가 있음. 벤처기업 전용단지는 건교부장관 또는 특별시장·광역시장·도지사(이하 시·도지사)가 벤처기업 및 그 지원시설을 집단적으로 설치할 필요가 있는 경우 국가 산업단지 또는 지방산업단지로 지정·개발하는 것을 말한다..

3) 창업보육센터 입주기업 공장등록

대학 및 연구기관 내는 근본적으로 공장등록이 불가능한 지역이어서, 창업보육센터에 입주한 제조업종의 애로를 해소하기 위하여 창업보육센터 입주기업에 대하여 공장등록을 허용하ㄱ 있다

지원 내용은 대학·연구기관 안에 설치·운영중인 창업보육센터에 입주한 벤처기업에 대하여 공장등록을 허용지만 교육·연구시설인 점을 감안하여 공장의 종류를 소음·수질·공해 등이 적은 도시형 공장으로 제한하고 있다. 또 대학·연구기관 안에 설치·운영중인 창업보육센터에 입주한 벤처기업(공장설치를 한 자)이 그 제조시설에 대하여 공업배치 및 공장설립에 관한 법률에 따라 공장등록을 신청하는 때에는 시장·군수·구청장은 공장등록을 하여야 한다.

제5절 의무신고사항

1. 신고사항 일반

사업자등록이 끝나면 법적으로 사업을 시작할 수 있는 절차가 완료되지만 필요시 법적 요건에 맞추어 기타 행정절차를 신고하여야 한다.

종업원이 5인 이상인 경우 의무적으로 가입해야 할 사항으로 산업재해보험, 국민연금, 의료보험 등이 있다.

또한 기업설립 후 필요에 의하여 신고하는 사항 중 신고를 하면 유리한 점

들이 있다. 즉, 한국산업기술진흥협회에 기업부설연구소 또는 연구개발 전담부서의 설치신고를 하면 신고 후 벤처기업 확인, 조세감면, 병역특례 연구요원 공급 등 각종 지원제도를 받을 수 있다. 또한 기업설립 후 무역업을 등록하는 것도 유리하다.

2. 고용보험 신고

고용보험은 실업의 예방, 고용의 촉진 및 근로자의 직업능력의 개발·향상을 도모하기 위하여 실시하는 것으로서 고용보험 적용대상 사업장이 98년 10월 1일부터 4인 이하 영세사업장을 포함한 모든 사업장으로 확대됨에 따라 사업주는 당해 보험관계가 성립한 날로부터 14일 이내에 관할 지방노동청(사무소)에 신고하여야 한다.

신규로 사업을 개시하는 사업자는 당해 사업장이 보험관계가 성립된 날(당해 사업이 개시된 날 또는 고용보험 적용요건에 해당하게 된 날)부터 14일 이내에 고용보험관계성립신고서와 피보험자자격취득신고서(별지 제14호 서식)를 함께 지방노동청에 제출하여야 한다.

고용보험관계 성립신고를 한 사업자는 고용보험 관계의 변경이 있는 경우에는 보험관계 변경신고, 사업의 폐지·종료 등으로 인하여 보험관계가 소멸하는 경우에는 피보험자격의 취득 또는 상실신고를 소재지 관한 지방노동청(사무소)에 하여야 한다.

3. 국민연금 의무가입

대표이사 등 상근임원과 종업원을 합해서 5인 이상인 회사(법인)를 설립한 때에는 당연적용 사업장이 되어 국민연금법 시행령 제19조의 규정에 의하여 국민연금에 의무적으로 가입하여야 한다. 그러나 임원·종업원이 4인 이하의 사업장 근로자 및 농·어민, 자영업자, 일용근로자, 주부 등은 신청에 의하여 가입할 수 있다. 당연적용사업장이란 국내에 거주하는 3월 초과하여 계속 사용되는 18세이상 60세미만의 근로자(외국인 포함)와 사용자의 수가 5인이상 사업장을 말하는데, 다만, 공무원연금법, 군인연금법, 사립학교교원연금법의 적용을 받는 자 및 일용근로자, 3월이내의 기한부로 사용되는 근로자, 비상임 이사, 시간제 근로자, 산업연수생인 외국인등은 제외된다. 국민연금에 가입하려면 「당연적용사업장해당신고서」, 「사업장가입자 자격취득신고서」를 법인의 사업소 소재지 관할 국민연금관리공단에 제출하여야 한다.

사업장의 사용자는 매년 2월말까지 해당 사업장가입자의 전년도중 소득월액내역을 국민연금관리공단에 제출하여야 하며, 직원 등이 퇴직, 사망 등으로 인하여 사업장가입자의 자격을 상실한 때에는 사업장가입자 자격상실신고서를 제출하고, 사업장의 종류・명칭・소재지・사용자의 변경 등이 있는 때에는 사업장내역변경신고서를 제출하는 등 지속적인 관리를 하여야 한다.

국민연금에 가입하려면 당연적용사업장 해당신고서, 사업장가입자 자격취득신고서를 법인의 사업소 소재지 관할 국민연금관리공단에 제출하여야 한다.

사업장의 사용자는 매년 2월말까지 해당 사업장 가입자의 전년도 중 소득월액 내역을 국민연금관리단에 제출(동법 시행규칙 제16조)하여야 하며, 직원 등이 퇴직, 사망으로 인하여 사업장 가입자의 자격을 상실한 때에는 사업장가입자 자격상실신고서를 제출(동법 시행규칙 제11조)하고, 사업장의 종류・명칭・소재지・사용자의 변경 등이 있는 때에는 사업장내역 변경신고서를 제출(동법 시행규칙 제17조)하는 등 지속적인 관리를 하여야 한다.

4. 의료보험 의무가입

상시근로자가 5인이상인 사업장의 사업자는 국민연금과 마찬가지로 당연적용 사업장이 되어 의료보험에 의무적으로 가입하여야 한다. 당연적용사업장이란(의료보험법 시행령 제15조) 3월 초과하여 계속 사용되는 근로자의 수가 5인이상인 사업장을 의미한다. 다만, 일용근로자(2월을 초과하여 계속 근로하는 경우 제외), 3월이내의 기한부로 사용되는 근로자, 비상근고문, 시간제 근로자 등은 제외된다(의료보험법 시행령 제14조) 의료보험법 시행규칙 제2조의 규정에 의하여 사용자는 상시근로자가 5인이상의 사업장으로 된 날로부터 1월이내에 「당연적용사업장해당신고서」 및 「직장 피보험자 자격취득의 신고서」 를 사업장이 속한 지역을 관할하는 직장의료보험조합(지역별 관할조합 문의는 의료보험연합회 상담과)에 신고하여야 한다.

5. 산업재해 의무가입

상시근로자가 5인이상인 사업장(당연적용사업장)의 사업자는 의무적으로 산업재해보상보험에 가입하여야 하며, 당해 사업개시한 날로부터 14일이내에 사업장 관할 근로복지공단에 보험관계성립신고서를 제출하여야 한다. 또한, 사업의 폐지·종료로 인하여 보험관계가 소멸한 때에는 소멸일로부터 14일 이내에 사업장 관할 근로복지공단에 보험관계소멸신고서를 제출하여야 한다.

산업재해보상보험법 제5조에 의한 당연적용 사업장이라 함은 사업이 개시되거나 사업이 적용요건을 충족하게 되었을 때 사업주의 의사와는 관계없이 자동적으로 보험관계가 성립하는 사업을 말한다. 한국표준산업분류표를 기준으로 한 당연적용사업장을 예시해 보면 농업, 수렵업, 어업, 광업, 제조업, 전기·가스 및 상수도 사업, 건설업, 도소매 및 소비자용품 수리업, 운수·창고 및 통신업, 숙박 및 음식점업, 부동산 임대 및 사업 서비스업, 교육서비스업, 보건 및 사회복지사업, 금융 및 보험업(98.7.1 신규 적용), 기타 공공·사회 및 개인서비스업 (회원단체 제외)이다.

6. 과세특례자 과세특례 적용신고

새로 사업을 개시하는 자의 연간 매출액이 4천8백만원 미만이 될 것으로 예상되는 때에는 사업자등록 신청서의 과세특례 적용신고란에 그 내용을 기재하거나 과세특례 적용신고서를 내면 과세특례 적용신고를 받게 된다.

연간매출액이 4천8백만원 미만이더라도 간이과세자가 되고자 하는 경우에는 간이과세자 적용신고를 하면 간이과세자 적용을 받게 되며 세금계산서의 수취·발급을 위하여 일반과세자가 되고자 하는 경우에는 과세특례 적용신고 또는 간이과세 적용신고를 하지 않으면 된다. 간이과세적용을 받기 위한 간이과세 적용신고시에는 새로 사업을 개시하는 자의 연간 매출액이 1억 5천만원 미만이 될 것으로 예상되는 때는 사업자등록 신청서의 간이과세 적용신고란에 그 내용을 기재하거나 간이과세 적용신고서를 내면 간이과세 적용을 받게

된다.

연간 매출액이 1억 5천만원 미만이더라도 세금계산서의 수취·발급을 위하여 일반과세자가 되고자 하는 경우에는 간이과세 적용신고를 하지 않으면 된다.

7. 취업규칙신고

상시근로자 10인이상을 사용하는 사업자는 취업규칙을 작성하여 사업장을 관할하는 지방노동청(사무소)의 민원실에 신고하여야 한다. 변경하는 경우에도 변경신고를 하여야 한다. 취업규칙 에 포함되어야 하는 사항(근로기준법 제96조)은시업·종업의 시각, 휴식시간, 휴일, 휴가 및 교대근로에 관한 사항, 임금의 결정·계산·지급방법, 임금의 산정기간·지급시기 및 승급에 관한 사항, 가족수당의 계산·지급방법에 관한 사항, 퇴직에 관한 사항, 퇴직금, 상여 및 최저임금에 관한 사항, 근로자의 식비, 작업용품 등 부담에 관한 사항, 근로자를 위한 교육시설에 관한 사항, 안전과 보건에 관한 사항, 업무상과 업무외의 재해부조에 관한 사항, 표창과 직제에 관한 사항, 기타 당해 사업 또는 사업자의 근로자 전체에 적용될 사항이다. 사업자는 상기내용 포함하는 취업규칙을 작성하고, 근로자의 과반수로 조직된 노동조합이 있는 경우에는 그 노동조합 또는 노동조합이 없는 경우에는 근로자의 과반수의 의견을 들어야 한다. 사업자는 근로자의 의견수렴 후, 취업규칙신고서에 관할 지방노동청(사무소)에 제출하여야 한다.

제1절 사업타당성 분석 개요

1. 사업타당성 분석 성격

사업타당성 평가 항목은 일반적으로 계획사업과 창업자의 적합도, 즉 계획사업의 수행능력 평가, 계획 제품의 생산가능성, 품질, 성능 및 하자 여부 등을 검토하는 기술성 분석, 판매시장 환경, 경쟁상태, 시장진입 가능성 및 중장기 수급 전망 등을 검토하는 시장성분석, 적정 수익률 확보를 위한 경영요소 즉, 손익분기점 분석, 시설규모, 판매와 일반관리비 등 적절한 비용 분해 등을 검토하는 수익성 분석, 기타 종업원의 조직 적합도, 입지, 상품조달 위험성 등의 위험요소 분석, 중장기 경영계획의 실현 가능성 등이 있다.

사업타당성 분석은 창업 성공의 첫 번째 단계라 볼 수 있으며, 그 필요성은 다음 네 가지로 요약할 수 있다.

첫째, 창업자 자신의 주관적인 사업구상이 아닌, 객관적이고 체계적인 사업타당성 검토는 계획사업 자체의 타당성 분석을 통해 창업회사의 성공률을 높일 수 있다.

둘째, 창업자들이 사업타당성 검토를 통하여 구상하고 있는 기업의 제 형성요소를 정확하게 파악하여 창업기간을 단축할 수 있고, 효율적인 창업업무를

수행할 수 있다.

셋째, 창업자가 독자적으로 점검해 볼 수 없는 계획제품의 기술성, 시장성, 수익성, 자금수지계획 등 세부항목을 분석, 제시함으로써 해당업종에 대해 미처 깨닫지 못한 세부사항을 사전에 인지하여 효율적 창업 경영을 도모할 수 있다.

넷째, 기업의 구성요소를 정확하게 파악함으로써 사장의 경영능력 향상에 도움을 줄뿐만 아니라, 계획사업의 균형있는 지식습득과 보완해야 할 사항을 미리 확인하여 조치를 취할 수 있게 된다.

2. 사업타당성 분석 의의

사업타당성 분석은 사업을 시행하기 이전에 특정 사업의 성공가능성을 파악하기 위해 여러 가지 정보를 분석하고 평가하는 총체적인 과정이다. 창업기업가가 사업타당성 분석을 직접 작성하는 것은 쉽지 않다. 그러나 이러한 분석을 철저하게 하지 못하고 창업하는 경우에는 결코 사업의 성공의 확률을 높일 수 없다. 창업하고자 하는 사업아이템의 객관적인 조사를 실시하고 판단해야 하며, 그리고 다시 한번 재검토의 과정을 필히 거쳐야 성공 가능성을 높일 수 있는 것이다. 체계적인 사업타당성 분석은 사전에 성공가능성이 적은 사업진출을 미리 포기하게 함으로써 발생할 수 있는 손실을 예방하거나 기업경영의 핵심요소에 대한 체계적인 점검을 통하여 간과하기 쉬운 위험을 사전에 대비토록 하는 등 신규사업의 성공에 있어 필수적인 역할을 한다. 또 사업타당성 분석(feasibility analysis)은 창업 후 경영활동의 결과인 목표이윤의 달성가능 여부를 사전에 객관적으로 조사 검토하는 과정을 말한다. 즉 창업을 고려하고 있는 사업아이템으로 사업을 시작했을 때 제품화의 과정을 거쳐 시장수요를 창출하여 어느 정도 성공할 가능성이 있는지를 체계적인 방법으로 분석하는 것을 의미한다. 이러한 사업타당성분석은 사업실패를 회피하기 위한 사전 점검장치이다.

사업타당성 분석이란, 사업을 시행하기 이전에 특정 사업의 성공가능성에 대한 정보를 파악하기 위해 사업추진능력, 기술성, 시장성, 경제성, 위험정도 등을 분석하고 평가하는 총체적인 과정을 말한다. 즉, 사업타당성 검토는 특정 사업을 추진하는 내부주체 또는 그 사업의 투·융자와 관련되는 외부관계자가 사업주체인 사업추진능력, 제품의 생산과 판매에 따르는 제반의 기술적인 문제, 시장조사와 판매가능수요의 예측, 손익추정 및 경제성 등에 관한 정보를 입수하기 위해서 행하는 일련의 활동을 말한다.

창업자가 사업타당성 분석을 하는 것이 쉽지 않는 것은 사실이다. 그러나 이런 분석을 철저하게 하지 못하면 창업기업가는 사업에서 성공의 확률을 높일 수 없다. 객관적인 조사를 실시하고 판단해야 하며, 그리고 다시 한번 재검토의 과정을 필히 거쳐야 실패확률을 줄일 수 있다.

또한 체계적인 사업성 분석은 기업의 설계역할을 하며, 기업경영능력 향상에 도움을 준다.

일반적으로 사업타당성분석 작성단계는 크게 1단계 예비 사업성 분석과 2단계 사업성 분석으로 나눌 수 있다

예비 사업성 분석은 소수의 특정 프로젝트 선정 이전에 다수의 예비 프로젝트를 선별해 가는 과정이라 볼 수 있다. 이 예비 사업성 분석은 후보사업 아이디어의 발견, 예비 사업성 분석 및 후보사업 아이디어의 1차 적 선정으로 이어진다.

제2단계 사업타당성 분석은 예비 사업성 분석에서 1차 적으로 선정된 후보사업 아이디어의 상세한 분석, 즉 아이템 적응성 분석, 시장성 및 판매전망 분석, 제품 및 기술성 분석, 수익성 및 경제성 분석, 국민 경제적, 공익성 분석 등을 통해 사업 성공가능성을 확인하는 과정이라 볼 수 있다.

제2절 사업타당성 분석 필요성

1. 분석 필요성의 개념

창업자 스스로는 자기가 하고자 하는 사업이 사업성 있는 것인지 없는 것

인지를 판단하는 일은 매우 중요하다. 창업은 한번 잘못하면 자기 망하고 집안이 망하는 파멸의 길을 걷게 되는 무서운 일이다. 그러므로 만일 사업성 없는 일이라면 아예 시작하지 않는 것이 최선의 길이다.

문제는 사업성이 있는지 없는지를 어떻게 정확히 판단하느냐는 것이다. 실제로 사업에서 실패한 경우를 보면 대부분 사업성을 평가해 보지 않았기 때문이 아니라 사업성을 잘못 평가한 데 그 근본적인 원인이 있다. 평가도 아무리 완벽하게 잘했다고 하더라도 실제로 창업을 하게 되면 많은 차질이 생길 수 있고 따라서 전혀 예측하지 못했던 문제 때문에 실패할 경우도 얼마든지 있다.

사업타당성 검토를 필요로 하는 집단은 다양하지만, 크게 두 유형으로 나누어 볼 수 있다. 하나는 직접 사업의 주체가 되는 창업자 또는 새로운 사업을 계획하고 있는 기존사업자이며, 다른 하나는 사업의 주체는 아니지만 사업에 필요한 자본을 투·융자하거나 정부의 예산을 배분해야 할 입장에 있는 금융기관과 정부기관 등이다. 전자를 내적 사업성검토, 후자를 외적 사업성검토라 할 수 있는데, 이들 평가주체들은 모두 특정 사업의 성공가능성에 대한 정보를 필요로 하기 때문에 사업성검토에 관한 강한 필요성을 갖게 된다.

내적 사업성검토는 창업자 또는 기존사업자의 입장에서 계획하고 있는 사업을 추진하는 데 있어서 제기되는 제반의 문제와 위험요소를 사전에 점검해 보고, 계획 중인 사업이 수익성 있는 해볼 만한 사업인지를 확인하려는 데 기본관심이 놓여진다. 반면에 외적 사업성검토는 계획사업에 투·융자된 원금과 이자가 차질 없이 회수될 수 있을 만큼 충분히 경제적인 사업인지 또는 국가자원의 효율적인 배분에 기여할 수 있는 사업내용인지를 확인하려는 데 기본관심을 두게 된다.

자본주의 경제가 발전하고 산업화가 진전되면 될 수록 사업성검토 문제는 경영의 주요 과제로 등장하게 된다. 따라서 현대 기업경영에서 사업성검토능력은 기술, 자본, 정보 등과 같이 기업성패의 핵심요인으로 되고 있다.

사업타당성 분석은 창업을 실패로부터 지켜줄 수 있는 좋은 보조장치이다. 중소기업 창업은 물론 아무리 작은 소규모 창업, 심지어 구멍가게의 창업일지라도 필수적으로 꼭 작성해 볼 필요가 있다.

흔히 창업자들이 사업타당성 분석과 사업계획서를 동일시하는 경우가 있는

데 이것은 엄격하게 구별된다. 사업타당성 분석은 창업 성공의 첫 번째 단계라 볼 수 있다. 따라서 사업타당성 분석은 선정된 후보사업의 상세한 분석 즉, 시장성 및 판매전망 분석, 제품 및 기술성 분석, 수익성 및 경제성 분석, 재무분석 등을 통하여 사업 가능성을 확인하는 과정이라 볼 수 있다.

반면 사업계획서란 사업타당성 분석 후 사업성이 인정된 경우에 작성하는 것으로서 사업의 내용, 경영방침, 기술성, 시장성 및 판매전망, 수익성, 소요자금 조달 및 운용계획, 인력 충원계획 등을 일목요연하게 표현한 일체의 서류를 말한다.

2. 분석 필요성

창업자로 하여금 자신의 주관적 사업아이디어에 대해 객관적이고 체계적인 사업타당성분석을 수행함으로써 계획사업의 객관성을 높이고, 사업시작 전 위험요소를 확인함으로써 성공가능성을 높일 수 있다.

또 창업자들이 사업타당성분석을 통하여 구상하고 있은 사업의 제반 문제점과 제약요소들을 사전에 파악함으로써 창업기간을 단축할 수 있는 등 효율적인 창업업무를 수행할 수 있다. 사업타당성분석에서는 앞으로의 사업 전개방향과 강・약점분석을 실시하게 된다.

또 창업자가 계획사업의 시장성, 기술적 타당성, 재무적 타당성 등 세부항목을 분석해 봄으로써 해당업종에 대해 미쳐 깨닫지 못한 세부사항을 사전에 인지하여 성공적인 창업을 이룰 수 있다. 새로운 사업아이디어를 얻게 되면 일반적으로 자신의 사업은 매우 매력적인 것으로 보인다. 그러나 시장성, 기술적 타당성, 재무적 타당성 등 세부항목에 대한 객관적이고, 면밀한 분석의 과정을 거치지 않는다면, 자신이 전혀 예상하지 못한 문제들로 인해 위험에 빠질 수 있다.

사업에 대한 전반적인 분석이 동반됨으로써 사업 전반에 대한 평가뿐만 아니라 사업에 대한 자신의 기업규모와 조직구성 방향 등에 대해 구체적인 비전을 가지고 사업을 시작하게 된다. 결국 사업타당성분석을 통해 창업자는 자신이 보완하여야 할 사항들과 함께 자신의 사업운영방식을 설정하고 운영을 위한 필수 지식과 노하우를 습득하게 된다. 그러므로 사업타당성분석을 통해 창업자는 창업 이전에 경영능력을 향상시킬 수 있는 기회를 가지게 되는 것이다.

제3절 사업타당성 분석 요소

1. 시장성 분석

1) 시장성 분석의 중요성

사업의 성공과 실패의 분수령은 제품의 판매에 있다. 아무리 품질이 우수하고 신제품이라 하더라도 판매가 되지 않으면 결코 사업이 성공할 수 없기 때문이다. 시장성 분석은 계획사업에 대한 판매예측, 즉 앞으로 생산할 제품이 시장에서 얼마나 판매할 수 있는가를 분석한다.

우리는 흔히 좋은 제품을 만들고서도 매출이 제대로 되지 않거나, 매출액 증가율이 높지 않아 손익분기점 매출액에 이르는 기간이 너무 길어 사업이 본 궤도에 올라보지도 못하고 도산해 버리는 경우를 흔히 볼 수 있다.

사업의 1차적 관문은 계획제품 또는 서비스를 원만히 생산, 조달하여 소비자에게 많이 판매할 수 있어야 한다. 그러나 사업을 성공적으로 이끌어가기 위해서는 단순한 판매에 그쳐서는 안 되며, 시장에 뛰어들어 경쟁상품과 겨루어 소비자로부터 인정을 받을 때 점차 매출이 늘어날 것이며, 시장범위도 확대되어 갈 것이다.

그러나 계획제품을 생산하여 시장에 내놓았을 때 대부분의 제품은 비교적 소비자에게 생소한 것이 보통이다. 생소한 제품에 대해 품질이 확인되기 전까지는 마케팅이 결코 쉽지 않다. 따라서 사업 성공의 갈림길이 바로 시장성과 판로확보인 것이다. 결국 창업 제품에 대한 시장성분석 및 정확한 판매 예측 없이는 사업을 성공적으로 이끌 수 없는 것이다. 그렇기 때문에 시장성 및 판매전망 요소의 정확한 분석은 사업타당성 검토의 핵심요소가 되는 것이다.

시장성분석의 최종목표는 계획제품에 대한 판매예측, 즉 앞으로 생산할 제품이 시장에서 얼마나 팔릴 것이냐, 향후 수요 증가추세는 어떻게 변할 것이냐를 분석하는 것으로 집약할 수 있다.

2) 시장성 분석 항목

시장성 조사에서는 판매량을 추정하기 위하여 기본적으로 다음과 같은 자료를 수집・분석한다.

(1) 시장의 특성

시장의 위치, 수송방법, 유통조직, 거래조건 등

(2) 수요분석

국내외 수급동향 및 중장기 수급전망, 주요고객, 예상소비량소비총액 등

(3) 공급분석

기존기업의 공급능력, 기존제품의 가격, 품질, 판매전략, 동업자 또는 유사제품과의 경쟁상태 및 향후 경쟁제품의 출현 가능성 등

(4) 거래수요의 분석

생산품에 대한 미래수요를 추정, 판매처, 판매조직 및 유통경로, 목표시장 선정 및 판매전략, 수출인 경우 해외시장 분석에 의한 수출 가능량 산정

(5) 시장점유율 추정

수요・공급・경쟁자의 위치와 구상하고 있는 사업의 판매계획 등을 고려하여 계획한 상품의 시장점유율을 추정한다.

일반적으로 시장성 분석에서는 먼저 시장의 특성으로 시장의 지리적 위치, 수송방법, 현재 운임, 유통조직, 대금결제 방법 등 일반적인 거래 관행분석과 수요분석으로 주된 소비자, 소비량, 소비총액, 선호하는 제품의 종류 등을 분석한다.

그리고 공급분석으로 국내 및 국외의 주요 공급자, 경쟁자 및 그들의 판매

가격, 품질, 판매전략 등을 분석하고 이상의 조사를 근거로 하여 생산품에 대한 총수요량, 금액 및 시장점유율 등을 예측하고, 필요에 따라 생산품별, 지역별, 시기별 수요량과 금액을 추정한다.

특히 시장성 분석에서는 특히 전반적인 시장동향 분석시에는 반드시 소비자 분석이 뒤따라야 하며 소비자의 구성분포 및 변화 추세를 분석함은 물론 제품의 소비형태와 소비단위 및 구매동기와 소비자 수요 형태 등에 대해서도 분석해 보아야 한다.

소비자의 구성분포는 지역별, 연령별로 현재의 성향과 변화추세 등을 분석하여야 하며, 제품의 소비형태, 즉 정기적 구매인지, 일시적 구매인지, 또한 재구매의 순환주기는 얼마나 되는지, 1회의 소비단위는 어느 정도 되는지도 분석해 보아야 한다. 그리고 구매가 발생하는 동기, 소비자의 수요자극 요소 및 경향 등에 대해서도 분석해 보아야 하는 것이다.

3) 제품 분석

(1) 제품의 라이프 사이클 분석

제품의 라이프사이클을 무시하고, 그 시장에 뛰어든 경우에는 사업 실패와도 연결될 수 있는 측면이 많기 때문이다. 라이프사이클은 비단 제조업에만 국한된 것은 아니며, 도・소매업 및 서비스업에도 적용된다. 모든 사업에 있어서 라이프사이클은 존재하는 것이며, 이 라이프사이클에 대한 철저한 분석이 없이는 사업성공 자체가 어렵게 되는 것이다. 따라서 계획 제품의 라이프사이클이 도입기, 성장기, 성숙기, 쇠퇴기 중 어디에 해당되는지에 대해서도 실제 충분한 분석이 요구된다.

(2) 제품가격 분석

제품 경쟁력의 제1차적 요소는 제품 가격이다. 가격정책을 어떻게 수립하느냐가 마케팅 성공의 지름길이며, 마케팅 성공이 기업성공의 열쇠가 될 수 있기 때문에 결국 시장성 분석에 있어서 제품가격 분석을 필수적 항목이라 볼 수 있다. 제품가격 분석은 크게 나누어 제품의 가격정책, 가격 경쟁력 및 가격추세 분석으로 분류할 수 있다. 신제품을 시장에 출현시킬 때는 우선 가격정책을 수립하는 일부터 염두에 두어야 한다.

(3) 수요예측

일정 기간에 소비자 또는 고객에게 판매되는 상품의 수량 또는 금액을 측정하는 것이다. 즉 시장성 검토에서 가장 중요한 항목은 수요 예측이며, 이 수요예측은 예상 매출액으로서 수치화 된다. 수요예측이 사업성 분석과정에서 중시되는 이유는 판매계획, 생산계획, 자금조달 및 운용계획이 바로 이 수요예측 즉, 예상 매출액의 수정으로부터 출발하기 때문이다.

2. 기술성 분석

1) 기술성 분석 필요성

기술성 분석은 사업타당성 분석 중 가장 어렵고 자료나 지식이 부족한 상태에서 실시해야 하는 경우가 많아 정확성이 떨어지는 수가 종종 있다. 물론 기술전문가이거나 엔지니어인 경우에는 기술면에서 자신감을 가지고 추진하겠지만 그렇지 않은 경우 엔지니어의 계획이나 활동에 의해 사업의 운명이 좌우될 수도 있기 때문에 세심한 조사, 분석 및 판단이 필요한 항목이다.

기술성 분석은 모든 기술적 사항이 건전한 것인가를 검토하는 것으로 생산계획, 시설계획, 기술능력, 입지조건 등을 비롯하여 소요인력계획, 원가계획 등 광범위한 조사가 포함되며 그 사업이 아이템의 기술적 조건이 충족될 가능성, 즉 기술적 실현가능성 여부에 중점을 두고 검토하여야 한다.

또 계획제품을 생산하기 위해서는 먼저 기술성 분석이 선행되어야 한다. 기술성이란 계획제품의 생산과 관련되는 제 요소, 즉 계획제품이 원만하게 생산될 수 있는지를 분석하는 요소이다. 계획제품에 대한 특성, 화학적 반응, 기계적 기능, 생산 시스템, 공정 등 생산제품에 대한 철저한 조사·분석과 더불어 공장입지, 시설계획 및 생산시설 규모, 생산능력 및 조업도, 원재료 조달 및 제품 1단위에 대한 원재료 소요량 사정, 기술 및 기능 인력 확보, 예상불량률 및 개선 가능성 등을 종합적으로 분석하여야 한다.

흔히 특허나 실용신안 등 산업재산권에 의한 창업의 경우에는 이론과 실제와의 격차가 어느 정도인지, 또 예상되는 불량률은 어느 정도이며, 하자 발생

의 가능성은 없는지를 세밀하게 검토하지 않으면 안된다. 특히, 실험실 내에서의 검증만으로는 불충분하며 실제 산업 현장에 적용해 보지 않으면 예상외로 사업 실패 확률이 높은 분야가 특허나 실용신안 등 산업재산권에 의한 창업이다. 왜냐하면 산업재산권은 기술 자체의 평가이지 사업 성공가능성의 확인이 아니기 때문이다.

아무리 훌륭한 제품이라도 소비자를 위해 상품화되지 않으면 아무 소용이 없으며, 그 사업은 성공할 수 없는 것이다. 이와 같이 제품의 상품화 가능성을 분석하는 것이 기술성 분석이며, 사업 성패의 시발점이 되는 것이다.

2) 기술성 분석 항목

기술성 평가요소는 ① 제품성 ② 생산시설의 적정성 ③ 생산계획 검토 ④ 입지조건 등으로 분류할 수 있다.

이와 같은 기술성 평가요소는 다음과 같은 2가지 관점에서 객관적이고 심층적으로 분석되지 않으면 안 된다.

첫째, 기술적 근본 문제로서 기술사활 결정요소라고 할 수 있는 치명적 요소가 존재하는지를 검토하는 일이다. 즉, ① 특정 문제로 인하여 제품 생산 자체가 불가능한지의 여부 ② 시험생산 결과 불량률이 사업한계선을 상회하는지의 여부 ③ 제품에 대한 기술력이 평균 수준을 하회하여 제품의 경쟁성이 현저히 낮은 경우 등이 존재하는지를 검토한다.

둘째, 생산환경 문제로서 ① 계획시설 수준이 동업계 평균수준에 못 미치는지의 여부 ② 주요 계획시설 내용, 시설배치, 계획시설의 장래성 등을 보아 시설계획의 적정성에 하자가 있는지의 여부 ③ 생산방식, 생산공정, 가동률, 생산조직, 주요 원재료 수급, 안전재고량 등 생산 및 재고 관리의 합리성이 결여되어 있는지의 여부 등을 평가하는 것이다.

3. 재무성 분석

1) 재무성 분석 필요성

재무성 분석은 시장성 분석과 기술적 타당성 분석을 통하여 수집하고 분석한 자료를 바탕으로 경제성이나 수익성을 측정하는 여러 가지 자료를 이용하여 사업만의 타당성을 검토하는 것이다.

이러한 재무성 분석은 사업타당성 분석의 최종단계일 수도 있으며, 나아가서 창업 후 경영전략을 수립하기 위한 사전준비과정일 수도 있다. 왜냐하면 계획제품이 그 특성상 수익성이 낮다면 영업외적 요소, 즉 인건비나 경비를 줄일 수밖에 없는 경영전략 수립이 요구되며, 경제성이 없다면 새로운 사업분야의 탐색 등이 필요하기 때문이다.

재무성 분석은 추정 재무제표의 작성을 그 전제로 하고 있다. 수익전망은 향후 3년 내지 5년간의 추정제조원가 명세서와 추정손익계산서를 작성하여야만 그 예측이 가능하며, 예측된 매출액과 당기순이익 규모에 의해 손익분기점 분석이 가능한 것이다. 또한 추정대차대조표와 자금조달운용계획표가 작성되어야만 이를 근거로 투자수익 및 계획사업에 대한 경제성평가가 가능하고, 자금흐름 예측에 근거하여 자금수지 및 자금조달능력을 분석할 수 있기 때문에 재무성 분석은 추정재무제표 작성을 전제로 하고 있는 것이다.

이와 같은 재무성 분석이 명확하지 못하면, 벤처캐피탈이나 엔젤로부터 투자받기가 매우 어려워지고, 이는 사업성공의 장애요인이 될 것이다. 따라서 세밀한 재무성 분석을 통해 자신의 목표를 명확히 설정하여야 한다.

아무리 제품의 품질이 좋고, 시장성이 뛰어나서 성공적으로 생산·판매되더라도 수익이 제대로 창출되지 못한다든가 투자의 경제성이 없다면 그 사업은 근본적으로 실익이 없는 것으로 판단할 수 있다.

이러한 재무성 분석은 사업타당성 분석의 최종단계일 수도 있으며, 나아가서 창업 후 경영전략을 수립하기 위한 사전준비과정일 수도 있다. 왜냐하면 계획제품이 그 특성상 수익성이 낮다면 영업외적 요소, 즉 인건비나 경비를 줄일 수밖에 없는 경영전략 수립이 요구되며, 경제성이 없다면 새로운 사업분야의 탐색 등이 필요하기 때문이다.

재무타당성 분석은 추정재무제표의 작성을 그 전제로 하고 있다. 수익 전망은 향후 3년 내지 5년간의 추정제조원가 명세서와 추정손익계산서를 작성하여야만 그 예측이 가능하며, 예측된 매출액 및 당기순이익 규모에 의해 손익분기점 분석이 가능한 것이다. 또한 추정대차대조표와 자금조달 운용계획표

가 작성되어야만 이를 근거로 투자수익 및 계획사업에 대한 경제성 평가가 가능하고, 자금흐름 예측에 의거하여 자금수지 및 자금조달 능력을 검토할 수 있기 때문에 수익성 분석은 추정 재무제표 작성을 전제로 하고 있다. 재무분석에서 수행되어야 할 조사와 분석은 다음과 같다.

2) 재무성 분석 항목

재무성 분석을 위해서는 우선 기존의 재무구조, 수익성・자금수지 상황분석과 사업계획을 토대로 향후 소요되는 시설자금과 운전자금 규모들을 파악하고, 이러한 소요자금을 조달하는 방법으로서 영업활동을 통하여 들어오는 현금과 내부유보자금 및 증자 등을 통한 자금조성의 가능성을 검토한다. 그 다음에 각 기간별로 예상되는 자금 과부족에 대하여 그 규모와 신규 차입가능성 및 상환능력을 평가한다. 추정재무제표는 미래의 사업에 영향을 주는 여러 가지 불확실성을 단순화하여 작성되기 때문에 민감도분석[1]이나 손익분기점분석[2]을 실시하여 효율적인 투자결정을 유도하여야 한다.

(1) 총 소요자금 추정

창업사업의 사업성 분석과 사업계획에 있어서 총소요자금 추정은 매우 중요하다. 사업실패의 주요원인 중의 하나는 자금부족인데, 자금부족을 초래하는 원인 중의 하나가 소요자금의 추정이 부정확하기 때문이다.

(2) 자금조달 계획

총 소요자금이 추정되면, 자금조달 계획을 수립하여야 한다. 자금조달 방법에 따라 지불될 이자의 크기 등이 결정되며, 이에 따라 사업의 수익성도 영향을 받게 된다.

---

1) 민감도분석이란 계획의 전제가 된 가정치를 변경하여 같은 추정과 검토를 통한 결과를 만들어내는 것이다. 각 비용과 수익성요인이 변화할 때 그것이 현재가치 현금흐름과 투자수익률에 양적 영향을 얼마나 미치는지를 시뮬레이션을 통해 분석하는 기법을 말한다.

2) 손익분기점분석은 모든 비용을 고정비와 변동비로 나누어 비용, 가격, 판매수량에 따라 매출과 이익이 어떻게 변하는가를 분석하는 방법이다. 즉, 총수입과 총매출량이 일치하는 매출량을 산출하여 목표이익에 대한 매출액 또는 조업도, 생산량을 산출하는 기법을 말한다.

(3) 추정 재무제표 작성

추정재무제표를 작성해야 한다. 특히, 추정손익계산서, 추정대차대조표 등은 보통 3~5년의 미래에 대하여 작성한다. 추정재무제표를 작성하기 위해서는 추정제조원가, 판매비 추정치, 일반관리비 추정치, 지급이자 추정치 등이 필요하다.

(4) 수익성지표 계산

사업의 내부수익률(Internal rate of return), 프로젝트의 현가 등 사업의 전체적인 수익성을 나타내는 지표를 구하여 사업의 수익성을 평가하여야 한다. 이와 같은 수익성을 계산하기 위해서는 관심대상이 되는 기간에 대한 현금흐름표를 작성하여야 한다.

(5) 미래의 경영상태지표 계산

미래의 사업경영상태를 나타내는 지표들, 예를 들면 유동성비율(유동비율, 당좌비율 등), 수익성 비율(총자본이익률, 자기자본이익률 등)을 구하여 미래의 경영상태를 검토하여야 한다.

4. 손익분기점 분석

손익분기점(break even point : BEP)이란 수익총액과 비용총액이 일치하게 되는, 이익도 손실도 없는 매출액 또는 조업도를 말한다.

손익분기점은 창업기업에 있어서 사업 성패의 분수령이 된다. 따라서 손익분기점을 언제 달성하느냐가 중요한 것이다. 어느 정도의 매출을 실현하여야만 이익도 손실도 아닌 분기점에 도달할 수 있는 것이며, 분기점 도달 시점은 영업개시 후 언제 달성할 수 있는지가 분석의 핵심과제이다.

손익분기점 분석은 이와 같이 사업 성패의 관건인 동시에 자금수급계획의 지침이기도 하다. 매출이 손익분기점에 이르기 전까지, 그리고 손익분기점에 이른 후에도 일정기간 동안은 자금의 투입만이 이루어지기 때문에 동기간 동안 소요될 자금을 미리 확보하지 않으면 사업이 본 궤도에 오르기 전에 도산하고 마는 결과를 가져올 수 있는 것이다. 따라서 손익분기점 분석은 자금조달계획을 미리 수립하기 위한 척도로서 활용할 수 있다.

또한 손익분기점 산출 후 손익분기점 달성시점을 재조정할 필요성이 있는 경우 판매수량, 금액, 고정비, 변동비 등의 타당성을 검토함은 물론, 이들 요소로부터 경비의 절약 방안 등을 강구할 수 있어서 손익분기점 자체를 재조정할 수도 있기 때문에 손익분기점 분석은 그 효용성이 인정되는 것이다.

손익분기점의 평가기준은 그 평가 목적에 따라서 다양하다. 단순히 손익분기점 매출액을 산출하는 경우에는 손익분기점에 이르는 매출액 규모의 산출에 그 목적이 있으며, 손익분기점 매출액을 산출하면 이를 근거로 하여 창업 후 어느 시점에 이익 실현이 가능한지를 예측해 볼 수 있는 것이다. 이를 산출하기 위해서 비용을 고정비와 변동비로 나누어야 한다. 고정비는 매출액과 상관없이 일정하게 발생되는 비용이며, 변동비는 매출액이 증가할수록 비례적으로 증가하는 비용이다.

손익분기점 매출량(액)은 다음과 같이 산출된다.

$$\text{손익분기점매출량} = \frac{\text{고정비}}{(\text{가격} - \text{변동비})}$$

$$\text{손익분기점매출액} = \frac{\text{고정비}}{1 - (\text{변동비}/\text{실제매출액})}$$

여기서 손익분기점매출액 규모가 산출되면 현재의 실제 매출액을 기준으로 언제쯤 이익 실현이 가능한지 분석해 볼 수 있다. 창업기업에 있어서는 손익분기점 매출액 자체보다는 언제부터 이익 실현이 가능한지가 더 중요한 지표일 수가 있다. 이외에도 손익분기점 분석은 목표이익을 달성하기 위한 매출액에 관한 정보를 경영자에게 알려 준다.

목표이익을 1억원으로 할 때 이 목표이익 달성을 위한 매출액은 다음과 같이 구한다.

$$\text{매출액} = \frac{\text{고정비} + \text{목표이익1억원}}{1 - (\text{변동비}/\text{실제매출액})}$$

5. 위험요소 분석

사업타당성 분석에서 검토되어야 할 또 다른 측면은 계획사업의 장기적 성장가능성의 분석이다. 성장성 분석시에는 기업성패에 중대한 영향을 미치는 기업환경요소 중 기업경영에 치명적 영향을 미칠 가능성이 있는 위험요소에는 어떤 것이 있으며, 이들 위험요소에 대한 정확한 대응전략의 수립이 가능한지의 여부와 장기적으로 성장가능성이 어느 정도인지를 분석하여야 한다.

계획사업에 대한 위험요소 분석으로는 ① 정책변동 ② 시장경쟁 격화 ③ 생산요소 변동 ④ 기타 등을 들 수 있다.

【표 8-1】 계획사업에 대한 위험요소

구 분	위 험 요 소
정책변동	· 조세, 관세정책 및 금융지원제도의 변경 · 금리 및 환율의 변동 · 생산제품에 대한 중소기업 고유업종 해제 및 수입 개방
시장경쟁 격화	· 경쟁기업 침입(대기업 참여 포함) · 판매 단가 조정
생산요소 변동	· 주요원자재(수입, 내수)파동 가능성 · 생산량 및 판매량, 가동률 변동요인 발생여부 · 전략제품의 변경 및 Product Mix의 실패
기 타	· 노사분규 · 시설자금 및 소요 운전자금의 적기 조달 실패 · 입지조건 부적합 · 자연환경 및 공해규제 · 환경, 보건, 조세 등 법률상 제약 · 공장 건설의 지연 · 기타 계획사업에 대한 위험요소 등

제4절 사업타당성 분석 절차

1. 예비 사업성 분석 개념

먼저 창업업가가 구상하고 있는 사업 아이디어의 수익성에 관한 정보를 얻

는 방법은 여러 가지가 있겠지만 가장 중요한 시발점은 많은 사람을 만나서 의도하는 사업에 대한 그들의 견해를 듣는 것이다.

다음은 동종 업종의 현장에서 직접 경험 또는 견학을 통하여 자료를 수집하고 면담을 통하여 수집한 자료를 보완하여야 한다. 현재 종사하고 있는 분야와 다른 사업을 하려고 하는 경우에는 주말이나 여가시간을 이용하여 현장 경험을 쌓으며 사업의 노하우(know-how), 자신의 적응력 등에 대한 검토도 하여야 한다.

다음은 구체적 자료 수집으로 정부의 보고서, 협회의 간행물, 창업 유관기관의 간행물, 관계 전문잡지, 사업성 분석의 전문서적 등을 참고하되, 최근 인터넷에 각종 정보가 수록되어 서비스되고 있으므로 인터넷 검색을 통한 자료 수집도 필요하다.

2. 타당성 분석 항목

먼저 시장성분석은 목표로 하고 있는 제품의 전체 수급과 이를 생산하고 있는 기존업체들을 조사하여 미래 수년간의 판매 가능한 매출액을 추정하는 과정을 말한다. 그리고 앞으로 생산될 제품이 얼마나 팔릴 수 있는 지를 예측하는 것이다. 국내・외 시장의 전체적인 제품의 시장규모, 유통경로, 유사제품과의 경쟁관계 등을 파악하여 자사제품의 매출액을 예측하고, 시장성분석을 통하여 기존시장에 진출하기 위한 전략을 수립할 수도 있다.

기술성분석은 제품의 기술적 특성, 공장입지, 생산시설 및 능력, 생산공정, 생산자원의 수급 등에 대한 전반적인 조사를 하고, 이러한 분석자료를 토대로 투자액, 연도별 제조원가, 연도별 판매비와 일반관리비, 연도별 영업외비용, 연도별 인건비 명세 등의 자료를 추정하는 분석과정을 말한다.

재무 성분석에서는 시장분석과 기술분석에서 나타난 결과와 자료들을 토대로 제안된 사업아이디어의 위험과 경제적 가치를 분석하게 된다. 즉, 추정손익계산서를 기초로 해서 미래 수년간의 영업활동에서 기대되는 현금흐름을 추정한다. 그리고 영업활동에서 비롯되는 현금흐름과 투자로 지출되는 현금유출을 통합하여 시점별 순현금흐름을 작성한다.

창업예정 중인 창업아이디어가 재무성분석 결과 타당성이 있는 것으로 판단되면 이를 추진하기 위한 구체적인 일정계획을 수립해야 한다. 그리고 계획한 일정에 따라 사업을 추진하게 되는 것이다.

따라서 사업타당성분석(feasibility analysis)은 일반적으로 시장성분석(market analysis), 기술성분석(technical analysis), 재무성 분석으로 구성된다.

사업성분석은 먼저 생산하려고 하는 생산품의 수요가 있는가를 조사하고, 수요가 있으리라고 판단되면 생산에 필요한 기술에 관한 자료를 수집·분석하고, 시장분석과 기술분석에서 얻은 자료에 의거하여 사업의 경제성과 자본조달의 방법을 검토한다.

창업기업가는 이와 같은 사업성 분석을 통하여 고려하고 있는 사업의 성공이 예상될 때 기업설립에 착수하게 된다. 사업성 분석이 완료되어 긍정적 결과에 도달하면 사업계획을 세우고 이에 필요한 자본을 동원하여야 한다. 사업자금이 확보되면 사업계획을 추진하게 된다.

3. 계획사업 수행능력 및 적합성

사업의 성패는 기업가로서의 적성과 자질, 창업기업가의 계획사업 수행능력 및 해당 업종에 대한 적합도에 의거하여 좌우될 수 있다. 개인이든 기업이든 계획된 일의 성공과 실패는 그 일을 추진하는 주체와 참여인력의 인적요인에 의해 좌우되기 때문이다.

사업의 성패도 결국 기업가가 사업가로서의 적성과 자질을 얼마나 갖고 있느냐에 의존하는 바가 크며, 특히 신규 창업의 경우에는 창업기업가의 새로운 계획사업 수행능력과 앞으로 경영하고자 하는 업종에 대한 경험·지식 및 관련성이 필요불가결한 요소가 아닐 수 없다.

따라서 사업 타당성을 검토할 때는 가장 먼저 검토해야 할 사항이 바로 창업기업가의 계획사업 수행능력과 해당 업종과 창업기업가와의 적합성 분석인 것이다.

그러나 문제는 계획사업 수행 능력과 적합성의 판정을 누가 할 것이냐 하는 것이다. 자기 자신을 가장 잘 아는 사람이 바로 본인인 동시에 자기 자신

을 객관적으로 평가 할 수 없는 것이 바로 자기 자신이다. 그러나 사업이란 혼자서 하는 것이 아니고, 거래처와 관련부서 상호간의 이해관계가 첨예하게 연결되어 있기 때문에 창업기업가 혼자만의 생각으로 사업참여를 결정해서는 안 된다.

4. 후보사업아이템 탐색

성공적인 사업아이템을 발견하기 위해서는 될 수 있으면 많은 사업아이디어를 발굴할 필요가 있다. 창업시 가능한 모든 분야에서부터 출발하여 점차 좁은 범위로 옮겨가면서 체계적인 분석을 하다 보면 예비사업 아이디어가 탐색되고 이어서 창업기업가에게 적합한 후보 사업 아이템이 1차적으로 선정된다. 그리고 특정업종과 창업제품 등 사업아이템에 대하여 본격적인 사업타당성 분석을 하게 된다.

후보 사업 아이템을 선정하는 과정 및 절차를 살펴보자.

첫째, 사업 아이템 선정의 기본 룰(rule)이라 할 수 있는 창업상품과 시장과의 관계 및 사례별 성공가능성을 살펴볼 필요가 있다. 창업 아이템으로서 가장 적합한 경우는 기존상품을 아이템으로 하여 새로운 시장에 뛰어드는 경우와 새로운 상품을 개발하여 기존시장에 참여하는 경우이다.

둘째, 성공 가능성이 높은 상품 유형의 선별이 필요하다.

셋째, 성공가능성이 높은 상품 유형과 기본요건을 기준으로 현재 존재하는 기존상품을 조사한다. 성공가능성이 높은 이들 기존 상품을 찾는 방법에는 ① 정책적으로 지원하는 중소기업 업종, 즉 중소기업 우선 육성 업종, 중소기업 계열화 업종, 중소기업 고유 업종, 도시형 업종 및 기술집약형 중소기업 업종 ② 한국표준산업 분류표 및 표준산업 분류표 해설집 ③ 세계 무역 박람회, 산업 박람회 및 발명품 전시회 등 참관 ④ 제품 아이디어 관련 간행물의 활용 등의 방법을 통해 기존 상품을 조사할 수 있다.

넷째, 기존 상품의 응용 및 개선 가능성을 정밀 검토한다. 색깔이나 모양을 변경하거나 순서, 부품, 패턴 등을 재배치하거나 확대, 축소, 대체, 결합 등의 방법을 동원하여 특징이 개선되고 성능이 우수해진다면 창업에 적합한 후보

아이템이 예비적으로 선별되어지는 것이다.

5. 후보 아이템 우선순위 결정과 예비 사업성 분석

예비 사업성 분석은 후보 아이템을 비교·분석하는 것으로 최적의 아이템 선택을 위한 정밀 사업타당성 분석을 하기 이전단계의 과정을 말한다.

다수의 후보 아이템이 선정되면 선별을 통과한 사업 아이디어에 대해 상대평가 등의 방법으로 비교·분석한다. 성공할 가능성이 희박한 사업 아이템은 예비선별을 통해 과감히 제거하여야 하며, 남아있는 사업 아이디어를 비교 평가함으로써 사업 아이템의 우선순위를 결정한 후 본 사업성 분석 절차에 들어간다.

제1절 사업계획서의 이해

1. 사업계획서의 개념

사업계획서는 사업계획은 고려하고 있는 사업을 하기 위해 앞으로 실행할 일련의 활동에 대한 사업계획을 기록해 놓은 서류를 사업계획서라고 한다.

사업계획서는 창업기업가의 창업계획을 체계적으로 정리한 것으로서 소규모의 소매업이라도 창업기업가 및 업종의 특성에 맞는 사업계획서를 작성하여 실행해 나가야 만이 성공적인 창업을 유도할 수 있는 것이다.

사업타당성 분석을 바탕으로 작성하는 사업계획서는 사업전략과 사업수익목표를 구체적으로 제시하는 창업기업가 자신의 사업에 대한 청사진으로서 창업 과정을 계획성 있고 차질 없이 추진할 수 있게 하며, 창업기간을 단축시키고 경비를 줄여 줄 뿐만 아니라 창업 성취율을 높여줄 수 있는 가장 중요한 과정중의 하나이다.

사업계획과 사업타당성 분석의 연관성에 대해서 살펴보면, 사업타당성 분석은 고려중인 사업의 성공 가능성을 조사하는 일이다. 한편, 사업계획은 실행계획이다. 그러므로 먼저 사업타당성 분석을 실시하여 그 결과가 긍정적이면 실행계획 즉, 사업계획을 수립하는 것이 순서이다.

그러므로 사업계획과 사업타당성 분석은 서로 다르다고 할 수 있다. 하지만, 사업계획을 수립하자면 사업타당성 분석에서 수집했던 자료와 획득했던 정보를 많이 사용하게 된다. 따라서 사업타당성 분석과 사업계획은 서로 다른 것이기는 하지만 실제에 있어서는 대단히 밀접한 관계를 가지고 있다.

2. 사업계획서의 의의

사업계획서란 창업자가 기업을 설립하고 자신의 사업을 지속적으로 성장·발전시키는 창업자의 구체화된 의지를 체계적으로 기술한 계획서이다.

또한 사업계획서는 창업자 자신을 위한 것이다. 사업계획을 타인에게 보이기 위한 것으로, 실제 내용보다는 형식을 위한 것으로 생각하는 소극적인 태도는 버려야 한다. 사업계획은 자금 동원이나 동업자를 구할 목적으로 작성하여 관계기관에 제출하거나 관계자에게 보이는 경우도 많은데 그런 경우에도 그것은 남을 위한 것이 아니고 자신을 위한 행위라는 점을 인식해야 한다.

창업을 준비하고 있는 사람뿐만 아니라 사업을 하고 있는 경영자 중 많은 사람들이 사업계획서를 요식 행위에 불과한 것으로 가볍게 생각한다. 은행대출이나 벤처캐피탈의 투자가 필요할 때 어쩔 수 없이 제출해야 하는 서류라고 생각하고 대충 요구하는 내용을 채우는데 급급해 하고 있다.

사업계획서란「제품이나 서비스의 사업기회와 시장성을 은행, 투자자 등 잠재 지원자에게 확신시켜 이들로부터 자금지원을 받기 위하여 만드는 서류」이다. 단적으로 표현하면 사업계획서는 사업을 판매하는 판매서류이다. 이때 사업계획서는 회사의 강점을 강조함은 물론이지만 회사의 문제 및 장애요인에 대하여서도 솔직하게 접근하고, 이러한 것을 어떻게 극복할 것인가에 대해서도 기술하여야 한다.

아무리 간단해 보이는 사업이라 하더라도 계획을 세우지 아니하고 즉흥적으로 행동하면 성공하기는 어렵다. 그러므로 창업자 단독으로 사업을 추진하는 경우라 하더라도 사업계획서는 작성하는 것이 좋다.

그리고 사업계획은 반드시 문서화하는 것이 좋다. 머리속에 작성한 사업계

획만으로도 훌륭히 사업을 성공시킬 수 있는 능력을 갖춘 사람도 있다. 하지만 대부분의 사람들은 그러하지 못하며, 사업은 그 규모가 커지면 창업자 자신뿐만 아니라 타인을 움직이어야 하므로 기록으로 표현된 행동 지침인 문서화된 사업계획이 필요하다. 이러한 사업계획서는 창업자의 창업계획을 체계적으로 정리한 것으로서 소규모의 소매업이라도 창업자 및 업종의 특성에 맞는 창업 사업계획서를 작성하여 실행해 나가야 한다.

3. 사업계획서의 역할

1) 사업계획서는 사업을 계획하는 도구

사업계획서는 사업을 계획하는 미래의 청사진과 경영의 가이드 라인이다. 이것을 작성하는 과정에서 창업자는 사업에 관한 여러 가지를 살펴보게 된다. 그러므로 사업전반의 내용인 사업과 경쟁환경, 잠재시장 분석과 성공 가능성, 위험부담 등을 객관적으로 살펴볼 수 있는 기회가 된다.

2) 사업계획서는 자본조달의 수단

사업계획서는 창업에 도움을 줄 제3자, 즉 동업자・출자자・금융기관・거래처 더 나아가 일반 고객에 이르기까지 투자의 관심유도와 설득자료로 활용도가 매우 높다.

3) 사업계획서는 체계적인 사업준비를 하는 데 유리

사업계획서는 사업성분석 내용의 실행계획을 구체화하기 위하여 작성되는 것이다. 창업자 자신의 내부관리 목적을 위한 내적 기능과 외부투자자의 의사결정을 위한 외적 기능을 수행한다. 그러므로 체계적인 사업준비에 유리하다.

4) 사업의 성공가능성을 제고

사업계획서는 계획적인 창업을 가능하게 하여 창업기간을 단축시켜 주고 사업추진을 원활하게 하며, 자원 및 경비를 절감할 수 있게 하여 계획사업의 성취에도 많은 효과를 준다.

5) 사업계획서는 창업자의 비전과 인격

사업계획은 자신과 다른 사람을 합리적으로 설득하기 위한 준비작업으로 표현하기도 한다. 그러므로 사업계획서가 얼마만큼 잘 작성되었는가에 따라 창업자의 비전과 능력 그리고 사업목표와 경영방침 등을 효과적으로 알릴 수 있으며, 창업자 자신의 경영철학과 경영방침을 제시할 수 있는 수단이다.

4. 사업계획서의 기능

첫째, 계획서류의 기능을 보면 사업계획서는 어떻게 사업을 할 것인가에 관한 아이디어를 개발하는데 사용할 수 있는 계획서이다. 그리고 마케팅, 재무, 운영업무 등 기업의 모든 면에 대하여 사전에 검토함으로써 전략을 구체적으로 가다듬는 기회를 제공할 뿐 아니라, 실제로 시장에서 직면하게 될 수 있는 잘못을 서류상에서 경험하게 하는 기회를 제공해 준다.

둘째, 사업활동의 안내 기능으로서 사업계획서는 회사의 나아갈 방향을 제시하는 사업의 안내역할을 한다. 안내지도 없이 여행할 경우 많은 어려움에 직면하게 되며 심지어는 여행을 중단하게 되는 경우도 생길 수 있다. 사업을 시작하는 것도 마찬가지로 사업을 위한 안내지도가 필요하다. 사업계획서가 바로 사업의 안내지도 역할을 하는 것이다.

셋째, 평가기준 기능으로서 사업계획서는 회상하는 도구이다. 사업계획서가 있으면 향후 일정 기간이 지난 후 사업계획에 비추어 실제성과가 어떠했는지 평가할 수 있다. 이러한 점에서 사업계획서는 향후 새로운 사업계획서를 작성하는 기초로서 사용될 수 있고 또한 사용되어야 한다.

넷째, 자금조달 도구로서 사업계획서를 통하여 자금을 확보한다. 자금을 빌려주는 금융기관이나 자금을 투자하는 투자자들은 일반적으로 사업계획서를 통하여 회사를 검토한 후에 의사결정을 하게 된다.

제2절 사업계획서 작성의 필요성과 중요성

1. 사업계획서 작성 필요성

1) 필요성의 이해

창업과정에 있어 예비 창업자에게 사업계획서 작성행위는 계획사업에 관련된 제반사항 즉, 제품시장의 구조적 특성, 구매고객의 성격, 시장확보의 가능성과 전략, 적정투자 규모, 자금의 조달계획, 생산 및 판매계획, 인력수급계획 등 일련의 사항을 객관적 관점에서 체계적으로 묘사하는 매우 중요한 자료이다.

이러한 계획서는 당사자의 사업성공 가능성을 높이는 것뿐만 아니라 계획사업의 성취에도 많은 필요요인으로 작용될 수가 있다. 특히 부족자금 조달을 위한 투자가의 관심유도와 설득의 자료가 될 수 있다.

일반적으로 기업의 실패원인을 외적요인과 내적요인으로 구분하여 볼 때 90% 이상이 내적요인에 의한 실패이며, 이러한 요인 제거를 위한 최우선 과제는 무엇보다 정확한 사업계획의 입안에 있다. 사업계획은 위험성과 불확실성에 대하여 세밀하고 전문성있는 방법에 의한 검토가 필요하며 제품구상에서부터 초기 성장단계로 진입하기 위한 활동계획과 대책을 나타내는 의사표현이라고 볼 수 있다.

대부분의 창업자는 객관적이기보다는 주관적인 판단으로 흐를 가능성이 높은 상황하에서 체계화된 사업계획 형식에 맞추어 구체적으로 각 부문별 · 요소별 계획과 검토를 진행하다 보면 예상치 못한 사업구상의 헛점을 발견하게 되는 것을 종종 볼 수 있다. 사업은 예기치 못한 작은 원인에 의하여 성패가 좌우될 수도 있다는 것을 명심해야 할 것이다.

현재 정부 혹은 금융기관 및 투자기관들은 창업기업을 위한 금융지원을 확대하고 있으며 또는 기술개발 등 정책자금 지원도 매년 그 예산액을 상향 조정하고 있다. 이러한 여러가지 자금조달활동을 위해서는 정확하고도 세밀한 사업계획서가 필요하며 투자가의 신뢰감을 얻을 수 있는 근거자료의 제시, 전문성과 독창성을 갖춘 보편타당한 사업계획서의 작성이 요구되어 진다.

【표 9-1】 사업계획서의 작성 필요성

감정적 편견을 억제하는 기능	감상적 아이디어나 경험에 의한 주먹구구식 계획을 제거시켜 준다.
사업에 대한 헌신도의 시험기능	창업자의 헌신도가 구체적인 계획으로 표현된다.
계획 및 조치의 정당성에 대한 입증기능	세부적인 계획으로 방법론의 선택과 대체안의 강구로 문제해결이 보다 쉬워진다.
사업 아이디어의 입체적 검증기능	사업체계와 절차의 명확화로 전·후 절차와 과정상의 실수 등을 줄여 준다.
일관성 있는 사업추진 기능	목표의 명확화로 일관성 있는 추진이 가능하다.
타인에 대한 설득기능과 신뢰성 향상기능	잘 짜여진 사업계획은 다른 사람의 관심을 유도하고 이해관계자에 대한 신뢰성을 높여 준다.

사업계획은 구체적이고 객관적이어야 하며, 상대방으로 하여금 신뢰성을 주는 사업계획서가 작성되어야 한다. 어떤 형태이건 창업기업은 5년이내 70%가 도산한다는 통계를 감안해 보더라도 사업계획의 수립은 철저히 조사되고, 가능성만이 아닌 실질적인 실천계획서로 작성되어야 한다.

따라서 창업에 있어서 사업계획서가 필요한 이유를 요약해보면 다음과 같다.

첫째, 창업자 자신이 창업 및 발전전략을 설계해 보는 기회가 되고, 주관적인 사업구상이 아니라, 객관적이고 체계적으로 사업을 검토할 수 있다.

둘째, 창업에 필요한 제반 요소를 점검하고, 부족한 부분을 파악함으로써 효율적으로 창업과정을 수행하고 창업 성공률(Survival rate)을 높인다.

셋째, 창업과정에서 어떠한 전략을 취할 것인가를 세밀하게 분석하여 결정할 수 있다.

넷째, 창업자가 외부로부터 자금조달을 원하는 경우, 창업자가 자신의 '기회'를 외부투자가(엔젤, 벤처캐피탈)에게 체계적으로 설명하기 위해서 필요하다.

2) 창업자 입장에서의 필요성

사업계획의 수립은 고려중인 사업을 성공으로 이끄는 데 많은 도움이 되는 것으로, 사업계획의 용도는 다음과 같이 정리할 수 있다

(1) 사업의 성공 가능성 타진

사업계획서를 작성한다는 것은 사업의 성공 가능성을 점검할 수 있는 좋은 기회가 된다. 계획을 작성하는 과정에서 사업의 문제점을 발견하게 되는 경우도 많다. 사업타당성 분석을 별도로 실시하지 아니하고 사업계획을 작성하는 경우는 사업계획 작성 과정에서 사업성을 검토하게 된다.

(2) 의사소통의 수단

사업계획은 고려하는 사업에 참여할 투자자, 동업자, 간부급 인사들과 의사를 교환할 때 중요한 보조 자료가 된다. 대부분의 사업은 구두로만은 충분히 설명하기 어려울 정도로 복잡할 뿐만 아니라, 제안 사업을 구두로 설명하려면 관계자들로부터 충분한 이해를 얻기 어렵다. 짜임새 있게 작성된 사업계획은 주변의 사람들을 움직이는 중요한 수단이 된다.

(3) 초기의 행동지침

사업계획은 창업 초기의 업무 추진계획이다. 사업이 일단 시작되면 처리해야 할 업무가 많고 시간이 부족하여 가능한 여러 가지 대안들을 검토하고 세부적인 계획을 수립하는 일에 많은 시간을 보낼 수 없게 되는데 이때 사업계획은 유용한 행동지침이다.

3) 투자자 입장에서의 필요성

(1) 투자 사업의 타당성을 판단하는 자료

사업계획은 투자자가 투자에 관한 의사 결정을 하는 데 사용하는 가장 기본적인 자료이다. 사업계획은 사업 제안자와 투자자가 간접적이나마 최초로 접촉하게 하는 매개물인 경우가 많다. 사업계획이 어느 정도 가능성을 시사해야 사업 제안자와 투자자를 직접 만나서 사업을 논의할 수 있게 될 것이다. 사업계획은 사업평가의 가장 기본적인 자료이기 때문이다.

(2) 창업자와 경영진의 능력평가 자료

투자자들이 사업계획서를 통하여 가장 관심을 가지는 사항은 창업자와 경영진이 계획사업을 성공시킬 능력을 가졌는가 이다. 또, 투자자들은 사업계획서에 나타난 여러 가지 내용들로 예를 들면, 업계의 동향, 시장의 추이, 경쟁 상태, 사업의 독창성, 소요자금, 대상기업의 현재 재무상태 등에 대하여 사실 확인을 하고 사업의 타당성을 평가한다.

2. 사업계획서 작성의 중요성

1) 계획사업의 청사진

창업과정에 있어서 사업계획서의 작성은 계획사업에 관련한 제반사항, 즉, 계획사업의 내용, 계획제품 시장의 구조적 특성, 소비자의 특성, 시장확보의 가능성과 마케팅 전략, 계획제품에 대한 기술적 특성, 생산시설, 입지조건, 생산계획과 더불어 계획 아이템에 대한 향후 수익전망, 투자의 경제성, 계획사업에 대한 소요자금 규모 및 조달계획, 차입금의 상환계획, 조직 및 인력계획 등 창업에 관련되는 제반사항을 객관적으로 작성하는 아주 중요한 자료이다.

2) 기업의 성과증대

사업계획서를 작성하는 과정에서 창업기업이 직면하는 주요한 문제들을 체계적으로 이해할 수 있는 기회와 이를 해결할 수 있는 전략을 수립할 수 있는 아이디어를 얻을 수가 있다. 경영자의 가치관과 기업목적의 검토 및 조정, 정보수집과 분석결과의 공유, 조직 내에서의 의사결정방법의 개발 등과 같은 것들이 계획과정에서 검토되고 수립됨으로써 창업조직을 효과적으로 만드는 데 기여하게 되어, 결과적으로 창업기업의 성과를 증대시킬 수 있다.

3) 경영관리의 지침서 역할

사업계획서는 창업기업의 비전과 목표를 담고 있으므로 관리자를 비롯하여 전체 종업원들로 하여금 이러한 목표를 향해 나아갈 수 있도록 도와주는 안내자 역할을 한다. 창업을 한 후에는 조직구성원들이 원래의 목적과 나아가야 할 방향을 잊기가 쉬운데, 그러한 경우에 사업계획서를 참조하면 기업의 목표를 재확인할 수 있고, 또한 그와 관련된 문제를 해결할 수 있는 안내자의 역할을 한다.

4) 사업성공의 지침서

사업계획서는 창업자 자신을 위해서는 계획사업의 타당성 검토를 통해 사업성공의 가능성을 높여주는 동시에 계획적인 창업을 가능케 하여 창업기간을 단축시켜 주며, 계획사업의 성취에도 많은 영향을 미친다.

또한 창업에 도움을 줄 제3자, 즉 동업자, 출자자, 금융기관, 매입처, 매출처, 더 나아가 일반고객에 이르기까지 투자 및 구매의 관심유도와 설득자료로 활용도가 매우 높다.

5) 외부자원의 획득

사업계획서는 창업에 도움을 줄 제3자 즉, 동업자, 출자자, 금융기관, 매입처, 매출처, 더 나아가 일반 고객에 이르기까지 투자에 대한 관심 유도와 설득자료로서 많이 활용하게 된다. 투자자들은 투자의사결정과정에서 사업계획서를 중시한다. 사업계획서는 투자자들이 제안된 사업이 갖는 위험과 가능성을 확인하기 위한 검토를 시작하는 출발점이 되기 때문이다.

특히 은행, 벤처자본가, 창업자금 지원기관들로부터 자금지원을 얻기 위해서는 투자심사를 위한 판단자료로 사업아이디어, 업계동향, 수요추세, 경쟁상태, 소요자금, 경영진의 경영능력 등에 관한 정보를 포함한 사업계획서를 제공해 줌으로써 투자의사결정에 활용할 수 있도록 하여야 한다.

제3절 사업계획서 작성원칙

1. 작성의 기본원칙

1) 설득이 용이하게 작성

사업계획서는 충분성과 자신감을 바탕으로 작성되어야 한다. 창업기업가 자신이 가지고 있는 목표 아이템을 제3자에게 설득력 있게 납득시키는 것이

사업계획서의 제1의 목적이다. 따라서 계획사업에 대한 내용을 충분히, 그리고 구체적으로 작성할 필요가 있다. 사업내용이 창업기업가 자신에게는 다년간 관심과 연구의 결과일 수 있지만, 제3자의 입장에서는 생소한 경우가 대부분이기 때문이다. 사업계획서는 창업기업가의 얼굴인 동시에 창업기업가 자신의 신용이다.

따라서 사업계획서는 창업기업가 자신이 효율적으로 창업기업을 설립하여, 그 사업을 지속적으로 성장・발전시켜 가고자 하는 창업기업가의 구체화된 의지를 체계적으로 정리・기술한 창업계획서이기 때문이다.

2) 객관성, 현실성 원칙

사업계획서는 객관성이 결여되어서는 안 된다. 자칫 자신감이 너무 지나쳐 제3자가 느끼기에 허황되고 현실성 및 실현가능성이 없다고 판단될 때는 신뢰성이 큰 타격을 입을 수도 있다. 따라서 공공기관 또는 전문기관의 증빙자료를 근거로 정확한 시장수요조사와 최소한 회계적 지식을 갖고 매출액과 수익이 추정되어야 한다.

3) 간단 명료성

사업계획서는 설득력 있는 내용으로 간단・명료하게 작성하여야 한다.

즉 주된 취급품목만 기술하고 부수적이고 다양한 내용은 가급적 피하면서 향후 기술개발 가능성과 사업의 잠재력을 강조한다.

또 전문적인 용어의 사용은 피하며 단순하고도 보편적인 설명으로 이해시킬 수 있도록 해야 하며 근거가 불충분한 자료 혹은 논리적 비약 및 비논리적인 추정은 피한다.

그리고 계획사업의 잠재된 문제점과 향후 발생가능한 위험요소를 명료하게 기술하고 그에 대한 대안을 제시하면서 자체적으로 조달가능 자금의 내역과 정도를 정확히 표현한다.

4) 객관성

사업계획서는 비논리적인 추정을 피하고 공공기관 또는 전문기관의 객관적

증빙자료 등의 확실한 근거와 함께 실현가능한 사실성에 근거하여 정확하게 작성하여야 한다. 특히 사업계획서의 구체적인 숫자의 예측으로부터 사업이 성공할 것이라는 객관적인 자료를 제시해야 하는데 제품의 가격, 이윤, 판매량, 시장점유율 등을 예측할 때는 지나치게 낙관적인 자세로 임해서는 안되며 예상되는 경쟁관계를 과소평가하지 않아야 한다.

5) 구체성

창업자가 가지고 있는 목표 아이템을 제삼자에게 설득력 있게 납득시키는 것이 사업계획서의 목적중의 하나이다. 따라서 사업계획서는 해당 제품 자체의 설명에만 국한하지 말고 관련산업, 관련업종의 내용 제품생산공정, 각 사업운영 부문에 대한 기술을 구체적이면서도 명료하게 나타내어야 한다. 그리고 창업자 자신이 조달가능한 자기자본을 구체적으로 현금과 예금, 부동산 담보 등에 의한 조달액을 표시함으로써 제3자로부터 창업자의 최소한의 자금조달능력을 신뢰하게 할 필요가 있으며 동업자, 금융기관 등으로부터의 조달계획을 구체적으로 표시해야 한다. 이를 통해 경영자나 투자가로 하여금 사업성공과 투자가치와 수익성에 대한 확신감을 갖을 수 있도록 해야 한다.

6) 타당성

사업계획서는 이해관계자(자본투자자, 사업승인자)들에게 타당성 있고 신뢰감을 줄 수 있도록 작성되어야 한다. 이를 위해서는 시장분석, 기술분석, 재무분석, 공익성 분석 등을 실시해야 한다. 그리고 제품 및 기술성 분석 근거자료로서 공공기관의 기술타당성 검토보고서 또는 특허 등의 관련 증빙서류를 첨부함으로써 신뢰성을 높여줄 필요가 있다. 또한 사업계획서는 추정재무제표와 재무분석을 통해 계획사업의 적정수익성이 검증되어야 한다.

7) 계획사업의 핵심내용 강조

사업계획서는 계획사업의 핵심내용을 강조하여 부각시켜야 한다. 사업계획서는 창업기업가 자신이 가지고 있는 목표 아이템을 제3자에게 설득력 있게 납득시킬 수 있도록 보편타당성 있게 작성되어야 한다. 계획제품이 경쟁제품보다 소비자의 호응이 있으리라는 기대를 갖고, 제품의 특성을 중심으로 설명하되 잡다한 부수적 생산제품보다 창업초기 전략계획 상품을 중심으로 1~2종, 많더라도 3종을 넘지 않은 범위 내에서 핵심적으로 상품을 설명할 필요가 있다. 흔히 창업기업가들이 이 목표상품을 잘못 선택하여 창업에 실패하는 경우가 많기 때문이다. 아울러 시장 조사기관 등의 증빙자료를 근거로 시장수요조사와 점포입지에 대한 분석을 실시하고, 예상되는 매출액과 수익성도 합리적인 방법으로 객관성 있게 추정해야 한다.

8) 상식적 수준에서 평이한 내용의 설명

제품 및 기술성 분석에 대한 내용은 가급적 전문적인 용어의 사용을 피하고, 단순하고도 보편적인 내용으로 구성한다.

해당제품 자체의 설명에만 국한하지 말고 관련사업, 관련업종의 내용부터 접근하는 것이 필요하며, 제품생산공정을 구체적으로 설명할 필요가 있다. 또한 제품 및 기술성분석 근거자료로서 공공기관의 기술타당성 검토보고서 또는 특허증사본 등의 관련 증빙서류를 첨부함으로써 신뢰성을 높여 줄 필요가 있다.

9) 신뢰성있는 자금조달 및 운용계획

자금조달 및 운용계획은 정확하고 어느 정도 실현가능성이 있어야 한다. 창업자 자신이 조달가능한 자기자본을 구체적으로 현금과 예금이 얼마이며, 부동산담보 등에 의한 조달액이 어느 정도 되는지를 표시함으로써 제3자로부터 창업자의 자금조달능력을 신뢰하게 할 필요가 있다. 그 후 동업자, 금융기관 등으로부터의 조달계획을 구체적으로 표시하여야 한다.

10) 문제점 및 위험요인의 심층분석

사업계획서는 계획사업에 잠재되어 있는 문제점과 향후 발생 가능한 위험요소를 심층 분석하고, 예기치 못한 사정으로 인하여 창업이 지연되거나 불가

 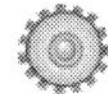

능하게 되지 않도록 다각도에 걸쳐 점검이 요구된다. 인력난 속에서 간과해서는 안 될 점이 종업원의 충원문제다. 핵심요원은 구체적으로 사전 확정되어 있어야 하며, 조업률 80% 수준의 종업원 확보에 어려움이 없는지도 집중적으로 검토해 보아야 한다.

특히 기술성이 뛰어난 특허제품 등은 기술상 1%의 하자만 있어도 실패하는 경우가 흔하기 때문에 기술자 확보문제와 생산시설 설계회사와도 사전협의가 필요한 사항이다.

2. 기본적인 작성순서

사업계획서는 그 목적, 용도 및 제출기관에 따라 내용상 차이가 있으며, 분량과 첨부서류에도 큰 차이가 난다. 또한 창업자가 직접 작성하느냐, 외부 전문기관에 의뢰하여 작성하느냐에 따라 전문성과 내용이 달라질 수 있다.

따라서 사업계획서 작성 전에 미리 기본계획과 작성 순서를 정하고 작성해야만 시간과 노력을 절약할 수 있으며, 내용도 충실해질 수 있다. 효율적인 사업계획서 작성을 위해 사업계획서를 실제 작성하기 전에 미리 준비할 사항과 사업계획서 작성의 기본 순서를 알아두는 것이 필요하다.

첫 번째 단계는 사업계획서 작성의 목적에 따라 기본 방향을 설정하는 것이다. 사업계획서 작성의 목적은 크게 나누어 3가지, 즉 ① 사업타당성 여부 검증을 포함해서 창업자 자신의 창업계획을 구체화하기 위한 수단으로서 작성하는 경우 ② 자금조달을 목적으로 작성하는 경우 ③ 공장설립 및 인허가 등을 위해 작성하는 경우로 구분해 볼 수 있는데, 이들 목적에 따라 기본목표와 방향을 정하지 않으면 안 된다. 기본목표와 방향이 정해지지 않으면 사업계획서가 초점을 잃기 때문이다.

두 번째 단계는 사업계획서 작성 목적 및 제출기관에 따라 소정양식이 있는지 미리 알아보아야 한다. 자금조달을 위한 경우라도 조달처가 은행, 신기술사업금융회사 등에 따라 그 내용이 약간 차이가 있기 때문이다.

세 번째 단계는 사업계획서 작성 계획 수립이다. 대부분의 사업계획서는 사업계획추진 일정상 일정기한 안에 작성해야 할 필요성이 있는 경우가 많다.

사업계획서 작성이 지연되는 이상으로 계획사업 추진에는 더 큰 지연이 따르게 된다. 따라서 각 부분별로 작성일정과 보조를 받아야 할 사람을 확정할 필요가 있다. 주관은 누가 하든지 간에 시장성 및 판매 전망은 영업부문 담당자가, 자금조달 운용계획 및 추정재무제표 작성 등 재무에 관한 사항은 경리담당자가, 그리고 제품 및 기술성 분석에 관한 사항은 생산담당자가 작성하는 것이 여러 가지로 합리적이다

네 번째 4단계는 사업계획서 작성에 직접 필요한 자료와 첨부서류 등을 철저히 준비하는 일이다. 흔히 사업계획서 작성시 이상의 3단계까지의 절차를 거치지 않고 자료 수집부터 하는 경우가 있다. 그러나 이것은 불충분한 자료수집 때문에 재차 자료수집을 해야 하는 경우도 생기고, 경우에 따라서는 많은 시간 낭비를 가져올 수 있다. 자료수집은 3단계가 끝난 후에 실시하여도 늦지 않다.

다섯 번째 5단계는 작성해야 할 사업계획서의 양식을 결정하는 일이다. 제2단계에서와 같이 특정기관의 소정 양식이 있는 경우는 그 양식에 의거 작성하면 별 문제 없지만, 특정양식이 없는 경우에는 미리 작성해야 할 사업계획서의 양식을 구성할 필요가 있다.

여섯 번째 단계는 실제 사업계획서를 작성하는 일이다. 제출기관에 따라 사업계획서 작성 방법을 간단히 설명하고 있는 경우도 있지만, 그것만으로는 충분하지 못하다. 사업계획서 작성자는 사업계획서 작성요령을 미리 숙지하여 둘 필요가 있다.

실제 사업계획서 작성 단계에서는 원칙도 중요하지만 작성상 많은 기교도 필요하다. 즉 정해진 사업계획서 양식에 따라 순차적으로 작성해 나가는 것보다는 재무적 자료의 기초가 되는 추정 재무제표를 가장 먼저 작성하는 것이 시간절약에 도움이 된다. 사업계획서에 표현될 많은 수치와 계획들이 추정 재무제표와 일치하지 않을 때 그 사업계획서는 신뢰성과 정확성을 상실하기 때문이다.

일곱 번째 단계는 편집 및 제출이다. 사업계획서는 내용도 중요하지만 그 내용을 포괄하고 있는 표지 등 편집도 대단히 중요하다. 정성을 다하고, 모양을 새롭게 하여 제출기관으로부터 좋은 인상을 받도록 최후까지 신경 쓸 필요

가 있다. 사업계획서 제출시에는 그 내용을 충분히 숙지하여 설명과 응답에 부족함이 없어야 한다.

3. 기본 작성 항목

1) 일반현황

창업자의 인적사항과 계획하고 있는 공장입지 등 향후 사업의 형태와 전개 방향에 대한 개략적인 설명 내용이다.

2) 계획사업의 개요

사업의 내용과 생산하고자 하는 제품의 특성 등 기존 제품과의 차이점, 향후의 기대효과, 즉 수입대체 효과, 국민경제적 효과, 고용창출효과, 지역개발효과, 신기술보급효과 등에 대하여 기술한다.

3) 시장현황

현재 생산 및 판매하고 있는 동종업계의 동향 즉, 업체별 매출액, 생산설비의 규모, 업체별 생산제품의 장단점, 업체별 시장점유율, 해외시장 동향, 국내시장의 추세 등에 따라 계획제품의 시장침투가능성 여부를 기술하며 해당 업종에 대한 국내외 성장 가능성에 대하여 강조한다.

4) 판매계획

기존 업체별 판매형태와 전략을 비교・평가하여 고유의 판매전략 및 광고전략, 판매형태를 기술하고 합리적인 판매가격을 설정하며 향후의 A/S에 대한 계획을 설명한다.

5) 생산계획 및 설비투자계획

제품의 제조공정도를 이해하기 쉽도록 그리고 판매계획과 자금조달 능력에 따른 적정 설비투자계획을 수립한 후, 생산능력에 따른 자체 생산계획과 부족분에 대한 외주 생산계획을 기술한다. 설비투자에 대한 부분은 국내구입과 수입에 대한 구분을 하며 구입처와 가격 등을 기술한다.

6) 인원 및 조직계획

경력에 맞는 이사진의 구성과 초기의 기업에 적합한 적정인원의 산출근거를 제시하여야 한다. 또한 해당 업종의 특성 또는 창업회사의 특징에 부합되는 조직체계도를 그리도록 한다.

7) 원 · 부자재 조달계획

국내외 원 · 부자재 공급처의 가격(견적서 첨부)과 납품조건, 납기, 최소 주문물량 등을 조사 · 생산계획에 따른 재고량을 감안한 조달계획을 작성한다.

8) 재무계획 및 자금계획

사업계획에 따른 비용 즉 인건비, 재료비, 감가상각비 등과 기업회계 규정에 따른 일반관리비 및 제조경비의 추정으로 향후 3~5년 정도의 추정 손익계산서와 추정 대차대조표를 작성하여 년도별 부족자금에 대한 부분을 검토하여 계획사업에 대한 년도별 총소요자금의 조달방안 중 몇 가지의 가능한 방안을 선정한다.

9) 사업추진일정계획

계획사업의 공장부지 설정과 건물 신축 · 인허가, 자금조달 일정 등 각 부문별 추진일정계획을 작성한다.

10) 부속자료

계획서상에 나타낼 수 없는 내용이나 자료 중 계획 승인상에 잇점이 따르는 사항은 부족자료로서 첨부하며, 계획서 형식에 따라 작성하지 못한 사항도 참고자료로서 기술하여 첨부한다.

 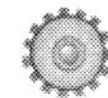

4. 사업계획서 작성시 유의사항

1) 사업계획 작성의 기본 요점

사업계획이 자신을 위한 것이되 타인과 접촉하는 수단이라는 점에서 그것을 작성할 때는 기본적으로 신뢰성, 능력, 창의성을 보여야 한다. 이들에 대하여 간단히 설명하면 다음과 같다.

(1) 신뢰성

사업계획서는 그것의 독자가 그 내용을 믿을 만한 것이라는 생각을 갖도록 작성되어야 한다. 이를 위해서는 참고자료, 자료의 출처, 권위 있는 후견인 등을 동원할 수 있다.

(2) 능력

창업자 및 경영진은 사업을 성공적으로 경영할 수 있는 능력이 있음이 나타내도록 하여야 한다. 과거의 경험, 학위, 발명, 수상 경력 등을 밝힐 수도 있다.

(3) 독창성

사업계획서는 계획사업이 기존의 다른 사업과 다른 점을 설명하여야 한다. 예를 들면, 특허, 제품의 성능, 경영방법, 표적시장 등에서 기존의 사업과 다른 점을 명시하여야 한다.

2) 세부적 유의사항

(1) 계획하는 사업과 그 사업의 잠재력에 대한 서술을 가능한 짧게 한다. 투자가의 관심을 끌 수 있는 내용만 사업계획서에 포함시키고 2차 적인 내용은 면접 때로 미룬다.

(2) 계획사업의 내용을 지나치게 다양하게 하지 말라. 관심을 한 두 가지의 주요 생산품과 주요 시장으로 집중시킨다. 창업기업은 여러 기회를 모두 이용할 능력이 부족하므로 노력을 한정된 대상에 집중한다.

(3) 경영진에 공석을 두지 않는다. 투자가들은 경영진에 대하여 처음부터 확실히 알고 싶어 한다.

(4) 생산품과 공정을 설명할 때 전문적인 용어나 전문가만이 이해할 수 있는 방법을 사용하지 않는다. 투자가는 그가 이해하지 못하는 사업에 투자하려 들지 않는다.

(5) 근거가 불충분하거나, 애매한 표현을 하지 않는다. 이러한 표현은 기업가를 생각이 천박하고 멍청한 사람으로 보이게 한다.

(6) 계획사업의 현재 또는 잠재적인 문제점을 밝히고 그것을 설명한다. 투자가가 발견한 문제점에 대하여 명쾌한 설명이 없으면 기업가는 신용을 잃게 된다.

(7) 창업자는 사업계획을 작성하는 사내 경영진의 활동뿐만 아니라 법적인 내용이나 재무, 회계상의 내용과 관련되어 외부의 도움을 받는 경우에도 참여한다.

제4절 사업계획서 작성 내용

1. 사업계획서의 작성 형식과 종류

사업계획서는 목적에 따라 내용과 형식이 달라진다. 우선 창업자 자신을 위한 사업계획서는 형식이나 내용에 구애받을 필요가 없다. 그리고 정부기관, 창투사, 은행 등은 자체 서식에 따라 작성하면 된다. 그러나 개인 투자가 또는 동업자를 위한 사업계획서는 자신이 구상하고 수립했던 내용들이 목적에 부합되게 빠짐없이 기록되어져야 한다. 사업계획서 제출처에 따른 주요 포함내용은 다음과 같다.

【표 9-2】 사업계획서의 중점 내용

제 출 처	목 적	중점내용
창 업 자	내부관리	자금조달 및 운영계획
은 행	금융지원	투자계획, 매출계획, 상환계획
보증기금	신용보증	기술개발계획, 매출계획
지방자치단체	인·허가	사업기대효과, 환경계획
창업투자사	금융지원	사업성분석, 이익계획,

개인투자자	자금융통	이익계획, 투자회수계획
동업자	사업참여	지분계획

2. 사업계획서의 형식

현재 사용되고 있는 각종 사업계획서의 내용은 그 해당 용도에 따라 여러 가지의 계획내용을 포함하고 있으나 종류별 사업계획의 형식은 전체적으로 거의 유사하다고 볼 수 있다. 또한 이러한 여러 종류의 사업계획 내용들은 공통적으로 객관적인 관점에서의 충분한 이해와 관심을 엿볼 수 있도록 표현되어야 한다.

【그림 9-1】 사업계획서 작성 형식

1. 일반현황
   가. 창업자(대표자) 현황
   나. 회사의 일반현황(임원현황 포함)
2. 계획사업의 개요
   가. 개발동기(기술 및 제품)
   나. 사업내용
   다. 생산제품의 특성
   라. 기대효과
3. 시장현황
   가. 동종업계 현황
   나. 시장의 규모와 전망
   다. 시장점유율과 경쟁관계
   라. 계획제품의 침투 가능성
4. 판매계획
   가. 판매전략 및 판매형태
   나. 가격정책
   다. A/S 계획
   라. 국내판매계획
   마. 수출계획
5. 생산계획
   가. 제조공정도
   나. 자체 생산계획
   다. 외주 생산계획
6. 설비투자계획
   가. 적정규모의 제조 및 검사설비 내역
   나. 구입처, 수량, 가격
7. 인원 및 조직계획
   가. 업무흐름별 조직체계도
   나. 직무별·직위별 소요인원
8. 원·부자재 조달계획
   가. 국내 조달계획
   나. 수입자재 조달계획
9. 재무계획
   가. 추정 손익계산서
   나. 추정 대차대조표
   다. 현금흐름표
   라. 손익분기점 분석
10. 자금계획
   가. 총소요자금 내역
   나. 조달계획 또는 차입계획
   다. 차입금 상환계획
11. 사업추진 일정계획
12. 부속자료
   가. 인건비 명세서
   나. 감가상각비 명세서
   다. 제조원가 명세서
   라. 경영진 이력서
   마. 제품설명서
   바. 특허권 사본
   사. 제공가능 담보물 내용
   아. 설비구입 견적서 등

3. 사업계획서 작성 세부내용

1) 표지(cover sheet)

사업계획서 제출시 사업계획서는 표지 작성으로 시작된다. 사업계획서에 표지를 작성하는 것이 당연한 일이나 실제로 많은 경우에 표지가 없거나 불충분한 내용 표기를 하고 있다. 사업계획서가 여러 부 작성되어 배포될 경우에는 배부처를 파악하기 위하여 표지에 일련번호를 쓴다. 이는 사업계획서의 복제, 배포를 방지하기 위한 목적도 있다.

2) 총괄 요약문(executive summary)

총괄 요약문은 사업의 중요한 모든 사항을 가장 간결한 형태로 정리한 미니사업계획서로서 이 부분은 사업계획서의 심장에 해당한다. 총괄 요약문은 전체 사업계획을 더욱 세부적으로 작성하기 위한 사업계획서의 초안으로서 중요한 역할을 담당하며, 총괄 요약문을 읽고 사업계획서의 본문 내용을 읽어보도록 관심을 끌어 유인하는데 핵심적인 역할을 한다.

3) 목차(table of contents)

목차는 사업계획서에 포함된 모든 부분의 제목과 해당 쪽 번호와 함께 표시하여야 하며, 특히 사업계획서 전체 내용의 논리적인 전개를 한눈에 볼 수 있게 정리되어야 한다.

4) 회사 및 사업개요

회사의 소개와 조직개요에서는 사업을 하는 목적이 무엇인가를 밝히고, 회사를 성공시킨 다음의 궁극적인 목적은 무엇이며, 회사의 사회적인 목표는 무엇인가의 비젼을 기술한다. 또한 창업자의 인적사항과 계획하고 있는 공장입지 등 향후 사업의 형태와 전개방향에 대한 개략적인 내용을 설명한다.

① 창업자(대표자) 현황

② 회사의 비젼과 일반현황(비젼, 연혁, 경영진, 기술진, 주주현황, 조직도 등)

사업에 관한 전반적인 사항을 기술한다. 사업의 내용, 목적, 의의, 전망 등의 내용이 포함된다. 또한 사업제품의 특성, 기존제품과의 차이점, 향후의 기대효과, 즉 수입대체효과, 국민 경제적 효과, 고용창출효과, 지역개발효과, 신기술보급효과 등에 대하여 기술한다. 사업개요에 관한 부분은 벤처자본가들에게 매우 중요한 부분이므로 사업의 매력적인 점을 부각시킬 수 있도록 해야 한다.

① 사업목적
② 사업내용 및 범위
③ 계획제품의 특싱
④ 개발동기
⑤ 기대효과

5) 상품성 및 기술성분석

창업자가 취급할 상품(서비스)의 성격 및 특징, 기술적 검토, 구입에서 수금에 이르는 과정 및 타사 또는 경쟁상품과의 관계를 분석 대상으로 한 타당성을 검토한다.

① 기술의 개요
② 기술개발실적
③ 기술의 적용사례
④ 기술제품 적용사례
⑤ 향후 개발계획
⑥ 기술파급효과

6) 시장성분석

기업이 존속하고 있는 산업과 목표시장에 관하여 설명한다. 산업의 규모가 얼마나 되는지, 산업이 성장단계 혹은 쇠퇴단계에 있는지, 자사 제품의 진입장벽은 무엇인지 등 산업에 관한 분석 내용을 조사자료와 함께 포함한다. 그리고 시장에 대해서는 누가 회사의 제품이나 서비스의 잠재 고객인지, 또는 누가 잠재 고객이 될 것인지를 규정하고 설명하여야 한다. 그리고 목표시장, 시장규모, 경쟁상태, 고객의 구매의사결정과정, 시장세분화, 경쟁사에 대한 방어전략 등과 같은 시장의 중요요소에 대하여 설명하여야 한다.

① 사업 및 동종업계 관련산업 등의 현황
② 시장의 규모와 전망(국내 및 해외시장)
③ 시장점유율과 경쟁관계
④ 계획제품의 목표시장 침투가능성(고객분석)

7) 생산 운영 계획

효율적인 생산시설계획과 확보 및 운용계획은 창업회사의 지속적 성공을 위해 중요하다. 새로 시작하는 회사라면 이런 시설과 자재들을 언제 어떻게 확보할 것이며, 이것들을 구입할 것인가, 임대할 것인가? 예산액은 얼마나 예상되며 투자액의 몇 퍼센트가 이런 시설비에 투입되는가? 이런 시설이 얼마의 비용으로 언제 어떻게 확장하고 핵심적인 생산설비들을 어떻게 확대할 것인지에 대해서도 설명한다.

또한 생산공정과 애로사항, 생산계획과 공장이나 시설의 확보 및 배치계획, 생산시설에서 발생하는 환경과 공해문제, 공해방지시설 내역과 계획, 공장 설치허가와 인허가 사항, 원자재의 조달계획, 원자재의 시장 동향과 전망, 원자재의 가격변동 추이, 자체생산계획과 외주생산계획, 국내외조달 계획, 협력업체, 품질보증계획, 생산의 생산관리와 품질관리 계획, 생산현장의 재고관리(부품, 완제품) 등의 내용이 포함되어야 한다.

8) 마케팅계획

마케팅 활동은 어떻게 고객의 욕구를 충족시켜 기업의 이윤을 지속적으로 창출할 것인가의 구체적인 마케팅 믹스요소인 제품과 유통, 가격과 촉진믹스 결정에 관한 내용이다. 즉 소비자가 제품을 사도록 만들기 위해서는 어떤 일을 해야 하는가? 그 일을 어떻게 수행할 것인가? 에 대해서 설명한다.

또한 제품을 어떻게 소비자에게 소개하고 제품을 어떻게 공급할 것인가도 결정해야 한다. 그리고 가격정책이 논의되어야 한다. 그리고 판매를 위한 소요비용, 판매사원, 제품의 출시와 주문과 배달, 판매사원관리, 판매수당과 월급, 대리점 또는 소매점과의 관계 등을 검토한다.

특히 기존 업체별 판매형태와 전략을 비교 평가하여 고유의 판매전략 및 광고전략, 판매형태를 기술하고 합리적인 판매가격을 설정하며 향후의 애프터서비스에 대한 계획을 설명해야 한다.

① 판매전략 및 판매형태
② 기격정책
③ 유통
④ 촉진(광고, 인적판매, 홍보, 판매촉진 등)
⑤ A/S 계획
⑥ 국내판매계획
⑦ 수출계획

9) 인원계획

아무리 사업 아이템이 좋고 시장 전망이 좋아도 그 사업을 시작하고 성공으로 이끄는 가장 중요한 요소는 기업가와 팀 구성원이다. 그리고 핵심적인 사람이 있는 것도 중요하지만 무엇보다도 창업팀이 좋아야 한다.

투자자들은 창업자들의 인생관과 장래 목표에 대해서도 관심이 있다. 그러므로 투자자들은 창업할 회사와 관련된 분야에 경험이 있는 사람들에게 투자하기를 원한다. 이런 경험이 회사의 성공에 도움이 될 것이기 때문이다. 그리고 창업팀은 좋은 경력을 가진 사람들이 있는 것이 유리하다.

여기에서는 소요되는 인원 및 인건비를 산출하며, 우수 인력 확보 방안, 종업원 인센티브 등의 인력관리 방안에 관한 내용을 수립한다. 경력에 맞는 임원진의 구성과 초기의 기업에 적합한 적정인원의 산출 근거를 제시하여야 한다. 또한 해당업종의 특성 또는 회사의 특성에 부합되는 조직체계도를 작성해야 한다.

① 조직체계도
② 경영진, 기술진현황
③ 총 소요인원
④ 급료 및 상여금계획
⑤ 조직별 업무분장

10) 비용과 이익계획

인건, 제조경비, 판매비 및 일반관리비, 차입이자 등의 비용을 매출액의 세분화한 기간과 일치하여 작성한다. 비지출비용인 감가상각비 및 충당금은 별도로 작성한다. 손익분기점을 산출하는 경우에는 비용항목을 세분화시켜 고정비와 변동비로 비용을 분해하고 기간별로 매출계획과 비용계획에 따른 이익을 산출한다.

① 인건비계획
② 제조경비계획
③ 판매비 및 일반관리비계획
④ 영업외비용계획
⑤ 감가상각비계획

11) 자본조달과 재무계획

가능한 경우 과거의 영업 결과를 설명하고 또한 미래의 예측치를 구체적으로 표시하여야 한다. 이 부문은 대차대조표, 손익계산서, 현금흐름표 등을 포함하여야 하며, 모든 숫자는 회계기준에 맞춰서 작성되어야 한다. 투자자로부터 자금을 지원 받기 위하여 작성되는 사업계획서에는 재무정보 부분에 현재의 소유구조 현황을 설명하고 투자시기, 투자금액, 투자이유를 담은 내용이 포함되어야 하며 투자 후 투자자금을 언제 어떠한 방법으로 회수할 수 있을 것인지 투자자금 회수 방법에 대해서도 설명하여야 한다.

투자계획금액을 자기자본과 타인자본으로 구분하며, 타인자본은 조달가능한 기관명을 명시한다. 투자비용과 영업비용 등의 자금의 지출과 출자 및 차

입, 매출 등을 자금의 수입으로 구분하여 기간별로 자금수지를 계산한다. 자금 차입의 경우 은행, 리스, 사채 등 조달방법이 명시되어야 하며, 자금수지 산출시는 차입금상환, 은행적금 등을 고려해야 한다. 또한 그동안의 재무관련 자료를 보여주고 앞으로 5년간의 계획서를 제시한다. 이미 설립되어 있는 회사라면 지난 5년간의 재무제표(손익계산서, 대차대조표 등)를 제공하는 것이 좋다. 새로 시작하는 회사라면 향후 3~5년 동안 예상되는 재무제표(추정 대차대조표, 추정 손익계산서 등)를 보여주는 것이 필요하다. 이때 손익계산서와 대차대조표 등은 물론이고 시간의 흐름에 따라서 예상되는 현금흐름도와 향후 수익에 관한 전망도 필요하다. 앞으로 5년간의 수익전망과 손익분기점 분석도 한다. 적어도 손익분기점에 이르기까지의 추정 재무제표를 준비하는 것이 좋다.

① 소요자금계획
② 자금조달계획
③ 차입금 상환계획
④ 추정손익계산서
⑤ 추정대차대조표
⑥ 현금흐름표
⑦ 제조원가 명세서

12) 수익성분석

판매계획과 비용계획에서 산출된 금액으로서 향후의 이익과 자산의 흐름과 운용을 분석하는 과정으로 창업의 위험성을 검토한다. 자금조달을 목적으로 하는 경우에는 이익의 사내유보와 배당, 상장계획 등의 내용을 포함할 수 있다. 특히 투자자들이 가장 관심을 갖고 있는 것은 투자금의 회수에 관한 미래의 회사가치인데 일반적으로 투자자는 두 가지로 분류할 수 있다.

첫째, 회사에 투자를 하면서 자신이 현재 소유하고 있는 사업의 다각화를 도모하는 경우이다. 또한 기존에 특별한 회사를 운영하고 있지 않지만 투자를 통해서 회사 경영에 관심이 있거나 기술습득에 관심이 있는 경우다. 이때는 투자자들이 회사 경영에 관심이 있기 때문에 이사회에 참여하려고 한다.

둘째, 단순 투자자들인데 창업투자회사나 금융기관이 이런 부류에 속한다. 이런 투자자가 관심을 가지는 것은 언제 어떻게 투자금을 회수하느냐에 있는데 일반적으로 투자자는 10년 이내에 투자금의 10~20배의 이익을 내기 원한다. 투자자들이 자금을 회수하는 방법은 크게 세 가지로 나눌 수 있다.

① 회사를 주식시장에 상장하는 것이다. 이때는 주식을 팔아서 투자금을 회수한다. 그러나 회사를 상장하기 위해서는 여러가지 까다로운 조건을 만족시켜야 한다.

② 회사를 다른 사람(회사)에게 파는 방법이다. 이때도 투자자는 성공적으로 투자금을 회수하게 된다.

③ 기존의 상장회사에 합병시키는 방법이다. 이렇게 하면 그동안 발행된 모든 주식이 새로운 회사의 주식으로 바뀐다. 자연스럽게 상장되는 것이다. 여기에서는 위의 어떤 방법을 통해서 어느 시점에 투자자가 돈을 회수할 수 있도록 해주겠다는 방안이 제시되어야 한다.

13) 일정계획

개발 및 마케팅, 사업장확보, 인허가, 자금조달 등에 관한 세부적인 일정을 기재하며, 개발에서 향후 1년간의 일정을 월별 또는 분기별로 수립한다.

14) 부속자료

사업계획서 본문에는 사업의 하이라이트만 요약하여 포함하여야 한다. 사업계획서의 각 세부영역을 준비하는 과정에서 수집한 다양한 정보를 사업계획서 본문에 포함시킬 경우 사업계획서를 읽는 독자의 부담이 가중된다. 그러므로 이 부분에는 사업계획서와 관련된 세부적인 연구자료, 자료원천 및 관련 정보를 첨부하여야 한다.

또 계획서 상에 나타낼 수 없는 내용이나 앞에서 삽입하지 못했던 자료중에서 사업계획승인에 유리하게 작용하는 사항은 부속자료로 첨부하여 사업계획서에 기술하지 못한 사항을 참고로 기술 또는 첨부한다.

① 대표자 및 주요경영진 이력서
② 제품설명서
③ 제품관련 특허 및 실용신안 등의 각종 산업재산권 사본
④ 제품별 법에 의한 각종 허가와 무역업자 등록 등에 관한 내용 사본
⑤ 외부 차입시 담보물권에 관한 감정서 사본
⑥ 설비 구입시 견적서 사본 등
⑦ 회사의 정관
⑧ 사업자등록증 사본
⑨ 신기술보유관련 증빙서류
⑩ 시제품사진
⑪ 회사소개나 제품에 관련된 신문스크랩 등 자료

4. 기술 사업계획서 작성 방법

기술신용보증기금에서 기술사업과 관련한 기술사업계획서 작성방법은 다음과 같다.

1) 기업체 현황 작성

대표자(경영실권자) 인적사항으로서 현주소, 최종학력, 주요경력, 기타소유재산 등을 간당하게 기재한다.

다음은 경영진 및 주요 기술인력 현황으로서 법인기업의 경우는 최근 법인등기부등본에 의하여 대표이사(수인인 경우 전부기재), 이사, 감사 및 주요 기술, 인력 순으로 기재하며 개인기업의 경우는 대표자(수인인 경우 전부 기재), 경영실권자 및 주요 기술인력에 대하여 직위 등을 확인 기재한다. 만약 경영실권자가 있을 경우 경영실권자와의 관계만을 기재한다.

2) 회사연혁

회사연혁은 설립배경으로 창업동기, 경영자의 경영철학 등을 바탕으로 간략하게 기재하며 성장과정은 증자, 대표자・상호・업종 변경, 공장신축, 이전 등 기업의 주요 연혁을 기재 한다.

3) 재무상황

재무사항은 전기 및 당기로 구분하여 : 해당 기간의 대차대조표, 손익계산서 상의 금액을 기재한다.

4) 기술(제품)의 개요

기술 및 제품명 : (계획)제품 및 기술이 2가지 이상일 경우 별지로 추가 작성하며 개발기간은 신청기술개발 시작년월로 부터 완료(또는 예정) 년월일 까지 기재한다. 또 개발비용은 기투입된 비용을 포함한 총 개발비용을 기재하며 권리구분은 등록 또는 출원중인 특허권, 실용신안권 등을 기재한다. 권리자(발명자)기재는 특허의 권리자와 발명자가 상이한 경우 병기하여 기재한다.

5) (계획)제품의 내용

제품의 주요내용은 제품의 특성과 핵심기술내용, 기술개발과정 및 개별적 특성, 대체 또는 경쟁제품(상품 및 서비스)과의 차별성을 기재한다.

이때 시장상황은 연도별 국내・외 시장규모, 시장점유(예상)율, 경쟁상황, 유사제품 및 경쟁업체 현황 등을 기재하며 기술 및 품질경쟁력은 국내경쟁사 제품 및 국외경쟁사 제품과의 품질, 기술, 가격비교 등 기재한다. 그리고 생산추진계획은 개발완료 및 제품화시기, 설비도입, 양산착수, 판매 등의 계획 등 기재한다.

6) 신청자금 소요현황

(1) 운전자금 산출내역

4개월분의 인건비(예정인원 포함), 원재료비(부재료 포함), 판매비와 관리비(인건비 차감후 금액), 외주가공비 등을 기준으로 구분하여 작성하며, 기술개발비는 개발기간 동안 사업화 대상기술의 연구개발활동을 위해 소요되는 연구개발 전담인력의 인건비, 훈련비, 시험검사비, 위탁연구개발비, 연구기자재 구입비 등을 말하며, 필요자금을 선택하여 기재함.

(2) 구입(예정)시설 명세

주요 보유설비, 구입예정 설비로 구분기재하며 기구입설비의 경우 장부가액(취득원가에서 총감가상각액을 차감한 잔존가액)을 기준으로 작성하며 도입예정설비의 경우 물가정보지, 조달청 조달단가, 계약서, 견적서 등에 의한 구입예정가를 기준으로 작성하며 구입처의 전화번호도 기재한다.

7) 판매 및 구매 계획

계획사업에 의한 생산품목 전년도 매출액 및 신청년도를 포함한 향후 3년간 예상 매출액을 내수 및 수출로 구분하여 기재하며 주요 판매처는 동계획사업에 의한 생산품목의 판매(예상)업체를 기재하되 업체명, 소재지(전화번호), 판매품목, 예상판매금액, 판매조건 등을 기재한다.

그리고 주요 원재료 구매예상처는 동계획사업에 의한 생산품목의 원자재 구매(예정)업체의 업체명, 소재지(전화번호), 구매품목, 단가, 구매조건 등을 기재한다.

【그림 9-2】 기술창업 사업계획서양식[3]

기 술 사 업 계 획 서
(기술창업기업용)

작 성 일 : ____________

기업체명 : ____________

대 표 자 : ____________

◎ 기술사업계획서는 평가의 기초자료로 활용되오니 「기술사업계획서 작성방법」을 참조하여 신청기업이 직접 작성해 주시기 바랍니다. 작성이 어려운 부분은 우리 기금 직원이 현장조사시 면담을 통하여 수정 · 보완기재가 가능합니다.

본 계획서 양식으로 설명이 부족하거나 내용을 추가하고자 할 경우 관련 자료를 첨부하여 주시기 바랍니다.

◎ 본 기술사업계획서에 의거 자금 또는 신용보증을 신청함에 있어 사실과 다르거나 허위의 자료를 제출할 경우에는 저희기금 내규에서 정하는 바에 따라 향후 신용 보증을 받을 수 없을 뿐만 아니라 전국은행연합회의 '신용정보 관리규약'에서 정한 신용불량정보 등록대상자가 되어 타 기관과의 금융거래에서 불이익을 초래하며 민형사상의 모든 책임을 질 수도 있습니다.

---

3) 기술신용보증 기금, www.kibo.co.kr

I. 기업체 현황

1. 대표자(경영실권자) 인적사항

<table>
<tr><td colspan="2">성 명</td><td colspan="2"></td><td>주민등록번호</td><td colspan="2"></td></tr>
<tr><td colspan="2">현 주 소</td><td colspan="3"></td><td>휴대폰번호</td><td></td></tr>
<tr><td colspan="2">최종학력</td><td colspan="5">학교(대학원) 학과(졸업, 수료, 중퇴)</td></tr>
<tr><td colspan="2" rowspan="4">주요 경력</td><td>기 간</td><td colspan="2">근 무 처</td><td>담당업무</td><td>최종직위</td></tr>
<tr><td>~</td><td colspan="2"></td><td></td><td></td></tr>
<tr><td>~</td><td colspan="2"></td><td></td><td></td></tr>
<tr><td>~</td><td colspan="2"></td><td></td><td></td></tr>
<tr><td rowspan="3">거주주택</td><td>소재지</td><td colspan="3"></td><td>소유자 (관계)</td><td>( )</td></tr>
<tr><td>면 적</td><td>대지 ㎡, 건물 ㎡</td><td>임차관계</td><td colspan="3">전세 백만원, 월세 천원</td></tr>
<tr><td>설정관계등</td><td colspan="5"></td></tr>
<tr><td colspan="2">기타소유자산</td><td colspan="5"></td></tr>
</table>

2. 경영진 및 주요 기술인력 현황

직위	성 명	주민등록번호	경영실권 자와관계	최종 학력	주 요 경 력

3. 회사연혁

연 월	내 용

4. 재무상황

(단위: 백만원)

구 분	전 기	당 기
총 자 산		
자기자본		
자 본 금		
매 출 액		
경상이익		
당기순이익		

Ⅱ. 기술(제품)의 내용

1. 기술(제품) 개요

<table>
<tr><td>기술 및 제품명</td><td colspan="6"></td></tr>
<tr><td>개발기간</td><td colspan="2">~</td><td>개발비용
(기 투입분)</td><td>백만원</td><td>제품화 여부</td><td>여, 부</td></tr>
<tr><td>개발방법</td><td colspan="6">단독, 공동 (공동개발의 경우 상대처 :　　)</td></tr>
<tr><td>권리구분</td><td colspan="6">특허권, 실용신안권, 의장등록, 프로그램, 저작권, 기타(　　)</td></tr>
<tr><td rowspan="2">권 리 자
(발 명 자)</td><td>성명</td><td></td><td>주민등록번호</td><td>-</td><td rowspan="2">비
고</td><td rowspan="2"></td></tr>
<tr><td>주소</td><td colspan="3"></td></tr>
</table>

※ (계획)제품 및 기술이 2가지 이상일 경우 별지로 추가 작성

2. 기술(제품의) 사업화 내용

<table>
<tr><td>제품의 주요내용</td><td>(제품의 특성 및 핵심기술, 기술개발내용 및 과정, 생산공정도 등)</td></tr>
<tr><td colspan="2"></td></tr>
<tr><td>시장상황</td><td>(시장규모, 주요 수요처, 경쟁상황, 경쟁업체 현황 등)</td></tr>
<tr><td colspan="2"></td></tr>
<tr><td>기술 및
품질경쟁력</td><td>(국내 경쟁사 제품 및 국외 경쟁사 제품과의 기술, 품질, 가격 비교 등)</td></tr>
<tr><td colspan="2"></td></tr>
<tr><td>생산추진계획</td><td>(개발완료 및 제품화시기, 설비도입 및 양산착수 등의 계획)</td></tr>
<tr><td colspan="2"></td></tr>
</table>

※ (계획)제품 및 기술이 2가지 이상일 경우 별지로 추가 작성

※ 현재 생산제품 외에 신규 계획제품(기술)이 있는 경우에는 별지로 구분 작성

Ⅲ. 신청자금 소요현황

1. 운전자금 산출내역

(단위 : 백만원)

구 분	산 출 내 역	신청금액
합 계		

주) 인건비, 원재료비, 판매비와 관리비, 외주가공비, 기술개발비 등으로 구분하고, 필요자금을 선택하여 기재함.

2. 구입(예정)시설명세

(단위 : 백만원)

구분	시 설 명	규 격	수 량	금 액	제 작 처
기보유					
	계				
구입예정					
	계				

주) 1. 계획설비의 모델명, 규격 등의 항목은 구체적으로 기재 (예: HP, Kw 등)
2. 구입예정설비의 경우는 견적서 또는 구입계약서 등 관련자료 첨부

Ⅳ. 판매 및 구매 계획

(단위 : 백만원)

판매계획	전년도 실적		신청년도 예상		차년도 예상		3년후 목표매출	
	내수	수출	내수	수출	내수	수출	내수	수출
주요 (예상) 판매처								
주요 원재료 구매처								

※ 주요(예상)판매처, 주요원재료구매처는 업체명 등을 기재

Ⅴ. 본사 및 사업장 약도

담당자	직위 : 성명 :	FX : ( ) ~
	연락번호 : ( ) ~	

※ 약도는 수기로 작성하여도 무방함

※ 별첨 「기술사업계획서 작성방법」을 참조하여 작성할 것.

제10장 벤처기업 자금조달

제1절 자금조달의 이해

1. 자금조달의 개념

자금조달은 창업 초기단계뿐만 아니라 성장단계에서도 매우 중요하다. 이는 기업이 창업을 할 때는 물론이고, 경영활동과정에서의 자금조달이 기업의 성공과 실패를 결정하는 가장 중요한 요소 중의 하나이기 때문이다. 적절한 시기에 적절한 원천으로부터의 자금조달은 기술이나 사업아이디어 못지않게 사업성과에 영향을 미친다. 창업을 할 때 자금이 얼마나 필요할 것인지, 언제 필요할 것인지, 그리고 이러한 의사결정이 경영활동에 어떠한 영향을 미칠지를 알 수 있다면 그 창업은 보다 성공적으로 이루어질 수 있을 것이다.

창업자들의 주요 관심 중 하나는 필요한 자금을 어디서, 어떻게 마련하는가의 문제이다. 자금을 어디서, 어떤 조건으로 조달하였는가는 창업자의 소유지분에도 영향을 미친다. 초기에 지분투자방식 중심으로 자금을 조달하는 경우, 창업자의 지분비율은 빠르게 줄어든다. 증자과정에서 어떠한 비율로 자금을 조달하는가에 따라 창업자에게 돌아올 수 있는 미래의 수익에 커다란 차이를 나타내게 된다. 불리한 조건으로 초기 자금조달을 하는 경우 자신의 노력과 기여에 비해 보상은 줄어들게 된다.

반면에 차입에 의한 자금조달을 하는 경우 금융비용의 부담이 커지게 된다. 부채비율이 증가하면 도산의 위험이 높아지게 되며, 사업실패의 경우 창업자의 개인적 채무가 되거나 신용불량상태에 빠지게 된다. 또한 창업초기에는 기업의 신용이 약하기 때문에 차입에 의한 자금조달 자체가 어렵고, 개인적인 담보에 의한 자금조달은 벤처사업과 같이 위험이 높은 경우 적절치 않은 경우가 많다는 점을 신중하게 고려하여야 한다.

2. 창업자금의 중요성과 종류

1) 중요성

창업은 시작되면서 바로 돈이 필요해지는 경우와 그렇지 않는 경우도 있지만 대부분 창업초기부터 자금은 필요하다. 따라서 창업하는 사업의 종류에 따라 자금의 크기나 자금 수요의 패턴이 달라지고, 창업이 실제로 어떠한 과정을 거치면서 진행되는가에 따라서도 자금 수요는 달라진다. 창업자금의 확보는 현실적인 창업추진의 출발점이라 할 수 있다.

창업성공의 기본적인 조건과는 다른 의미로, 창업을 성공케 하는 결정적인 요인으로 창업자금을 들 수 있다. 그것은 창업자가 의도하는 사업체를 경영하는데 가장 필요하며 중요한 요소이기 때문이다.

창업자가 창업에 실패하는 요인으로는 경영관리 미숙과 시장확보의 실패 또는 급변하는 사업환경에 능동적으로 대처하지 못한 여러 가지 사유가 있겠지만, 결정적인 원인은 창업자금의 부족에서 오는 경우가 많다. 특히 소상공인의 경우 빠듯한 창업자금, 아니면 오히려 적정규모 보다 많이 모자라는 창업자금으로 사업을 시작하는 경우가 많다. 따라서 무엇보다도 성공적인 창업이 되기 위해서는 충분한 창업자금의 확보가 선행되어야 한다.

2) 소요자금 종류

창업자금 즉, 창업에 필요한 자금은 시설자금과 운전자금으로 구분이 된다. 시설자금은 사업장을 확보하는 비용과 필요한 비품의 구입비, 그리고 제조업일 경우 제품생산에 필요한 생산설비의 구입비 등이며, 운전자금은 사업을 개

시한 후 물건을 팔아서 회사에 현금이 들어올 때까지 회사운영에 필요한 재료비, 인건비, 경비 등이다.

【그림 10-1】 소요자금의 분류

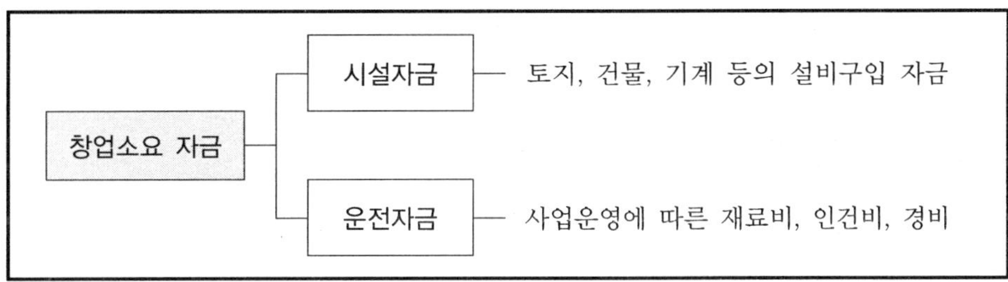

일반적으로 사람들은 시설자금에 대해서는 어느 정도 근접하게 예상금액을 뽑아낸다. 여기저기 전화를 해서 가격도 알아보고 견적서도 받아서 비교해 보고 적정한 가격으로 시설리스트를 뽑아본다. 그러나 중요한 것은 운전자금에 있다.

사업을 시작한다고 해서 곧바로 회사에 돈이 들어오는 것은 아니다. 제조업의 경우 제품을 만들어서 납품을 해야 하고 결제되는 자금은 3개월 후에야 돈으로 만져 볼 수 있는 어음일 수도 있다. 그래도 사업을 시작하면서 곧바로 제품을 팔 수 있다는 것은 상당히 준비된 회사라 볼 수 있다.

3. 자금조달 계획

사업과정에서 상품의 구입이나 일상적으로 지출하는 인건비나 관리비 등의 자금조달은 사업운영 과정에서 적자가 발생하지 않는 이상 어렵지 않게 해결할 수 있다. 그러나 점포가 오래되어 인테리어가 현재의 감각에 맞지 않아 새롭게 내부시설을 단장할 필요가 있거나, 취급하는 상품이 조만 간에 가격이 오르거나 품귀현상이 예견될 때 사업주의 입장에서는 많은 상품을 확보해야 한다.

이와 같이 일상적인 지출이 아닌 일시적인 지출이 필요할 때, 그러한 자금의 여유가 있는 사업주는 그리 많지 않은 것이 보통이다. 그래서 사채를 빌리거나 은행대출을 이용하게 되면 차입금 이자라는 또 하나의 원가상승 요인이 발생하여 경쟁력이 약해질 수 있다.

그렇기 때문에 인테리어의 교체나 점포의 확장 등 어느 정도 예견이 되는 자금소요를 대비해 장기자금을 쌓아둘 필요가 있다. 장기자금을 형성할 때 가장 쉽고 기본적인 것은 금융기관을 통한 적금의 형태가 이상적이다.

4. 벤처기업의 성장단계별 소요자금

1) 연구개발단계(precompany R&D) 또는 태동단계(seed)

이 단계는 창업가가 모태조직으로부터 습득한 창업에 필요한 기술 또는 지식의 사업화 가능성을 기업 조직 이전에 실험하는 단계이다. 이 단계에서는 창업자의 시간(동업자가 있는 경우는 그들의 시간)외에 달리 주요한 기자재나 자본이 소요되지 않는 기업화 이전의 단계이다. 모태조직으로 부터 습득한 창업자의 경험과 지식을 구체화하여 그것의 사업성을 실험하는 단계로서 연구개발은 모태조직 내에서 이루어지거나 또는 허름한 창고나 창업가의 지하실 등에서 이루어지기도 하며 창업자가 퇴직이전에 여가시간을 이용하여 이루어지는 경우가 많다. 기업화 이전의 연구개발 단계에서는 제도적인 자본의 유입은 거의 없으며, 창업가 본인의 저축자산이나 가족 또는 친지들의 자산이 유입되는 경우가 대부분이다.

2) 창업단계(start-up)

창업단계는 보통 두 단계로 세분화 될 수 있다. 첫째는 태동단계(seed) 또는 영점단계(zero stage)이고 다음 단계는 일차단계(first stage)이다. 태동 또는 영점단계는 (1)의 기업화 이전의 연구개발 단계에 해당되는 것이다. 일차 또는 창업단계에서는 시제품의 성공적인 개발 또는 개발 가능성에 따라 기업의 조직화가 시작되고 기술의 부분적 상업화를 발견하고 본격적인 제품의 상업화를 시작하는 단계이다. 이 단계의 후반기에서는 상업화가 가능한 제품을 개발하고 시장의 진입을 시도한다. 이 단계에서는 아직 충분한 시설이나 장비가 부족하고 담보는 거의 전무하다. 기업의 조직화가 아직 구체적으로 이루어지

지 않아 창업당시의 기술자들이 기업의 주요구성원이 된다. 제품개발비, 인건비, 설비 자금비, 공장부지(또는 사무실 임대)확보 등 막대한 초기자금이 필요한 기간이다. 이 단계에서도 창업가 개인의 저축자산과 친구나 가족의 자산 등 내부자금이 주요 자금원이 된다. 미국의 경우 부유한 개인투자가들(angels)의 투자가 있는 경우도 있다. 이 단계에서는 투자회수의 위험성이 높으나 잠재적 수익률이 높은 벤처기업에 투자하는 벤처캐피탈의 역할이 중요하나 그 성과는 미미한 실정이다.

3) 성장단계(initial growth) 또는 확장단계(expansion)

시장진입 후에 본격적으로 제품이 출하되고 매출액 증가율이 증가하는 단계로서 손익분기점에 도달하거나 이익의 실현을 보는 단계이다. 이 단계에서는 시장점유율의 확대와 기업의 효율적 조직, 생산에 있어서 기술적 효율성의 달성, 기업 조직 내에서 의사소통의 원활화, 시장정보의 정확하고 신속한 파악 등이 주요 과제로 부각된다. 위험과 불확실성이 감소하는 대신 외부로부터의 경쟁압력이 증가하고 막대한 운영자금이 필요하다. 원가절감과 기술적 효율성이 연구개발의 주된 목표이나 신제품 개발과 사업의 다각화를 위한 시도가 이루어진다. 아직까지 높은 위험도를 내포하고 있으며 주식시장에 상장이 이루어지지 않아 직접금융시장에서의 자금조달에는 한계가 있다. 따라서 벤처캐피탈의 역할이 중요하며 일반금융기관으로부터의 자금지원은 미흡한 단계이다.

4) 발전단계(sustained growth)

시장점유율이 확대되어 안정 시장확보를 통해 자체 이윤이 증가한다. 그러나 성장률이 점차 둔화되어 지속적인 성장과 시장점유율의 유지가 목표가 된다. 시장에서의 경쟁압력이 거세짐에 따라 다품종 생산기업으로의 변신이 시도되고, 신제품의 개발과 새로운 시장으로 침투를 위한 기술개발투자가 증대한다. 일반금융기관으로부터 자금조달이 가능하고 대기업으로부터의 매수제의와 함께 기업공개를 위한 조건이기의 충족되는 단계이다.

위에서 살펴본 창업기업의 성장단계에 따라 잠재적으로 다양한 자금유형이 가능하다.

초기 창업단계에서 가장 유용한 자금원으로서 창업가 자신의 저축자산과 창업가의 친구나 가족의 자산은 이용하기 쉽다는 공통점을 가진다. 창업단계에서 개인투자가 및 벤처캐피탈을 제외한 외부자금의 유입이 적은 이유는 첫째, 창업기업이 갖고 있는 높은 위험도와 투자의 장기성에 기인한다. 창업 및 성장단계의 벤처기업은 시장에서 기업의 성과가 증명되지 않았기 때문에 투자의 위험성이 내포되어 있고 또한 성장하여 성장하기까지 즉, 투자의 자금회수에는 상당한 시일을 요구한다. 둘째, 창업 및 성장단계의 벤처기업은 일반적으로 기술력에 기초하고 있거나 니치마켓을 목표로 하고 있기 때문에 유형적인 담보를 소유하고 있지 못하다. 특히 정보통신 창업기업은 창업단계에서 유형적인 담보를 전혀 소유하고 있지 못하다. 소프트웨어 개발을 목표로 하는 창업기업의 경우는 창업자의 아이디어와 이의 구체적 사업화를 위한 컴퓨터 몇 대와 조그마한 사무실이 전부인 경우가 허다하다. 셋째, 창업가의 아이디어와 기술의 사업성을 평가할 금융기관의 전문지식이 부족하여 정보통신 창업기업의 초기단계에서의 성과를 예측하는 것은 매우 어렵다. 따라서 일반금융기관의 투자가가 위험을 선호(risk-lover)하고 장기적 투자(patient and forward-looking)를 한다 하더라도 기술 및 지식의 비 대칭성(information asymmetry)에 의해서 창업의 초기단계에서 일반금융기관을 이용한다는 것은 매우 어려운 실정이다. 벤처기업의 기술력과 사업성을 평가하는 데 존재하는 기술과 지식의 비 대칭성이 바로 벤처캐피탈의 니치마켓인 것이다. 따라서 기술 집약적 기업의 창업활성화를 위해서 벤처캐피탈의 활성화는 필수적이다.

5. 벤처캐피탈

1) 벤처캐피탈의 정의

벤처캐피탈의 정의는 신제품이나 신기술개발 및 기업화를 지향하는 창업단계나 초기성장단계의 기업 또는 사업의 성공가능성이 인정되는 경우에 자금지원과 기술개발, 기술도입, 인력훈련 등 기술개발 및 기업화 관련자금의 투

자까지도 포함하며 그 성장을 돕는 각종 경영지원으로 투자이득을 얻는 금융활동이라 정리할 수 있다.

그런데 이러한 벤처캐피탈은 융자를 위주로 하는 기존의 금융기관과 자금의 지원방식, 리스크, 투자금의 회수방법 등에서 커다란 차이가 있다. 기존 금융기관이 일정한 담보를 조건으로 융자형태의 자금을 지원하고 있는 반면, 벤처캐피탈은 유형의 담보를 요구하는 것이 아니라, 투자기업의 기술력・성장성을 평가하여 무담보 주식투자를 원칙으로 한다.

또한 벤처캐피탈은 투자대상기업에 자금을 공급하는 기능을 가지고 있어 금융활동이란 측면에서 금융기관과 유사하지만, 벤처캐피탈은 투자기업이 성장하지 않으면 이득을 얻을 수 없으며 투자기업과 위험부담을 함께 하기 때문에 수동적인 성격을 띠는 은행의 융자와는 다르다.

밴처캐피탈의 금융수단 혹은 금융활동은 주식의 인수, 전환사채나 신주인수권부사채의 인수, 약정투자 등 투자뿐만 아니라 투자된 기업에 대한 융자, 리스, 팩토링 등 금융지원 이외에 투자기업의 성장지원을 위한 경영관리, 기술지원 등 각종 컨설팅 활동을 포함한다.

2) 벤처캐피탈의 기능과 역할

(1) 벤처캐피탈의 기능

가) 벤처기업에 대한 자금지원

벤처기업은 일반적으로 연구개발, 초기단계인 창업단계, 확장단계인 위험동반 성장단계, 안정 성장이라는 4단계를 거친다. 은행은 벤처기업이 안정성장 단계에 들어서면 비로소 벤처기업의 융자신청에 응하나 안정성장의 후기에는 증권시장을 통하여 자금조달이 가능하게 된다. 그러나 기업화 단계, 즉 창업내지 위험동반 성장의 단계에는 자금수급상의 격차가 크게 발생하는데, 이 때 벤처캐피탈은 벤처기업에 자금을 공급함으로써 이러한 자금수급상의 격차를 메워주는 기능을 담당한다.

이와 같이 벤처캐피탈은 미공개 기업이 기업의 공개나 자력에 의하여 은행으로부터 자금을 조달할 수 있는 단계에 이를 때까지 지속적으로 지원한다.

전통적인 벤처캐피탈의 자금공급 형태는 주로 미공개주식의 취득 또는 전환사채의 인수이지만 경우에 따라서 이미 자본참여를 하고 있는 회사에 대하여 융자를 하기도 한다. 이 경우 융자는 이자소득보다는 투자기업의 주식의 가치를 유지하거나 높이기 위한 수단으로 사용된다.

나) 벤처기업 경영지원

창업자는 연구개발에는 유능한 반면, 제품의 마케팅, 재무, 인사관리 등 기업의 경영관리에는 그다지 유능하지 못할 수도 있다. 또한 신생기업에는 창업자를 도와줄 수 있는 인재가 상대적으로 부족할 수도 있다. 벤처캐피털은 이러한 경우에 적합한 인재를 알선해 주고 마케팅, 재무관리 등에 대한 조언을 함으로써 투자기업의 성장을 지원해 주기도 한다.

벤처캐피탈이 투자기업을 육성, 지원하는 것은 더 많은 자본이득을 얻기 위해서도 그리고 불확실성이 높은 신생기업에 대한 투자를 더욱 안전하게 하기 위해서도 필요하다. 그러나 현실적으로 벤처캐피탈이 어느 정도의 성장지원 기능을 발휘하는가는 벤처캐피탈 자체의 역량 및 벤처캐피탈과 투자기업 간의 신뢰관계 등에 달려 있다.

다) 상장시의 주식공개

미공개기업이 주식공개를 추진할 때, 규정에 의하여 구주주가 일정 지분의 주식을 공개할 필요가 있다. 그러나 대주주간의 경영권 문제, 공개시기와 주가에 대한 예상 등의 문제로 인하여 필요한 주식수가 공개되지 못하는 경우가 있다. 이러한 경우에 벤처캐피탈은 기업의 요청에 따라 필요한 주식을 공개함으로써 원활한 기업상장을 위해 기여할 수 있다.

3) 벤처캐피탈의 역할

(1) 유망 벤처기업의 선정과 육성

벤처캐피탈은 기술력은 뛰어나지만 경영기반과 신용이 아직 취약한 초기의 벤처기업에 자금을 공급하고 경영을 지원하는 기능을 가지고 있다. 이와 같은 특성을 활용하여 성장할 가능성이 큰 신생 벤처기업을 투자대상으로 선정하

여 자금을 공급함으로써 기술개발 및 시장진입에 경쟁력을 높여주어 벤처기업을 육성하는 역할을 수행한다. 이는 궁극적으로 산업의 활성화와 기술・지식 집약적인 산업의 발전에도 기여하게 된다.

(2) 국민경제의 활성화

벤처기업은 자금조달에 있어서 금융기관, 친인척 등으로부터의 차입에 크게 의존하게 되고, 직접 금융시장을 통한 자금조달이 어렵다. 경제환경의 변화에 따라 기업은 증자를 통한 자금조달의 이점과 국제화에 따른 경쟁력 제고를 위해 차입보다는 자기자본을 충실화할 필요가 있다. 이러한 벤처기업에 지분참여형식으로 자금을 공급함으로써 이들 기업의 재무구조를 개선시키는 역할을 한다.

벤처캐피탈은 벤처기업의 발전단계에 따라 창업지원, 기업확장, 비공개기업에 자금을 공급할 수 있다. 그러므로 창업기업수는 늘어나고, 기업의 성장과정에서 고용창출 효과가 높아지며, 새로운 기술이 개발되어 수입대체 및 수출증대로 국제수지를 개선시킨다. 또한, 소비자가 새로운 제품이나 서비스를 받게 되어 국민의 생활수준을 향상시키는 등 국민경제에 기여하는 역할을 한다.

(3) 미상장기업의 자기자본 확충 및 재무구조개선

벤처기업은 자금조달에 있어서 금융기관, 친인척 등으로부터의 차입에 크게 의존하게 되고, 직접 금융시장을 통한 자금조달이 어렵다. 경제환경의 변화에 따라 기업은 증자를 통한 자금조달의 이점과 국제화에 따른 경쟁력 제고를 위해 차입보다는 자기자본을 충실화할 필요가 있다. 이러한 벤처기업에 지분참여형식으로 자금을 공급함으로써 이들 기업의 재무구조를 개선시키는 역할을 한다.

그리고 기업성장을 위해 신규분야에의 진출과 신제품개발을 위한 투자가 필요하나 투자자금 회수에는 위험이 따르고 오랜 시일이 걸리기 때문에 차입금보다는 자기자본확충을 통하여 필요한 자금을 조달하는 것이 유리해지고 있다. 또한, 인플레이션이 진정되고 토지 등 부동산가격이 안정세를 보임으로써 기업은 담보가치의 상승을 기대할 수 없게 됨에 따라 은행 차입금만으로는 기업이 필요한 자금을 충분히 조달하는 것이 어려워지고 있다. 벤처캐피탈은 증자를 통한 자금조달을 가능하게 함으로써 미상장 중소기업들이 자기자본을 확충하는 데 기여할 수 있다.

(4) 산업조직의 활성화

벤처캐피탈은 신기술의 기업화, 신시장의 개척, 소프트웨어개발 등 유망산업분야에 창업한 벤처기업에 자금을 지원함으로써 기술 및 지식집약적인 산업의 발전에 기여한다.

그런데 벤처기업은 독립성이 강하며 중소 하청기업과는 달리 특정 대기업의 지배를 받는 것을 좋아하지 않는 특성을 지니고 있다. 또한 기술개발에 있어서도 독자적인 연구개발 투자에 주력한다. 이에 따라 벤처기업의 성장과 발전은 중소기업과 대기업의 제반거래에 있어서 보다 대등한 관계가 되도록 하며 나아가 기업간 경쟁을 촉진함으로써 산업조직의 활성화 하는 역할을 한다.

6. 벤처캐피탈의 투자

벤처캐피탈(Venture capital) 즉, 벤처자본은 창업하는 회사의 기술과 사업성공에 기대를 걸고 투자하는 자본금이다. 그리고 벤처자본회사란 이런 자금을 가지고 전문적으로 투자하는 회사를 말하고 벤처자본가는 이런 돈을 운영하는 사람을 말한다. 따라서 기본적으로 은행에서 제공하는 융자(Loan)와는 성격이 다르다.

벤처자본은 회사의 무형자산에 기대를 걸고 자본금으로 투자되어 주식소유와 자본이득(Capital Gain)을 원하는 돈이다. 하지만 융자는 담보(신용 또는 부동산)를 잡고 회사에 빌려주는 돈으로 이자소득을 원한다. 따라서 벤처자본금은 벤처자금을 받은 회사가 실패하면 회수할 수 없는 돈이다.

1) 벤처캐피탈 투자형태

(1) 자본투자(Equity Investment)

사업 초기에 또는 회사의 성장과정에서 자본금으로 직접투자 하는 방식으

로 투자자는 일반적으로 투자 후 5~7년이 지난 후 출자한 지분을 장외시장이나 증권시장에서 현금화하는 경우가 많다.

(2) 전환사채(Convertible Bond)

벤처캐피탈회사와 기업간의 계약에 의해서 일정한 이자율로 발행된 사채를 인수하여 자금지원을 한다. 이와 같은 전환 사채는 만기일 이전 사채금액의 일부 또는 전부를 사전에 계약한 가격으로 주식으로 전환하는 것이 가능한 사채이다.

(3) 신주 인수권부 사채(Bond Warranted)

투자자가 회사에서 발행한 사채를 인수하는데 이때 회사는 별도로 신주 인수권을 투자자에게 부여한다. 예를 들어 5억원 어치의 채권을 구입하면 다음 증자시에 신주를 인수할 권리를 준다.

(4) 기타 지원방식

① 조건부 융자 : 투자자가 융자를 해주는데 원리금 상환에 대신하여, 사업결과 발생하는 매출액 등에 비례하여 일정기간 로얄티(Royalty)를 징수한다. 지원사업이 실패할 때에는 융자 원금의 일부만 회수하는데, 이것은 한국종합기술금융(KTB)에서만 취급한다.

② 약정투자 : 일정기간 동안 매출액 또는 약정 투자원금에 대한 일정비율의 투자금 사용료를 받는다. 지원사업이 성공할 때는 약정 투자금을 주식으로 바꾸어 자본 투자금으로 전환한다. 그러나 사업에 실패하면 약정 투자금의 일부만 회수하는데, 벤처기업 창업투자회사에서 취급한다.

③ 보증 : 담보가 없는 벤처회사가 금융기관에서 융자를 받고자 할 때 창투사에서 보증을 서주기도 한다. 이는 창투사에는 투자대상회사가 지닌 무형의 가치를 평가할 수 있는 능력이 있기 때문에 가능하다.

2) 투자조합 결성

벤처캐피탈 회사의 자본금은 여로 형태로 들어온다. 공공기관에서 출자한 자금, 은행이나 보험회사에서 출자한 돈, 개인이나 일반회사에서 투자한 돈 등이 있다. 그리고 미국의 경우에는 재단이나 대학에 기금이 많이 있기 때문에 이런 돈까지 벤처투자회사의 자본금으로 들어온다.

이런 돈들이 왜 은행이나 신탁회사에 예금되지 않고 벤처투자회사에 들어오는가 하면 일반적으로 벤처자본회사에 투자하면 수익률이 높다고 생각하기 때문이다.

자본가들이 벤처기업에 투자하기 위해서는 위험부담은 물론이고 장기적인 안목과 많은 재원이 필요하다. 가끔 이런 문제점은 개인적으로 감당하기 어려운 경우도 있다. 따라서 이런 어려움을 극복하기 위하여 창투사의 주도하에 다수의 자본가들이 힘을 합쳐 대상회사를 선정하고 투자하여 위험을 분산시키는 방법으로 투자조합을 결성한다. 이러한 투자조합은 일반적으로 기관이나 일반투자자들로부터 여유자금을 모집하게 된다.

제2절 정부금융지원

1. 중소기업 창업투자회사

창업투자회사(창업투자조합 포함)로부터 일정금액이나 지분이상을 투자받은 기업은 벤처기업육성에 관한 특별조치법에 의한 벤처기업으로 인정되어 정부로부터 여러 가지 지원과 혜택을 받을 수 있다.

유망한 기술이나 사업아이디어를 가지고 창업하려거나 사업장과 설비를 확충한다든지 경영관리에 도움이 필요한 벤처사업가는 다음과 같은 창업투자회사의 투자지원을 받을 수 있다.

(1) 주식의 인수

기업이 발행하는 신주를 인수함으로써 사업초기의 높은 금융부담을 경감하고 재무구조의 견실화를 유도한다. 경영권침해방지를 위해 총자본금의 50%

이내로 제한되어 있다.

(2) 전환사채의 인수

일반적으로 신용으로 발행되며 투자후 일정기간이 경과한 후 주식으로 전환할 수 있는 전환사채를 인수해줌으로써 자금을 지원한다.

(3) 약정투자

투자기업과의 약정에 의해 자금을 지원하고 그 후에 기업의 매출액이나 이익금의 변화에 따라 수수료(Royalty)를 받게 되는 방식으로 기업측과 사업의 이익 및 위험을 분담하는 투자방법이다.

(4) 신용대출

우수한 기술을 보유하고 있으나 담보가 부족한 투자기업의 운영자금을 신용으로 지원함으로써 기업의 성장을 지원한다.

2. 중소기업창업 투자조합

투자조합에는 신기술사업금융지원법에 따른 신기술사업투자조합, 중소기업진흥 및 제품구매촉진에 관한 법률에 따른 신기술사업투자조합, 중소기업진흥 및 제품구매촉진에 관한 법률에 따른 중소기업창업투자조합, 벤처기업육성에 관한 특별조치법에 따른 한국 벤처투자조합, 개인들이 출자하여 구성하는 엔젤클럽 등이 있다.

정부의 창업지원기금을 효율적인 방법으로 운용, 그 기금의 목적을 최대한 달성하기 위해 결성되는 중소기업창업투자조합은 창투사의 자본금만으로 인한 자금조달의 한계를 극복하는 벤처캐피탈의 전통적 투자재원 조달수단이다. 투자자들에게는 높은 수익을 제공하고 중소기업에는 양질의 장기생산자금을 지원 할 수 있다는 점에서 국민경제의 발전에 크게 기여하고 있다.

벤처기업에 대한 투자와 이로 인한 높은 수익을 기대하는 사람들은 창업투자회사가 구성하는 투자조합 결성에 참여하면 된다. 창업투자회사들은 투자조합 출자자들을 신문 광고를 통해 수시로 모집하고 있다.

각 창업투자회사가 결성·운영하는 창업투자조합은 조합자금을 기술집약형 유망중소기업에 투자하여 최대의 수익을 조합원에게 분배하며 손실발생시 정부지분 및 창업투자회사 출자분에서 우선 충당하므로 안정성이 보장된다. 개인출자자에게는 종합소득 금액 공제 혜택도 주어지고 출자로 취득한 주식을 양도할 때는 주식양도차익에 대해 비과세한다. 조합소득에 대한 소득세는 조합이 조합원에게 소득지급시 원천징수 및 종합금융소득과세 대상에서 제외하여 분리과세한다. 투자조합 출자금에 대해서는 금융실명거래 및 비밀보장에 관한 법률에 따라 자금출처조사를 배제한다.

투자조합에 의한 투자는 창업투자회사가 업무집행조합원이 되어 불특정다수인 일반출자자들로부터 출자금을 모집하여 창업기업에 투자후 일정기간 경과시 투자수익을 투자비율에 따라 배분하는 투자방식이다.

투자조합은 조합원이 출자한 자금을 금융기관 등에 자금을 운용하여 얻은 이자수익과 투자전문기관인 업무집행조합원이 높은 투자수익이 기대되는 유망기업을 선정하고 피투자회사와 투자합의가 이루어지면, 피투자기업이 발행하는 주식, 전환사채 또는 그와 유사한 증권을 취득하는 형식으로 자금을 공급한다.

투자후 경영, 기술상의 자문도 제공하여 투자기업의 성장을 촉진하면서 조합의 존속기간내에 배당소득을 얻고 주식의 상장, 장외시장등록, 제3자에 양도 등의 방법으로 투자증권을 처분한 자본이득 등 그 투자수익을 조합원들에게 출자비율에 따라 배분하는 제도이다.

3. 한국벤처투자조합

중소기업창업 및 진흥기금은 민간투자조합인 중소기업창업투자조합에도 출자하고 있지만 벤처기업육성을 위한 특별조치법상의 한국벤처투자조합이라는 공공투자조합을 결성하여 관리주체가 되고 있다. 한국벤처투자조합의 자금은 ① 중소기업창업투자조합 또는 신기술사업투자조합에 대한 출자, ② 중소기업의 창업에 대한 투자 및 벤처기업에 대한 투자, ③ 기타 ①항과 ②항의 부수사업에 쓰이게 되며, 손실이 발생시에는 중소기업창업 및 진흥기금을

관리하는 자가 한국벤처투자조합에 출자한 범위 안에서 우선 충당하고, 잔여 손실금은 기타 출자자에게 배분된다.

4. 신기술사업 금융회사

1986년 12월에 제정된 신기술사업금융지원법에 의해 벤처캐피탈의 투자와 유사한 업무를 수행해 오던 4개 신기술사업금융회사들은 기술개발의 촉진과 신기술 사업화에 대한 정부의 정책적 필요성과 경제적 여건의 변화에 힘입어 본격적인 투자활동을 전개하게 되었다.

신기술 금융회사별로 약간씩 차이는 있으나 주로 기업의 기술개발과 기술의 기업화와 공정개선 등을 지원하기 위한 투・융자업무를 주로 하고 있다. 특히, 중소기업의 창업과 기술개발을 중점지원하고 있으며 중소기업창업투자회사와 함께 한국의 대표적인 벤처캐피탈이라고 할 수 있다.

5. 한국종합기술금융회사

한국종합기술금융주식회사는 기술자립 필요성에 대한 정부 및 산업계의 인식을 바탕으로 산업기술개발을 지원하기 위하여 1981년 4월 특별법에 의해 설립된 한국기술개발주식회사가 1992년 3월 한국종합기술금융주식회사법에 의해 특수법인으로 전환하였다.

자금조달측면에서 차입금 등 다른 신기술사업금융회사와 같은 재원조달처 이외에 정부의 장기저리자금 조달이 가능하고 이외에 기술개발금융채권 발행, 기술복권발행, 과학기술진흥기금이 있으며, 부수적으로 지방자치단체의 정책자금을 취급할 수 있다.

지금까지 우리나라의 창업투자회사(투자포함), 신기술사업 금융회사, 한국종합기술금융회사에 대해 살펴보았다.

우리나라 벤처캐피탈에 대한 법률은 3개이며, 정부의 소관부서도 3개 부처로 되어 있어 3원적 구조를 가지고 있다. 즉, 법률은 벤처기업창업지원법, 신기술사업금융지원에 관한 법률과 한국종합기술금융회사법이며, 정부부서는 산업자원부, 재정경제부, 과학기술처로 나누어진 제도적 특징을 가지고 있다.

신기술사업금융지원에 관한 법률에서는 신기술사업금융회사를 건전하게 육성·지원하고 기술신용보증제도를 정착·발전시킴으로써, 신기술사업에 대한 자금의 공급을 원활하게 함을 목적으로 하고 있다.

주요 업무는 자금지원, 기술지도 및 경영지도, 투자조합의 운영과 관리 등으로 크게 구분되어 있다. 자금지원은 투자, 융자, 리스, 팩토링의 형태로 이루어지며, 재원조달은 자본금, 차입금 그리고 신기술투자조합의 결성을 통해 이루어지고 있다.

한국종합기술금융회사법에는 기업의 기술개발을 촉진함으로써 산업구조를 고도화하고 국제경쟁력을 강화함을 목적으로 하고 있으며, 초기에 공적 벤처캐피탈 성격을 가지고 있으나 현재는 주요 업무가 신기술사업금융회사와 유사하며, 다만 재원조달에서는 정부의 정책자금집행 및 기술복권발행 등으로 유리한 경영입지를 가지고 있다.

벤처기업창업지원법에서는 제조업 등의 벤처기업의 설립을 촉진하고 벤처기업 창업자가 성장·발전할 수 있도록 적극 지원하며, 특히 농어촌지역에서의 벤처기업의 설립을 촉진함으로써 벤처기업의 발전과 지역간의 균형 있는 성장을 통하여 건실한 산업구조구축에 기여함을 목적으로 하고 있다. 이 법에 의해 벤처기업 창업투자를 설립할 수 있으며, 투자재원의 조달을 위하여 창업지원기금을 지원하고 벤처기업 창업투자조합을 결성하도록 하였다.

벤처기업 창업투자회사의 업무내용은 창업자에 대한 투자, 벤처기업 창업투자 조합자금의 관리, 창업과 관련되는 상담과 정보제공 및 창업자에 대한 창업의 알선과 보급 및 이를 촉진하기 위한 해외투자, 투자한 창업자에 대한 보증 및 자금의 알선, 창업자의 사업 타당성 검토를 위한 조사용역사업 등이다.

이상과 같이 우리나라 벤처캐피탈에 대한 관계법률 3개는 벤처캐피탈의 취지와 업무 등을 다소 상이하게 다루고 있다. 이와 같은 차이점을 요약하여 보면 다음 표와 같다.

【표 10-1】 우리나라 벤처캐피탈회사의 비교

구 분	창업투자회사	신기술사업금융회사	한국종합기술금융회사
1. 설립법	중소기업창업 지원법	신기술사업지원에 관한 법률	한국종합금융회사법
2. 정부부서	중소기업청	재정경제부	과학기술처
3. 설립과정	등록사항	인가사항	특수법인
4. 자본금	100억 원 이상	50억 원 이상	요건없음
5. 회사성격	민간 벤처캐피탈	민간 벤처캐피탈	공적 벤처캐피탈
6. 지원대상	창업중소・벤처기업 14년 미만 기업	신기술기업 중소기업은 종업원 1,000인 이하	제한없음 자금 90%는 벤처기업
7. 자금조달	창업지원기금 조합자금 사채발행	각종 기금, 금융기관 해외차입, 조합자금 사채발행	정부의 저리융자복권, 금융채발행, 자체예수금
8. 자금운용	투자, 투자기업의 자금대여, 약정투자	투자, 융자, 리스, 팩토링	투자, 융자, 조건부융자, 리스, 팩토링

제3절 엔젤투자

1. 엔젤(Angel)의 정의

엔젤은 기술과 아이디어를 가진 창업가들에게 자본과 경영노하우를 지원하는 개인투자가들이다.

다시 말해 엔젤은 창업 초기단계(early stage) 기업에 천사처럼 나타나 필요한 자금을 공급하는 개인투자가를 말하는데 창업직후 자금조달이 어려운 벤처기업에 대해 필요한 자금지원과 경영에 관한 자문 등을 수행하기도 한다.

우리나라에서는 「벤처기업육성에관한특별조치법」에서 창업 7년이내의 벤처기업 또는 전환한지 7년이내의 벤처기업에 투자하는 "개인 또는 개인들로 구성된 조합"을 지칭하고 있다. 창업 3년이내의 벤처기업 또는 전환한지 3년

이내의 벤처기업에 투자하는 경우 조세감면 혜택을 주고 있다(조세특례제한법시행령 제12조).

2. 엔젤의 유형

엔젤을 우선 리드엔젤(Lead Angel)과 서포트 엔젤(Support Ange)로 구분할 수 있으며 리드엔젤은 대부분 창업경험이 있는 성공한 은퇴 경영자로서 벤처기업 지원에 주도적인 역할을 하고 있으며 풍부한 자금, 경영경험 및 기술평가 능력 등을 보유하고 있어 비상근이사로 참여하기도 한다.

서포트 엔젤(Support Angel)은 전문지식을 가지고 창업자를 지원하는 변호사, 회계사, 컨설턴트 등의 전문직 종사자를 말하며 간접적인 지원을 하나 자기자금을 투자하기도 한다.

또는 엔젤의 유형으로는 추구하는 목적에 따라 부(富)추구형(wealth- maxmizer), 소득추구형(income-seeking), 기업가형(entrepreneur) 엔젤로 나뉜다. 또 투자경험유무에 따라서 경험이 없는 처녀 엔젤(virgin angel), 경험이 풍부하여 투자클럽에서 다른 투자가를 이끄는 역할을 하는 아치엔젤(archangel, lead angel) 이라고도 함) 등이 있고, 대기업이 비공식 자본시장에 참여하는 형태인 대기업 엔젤(corporate angel)도 있다.

3. 엔젤의 필요성

설립직후의 벤처기업은 생산설비가 없고 재고부담이 없어 많은 자금을 필요하지 않으나, 대부분 연구개발 단계에 있어 연구가 획기적인 제품으로 이어져 성공할지 여부가 불확실하기 때문에 자금조달이 어려운 시기이며, 특히, 우리나라 금융관행 아래서는 담보력이 취약한 이 단계의 기업이 외부자금을 조달하는 것이 매우 어려운 실정이다.

또한 벤처캐피탈은 사업화가 이루어진 기업에 집중될 뿐만 아니라 신생 벤처기업의 경우 투자규모가 작아 벤처캐피탈이 투자하기에는 부적합하므로 신생 벤처기업에 대해서는 엔젤투자가 무엇보다도 필요하다.

4. 엔젤의 특징

엔젤은 '초기 성장단계'의 걸친 투자가 중심이나, 벤처캐피탈은 '후기 성장단계'를 중심으로 투자한다. 엔젤의 주요 투자동기는 벤처캐피탈보다 높은 수익성 추구와 친구·지인 등에 의한 친분과 인연을 중시한다. 엔젤은 기업에 자금만을 지원하는 것이 아니고 경영자에게 다양한 전문노하우를 제공하는 등 경영참여 비중이 벤처캐피탈보다 크다. 엔젤은 투자기업의 신속한 동태파악을 중요시하기 때문에 일반적으로 근거리에 소재하는 기업을 선호하기 마련이다.

【표 10-2】 엔젤(클럽)과 엔젤투자조합의 비교

구분	엔젤조합	엔 젤	
		엔 젤	엔젤클럽
성격	2인이상의 개인이 벤처기업 투자를 목적으로 금전을 출자한 일시적 계약	개인투자가	개인투자가들로 구성된 임의적 모임
근거	민법 제13절,벤처기업육성에관한특별조치법 제14조	벤처기업육성에관한 특별조치법 제14조	-
결성 요건	출자총액 1천만원 이상	-	클럽별 정관에서 규정
조세 감면	-투자금액의 30% 종합소득 공제 -양도차익 비과세	-투자금액의 30% 종합소득 공제 -양도차익 비과세	좌동의 엔젤과 동일한 세제혜택
조세 감면 요건	-창업/전환후 3년이내의 벤처기업에 투자하여 5년이상 주식보유/지분유지 -출자후 다음 과세연도까지 투자	-창업/전환후 3년이내의 벤처기업에 투자하여 5년이상 주식보유/지분유지	좌동의 엔젤과 동일한 세제혜택

자료 : 중소기업청 소상공인지원중앙센타, "벤처기업의이해" 2000. 6, p.129

제4절 직접자금조달

1. 기업공개를 통한 자금조달

기업은 사업을 시작하는 초기단계에서부터 계속 자금을 필요로 하는데 간접금융 방식으로 통상 금융기관에서 차입하거나(직접금융) 증권시장에서 증권을 발행하여 조달한다. 특히 하이테크 관련사업 등을 비롯한 벤처기업은 설립하는 단계에서는 다른 사업에 비해 장래의 수익성에 대한 불확실성이 더 높으므로 자금을 조달하기가 더욱 어려운 것이 현실이다. 그런데 최근 벤처기업 및 중소기업의 중요성이 각 국에서 널리 인식되어 미국을 비롯한 유럽 여러 나라에서는 이러한 기업을 지원하기 위한 다양한 정책수단이 강구되고 있다.

일반적으로 벤처기업이 창업을 한 후 사업을 수행하는 동안 각 단계별로 자금이 필요한데, 특히 창업을 위해서는 모험자본(Venture capital)이 많은 도움을 주고 있으며, 사업을 시작한 후 처음으로 제품을 생산 · 판매하는 단계를 지나 성장단계에 접어들면 다시 투자를 확대하기 위해 자금이 많이 소요되는데, 이때는 증권시장에서 일반투자 및 기관투자가에게 주식을 매각함으로써 필요한 자금을 조달할 수 있다. 이 단계는 기업의 공개단계로 대개 벤처기업은 처음으로 주식을 증권시장에 상장함으로써 여러 가지 이점을 누리는 한편 공시의무를 비롯한 몇 가지 부담을 안게 된다.

1) 기업공개의 장점

증권시장에 주식을 상장함으로써 얻는 이점으로는, 첫째 벤처기업의 성장에 따른 필요한 자금을 안정적으로 조달할 수 있다는 것이다. 기업이 성장해 감에 따라 차입이나 내부자금만으로는 새로운 투자자금이나 운영자금 등을 마련하는 데 한계에 봉착하는 경우가 많은데 상장기업은 자사주식의 시장성을 증대시켜 비상장기업에 비해 자금을 보다 효율적으로 조달할 수 있다. 둘째, 기업공개와 더불어 증권시장에 주식을 상장하기 위해서는 일정 수준의 요건을 충족시킬 것을 요구하고 있기 때문에, 상장이 승인되면 투자자를 비롯한

기업관련의 이해관계자로부터의 신용이 향상되고 기업의 홍보효과도 달성할 수 있다. 셋째, 주식의 유동성을 제고시키고 공정하고 합리적인 주가의 형성에도 기여하여 내부주주의 재무적 욕구를 만족시킨다. 넷째, 주식공개시 종업원에게 종업원지주제를 통해 기업의 과실을 나누어줌으로써 주인의식을 갖게 하고 나아가 우수한 인적자원을 채용하는 데도 도움이 된다. 또한 경영진의 기업 경영에 대한 자신감을 갖게 하고 기업경영의 합리화를 달성할 수 있는 계기가 되며 기업의 인수·합병시 기업가치의 객관적 평가가 용이해 진다.

2) 기업공개의 단점

한편 기업공개로 인해 기업이 추가적으로 부담해야 할 여러 불리한 점도 있는데, 첫째는 벤처캐피탈리스트로부터의 추가적인 자금조달이 어려워진다는 점이다. 통상 기업공개는 벤처캐피털리스트가 투자기업에서 손을 떼는 마지막 단계이다. 둘째, 기업이 새로운 국면에 직면하기 때문에 보다 고도의 경영기법이 요구된다는 점이다. 즉 자사 주식이 증권시장에서 공정하고 높은 가치로 평가받기 위해서 투자자, 주주, 브로커, 그리고 재무분석가 등에게 기업관련정보를 제공하는 것과 관련한 새로운 경영기법이 요구된다. 기업의 재무상황을 관련기관에 정기적으로 보고하는 일, 투자자나 규제기관에 기업관련 정보를 보고하여야 할 일, 그리고 대언론관계 등에서 많은 새로운 경영 노하우가 필요하다. 셋째, 이러한 제반사항을 지키며 기업을 계속적으로 시장에 공개시키는데 따른 비용이 많이 든다는 점이다. 넷째, 주식을 공개함으로써 경영권 침해를 받아 기업에 대한 지배권을 잃을 소지가 있다는 점이다. 그외 기업이 공개됨으로 해서 기업의 사회적 책임의 증가에 따른 부담 증대와 기업의 재무정책을 비롯한 각종 경영전략에 있어 유연성이 상실될 가능성도 존재한다.

이상에서 살펴본 바와 같이 기업공개는 여러 측면에서 장·단점이 내재되어 있으나 증권시장을 통한 자금조달이 가장 비용이 저렴한 방법으로 인식되고 있고 사실 많은 기업들이 일정 성장단계에 접어들어 주식을 일반투자자들에게 매각함으로써 위험을 분산시키고 추가자금을 조달하는 한편 투자자금의 유동성을 실현하기도 한다. 특히 벤처기업의 경우 자금조달방법이 대기업에 비해 제한되어 있는 등 여러 면에서 어려운 상황에 저해 있어 최근 몇몇 나라에서는 벤처기업의 자금조달을 보다 원활하게 하기 위하여 벤처기업 전용 증권시장의 개설을 적극 모색하고 있기도 하다.

2. KOSDAQ 시장

1) 코스닥시장 개요

코스닥시장(KOSDAQ : Korea Securities Dealers Automated Quotation)은 증권거래법 제172조 규정에 의하여 증권업협회가 운영하는 제2의 증권시장이다. 증권업협회는 비상장 기업 중에서 성장성과 기술력 있는 기업들을 등록하도록 하고 이들 기업이 발행한 주식을 일정한 거래질서 하에서 거래하도록 시장을 개설하여 운영하고 있다. 이 KOSDAQ은 미국 NASDAQ을 벤치마킹한 거래시장으로서 중소·벤처기업의 직접금융조달 창구로서의 기능을 수행하며 거래소시장에 대한 독립적, 경쟁적 시장으로 육성하고 활성화하기 위하여 정부에서는 제도개선 등 지원체제를 강화하고 있다.

코스닥시장의 특징은 다음과 같다.

(1) 성장기업 중심의 시장이다.

기업규모는 작지만 성장 잠재력이 높은 벤처기업, 유망중소기업 등이 용이하게 자금을 조달할 수 있는 시장이다.

(2) 거래소시장에 대한 독립적 경쟁시장이다.

증권거래소시장(유가증권시장)의 전(前) 단계적, 보완적 시장으로 보는 시각이 있었으나 코스닥시장의 성장·발전에 따라 독립된 경쟁시장으로 보는 견해가 지배적이다.

(3) 증권회사의 역할과 책임이 중시되는 시장이다.

코스닥시장의 참여기준은 거래소 상장기준에 비하여 상당히 완화된 수준이므로 우량종목 발굴에 대한 증권회사의 선별 기능이 중요하다. 소규모회사의 경우 유통물량부족에 따른 시세의 연속성 및 주식의 환금성 보장을 위한 등록

종목딜러의 시장조성 기능을 강조하고 있다.

(4) 투자자의 자기책임 원칙이 강조되는 시장이다.

고위험, 고수익(High Risk, High Return)의 새로운 투자수단을 제공해 주는 시장으로서 투자자의 자기책임 원칙이 중요하다.

【표 10-3】 증권시장의 종류 및 특징

구 분	정규시장		비정규시장	
종류	증권거래소(KSE)	협회중개시장 (KOSDAQ)	비상장 · 비등록주식시장 (OTC BB)	OTC (장외시장)
의의	증권거래소가 개설한 시장	증권업협회가 운영하는 시장	코스닥의 호가중개시스템에 의해 운영되는 시장	KSE, KOSDAQ, OTC BB이외의 시장
매매 대상물	증권거래소 상장유가증권(주식, 채권, 주가지수선물 옵션)	협회등록법인의 주식	협회지정법인의 주식	제한없음. 주로 채권이 거래되며 미공개법인의 주식거래도 활발한 편임.
매매 방법	경쟁매매	경쟁매매	상대매매	단주의 장외거래, 상대매매
규정	상장규정 업무규정 공시규정	협회중개시장 운영규정	유가증권의 장외거래에 관한 규정, 장외주식호가중개에 관한 규칙	유가증권의 장외거래에 관한 규정
결제	증권예탁원(T+2)	증권예탁원 (T+2)	증권예탁원(T+2)	채권(증권예탁원)

자료 : 한국증권업협회, 협회중개시장 소개자료 인용

2) 코스닥시장의 기능

(1) 자금조달 기능

증권거래소시장에 상장하기 어려운 벤처기업, 유망중소기업 등이 발행한 주식에 대하여 환금성을 부여함으로써 이들 비상장 중소·벤처기업이 신주공모 등을 통해 장기 안정적인 자금을 조달할 수 있는 기회를 제공하고 있다.

궁극적으로 중소·벤처기업이 대량의 장기 안정적인 자금조달을 통해 재무구조를 개선하여 기업이 경쟁력을 갖도록 하고 있다.

(2) 자금운용시장 기능

투자자에게 기존의 증권거래소 상장주식 이외에 성장가능성이 높은 비상장 유망기업 주식을 투자할 수 있는 수단을 제공한다.

(3) 벤처산업의 육성

신생 벤처기업에 투자를 전문으로 하는 벤처캐피털 회사들이 협회중개시장을 통하여 투자한 자금을 회수하는 한편, 새로운 유망벤처기업을 발굴하여 지원할 자금조성의 장으로써 시장을 활용할 수 있다.

【그림 10-2】 코스닥시장 구조

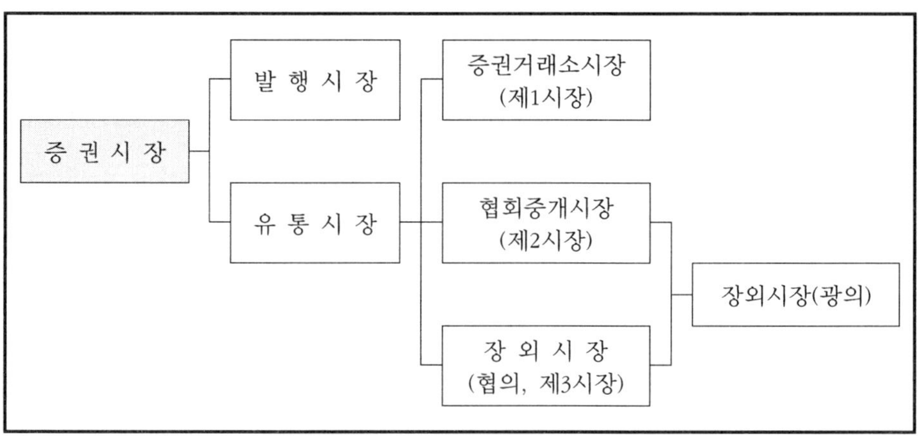

3. 제3시장

1) 의의 및 기능

(1) 의의

제3시장이란 증권거래소 상장 또는 코스닥 등록 요건을 충족하지 못하여 제도권 시장에 진입하기 어려운 비상장·미등록 기업들이 발행한 주식이나 등록·상장이 폐지된 주식들에 대해 (주)코스닥증권시장의 '장외주식 호가중

 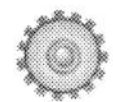

개 시스템'을 통하여 유동성을 부여하는 한편 투자자에게는 새로운 투자 기회를 제공하는 장외주식시장(OTC Market)이다.

비상장・미등록 기업들은 발행한 주식을 증권업협회의 지정 절차를 거쳐 (주)코스닥증권시장이 운영중인 '장외주식 호가중개 시스템(KOTCBB)'을 통하여 일반 투자자에게 매출함으로써 투자자본을 조기에 회수할 수 있는 반면 투자자들에게는 제도권시장 진입 이전 단계에서 아이디어와 기술력은 있으나 자금력이 부족한 유망기업이 발행한 주식에 투자함으로써 미래에 해당 기업의 주식이 제도권 증권시장에 상장하게 되면 커다란 이익을 볼 수 있다는 장점이 있다.

지금까지 인터넷 등의 수단을 통해 개별적으로 이뤄져 왔던 장외주식의 거래가 제3시장을 통하여 거래됨으로써 전국적인 거래가 가능하게된 것이다. 이와 유사한 제도로는 미국의 장외시장인 OTC BB(Over-the-Counter Bulletin Board)가 있다.

(2) 기능

장외주식시장의 주요한 기능은 다음의 세 가지를 들 수 있다.

가) 비상장・비등록주식(장외주식)의 거래를 제3시장 중심으로 집중・재편함으로써 거래의 편의성과 가격의 투명성・공정성을 높여준다. 이를 위해 제3시장에도 결제를 증권예탁원을 통해 하도록 하고, 호가 및 거래상황과 기업의 정보를 공시하도록 하고 있다. 제3시장은 다수의 투자자가 참여하는 시장이므로 개인이 거래상대방을 찾아 거래를 하는 원시적인 장외거래와 달리 시세와 정보가 공유된다. 투자자는 공개된 정보를 통해 불공정거래나 사기행위로부터 스스로 방어할 수 있는 효과도 있다.

나) 증권거래소시장, 협회중개시장의 등록요건에 미달하는 회사라도 주식을 공개하여 자금을 조달할 수 있다. 협회중개시장의 활성화로 소위 프리코스닥(Pre-KOSDAQ) 공모가 활발하여 설립초기 성장성이 있는 기업들이 담보물건이나 보증이 없이도 증권시장에서 자금을 조달할 수 있다.

다) 투자자들도 아이디어나 기술력이 있는 유망기업이 발행한 주식을 상장 또는 등록되기 이전의 초기단계에 투자해 수익을 극대화할 수 있는 기회를 제공한다. 증권거래소시장이나 코스닥시장에 진입하는 기업들은 많은 투자자에게 알려져 있어 이미 그들로부터 평가를 받았기 때문에 높은 수익을 기대하기 힘들다. 반면에 제3시장에서는 리스크가 크기 때문에 그만큼 많은 이익을 기대할 수 있는 장점이 있는 반면 실패할 확률도 높다고 하겠다.

【표 10-4】 주요 자금지원기관과 지원내용

주 무 부 서	지 원 내 용
중소기업청	•지방중소기업육성자금 지원, 유통합리화자금 지원 •중소기업 기술혁신사업, 유통합리화자금 지원 •중소기업 구조개선사업 지원, 경영영안정자금 지원 •중소기업 공제사업기금 지원, 중소기업 어음보험제도 •입지지원사업, 이업종교류 지원, 농공단지입주기업 지원 •중소기업 신용보증지원제도, ADB자금 특별신용보증제도 •산학연 공동컨소시엄사업, 협동화사업 지원 •중소/벤처기업 창업 및 육성자금 지원, 소상공인 지원자금 •한국은행 총액한도대출 중소기업 추천(대전 · 충남지역)
과학기술부	•과학기술진흥기금 융자사업
문화관광부	•우수체육용구생산업체 육성지원자금
농림부	•농기계 생산비축자금, 농산물가공산업 육성 •미곡종합처리장 설치지원, 시설농업기자재 생산지원
산업자원부	•특정물질사용합리화기금, 해외시장 개척기금 •산업기반기금 지원, 산업기술개발용자금 지원 •에너지절약기술, 자원기술 및 시범적용사업 지원 •에너지기술개발 및 대체에너지 보급사업을 위한 자금 •1차 공업기반기술개발사업, 에너지이용합리화사업 지원 •가스의 안전관리 및 유통구조개선자금, 기술담보시범사업
재정경제부	•생계형 창업지원을 위한 특별보증
정보통신부	•정보통신기술개발자금, 정보통신설비구입지원사업 •제2차 정보화촉진기금사업, 우수신기술 지정/지원사업
환경부	•환경개선자금 융자지원, 재활용산업육성자금
노동부	•산업재해예방시설자금, 장애인고용촉진자금 •직업훈련시설/장비융자자금, 실직자 창업자금 지원 •중소기업복지시설 융자자금, 직장보육시설 설치비용 융자자금

건설교통부	•건설기술연구개발사업
해양수산부	•어망생산 운영자금
국방부	•방위산업육성자금
보건복지부	•중소기업 기술개발지원사업, 신약개발지원자금
조달청	•중소기업 자금지원사업
지방자치단체	•시/도 경영안정(운전자금)융자지원

4. 신주발행제도

주식회사는 신주를 발행하여 회사의 자본을 증가시킬 수 있는데 최근 이에 대한 관심이 높아지고 있다. 신주의 발행에는 보통의 신주발행과 특수한 신주의 발행으로 구분된다. 보통의 신주발행이란 회사설립 후 기업경영 단계에서 회사에 필요한 자금조달을 직접적인 목적으로 주식을 발행하는 것을 말한다. 회사는 보통의 신주발행을 통하여 회사의 자본을 증가시킬 수 있다. 이를 두고 일반적으로 유상증자라 한다.

그러나 자산의 증가를 수반하지 않는 특수한 신주의 발행으로 전환사채의 전환에 의한 신주발행과 신주인수권부사채권자의 청구에 의한 신주발행이 있다. 이 밖에도 자본감소를 위한 신주발행, 주식배당에 의한 신주발행, 준비금·재산재평가적립금의 자본전입에 의한 신주발행 및 합병에 의한 신주발행 등이 특수한 신주발행의 종류에 해당된다.

신주발행에는 보통의 신주발행과 특수한 신주발행으로 구분된다. 보통의 신주발행이란 회사의 설립 후 기업경영단계에서 회사의 자금조달을 직접적인 목적으로 주식을 발행하는 것을 의미한다. 회사는 보통의 신주발행을 통하여 회사의 재산을 증가시킬 수 있다. 이러한 신주발행을 유상증자라고도 한다. 그러나 자산의 증가를 수반하지 않는 특수한 신주발행으로는 전환사채의 전환에 의한 신주발행과 신주인수권부 사채권자의 청구에 의한 신주발행 등이 있다.

이밖에도 자본감소를 위한 신주발행, 주식배당에 의한 신주발행, 준비금이나 자산 재평가적립금의 자본전입에 의한 신주발행 및 합병 등이 특수한 신주발행의 종류에 해당된다.

보통의 신주발행은 기업의 자산증가와 자본의 증가를 수반하지만, 특수한 사채의 발행은 자산의 변동이 없으며, 자본의 변동이 없거나 감소가 뒤따르는 경우이다. 보통 신주의 발행시 이사회에서 결의하여야 하나, 특수한 사채의 발행결정은 각각의 목적에 따라 달라진다.

5. 신주인수권부 사채발행

신주인수권부사채(BW, Bond with Warrant)란 사채권자에게 발행 후 소정의 기간이 경과한 후 일정한 가격으로 발행회사의 일정 수의 신주를 인수할 수 있는 권리(신주인수권)가 부여된 사채를 의미한다.

또 발행회사는 자금조달 코스트가 낮은 자금을 이용할 수 있으며 사채발행과 신주발행을 통하여 사채액면 총액 2배까지 자금조달이 가능하다.

신주인수권부사채가 발행된 후 사채권자가 신주인수권을 행사하여 신주가 발행되면 자본이 증가된다.

한편 벤처기업은 신주인수권부사채를 발행하여 자금을 조달할 수 있고, 벤처기업이 발행하는 신주인수권부사채를 인수하는 자에 대하여 투자금액의 30%를 종합소득에서 공제하고 신주인수권 행사로 부여받은 주식의 양도차익에 대하여 비과세된다.

1) 신주발행의 장점

보통사채에 비하여 표면이자율을 인하하여 자금조달 코스트가 낮으며, 사채의 발행자금과 신주인수권의 행사에 따른 추가자금의 유입으로 자금이 이중으로 유입된다. 또 신주인수권 행사에 따른 자본금 증가 및 주식발행 초과금의 증가로 인하여 재무구조가 개선된다.

2) 신주발행의 단점

전환 청구시마다 증자를 실시해야 하므로 실무상 번거로움이 많으며, 신주인수권의 행사 후에도 사채권이 존속된다.

신주발행을 신주인수권부사채와 전환사채의 비교하면 신주인수권부사채와 전환사채는 사채권자가 권리를 행사한 때에는 사채발행 회사의 발행주식의 수가 증가하고 사채권자는 주주가 된다.

또한, 사채의 발행조건에 있어 이자율이 보통사채에 비하여 저리이고, 상환기간은 보통사채보다 장기간이고 사채권자의 권리행사로 회사는 자본증가 등으로 회사의 재무구조가 개선되는 점이 유사하다.

6. 전환사체 발행

전환사채(CB, Convertible Bond)란 채권과 주식의 양면성을 지닌 유가증권으로서 일정한 조건에 따라 발행회사의 주식으로 전환시킬 수 있는 권리가 부여되어 발행되는 사채이다. 전환권 행사 이전에는 이자를 받을 수 있는 사채로서 존재하고 전환권 행사시에는 사채가 소멸되고 발행회사의 영업실적에 따른 배당을 받을 수 있는 주식으로 존재한다. 따라서 전환사채는 법적으로는 사채이나 경제적 의미로는 잠재적 주식의 성격을 동시에 지니게 되어 사채의 안전성과 주식의 수익성이 보장되는 투자수단이다.

벤처기업육성에 한특 조치법상 투자라 함은 주식, 무담보 전환사채, 무담보 신주인수권부사채를 인수하는 것을 말한다. 벤처기업은 전환사채를 발행하여 자금을 조달할 수 있고, 벤처기업이 발행하는 전환사채를 인수하는 전환사채권자에 대하여 투자금액의 20%를 종합소득에서 공제하고 전환권행사로 부여받은 주식의 양도차익에 대하여 비과세된다.

1) 전환사채의 장점

일반사채보다 저렴한 비용으로 자금조달이 가능하며, 주식전환 만기시까지 수시로 이루어지므로 유상증자시보다 배당압력이 적다.

또 주식전환으로 인한 자본잉여금의 증가로 재무구조개선 효과가 크면서 주식시장이 침체되는 경우에도 성장잠재력이 높은 기업은 발행이 용이하다.

2) 전환사채의 단점

전환청구시마다 증자를 실시해야 하므로 실무상 번거로움이 많으면서 사채의 전환에 따라 경영권에 영향을 줄 수 있다.

또 비상장 주식회사는 상법상 사채의 발행한도는 최종의 대차대조표에 의하여 회사에 현존하는 순자산액의 4배를 초과하지 못하므로 제한이 있다. 다만 코스닥 등록법인이 발행하는 전환사채 및 신주인수권부사채 중 주식으로의 전환 또는 신주인수권 행사가 가능한 부분에 해당하는 금액은 상법의 규정에도 불구하고 사채발행 한도의 제한을 받지 않는다.

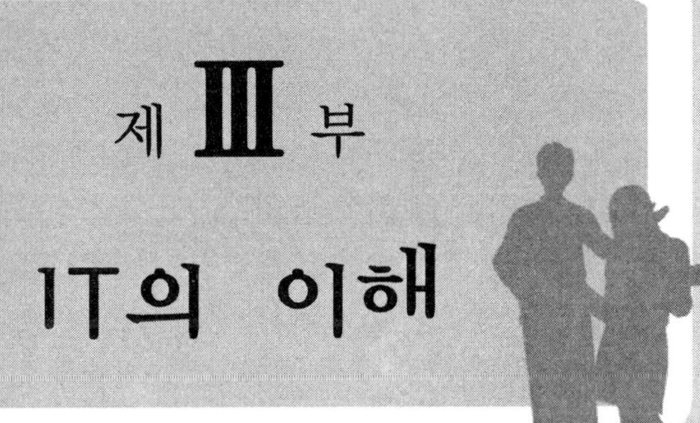
제 III 부
IT의 이해

제1절 IT(Information Technology)의 개념

1. IT 개념

IT(Information Technology)는 이제 현대사회에서 우리 일상생활에서는 없어서는 안되는 필수적인 기술이고 도구이지만 IT가 무엇인지를 정확히 정의내리기는 매우 어렵다. 넓은 의미에서 정보는 인류사회에서 지식과 밀접한 관계를 맺고 있고 따라서 IT는 인류사회만큼의 긴 역사를 가지고 있다고 할 수 있다. 그러나 IT란 단어가 컴퓨터의 활용과 때를 같이하여 사용되기 시작했다는 점에서 IT의 개념을 보다 기능적으로 정의를 내릴 수 있다.이와 같은 기능적인 관점에서 간단히 말하면, IT는 정보처리에 관련된 컴퓨터와 각종 주변기기 그리고 통신기술과 각종 소프트웨어를 모두 포함한 종합적인 개념으로 이해할 수 있다.

정보처리에 있어서 IT의 기본 기능들은 먼저 정보자료의 수집(Capture)으로 Keyboard나 bar-code scanner, 음성 또는 비디오카메라 등을 통하여 정보처리에 가능한 형태로 자료를 수집하고 정보자료의 전송(Transmission) 과 수집된 정보자료를 전화, LAN, WAN, 케이블TV, 무선방송 등의 각종 네트워크를 사용하여 정보처리 장소로 옮긴다.

또 정보자료의 저장(Storage)기능으로 정보처리를 위하여 종이, 마그네틱 테이프, 각종디스크(floppy, hard, optical등) 그리고 각종 메모리(CD-ROM, flash등)를 사용하여 정보자료를 저장 한다.

그리고 정보자료의 조작(Manipalation)으로 컴퓨터 하드웨어와 소프트웨어를 사용하여 정보처리(summarize, sort, rearrange, reformat, calculate)하여 새로운 정보자료를 만들어 내면서 컴퓨터 화면, 확성기, 각종 프린터를 사용하여 처리된 정보자료를 보여주거나 알려 주는 전시(Display)기능을 한다.

이들 기능은 디지털기술과 인공지능 그리고 계산기술과 통신기술의 발달로 근래에 엄청난 발전을 보이고 있다. 특히 계산(computing)과 통신(communications)기술은 우리들이 상상조차 할 수 없을 만큼의 발전을 거듭하면서 정보처리과정에 큰 혁명을 가져오고 있다.

전신·전화와 라디오·TV 방송 그리고 컴퓨터는 원래 각기 독자적인 기술개발을 전개해 오다가 근래에 이들 분야가 점점 통합됨으로써 IT에 큰 혁명이 일어나게 된 것이다. 이와 같은 C&C의 통합(convergence)추세는 앞으로도 계속되어 미래의 IT발전과 활용을 주도해 나갈 것으로 보인다.

2. 정보기술체계

전반적으로 IT가 확산됨에 따라 시스템과 기술의 통합에 대한 요구가 늘어나고 있다. 정보기술체계는 이러한 통합의 틀을 제시한다. 이는 기술적 진보, 조직구조의 변화, 사업요구의 증대 등의 변화에서 정보기술 부서는 조직 정보처리의 질서를 확립할 필요가 있다. 정보기술체계는 더욱 균형잡힌 기술선택의 틀을 제공한다.

또 정보서비스(IS : Information Service)추가 전략수립을 통해 무엇을 제공할 것인가가 결정되면 다음은 어떻게 더 효율적, 효과적으로 제공할 것인가에 대한 정책 및 방침이 필요하다.

한편 기업의 사업전략과 IT전략간의 관계가 더욱 밀접해질수록 기술적 관점의 기업모형이 요구되며 정보기술체계는 이러한 모형을 제공한다.

이렇듯 정보기술체계의 필요성에 대한 인식과 관심은 높아지고 있으나 그에 대한 연구는 드문 실정이다. 또한 대부분의 정보기술체계 관련 지식은 컴퓨터 공급자나 경영자문회사의 지식재산권으로서 대외적으로 공개되지 않고 있으며, 용어나 정보기술체계에 대한 보편적 정의도 내리기가 쉽지 않은 실정이다. 예로 컴퓨터 공급자들은 정보기술체계를 통신체계나 컴퓨터 체계의 의미로 사용하는 반면 경영자문회사들은 정보서비스 계획이나 정보기술에 대한 사용자와의 의사소통 수단으로서 사용하는 경우가 많다.

3. 정보기술체계의 요소

정보기술체계의 첫 번째 요소는 전산(computing)이다. 이는 조직의 정보처리에서 가장 주된 요소로서 대형(mainframes), 중형(minicomputers), 부서형(departmental computer), 공정통제 형, 워크스테이션 형 등의 모든 컴퓨터 및 주변기기들로 이루어진다. 이 요소와 관계된 이슈로는 어떤 공급자들의 어떤 기종을 선택할 것인지, 기기의 조합은 어떻게 할 것인지, 또 그들간의 호환성은 어떻게 확보할 것인지 등이 있다. 운영체제 시스템도 컴퓨터 기종과 밀접한 관계를 맺고 있다는 점에서 빼놓을 수 없는 이슈의 하나이다.

정보기술체계의 두 번째 요소는 통신이다. 이 요소는 최근 많은 기업에서 가장 중요한 요소로 떠오르고 있다. 많은 기업이 음성, 문자, 영상 등의 자료를 효율적으로 주고받기를 원한다. 이러한 자료전송은 기업내부뿐 아니라 고객, 공급자 등 기업외부와의 관계에서도 일어난다. 이를 위해서는 인터링크(interlinking : 자료의 한 지점에서 다른 지점까지의 전송)와 인터워크(interworking : 자료 전송기기간의 상호작용 가능성)가 필요하다. 통신 요소는 위의 전산 요소의 영향을 받으며 크게 지역적, 전국적, 그리고 국가의 세 차원의 네트워크로 이루어진다. 지역적 네트워크는 지역별 컴퓨터 시스템, 데이터베이스, 단말기들을, 전국적 네트워크는 지역적 네트워크들을 연결한다. 국가간 네트워크는 전국적 네트워크들을 연결한다.

통신과 관련하여 가장 큰 문제점은, 통신은 아직 상당히 새로운 기술이란 점이다. 많은 기업이 전통적 음성 통신을 제외한 다른 형태의 통신에 대해서는 아직 경험이 많지 않다. 따라서 기업의 통신체계는 엄격한 설계원칙에 입각한 조직적 체계라기보다는 간헐적으로 발생하는 통신요구를 수용하기 위해 비정형적으로 발전된 경우가 많다. 이는 국가적, 또 국가간 차원에서도 마찬가지다. 특히 국가간 통신의 표준설정에 대한 노력은 아직 별다른 성과를 거두지 못하고 있는 실정이다.

결국 통신과 관련된 이슈들로는 통신 필요성의 결정, 컴퓨터 구조 및 전송량 등을 고려한 네트워크 형태의 설계, 통신망 제공에서의 공공통신망과 사설통신망의 비교검토 및 선택 등을 들 수 있다. 예로서 한 기업이 사용하는 기종은 IBM이기 때문에 기기간의 접속을 위해서는 IBM이 제공하는 SNA (Systems Network Architecture)의 사용이 불가피하였고, 따라서 통신 표준간의 호환성이 문제가 되었다. 이는 현 통신기술의 수준을 단적으로 보여주는 예라 하겠다.

자료(Data)는 정보의 원천이 된다는 점과 활용 수단과 목적이 된다는 점에서 가장 중요한 요소라 할 수 있다. 사실 지난 몇 년간 우리는 귀중한 정보가 부적절한 데이터베이스나 시스템에 갇혀 있다는 탄식을 심심찮게 들어왔다. 그러나 이러한 중요성이 있는데도 자료체계의 수립은 여전히 많은 문제점을 내포하고 있다.

자료체계와 관련한 이슈들로는 자료 저장소의 결정, 사용 및 접근의 방법, 데이터베이스의 설계 및 관리, 그리고 점차 그 사용이 늘고 있는 EDI용 자료 확보 등을 들 수 있다. 그 외 응용 시스템 사이의 자료 교환을 위한 표준과 규약을 설정, 자료의 보안과 프라이버시도 중요하다.

응용 시스템(Applications)이 정보기술체계의 요소가 되는 이유는 위의 3요소, 즉 전산, 통신 및 자료에 대한 계획의 토대로 제공하기 때문이다. 즉, IS전략이 응용 시스템 개발의 전체적 방향, 우선순위, 균형, 범위들을 결정해준다면 IT전략은 이러한 시스템들간의 인터페이스, 개발의 순서, 종합의 방법 등을 제시해준다.

응용 시스템 체계와 관련한 이슈들로는 응용 시스템개발의 원칙(예 : MRP의 도입여부), 확보전략(예 : 자체개발 대 외주개발 대 패키지 구매), 개발 방법론(예 : 사용자 요구)

4. IT의 효과

IT의 발전과 함께 IT의 효과를 살펴보면 먼저 IT의 성능(Capability)에서 특정 IT의 목적과 기능에 따라 다르지만, 대체로 특정 IT 기기의 정보처리속도(MIPS), 정보자료 저장능력, 신뢰도, 전력소모, 크기, 무게 등을 포함한다.

또 IT의 경제성(Price-Performance)면에서는 특정 IT 기기의 성능에 가격과 비용을 연결시킴으로써 특정 기기의 경제성을 평가할 수 있다. 전체적으로 볼 때, 컴퓨터의 성능은 매년 막강해지는 반면에 가격은 저하되고 있다. 따라서 과거 20년 동안에 IT의 계산 비용은 100만분의 1로 줄었고, 이러한 비용감소 추세는 앞으로도 계속될 것으로 전망된다.

IT 사용 용이성(Ease of Use)을 살펴보면 특정 IT 기기에 대한 이해, 사용상의 편의도, 운송가능성 등을 포함하는데, 컴퓨터의 경우 사용하기는 점점 쉬워지고 크기고 작아져서 모든면에서 매우 편리한 기술로 발전되어가고 있다.

보완성(Compatibility)측면은 특정 IT 기기가 다른 관련 기술 또는 기기와 어느 정도의 보완성을 지니고 있느냐에 대한 척도로서, IT의 발전은 관련 기술 및 기기간의 연결성과 대체성을 증가시켜줌으로써 특정 IT 기기의 기술적 또는 기능상의 보완성을 크게 확대해 주고 있다.

그리고 시스템 유지가능성(Maintainability)측면은 시스템의 부분적 대체가능성, 시스템의 용량확장성, 운영시스템(OS)의 변경가능성 등을 포함한다. 이들 척도는 정보처리기능에 큰 영향 없이 정보시스템의 업그레이드나 구성상의 변경이 가능하냐에 관한 문제로서, IT의 발전은 모든 시스템 부분의 간소화와 연결·대체성을 통하여 시스템 전체의 신축성을 높여주고 있다.

제2절 IT의 역할

1. 기업 정보 역할

기업 경쟁력의 원천은 정보의 효율성에 있다. 한계생산성체감의 법칙의 전용을 받는 전통적인 생산양식에서는 정보효율성의 원천은 일반적으로 규모의 경제성에 바탕을 두고 있다. 정보의 원활한 흐름은 기업 내 설계/생산/판매/배달/고객지원 등 기업 내 가치사슬을 효율적으로 만들어 기업조직 확대에 따른 부정적 효과를 최소화시키는 반면, 가치사슬의 규모를 확대시킴으로써 긍정적 효과를 극대화하는 역할을 수행한다. 또한 정보는 기업간 공급체인 형성에도 중요한 역할을 수행해 기업군의 규모의 경제성 형성을 유도한다. 공급업체와 고객기업을 연결시키는 공급체인은 기업 내의 가치사슬과 마찬가지로 정보의 논리로 형성되어 있다. 두 기업이 장기적인 관계를 구축하게 되면 기업간 정보교류를 위한 채널을 설립하게 되고, 이는 EDI시스템, 엔지니어링 팀간의 협력, 동기화된 생산시스템 등 다양한 형태를 통해 기업군의 효율성을 증진시켜 경쟁우의(competitive advantage)를 확립하는데 기여하게 된다.

따라서 일반적으로 비정보사업이라고 생각되는 사업에서조차 정보는 중요한 역할을 수행한다. 대표적인 예로 의료서비스를 들 수 있다. 미국 의료비의 약 3분의 1가량이 환자의 병력과 원가회계, 보험청구 관련 정보를 수집・축적・처리・검색하는데 소요된다. 이러한 기준으로 보면 의료서비스사업은 '정보산업'보다 더 규모가 큰 정보관련 산업으로 간주할 수 있다.

2. 경제성 역할

일반적으로 정보는 독립적인 사업단위를 형성하기보다는 전체 생산양식에 채화된 분리 불가능한 사업단위를 형성하기보다는 전체 생산양식에 채화된 분리 불가능한 사업단위였는데, 이는 정보전달 물리적 매체의 비효율성에 기인한다.

정보가 TV, 인쇄매체, 대리점, 폐쇄적인 통신수단 등 전통적인 물리적 매개체의 형태에 묶여 있다면 정보의 경제논리에는 하나의 법칙이 존재하게 된다. 즉 보편적으로 얼마나 많고 깊은 정보를 제공해 줄 수 있는가(richness)와 얼마나 많은 사람에게 정보를 제공하는가(reach)라는 반비례 관계를 형성하고 있다는 것이다. 정보의 윤택성(richness)은 사용자가 판단하는 정보의 질, 즉 정확성, 포괄성, 신속성, 맞춤성, 호환성, 관련성, 보안성 등을 의미한다. 윤택성의 정의는 상황에 따라 조금씩 변할 수 있지만 일반적으로 정보의 깊이와 폭을 가리키는 것으로 이해될 수 있다. 반면 정보의 도달성(reach)은 그 정보를 공유할 대상의 수가 얼마인가 하는 것이다.

지금까지 풍부한 정보를 전달하기 위해서는 정보를 주고받는 주체가 근접한 거리에 있어야만 하거나(물리적으로 가까운 장소), 전용채널(전용 컴퓨터망, 소매점 또는 판매사원망)이 요구되었다. 이런 전용채널에 투입되는 비용이 컸던 만큼 이용자도 제한적일 수밖에 없었다. 반면에 많은 사람들에게 전달하고자 하는 정보는 그 내용의 깊이와 폭이 제한되었다. 우리가 원하는 만큼 정보의 질과 양을 동시에 전달할 수 있는 기술적인 뒷받침이 없었던 것이다.

따라서 마케팅 담당자는 도달성이 높지만 윤택성이 낮은 TV, 신문광고 등 대중매체를 활용한 방법과 도달성이 낮지만 윤택성이 높은 DM(Direct Mail), 텔레마케팅, 영업사원 활용 등 고객맞춤형 방법을 윤택성과 도달성의 반비례 관계 선상에서 적절히 배분하여 사용하여 왔다. 구매자 또한 이런 반비례 관계에 익숙해져 초기단계에서는 도달성이 높고 윤택성이 낮은 것을 매체를 통해 정보 출처를 찾은 다음, 정보의 윤택성이 향상된 매체로 이전하며, 그 과정에서 정보탐색비용이 발생하게 된다. 이때 브랜드는 소비자가 원하는 높은 수준의 윤택성을 가진 정보에 대한 탐색비용을 절감시켜주는 효과를 가진다.

한편 공급체인에서 공급업체 수는 정보의 윤택성과 반비례 관계에 있다. 이는 공급체인에 연루된 공급업체들 모두가 서로 직업적이고 돈독한 유대관계를 유지한다는 것은 비용이 너무 많이 들고 또 너무 어렵기 때문이다. 따라서 공급체인에서 직접적 관계에 있는 업체나 고객과만 긴밀한 관계를 유지하는 것이 통상적이다.

전통적 생산양식하에서의 정보전달매체의 비효율성은 정보의 비대칭성을 발생시킨다. 일반적으로 정보의 윤택성과 도달성의 반비례 관계는 기존 정보채널을 기준으로 형성된다. 즉 정보의 유통을 제한시키는 물리적인 하부구조 또는 일련의 행동양식들이 존재하는 것이다. 한쪽에서는 유용한 정보를 가지고 있지만 한쪽에서는 그 정보를 저렴한 가격에 접할 수 없기 때문에, 채널이 존재한다는 것은 누구는 정보에 접할 수 있고 누구는 그렇지 못하다는 것을 시사하므로 정보의 비대칭성의 근원이 된다.

시장에서 존재하는 정보의 비대칭성은 자율적인 시장거래를 저해한다. 소비자와 중개상인 중 어느 한쪽만이 관련 정보를 가지고 있다면 정보를 보유한 쪽은 다른 한쪽의 무지를 악용할 수 있기 때문이다. 그리고 쌍방이 공히 정보를 공유하고 있지 않다면 상호신뢰가 확보될 수 없기 때문에 거래가 성사되기 힘들 것이다. 따라서 정보의 비대칭성은 정보를 가지고 있지 않은 편에 상당한 거래비용을 발생시키지만 궁극적으로 시장거래를 저해하기 때문에, 또한 대부분의 경우 정보의 소유자도 비용을 발생시키기 때문에, 거래에 따른 전반적인 비용이 상승하게 된다. 거래에 따른 전반적인 비용 상승은 시장거래를 방해하여 다시 거업조직 확대를 유도하게 된다.

3. 기업조직에 역할

IT혁명은 기업 조직, 즉 가치사슬(value chain)의 해체를 유도할 것으로 전망된다. 전통적 경제에서는 세 가지 핵심프로세스(가치사슬)의 해체가 이루어지지 못한 반면, IT확산에 다른 새로운 경제에서 해체가 이루어지는 것은 생산양식의 변화에서 그 이유를 찾을 수 있다. 새로운 경제에서 IT의 눈부신 발전을 통해 정보의 도달성과 윤택성의 반비례 관계가 붕괴하여 실물생산양식에서 정보생산양식의 분리가 발생한다는 것은 주지한 바이다. 실물생산양식에서 정보생산양식의 분리는 전통적 시장에서 팽배해 있던 정보의 불완전성과 불확실성을 감소시켜 기업조직 내에 내부화되어 있던 각 프로세스를 시장거래를 통해서도 가능할 정도로 시장거래에 따른 전반적인 거래비용을 감소시키는 효과를 발생시킬 것으로 전망된다. 따라서 전통적 경제와는 달리 IT로 인한 새로운 경제에서는 가치사슬이 해체될 수 있는 기본적 토양이 조성된 것이다.

과거 기업 경영진은 기업 내 비효율성과 대기시간을 감소시키기 위해 EDI, SCM, ERP, CRM 등 최신 정보기술로 모든 핵심프로세스를 재설계함으로써 경영성과를 증진시키는 노력을 꾸준히 진행하여 왔다. 그리고 핵심프로세스에 대한 이러한 기본적인 재고를 통해 경영성과의 비약적 발전을 꾀하고 고객에게 더 많은 가치를 전달하며 상당한 비용과 시간을 절약할 수 있었다. 전통적 경제에서는 세 가지 핵심프로세스를 한 기업이 내무화하는 것이 바람직하

였지만, 그 대신 각 프로세스가 최적화되지 못한 단점이 존재하였다. 그리고 기업경영진의 노력으로 이러한 단점을 완화시키는 데에는 어느 정도 성공할 수 있었지만 핵심프로세스가 통합되어 있는 한 이질적 특성으로 인해 근복적인 문제점을 가지고 있을 수밖에 없었다.

그러나 IT의 확산이라는 새로운 환경하에서 정보중개업자는 기업조직을 해체시키는 촉매제 역할을 수행할 것으로 분석된다. 정보생산양식의 분리로부터 발생한 정보중개업자는 자신의 물질적 제품을 보유하지 않은 순수한 고객관계 관리사업자이다. 고객의 욕구와 선호도를 이해하고 고객을 적절한 판매상과 연결하고 그들의 프라이버시를 보호하면서 고객 관계를 증진시킨다. 사실상 정보중개업자의 모든 역량이 고객관계관리에 집중되는 것이다. 이런 정보중개업자는 고객관계의 증진을 위해 자신이 확보한 고객에 대한 정보를 적절한 판매상과 공유하려는 동기를 가지며, 판매상이 고객을 만족시키도록 압력을 가함으로써 전통적 기업 해체에 대해 촉매 역할을 수행할 것으로 분석된다.

4. 기업 경쟁력의 탈평준화(de-average)역할

전통기업의 경쟁력은 핵심프로세스 전반에 대한 평균적인 경쟁력에 기반한 반면, IT로 인한 신경제에서는 가치사슬의 해체로 인해 경쟁력의 평균화 또한 해체될 것으로 분석된다. IT로 인해 가치사슬이 해체되면서 각기 다른 경쟁우위를 갖는 수많은 사업들이 파생되기 때문에, 결국 경쟁우위(competitive advantage)의 탈평준화(de-advantage)현상이 발생하는 것이다. 가치사슬의 모든 기능이 묶여 있는 기존 체제에서는 가치사슬 전반에 걸쳐 경쟁우위가 확보되어야만 힘을 발휘할 수 있었다. 특정분야에서 우세하면 나머지 부분이 취약하더라도 평균화되어버리기 때문이다. 그러나 가치사슬이 해체되면, 이런 평균의 개념은 더 이상 의미를 가질 수 없다. 성과가 좋은 분야에서 나쁜 분야로 자원을 이전할 수 있는 여력이 없어져버리기 때문에 평균화된 경쟁우위는 무용지물이 되어 버리는 것이다.

기존과 같이 통합된 가치사슬은 일부 분야에서의 우위를 바탕으로 다른 분야에서의 약세를 상쇄하여 전체적으로 경쟁우위는 비슷한 수준이 되고 만다.

가치사슬의 통합은 전반적인 경쟁우위를 약하게 만들기 때문에 수많은 경쟁자들이 생존하고 번창할 수 있었다. 그러나 세분화된 경제활동분야별로 보면 경쟁우위를 확보할 수 있는 기반은 더 좁아질 수밖에 없다. 승리할 수 있는 기회가 줄어들면 그만큼 승자도 줄어든다. 가령 극단적으로 세부분야에서 경쟁우위를 포착할 수 있는 기반이 단 하나밖에 없다면 독점체제가 되어버릴 수 있고, 경쟁우위의 기회가 전무하다면 시장은 포화상태에 봉착하게 된다. 가치사슬 해체 이후의 사업환경에서는 이처럼 비교적 단순화된 시장논리에 의해 경쟁이 더욱 치열해진다.

제3절 IT 관련 기술

1. IT와 관련 기술

IT와 관련된 향후 신기술로서 생명기술(BT : Bio-Technology), 나노기술(NT : Nano-Technology), 환경기술(ET : Environment Technology) 등의 기술발전을 주도하고 또 이들 신기술의 기반기술의 성격이 강해 IT산업의 육성은 물론 타 산업의 생산성을 향상시키고, 전통산업을 포함한 타분야 기술과 접목을 통하여, 세계시장을 주도할 것으로 전망된다. 따라서 이러한 신기술은 21세기 정보화사회에 필수적인 기술일 뿐 아니라, 기술의 부가가치 및 사회·경제적 파급효과가 매우 커서 산업적으로 중요하다.

2. IT · BT · NT 등 신기술간 융합

정보통신기술은 고속화, 대용량화, 지능화, 인간화, 소형화, 고밀도화 되면서 BT·NT·ET등과 같은 신기술과 융합되어 미래과학기술 발전과 경제사회 변력을 주도하 신산업을 창출하고 급속도로 발전시키고 있다. 예를 들면 IT와 BT가 융합된 생물정보학(Bioinformatics), 바이오 칩(Bio-chips), 컴퓨터 생리체학 기반기술과 IT와 NT가 융합한 지능형 마이크로시스템, 테라급 나노소자, 마이크로 디스플레이어 개발 등은 막대한 산업경제적 기회창출과 보건의료, 식량, 환경, 에너지 등 21세기 인류난제 해결의 핵심기술로 등장하고 있는 것이다.

3. 정보기술(IT)와 나노기술(NT)의 융합

나노기술은 기계·전자·재료·화술 등과 접목되어 신기술 융합혁신을 일으킬 핵심기술로 인식되고 있다.

나노기술과의 융합으로 가장 큰 혁신을 일으킬 것으로 예측되는 기술은 무엇보다도 정보통신기술이다. 이는 정보통신기술의 발전추세인 초소형화, 박막회, 대용량회, 초고속화, 휴대화의 추세를 볼 때 쉽게 미루이 짐작할 수 있다. 이미 반도체 기술은 100nm의 범주에 근접하고 있으며, 나노기술의 도움 없이는 그 기술의 한계에 봉착하여 16기가(Giga:10의 9승)DRAM이상의 초고집적 칩(chip)제작은 불가능할 것으로 보인다.

4. 정보기술(IT)와 생명공학(BT)의 융합

인간게놈 프로젝트(Human Genome Project)가 진행되면서 생명공학(BT)과 정보기술(IT)이 결합된 기술분야의 선두주자라고 할 수 있는 생물정보학(Bioinformatics)의 중요성이 부각되기 시작하였고, 인간게놈의 해독이 완료된 이후 생물정보학을 비롯한 BT·IT 융합기술이 21세기 고부가가치를 창출하는 핵심 기술로 급부상하고 있다. 최근 BT가 식량, 질병, 환경 오염 등 인류난제를 해결할 수 있는 기술로 각광받고 있지만 IT의 지원 없이는 획기적인 발전이 어려운 실정이다.

BT·IT 융합기술이라는 용어의 정의가 있거나, 명확히 규정된 분야가 있는 것은 아니지만, 생물정보학이나 생체소자기술 등을 기반으로 생명현상과 관련된 생물정보콘텐츠를 개발하고, 서비스를 제공하기 위한 기술을 말한다고 볼 수 있다. 더구나 21세기는 IT(정보기술 : Information Technology)와 BT(생명기술 : Bio- Technology)의 시대로 인식되고 있다. 사실 유전공학시대의 도래는 선진국에서는 수십년 전부터 예견되어 왔으며 미국 등에서는 오래 전부터 유전자 변형 옥수수, 콩 등이 대량 재배되어 외국으로 수출되고 있다. 최근

인체유전자 염기서열이 완전 해독됨으로써 생명공학산업은 의약・보건분야에서 활기를 띠고 있다.

선진국에서는 방대한 양의 유전체 및 유전자에 관한 기초정보를 미국 국립생물정보센터(NCBI), 영국 Sanger Cneter, 일본 유전자정보은행(DDBJ)과 같은 국가정보센터를 중심으로 축적하고 있으며, IBM, Celera Genomisc와 같은 세계적인 IT, BT 기업은 BIT 분야에 인력과 투자를 집중하고 있다.

보건・의료와 관련된 BT연구의 대폭적인 수요증가로 BIT산업은 반도체산업의 자본회전율보다 6배 이상 높은 두뇌 집약산업으로 평가되고 있으며(McKinsey, 2001), 향후 BT연구에 소요되는 시간과 비용을 대폭 절감시켜 바이오산업의 성장에 크게 기여할 것으로 기대되고 있다.

5. IT기술과 전통산업

반도체, 자동차, 철강, 조선, 섬유, 기계 등은 우리나라 수출액의 50% 이상을 차지하는 수출 주력산업이었으나 2000년을 기점으로 IT산업 상품의 수출이 전통주력산업을 추월하고 있으며 선진국에는 밀리고 중국, 대만 등 후발개도국에는 추격 당하는 소위 「넛 크래커」 상황이 지속되고 있어 무역수지흑자에 큰 영향을 미치면서 IT 등 신기술 접목시 첨단 고부가가치화(Fusion)할 수 있는 전통주력산업의 세계 최고의 산업기술경쟁력 제고를 위해 전통산업의 디지털화는 선택이 아닌 생존의 문제로 대두되었다.

전통산업의 제품, 공정, 유통 등 모든 부분에 걸쳐 IT기술이 결합되는 「디지털 수렴(Disital Convergence)」 현상이 보편화되고 있으며 GE, Sony, Dell, IBM 등 세계적 전통기업들도 전통산업에 IT기술을 수혈하여 경쟁력을 더욱 키워 나가고 있다.

이러한 관점에서 미래신기술은 전통주력기술을 발판으로 우리나라 경제발전의 원동력이 되었던 자동차・철강・조선 등 전통산업과 IT・BT 등 신기술과의 접목을 통한 전통산업의 고부가가치화 및 산업경쟁력 강화를 위해 주력산업의 고부가가치화 기술, 첨단생산시스템기술 개발 등은 중요한 과제로 떠오르고 있다.

제12장 IT와 정보화

【제Ⅲ부 IT의 이해】

제1절 정보화의 개념

1. 현대사회와 정보화

최근의 약 50여년간 과학기술과 정보통신의 발전은 전체 인류역사를 통하여 달성한 과학기술발전보다도 더 많은 발전을 이룩했다 해도 과언이 아닐 것이다. 이와 같은 발전은 사회, 정치, 경제, 기술 등 기업환경 전반에 큰 변화를 가져오고 있다. 사회적으로는 개인과 전체 인간사회의 가치개념(value concept)에 변화를 가져오면서 사회환경의 질과 직장생활의 질 개선에 강한 압력을 가하고 있다.

정치적으로는 공산권의 붕괴 및 냉전 종식과 더불어 민주화의 강한 추세 속에서 전통적인 정부역할이 줄어들면서 개인의 자유와 개방 그리고 자유경쟁을 위한 새로운 환경이 조성되어 가고 있다. 경제적으로는 세계화(globalization)의 거센 물결 속에서 전세계가 국경 없는 하나의 시장으로 변화되어 나가고 있다. 그리고 기술분야에 있어서 IT는 전자, 세라믹, 생명과학, 의학, 신소재 등 첨단부문에서 기술혁신과 새로운 지식의 창출을 촉진시키고 있다.

이와 같은 발전은 조직환경에 많은 변화와 더불어 조직체가 무한히 성장할 수 있는 새로운 기회를 끊임없이 제공한다. 특히 IT는 개인의 가치관에 영향을 주면서 사회문화발전을 가속화시키고, 우리 사회에 존재하고 있는 조직체 간의 정치·사회적 장벽을 무너뜨리면서 개방과 세계화를 촉진시키며, 모든 학문 및 기술(technology)분야에서의 첨단연구를 가능케 하면서 새로운 지식 창출과 기술혁신을 가속화시킨다. 따라서 IT는 현대사회발전에 직접 또는 간접적으로 기여한 가장 중요한 요인이라 할 수 있다. 그리고 현대사회의 발전이 고도화됨에 따라서 IT의 역할은 더욱 커질 것이고, 조직경영에 있어서도 성과요인으로서의 IT의 전략적 중요성은 더욱 증가할 것이 확실하다.

2. IT와 정보사회

현대사회에서 IT의 역할은 컴퓨터가 발명된 이래 사회 자체가 종래의 산업사회(industrial society)에서 정보사회(information society)로 전환된 데에서 명백히 나타나고 있다. 새로운 정보사회는 과거에 인류사회가 농업사회(agricultural society)에서 산업사회로 전환했을 때와 같은 큰 변화를 우리에게 가져오고 있다. 이제 정보는 우리 생활에 없어서는 안 되는 중요한 자원이 되었다. 그리고 우리 생활에 필요한 정보는 IT에 의하여 대량으로 신속히 그리고 정확하게 처리·제공되고 있다. 그리하여 과거에는 돈(money)이 우리 생활에 가장 중요한 자원이었듯이 이제는 정보가 가장 중요한 자원이 되었다.

정보사회의 핵심인 컴퓨터는 이제 기업체와 연구소 그리고 교육기관뿐만 아니라, 일반가정에서도 필수적인 기술로 되어 가고 있다. 기업체와 연구·교육기관에서는 이미 오래전부터 컴퓨터에 의한 정보처리와 정보제공이 없이는 직무수행이나 연구·교육이 불가능하게 되었고, 이제 일반가정에서도 가계와 쇼핑 그리고 홈뱅킹(home banking)등 일상생활의 모든 거래와 활동에 컴퓨터가 적용되어 컴퓨터의 정보처리와 정보자료제공 없이는 일상생활에 점점 불편함을 느끼게 되었다. 그리고 산업구조에 있어서도 철강, 자동차, 건설 등이 핵심이었던 산업사회에서 실리콘, 컴퓨터, 네트워킹 등 IT와 관련된 정보산업이 점점 큰 비중을 차지하고 있고, 이 부문에서의 인력고용도 다른 산업분야에 비하여 훨씬 더 빠른 속도로 확대되어 나가고 있다. 그리고 무엇보다도 현

대사회에서 컴퓨터사용이 계속 급증하면서 정보사회의 발전을 한층 더 가속화시키고 있다.

3. 정보화 사회의 특징

1) 지식사회(Knowledge Society)

IT는 현대사회를 산업사회로부터 정보사회로 전환시키는 동시에 지식사회로 만들어 나가고 있다. IT는 새로운 지식과 기술을 창출하는데 결정적인 역할을 한다. 그리고 기업에서 새로운 지식과 기술은 기업의 경쟁력인 동시에 가장 중요한 성과요인이다. 따라서 현대 조직에서 조직성과는 지식인력(knowledge workers)의 수준과 효율적인 활용에 달렸고, 사회 전체적으로도 미국과 같은 선진국에서는 지식인력이 이미 산업인력의 60%를 차지하면서 경제발전을 주도하고 있다. Smart card, smart house, smart TV, smart telephone 등 소위 smart product(지능제품)의 개발이 빈번해지면서 기업성과에 점점 큰 영향을 미치고 있다.

2) 디지털사회(Digital Society)

IT가 종래의 아날로그(analog)기술에서 디지털기술로 바뀜에 따라서 대량의 정보가 보다 효율적으로 압축되고 보다 신속히 그리고 보다 질 좋은 정보로 처리·제공될 수 있게 되었다. 그리하여 각종 정보자료가 멀티미디어에 의하여 손쉽게 수집·저장·처리·제공될 수 있게 되었다. 따라서 디지털기술에 의존하는 디지털사회로 변해 나가는 것이 또한 현대 정보사회의 특징이다. 우리들이 이미 보편적으로 사용하고 있는 전자우편(e-mail)만 보더라도 디지털혁명이 우리들의 일상 및 직장 생활을 얼마나 많이 변화시키고 있는지를 잘 알 수 있다.

3) 조직체간의 인터네트워킹

IT는 조직체들간의 네트워킹(internetworking)을 통하여 상호간의 정보교류와 고객서비스를 향상시키는 보다 대중적이 정보시스템구조(infostructure)를 형성하도록 한다. 그리하여 거대한 계층적 조직에서만 가능했던 정보기능을 이제 조직체 내외의 여러 자율적인 단위조직들간의 네트워킹을 통하여 보다 대중적인 정보구조에 편재할 수 있음으로써 보다 높은 수준의 경제활동이 가능해지고 있다. 그리고 전체적인 경제구조도 점차 조직체간 그리고 관련기관간의 네트워킹으로 구성되어 나가고 있다.

4) 3C 정보산업의 통합

과거 산업사회의 핵심은 철강, 자동차 등의 산업이었지만, 이제 현대 정보사회의 핵심은 컴퓨터(computer)와 통신(communication), 그리고 매체(content)의 3C산업으로 구성되어 나가고 있다. 컴퓨터산업은 컴퓨터와 부품, 반도체와 관련장치, 소프트웨어, 기타 전기・전자 관련제품들을 포함하고, 커뮤티케이션기기 등을 포함하며, 매체산업은 신문, 잡지, 책, 기타 출판물, 광고, 복사, 영화, 비디오 테이프, 오락, 연예 등을 포함한다. 3C 정보산업은 멀티미디어(interactive multimedia)를 통하여 점차 통합(converge)되면서 전체 경제에서 그 규모나 고용이 차지하는 비중이 점점 커지고 있다.

5) 고속도사회(High Speed Society)

정보사회의 또 한 가지 특징은 빠른 속도의 변화이다. 신제품개발의 기간은 점점 짧아지고 있고, 현대조직의 매출에서 신제품이 차지하는 비중은 점점 커지고 있다. 새 자동차모델의 생산만 보더라도 1990년대에는 기본개념에서 실제 생산까지 6년이 걸렸지만, 이제는 2년밖에 걸리지 않는다. Motorola, Merck, Hewlett Packard, Microsoft, 3M(Minnesota Mining & Manufacturing) 등 초우수기업들은 모두 신제품의 매출비중을 증가시키면서 전체 제품의 수명을 '젊게' 만드는 것을 중요한 전략목적으로 강조하고 있고, 또 그것이 이들 초우수기업의 성공비결로 인식되고 있다. 급변하는 환경에 신속히 적응하는 것이 현대조직이 성공하는 데 필수적인 조건이고, 여기에서 IT의 도움이 없이는 신속한 조직활동이 불가능하다. 현대기업은 그야말로 'real-time enterprise'가 되지 않고서는 정보사회에서 살아남을 수 없고, 이것이 또한 정보사회의 특징이다.

6) 기술혁신사회(Innovation Society)

'기존 제품을 도태시켜라.' 현대조직에서 자주 강조되는 슬로건이다. Intel은 1985년에 메모리분야에서 과감히 철수하고 마이크로프로세서(microprocessor)로 진출한 이래 칩 286에서 386, 486, 그리고 Pentium으로 기존 제품을 도태시키면서 끊임없이 발전해 왔다. 그리고 Boeing은 747기종에 이어서 757, 767, 777기종을 계속 개발해 왔고, Microsoft도 항상 미래시장을 겨냥하면서 새로운 소프트웨어를 개발해 나가고 있다. 그 반면 IBM은 1980년대에 메인프레임에만 집착하고 이를 보존하다가 PC개발을 등한시하였고, 따라서 그 때문에 한동안 어려움을 면치 못하였다. 이와 같이 제품의 수명주기가 점점 짧아지고 끊임없는 경영혁신이 조직체의 성공요인으로 작용하는 것이 정보사회의 특징이다. IT는 제품의 수명주기를 단축시키는 중요요인인 동시에, 현대조직에게 네트워킹을 통한 무한한 멀티미디어 정보자료와 지식베이스를 중심으로 조직체가 끊임없이 기술혁신을 성공적으로 추진할 수 있는 정보시스템 플랫폼(infostructure platform)을 제공한다.

7) 무한 개방사회

정보사회의 또 한 가지 특징은 무한(boundaryuless)의 개방사회이다. IT는 사회구성원 모두가 공유할 수 있는 정보자료를 무한히 제공해 준다. 앞에서 설명한 인터네트워킹은 국가간, 조직체간, 집단간 그리고 조직체 내부의 계층간 및 부서간의 장벽을 무너뜨리면서 무한계의 무한한 정보교류를 가능케 한다. 특히 멀티미디어 IT는 우리들이 원하는 정보를 어디서나 그리고 손쉽게 얻을 수 있게 해준다. 이와 같은 IT의 역할은 세계화를 촉진시키고 무한경쟁을 조성하며, 연장기업(extended enterprise)의 활동범위를 더욱 확대시켜 준다. 그리고 조직체 내의 정보공유는 물론 외부의 이해관계자들(stakeholders), 그리고 나아가서는 경쟁업체들과의 전략적 협경(coopetition)관계도 조성하여 현대조직으로 하여금 끊임없이 성장할 수 있는 기회를 제공한다.

8) 중간 매개기능의 쇠퇴

IT는 사회구성원들이나 집단간에 직접적인 상호연결관계를 맺어줌으로써 종래에 존재해 온 중간연결 또는 매개기능을 불필요하게 만든다. 기업체 내에서는 계층이나 부서간의 장벽 없이 구성원들간의 직접적인 상호작용이 가능해졌고, 일반소비자도 중간상인의 개입 없이 생산업체와 직접 거래가 가능하게 되었다. 즉, 종래의 계층적 정보시스템이 IT로 인하여 네트워크 정보시스템으로 대체됨에 따라서 커뮤니케이션의 중간 또는 연결역할을 해온 중간관리자나 중간브로커의 기능이 필요 없게 되고, 나아가서는 소비자와 생산업체를 연결시켜 주는 중간상인의 역할도 불필요하게 된다. 그리하여 조직체의 내부구조와 커뮤니케이션 시스템 그리고 경제구조에도 큰 변화를 가져오는 것이 정보사회의 특징이다. 현대조직에서의 관료화 파괴, 조직구조의 수평화, 유통시스템에서의 가격파괴 등이 좋은 예이다.

9) 맞춤 생산사회(Customization Society)

산업사회는 대량생산에 의하여 대중고객의 욕구를 만족시키는데 비하여, 정보사회는 맞춤생산을 통하여 고객 개개인의 욕구를 만족시키는 것이 특징이다. 다시 말해서 생산시스템이 대량생산(mass production)이 맞춤생산(mass customization)으로 전환되는 것이 정보사회의 특징이다. 자동차의 경우, 이제 소비자는 IT를 사용하여 자동차모양과 안전도 그리고 각종 기능 등 자기 기호에 맞는 자동차의 윤곽(configuration)을 설정할 수 있다.

제2절 IT의 정보화 역할

1. 인터넷의 확산

인터넷의 발달을 통해 기업의 새로운 비즈니스 모델이 창출되고 경제구조가 빠르게 변화하고 있다. 인터넷을 중심으로 여러 경제주체들이 복합적으로 작용하면서, 경제가 보다 역동적으로 변화하고 있다. 새로운 비즈니스모델을 바탕으로 한 인터넷 기업들이 출현하여 인터넷이 비즈니스의 인프라로서 역

할하게 되고, 이를 중심으로 산업지도가 바뀌고, 새로운 경쟁의 룰이 생겨가고 있다. 인터넷이 상거래의 플랫폼으로 자리 잡아 가면서 유통과 상거래의 질서가 바뀌고 산업의 일반적인 가치사슬도 변화하고 있다. 인터넷은 일반적으로 기업과 개인, 개인과 개인, 기업과 기업간의 관계에 영향을 미치므로 그 파급효과는 광범위하다. 이러한 변화는 그 사회적 영향력이 엄청나기 때문에 "인터넷혁명", "디지털 혁명" 등으로 표현되고 있으며, 산업혁명 이후의 최대 변화로 해석되기도 한다.

인터넷이 경제주체 간의 정보교환 및 거래시장의 역할을 하면서 각종 거래비용이 낮아지고, 수요와 공급의 최적화의 기회가 늘어나게 되었으며, 인터넷과 더불어 공급자와 수요자가 직접 연결되면서 시장의 불완전성을 보조하던 유통업자의 역할이 줄어들게 되었다. 반면, 개인들은 고객으로서의 수동적인 위치에서 보다 적극적이고 주도적인 위치를 확보하게 되었다. 고객이 가격을 결정할 수 있는 역(逆)경매 등에서 볼 수 있듯이, 소비자는 구체적으로 자신의 목소리를 낼 수 있게 되었고, 기업도 대량 생산이 아닌 개개인에 대한 맞춤서비스를 제공하게 되었다. 또한 소비자가 다양한 상품정보에 접할 수 있게 됨에 따라 보다 다양한 선택이 가능하게 되었다.

여기에 각각의 개인들은 쌍방향 정보교류, 데이터베이스에 대한 용이한 접근, 서비스 구매의 시간과 공간의 제약으로부터의 탈피를 통하여 새로운 소비형태를 가지게 되었다.

2. 정보화와 산업 발전

IT기술은 자본과 노동력 중심의 기존 사회의 구조를 지식과 정보자본 기반의 사회로 변화시키고 있다. 노동·자본의 투입 중심의 경제구조가 지식·정보의 축적과 효과적인 활용이 핵심역량으로 작용하는 결제구조로 전환되고 있다. 따라서 개인과 기업의 생산성, 국가경제의 성장, 선진국과 후진국의 소득격차는 「지식격차」와 「정보화 수준」에 의해 결정되는 시대가 시작되었으며, 지식정보사회에서 개인과 기업, 국가가 성공하기 위해서는 언제, 어디서나 유용한 정보를 획득하여 필요한 형태로 가공, 활용할 수 있는 환경과 능력을 갖추는 것이 필요하게 되었다.

세계가 산업사회의 패러다임을 접고 정보와 지식이 부가가치 창출의 원천이 되는 「지식주도경제(Knowledge Driven Economy)」로의 전환을 진행하고 있다는 증거는 여러 곳에서 발견할 수 있다. 세계은행의 세계개발보고서 「Knowledge for Development」에서 국가경제발전의 핵심요소가 지식의 창출·확산·활용임을 강조하였다(1988). 또 세계은행에 기업생산요소의 투입비중에서 지식비중은 계속 증가추세에 있는 것으로 분석되었다. 또한 OECD국가들의 경우, 지식기반산업이 계속 증가하는 것으로 나타나 이미 지식기반사회로의 전환이 이루어지고 있음을 암시하고 있다.

정보통신 산업의 발전은 지식정보사회로 전환하기 위해서는 필수적이다. 디지털경제로의 전환은 정보통신 산업의 발전에 의해서 견인되어지기 때문에 이에 따라 정보통신 산업이 국가경제에서 차지하는 비중이 증가하고 있다. 특히, IT기반의 디지털 경제가 경제시스템에 체화 또는 확산되는 정도에 따라 그 비중은 달리 나타날 수 있으나, 대부분의 선진국에서 이를 쉽게 확인할 수 있다.

이렇게 전 세계로 연결된 정보화 덕분에 디지털화된 정보의 생산, 유통, 가공, 저장이 더 쉽고, 더 값싸고, 더 빨라진다. 그리고 새로운 정보화에 기반한 기술의 발전은 각종 미디어의 생산과 분배에 변화를 가져오고 있다. 또한 정보화 기술의 발전은 생각의 교류와 정보의 이용을 가능하게 하는 기회를 제공하고 있다. 이러한 기술들은 사람들의 삶에 부가적 편의를 제공할 뿐만이 아니라 표현의 자유와 상호작용 및 정보공유를 증진시킴으로써 민주적 과정을 크게 향상시킬 것이다. 그러나 이러한 정보화기술이 어떠한 사회 경제적 결과를 가져올지는 아직 명확하지는 않다. 아날로그 통신과 유형적이고 물리적인 공간 문화를 관리하기 위하여 고안된 사회제도와 관행들이 서서히 적응해나가고 있으나 이러한 변화에 완전하게 대응하는데는 훨씬 많은 시간의 소요될 것이다.

3. 지식기반 경제구축

지식기반 경제의 핵심은 지식의 축적, 확산, 활용이며, 이 모든 과정에서 가장 중요한 사회적 인프라(Infra)는 지식을 공유하여 규모의 경제효과와 외부효과를 극대화시킬 수 있는 네트워크라고 할 수 있다. 또한 네트워크를 활용하기 위한 기술적 변화는 디지털기술을 근간으로 한 정보통신부분의 발전에 의해 주도되고 있다. 이렇게 볼 때 정보화의 급속한 확산, 정보통신의 발전, 그리고 이들을 근간으로 한 새로운 상품과 서비스의 출현 등은 모두 지식기반사회로의 전환을 더욱 촉진시키는 계기가 될 것이다. 지식기반경제의 특징은 지식이 노동, 자본 등 전통적인 생산요소들보다 국가의 경제성장과 산업발전에 상대적으로 더 많이 기여하게 된다는 점에 있다. 이 경우 지식의 범주에는 학문적 지식뿐만 아니라 생산현장에서 축적된 경험이나 노하우 등 실용적 지식과 정보, 기술 등이 모두 포함된다. 또한 지식은 규모의 경제효과와 외부효과를 가져온다. 과거 경제성장에서 중요시되었던 자본이나 노동은 규모가 커짐에 따라 수확이 체감(遞減)하는 것이 일반적이다. 따라서 이들 전통적 생산요소를 아무리 늘리더라도 일정수준 이상의 경제성장은 기대할 수 없다. 반면 지식은 축적규모가 확대됨에 따라 수확이 체증(遞增)하고, 산업 내 또는 산업간에 다양한 외부효과를 가지기 때문에 지속적인 성장의 동인(動因)이 될 수 있다.

또한 정보화는 상거래 분야에서는 전자거래방식으로 변화와 신산업의 등장으로 인하여 고용구조의 개편, 소비자중심의 경제화 등 경제전반의 틀을 획기적으로 개편하고 있다. 정보화이 형성한 경제의 특징적인 모습은 ① 지식의 축척과 활용이 국가경제발전에 중요한 동인이 되는 지식기반경제라는 점, ② 지식과 정보가 네트워크로 공용되는 네트워크 경제라는 점, ③ 시간과 공간의 제약 없이 기업의 활동이 더욱 세계화되는 글로벌 경제라는 점, ④ 신 산업의 탄생과 다품종소량생산(多品種小量生産)과 같은 새로운 산업패러다임의 형성과 경쟁양태가 나타나고 있는 것이다.

제3절 IT 정보화 특징

1. 네트워크경제

정보나 지식이 네트워크를 통해 공유된다는 것은 경제활동에서 매우 중요한 의미를 갖는다. 네트워크를 통해 공유된 지식은 과거보다 훨씬 효율적으로 활용되어 생산성의 획기적 향상으로 연결될 수 있다. 또한 물리적인 공간이 사이버 공간으로 바뀌어 지역의 의미가 퇴색된다. 따라서 생산과정에서 분업과 협업의 범위가 지금까지보다 훨씬 확대되고, 이것이 새로운 산업의 출현이나 기존 산업의 혁신으로 연결될 수 있다. 또한 생산자는 전 세계의 소비자를 대상으로 직접 제품을 판매할 수 있고 소비자는 전 세계의 생산제품을 비교하여 구매하는 것이 가능해진다. 그 결과는 전자상거래와 같은 새로운 유통형태의 발전, 기업 간의 경쟁의 격화, 세계적인 차원에서의 독과점 출현 가능성, 물류 혁신 등 다양한 모습으로 나타나고 있다.

2. 글로벌경제

디지털경제가 확산될수록 경제활동의 세계화는 더욱 빠르게 진행될 것으로 예상된다. 정보화 등을 통해 정보의 흐름이 시간과 공간의 제약 없이 이루어지면 기업활동은 별다른 추가적인 비용 없이 세계를 대상으로 이루어질 수 있고, 이러한 현상은 이미 상당히 진전되고 있다. 또한 정보의 공유가 자유롭게 이루어지는 만큼 규제 완화, 민영화, 자유화 등을 통해 효율을 높일 수 있는 가능성도 커지게 된다. 세계화를 넓은 의미로 해석하면 생산물 및 생산요소의 국가 간 자유로운 이동을 통해 세계경제의 통합이 심화되고 세계시장이 하나가 됨과 동시에, 이 시장을 시장메커니즘에 의한 공정경쟁시장으로 만들어 가는 과정으로 정의할 수 있다. 이는 기업활동의 세계화, 즉 개별기업들이 세계적인 네트워크 속에서 제품개발, 생산, 원자재 및 부품 조달, 판매, 재원조달 등을 행하는 것으로 구체화된다. 이 경우 경제활동에서 국가의 역할과 중요성은 줄어드는 대신 기업이 세계시장을 대상으로 한 경쟁의 중심에 서게 될 것이다. 또한 한 국가가 갖고 있는 비교우위에 의한 전통적인 국제분업관계는 그 의미가 줄어들게 된다. 특히 경쟁이 치열해지는 만큼 각 제품별로 확고한 경쟁력을 갖춘 소수의 글로벌기업이 세계시장을 주도하거나, 국가를 초월하여 기업간의 전략적 제휴가 더욱 활발히 이루어지게 될 것이다.

3. 새로운 산업 패러다임과 경쟁형태

디지털경제시대에는 산업의 패러다임, 경제활동에서 경쟁의 규칙, 시장과 정부의 기능 등의 변화가 예상된다. 지식과 정보의 공유가 쉽게 이루어지면 규모의 경제를 통해 모든 산업에서 비약적인 생산성 향상을 기대할 수 있다. 실제로 정보의 디지털화와 양방향 네트워크화는 산업전반에 걸쳐 규모의 경제(economy of scale)와 범위의 경제(economy of scope)를 통한 생산성 향상으로 연결되고, 다양한 정보가 네트워크를 통해 쉽게 공유될 수 있도록 함으로써 시장에서의 경쟁 양상도 바꾸고 있다. 또한 한편으로 새로운 사업이 나타나면서 다른 한편으로 기존 사업간의 영역이 허물어지는 산업간 융합과 분화가 활발히 진행되는 가운데, 기업과 소비자산의 직접 연결, 재택근무, 소비패턴 변화 등으로 산업질서 자체가 구조적으로 바뀌어 나가고 있다. 이업종(異業種) 간의 전략적 제휴 및 M&A가 이러한 변화를 반영한 것으로 볼 수 있다. 생산 측면에서는 중후장대(重厚長大)한 대규모 장치산업보다는 다품종(多品種) 소량생산을 기반으로 소비자에 밀착된 생산 및 마케팅을 할 수 있는 능력이 경쟁력 확보에서 더욱 중요해지고 있다. 특히 정보화를 통한 전자상거래가 확산됨에 따라 금융, 유통시스템 등도 혁신적인 변화를 경험함으로써 산업패러다임의 변화는 더욱 가속화될 것이다. 산업분야에서는 정보화 및 정보통신이 새로운 주요산업으로 부상하면서 다양한 서비스를 창출하여 경제활동의 영역을 넓혀 나갈 것이며, 기업활동의 효율이 높아지는 가운데 산업입지의 제약요건이 완화되어 기업활동의 세계화를 더욱 촉진시키게 될 것이다. 이러한 가운데 새로운 기술개발을 선도하는 벤처기업들의 역할이 두드러지게 나타나고 있다.

4. 새로운 경제 사회 문제

디지털경제는 지금까지와는 다른 형태의 경제, 사회문제를 야기하는 측면도 있다. 지역간 또는 개인간의 정보격차문제가 발생할 수 있다. 정보네트워크사용 비용이 높기 때문에 정보화에 접근할 수 있는 계층이 제한된다면 경제의 디지털화가 느리게 진행될 뿐 아니라 계층 간의 정보격차가 심각한 사회문제가 될 수 있다. 외설, 비방 등 반사회적 정보의 유통이나 프라이버시 침해도 중요한 사회적 문제로 제기되고 있다. 또한 네트워크를 이용한 신형 범죄뿐만 아니라 해킹 등을 이용한 불법적 정보이용, 컴퓨터 바이러스 확산, 정보네트워크의 기능을 마비시키는 행위 등도 나타나고 있다.

5. 정보화과 국가경쟁력

정보화 기반의 전자상거래의 이용확산은 기존의 중간단계를 줄어들게 하고 새로운 형태의 산업을 창출하고 있다. 정보화포탈, 정보화뱅크, 정보화증권 등과 전자상거래 관련 솔루션, 네트워크 장비제조업 등 새로운 S/W, H/W산업이 등장하고 있다. 이에 따라 고용구조는 기존산업의 퇴출과 새로운 산업에서의 신규고용창출이라는 다산다사형 고용구조가 확산되고 있다. 정보화 시대에서는 컴퓨터, 통신, 소프트웨어 등의 디지털기술과 국제적으로 거미줄 같이 엮어 있는 정보화를 통하여 지식과 정보가 신속하게 교환되어, 개인 · 기업 · 국가의 경쟁력을 좌우할 수 있는 시대라 할 수 있다.

첫째 정보화는 원가우위전략, 차별화전략, 초점전략, 선점전략 등 경쟁전략을 만족시켜 국가경쟁력을 제고시킨다.

정보화과 정보기술이 이들 전략변수에 미치는 영향을 보면 전략의 내용들을 완전히 바꾸어 놓고 있다. 이제부터는 정보화이나 정보기술을 활용하지 않고 과거의 방식으로 경쟁하는 것은 스스로가 경쟁을 포기하는 격이 되어 버린다. 비록 전략의 윤곽은 같지만, 그 내용을 들여다보면 정보화이 새로운 경쟁을 조성하고 있다.

따라서 정보화이나 정보기술이 국가경쟁력과 기업의 경쟁력에 미치는 영향은 원가의 측면에서 과거에는 상상할 수 없을 만큼 크게 절감효과를 내고 있는 것이다. 이런 이유로 우리의 기업이나 국가 전체가 정보화를 본격적으로 기업경영에 활용하지 않는 경우 경쟁력은 급속히 쇠퇴할 것이다. 따라서 e-메일, 채팅, 게임 등은 정보화 활용에 있어서 서막에 불구하고 앞으로 정보화이 기업이나 국가경영에 본격적으로 활용될 때 비로소 그 진가를 발휘하게 된다.

둘째, 차별화의 측면에서 새로운 사업모형을 개발하여 기존 기업들과의 경

쟁에서 우위를 점하는 것이다.

정보화를 통하여 고객이 원하는 제품을 스스로 정하게 하고 주문을 하게 한 후에 비로소 생산을 하는 수주생산 양식을 채택함으로써 판매량 전체를 재고 없이 판매하는 모델이다. 더욱이 부품조달 및 생산체제를 영업체제와 정보화로 연결하여 고객주문에서 제품배달까지 36시간 이내에 가능하도록 정보기술을 활용하고 있다. 따라서 과거의 차별화가 더 좋은 제품을 더 싸게 시장을 내놓는 것이라면, 정보화과 정보기술의 발달에 따라 싸고 경쟁사가 따라올 수 없는 짧은 시간 내에 배달할 수 있어야 비로소 경쟁력을 가지게 된다.

셋째, 기업의 초점전략도 정보화의 활용으로 그 내용이 크게 변하고 있다. 예로서 CRM(Customer Relationship Management)을 활용하여 B2B나 B2C 시장에서 고객과 일 대 일로 거래함으로써 고객들이 원하는 것을 바로 기업의 전략과 연계시킬 수 있다. 따라서 고객의 수요패턴을 완벽하게 파악하지 못하고 있는 기업들은 앞으로 경쟁력이 급속히 쇠퇴할 것이다.

넷째, 기업의 선점 전략의 경우에 쓰인다. 기업이 국내시장에서 우위를 점하여 선두기업으로 선점 전략을 활용하고 있다면 이는 정보화로 인하여 지역에서의 우위가 그 의미를 잃게 된다. 즉, 정보화로 인하여 사이버 공간에서 시장이 설정되고 거래가 진행되는 경우 이제까지 지리적 개념에 의거하여 국내시장에서 선두를 달리던 기업은 하루아침에 그 입지를 상실하게 된다.

정보화이 이렇게 중요한데 정보화과 관련된 벤처기업에서 그 중요성을 찾아보면 국내 벤처기업이 짧은 기간에 급성장하는 과정에서 침체기에 빠졌던 우리 산업 전반에 큰 활력을 불어넣었다는데서 찾을 수 있다. 즉, 창업심리를 크게 자극하여 폭발적 창업열기를 가져왔고 새로운 직업과 직장을 창출하는데 기여하였으며, 이로 인한 민간소비와 유효수요를 촉발하여 소비진작을 통한 실물생산의 자극 및 분배실현이라는 경제흐름의 순환구조로서 역할을 충실히 하였다.

제4절 정보화 효과

1. 정보화의 긍정적인 효과

1) 사회간접자본 절감

일반적으로 사회간접자본의 변혁이 사회적 비용과 그 질을 변화시키면 경제전체의 생산활동수준도 변화하지 않을 수 없다. 특히, 금융거래와 신용거래 및 대응시스템으로서의 유통업무는 큰 변화를 겪게 되며, 이는 화폐제도가 지폐형태(paper base)로부터 서류 없는 전자적형태(electronic base)로 이행한다는 중요한 의미를 갖고 있다. 따라서 지불수단으로 사용될 화폐는 전자화폐로 대체됨으로써 화폐의 기능도 본질적으로 변화하게 될 것이다.

또한 정보화는 비용절약적 기술의 채택으로 산업의 비용을 획기적으로 절감시킬 수 있다. 우선 정보통신기술은 인력에 의존하던 경제활동을 자동화함으로써 지속적으로 증가하는 인건비의 부담을 줄여 준다. 우리에게 있어서도 무인공장, 무인생산시스템은 이미 낯선 것이 아니다. 또한 정보화를 통한 정보유통의 자동화는 물류 및 교통비용의 획기적인 감소를 가져올 수 있다.

2) 산업조직과 기업경영전략의 변화

정보화는 기업과 산업의 효율성을 높여준다. 우선 효율적인 정보시스템은 기업활동에 관한 의사결정을 도와줄 수 있다. 주먹구구식 경영에서 오는 시행착오의 비용과 실패의 리스크를 줄여줌으로써 기업경영을 개선시켜주며, 또한 시장의 창출과 확대에 있어서 필요한 정보를 최단시간 내에 제공해 줌으로써 발빠른 대응능력을 제고시켜 준다.

개별기업의 측면에서 볼 때 정보화 및 디지털혁명은 경쟁력과 생산성을 제고할 수 있는 기회와 과제를 동시에 제공하고 있다. 기업은 경쟁기업에 앞서서 정보통신기술을 기업경영에 접목시켜 디지털경영으로 진화해 감으로써 이전에 비하여 엄청난 경쟁력의 향상 및 생산성의 제고 효과를 얻게 될 수 있다. 특히 지리적, 시간적 제약에 더 취약한 중소기업은 디지털혁명에 효과적으로

동참함으로써 순식간에 전 세계적으로 영업의 대상을 넓힐 수 있고, 지식과 정보에 입각한 합리적인 의사결정으로 대기업수준의 경영능력을 발휘하는 것이 이전보다 훨씬 용이해졌다.

3) 국제경쟁력 강화

공간적, 시간적 한계를 뛰어넘는 지구촌화의 경향은 국가 간의 정보유통이 원활해짐에 따라 세계 각지에서 벌어지는 상황을 시시각각으로 확인할 수 있게 된다. 인터넷은 세계의 컴퓨터들을 서로 연결시킴으로써 순식간에 일반 개인과 기업의 정보 교환과 활용의 대상을 국내에서 전 세계로 확대시키는 효과를 가져왔다. 또한 서로 다른 문화와 가치관을 손쉽게 접할 수 있기 때문에 문화적 편견을 극복할 수 있는 가능성을 제공한다. 뿐만 아니라 기업활동이나 국제교류 또한 그만큼 원활하게 이루어질 수 있다.

따라서 정보화를 통해 세계시장을 무대로 한 글로벌 경영체제가 가능해진다. 세계적으로 시장이 통합되는 추세에 따라 기업활동도 점차 국내를 대상으로 하는 데에서 벗어나 세계를 대상으로 이루어지게 된다. 그에 따라 생산과 경영, 판매 등 기업활동의 분업화가 촉진된다.

2. 정보화의 부정적인 효과

1) 정보격차의 발생

정보기술과 관련하여 정보와 정보접근수단을 보유한 그룹과 그렇지 못한 그룹 사이의 분할, 즉 국가별, 지역별, 산업별, 기업별, 개인별 정보격차(digital devide)의 문제를 발생시킨다. 그 결과 다량 정보 보유자와 빈곤 정보보유자 간의 정보의 불평등현상은 자본주의의 산업화과정에서 나타난 경제적 부를 갖는 자와 경제적 부를 갖지 못한 자간의 경제적 불평등현상으로 지적되고 있다. 정보화의 과실은 고도의 정보통신기술과 네트워크수단을 보유한 고소득층계층에서 상대적으로 더 많이 돌아가게 될 것이라는 전망도 나오고 있다. 기업의 경우 첨단 정보통신기술을 활용하는 데 더 많은 투자를 해온 대기업이 상대적으로 중소기업보다 더 많은 과실을 가져가게 될 것은 자명한 일이다.

이러한 정보격차의 해소를 위한 노력으로는 정보의 보편적 접근원칙을 생각해 볼 수 있는데, 이는 정보화의 결과로 축적된 방대한 정보를 시간과 공간, 그리고 소득수준 등의 차이에 제약받지 않고 접근할 수 있도록 보장하는 원칙이다.

2) 개인프라이버시의 침해

정보의 홍수와 인터넷의 보편화는 정보의 오·남용에 대한 가능성을 이전에 비해 훨씬 높여주고 있다. 특히 개인정보의 유출은 이미 심각한 사회문제로 대두되고 있다. 일상생활의 편익을 증대시켜주는 방대한 양의 데이터베이스는 사실상 일반 사람들에 관한 정보로 이루어져 있으며, 이들 중 상당부분은 극히 개인적인 사생활과 관련된 것들로 이루어져 있다. 금융기관의 데이터베이스에서는 고객의 모든 금융거래실적이 관리되며, 신용카드를 이용하는 고객들의 구매실적과 구매내용까지도 관리된다. 국세청에서는 국민들의 소득뿐만 아니라 부동산 거래나 부동산 보유에 관한 정보를 관리한다. 일선행정기관의 행정전상망에서는 주민들의 가족관계, 주거이동, 병적관계, 전과기록 등이 상세히 기록되어 있다. 의료전산망에는 환자 개개인의 건강상태와 질병관계가 관리된다. 뿐만 아니라 쌍방향 케이블 TV, 비디오텍스 등과 같이 수용자와 미디어간의 상호작용적 관계가 형성되어 있는 미디어의 경우 수용자의 미디어 이용행위가 미디어 운영업체의 컴퓨터에 일일이 기록된다.

이러한 모든 데이터베이스들은 한편으로는 국가의 보다 효율적인 정책수행과 국민 개개인의 복리증진, 혹은 기업이나 조직의 효율적인 업무를 수행하기 위해서 사용된다는 긍정적인 면을 가지고 있다. 하지만 이러한 목적의 순수성에도 불구하고 궁극적으로는 지금까지 전적으로 개인적인 영역으로 남아 있던 거의 모든 개인적 특성과 사회적 활동들이 타인에 의해서 관리되고 노출된다는 점에서 사생활 침해의 가능성은 상존해 있는 것이다.

3) 개인정보 누출 문제

정보화는 본인도 알지 못하는 사이에 개인정보가 축적되고 부당한 목적으

로 이용되거나 왜곡된 정보가 유통되는 경우에 대해 불안감이 야기되고 있다. 따라서 개인정보보호가 보장되지 않으면 프라이버시에 관한 소비자의 불안을 해소할 수 없고, 전자시장의 활성화도 기대할 수 없을 것이다. 이제 가상공간에서의 개인정보보호의 문제는 종래의 프라이버시 보호의 법제와 비교하여 적극적인 대책을 모색하지 않을 수 없게 되었다. 더구나 프라이버시의 보호는 공권력에 의한 침해와 사인에 의한 침해 및 국제적인 침해의 관점으로 확대되고 있다. 이 때문에 사회·경제적 파급효과와 법적 해결의 어려움을 인정하지 않을 수 없다.

따라서 기술과 법제도의 융합에 의해서 생성 및 발전하고 있는 온라인 네트워크는 보안문제의 취약성이 가장 많이 지적되고 있다. 따라서 이는 정보통신 인프라의 보급에 있어서 중대한 장애요소로 대두되었다.[1] 정보통신기술의 발전에 따라서 방대한 정보를 저렴하고 용이하게 수집·저장·유통시키는 장점이 있는 반면에, 그에 비례해서 이전에는 상상할 수 없을 만큼의 개인정보 유출에 대한 위험이 높아졌다.

그러나 가상공간의 불안감에 대한 우려에도 불구하고 업자들은 정보기술을 통해서 수집된 개인정보의 상품화와 이를 상업적 마케팅 등으로 이용하기 위해 전자상거래에서 개인정보의 취급을 중시하고 있다. 예컨대 개별전인 마케팅은 메일 수신자에 대한 정보량이 많을수록 그 효율성이 높아진다. 즉 효율성이란 전자메일을 받는 사람의 기호나 소비형태 그리고 소득수준에 적합한 상품이나 소프트웨어의 구입가능성에 관한 것이다. 더구나 소비자들의 취미, 소비수준, 소비동기나 소비시기 등에 관한 정보량이 많으면 많을수록 더욱 효율적인 마케팅을 촉진할 것이기 때문이다. 인터넷을 통한 거래의 데이터베이스화에 의해서 쉽고 편리한 정보 수집과 처리를 자동적으로 행하게 되었다. 따라서 웹사이트 관리자들은 웹 방문자에 대한 정보를 수집하기가 매우 용이하다. 결과적으로 웹서핑으로부터 무해한 클릭에 의해 본인도 알지 못하는 사이에 데이터가 수집되어 무수히 많은 데이터베이스가 생기고 있는 것이다. 이와 같이 온라인에서의 데이터베이스가 출현함으로써 디지털 데이터로 저장되

1) U. S. Government Working Group on Electronic Commerce. First Annual Report. 1998.

어 이용자의 동일성을 식별할 수 있는 데이터와 결합되면서 웹서퍼들이 심각하게 프라이버시의 침해를 우려하는 프로파일(profile)이 존재하게 되었다.[2)]

4) 지식재산권 보호 문제

정보화기술은 네트워크 상에서 디지털 형태로 이러한 모든 보호되는 대상의 이용과 전송을 가능하게 한다. 이러한 디지털 네트워크 기술의 특성으로 정보화는 지식재산권 보호에 상당한 영향을 미칠 수 있다.

현재 인터넷을 통할 경우 무제한적인 복제가 원작과 거의 동시에 품질의 저하 없이 불과 수분만에 전세계로 전송될 수 있다. 따라서 기술과 시장이 급속히 발달하고 있기 때문에 법적 체제를 효과적이고 적절한 방법으로 새로운 기술환경에 대응하도록 하는 것이 중요하다. 이것은 지식재산권의 기본적인 지도 원칙의 계속되는 촉진을 보장할 것이다. 또한 정책입안자들의 목적은 강력하고 효과적인 권리를 부여하면서도 합리적인 제한과 공정한 예외 내에서 법의 적절한 균형을 이루는 것이 중요하다. 이러한 문제는 소비자뿐만 아니라 권리의 보유자나 서비스 공급자, 및 국가경제에 이익을 주게 될 것이다.

5) 국제정보질서의 불균형

정보화는 커뮤니케이션 활동을 특정 지역, 특정 국가에 한정되어 이루어지는 것이 아니라 전 세계를 토대로 이루어지며, 따라서 방송과 신문, 혹은 통신 등과 같은 미디어 활동영역이 한 국가영토 내부만이 아닌 세계 각 국으로 넓혀지게 되었다는 것이다. 이와 같이 정보화는 서로 이해관계를 달리하는 국가들간에 첨예한 갈등요인이 될 수 있는 중요한 국제적 쟁점사항을 야기 시킬 수 있다. 그 주요 국제적 쟁점사항으로는 문화적 제국주의 문제, 통신위성과 주파수 및 궤도할당 문제, 원격관측문제, 직접위성방송과 전파월경의 문제, 그리고 국가 간 정보유통의 문제 등을 들 수 있다.

---

2) Lorrie Faith Cranor(1998). Internet Privacy : A Public Concern. p. 2.

제13장 IT 산업 이해

【제Ⅲ부 IT의 이해】

제1절 IT 산업의 정의

1. 일반적인 IT 산업 정의

일반적인 IT산업의 정의는 일반적으로 정보기술과 관련된 산업전반을 포괄적으로 지칭한다고 볼 수 있으며 크게 정보통신기기, 정보통신서비스, software 등 3개 부문으로 분류될 수 있다. IT산업은 대규모 기반설비가 소모되는 통신서비스 기반시설뿐만 아니라 idea와 사업모델, contents 등이 중시되는 internet service 또 단순조립기술로부터 디지털 핵심기술까지 다양한 기술요소가 소요되는 정보통신기기 등 다양한 세부업종으로 세분될 수 있으며 그 성격이 다양하면서도 서로 밀접한 관계를 가지고 있고 대체로 지식·기술집약적이라는 공통점을 지니는 특징을 가지고 있다.

오늘날 세계 각국들은 21세기를 맞이하여 이러한 정보기술산업을 주도하기 위해 경쟁을 치열하게 전개하고 있다. 즉 그간 미국이 장악하고 있던 IT분야에 세계 각국들이 속속 참여하고 있는 실정이다. 제조업에 있어서 세계최고 경쟁력을 가지고 있는 일본과 세계최대의 잠재적 시장(potential market)을 가지고 있는 중국 그리고 틈새기술의 강자 이스라엘, 소프트웨어 왕국 인도, 그리고 한국 등이 미국의 아성에 도전하고 있는 대표적 국가들이라고 할 수 있

다.3)

2. 국내 IT 산업 정의

국내 IT산업은 우리나라가 세계경제의 주변국에서 중심권으로 이동하는데 결정적인 역할을 한 것에 대해서 이견을 달 사람은 없다. 특히 최근 한국의 정보통신사업은 세계가 놀라워 할 많 큼 성장을 이룩하면서 우리경제의 핵심적인 성장엔진이 되었다. 이러한 눈부신 IT산업의 성장과 함께한 IT산업이 국가산업에서 차지하는 비중이 커지고 상황에서 IT산업의 정의는 국내 법령 및 문헌상으로는 "정보화 기본법"에 의하면 「'정보통신'이라함은 정보의 수집・가공・저장・검색・송신・수신 및 그 활용과 이에 관련되는 기기・기술・역무 기타 정보화를 촉진하기 위한 일련의 활동과 수단을 말한다.」로 규정되어 있다. 한편 "산업입지 및 개발에 관한 법률"과 "공업배치 및 공장 설립에 관한 법률 시행령" 등에 정보통신 또는 IT산업에 관련된 정의는 일부 있지만, 광범위한 IT산업과 관련하여서는 일부의 범위만을 포함하고 있다. 그리고 국내 국가통계의 총괄조정기능을 수행하는 통계청에서는 IT산업을 정보통신기술산업 및 정보콘텐츠산업으로 구분하고 있다.

---

3) 이스라엘은 인구 600만명의 소국임에도 불구하고 보안 음성인식 등 틈새 IT기술로 세계 IT산업에 있어서 나름대로 경쟁력을 확보해 나가고 있다. 이미 미 나스닥시장에 외국기업으로서는 두번째로 많은 120개 업체를 상장시키고 있어서 경제규모에 비해 IT분야의 기업경쟁력이 탁월하다고 할 수 있다. 또 다른 IT강대국 인도의 경우에도 인도의 MIT로 평가받고 있는 IIT(인도공과대학)와 IIS(인도과학원) 등에서 매년 7만여명의 방대한 고급인력을 배출하고 있으며 이들 고급 IT인력을 활용하여 세계 software 시장의 점유율을 40% 이상으로 증대시킨다는 야심찬 전략을 추진하고 있다. 중국 역시 방대한 인구를 바탕으로 IT강국을 표방하고 있다. 주룽지 총리는 2000년 3월 개최된 「전국인민대표대회」에서 정부공작보고를 발표하였는데 그 핵심은 정부정책의 최우선 순위를 IT산업의 육성에 두겠다는 것이다. 일본 또한 전통제조업기술의 세계최대 경쟁력을 바탕으로 IT산업에 있어서도 세계일류국가로 발돋움한다는 계획이며 미국은 세계최강의 IT 경쟁력을 21세기에도 유지한다는 전략아래 지구촌의 주요 IT Valley 들을 모두 연결하는 IT 허브(중심축) 역할을 주도적으로 수행한다는 구상을 가지고 있다. 미국은 이미 IT 투자부문에 있어서도 세계최대를 유지하고 있는데 99년말에 GDP대비 IT 투자가 4.5%로 일본의 2배 이상 능가하고 있다.

【표 13-1】 국내 법령 및 문헌상 IT산업의 정의

법령 및 문서	정 의	출 처
정보화촉진기본법 (제2조제1~3항)	o "정보"라 함은 자연인 또는 법인이 특정목적을 위하여 광 또는 전자적 방식으로 처리하여 부호·문자·음성·음향 및 영상 등으로 표현한 모든 종류의 자료 또는 지식을 말한다. o "정보화"라 함은 정보를 생산·유통 또는 활용하여 사회 각 분야의 활동을 가능하게 하거나 효율화를 도모하는 것을 말한다. o "정보통신"이라 함은 정보의 수집·가공·저장·검색·송신·수신 및 그 활용과 이에 관련되는 기기·기술·역무 기타정보화를 촉진하기 위한 일련의 활동과 수단을 말하다	[법률 제6360호 일부개정 2001.01.16.]
산업입지 및 개발에 관한법률 (제2조제3항)	o "情報通信産業"이라 함은 情報化促進基本法 第2條第3號의 規定에 의한 情報通信과 관련된 産業을 말한다.	개정 2001.1.29
공업배치 및 공장설립에 관한법률시 행령 제6조(산업 단지의 입주자격)	③법 제2조 제11호에서 "IT산업"이라 함은 컴퓨터설비 자문업, 소프트웨어 자문·개발 및 공급업, 자료처리업, 데이터 베이스업, 기타 정보처리 및 컴퓨터운용관련업, 전기통신업 등 정보의 수집·가공·저장·검색·송신·수신 및 그 활용과 이에 관련되는 기기·기술·역무 기타 정보화를 촉진하기 위한 산업을 말한다. 〈신설 1996.7.19, 1999.8.9〉	[일부개정 2001.3.27 대통령령 제17175호 산업자원부]
통계청 통계용어집 (IT산업)	o IT산업(Information and communication technology industry) - 제조업부문에서 정보의 전달과 표시, 정보처리와 물리적 현상의 기록·측정·조사, 물리적 공정의 제어를 위해 전자적 처리수단이 사용되는 산업 - 서비스업부문에서 전자적 수단에 의하여 정보를 처리, 전달, 시현하는 산업을 말한다.	통계청 통계 기준과
통계청 특수목적분류 (정보산업)	o 정보통신기술산업 - 제조업 : 정보를 처리, 전달, 시현하는 기능을 갖거나; 물리적 현상을 검출, 측정 및 기록하거나 물리적 공정을 통제하기위하여 전자처리를 이용하는 제품을 생산하는 산업 - 서비스업 : 전자적 수단에 의하여 정보를 처리, 전달 및 시현하는 산업 o 정보콘텐츠산업 : 일반 대중을 대상으로 정보콘텐츠의 생산 및 배급을 주된 활동의 일부로 하는 산업을 말하며, 정부콘텐츠란 전자매체(CD, 디스켓, 자기테이프, 마이크로칩 컴퓨터 등)에 저장되어 전송되는 정보내용을 말한다.	통계청 통계 기준과 근거: OECD 과학기술산업 위원회 (STI Committee)

IT산업과 정보통신기술산업은 공히 제조업부문에서 정보의 전달과 표시, 정보처리와 물리적 현상의 기록·측정·조사, 물리적 공정의 제어를 위해 전자적 처리수단이 사용되는 산업을 말하며, 서비스업부문에서는 전자적 수단에 의하여 정보를 처리, 전달, 시현하는 산업을 말한다. 정보콘텐츠산업은 일반 대중을 대상으로 정보컨텐츠의 생산 및 배급을 주된 활동의 일부로 하는 산업을 말하며, 정보컨텐츠란 전자매체(CD, 디스켓, 자기테이프, 마이크로칩, 컴퓨터 등)에 저장되어 전송되는 정보내용을 말한다.

3. 해외 IT 산업 정의

전세계의 인구, 산업 활동, 고용, 국민소득 및 기타 경제통계 분야 등 전반적인 통계조정기능을 수행하는 국제연합(UN) 산하 경제사회 이사회의 통계위원회는 IT산업(ICT: Information and Communication Technology) 분야의 적용 범주와 기준을 정하고 있다. 즉 제조 산업의 경우, ICT에 포함될 (후보산업의) 제품은 첫째 전송과 전시를 포함하는 정보처리 및 통신 기능을 수행하여야 한다. 둘째, 물리적 과정의 통제, 물리적 현상의 기록, 측정 및 탐지를 위하여 Electronic processing(전산처리과정)을 사용한다. 서비스 산업의 경우, ICT에 포함될 (후보산업의) 제품은 정보처리 및 전자 수단을 통한 통신 기능이 가능하여야 한다. 이러한 기준으로 통계위원회는 ICT을 정의하고 이에 따른 분류체계(ISIC)를 정립하여, OECD 등 국제기구와 세계 각국의 분류체계와 연계가 가능하도록 권고하고 있다.

경제협력개발기구(OECD)는 통계위원회의 권고에 따라 ISIC를 그대로 적용하여 분류하고 있다. 다만 OECD는 UN의 권장사항을 준수하면서 Information Sector와 Content Sector로 나뉘어 분류하고 있으며, Information Sector는 정보의 전시, 처리, 저장 및 전송을 지원하는 산업을, Content Sector는 ICT재화와 서비스에 의해 전자적으로 전시, 처리, 저장 및 전송되는 내용물을 총칭한다.

미국은 1930년대부터 통계목적으로 미국표준산업분류(Standard Industry Classification : SIC)를 사용해 오다가 1997년 미국, 캐나다, 멕시코 등 3개국이 참여하여 북미표준산업분류(North American Industry Classification System : NAICS)로 대체하였는데, 정보에 접근하기 위한 수단을 생성, 배포 및 제공하는 산업을 ICT로 분류하고 있다. 종전의 출판 활동은 제조분야, 소프트웨어 생산은 서비스 분야에 속하며, 방송 및 통신, 영화 및 음향녹음, 온라인 정보 서비스, 정보처리 서비스, 도서관업 분야는 정보산업에 속한다라고 IT산업의 범위를 설정하였다.

【표 13-2】 해외 문헌상 IT산업의 정의

구 분		정 의	출 처
세계표준산업분류 (ISIC Rev.3.1) UN (통계위원회)		Information and Communication Technology(ICT) 1. 최근 ICT(정보통신기술)관련 정보의 필요성이 점차 증가하고 있다. ICT관련 모든 활동을 ISIC 분류체계로 설명 또는 분류하려 시도되어 왔으나 ICT에 포함되는 분류의 정의 또는 ICT의 범주에 대한 논의는 끊임없이 지속되어 왔다. OECD는 ICT 분야 정의의 표준화에 주된 역할을 수행하고 있다. 아래의 표는 ICT 관련 OECD 권고사항과 일치한다. (권고사항에 부합한다.) 2. ICT 분야 정의를 통하여 ICT 서비스 및 제품 생산 활동에 의해 발생된 경제활동을 측정하여 국제적으로 비교 가능한 통계 근거를 제공하고자 한다. 3. ICT 분야 용어정의에 적용되는 원칙은 다음과 같다: o 제조 산업의 경우, ICT에 포함될 (후보산업의) 제품은: - 전송과 전시를 포함하는 정보처리 및 통신 기능을 수행 하여야 한다. 또한, - 물리적 과정의 통제, 물리적 현상을 기록, 측정 및 탐지하기 위하여 electronic processing(전산처리과정)을 사용한다. o 서비스 산업의 경우, ICT에 포함될 (후보산업의) 제품은: - 정보처리 및 전자 수단을 통한 통신 기능이 가능하여야 한다.	http;//esa.un.org/unsd/or/registey/regat.asp
OECD		"industries that support the electronic display, processing, storage and transmission fo information" 정보의 전시, 처리, 저장 및 전송을 지원하는 산업	98, 9월, ICCP
	Content Sector	"the term "communication product" will be used to describe the content which is displayed, processed, stored and transmitted electronically by the goods and services of the ICT Sector" ICT재화와 서비스에 의해 전자적으로 전시, 처리, 저장 및 전송되는 내용물	「Defining the Content Sector. A Discussion Paper」 (OECD, 1999)

구 분	정 의	출 처
북미표준 산업 분류 (NAICS)	"정보분야"는 NAICS에 의해 생성된 용어. 정보에 접근하기 위한 수단을 생성, 배포 및 제공하는 산업. 종전의 출판 활동은 제조분야, 소프트웨어 생산은 서비스 분야에 속했으나, 방송 및 통신, 영화 및 음향녹음, 온라인 정보 서비스, 정보처리 서비스, 도서관업 분야는 정보산업에 속한다.	(「NAICS and U.S. Statistics」, U.S. Census Bureau, 1998) www.census.gov/epcd/www/asambler.htm
미국 상무성	IT-producing industries는 인터넷과 전자상거래뿐만 아니라 경제전반에 걸쳐 IT화 할 수 있는 사업을 지원하는 재화와 서비스를 공급하는 기업군을 말한다.	"Digital Economy 2000"3) (www.ecommerce.gov)
미연방 행정기관 U.S. Ceneral Services Administration	"정보기술"이란 데이터와 정보의 자동적인 수집, 저장, 조작, 관리. 이동, 통제, 제공, 교환. 전송 또는 수신 등에 활용되는 장비, 접속체계 또는 장비의 하위시스템으로서 컴퓨터, 보조 장치, 소프트웨어, 펌웨어(firmware), 이와 유사한 절차, 서비스(지원 서비스 포함) 및 관련 자원 등을 의미한다.	National Defense Authorization Act for Fiscal Year 1996 (Public Law 104-106-FEB. 10.1996)의 Division E (A, B항) http://govinfo.library.unt.edu/npr/library/misc/itref.html
미국정보 기술 협회 ITAA	"정보기술 산업"은 컴퓨터 하드웨어, 소프트웨어와 서비스를 포함하며 통신 하드웨어, 소프트웨어 및 서비스가 포함되기도 한다. 인터넷, 휴대용 제품 및 인공지능 장치들이 본 용어에 포함될 경우, "정보기술"과 "전자통신"의 구분은 매우 모호해 진다. -출처 : '미국 IT 산업 개요'-	ITAA (Information Technology Association of America) www.itaa.com
미국 MIT Sloan School of Management	Information Technology "정보기술"이란 소프트웨어와 하드웨어 모두 포함하며, 정보의 사용이 조직(기업)의 수익이나 생산성의 근원적인 원동력일 경우를 의미한다. 본 용어는 컴퓨터 모델링, 시뮬레이션, 인공지능의 사용, 자동화지식 discovery, data mining(각 데이터의 상관관계를 인공 지능기법을 통해 자동적으로 밝혀 주는 것), data warehousing (데이터 저장 및 관리) 등을 포함 할 수 있음.	http://ccs.mit.edu/21c/iokey.html
IDC	IDC가 제시하는 IT(Information Technology) 관련 지출에 대한 정의는 유통채널 혹은 최종 소비자에게 시스템, 소프트웨어를 판매하거나 혹은 통신서비스를 하는 대가로 지급 받는 총소득액이다.	OECD (IT CUILOOK 97) Definition and Methodology IDC(International Data Corporation)

제2절 IT 산업동향

전 세계적으로 IT산업은 새로운 시장의 개척, 신규 고용의 창출, 여타 산업들의 부수적인 발전을 가져오는 등 국가의 기간산업으로서 자리 잡고 있으며 사회혁신과 발전의 원동력으로 작용하고 있다. 이처럼 정보통신 서비스, 기기, 소프트웨어를 망라하는 IT산업은 1990년대 후반부터 인터넷의 도입 및 확산에 따라 비약적인 발전을 거듭하고 있다. 인터넷은 디지털화된 정보를 가공 및 처리하는 컴퓨터기능과 정보를 전달하는 통신 기능을 결합시켜 낮과 밤의 시간적 제약과 지리 공간의 제약 없이 정보의 생성, 가공과 유통을 가능하게 했다. 인터넷의 급속한 도입 및 확산에 힘입어 최근 수년간 국내 IT산업이 매년 급성장을 지속하고 있으며, IT부문 해외 수출은 우리나라 주력 수출 10대 상품에서 1/2 가량을 차지할 정도로 계속 성장하고 있다.

국내 IT산업이 전체 무역에서 차지하는 비중은 선진국에 비해 매우 높게 나타났지만, 전략적 제휴 비중은 상대적으로 낮게 나타나고 있다. 그러나 IT산업이 전체 산업의 전략적 제휴에서 차지하는 비중은 선진국의 수준에 조금 못 미치는 것으로 조사되고 있다. 따라서 신기술 및 신제품 개발을 위한 선진기업 또는 국내기업과의 협력에 소홀함으로써 미래에도 높은 성장세를 지속할 수 있을지가 우려되고 있다.

IT분야는 하루가 다르게 새로운 제품들이 출시되고 있지만, 그 내면을 눈여겨보면 다양한 기술을 통해 다양한 제품을 창출하는 것이 아니라 한두 가지 경쟁력 있는 기술로부터 시장을 주도하는 다수의 제품이 파생된다는 점을 알 수 있다. 급변하는 시장 환경에서 백화점식으로 여러 가지 기술을 개발한다면 한 가지의 경쟁력 있는 기술도 얻기 어렵고, 결국 열 마리 토끼를 다 놓치는 우를 범하게 된다. 그러나 확실한 기술 한 가지라도 제대로 개발하게 되면 경쟁력 있는 다수의 계열제품과 응용 제품들을 얻을 수 있게 되고, 시장 지배력도 확보할 수 있다.

【그림 13-1】 현행 IT산업과 신기술 산업의 연관도

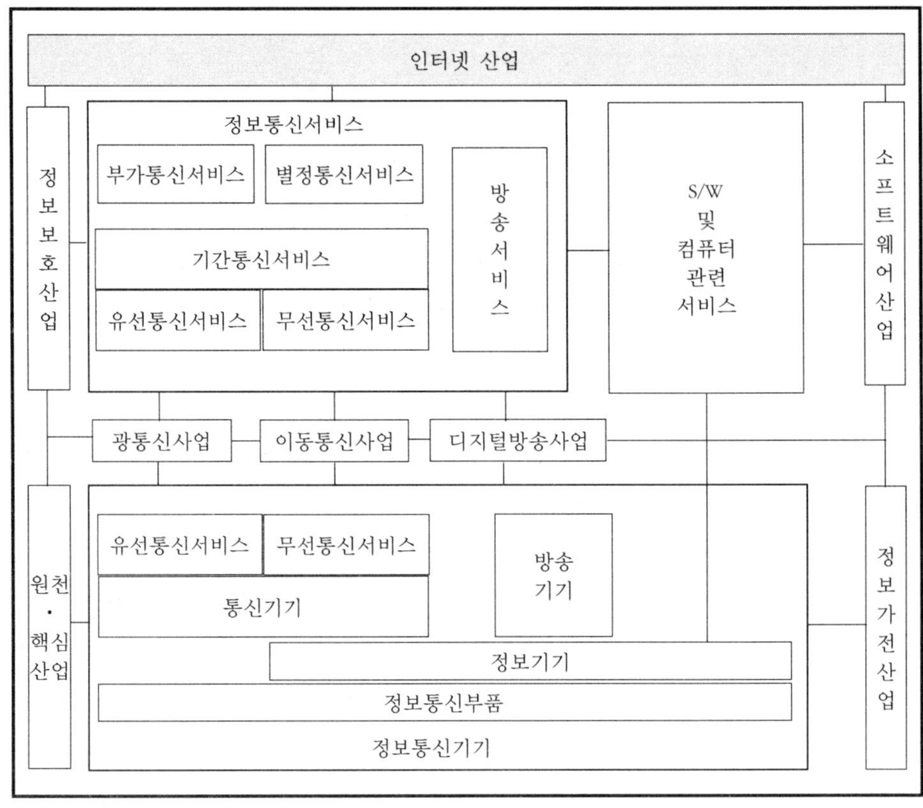

【표 13-3】 IT산업의 국민 경제적 비중 비교

IT산업의 고용 비중	5.3	5.8	7.7	6.9
IT산업의 부가가치 비중	11.9	10.5	10.7	8.1
IT산업의 GDP 대비 R&D 투자비중	1.0	0.7	0.3	0.7

자료 : OECD, Communications Outlook, 2001. 6.

향후 인터넷 산업은 IP(Internet Protocol) 기반의 퍼스널(personal), 인텔리전트(intelligent), 모바일(mobile) 서비스 기능을 동시에 복합적으로 요구하는 장비와 관련 기술 위주의 시장으로 빠르게 전환될 것이다. 또 광네트워크 및 무선 기술의 발전으로 홈네트워크 및 액세스(access) 시스템의 저가격화, 고

도화 관련 시장이대규모로 조성될 전망이다. 이처럼 인터넷 시장의 중요성에 비추어 볼 매 향후 IT산업 육성을 위한 효율적 전략이 요구된다. IT부문의 세계적 기업과 국내기술개발 사례에서 보듯 국내IT산업이 세계적 경쟁력을 갖추기 위해서는 비전과 가능성이 높은 몇 가지 핵심적인 기술에 인력과 연구비 및 역량을 집중해 세계 최고수준의 기술력을 확보하는 것이다.

핵심기술은 시스템, 부품, 서비스, 제조 공정 등 모든 부문에서 존재하며, 특히 산업 경쟁력의 관건이 되는 차별화된 핵심기술은 일관된 연구개발을 통해 충분히 기술이 축적됐을 때 가능하다. 따라서 유행에 민감하게 반응해 모든 기술을 다 개발하겠다는 과욕을 부린다거나 수시로 연구 테마를 바꾸는 것은 기술축적의 기회를 상실하는 것이 된다.

또한 IT산업이 대외적으로 국내 경제에서 중요한 비중을 차지하고 있으므로 이의 질적인 경쟁력을 지속적으로 높이는데 주력해야 한다. IT산업이 국내의 새로운 주력 산업으로 부상하고 있기 때문에 이들 산업뿐만 아니라 수입에 의존하는 중간재에 대한 국제 경쟁력의 제고 노력이 필요하다. 기존의 IT산업은 주로 장비, 단말기 등 하드웨어를 중심으로 발전해 왔으므로 앞으로는 부가가치가 높은 소프트웨어와 서비스의 육성・발전이 무엇보다도 중요하다.

그러므로 IT산업의 중소・벤처기업의 성공 지름길은 목표 시장과 기술에 대한 뚜렷한 비전 아래 가능성 있는 소수의 핵심 기술만을 선정, 집중적으로 추진하는 것이라 할 수 있다.

제3절 IT 산업구조

1. IT와 산업별 경쟁구조의 변화

IT의 확산은 기업 가치사슬의 해체는 물론 개별산업의 가치사슬의 변화를 수반하고 있다. IT의 발달은 정보에 대한 접근을 원활하게 하고 거래비용을 절감시켜 수직적 통합에 대한 동기를 약화시킴으로써 최적기업의 규모를 축소시키고 중소기업에 유리한 환경을 창출하게 되는 것이다. 기업규모는 궁극적으로 진입장벽의 완화로 산업구조가 보다 경쟁적으로 변화할 수 있는 토대를 제공하게 된다. 기존에는 산업별로 독점, 과점, 경쟁 등 다양한 시장구조가 공존하였으나 IT의 확산으로 많은 산업이 보다 경쟁적인 구조로 전환 될 가능성이 있는 것이다.

물론, IT의 발전이 네트워크 외부성이 존재하는 산업에서는 보다 독점적인 시장구조의 강화를 초래할 수도 있다. 인터넷을 이용한 비즈니스에서는 높은 매몰비용과 낮은 한계비용 때문에 규모가 클수록 유리할 수 있고 수요측면에서도 특정 네트워크에 참여하고 있는 사용자가 많을수록 유리한 경우가 많다. 따라서 먼저 사업에 진입한 기업일수록 더 많은 고객을 확보하게 되고 이는 다시 경쟁우위로 작용하여 기업규모가 더욱 커지고 종국적으로 독점화가 될 가능성도 존재하게 된다.

결국 IT의 발전은 네트워크효과가 중요한 시장조건에서는 규모의 경제를 실현할 독점기업이 불가피할 수도 있지만 또 다른 시장조건에서는 기업간의 경쟁이 보다 강화될 것이라는 예측을 가능하게 한다. IT의 발전에 따른 최종적인 산업의 구조를 결정하는 것은 특정 산업의 진입장벽의 특성, 규모의 경제나 네트워크 외부성의 유무 및 그 정도, 해당산업이 인터넷 비즈니스와 같은 새로운 산업인지의 여부, 해당 산업 유통구조의 특성 및 다양한 요인에 의존하게 된다.

2. 전자상거래와 산업구조의 변화

거래비용의 감소에 따른 최적 기업규모의 변화는 장기적으로 서서히 진행될 것이며, 아직 IT 혁명의 초기 단계인 현 시점에서는 실증적으로 분석하기 어려운 주제라 할 수 있다. 반면, 전자상거래의 확산은 실제 재화 및 서비스 시장에서의 거래비용의 감소를 통해 개별 산업의 가치사슬과 산업구조를 가시적으로 변화시키고 있다. 전통적인 정보의 도달성과 윤택성간의 반비례관계의 파괴가 뚜렷이 나타나고 있는 곳이 바로 전자상거래 분야이다. 생산단계에서 부품 공급업체와 완성품업체간 생산계획, 수용예측 관련 정보의 상호교

환이나 소비자에게 새로운 유통경로 및 부가서비스 제공이 정보의 도달성과 윤택성이 함께 증가하면서 이루어지게 되었기 때문이다. 한편 그 과정에서 새로운 비즈니스가 탄생하거나 통합되면서 산업의 가시사슬 구조로 변화하고 있다.

전자상거래는 일반적으로 경제 주체에 따라 기업간, 기업과 소비자간, 소비자와 기업간, 소비자간 전자상거래 등 크게 4가지로 나눌 수 있다. 특히 기업간 전자상거래(BtoB: Business to Business)는 전체 전자상거래에서 차지하는 비중이 가장 큰 분야로, 조달비용 감소, 기업 효율성 향상 등 경제 전체에 미치는 파급효과의 측면에서도 가장 중요한 분야로 인식되고 있다. 전자상거래를 통해 가장 값싼 공급자로부터의 조달, 거래과정상의 비용 축소로 조달비용이 감소됨은 물론 SCM의 향상, 재공감축 등으로 전체적인 비용의 하락이 가능하기 때문이다.

기업간 전자상거래시장 초기에는 여러 산업을 포괄하는 포털 사이트와 각 산업별로 특화된 전문 포털 사이트가 공존하였으나, 최근에는 GM, 포드, 크라이슬러 등 거대 자동차제조업체들이 공동 부품구매사이트를 운영하여 수만 개의 공급업체로부터 부품을 조달하기로 하는 등 구매력과 정보력을 갖춘 업종별 주력기업을 중심으로 한 산업별 e-마켓플레이스가 활성화되고 있다.

특정 산업별 기업간 전자상거래의 성장은 구매자-판매자간의 조달관행에 변화를 초래해 궁극적으로 산업구조의 변화를 가져올 수 있다. 예를 들어, 완성·조립업체와 부품 공급업체간의 거래가 가격 등 시장기구에 의해 결정되지 않고 폐쇄적인 보호·협력관계에 따라 결정되던 산업은 전자상거래로 인한 개방적인 거래관행으로 인해 보다 경쟁적인 구조로 변화하게 될 것이다. 이러한 변화는 전자상거래로 인한 비용감소가 큰 산업, 기존의 조달관행이 보다 개방적이었던 산업일수록 보다 빠르게 진행될 것이다.

기업과 소비자간 전자상거래(BtoC: Business to Consumer)는 일반적으로 인터넷 쇼핑몰을 지칭하며, 전자상거래업체는 종합적으로 여러 품목을 취급하거나 특정 제품군에 특화하여 서비스를 제공한다.

기업과 소비자간 전자상거래의 의의는 무엇보다도 컴퓨터나 자동차와 같이 전통적으로 소비자에게 높은 탐색비용이 요구되고 판매자가 제품의 특징과 편익에 대한 정보전달비용, 소비자를 찾는 비용이 높은 분야에서 저렴한 비용으로 거래 당사자간 정보의 흐름을 촉진함으로써 유통의 효율성을 향상시킬 수 있다는 점에 있다. 이는 기존에 비효율적인 유통구조를 갖고 있던 분야일수록 전자상거래로 인한 충격이 클 것임을 의미하게 된다.

기업과 소비자간 전자상거래의 또다른 의의는 소비자의 정보접근 향상, 다양한 A/S 서비스, 동호회 서비스 등을 통해 유통 패러다임이 소비자 중심으로 전환된다는 점이다. 예를 들어 인터넷 쇼핑 에이전트들은 가격비교 서비스, 고객이 원하는 상품에 대한 최저가 검색 서비스, 고객이 선택한 범주에 따라 상품의 순위를 매겨 주는 서비스 등 다양한 서비스를 소비자에게 제공함으로써 판매자가 소비자의 정보부족을 악용할 수 있는 소지를 없애고 있다.

한편, 온라인상의 거래가 보편화될수록 고객이 방문한 사이트, 방문 시간, 접속대상 등 고객에 대한 모든 자료가 기록·활용되어 일대일 마케팅이 가능해 지고 고객 개인의 취향에 맞는 제품의 공급이 대량고객화(Mass Customization)가 활성화된다. 즉, IT를 적절히 활용하지 못하는 기업은 이러한 대량고객화 활성화 추세에서 도태되고, 경쟁에서 탈락하게 될 것이다.

소비자와 기업간(CtoB: Consumer to Business) 전자상거래는 소비자의 요구에 따라 상품의 가격과 조건이 변화되는 소비자 중심의 상거래로서 역경매와 공동구매가 이 분류에 속한다. 소비자와 기업간 소비자가 단체를 구성해 공급자에게 직접 상품의 가격과 조건을 제시하고 공급자가 이 조건에 맞추어 제품을 공급할 경우는 공동구매에 속하며 소비자가 제시한 상품과 조건을 놓고 공급자가 경매를 실시하는 것이 역경매이다. 소비자와 기업간 전자상거래는 PC, 가전, 여행, 광고, 법률, 보험 등 인터넷쇼핑몰의 주요 대상품목에서부터 비상장주시이나 아파트와 같이 인터넷쇼핑몰에서 판매하기 어려운 상품까지 거래대상에 포함되고 있다. IT의 확산에 따라 인터넷이용자가 증가하면서 소비자가 중심이 되는 소비자와 기업간 전자상거래가 각광을 받고 있는 것이다. 한편, 소비자간 전자상거래(CtoC: Consumer to Consumer)란 소비자간 일대일 거래가 이루어지는 것을 뜻하는 것으로 소비자가 상품 구매자와 공급자가 되는 것이다. 소비자간 전자상거래는 활발한 커뮤니티를 중심으로 발전하고 있으며 소비자와 기업간 전자상거래의 경우처럼 경매방식을 통한 거래가

주류를 이루고 있다.

인터넷 경매의 등장과 활성화는 전자상거래의 가장 중요한 현상의 하나라 할 수 있다. 1대 1 협상 또는 정찰가격제도에 의존하던 상품이나 서비스의 판매뿐 아니라, 경매를 통해 가격을 결정하고 판매하던 기존의 시장에서도 인터넷 경매는 세련된 수단으로 등장하고 있다. 구매자와 판매자간 1대1협상방식의 가격결정의 경우 공급자는 현재 협상하는 수요자가 최고가에 구매하려는 사람인지를 확인하는 것이 불가능하며, 정찰가격제도는 공급자가 수요·공급상태에 관한 정확한 정보에 근거하여 가격을 결정하지 않는다면 결정된 가격이 비효율적일 가능성이 존재하게 된다. 인터넷경매는 많은 사람들에게 광범위한 입찰의 기회를 제공함으로서 위의 두방식이 가지는 단점을 극복하고 시장의 효율성을 증진시킴으로써 궁극적으로 소비자의 후생의 증가와 경쟁적인 시장구조의 정착에 기여하게 될 것이다.

3. 새로운 형태의 거래 등장

거래 주체에 따른 구분에 관계없이 모든 종류의 전자상거래에 해당되는 중요한 이슈로 탈중개 및 새로운 형태의 중개자의 등장을 들 수 있다. 우선 전자상거래로 인한 거래 및 검색비용의 감소로 인해 기업과 기업, 기업과 소비자, 민간부문과 공공부문간의 직접거래 가능성이 높아져 가치사슬에서 구매자와 판매자의 연결을 담당하는 단순중개기능이 배제될 가능설이 있다. 반면, 경제의 네트워크화가 진행되면서 거래중개자에의 아웃소싱비용이 축소됨으로써 새로운 형태의 중개자가 등장 할 수도 있다. 즉, 전자상거래의 활성화로 인해 특정 산업의 생산자에서 최종 소비자에 이르는 가치사슬이 변화하게 되는 것이다.

한 기업이 유통채널을 내부화할 것인가 또는 중개자에 의존할 것인가의 여부는 유통과정에서의 거래비용의 상대적 크기에 의존하게 된다. 예를 들어, 전통적으로 직접판매에 수반되는 거래비용이 오프라인상의 중개자를 통한 거래비용보다 낮아 직접판매방식을 취하던 분야라도 새로운 온라인중개자를 통한 거래비용이 직접판매 거래비용보다 낮다면 온라인중개가 직접판매를 대체하게 될 것이며, 그 반대의 경우에는 탈중개화 현상이 나타나게 될 것이다. 또한 전자상거래가 기존의 직관 또는 중개자를 보완하는 경우도 가능하다. 결국, 유통구조의 변화는 산업별 특성에 따라 다르게 나타나며 일률적인 탈중개화 현상은 일어나지 않을 것이다.

한편, 유통구조의 변화는 기존의 유통체계와 전자상거래를 통한 유통경로간의 마찰을 불가피하게 한다. 오프라인 판매를 고집하는 업체는 새로이 등장한 온라인 판매업체에 시장을 잠식당할 위험이 있으나, 업체내부의 기존 유통채널의 인력, 조직은 새로운 온라인 채널의 도입을 저지할 뿐만 아니라 온라인 판매업체에게 불리한 제도나 관행을 유지하려는 동기를 갖는다. 예를 들어 자동차 생산업체가 제품의 소유권을 유지하고 유통채널은 위탁판매기능만을 수행하거나, 출판업계에서 서적 정가제를 시행할 경우 온라인 업체가 자동차나 서적을 오프라인 업체에 비해서 싸게 판매할 수 없기 때문에 진정한 의미에서 유통과정의 경쟁의 확대는 일어나지 않게 된다. 이러한 유통경로갈등(Channel Conflict0은 이미 서적, 음반, 자동차, 의류, 보험 등 다양한 분야에서 표출되고 있다. 그러나 순수 온라인 사업자의 등장과 기존 업체의 온라인 판매의 성공사례가 늘어나면서 전자상거래 확산이 대세로 자리잡혀가고 있다.

4. 신경제와 IT

신경제(new economy)는 고성장・저물가라는 두가지 문제를 해결하기 어렵다는 전통적인 경제이론과는 달리 미국이 사상최대의 호황과 물가안정을 동시에 이룩하면서 등장하였으며 컴퓨터・인터넷 등 정보기술(IT : Information Technology)의 발달로 인해 생산성의 증가율이 임금인상률을 지속적으로 웃돌고 새로운 일자리도 계속 창출되는 새로운 경제현상을 의미한다. 즉 미국에서 1990년대 이후 장기호황과 실업률 감소에도 불구하고 물가상승률이 낮아서 전통적인 경제학 이론(conventional economic theory)이 더 이상 적용되지 않는 새로운 경제현상이 나타나고 있는데 이러한 새로운 경제현상을 지칭한다. 기존 경제학에서 제시하는 독점에 대한 개념은 독점은 기업간 경쟁을 제한하여 상품・서비스 가격을 불합리하게 인상시켜서 경제전반 및 소비자에

악영향을 미친다고 보고 있다.[4] 한편 정보기술이 주도하는 신경제에서는 독점이 불가피하며 오히려 경쟁을 촉진하게 되어 결국 소비자에게도 유리하다고 보고 있다. 신경제론자들은 정보통신사회에서는 모든 사람이 동일한 네트워크(network)에 참여하려는 욕구가 커지게 되며 이러한 network의 발달로 독점은 자연적으로 발생하게 된다고 지적한다.[5] 또한 기술발전 주기가 짧아진 데다 정보 및 소비자 선택권이 확산됨에 따라 특정기업의 독점은 단기간에 종식될 가능성이 높아서 기업은 다시 치열한 경쟁상태에 직면하게 된다고 보고 있다.

미국 신경제는 정보기술(Information Technology) 혁신에 의한 IT 관련 산업의 급속한 발전을 기반으로 하고 있는데 이러한 IT 기술의 비약적 발전은 IT 관련 산업의 급성장, 생산성 향상 등을 통해 산업 전체의 체질을 근본적으로 바꾸는 역할을 하고 있다.

따라서 정보 기술의 혁신적 발전은 정보통신을 중심으로 한 IT 산업의 투자 확대, 인터넷을 통한 전자상거래 확산 등 정보통신과 인터넷 비즈니스 성장을 유도하고 있다.

또 미국은 1980년대의 노동시장, 기업, 금융시장의 구조조정, 1990년대의 IT 인프라 투자와 IT 산업 육성을 기반으로 현재의 신경제에 진입하였다. 미국은 1980년대 이후 기업의 인력 감축, IT를 활용한 제조업 효율화 등 구조조정을 단행하였으며, IT 인프라 구축과 함께 IT 관련 기술 개발을 통한 벤처기업 활성화 등 디지털 신경제를 대변하는 IT 선도형 산업구조로 전환하였는데

4) Adam Smith로 대표되는 고전학파에 따르면 소비자에게 저렴한 제품의 공급은 생산자들의 치열한 경쟁을 통해서 가능하다고 보고 있다. 따라서 경쟁이 제한되면 제품의 가격은 상승하게 되어서 독점은 금지되어야 한다고 지적하고 있다.

5) 포드자동차의 브리안 켈리 전자비즈니스 대표는 최근 GM 등 4개 자동체업체와 B2B로 부품을 공동구매키로 결정하였는데 B2B는 독점이 아니라 부품의 표준화를 촉진시켜 규모의 경제(economies of scale)가 발생하게 되어 오히려 경제에 효율적이라고 보고 있으며 캘리포니아 버클리 대학의 할 배리언 교수는 신경제에서의 독점은 경쟁을 촉발한다고 보고 있다. 그에 따르면 신경제하에서 기업들은 승자가 모든 것을 가진다는 것을 알고 있기 때문에 기업들은 더욱 치열하게 경쟁하게 된다는 것이다. 한편 로렌스 서머스 미 재무장관도 지난 5월 샌프란시스코에서 '국가의 새로운 부(富)'란 주제로 행한 연설에서 정보기반사회에서 일시 독점은 신경제를 이끌어가는 원동력이며 자연독점은 해악보다 이득이 많다고 말한 바 있으며 독점이 없으면 상품가격이 한계생산비용이하로 하락하여 기업의 존립근거가 위협받는다고 지적하였다.

미국 상무부의 「디지털이코노미 2000」 보고서에 의하면, IT 산업은 미국 경제 성장의 1/3을 이끌었으며, 컴퓨터와 통신 등의 가격 인하로 0.5%의 인플레이션 억제 효과를 가져온 것으로 분석되었다.

【그림 13-2】 IT와 산업 구조

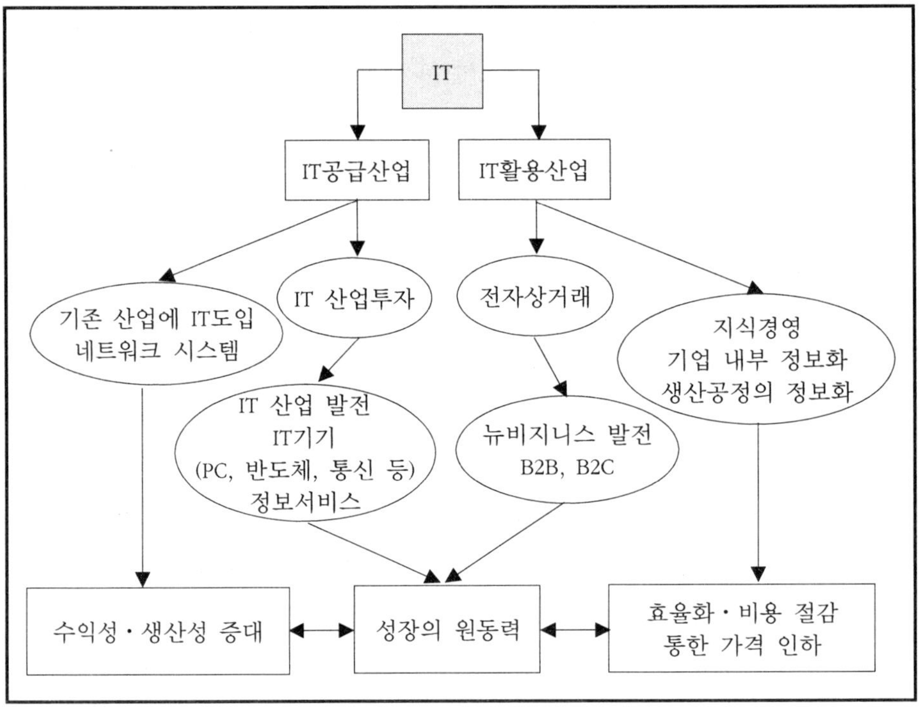

제4절 IT 산업분류

1. 분류의 개관

IT산업의 정의 및 포괄범위에 관하여는 아직까지 확실한 정의나 범위는 없다. 그러나 현재까지 IT산업의 정의는 국제기구, 국가별로 다소간의 차이를

보이고 있으나 일반적으로 "e제조업부문에서 정보의 전달과 표시, 정보처리와 물리적 현상의 기록" E측정 "E조사, 물리적 공정의 제어를 위해 전자적 처리수단이 사용되는 산업, 그리고 서비스업부문에서 전자자적 수단에 의하여 정보를 처리, 전달, 시현하는 산업"을 의미한다. 국내의 경우 IT산업은 정보통신기기, 정보통신서비스, S/W 및 컴퓨터관련서비스의 3대 세부분야를 포괄하는데, 각 세부분야의 포함 품목/서비스 및 OECD, 미국의 분류체계와는 차이가 있다.

한편 'IT산업' 그 자체가 어떤 의미에서는 신산업이라는 것을 인식할 필요가 있는데, 사실 IT산업이라는 용어는 80년대의 PC, 90년대의 인터넷과 이동통신 부문이 새로운 성장산업으로 우리에게 인식되면서 등장한 것으로, 앞서의 정의 및 포괄범위도 이러한 인식의 연장선상에서 정의된 것이다. 달리 말하자면 IT산업의 정의 및 포괄범위도 IT산업의 발전에 따라 지속적으로 변화되어야 하는 것으로, IT산업에 대한 연구는 곧 기존 IT산업의 변화방향에 대한 연구와 동일한 맥락에서 이해되어야 할 것이다. 사실 IT산업은 통신기술의 발전에 따라 기존의 전자통신 및 컴퓨터 부문이 별도의 산업으로 분리되어 정의된 것이고, 관련 신제품/서비스가 계속 등장하면서 그 외연을 확장해 온 것이다.

따라서 IT산업이란 정보의 생산의 전달 및 소비와 관련된 전혀 새로운 분야 뿐 아니라 기존의 IT제품/서비스의 발전된 형태까지를 모두 포괄하는 것으로 인식되어야 한다.

【표 13-4】 IT산업의 분류체계

국내	OECD	미국 상무부
〈정보통신기기〉 1. 통신기기 -ADSL 장비 등 2. 정보기기 3. 방송기기 -Digital TV 등 4. 부품 -반도체 등	〈정보통신기술산업〉 1. 컴퓨터 및 사무용기기 제조업 2. 절연성 및 케이블 제조업 3. 영상, 음향, 및 통신장비 제조업 4. 측정, 시험, 항해 및 기타 정밀기기 제조업 5. 정보통신 재화 관련 서비스업 6. 정보통신관련 무형적 성격의 서비스업	〈하드웨어 산업〉 1. 컴퓨터와 관련기기 2. 컴퓨터 및 관련기기 도소매 3. 계산기 및 사무기기 등 4. 전자관, 프린트기관 5. 반도체 6. 산업용 계측기기, 전력 측정 기기 등
〈정보통신서비스〉 1. 기간통신서비스	〈정보컨텐츠산업〉 1. 출판, 인쇄 및 기록매체 복제업	〈통신장비산업〉 1. 가정용 오디오 및 비디오

-초고속인터넷서비스 2. 별정통신서비스 3. 부가통신서비스 -전자상거래수수료 -인터넷방송 등 4. 방송서비스	2. 광고 및 시각디자인업 3. 영화, 방송, 뉴스제공 및 도서관업	장비 2. 전신・전화설비 3. 라디오 및 TV통신 장비 4. 자기 및 광기록 매체
〈S/W 및 컴퓨터관련서비스〉 1. 패키지소프트웨어 2. 컴퓨터서비스 3. 디지털컨텐츠개발서비스 4. DB제작・검색대행		〈소프트웨어와 서비스 산업〉 1. 컴퓨터 프로그래밍서비스 2. 패키지소프트웨어 3. 소프트웨어 도소매 4. 컴퓨터 관련 서비스 등 〈통신서비스 산업〉 1. 전신・전화통신 2. 라디오・텔레비젼방송 3. 케이블, 유료 TV서비스

2. OECD의 IT산업 분류

현재까지 IT산업의 정의는 대부분 OECD에서 정의하고 있는 ICT산업 분류를 따라 정의를 내리고 있는데 국내 IT통계와는 차이가 있지만 크게 IT제조업과 IT서비스업으로 분류하여 정의를 내리고 있다.

【표 13-5】 OECD의 IT산업 분류 체계

IT제조업	3000	Manufacture of office, accounting and computing machinery
	3130	Manufacture of insulated wire and cable
	3210	Manufacture of electronic valves and tubes and other electronic components
	3220	Manufacture of television and radio transmitters and apparatus for line telephony and line telegraphy
	3230	Manufacture of television and radio receivers, sound or video recording or reproducing apparatus, and associated goods
	3312	Manufacture of instruments and appliances for measuring, checking, testing, navigating and other purposes, except industrial process control equipment
	3313	Manufacture of industrial process control equipment
IT서비스업	5150	Wholesale of machinery, equipment and supplies
	7123	Renting of office machinery and equipment (including computers)
	6420	Telecommunications
	7200	Computer and related activities

자료 : OECD(2006)

 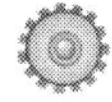

차세대 통신서비스는 음성은 물론 광대역 데이터통신 등 통신서비스의 확대를 통해 신문, 잡지, TV, 인터넷 등 다양한 미디어에 대한 새로운 고객채널을 창출할 것이다. 새로운 고객채널의 창출은 음악, 영상, 게임 등의 디지털화된 컨텐츠에의 수요 증대가 뒷받침되어야 하는데, 이러한 수요의 증대는 새로운 컨텐츠의 생산과 갈수록 세분화, 개인화 되어가는 소비자 수요를 충족시키는 맞춤서비스의 제공에 달려있다고 하겠다. 달리 표현하자면, 소비주체의 기호에 맞는 새로운 서비스 및 제품의 지속적 등장이 IT산업 성장의 관건이며, 이러한 측면에서 IT분야에서의 신산업 육성은 중요하다.

3. 분류체계의 동향

1) 향후 분류체계 개정의 기본방향

IT산업 관련 통계조사가 시작한지 오래 되지만 아직 분류체계는 아직 제자리를 찾지 못하고 정책방향이나 개정을 위한 주관기관의 성격에 따라서 서비스부문, 기기부문 및 S/W 및 컴퓨터관련서비스 등 분야별로 자세하게 분류되어 있거나 그렇지 않은 경우가 있어 분류별 위상(Hierarchy)이 각기 달랐다. 따라서 개정안에서는 이런 점을 개선하여 첫째 언제 누가 분류체계를 개정하더라도 기본골격은 변하지 않으면서 필요에 따라 추가, 삭제 등 분류의 첨삭을 자유자재로 할 수 있도록 분류의 유연성을 갖는데 역점을 두었다. 둘째는 신산업 출현 등산업구조의 변화에 능동적으로 대응 가능하도록 유연성을 확보할 수 있도록 하였고, 셋째는 하위분류 항목에 대한 통계집계 시 상위분류 산업의 통계집계가 가능하도록 분류의 효율성을 제고하도록 하였다. 넷째, 해외의 분류체계(UN의ISIC 분류, WTO의 HS Code 등)와 연계를 유지할 수 있도록 하였다. 다섯째, 품목 구분시 고유기능과 부가기능이 공존할 경우는 고유기능을 중심으로 분류하였으며, 고유기능과 부가기능의 구분이 안 될 경우에는 별도로 검토할 수 있도록 하였다. 예를 들어, PDA는 정보의 저장 및 처리기능이 고유기능이므로 정보기기로 분류하였다. 여섯째, 정부의 산업육성 정책방향을 반영하였다.

2) IT 산업 명명체계(Naming System)

IT산업의 변화에 대응 가능한 분류체계로서 계층을 통일하였다. 이는 분류체계에 대한 체계적인 이론적 근거 없이 분류하다보니 하위계층의 분류가 혼재되어 있어 신규품목 분류시 혼선을 초래 할 수 있기 때문이다. 분류코드를 부문 ⇒ 역무 ⇒ 수단 ⇒ 기능 ⇒ 형태 ⇒ 품목 ⇒ 하위품목 ⇒ 세부품목 등 8단계로 구분하여 확장성과 통일성을 기하였다.

【표 13-6】 디지털콘텐츠 관련 의견 요약

구 분	내 용
정 보	o 디지털금융, 디지털의료, 디지털법률, 디지털생활, 디지털교육, 공공정보, 과학기술정보 등 일반적으로 서비스되어지는 모든 컨텐츠 정보
출 판	o 인터넷신문, 웹진 등 인터넷 모든 간행물과 e-Book 뷰어를 통해 서비스되는 모든 간행물
영 상	o 디지털영화, 뮤직비디오, 드라마, 캐릭터, 그래픽, 애니메이션, 만화 등의 영상물 제공 o 디지털방송, 웹캐스팅 등
음 악	o 유・무선, ON/OFF-Line 상에서 서비스되어지는 음향, 음성으로 디지털음악, 체인지벨 등 디지털 음악 제공
게 임	o 통신망을 통해 접속하고 서버에 접속해 있는 타인과 게임을 진행하는 온라인 네트웍 형태 게임(PC, 비디오 등 멀티플레이와 네트워크플레이가 지원되는 게임 포함)
기타콘텐츠	퓨전형 멀티미디어 컨텐츠 등

따라서 이러한 IT산업 명명체계는 첫째, 가전부문은 IT산업의 범위와 기준을 명확히 해야 할 필요성이 제기되었다. 현재 디지털TV는 방송기기로 분류되어 있으나, 디지털냉장고, 디지털게임기, Media Player 등 인터넷 Appliance (2240.0000)에 대해서는 미분류한 상태이다. 둘째, 정보통신기기 부문에서 유무선에 대한 경계와 영역이 갈수록 구분이 어려워져서 장기적으로 유무선 통합을 검토해 볼 필요성이 제기되었다. 셋째, 정보통신서비스와 정보통신기기의 일부 분류기준이 상이한 점이 제기되었다. 넷째, IT산업통계는 최종 생산액과 매출액 기준으로 작성되고 있으나, 중간산출물(재공품, 반제품, 자사용개발 S/W 등)에 대한 통계의 필요성이 제기되었다. UN의 경우 1993년부터

 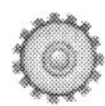

SNA(국민계정체계) 집계시 중간산출물을 포함하고 있다.

IT산업 통일분류체계는 정보통신부와 각 관련기관이 IT산업 분류체계에 대한 계속적인 연구가 이루어져서 실질적으로 산업통계를 대변하는 분류가 될 수 있도록 체계적이고 합리적인 분류체계로 보완되어야 할 것이다.

4. 국내 IT 산업 분류 체계

1) 1990년대 전반

1987년 4월 한국IT산업협회가 창립되면서 정보통신 관련 조사통계의 필요성을 설실히 느낀 가운데 '90년대 초반까지 변변한 분류체계 없이 정보통신 관련 통계조사가 이루어 졌다. 이 당시부터 IT산업은 제조업 분야와 통신을 매개로 정보를 공급해 주는 서비스업 분야가 혼재되어 있는 산업으로서 기존의 한국표준산업분류를 적용하기는 매우 어려운 실정이었다. 미국과 일본 및 유럽의 경우에도 이에 대한 통일된 분류가 없었으며, 자국의 산업형태에 맞추어 분야를 정하고 통계자료를 수집하고 있었다.

우리나라의 경우 '80년대 중반이후 IT산업이 비약적인 성장을 이루면서 컴퓨터의 보급 확대와 더불어 전자기술 및 통신기술 그리고 정보기술의 결합에 의한 새로운 정보통신 서비스를 창출하게 되었다. 이들 중 통신네트워크를 이용한 서비스가 출현하게 되면서 정보통신 관련사업을 크게 정보통신사업, 하드웨어업, 소프트웨어업으로 분류하였으며, 정보통신사업은 다시 부가통신사업(VAN), 데이터베이스사업(DB), 정보처리사업(DP), 데이터단순전송사업(DC)으로 분류하였고, 부가통신사업(VAN)은 다시 전자사서함(E-mail), 컴퓨터예약시스템(CRS), 신용카드 조회시스템(CCIS), 전자문서교환(EDI) 등으로 세분화하였다.

그 후 각자 사용하는 목적에 따라 조금씩 다른 분류를 사용하여 오다가 정보통신부를 중심으로 정보통신정책연구원(KISDI), 한국전자통신연구소(ETRI) 및 관련기관에서 IT산업 분류체계에 대하여 꾸준하게 연구 활동을 해오면서 최종서비스까지의 접근방식이 약간씩 상이하긴 하지만 내용은 거의 유사한 분류체계를 설정하였다.

그 분류를 살펴보면, IT산업을 크게 기본통신서비스업(기본통신사업), 정보통신서비스업, 방송통신업, 정보통신제조업으로 나누었으며, 방송통신업은 미국이나 일본의 경우에서도 마찬가지로 IT산업에 직접적으로 정의하여 자료를 축적하고 있지는 않은 실정이지만, 통신을 매개로 정보의 전송을 다루는 중요한 부분이고 정보의 송·수신 단말기가 많은 부분에서 다른 IT산업과 중복되는 산업임을 감안하여 포함시켰다.

2) 1990년대 후반

1994년은 IT산업 관련으로 실질적인 분류의 틀인 "IT산업 통일분류체계"가 정립되었다. 이 분류는 한국정보통신기술협회(TTA)에 표준안으로 신청하여 TTA의 표준코드인 TTS. KO-09.0002가 부여되었으나 잠정안으로만 만족하여야 했다.

1994년, 1995년 조사에서는 앞서 본 분류체계의 단위사업으로 정의되는 마지막 단위분류의 접근방식이 서로 상이하여 IT산업 통계의 효율적 조사와 정보 분석의 일관성 유지에 어려움이 있었으며 사용자의 혼동을 초래한 것으로 나타났다. 이 문제점들을 보완하기 위하여 정보통신부와 각 관련기관이 IT산업 분류체계에 대한 연구 및 표준화 논의를 통해 국내 IT산업의 분류체계를 조성하였고, 이를 한국정보통신기술협회에 단체표준 심의요청을 하여 유사조사 기관들의 조사나 자료수집시 공동이용을 권장하였다.

이 분류체계를 보면 IT산업을 정보통신서비스, 정보통신기기, 소프트웨어, 정보통신지원 등 4개 분야로 대분류를 나누었으며, 정보의 송·수신기 단말기가 통신기기와 중복이 많으며, 통신을 매개로 정보의 전송을 다룬다는 측면에서 방송통신업을 정보통신서비스의 한 분야로 분류하였다. 또한 IT산업의 특성을 고려하여 기기유통, 연구개발, 교육 등을 정보통신 지원 분야로 분류하는 등 국내 IT산업의 전반적인 부분들을 수용한 체계적이고 합리적인 분류체계를 내놓았다.

정보통신사업으로도 일컬어지는 부가통신서비스의 분류는 아래와 같이 세분화하였고, 아직 상용서비스가 되어지고 있지는 않지만 추진되고 있는 원격통신과 주문형정보서비스를 추가하였다.

1996년 조사 때에는 위의 1994, 1995년에 사용하던 IT산업 통일분류체계를 통계청에서 IT산업실태조사의 작성승인을 받을 때 「정보통신부문 상품 및 서비스 분류」라는 명칭으로 등록하여 사용하였다.

1997년부터는 기존의 분류체계를 더욱 보완하고자 현재의 서비스 및 상품의 흐름과 앞으로의 발전 방향을 전망하여 가능한 모든 서비스와 상품이 분류에 포함될 수 있도록 추가, 명칭변경, 통합, 분리, 삭제, 세분화 등을 실시하였으며, 본격적인 서비스 및 상품분류로서의 모습으로 정리되었다.

3) 2000년대 전반

2000년 1월 한국IT산업협회에서 "IT산업 분류체계 개선(안)"을 마련하였고, 2001년에는 "IT산업 분류체계 품목해설서"를 발간하여 통계 이용자들의 통계에 대한 정확한 이해와 응답 업체들의 정확한 응답을 통해 통계의 신뢰성을 확보하고자 하였다. 같은 해 12월에는 "IT산업 분류체계 잠정(안)"을 정보통신정책연구원에서 마련하였으나 분류체계의 법적근거를 확보하지는 못하였다.

2002년 현재 위의 잠정안을 사용하고 있으며, 이 분류체계를 보면 IT산업을 정보통신서비스, 정보통신기기, 소프트웨어 및 컴퓨터관련서비스 등 3개의 대분류로 나누었으며, 정보통신서비스는 기간통신서비스, 별정통신서비스, 부가통신서비스, 방송서비스로 분류하였고, 정보통신기기는 통신기기, 정보기기, 방송기기, 부품으로, 소프트웨어 및 컴퓨터관련서비스는 패키지소프트웨어, 컴퓨터관련서비스, 디지털컨텐츠개발서비스, 데이터베이스제작, 검색대행으로 각각 분류하였다. 그 외 타산업 중 정보통신 관련부문도 통신공사업, 유통(일부), 반도체 제조장비, 2차 전지, 자동차용 무선시동장치, 게임기기, 디지틀 출판 및 영상물, 인터넷 겸용 TV로 분류해 놓았다.

이와 함께 2002년 들어서 한국IT산업협회에서는 "IT산업 통계협의회"를 중심으로 정부, 학계, 연구계, 기업체 등의 전문가로 구성한 분과위원회를 통해 분류체계의 기본방향과 명명체계(Naming System)을 마련하는 등 분류체계에 대한 체계적이고 일관성 있는 분류가 될 수 있도록 하는데 소기의 목적을 달성하였다.

제5절 IT 산업의 전략제휴

1. 세계의 전략적 제휴 특성

세계 IT산업의 전략적 제휴에 관한 특성을 보면 세계 IT산업의 전략적 제휴 추이는 전체산업의 전략적 제휴 추이와 유사한 양상을 보이고 있다. 즉, 총 건수는 1990년대 기간 중 증가세를 보였으나, 구조면에서는 IT제조업 분야가 감소하고 대신 IT서비스 분야가 증가하고 있다. 또 IT산업의 기술관련 전략적 제휴는 50% 비중을 차지하고 있었으나, 1999년 이후 40% 이하로 감소, 세계적 IT산업의 경기침체를 반영하고 있다. 또한 기술제휴 중에서도 라이센싱 제휴가 많고 R&D제휴가 감소하고 있어 신규 R&D보다는 이미 개발한 기술의 확산 및 활용에 주력하고 있음을 알 수 있다.그리고 세계 IT산업의 전략적 제휴 중 아시아가 포함된 제휴의 비중은 50%에 이르며 이 중 일본 > 중국 > 한국 순으로 제휴 건수가 많다.

이상의 고찰에서, 최근의 경기침체 영향에도 불구하고 세계화·정보화의 진전에 따른 지식연계(knowledge networking)와 전략적 제휴간의 밀접한 상호연관성을 확인할 수 있다.

2. 한중일 IT산업의 전략적 제휴

한·중·일 3국의 전략적 제휴가 갖는 특성 한국의 전략적 제휴는 최근 감소추세에 있으나, 중국 및 일본의 전략적 제휴는 계속 증가하고 있다. 이는 한국의 전략적 제휴에서 차지하는 신기술 및 IT관련 벤처기업의 비중이 크기 때문에 IT산업의 불경기로 인한 영향을 한국이 가장 크게 받고 있음을 시사한다.

대상국별 특성을 보면, 한·중·일 3국은 모두 미국이 제1의 제휴 대상국이다. 이 점은 세계의 전략적 제휴 현황과 유사하다. 그러나 한·중·일 3국 상호간의 전략적 제휴 비중은 미국을 제외한 타 국가들과의 제휴 비중보다 대체로 높은 편이다. 즉, 3국간의 제휴가 중시되고 있는 것을 알 수 있다.

한국과 중국간 IT산업의 전략적 제휴를 보면, 한국의 대기업 및 벤처기업들

 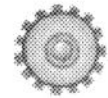

과 중국 대기업간의 제휴가 대부분이며, 통신장비, 통신장비용 부품, 인터넷 비즈니스, 컨텐츠, 솔루션 및 소프트웨어 개발 등 다양한 업종에서 제휴가 이루어지고 있으나, 통신장비생산 및 정보통신서비스에 전문화된 대기업의 제휴가 대종을 이루고 있다. 목적별로는 공동R&D, 라이센싱 등 기술지식과 관련한 제휴의 비중이 높은 편이며 증가추세를 보인다. 중국은 한국과의 합작투자 및 기술제휴를 가장 선호하는 것으로 나타났다.

한국과 일본간 IT산업의 전략적 제휴는 한-중간 제휴와는 특성을 달리한다. 한-중간 제휴는 한국의 대기업 중심으로 이루어지며 벤처기업들은 대기업보다 훨씬 제휴비중이 낮은 데 비해, 한-일간에는 그 반대 현상을 보이고 있다. 거의 대부분의 한국기업들은 벤처기업들로서 솔루션이나 소프트웨어에 비교우위를 가지고 있는 인터넷기업들이 대종을 이룬다. 제휴선인 일본의 기업들은 대기업들이 많다.

이와 같은 대조적인 현상은 다음과 같은 시사점을 제공한다. 즉, 중국은 제휴선으로 한국의 대기업을 선호하고 한국은 일본의 대기업을 선호한다. 일본의 대기업은 한국의 벤처기업들에, 한국의 대기업은 중국의 다양한 종류의 기업들에 대하여 비교 우위, 혹은 선호도를 가지고 있다고 할 수 있다. 한-일 IT 기업간에는 기술지식관련 제휴가 제일 큰 비중을 보인다. 중국과의 제휴와 달리 합작투자의 비중이 훨씬 낮아 한국은 일본의 기술 및 시장을 중시하고 있음을 시사한다.

3. 한중일 IT산업의 발전과 전략적 제휴 전망

WTO 가입을 계기로 한 중국경제의 본격적인 부상과 2008년 올림픽 전후 중국경제의 도약, 일본경제의 회복, 동북아경제협력 가시화 등의 복합적 작용으로 2010년까지의 중장기기간 중 한·중·일 3국간의 전체산업 및 IT산업의 전략적 제휴는 세계 타 지역과의 제휴보다 더 빨리 증가할 것으로 전망된다. 또한, 3국간 IT경쟁의 결과로 IT산업에서의 3국간 전략적 제휴가 지식기반경제 및 디지털경제, 신경제 등의 발전에 따라 더 빠른 속도로 증가할 것으로 보인다.

한국-일본간의 전략적 제휴는 기술관련 제휴의 비중이 매우 높다. 그러나 한국의 중소기업들이 일본에 진출하는 사례가 늘고 있으므로 일본의 경제문제 등을 감안할 때, 대기업뿐만 아니라 중소기업들의 대(對) 일본 제휴비중이 커질 것으로 전망된다. 한·일 양국의 공동R&D는 양국 기업들의 기술력을 제고시키는 효과가 있다. 자본 및 기술대국으로서 일본의 강점과 한국의 우수 인력 및 모험정신이 결합되는 제휴는 상당한 시너지를 창출하게 될 것이다. 한-일 FTA가 더 빨리 해결될 가능성이 높은 것으로 판단되며, 그럴 경우 양국간의 전략적 제휴가 한-중간 전략적 제휴보다 더 활발히 전개될 것으로 보인다.

현재는 3국의 다자간 전략적 제휴사례가 희소하지만, 중장기적으로는 동북아 경제협력, 산업기술협력, 한국의 물류 및 비즈니스 중심지, R&D 중심지 전략들이 어우러져 다양한 형태의 3국간 전략적 제휴가 활발해질 것으로 전망된다. 한·중·일의 경우, 특히 차세대 이동통신기술(시스템)에 대한 기술표준화가 중요한 이슈가 되고 있다. W-CDMA(유럽·일본 주도), CDMA(미국·한국 주도), TD-SCDMA(중국 자체 개발) 등은 중국시장과 세계시장에서 이 세 가지 기술표준이 각축을 벌이고 있기 때문이다. 장차 IT분야의 전략적 제휴에 의해 한·중·일 3국이 모두 승자가 되는 차원에서 이동통신기술의 표준화를 이루는 것이 산업계와 정부의 중요한 과제가 될 것이다.

지식기반경제 전략, e-Korea 전략, 동북아 R&D 중심지 전략은 점차 강화되고 있는 지식·IT·R&D의 전략적·정책적 중요성으로 귀결된다. 21세기 전략적 제휴의 핵심은 지식·IT·R&D가 종합되는 지식연계임을 감안할 때, 이들 중장기 국가전략들은 한국기업의 전략적 제휴 전반은 물론, 특히 IT산업에서의 전략적 제휴를 강화시키는 기반과 환경을 조성하는 데 긍정적 영향을 미칠 것이다. 전략적 제휴가 한국경제의 세계화와 표리관계에 있음을 감안할 때, 결국 이들 전략의 성공적 달성은 한국기업의 세계경제에서의 경쟁력 강화와 한국경제의 세계화를 앞당기는 데 기여하게 될 것이다.

4. 한국의 전략 과제

1) 동북아 IT공동체 전략

한・중・일간에 자유무역협정(FTA)을 비롯하여 여러 가지 형태의 지역협력체제를 구축하기 위한 논의가 활발하게 전개되고 있는바, 지역경제협력은 IT산업에서의 협력체제 구축으로부터 시작하는 것이 보다 현실적인 접근이라고 판단된다. 현재 추진중에 있는 국가중심의 중장기 전략들을 보완하는 목적에서도 이와 같은 기술중심의 지역협력체제 구상이 필요하며, 한・중・일 3국간에 심화・확대되고 있는 IT산업의 전략적 제휴와 연계한 국가차원의 "동북아 IT공동체" 전략 수신이 필요하나.

동북아 R&D 중심지 전략과 동북아 IT공동체 전략은 표리의 관계에 있으며, 후자는 전자의 일환으로 추진되거나, 선행 전략으로 추진될 수 있다. 그러나 동북아 R&D 중심지 전략이 자국 위주의 전략인 데 비해 동북아 IT공동체 전략은 협력을 통한 경쟁이라는 전략적 제휴의 개념에 더 가까우며, 관・민 협동으로 추진되는 과정에서 전략적 제휴 증대효과가 훨씬 클 것으로 판단된다. 동북아 IT공동체는 현재 한・중・일 3국간의 다양한 양자간 혹은 다자간 IT 협력사업들을 보다 큰 틀로 묶는 작업으로서 먼저 현재의 각종 양자간 IT 협력을 3자간 협력으로 확대시키고 이를 다시 점진적으로 동북아 전체와 아시아로 확대시키는 전략이라 할 수 있다.

동북아 IT공동체(Northeast Asian IT Community: NAITC)는 동북아 국가간에 ① IT발전, ② IT산업의 발전, ③ IT 활용산업의 발전, ④ 정보격차(digital divide 혹은 digital gap)의 해소를 위해 공동프로그램을 운영하는 지역협력체제이다.

이와 같은 동북아 IT공동체 및 동북아 기술공동체 동북아 IT공동체는 동북아 기술공동체(Northeast Asian Technology Community: NATC)의 선행협력체제로 간주할 수 있다.

동 전략은 정부의 선도로 추진되는 것이지만, 그 추진과정 및 구체적인 사업내용에 따라 민간의 참여 혹은 주도적 역할도 가능하다. 동북아 IT공동체 전략의 추진과정뿐 아니라 그 성공적인 수행은 3국간 IT산업을 비롯한 전 산업에서의 전략적 제휴를 강화시킬 것이다.

21세기 전략적 제휴의 핵심은 지식·IT·R&D가 종합되는 지식연계(knowledge networking)임을 감안할 때, 이들 전략들은 한국기업의 전략적 제휴 전반은 물론, IT산업에서의 전략적 제휴를 강화시키는 기반과 환경을 조성하는 데 긍정적 영향을 미치게 될 것이다. 전략적 제휴는 한국경제의 세계화와 표리관계에 있으므로 이들 전략의 성공적 달성은 한국기업의 세계경제에서의 경쟁력 강화와 한국경제의 세계화를 앞당기는 데 기여하게 될 것이다.

전략적 제휴에 의해 외국의 기술지식을 활용할 수 있기 위해서는 기업이 자체 흡수능력을 확보하고 있어야 하며, 보완적인 역량을 가지고 있어야 한다. 이와 같은 보완적인 역량은 교육·R&D·제도개선·국가혁신시스템 등을 통해서 양성된다. 특히 IT의 발전을 통한 지식 확산은 필수적이다. 따라서, 중장기 국가 전략의 입안 및 시행 과정에 기업의 지식역량, 기술능력, 지식연계 강화와 연결되는 전략 과제들을 명시할 필요가 있다. 이를 위해서는 정부가 민간부문에서 전개되는 전략적 제휴의 중요성과 현황을 명확히 이해하고 있어야 한다.

현재 한국의 대(對) GDP R&D 투자율은 일본과 비슷한 수준으로서 OECD 국가들 중에서 상위권에 속한다. 그러나 한국의 GDP 규모가 작아 R&D 규모면에서 일본을 따라잡는 데는 매우 긴 기간이 소요될 것으로 전망된다. 이를 극복하기 위해서는 한국의 GDP 성장률이 지속적으로 일본보다 훨씬 높고 한국의 R&D 생산성이 일본보다 높을 것이 요구된다. 또한 쉬운 일은 아니나 R&D 투자율을 일본보다 높이는 것도 대안이 될 수 있다. 이와 같은 정부의 노력은 기업의 기술역량을 강화함으로써 IT 전략적 제휴의 협상력을 제고시킬 것이다. 또한 R&D 투자와 외국기업과의 전략적 제휴를 연계시키는 전략을 추구하여야 한다. 정부가 지원하는 공동R&D 프로그램에 대한 외국 기업 및 연구인력의 참여를 장려하고, 외국 R&D센터를 적극 유치하는 것은 민간의 지식연계형 전략적 제휴를 활성화하는 데 크게 기여할 것이다. 같은 이유에서 동북아 R&D 중심 전략의 추진은 전략적 제휴 강화와 보완적인 관계에 있는 전략이라 하겠다.

단기적으로 한국정부가 주력해야 할 과제는 IT산업의 경기침체 극복이다.

특히, 중소기업 및 벤처기업의 발전을 위한 적절한 정책이 시급하다. 최근 한국 IT산업의 전략적 제휴가 감소하고 있는 것은 IT산업의 세계적 경기침체와 벤처기업의 저조에 기인하는 바 크다. 건전하고 활발한 벤처기업의 성장이 없이는 IT산업의 발전 자체가 어려워진다. 특히, 벤처기업들의 일본진출은 전략적 차원에서 다루어져야 한다.

2) 동북아 IT 협력기반과 전략적 제휴 강화

동북아 IT공동체 전략의 추진 및 IT산업의 전략적 제휴 강화를 위해 정부가 노력을 경주하여야 할 기반조성 분야는 국제 경제·산업·기술 협력기반의 구축이다. 정부의 협력은 기업 및 산업간 협력을 촉진하거나 뒷받침이 되기 때문에 전략적 제휴의 강화에 큰 영향을 미친다. 이미 정부는 IT분야에서 한·일간, 한·중간 협력 프로그램들을 다수 제안하였거나, 참여 혹은 선도하고 있다. 또한 APEC 및 ASEAN+3, ASEM 등에서도 다수의 프로그램을 제안하였다.

동북아 IT공동체 전략의 수행은 한·중·일 3국의 정부와 민간의 협력에 의해 가능하다. 정부는 현재 3국의 민간기업들간에 추진하고 있는 IT산업의 다양한 전략적 제휴와 동북아 IT공동체 전략이 연계되도록 동 전략에서 추진하게 될 각종 프로그램들이 민간의 공동R&D, 기술 라이센싱, 기술교류, 기술이전 등을 촉진하거나 연계할 수 있게 운영하여야 한다.

정부는 FDI 유인과 세계적 지식자원의 활용을 위해 외국기업들에게 내국기업과 동등한 대우와 개방적인 사업환경을 제공해야 한다. 규제완화, 민영화, 무역 및 투자의 자유화로 인한 경제 및 시장 개방은 다국적기업을 활용할 수 있는 핵심 전략으로서 정부는 신규 진입자와 신규 투자를 끌어들일 수 있는 적절한 틀을 구성하고, 전략적 제휴가 활성화될 수 있는 여건을 조성하여야 한다.

전략적 제휴는 근본적으로 민간기업간의 활동이므로 이러한 민간간의 활동에 정부가 직접 개입할 여지와 필요성은 적다. 그러나 정부는 전략적 제휴의 활성화를 위하여 인프라 구축 및 경영환경의 조성, 국제적 공동연구 및 산업기술협력의 추진 등 다양한 역할을 담당할 수 있다. 기술관련제휴에서 정부가 민간을 지원할 수 있는 또 하나의 분야는 바로 기술표준화 제정 또는 기술표준화를 위한 전략적 제휴의 지원이다.

전략적 제휴를 비롯한 민간기업의 국제 산업기술협력을 위해서 이를 지원하는 공공기관이 필요하다. 정보의 제공, 컨설팅, 교육훈련, 계약 지원 등을 비롯하여 분쟁해결 지원 등의 서비스를 담당하는 관민합동기구의 설립이 제안된다. 기존 기구의 기능을 강화하거나 새로운 기구를 설립하여 이와 같은 기능을 종합적으로 수행할 필요가 있다.

정부는 대기업과 중소기업간의 전략적 제휴가 중소기업에게 불리하게 이루어지지 않도록 중소기업에 혜택을 부여하거나 중소기업의 애로를 극복해 주는 조정자 역할을 담당할 수 있다. 다만 이와 같은 정부의 개입이 민간기업의 자율성을 저해해서는 안되고 민간의 주도에 의해 이루어져야 한다.

기업의 국제화와 외국기업과의 교류 및 국내 기업간의 제휴가 손쉽게 이루어질 수 있도록 정부의 산업기술정책 및 규제를 완화하거나 보강하여야 한다. 특히, 공정거래법 운용, 지식재산권 보호 강화, 외국인 직접투자 및 한국기업의 해외투자 활성화를 위한 제반 조치들은 전략적 제휴에 직접 혹은 간접적으로 영향을 미치기 때문에 외국의 사례 및 국제규범 설정의 추세를 감안하여 제휴를 강화하는 방향에서 보강하여야 한다.

외환·금융위기 이후 한국의 기업 구조조정은 대부분 기업의 일부 혹은 전부를 매각하거나 경영축소를 도모하는 방식을 택하였다. 인수합병이나 매각보다는 전략적 제휴가 더 우수하거나 보완적인 구조조정 방안이 될 수 있으므로 정부가 관련된 기업 구조조정의 경우, 전략적 제휴를 대안 혹은 보완적 방안으로 활용할 필요가 있다.

3) 한중일 IT산업간 전략적 제휴 강화

향후 동북아 IT공동체 전략을 정부가 구체화하여 추진하게 되는 경우, 민간은 세 가지 차원에서 그 성공적 수행을 지원하거나 전략 수행과정에 참여할 수 있다. 첫째, 동 공동체의 운영 조직에 민간대표들이 참여하는 것이다. 둘째, IT산업 전략적 제휴의 강화 자체가 3국간 IT산업의 협력 분위기를 고조시킴으로써 FTA의 경우와 같이, 동 공동체의 실현과 발전에 기여하는 길이 된다.

셋째, 민간이 각종 연구개발 프로그램에 소요되는 자금을 분담하는 것이다.

동북아 IT공동체 전략의 수행을 위해 정부와 민간의 협력과 더불어 국내 기업간 전략적 제휴가 강화되지 않으면 안된다. 최근 세계 전략적 제휴에서 차지하고 있는 국내 기업간 전략적 제휴의 비중이 증대하고 있는데 이와 같은 현상은 세계화와 더불어 국내 및 지역의 중요성이 감소하는 것이 아니라 오히려 증대된다는 것을 의미한다. 세계시장에서 경쟁하기 위해서는 차별화가 필요하며 종종 지역적 특수성을 활용하여 차별화에 성공하는 경우가 많아지고 있기 때문이다.

현재 한국이 지식의 유입·활용을 강조하는 유인형 지식연계 제휴의 대상으로 고려할 국가들은 주로 미국과 일본 등 선진국들이며, 이러한 사실은 2010년까지도 크게 달라지지 않을 것이다. 한-중간에는 한국의 대기업 중심으로 지식·기술·자본의 진출을 목적으로 하는 제휴가 많은 데 비해, 한-일간에는 대기업뿐만 아니라 벤처기업을 비롯한 중소·중견기업 등 다양한 기업들이 다양한 목적으로 제휴를 추진하고 있다. 한·중·일 3국간의 전략적 제휴의 비중이 점차 높아짐에 따라 3국간 지식연계형 전략적 제휴의 비중은 빠르게 증가할 것이다.

전략적 제휴의 주목적이 지식의 공유가 되고 있는 지식기반경제 하에서 기업은 타 기업의 지식을 공유하기에 앞서 스스로의 지식역량을 보유, 강화하여야 한다. 효율적 지식경영은 이와 같은 관점에서 한국기업들의 최우선적인 과제로 등장하고 있다.

한·중·일 3국이 IT산업에서부터 시작하여 지식과 기술을 공유하는 동북아 IT공동체 및 기술공동체를 형성할 수 있고 동시에 민간기업의 전략적 제휴를 더욱 강화할 수 있다면, 현재의 IT 침체에도 불구하고 3국의 미래는 밝다고 할 수 있다. 이 모든 원대한 꿈의 출발은 개개 기업들의 지식경쟁력 강화로부터 시작된다. 지식경쟁력 강화야말로 지식연계형 전략적 제휴의 출발이자 귀결이기 때문이다.

제1절 국외 IT 시장

1. 전세계 IT 시장 동향

세계 경제는 계속되는 테러위협과 SARS 재발 등의 불확실성이 존재하지만 꾸준한 성장률을 보이고 있는데 이러한 경제 성장률의 원동력은 중국과 인도와 같은 '인구 대국'의 수출이 강한 성장세를 유지하면서, 외국인 직접투자가 빠르게 늘어나고 있기 때문으로 분석된다. 또한 IT 분야 또한 세계경제 성장을 주도할 것으로 전망 되는데 특히 Mobile 단말기(휴대폰과 스마트폰 등)와 컴퓨팅기기(노트북 컴퓨터와 PC 등) 등을 포함한 정보통신기기 시장이 주도할 것으로 전망된다.

【표 14-1】 시장조사회사별 세계 IT 시장 현황 및 전망

(단위 : 백만달러)

구 분		2002년	2003년	2004년	2007년	CAGR ('02~'07)
IDC	하드웨어	342,725	332,679	348,779	416,367	4.0%
	소프트웨어	177,149	183,497	194,004	240,844	6.3%
	IT 서비스	350,020	357,676	373,664	456,379	5.4%
	합 계	869,895	873,852	916,447	1,113,589	5.1%
Gartner	하드웨어	337,537	339,644	354,605	381,290	2.5%
	소프트웨어	75,750	77,397	82,829	104,532	6.7%

	IT 서비스	536,256	555,176	584,164	707,397	5.7%
	합 계	949,542	972,216	1,021,598	1,193,219	4.7%
	명목 GDP	32,260,678	35,629,807	38,005,896	45,841,946	7.3%
	IT 시장의 GDP 비중	6.8%	6.4%	6.3%	6.1%	

자료 : IDC(2003.10), Gartner(2003.9)

제2절 지역별 IT 시장

1. 미국

1) 개요

미국은 1990년이후 10년이 넘은 지금까지도 계속적으로 IT 산업시장은 활발하며 이러한 미국의 장기간 경제성장에 따라 신경제란 신 용어를 탄생시키며까지 세계 IT시장을 주도해 오고 있다. 그래서 미국은 IT 산업에서 세계 최강 IT국가 답게 계속 IT시장은 활황을 이룰 것으로 전망된다.

2) 주요동향

(1) 어플리케이션 서버

2006년까지 미국정부는 RFID 태그와 미국 항을 출입하는 화물 반출입의 보안 필터를 지원하는 판독기의 표준화된 사용을 강조할 것이다. 이러한 움직임은 운송 utility 산업과 RFID 태그와 판독기기의 개발에 힘쓰는 월마트 같은 대형 소매업자들에 의해 주도될 것이다.

(2) 보안

IT 보안은 미국 정부가 외국 침입자들로부터 공격받기 쉬운 미국 정부 자산과 비즈니스 자산 보호의 중요성을 지속적으로 강조함에 따라 미국에서 가장 주목받는 이슈이다. 따라서 미국 보안 정책은 다양한 정부기관의 부서에 의해 다수의 보안 프로그램과 IT 프로젝트가 지속적으로 추진되고 있다. 침입자와 악성 컴퓨터 바이러스로부터의 보호는 IT 전문가 대부분의 주요 관심사로서 이는 시장기회와 많은 보안 응용 업체들의 품질과 지원에 대한 기대를 높이고 있다. 개인 방화벽과 다른 방어 기술이 이동 보호의 주요 수단으로 등장함에 따라 서명 기반 안티바이러스 소프트웨어는 바이러스 관리에 대한 전술적 유산 솔루션이 될 것이며, Scan-and-block 기술은 LAN 관리의 표준 구성요소가 될 것으로 보인다.

(3) PC 주변기기

데스크톱 컴퓨팅 파워는 Intel과 AMD의 계속되는 스피드 게임과 함께 계속 커지고 있다. 그러나 현재 네트워킹 기술이 아직 넷 상의 정보 송수신에 대한 충분한 여유를 갖고 있으므로 데스크톱 환경에서 기가비트 네트워킹으로의 이동에 대한 당장의 수요는 없다. LDC 모니터 공급업자들의 급속한 증가와 공격적인 가격으로 인하여 기업 IT 매니저들은 디스플레이를 CRT 모니터에서 LCD 디스플레이로의 표준화를 시도할 것이며 향후 수요는 더욱 증가할 것으로 보인다.

(4) 텔레콤/무선

IT 보안 취약성 때문에 텔레콤, 유틸리티, 금융 서비스 그리고 물류 산업 등 분야는 더 조심스러운 태도를 취할 수도 있다. 전체적으로, 텔레콤 서비스 제공업자들과 기기 제조업자들은 낙관적이며 공격적인 마케팅 전략과 M&A 전략을 채택하기 시작했다. 벤더들이 Hardware-form factor와 OS 환경 중에서 선택을 해야 할 것이므로 스마트 폰과 PDA/cell 폰 간의 통합현상이 나타날 것이다. Palm OS를 비롯한 대부분의 업체들은 그들만의 플랫폼을 추진하고 있는 반면, Microsoft는 Window CE 환경으로 강하게 추진하고 있다.

(5) 패키지 소프트웨어

EAS(Enterprise Application Software - CRM, ERP, SCM)와 함께 Microsoft, Oracle, SAP는 기타 기업용 소프트웨어 벤더들 (PeopleSoft, Siebel)이 미미한

또는 마이너스 성장률을 기록했던 것과는 달리 성장은 계속될 것으로 보인다. 또한 Microsoft Longhorn의 현재 출시 계획이 Open Source/Linux 벤더들에게 참여할 주요 기회를 열어줄 가능성이 있다. Novell이 제품 로드맵을 제공하고 주요 기업 고객들의 수요를 지원할 수 있음에 따라 Novell의 SuSE Linux 인수는 리눅스 전망에 주요 변화의 전조가 되었고, IBM, HP, Oracle과 Sun Micro와 같은 주요 컴퓨터 벤더들이 리눅스 개발에 더 투자를 할 것 이라고 밝힘에 따라 이러한 경향은 더욱 뚜렷해졌다. 또한 몇몇 주요 IT기업들과 주요 정부기관들이 주도적으로 유저 환경을 리눅스로 이동하였다.

(6) SI(IT 서비스)

아웃소싱은 이제 예외가 아니라 표준이며 지원, 개발, 서비스 비용을 절감하는 수단으로 알려져 있다. 인도는 자국을 IT 아웃소싱 공급 파트너십에 있어 주요 국가로 자리매김하였다.

북미 SI시장에 관한 한, 전문가들은 과거 몇 년간 침체되었던 시장이 회복세를 보이기 시작하나, 성장하더라도 그 성장률은 매우 보수적일 것이라고 예측하고 있다.

(7) 디지털콘텐츠

전체적으로 높은 경제발전 수준과 광대한 시장규모를 배경으로 대부분의 디지털콘텐츠 분야에 있어서도 세계 최대의 시장을 형성하고 있다. 또한 그동안 보급이 부진했던, 브로드밴드 및 무선통신 인프라가 점차 확충되면서, 모바일콘텐츠, 온라인게임 등의 시장규모 확대가 기대되고 있다. 미국경제의 잠재성장률(경상GDP 기준)과 비교해 봤을 때, 비교적 높은 성장률을 보일 것으로 예상된다.

(8) 게임

PC가 온라인 게임의 주요 플랫폼이 될 것으로 예상되며 전 세계 온라인 게임자의 총 수는 계속 증가 할 것으로 예상된다. 콘솔 게이머 수의 급속한 증가가 성장의 주요인이 될 것이며 새로운 콘솔게임 시스템은 온라인에 주요 초점을 맞출 것이고 북미는 온라인 게이머들의 최대 시장으로 남을 것이다.

2. 유럽

1) 개요

유럽 IT시장은 전반적인 경기침체 환경에도 불구하고, 다수의 유럽 국가들은 상당한 수준의 안정세를 유지하였고 일부 지역은 성장까지 이루어내었다. 점진적인 회복세를 보이면서 더욱 호전될 것으로 전망된다. 장기적인 IT 침체에서 새로운 성장 국면에 들어서고 있는 유럽시장은 ① 유무선 브로드밴드의 확산 ② E-Business 분야와 E-Government 분야 대규모 시장 형성과 네트워크 통합 ③ 소비재 시장에서의 Digital Convergence로 인한 시장 형성 및 새로운 디지털 콘텐츠/서비스 시장의 형성 등의 3가지 성장요인이 유럽의 ICT 시장을 주도해 갈 것으로 보인다.

2) 주요 동향

(1) 유무선 브로드밴드의 확산

유럽 통신시장은 유럽의 평균 GDP 성장률 2~3%와 비교하면 그 성장률이 높다고 할 수 있다. 동구유럽의 경우, 특히 IT생산규모의 증가속도를 보면 체코, 에스토니아, 헝가리, 리투아 등이 매우 빠른 속도로 발전하고 있다. 특히 모바일 가입자의 수가 증가할 전망이다. 이러한 통신시장이 유무선 Broadband 시장을 형성하고 있어 우리 기업들이 관련 솔루션 및 콘텐츠시장에 적극 진출할 수 있는 기회요인이 될 것으로 보인다. 이러한 성장과 더불어 유럽 Broadband 시장은 다음과 같은 특징을 나타낼 것으로 전망된다.

(2) e-Business 와 e-Government 분야의 대규모 시장 형성과 관련 네트워크 통합 시장 형성

유럽기업들이 추구하고 있는 중요한 전략은 e-Business에 초점을 두고 있다. 기업 어플리케이션의 web기반 전환, SCM PLM 등에 대한 지속적인 시장 형성, 전사적 지식관리를 위한 솔루션 시장 확대로 인해 e-Business시장은 더욱 확대되고 있는 실정이다. 한정된 예산 및 느린 ROI 산출 등의 한계로 급속한 시장 성장은 기대하기가 어려우나 관련 시장의 점진적인 확대는 분명한 추

세임이 확실하다. 유럽시장에서는 제3단계 e-EU action plan의 추진으로 인해 더 세분화된 전자정부시장이 형성될 것이다. 최근 EU는 e-Crime 방지, e-Learning, e-Health의 확대를 통해 전 EU 시민들이 디지털사회를 누릴 수 있도록 유도하고 있다. 또한 선진 유럽 국가들의 대규모 투자를 통해 형성된 중.동구 유럽의 전자정부 시장도 눈 여겨 볼만하다. 유럽 및 많은 다국적기업들은 이 시장의 선점을 위해서 끊임없이 접근하고 있다. EU의 각 정부들은 복지와 혜택, 이민, 신분증, 테러리즘, 질병 통제 등의 주요 과제를 달성하기 위해, 전자정부의 추진을 더욱 가속화할 것이다. 이러한 e-Government 시장은 민간 분야의-Business와의 통합화를 통해 더욱 디지털화된 사회로 발돋움하고 있다. 소비재 시장에서의 Digital Convergence로 인한 시장 형성 및 새로운 디지털콘텐츠/서비스 유럽시장의 경우, 아직 우리나라나 미국 등에 비해 인터넷 보급률이 매우 낮은 것이 사실이다. 그러나 전통적인 가전사업의 강세에 힘입어, 가전과 정보통신의 Digital Convergence 시장은 무한한 성장 잠재력을 가지고 있다고 볼 수 있다. 새로운 Digital Value Chain 모델은 유럽 정보통신 기업에게 가장 유혹적인 모델이다. 모바일을 통한 SMS 모바일 서비스와 가전의 융합, 위성통신 Set-box와 PVR의 융합을 통한 통합형 set-box(All-in-one Set-topbox)의 출현, 초고속 유선 네트워크망과 무선망의 융합을 통한 Wi-Fi access 출현 등이 유럽시장에서 곧이어 전개될 것으로 보인다. 이를 통해 음성과 텍스트, 멀티미디어의 통합형 모바일 솔루션 시장과 쌍방향 디지털 TV 및 관련 디지털콘텐츠의 발전은 더욱 가속화되고 있다. 유럽의 디지털콘텐츠 시장은 최근 동구권 국가들까지도 유로(Euro)에 편입을 결정하면서 사실상의 미주권 못지않은 거대시장으로 탈바꿈하고 있다. 유럽지역은 광대역 통신망 보급이 저조하여 통신망을 활용한 유선 온라인콘텐츠 시장의 활성화는 지연되고 있으나, 모바일콘텐츠는 크게 활성화되어 있다.

3. 일본

1) 개요

일본은 e-Japan 정책추진 후의 국가인프라 보급률이 비약적으로 성장하고 있음을 알 수 있고 현재는 잘 갖추어진 인프라를 활용하여 부가가치를 높이는 사업을 추진하고 있다. 일본S/W시장은 경제규모에 비하여 작은 편이고 핵심 솔루션 분야는 MS, Macromedia, Adobe, AP, Oracle, Check Point등 글로벌 기업 중심으로 과점되고 있고 IT서비스 및 유통시장은 후지쯔, NEC, NTT, 히다찌 등 SI기업과 유통벤더의 시장점유율이 높다. 시장의 관행으로는 제품의 혁신성보다는 완성도 및 사후 지원역량을 중시하고 수직계열화된 네트워크를 형성하고 있으며 장기적인 신뢰관계를 중요시 여긴다. OS 독자표준 등 자체모델 개발 실패로 인하여 세계표준 및 글로벌 아웃소싱을 추구하는 경향을 보인다. 한.일간의 IT협력현황은 몇 개 분야를 중심으로 시작되는 단계에 있으며 일본에서의 한국IT산업에 대한 인지도는 점점 높아지고 있다. 이런 분위기를 기반으로 양국간 협력가능성이 높은 분야를 소개하면 지자체 정보화와 중소기업 정보화 시장, Security, 통신S/W, 의료SI, 임베디드, 디지털콘텐츠 등을 들 수 있다.

2) 주요동향

(1) IT인프라

일본은 2002년의 네트워크 기기 시장은 ADSL이 기업용으로 출시되면서 규모가 커졌다. IP-VPN등 후츠역 이자넷트서비스가 보급되고 브로드 밴드 전용 제품이 두드러진 성장을 보이고 있다. 브로드밴드의 보급으로 ISP는 본래의 로바이더사업 뿐만 아니라 어플리케이션이나 콘텐츠 서비스사업으로 방향을 바꾸어 사업을 전개하고 있다. 휴대전화 시장은 이미 약 8,000만 회선을 넘어 포화상태에 있고, 카메라부착 휴대전화, 텔레비전 부착 휴대전화 등 새로운 기능이 추가된 제품의 출시로 시장이 계속 확대되고 있다.

(2) PC주변기기

낮은 가격과 고화상도의 디지털 카메라 시장은 지속적으로 확대되고 있지만 디지털 카메라의 판매증가로 관련 주변기기인 프린터나 CD-R, 외부부착 렌즈 등 타 제품의 판매도 증가되고 있으며, 향후 주변기기 시장은 더욱 확대

될 것으로 예상된다. 디스플레이 시장은 액정 디스플레이의 저가격화, 디지털 방송 등의 영향으로 사이즈가 큰 액정 디스플레이와 플라스마 디스플레이의 판매가 증가함에 따라 새로운 고수익 시장으로 주목을 받고 있다.

(3) 패키지 소프트웨어

네트워크의 브로드밴드화가 진행됨에 따라 멀티미티어 소프트 분야 및 콘텐츠 보호 어플리케이션을 중심으로 한 소프트웨어 시장이 확대될 것으로 예측되고 있다.

(4) 보안

보안시장은 지속적으로 높은 성장률이 기대되는 분야이며, 특히 기업.개인 모두 ADSL이나 케이블, 광 접속을 이용한 상시 접속률이 증가함에 따라 방어용 보안 품목의 성장이 예상된다. IDS(불법 침입 탐지)나 VPN용 기기 등의 시장이 크게 확대되었고 IP전화는 2003년을 기점으로 각 기업에서 적극적으로 도입·사용되어 통신비 절감에 크게 공헌하고 있다.

(5) 엔터프라이즈 솔루션

현재 일본 엔터프라이즈 솔루션 시장은 기업의 투자 의욕 감소로 잠재기에 있다. 그러나, 종업원 해고로 인한 업무 효율성 제고를 위한 IT투자의 중요성과 안정된 경영관리를 위한 아웃소싱, 보안, web 서비스 등 경영 자원의 효과적인 활용의 중요성은 점차 커지고 있고 경기가 회복 추세를 보임에 따라 내년 이후 IT투자는 적극적으로 이루어질 것으로 예측된다. 다만, 디플레이션 현상과 가격하락 등의 이유로 투자금액은 적정선을 유지하거나 소폭 증가할 것으로 예상된다.

(6) e-Learning

e-learning 시장은 계속 성장할 것으로 예측되고 있다. 주로 학교교육, 기업교육, 평생교육 시장 등에서 e-learning을 활발하게 도입할 것으로 예상된다. 최근 보험회사, 철도 회사, 증권회사에서는 e-learning을 일부 시행하고 있으며 제조회사에서도 영업사원의 제품 지식 향상을 위해서 e-Learning 활용을

활발히 도입하고 있다.

(7) IT서비스

e-Japan 전략 구상이 발표되자 관청・지방 자치단체 모두「전자 정부」기능을 갖추기 위해 많은 노력을 기울이고 있으며 총무성은 시읍면의 합병을 촉진하고, 합병에 의한 시읍면 시스템의 재조정, 재구축 등을 추진하는 동시에 행정・공공 부문의 전자화・네트워크화, 기업의 전자상거래의 촉진, e-Learning의 교육부문 전자화 등도 활발하게 진행하고 있어 공공분야의 시장 성장이 예상된다. 일본에서는 IT종합건설회사로서 NEC, 후지쯔, 히타치, NTT, IBM 등이 군림하고 있으며 일본 전국 각 지에 그 지방의 회사를 밀착 배치하여 각 지방의 기존 로컬IT기업을 위협하고 있다. 그러나, 이런 현상에 위기감을 느낀 지방 자치단체가 새롭게 한국의 주민서비스시스템을 벤치마킹하여 소형화된 웹 기반 서비스 제공을 추진하고 있다. 만약 이것이 성공하면, 상당수의 시읍면이 한국 방식의 주민 서비스 시스템을 채택하게 될 것으로 예상된다.

(8) 디지털 콘텐츠

일본은 게임, 애니메이션 및 모바일콘텐츠 분야의 중요한 제작국이자 소비시장으로 단일국가로는 미국 다음으로 가장 큰 시장을 형성하고 있다. 유.무선 통신인프라 기반이 비교적 잘 갖추어져 있어 디지털콘텐츠 시장이 매우 활성화되어 있다.

4. 중국

1) 개요

중국경제의 발전과 더불어 IT산업이 고속 성장하고 있으며 어느지역 시장보다도 가장 활발히 성장하고 있다. 이미 성숙된 통신업과 금융업은 저성장률을 보이는 반면 전력, 의료, 교통 분야는 고성장률을 보이고 있다. 중국의 IT수요 7대 중점 분야는 정보보호 / 고성능 컴퓨터 / WLAN / 관리 소프트웨어 / 디지털 홈/ 온라인 엔터테인먼트 / 전자상거래로 전망되고 있다. 또 IT시장 10대 중점 제품은 WLAN설비/ SCM, HR소프트웨어 / 그룹용 재무 소프트웨어 / IT 아웃소싱 서비스 / 임베디드 소프트웨어 / 소비형 노트북PC / 디지털 카메라 / 개인용 메모리 / 액정 모니터 / 칼라 레이저 프린터 등으로 전망되고 있다.

2) 주요동향

(1) 브로드밴드 산업

중국의 브로드밴드 시장은 비약적인 발전을 이루었다. 중국 브로드밴드 시장의 성장세는 당분간 계속될 전망이다. 중국 당국의 기대대로라면, 중국의 브로드밴드 사용인구는 2008년 말이면 4천만 명에 이를 전망이다. 비록 중국에서는 케이블 TV 망을 이용하는 브로드밴드 서비스가 공급되고 있지 않으나, 브로드밴드 시장의 성장에는 큰 영향이 없을 것으로 보인다. 대부분의 나라에서는 케이블 TV망이 브로드밴드 서비스 공급에 중요한 수단으로 활용되고 있으나, 중국에서는 정치적 이유로 인해 그렇지 못한 실정이다.

(2) 패키지 소프트웨어(교육분야 소프트웨어)

중국 교육용 소프트웨어 시장은 높은 성장을 하고 있으며 시장분포로 볼 때 경제가 발달하고 정보화 정도가 높은 지역일수록 교육용 소프트웨어 시장이 활성화되어 있고 그 비중도 크다.

(3) IT 서비스

중국 IT서비스시장규모는 계속 증가하였다. 그러나 금융, 전신, 에너지, 교통 등 대기업이 IT서비스 주요시장을 차지하고 있다. 그러나 전신업의 분할, 은행개혁, 전력의 조합에 따라 이런 분야의 IT서비스투자가 점점 감소되는 추세인 반면 중소기업과 정부는 교육에 대한 투자가 점점 증가하고 있다. Horizontal시장은 금융, 전신, 정부, 에너지, 교통, 교육이 순서대로 6대 SI분야이며 주요 지역시장은 화북, 화동, 화남이 3대 시장이다. 중국 대부분의 SI 업체가 북경, 심천, 상하이, 광주에 집중돼 있으며 IT서비스분업이 세밀화 되고 경쟁도 치열해짐에 따라 이윤이 점점 낮아지고 있다. 년 중국의 IT서비스 시장은 성장세를 계속 유지해왔는데 특히 하드웨어, 소프트웨어 및 전체IT시장의 증가속도보다 훨씬 빠르다. 하지만 시장발전이 미성숙한 상황이어서 아직 그 성장여지가 크다. 중국 대형기업의 IT서비스시장은 전체시장의 50%이상을 차지하며 그 중 텔레콤, 교통, 에너지산업의 기업은 줄곧 주도적인 위치를 차지하고 있으며 정부와 교육 분야도 역시 중요한 자리를 차지하고 있다. 지역시장으로 볼때 중국 시장은 주로 화동, 화북과 화남에 집중되어 있다. 중국이 WTO에 가입한 후 IT어플리케이션이 기업의 핵심 어플리케이션으로 깊이 자리 잡음에 따라 IT업체가 서비스업에 더욱더 집중하고 적극적으로 IT서비스시장을 개발하여 중국의 IT서비스발전을 가속화하였다.

(4) 디지털 콘텐츠

중국은 오랜 역사와 문화 속에서 형성된 매우 풍부한 콘텐츠 자원을 보유하고 있으며, 정부의 지원정책으로 영화, 애니메이션 및 게임 산업의 발달이 급속히 이루어지고 있다. 다만 전체적으로 아직까지는 브로드밴드 및 무선통신 인프라 보급이 여타 권역에 비해 뒤처져 있어, 디지털콘텐츠 시장 확대에 걸림돌이 되고 있다.

(5) 모바일 게임

현재 중국시장에서 서비스하는 모바일 부가서비스는 주로 SMS, WAP, MMS, Color E, J2ME와 BREW 6가지이다.

특히 WAP는 휴대폰 기기교체 사용자 수요의 증가로 현재 시장 점유율이 증가되는 추세이나 현재 시장에서 차지하는 비중은 여전히 작다. 앞으로 전체 모바일 부가서비스시장 중 안정된 증가세를 보일 것이나 시장점유율은 여전히 비교적 낮은 편일 것이다.

그리고 J2ME/BREW는 현재 시장점유율이 아주 낮은 단계이나 응용 잠재력이 거대하여 앞으로 전체 모바일 부가서비스시장 중에서 고속 증가추세일 것이며 보다 높은 시장점유율을 차지할 것이다.

중국의 휴대폰 사용자는 세계에서 첫 번째, 인터넷 사용자는 세계에서 두 번째, 순위를 차지하고 있다.

5. 동남아

1) 싱가폴

최근 기업들이 IT 시스템과 프로세스를 전문 서비스 업체들에게 맡기는 "Infotech outsourcing" 에 대한 수요가 급속도로 성장하고 있으며 싱가폴, 말레이시아, 호주, 필리핀, 인도 등 많은 동남아시아 정부는 outsourcing 계약을 유치하기 위해 자국의 서비스 업체들을 촉진하고 있다. 싱가폴 정부는 e-Government 실행 계획의 많은 예산을 배정할 예정이다. Under security and trust infrastructure, IDA는 3년간의 정보통신 보안 산업 성장을 촉진하기 위한 예산을 배정할 것이나. 싱가폴의 네 가지 주력 분야는 Factor Authentication, Perimeter Defense, Identity Management, Monitoring&Response 이다.

2) 말레이시아

PIKOM(The Association of Computer and Multimedia Industy of Malaysia)은 로컬 ICT시장이 증가할 것으로 예측한다. 말레이시아 정부는 금융, 제조, 공공분야가 이 성장을 주도할 것으로 예상하였다. 유망 분야는 브로드밴드, 텔레커뮤니케이션, 무선 기술이다.

3) 인도네시아

인도네시아 정부는 지역 콜센터 허브로 육성할 목적으로 인도네시아 콜센터 협회를 설립함으로써 콜센터 운영기지로서의 기초를 닦고 있다. 인도네시아에서는 텔레커뮤니케이션, 은행, 금융 분야의 IT가 가장 활성화될 것임에 많은 분석가들이 동의하고 있다. 텔레커뮤니케이션 분야는 그 billing 시스템를 향상시키고 있고 은행과 금융 분야는 실시간 거래를 위하여 IT 기술을 활용하고 있기 때문이다. 은행 업계의 ERP 실행과 아웃소싱으로 인하여 서비스 분야의 소비가 증가할 것이다. 특히 석유와 가스 회사들의 고정자산을 최소화하기 위한 helpdesk, 재해복구와 기타 서비스들의 아웃소싱이 흥미롭다.

4) 태국

태국은 디지털콘텐츠 제공 비즈니스에서 매년 800억불(혹은 소프트웨어 분야 전체 수입의 절반)의 수입을 올리겠다는 목표를 설정했다. Taksin Shinawatra 국무총리는 정부가 올해 소프트웨어 산업, 특히 SMEs를 위한 소프트웨어 사용과 애니메이션 개발을 지원하겠다고 밝혔다. Manoo Ordeedolchest SIPA 장은 새 진흥기관이 SMEs를 위한 애플리케이션 호스팅, 물류관리 소프트웨어, 기업의 parperless trading을 포함하는 국가 소프트웨어 프로젝트를 수립할 것이라고 밝혔다.

7) 베트남

현재 베트남은 엄청난 규모의 IT지출액을 기록하고 있는데, IT설비에는 IT 예산의 무려 80%에 달하는 12억불을, IT인력양성과 소프트웨어산업육성을 위해서는 단지 20%를 지출하고 있다.

주로 PC와 로컬 사무실 네트워크 설치가 주를 이루는 소프트웨어와 서비스는 베트남 IT시장의 25%만을 차지한다.

제3절 우리나라 IT 시장

1. 국내 IT 산업 시장

국내 IT산업의 성장은 수출의 지속적 증대 및 내수증가(신규 서비스의 확산 등)에 의해 좌우될 것이다. 특히 수출의 증대는 기술력 향상을 통한 차세대 주력품목의 개발이 관건인 바, 각국의 신규 IT서비스 도입과 관련기기 수요 증대, 개도국시장의 개방추세 확산 등에 적절히 대응해야 한다.

한편, 내수 증대는 IT활용의 성과가 가시화 될 수 있는 환경의 조성과 소비자 니즈의 충족에 의존한다. IMT-2000 도입과 무선인터넷, 디지털방송서비스

 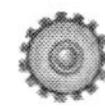

확산 등 서비스의 다양화와 이를 뒷받침할 기기/부품 및 디지털 컨텐츠가 향후 내수 증대의 관건이 될 전망이다.

내수 및 수출의 동반 성장에 있어서 주목해야 할 부분은 IT부문의 국제화가 IT산업 성장에 기회 및 위협요소로 작용한다는 사실이다. 해외 IT시장을 둘러싸고 일본, 대만 등과의 경쟁이 향후에 더욱 심화될 것이며, 특히 중국이 세계의 공장으로 부상함에 따라 IT분야에서도 생산의 공동화가 일어날 수 있다. 즉, 국내 IT산업에 대한 글로벌화의 위협요소는 경쟁 심화 및 기기제조분야 생산공동화라고 할 수 있는데, 이와 관련해서는 미국 IT 기업의 대응이 우리에게 시사하는 바가 크다. 미국 IT기업의 경우, 비용감소를 위해 저부가가치의 일반상품화된 부분 및 부품을 해외지

사로 이전시켜 왔으며, 미국내에서는 R&D 및 보다 수익성 있는 제품과 컴퓨터 및 정보서비스의 제공에 주력해 왔다. 그 결과, 미국에 소재한 IT모기업이 해외지사에 비해 3배 이상의 부가가치를 창출하였던 것이다. 고부가가치의 보전에 의한 생산공동화에의 대처는 정책 담당자의 입장에서는 새로운 첨단 R&D에 대한 투자가 그 핵심이 될 수 밖에 없다. 또한 새로운 서비스의 도입으로 기존 산업의 고도화를 꾸준히 추진할 수 밖에 없다.

이러한 노력은 IT산업의 글로벌화가 해외시장개척이라는 기회요인도 제공한다는 점에서 더욱 중요하다. 중국의 WTO가입 등 전세계적인 시장개방은 외국업체와의 경쟁이 심화됨과 동시에 시장기회 확대기회를 동시에 제공할 것인 바, 특히 향후 5년간 아태지역 IT시장의 성장률은 연 13.1%로 세계 IT시장 성장전망(9.5%)을 상회할 전망으로, 동 지역의 개방이 국내 수출 및 투자 증대를 촉진하게 될 것이다. R&D로 인한 IT산업의 고도화와 신산업 육성은 해외시장 확대라는 기회요인을 현실화 시키는 가장 중요한 요소가 될 것이다.

마지막으로, IT산업의 글로벌화는 국내 규범의 글로벌 스텐다드로의 향상 기회이기도 하다. 국제화의 추세에 따라 기업지배구조, 벤처금융시장의 투명성 제고 등은 물론 상호접속, 허가, IT제품의 사후관리 등 다양한 분야에서 국내 제도의 선진화를 도모할 수 있으며, 이는 다시 IT산업의 고도화와 신산업 육성에도 긍정적인 영향을 미치게 될 것이다.

【표 14-2】 국내 IT 시장 현황 및 전망

(단위 : 백만 달러)

구	분	2002년	2003년	2004년	2007년	CAGR '02~'07
한국	하드웨어	7,675	7,014	7,426	9,649	4.7%
	소프트웨어	1,673	1,720	1,859	2,545	8.7%
	IT 서비스	3,197	3,488	3,982	5,748	12.5%
	합 계	12,545	12,222	13,267	17,941	7.4%
일본	IT 시장	89,813	88,161	90,838	100,652	2.3%
아/태 지역	IT 시장	162,875	163,936	175,142	220,005	6.2%
전세계	IT 시장	869,895	873,852	916,447	1,113,589	5.1%

자료 : IDC(2003. 10)

제4절 향후 IT 시장 전망

전반적으로 미국의 경기침체와 9.11 테러가 세계 IT 시장 성장의 둔화로 이어졌지만, 차츰 회복세를 보일 것으로 전망되는 가운데, Gartner Dataquest가 전망한 IT 시장 전망에 대하여 살펴보면 다음과 같다. Gartner Dataquest는 IT 시장을 하드웨어, 소프트웨어, 서비스, 통신 부문으로 구분하여 각각의 부문에 대한 시장 전망을 추정하고 있다.

기술별로는 하드웨어 시방의 경우 클라이언트 부문이 절반 이상을 점유하고 있으며, IT 서비스 시장의 성장이 동 지역 IT 시장 성장에 탄력을 더해주고 있는 것으로 분석되고 있다.

【표 14-3】 Gartner Dataquest가 전망한 전세계 IT 지출규모 전망

(단위 : 백만 달러)

구 분		2001년	2002년	2003년	2006년	GAGR '01~'06
하드웨어	클라이언트 컴퓨팅	173,672	173,657	191,236	220,421	4.9%
	엔터프라이즈 컴퓨팅	51,571	52,299	54,230	62,054	3.8%
	스토리지 서브시스템	44,491	49,121	57,878	98,412	17.2%
	문서관리	59,150	58,493	58,125	57,439	-0.6%
	합 계	328,884	333,569	361,469	438,327	5.9%
소프트웨어	인프라	47,913	51,635	56,465	79,251	10.6%
	어플리케이션	33,198	34,072	37,045	52,597	9.6%
	합 계	81,111	85,707	93,510	131,848	10.2%
서비스	제품지원	138,339	150,029	163,040	195,956	7.2%
	전문 서비스	415,733	453,385	515,149	784,391	13.5%
	합 계	554,072	603,414	678,189	980,347	12.1%
통 신	장 비	362,236	371,474	391,016	487,760	6.1%
	서비스	1,021,446	1,132,273	1,244,620	1,658,064	10.2%
	합 계	1,383,681	1,503,747	1,635,636	2,145,824	9.2%
합 계		2,347,748	2,526,436	2,768,804	3,696,345	9.5%

자료 : Gartner Dataquest 자료 재구성(2002. 4)

【표 14-4】 Gartner Dataquest가 전망한 지역별 IT 지출규모 전망

(단위 : 백만 달러)

구 분	2001년	2002년	2003년	2006년	CAGR '01~'06
미국	840,311	903,081	998,015	1,328,977	9.6%
캐나다	54,183	58,282	64,882	89,179	10.5%
라틴아메리카	170,260	186,971	211,218	300,558	12.0%
서유럽	586,560	622,202	668,022	860,467	8.0%
중앙/동부유럽	70,521	77,356	86,420	112,972	9.9%
일본	255,892	269,343	280,139	325,130	4.9%
아/태	274,702	302,854	341,424	508,670	13.1%
기타	95,320	106,347	118,684	170,392	12.3%
합계	2,347,748	2,526,436	2,768,804	3,696,345	9.5%

자료 : Gartner Dataquest(2002. 4)

【표 14-5】 유럽의 IT 지출전망

국가 \ 연도	2001	2002	2003	2004	2005
독일	$69,562	$76,330	$83,581	$91,522	$99,987
프랑스	$47,136	$51,261	$55,823	$60,847	$66,262
영국	$45,911	$49,814	$54,123	$58,723	$63,861
이태리	$38,436	$41,127	$44,108	$47,196	$50,736
스페인	$18,792	$20,784	$23,071	$25,378	$27,839
네덜란드	$12,860	$14,275	$15,744	$17,397	$19,198
스위스	$8,700	$9,231	$9,771	$10,357	$10,198
벨기에	$8,212	$8,906	$9,686	$10,577	$11,529
스웨덴	$7,567	$8,399	$9,260	$10,279	$11,317
오스트리아	$6,984	$7,595	$8,279	$9,040	$9,854
터키	$6,296	$7,008	$7,778	$8,615	$9,580
덴마크	$5,828	$6,288	$6,804	$7,348	$7,958
노르웨이	$4,861	$5,362	$5,931	$6,568	$7,225
핀란드	$4,216	$4,827	$5,534	$6,364	$7,332
그리스	$4,142	$4,567	$5,024	$5,531	$6,056
포르투갈	$3,600	$3,957	$4,360	$4,796	$5,293
아일랜드	$2,836	$3,446	$4,084	$4,758	$5,424
룩셈부르크	$587	$660	$750	$851	$962

【표 14-6】 중동 및 북아프리카 지역 국가들의 IT 지출전망

국가 \ 연도	2001	2002	2003	2004	2005
남아프리카	$4,383	$4,744	$5,124	$5,551	$6,023
수단	$372	$433	$398	$422	$449
케냐	$354	$376	$398	$422	$449
탄자니아	$293	$330	$370	$418	$470
콩고	$240	$246	$252	$258	$265
에티오피아	$218	$246	$278	$317	$358
우간다	$212	$254	$304	$361	$421
보츠와나	$200	$228	$262	$299	$341
앙골라	$196	$213	$236	$261	$296

【표 14-7】 아시아 태평양 각국의 IT 지출전망

국가＼연도	2001	2002	2003	2004	2005
일본	$146,900	$155,714	$165,446	$176,200	$188,535
중국	$33,130	$40,915	$50,735	$62,277	$74,733
인도	$15,367	$19,470	$24,435	$30,422	$37,723
한국	$13,601	$15,070	$16,653	$18,443	$20,416
호주	$13,025	$14,731	$16,705	$18,877	$21,236
홍콩	$5,301	$5,871	$6,479	$7,098	$7,790
인도네시아	$4,712	$5,041	$5,404	$5,831	$6,385
타이	$4,141	$4,431	$4,776	$5,158	$5,584
싱가포르	$2,839	$3,308	$3,845	$4,460	$5,167
필리핀	$2,518	$2,758	$3,027	$3,344	$3,779
말레이시아	$2,495	$2,729	$2,476	$2,773	$3,134
파키스탄	$2,001	$2,222	$2,476	$2,773	$3,134
뉴질랜드	$1,792	$1,891	$1,990	$2,105	$2,231
방글라데시	$1,530	$1,792	$2,105	$2,467	$2,870
베트남	$955	$1,141	$1,381	$1,664	$1,967
스리랑카	$550	$646	$76	$886	$1,045
마카오	$217	$224	$233	$242	$253

【표 14-8】 한국과 미국의 IT 산업 구조 비교

국가＼종목	하드웨어		소프트웨어		서비스	
	생산비중	성장률	생산비중	성장률	생산비중	성장률
한국	70.8	25.3	5.2	28.8	22.2	14.1
미국	44.3	11.3	21.0	10.7	34.8	4.6

주 : 생산비중(95~98평균), 성장률(93~98평균)

자료 : LG경제연구원 2000.4)

제15장 IT와 경영

【제Ⅲ부 IT의 이해】

제1절 IT 경영 개념

1. IT발전과 기업 경영

IT 정보 기술의 끊임없는 발달로 기업 경영 비용은 감소하고 경제성 성과는 계속적으로 향상되고 있다. 따라서 IT발전에 따라 기업경영의 변화 요인들을 알아본다.

1) 업무 방법의 변화 촉진

정보 기술은 조직에서 각 개인들의 업무가 수행되는 방법을 변화시키게 된다. 일반적으로 기업에서의 과업 활동들은 생산 업무와 조정 업무, 관리 업무로 나눌 수 있다. 각각의 과업에 있어서 정보 기술이 미치는 영향을 살펴본다.

첫째로, 생산 업무는 물리적 생산과 정보적 생산, 지식 생산의 세 가지 과업으로 나눌 수 있다. 물리적 생산에 있어서는 로보틱스나 프로세스 통제 시스템, 지능적 센서 등의 정보 기술이 사용된다. 정보적 생산에 있어서는 사무업무에 데이터 처리 컴퓨터를 사용하는 것이 일반적인데 이로서 업무의 방법이 많이 바뀌게 된다.

둘째로, 조정 업무가 있는데, 이는 생산 업무를 수행하기 위하여 필요한 부서 간의 조정이나 다른 기업과의 계약이나 의사소통 등의 업무를 의미한다. 정보 통신 기술은 거리상의 제약을 극복하고, 시간을 단축하고, 또한 적시에 해결할 수 있도록 한다. 예를 들어, 데이터베이스를 통하여 기업 조직의 축적된 정보를 적절하게 어디에서든지 사용할 수 있도록 함으로써 업무의 성과를 개선시킬 뿐만 아니라 업무의 성격 자체를 변화 시키고 있는 것이다.

셋째로, 관리 업무도 또한 여러 가지 정보 기술을 활용함으로써 그 성과가 개선되며 성격이 변화하고 있다. 관리 업무는 크게 지휘와 통제로 나눌 수 있는데, 이를 위하여 여러 가지 전자적인 수단들이 개발되고 있다. 이러한 전자적인 수단들은 관리자가 부하를 직접적으로 간섭하고 통제하는 것이 아니라 동기를 부여하고 나아갈 바를 제시하는 방향으로 역할을 바꿀 것을 요구하고 있다.

2) 기업 내외 기능 통합

정보 기술은 전자적으로 사람들과 과업들을 회사 내부에서뿐만 아니라 회사 외부와도 연결하여 준다. 이렇게 함으로써 기업의 업무 수행에 소요되는 시간은 엄청나게 줄어들고 업무의 정확성은 더욱 증가되었다. 이러한 업무 흐름의 가속화는 전자 네트워크에 의하여 가능하다.

전자적 통합은 네 가지의 형태가 있을 수 있다. 여기에는 ① 한 회사 내에서의 가치 연쇄상에서의 통합, ② 기업 조직 간의 가치 연쇄의 연결에 있어서의 전자적 통합, ③ 계약이나 동맹을 통하여 가치 연쇄의 일부분을 다른 회사가 수행하게 하면서 전자적으로 통합하여 운영하는 것, ④ 전자적 시장(electronic market) 등이 있다. 이러한 기업 내, 혹은 기업 간의 통합은 각 업무 프로세스 간의 버퍼(buffer)를 감소시킴으로써 인적 자원이나 자산을 비생산적인 버퍼에 묶어 둘 필요성을 제거하고 있다.

3) 산업의 경쟁 풍토 변화

정보 기술은 각 산업에 있어서의 경쟁적 풍토와 제품이나 서비스가 경쟁

업체와 관련되는 정도를 변화시키게 한다. 이러한 현상은 기업들 간의 전례 없는 경쟁과 협조를 하게 만든다. 예를 들어, 기업들 간의 전자적 결합은 기업이 경쟁 우위를 확보하기 위해서는 연결된 다른 기업과 긴밀히 협조한 필요를 만들기 때문에 이전의 계약 관계에 변화를 가져올 수 있다. 또한 어떤 업계에서 공동의 EDI 표준을 사용하기로 했을 경우에는 이전과는 다른 형태의 경쟁이 일어나게 된다.

4) 기업 사명과 기업 활동의 재평가 및 재설계

기업의 환경은 급변하고 있고, 업무의 성격은 달라지고 있으며, 새로운 정보 기술이 제공하는 전자적인 통합의 가능성은 기업이 지금까지 수행하여 왔던 활동들을 재평가하고 재구축할 것을 강요하고 있다. 기존의 업무 수행의 방식들이나 다른 기업들과의 관계가 정보 기술을 적절히 활용함으로써 혁신적으로 생산성을 증대시킬 수 있는 기회를 제공하고 있으므로 기업은 이러한 기업 경영의 변혁을 통하여 경쟁적 우위를 확보할 수 있도록 전략적 의사 결정을 내려야 할 것이다.

정보 기술의 발전은 기업이 지금까지의 업무 수행 방식이나 다른 기업들과의 업무 관계를 변화하도록 할 뿐만 아니라 기업의 사명과 사업영역을 재평가하고 재구축할 것을 요구하고 있다. 정보 기술을 활용함으로써 기업의 범위가 확대되거나 특정 분야에 집중할 수 있는 기회가 증가하고 있기 때문이다. 기업이 이러한 전략적 기업 변화의 기회를 활용하지 못하고 기존의 방식들을 그대로 사용한다면 새로운 기술과 새로운 기업 사명, 새로운 전략으로 도전하는 경쟁사들에게 뒤쳐지게 될 것이다.

2. 기업경영변화에서 IT의 역할

전통적으로 정보 시스템은 경영을 위하여 필요한 정보를 제공하는 보조적인 활동으로 인식되어 왔다. 이 때문인지 정보 기술에 대한 비용의 지출은 기업의 전략을 재구축하는 기업의 투자가 아니라 관리 경비로 여겨졌다. 그러나 최근에 기업에서 정보 시스템과 정보 기술에 대한 역할 정의에 중요한 변화가 일고 있다. 경영자들은 정보 기술이 시장의 범위와 구조적 특성을 재정의 할 수 있도록 하고, 경쟁의 기본적인 규칙과 기초들을 바꾸어 놓으며, 기업의 활동 영역을 재조정하도록 하고, 새로운 경쟁적 무기들을 제공하고 있다는 것을 인식하기 시작했다. 즉, 기업 조직 내에서 정보 기술의 역할을 전통적인 경영 의사 결정의 지원이라는 협소한 의미에서가 아니라 경쟁적 무기의 제공이라는 관점에서 재정의하게 되었다. 이러한 사고 전환의 배경에는 기술적 압박 요인과 경쟁적 견인 요인 두 가지를 들 수 있다.

1) 기술적 압박 요인

기술적 압박(technology push) 요인은 정보 기술의 급격한 발전을 예의 주시하지 않고, 또한 기업 경영에 활용하여 경쟁적 우위를 확보하지 못한다면 다른 기업에게 뒤쳐지게 되는 결과를 가져오기 때문에 기업은 싫든 좋든 정보 기술의 발전 추이를 주시하고 그 새로운 가능성을 기업의 경영 활동에 사용할 수 있도록 해야 함을 의미한다. 기술적 압박 측면에서는 두 가지 요소에 관심을 가져야 한다.

먼저, 정보 기술의 가격 대비 성능비가 놀라울 정도로 개선되었다. 최근 수년간 정보 기술 각 분야에서의 급격한 발전은 정보 기술의 정교성과 가격 대비 성능비를 계속적으로 향상시켜 왔으며 이러한 추세는 앞으로도 계속될 것으로 전망되고 있다. 따라서 기업이 저렴한 비용으로도 정보 기술을 이용하여 경쟁 무기를 갖출 수 있게 되었다. 이러한 것들은 다음과 같이 세 가지 서로 다른 수준에 있어서 생산성 향상에 중요한 영향을 주고 있다.

2) 경쟁적 견인

오늘날 시장 환경에서는 경쟁이 격화하고 있으며 전통적인 경쟁 우위는 더 이상 힘을 발휘할 수 없게 되었다. 따라서 경영자들은 차별적 경쟁 우위를 가져다 줄 수 있는 새롭고 혁신적인 기회들을 찾아야 한다. 정보 기술은 시장에서 독점적인 경쟁 우위를 획득할 수 있는 잠재력을 기업에게 제공한다. 즉, 정보 기술은 경쟁적 견인(competitive pull) 역할을 한다. 정보 기술의 혁신적인 사용이 확대되고 있는 것은 이러한 정보 기술의 잠재력을 반영하는 것이라고 할 수 있다. 그러나 중요한 것은 새로운 시스템과 응용 프로그램을 도입한다고 경쟁 우위를 얻을 수 있다는 것이 아니라는 점이다. 시장에서 기업에 기업 특유의 차별적 혜택을 가져다 줄 수 있도록 정보 기술을 사용해야 한다.

이러한 기술적 압박과 경쟁적 견인이라는 공급과 수요 요인에 의하여 정보 기술을 전략적으로 활용할 필요성이 급증하고 있으며, 또한 이러한 요구를 정보 기술이 만족시켜 줄 수 있다. 따라서 기업은 정보 기술의 잠재력을 자신의 기업에 적합하도록 전략적 기회들을 탐색하고 이러한 기회를 경쟁 무기로 삼을 수 있도록 해야 한다.

제2절 IT 경영 필요성

1. 조직의 핵심

정보처리와 IT는 조직운영에 핵심적 요소가 되고 있다. IT에 대한 막연한 기대감에 앞서 경영층은 그들의 조직에 IT가 과연 중요한지, 왜 중요한지, 또 어떻게 중요한지를 알아야 하는데 이는 정보 시스템이 현재나 미래에 별로 큰 영향을 미치지 않는다면 IT는 일종의 지원(support) 활동으로 간주된다. 이 경우 IT에 대한 투자는 평균치를 넘지 않으며 경영층의 관심도 높지 않다. 내부 효율성 증진을 위한 몇 개의 관리 시스템이 설치되어 있고 제조공정의 개선을 위한 전문기술의 도입이 완만하게 진행되는 시멘트 산업 등이 이 경우에 해당될 것이다.

정보 시스템이 현재의 운영 및 관리에는 핵심적이지만 미래전략의 중심에는 있지 않다면 IT는 일종의 '공장'(factory) 활동으로 간주된다. 예로 철강업을 들 수 있다. 현재 철강업은 고도의 온라인 실시간 시스템이 철강생산의 계획과 통제를 위해 설계되어 있지만, 이러한 기본적인 시스템 이외에는 철강업을 근본적으로 변환시킬 새로운 응용 시스템의 개발은 계획되고 있지 않다. 이 경우 IT는 원래의 위치에서 벗어나면 안 되는 또 다른 엄격하게 관리되는 '작업장'으로 인시된다. 또 IT예산은 항상 중시되며, 시스템은 정지되는 일 없이 효율적으로 운영된다. IT임원은 실력 있고 신뢰할 수 있는 중견관리자로 임명된다.

2. 경제구조상 필요성

IT는 주로 자동화 및 정보처리 기술로만 이해지만 그러나 IT는 그보다는 어떤 것을 가능하게 하는 기술, 이른바 '기능기술(enabling technology)'로 이해하는 것이 더 정확하다.

IT의 사용이나 효과는 대게 여러 가지 변화에 대한 압력들이 작용하고 있는 업종에서 두드러진다. 또 각 분야의 변화에 대한 압력을 거시적 요인과 미시적 요인으로 구분하고 있다. 거시적 영역에서는 IT는 지렛대 역할을 한다. 즉, 각 변화요인들의 활동을 촉진하고 효과를 상승시킨다.

오늘날 기업은 많은 변화를 겪고 있다. 특히 제조업 경제에서 서비스 경제로 옮겨가고 있는 상황이며 자유화와 각종 규제의 철폐가 일어나고 있다. 시장은 세계화(global)되고 산업에 따라서는 부의 집중이 일어나고 있다. 한마디로 새로운 경제 질서가 형성되고 있다. 이러한 과도기적 상황에서 구시대의 전통적 산업이나 최첨단 정보산업을 막론하고 IT는 기업 생존의 필수적 요건이 되고 있다.

현재 많은 시장이 세계화되고 있지만 제품시장 자체는 오히려 분활되고있다. 경쟁의 초점은 니치(niche) 시장 개발, 고객수요에의 신속한 대응, 고품질 제품 및 서비스의 제공 등에 맞추어진다. 반면, 기업의 생산과 판매기술은 쉽게 낙후된다. 이렇듯 날로 다양해지고, 전문화되며, 빠르게 움직이는 시장에 대응하는 데는 제품과 과정의 근본적 변혁이 요구된다. 그리고 IT는 그 필수적 수단이 된다.

이러한 상황에서 필요한 전략은 규모의 경제에서 범위의 경제로 이동하는 것이다. 즉, 표준화된 대량생산 형태에서 유연성, 전문화, 그리고 품질에 기초한 차별화된 서비스로의 이동이다.

3. 의사결정에 필요성

IT는 보편화되고 면서 한마디로 모든 사람이 IT와 관계를 맺으며 생활한다. 이들을 구체적으로 살펴 보면

첫째 IT는 복합적 기술로 이루어진다. 따라서 IT를 구성하는 응용프로그램, 설계 원칙, 경제성, 사용자, 경영층의 경험, 사회적 시사점, 담당부서 등이 달라지게 된다.

둘째 IT는 분산되고 있다. 중앙의 메인프레임 컴퓨팅 외에도 개별 부서를 위한 니치(niche) 컴퓨팅, 사용자를 위한 최종사용자 컴퓨팅, 지역간, 국가간 자료전송을 위한 통신망, 그리고 ATM과 같은 대고객용 기술들이 있다. IT는 더 이상 중앙집중식 전문성을 요구하는 기술이 아니다.

셋째 IT의 변화는 가속화되고 있다. 하드웨어 기술은 여전히 빠르게 발전하고 있다. 소프트웨어 기술도 같은 발전이 약속된다. 하루가 다르게 새로운 응용 시스템, 기법, 개발도구들이 소개된다. 새로운 기술의 전파와 채택의 주기가 갈수록 짧아지고 있다.

또 IT의 장기적, 사회적 시사점에 대한 정책입안자와 분야별 전문가들을 대상으로 수행 된다. 고용단위의 축소, 사무자동화 및 공장자동화의 지속적 진행, 근무패턴의 변화, 그리고 가정에서의 IT사용 증대는 필연적 이다.

오늘날 기업규모나 범위는 점점 복잡해지고 있다. 따라서 기업을 둘러싸고 있는 환경은 더 불확실해진다. 또 기업에 영향을 미치는 요인들은 기술뿐만 아니라 기업의 변화속도는 가속화되고 있다. 이 모든 것은 경영정보에 대한 압력을 더욱 증대시키고 있다. 경영정보에 대한 요구압력은 또 있다.

따라서 첫째, 경영자들 즉 조직은 업무시간의 대부분을 정보처리활동인 전화통화, 회의, 보고서 검토 및 준비, 정보수집 등 관리자들의 업무형태가 이를 말해준다. 이는 결국 IT를 관리 업무에 적용할 여지가 상당히 크다는 것을 의미한다.

둘째, 관리자들은 새로운 기술에 접할수록 이를 더 많이 요구하게 된다는

점이다.

간단한 컴퓨터 모델이 좀더 복잡한 루틴으로 확장되고, 기업 자료가 PC에 다운로딩되며, 정보 제시방법이 더욱 고도화되는 것 등을 보면 알 수 있다.

셋째 의사결정 시스템과 중역 정보 시스템은 중간영역에 위치한다. 의사결정 시스템은 보통 관리자가 개개인을 위한 질의, 분석 그리고 모델링 기능을 제공하며 관리자들이 직접 설계하는 경우가 많다. 이 시스템은 소프트한 기술로 간주된다. 흔히 거론되는 성공요인으로는 문제지향성, 단계적 구축, 해결사 아닌 자문가로서의 시스템 분석가, 인간 기계 인터페이스의 설계 등을 들 수 있다.

중역정보 시스템은 컴퓨터 터미널, 온라인 정보 서비스, 데이터베이스 등 더욱 다양한 기술에 의존한다. 이 시스템은 최고경영층이나 중역들에게 핵심 내부정보와 광범위한 외부정보를 제공한다.

의사결정 시스템과 중역정보 시스템은 모니터링과 예외상황 관리에 초점을 맞추는 전통적 MIS에다 분석과 질의 기능을 추가한 것이다. 알로웨이와 킬라드에 의하면 대부분의 관리자들은 이러한 분석과 질의 기능을 그들 업무에 가장 필요한 도구로 꼽고 있다.

IT는 MIS에 새로운 압력을 가하기도 한다. 예를 들어 새로운 생산기술의 도입은 재무관리와 원가회계 방식을 변화시킨다. 이제 제조업은 규모의 경제, 표준화, 높은 인건비와 재료비, 최적 재고관리와 주문처리, 높은 변동비에서 범위의 경제, 유연생산체제, 높은 시설비 및 소프트웨어 비용, 그리고 높은 고정비의 세계로 옮겨가고 있다.

따라서 IT는 정보관리에 대해 새로운 수요를 창출하기도 하며, 새로운 공급을 제공하기도 한다는 사실이다.

결국은 조직은 다양한 형태의 새로운 유통, 생산기술에 걸맞는 의사결정 시스템을 구축하여야 한다. 동시에 최고경영층은 이러한 시스템 구축 노력을 기업의 전략, 스타일, 구조 등과 조화시키는 미래 MIS에 대한 비전과 모델을 제시하여야 한다.

4. 거래선과의 필요성

어느 기업을 중심으로한 협력회사들이 가지는 관심이 항상 일치하는 것은 아니다. 예를 들어 네트워크를 통해 고객, 공급업체, 유통업체를 연결한다고 하자. 이 경우 업체간에 제품번호나 바코팅에 대한 합의를 본다는 것이 그렇게 쉽지는 않으며 상당한 대가를 치루어야 할 수도 있다.

나머지 협력업체 집단들의 영향력도 작지 않다.

IT는 정보가 산업정책을 수립하는데 발판이 되고 있다. 따라서 기업은 정부의 IT시책을 이해하고 그에 즉각적으로 대응할 수 있어야 한다. 그렇지 않으면 많은 투자재원의 확보, 자문의 기회를 잃어버린다.

소비자 역시 IT와 무관하지 않다. IT가 가정과 소매점까지 침투함에 따라 소비자들은 IT에 대해 나름대로 기대를 형성하며 많은 경우 예측하지 못했던 방향으로 반응한다.

근로자들, 즉 모든 계층의 내부 사용자들은 회사가 IT에 대한 그들의 요구사항을 존중하기를 기대한다. 또한 시스템 설계에 공동으로 참여하기를 기대한다. 사실 일부 근로자에게는 IT는 고용협상의 일부이기도 하다. 스웨덴에서는 사업주와 노동조합 사이에 신기술에 대한 협약이 체결되어 있다. 이 협약은 IT시스템 개발 초기단계에서 노동조합의 자문을 구할 것을 요구하고 있다. 실제 영국에서는 사무직 근로자의 고용계약에 IT에 관한 조항이 들어가야 한다고 주장한다.

근로자가 각자의 근로환경의 질(Quality of Work Life)을 결정할 권리가 있다는 것이 새로운 사실은 아니다. 에니드 멈포드(Enid Mumford)가 제시한 참여적 시스템 설계는 많은 경제적, 사회적 이득을 기업에 가져다주고 있다. 결국 사용자들에게 좋은 시스템은 사업주에게도 좋은 시스템인 셈이다.

만일 IT가 전략적 자원으로 취급되는 산업에 있는 기업이 경쟁사의 IT투자와 추진전략을 파악해내지 못한다면, 그들은 곧 경쟁우위를 잃게 될 것이다. 이제 많은 기업의 IT전략문서들이 경쟁사들의 활동, 강점, 그리고 단점 등에 대한 분석을 담고 있다. 그리고 경쟁사의 전략을 간파하기 위해 노력하고 있다. 결국 경쟁사들은 IT의 이해자 집단이 되고 있다.

이상의 논의는 IT가 다양한 이해자 집단들을 가지며 바람직한 IT환경을 위해서는 이해자 집단들과의 관계가 효과적으로 관리되어야 함을 시사하고 있다. 이를 위해서는 대외적으로는 각종 로비, 정보수집 및 협력관계의 형성이 필요하면 내부적으로는 기술합의, 표준 확립, 그리고 IT의사결절의 효율적 수행 등이 요구된다.

5. 기업정책에 필요성

기술의 사용은 제쳐두고라도 기술의 공급에 관한 의사결정은 기술적 전문가들에게 맡겨야 한다는 주장이 있다. 그러나 하드웨어, 소프트웨어, 데이터, 시스템에 대해 내려진 의사결정은 정책적 파급효과를 가진다. 예를 들면, 최근 영국에서 추진된 두 차례의 건설업체간 합병은 다름 아닌 컴퓨터 시스템들간의 호환성 결여로 인해 실패한 것으로 알려졌다. 따라서 하드웨어 및 소프트웨어 정책은 기업인수 결정에서 중요한 기준이 되며, 동시에 상대의 매수시도에 대한 효과적 방어책이 된다.

여러 기업에서 대두되고 있는 또 다른 정책적 이슈는 소프트웨어, 컴퓨팅파워, 통신기술, 또는 컨설팅 서비스 등을 제 삼자에게 판매해도 될 것인가 하는 점이다.

예를 들면, 한 주요 항공사는 자사가 개발한 요금 최적화 시스템을 개발비용의 신속한 회수를 위해 제 삼자들에게 판매했다. 이러한 조치는 시스템 예산 삭감에 대한 경영층의 압력에 대응하기 위해 취해진 것이다. 그러나 불행하게도 이 시스템을 구입한 한 경쟁사는 이를 통해 시스템을 개발한 회사의 영업을 곤란하게 할 만큼 상당한 경쟁우위를 확보하였다.

다른 한편, 많은 기업들이 기반구조 구축에 투자한 것을 회수하기 위해, 혹은 새로운 사업에 진출한다는 목적으로 통신 네트워크 용량을 팔고 있다. 이러한 결정은 IT가 전략적으로 중요하면 할수록 단순한 기술적인 문제의 차원을 벗어나게 된다.

위의 논의가 주는 시사점은 기술에 대한 의사결정도 어디까지나 정책의 틀 안에서 이루어 져야 한다는 점이다. 따라서 주요 컴퓨팅, 통신, 데이터, 시스템의 정책과 표준 등은 최고경영층의 검토와 승인 사항이 되지 않으면 안 된다.

제3절 기업경영과 IT 역할

정보 기술이 기업 경영과 사회 전반에 미치는 영향은 너무나 크고 광범위하다. 이러한 정보 기술은 기업 경영상의 업무 효율화, 의사 결정의 신속성·적합성 증가, 기업의 관련 주체들과의 관계의 밀착화, 조직과 업무 분담의 재정비, 국제화에의 대응, 경영 전략의 혁신, 새로운 분야로의 진출 등과 같은 영향을 주게 되었다.

1. 의사 결정 역할

현대 조직이 거대해지고 복잡해짐에 따라 설정된 목표대로 활동을 전개하기 위해서는 조직에 영향을 미치는 조직 환경에 대한 정확한 판단과 인식을 바탕으로 적절하고 효율적인 의사 결정을 내려야만 한다. 이러한 의사 결정은 경영 활동 그 자체라고 할 만큼 기업에 있어서 중요한 기능이다. 급격한 기업 환경의 변화 속에서 적합하면서도 신속한 의사 결정은 기업에 경쟁적 우위를 가져다 줄 수 있을 것이다.

의사 결정은 미래 지향적이어야 하고 장래의 환경 여건을 예견할 수 있어야 하며, 현대의 환경에서 최선의 결과를 얻기 위해서 합리적으로 시스템화한 대안을 채택할 수 있도록 하여야 한다. 정보통신 기술의 적절한 활용은 이러한 의사 결정을 가능케 하여 합리적인 경영 추구를 가능하게 할 수 있을 것이다. 기업은 종합적으로 경영의 내·외부 정보를 파악할 수 있고 이를 바탕으로 적절하고 신속한 의사 결정을 할 수 있을 것이다. 기업 내의 기획, 제조, 판매, 재무 등을 결합한 종합적인 네트워크의 구축, 본점과 지점 간의 기업 내의 신경 계통의 정비, 거래 기업 등 외부와의 정보 네트워크화 또는 각종

외부 데이터베이스의 활용 등을 통하여 종합적으로 경영 정보 환경에 대한 파악이 가능하게 될 것이다.

2. 거래선과 역할

정보 기술은 조직 내의 기능 부서들 간의 통합뿐만 아니라 거래선, 소비자 등과 같은 조직 외부와의 관계를 강화한다. 사회적 생산 네트워크에는 여러 경제 주체들이 있으며, 기업은 이러한 일련의 생산 네트워크의 일부분의 기능을 담당하는 하나의 주체이다. 생산 네트워크에서 기업과 관련된 경제 주체들로는 부품 공급업자, 소비자, 경쟁업자 등을 들 수 있다. 정보 통신 기술은 기업 관련 주체들과의 관계를 더욱더 긴밀하게 할 수 있다. 거래선과의 관계에서 기업은 정보 통신을 활용함으로써 제휴나 협조 관계를 통하여 거래 관계의 정보나 시장 관련 정보를 더욱 원활하게 교환하고 제공한다. 이에 따라서 거래선과의 관계가 점차적으로 고정되어 강화되고 있다. 아울러 소비자와의 관계에서도 기업은 인터넷을 통해 다양한 서비스 기능을 제공하고 또한 고객의 데이터베이스를 활용하여 직접 마케팅(direct marketing) 등의 판매 전략을 전개한다. 이에 따라서 소비자와의 관계가 점차적으로 고정되고 강화되고 있다.

3. 업무 분담 역할

오늘날 기업들이 조직의 재편성, 흡수나 합병, 위치 이전 등을 하는 사례가 증가하고 있다. 정보 통신 기술이 지니고 있는 연결성(connectivity)을 기업 내부에 적절히 활용함으로써 기업은 자신의 조직을 환경에 적합하도록 새롭게 개편할 수 있다.

전통적으로 볼 때 기업의 조직 구조는 그 기업이 처한 환경 여건에 따라 크게 중앙 집중식 조직 구조나 분산형 조직 구조를 취할 수 있다. 이 두 조직 구조는 제각기 장점과 단점을 가지고 있는데 정보 기술을 이용하면 집중식 조직 구조가 만들어 내는 규모의 경제와 기업 조직의 개별 단위들이 완전히 자율적인 것처럼 운영하도록 하는 분권화의 이점을 함께 누릴 수 있다.

또한 정보 통신 기술은 가장 경쟁력이 있는 핵심 분야는 기업이 직접 담당하고 그렇지 못한 부문들은 아웃소싱(outsourcing)할 수 있도록 한다. 그리고 아웃소싱한 기능들은 정보 기술을 활용하여 적절하게 계획하고 통제함으로써 기업은 최고의 경쟁력을 가진 제품을 생산할 수 있다.

4. 환경 부응 역할

교통수단과 정보 통신 기술의 급격한 발달로 인하여 기업의 경영 활동은 자국뿐만이 아니라 국경이라는 물리적 장벽을 넘어 전 세계를 대상으로 한 세계화 추세로 나아가고 있다. 전 세계 시장을 대상으로 활동하기 위해서 기업은 여러 국가에 걸쳐 존재하게 되는데 이러한 기업 영역의 확장은 기업에게 관리상의 어려움을 주게 된다. 이러한 난점을 극복하고 원활한 기업의 활동을 수행하기 위해서 기업은 국내외 경영 정보의 신속한 집약 빛 분석이 필요하게 되었으며, 이러한 것은 정보 통신 기술에 의해 가능하게 되었다. 해외의 지점망이나 제휴 기업과의 네트워크화, 해외 데이터베이스 등을 통해서 기업은 국제적인 정보 네트워크를 보유 할 수 있게 되었다. 그리고 이를 이용함으로써 기업은 관련 정보를 빠르게 수집하고 분석할 수 있게 되었다. 결과적으로 오늘날의 기업은 공간적 · 시간적 장애를 극복하고 세계의 언제, 어느 곳에서든 경영 활동을 수행할 수 있게 되었다.

5. 경영 전략 역할

최근에 많은 기업들은 과거 그 어느 때보다 빠른 기술 혁신과 구조 변화의 진전을 경험하고 있다. 이러한 경영 환경의 급격한 변화 속에서 기업이 지속적으로 발전해 나가기 위해서 경쟁 우위 확보가 필수적인 과제가 되고 있다. 기업은 정보 통신 기술을 활용하여 새로운 경쟁 우위 전략을 계획할 수 있게 되었으며 이러한 영향으로 인하여 기업의 경쟁 형태는 전과는 다른 다양한 모습을 띠고 있다. 또한 전략적 정보 시스템(SIS)을 통해 경쟁 무기로서 정보 기술의 활용이 확대되고 기업에서 중요한 위치를 차지하게 됨에 따라 기업들은 정보 통신 기술을 전담하는 최고 경영자층(CIS)을 두어 정보 기술의 활용과 계획을 총괄적으로 관리 하게 되었다.

6. 신 분야에로의 역할

정보 통신의 활용을 통해 인적·물적 자원, 자금, 정보 등의 경쟁 자원을 결속함으로써 종합적 관리가 가능케 되고 이에 따라 새로운 분야에 대한 진출의 가능성이 생기게 되었다. 예를 들면 지금까지는 독립적으로 수행되는 연관 분야에서 종합적인 서비스를 제공하는 시스템 상품의 개발이 가능하게 되었으며 정보 기술은 기업으로 하여금 새로운 사업 영역에 진출할 수 있는 가능성을 제공한다. 또한 무점포 판매 등의 새로운 유통 경로와 기법의 개발로 기업이 고객에게 접근할 수 있는 방법을 다양화할 수 있다. 뿐만 아니라 기업은 정보 기술을 활용함으로써 기업의 업태를 혁신시킬 수 있고 신상품을 제공할 수 있는 능력을 강화할 수 있다.

제4절 IT와 전략 경영

1. 경영층 과제

IT가 기업경영에서 빼놓을 수 없는 요소가 됨에 따라 더욱 복잡한 조직형태가 등장하게 된다. 또 모든 부서와 사용자가 나름대로 정보 시스템을 개발하게 되고 이에 따라 명확히 규정된 권한과 책임의 경계가 무너진다. 통제도 마찬가지 양상을 띤다. 모든 관리자는 IT사용과 공급에 관한 어느 정도의 권한과 책임을 가진다는 점에서 모두 일종의 정보관리자가 된다. 하지만 IT가 가지는 중요성이 너무나 크기 때문에 기술적 혼란을 일으키는 이완된 통제나 산만한 조직구조는 결코 용납할 수 없다. 결국 기술정책은 더욱 거시적이 되며 연결, 종합, 호환성, 관리의 용이성 등에 초점이 모아진다. 결론적으로 말하면 경영층은 정보관리 방식이 적절한지를 이해해야 한다. 또 기업이 전략격자에서 위치를 이동할 경우 그 전환의 시점을 포착하며 그에 대한 적절한 대비를 할 수 있어야 한다.

1) 정보기술의 일상화

지금은 정보, 정보자원, 정보기술의 공식화가 요구되는 시대이다. IT 혹은 정보처리 활동은 이제 거의 대부분의 관리자와 종업원들이 참여하는 활동이다. 따라서 재무나 인사와 마찬가지로 적절하게 계획, 조직, 통제되는 하나의 독립된 기능으로 인정되어야 한다. 모든 관리자는 이제 정보관리자이며 정보자원은 인적자원, 자본, 원자재, 기계 등과 같은 중요자원이다. 다시 말해, IT는 이제 기업의 주요기능, 또 모두가 관련된 활동으로서 기업의 공식적 관리를 요구하고 있다. 이러한 공식화가 있어야 비로소 정보관리의 시대가 열리게 된다.

2) 정보 시스템 전략

IT는 사업전략을 지탱해주는 전략적 자원이다. 또 전략적 기회와 경쟁우위를 제공해준다. 그러므로 기업은 IT를 기업의 요구와 연결시키고 새로운 사업기회를 제시하는 정보 시스템 전략을 필요로 한다. 이러한 전략 수립은 매우 시급한 과제이다.

3) 정보기술체계

기업의 정보기술체계는 컴퓨터, 통신, 데이터, 응용 시스템 등의 요소로 이루어진다. 이러한 체계는 기업의 요구와 부합되어야 하며, 복수의 다양한 기술간의 연결을 도모해야 한다. 또한 기업의 구조나 관리 스타일과 조화되어야 한다. 결국 정보 시스템 전략을 효과적으로 실행하기 위해서는 정보기술 자원이 질서정연하게 계획, 제공되어야 한다. 이는 정복기술체계의 정의 및 설계가 매우 시급한 과제로 대두됨을 의미한다.

4) 투자

IT를 전략적 자원으로 인식한다는 것은 곧 IT를 투자와 관리의 대상으로 인식하는 것이다. IT 투자에서 최고경영층은 어느 정도를, 어떤 활동에, 어떤 이득을 위해 투자할 것인지를 결정해야 한다. 또 재원확보는 어떻게 할 것이

며 경비징수나 통제는 어떻게 할 것인지를 선택해야 한다. 이를 위해서는 장기적 목표와 단기적 급부가 조화를 이루어야 한다.

5) 재구축

IT를 하나의 독립된 기능으로, 또 전략적 자원으로 인식하기 위해서는 IT에 대한 태도, 관련기술, 관리정책 등 모든 부분에서 변화가 수반되지 않으면 안된다. 이러한 변화는 강한 지도력을 요구한다. 또 이러한 지도력은 단순히 기술적 전문가들에게서만 나오는 것은 아니다. 결국 재구축은 DP 시대에서 IT 시대로 넘어가기 위해 요구되는 경영층의 교육, 조직개발, IT 위상의 격상 등의 모든 변화를 내포한다.

2. 새정보기술환경에 적응

1) 조직의 대형화와 세계화

과학기술발전과 사회문화의 발전 등 점차 심해지는 다변화환경속에서 조직체는 점점 대형화되어 가고 있다. 특히 기업체의 경우에는 항상 변하는 환경에 적응하면서 계속적인 성장을 달성하려고 노력하게 되고, 그 과정에서 새로운 전문기능이 분화되면서 점점 복잡한 조직구조와 경영체계를 형성하게 된다. 따라서 조직체는 급변하는 외부환경에 적절히 대처하기 위하여 신속한 정보를 필요로 하게 되고, 내부적으로도 조직체의 목적달성과정에서 효율적인 의사결정을 위하여 정확하고 신속한 정보자료를 필요로 하게 된다. 이와 같이 의사결정상의 불확실성을 제거하기 위한 정보자료의 필요성은 조직체가 대형화되고 복잡해질수록 더욱 커지고, 따라서 컴퓨터를 포함한 IT의 활용도 더욱 증가하게 된다.

조직규모의 확대는 이제 국내시장영역을 벗어나서 세계 각국에까지 이어지고 있다. 세계 각국의 기업체들은 모두가 전세계를 시장으로 보고 점점 세계화에 박차를 가하고 있다. 따라서 세계 각국의 경제는 상호연관성과 상호의존성이 높아지는 가운데 점차적으로 범세계적 시장의 한 부분으로 그 성격이 변해가고 있다. 컴퓨터와 통신기술을 포함한 IT는 세계기업의 효율적인 경영관리는 물론, 범세계적 문화교류와 기술이전을 촉진시킴으로써 경제시스템의 범세계적 상호의존관계(global interdependence)를 가속화 시킨다. 따라서 점차 세계화되어 가는 환경 속에서 조직체에서의 IT의 필요성은 더욱 높아져 간다.

2) 사이버 업무환경

기업에서 on-line, real-time, 데이터베이스, 통신, 네트워킹 등의 IT는 커뮤니케이션과 의사결정 등 구성원들간의 상호작용에 큰 변화를 가져오면서 전통적인 사무실개념에도 획기적인 변화를 가져오고 있다. 그리하여 서류 없는 사무실(paperless office), 이동사무실(mobile office), 사무실 없는 회사(officeless corporation), 자동의사결정, 사람 없는 공장, 통신근무(telecommuting), 재택근무(work home), 위성작업센터(satellite work center) 등이 현대기업에서 이미 오래전부터 부분적으로나마 실천되어 왔다. 이와 같은 사이버(cyber) 업무체계가 성공적인 결과를 가져옴에 따라서 IT의 활용이 더욱 증가하는 것은 물론이다.

관리자들은 그들의 가장 많은 시간을 부하와 동료 그리고 전문관리스태프와 상급자 등 다른 조직구성원들과의 커뮤니케이션에 보내고 있다. 그들은 보통 60~85%의 근무시간을 커뮤니케이션에 보내고 있는데, 여기서 IT는 관리자의 커뮤니케이션과정을 효율화시킴으로써 그들의 직무수행과 성과에 좋은 결과를 가져오게 한다. 관리자들의 대장과 데이터파일은 모두 컴퓨터로 대체되고, 컴퓨터의 정보처리능력과 언어처리(word processing)능력은 그들의 사무처리과정을 자동화시키어 그들의 업무처리능률을 높여 준다. 그리고 전자통신(electronic communication)기술과 사무자동화기술은 문서통신을 자동화시키어 전자우편(electronic mailing)을 가능케 하고, 팩시밀리송신(facsimile transmission)기술과 메시지 교환(message switching)기술은 컴퓨터로 처리된 출력자료를 수신자에게 자동송신해 준다.

그뿐 아니라 컴퓨터회의(computer conference)도 가능하여 관리자들이 한 장소에 같이 모일 필요 없이 회의의 목적을 달성할 수 있다. 그리고 이러한 각종 정보기술은 극단의 경우에는 조직구성원에게 사무실에 출근하지 않고서도 자기 집이나 특정된 정보센터 등 정보시스템설비가 갖추어진 곳에서 업무

 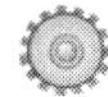

를 수행할 수 있는 융통성도 제공해 준다. 그리고 IT의 가장 중요한 기능은 관리자 자신이 터미널이나 자기의 컴퓨터를 사용하여 각종 데이터베이스(data base)와 의사결정모형베이스(decision model base)를 사용하여 의사결정상의 여러 대안(alternative)들을 분석·평가('what if' analysis)함으로써 문제해결의 최선대안을 선택할 수 있게 해 주는 것이다. 이와 같이 IT는 관리자의 작업방법과 환경에 많은 변화를 가져오고, 그들로 하여금 자신의 업무능률을 올릴 수 있는 기회를 제공해 준다.

이러한 사용자중심의 의사결정지원시스템(decision support system)과 더불어 이제 IT는 전문가시스템(expert system)과 인공지능(artificial intelligence) 등 과거에 이론적으로만 논의되어 오던 분야에도 컴퓨터가 실제로 적용되어 많은 실질적인 성과를 거두고 있다. 그리고 컴퓨터활용에 있어서 사용자의 편의를 위하여 일상언어와 음성에 의한 지시 및 작동기술부문에도 많은 발전을 보이고 있다. Microsoft의 빌 게이츠(Bill gates) 회장에 의하면 2011년까지는 말하고 듣고 볼 수 있는 컴퓨터가 일반 가정에 등장할 것이라고 전망하고 있다. 그 때까지 기존의 마이크로칩보다 속도가 빠르고 강력한 마이크로칩이 개발되고 소프트웨어가 획기적으로 발달하여 사람을 알아보고 대화를 하는 것이 가능해진다는 것이다. 이와 같이 IT의 기술개발과 활용은 끊임없이 가속화되어 가고 있다.

3) 경영정보 압력요소

현대기업에서 보다 많은 그리고 질 높은 경영정보가 요구되는 것은 기업의 대형화 및 세계화 등 복잡한 기업환경변화에 신속히 대응해야 하는 필요성 때문이지만, 그 과정에서 지식인력의 증가와 보다 참여적이고 개방적인 경영 등 조직체 내부경영에서 일어나는 변화도 IT의 활용을 점점 높은 수준으로 발전시켜 나가는 요인으로 작용한다.

(1) 지식인력의 증가

기업에서 경영정보의 필요성을 크게 만드는 첫째 요인은 지식인력의 증가이다. 조직체가 성장하고 경영수준이 고도화될수록 전문기술인력과 관리인력 등 정보자료를 중심으로 주어진 과업을 수행하는 지식인력이 증가하고 조직체의 전체 인력구성에서 지식인력이 차지하는 비중은 높아진다. 그리고 지식인력이 증가할수록 경영정보의 활용은 증가하여 컴퓨터 등 IT의 필요성을 가속화시킨다. 지식인력은 단지 관리자와 전문관리스태프 그리고 컴퓨터 전문요원만을 포함하지 않고, 정보자료를 다루는 하부 사무직 인력과 기술계산 및 설계 등 기술정보자료를 다루는 각 계층의 기술자들도 모두 포함한다. 과업수행에서 정보자료를 처리하고 이를 활용하는 지식인력의 필요성은 조직환경의 변화와 더불어 더욱 커지고, 이와 동시에 IT의 활용도 한층 더 확대된다.

(2) 분권화와 조직활력화

정보사회가 발전하고 기업체가 대형화·세계화될수록 기업체의 경영권한을 상위계층으로부터 하위계층으로 위양하는 분권화(decentralization)와 조직활력화(empowerment)의 경향이 커지고, 그 과정에서 컴퓨터와 정보통신망 등 IT의 활용이 자연적으로 증가된다. 조직의 분권화 및 활력화의 경향은 사회문화가 발전할수록 조직구성원의 참여의식이 높아지고 자율성과 자아실현에 대한 욕구가 강해지면서 일반적인 사회현상으로 나타난다. 점점 복잡해지는 다변화환경하에서 기업체는 변화에 신속히 대응하기 위하여 의사결정을 경영현장에 가까이 옮겨 놓지 않을 수 없다. 그리고 사회가 발전할수록 기업의 이해관계자들도 점점 많이 생기게 되어 그들과의 원만한 관계형성이 기업성과에 점점 중요하게 작용한다.

이해관계자들과의 관계에 있어서 현대조직은 무엇보다도 이들 집단 또는 조직체와의 네트워킹을 형성하여 상호간의 정보교류를 증진시킬 수 있다. 그 과정에서 이해관계자들과의 관계에서 종래에 존재했던 벽이 무너지고, 따라서 그들과의 협력관계를 통하여 조직체가 무한한 발전을 추구할 수 있는 무한계의 환경이 조성되어 나간다. 또한 조직의 분권화와 활력화과정에서도 구성원 단독(stand alone) 컴퓨터, 분산정보처리시스템, 근거리 및 원거리통신망(LAN, WAN)등 사용자중심의 정보지원시스템을 통하여 구성원들의 자율성과 경영참여가 증진된다. 그리하여 계층간, 부서간의 장벽도 자연적으로 무너져서 내부적으로도 역시 무한계의 업무환경이 조성된다. 이와 같은 조직체내

외의 연결 및 네트워킹관계는 IT에 의하여 가능하게 되고, 따라서 자연적으로 IT의 활용이 확대된다.

(3) 정보개방 압력

IT가 발전하고 사회의 정보화가 심화될수록 사회구성원들과 조직구성원들은 IT를 활용하여 상호간에 각기의 연결관계를 형성하여 직접적인 사이버 정보교환과 커뮤니케이션을 하게 된다. 이미 전자우편과 인터넷은 전세계의 모든 사람들간의 연결 관계를 맺어 주고 있다. 따라서 국경과 조직체에 관계없이 모든 정보가 점점 공유적인 성격을 지니면서 모든 사회와 조직체가 점차 개방화 된다. 정보사회와 무한계사회의 이러한 추세는 역시 사회구조와 조직구조에 엄청난 변화를 가져오면서 IT의 활용을 한층 더 증진시킨다. 미래학자 존 나이스빗트(John Naisbitt)는 이미 오래 전에 IT의 발전이 조직구성원들로 하여금 그들간에 통신네트워크를 형성하여 그들이 선호하는 커뮤니케이션과 상호작용에 의하여 업무가 수행되며, 따라서 조직체는 전통적인 피라미드식의 계층구조로부터 통신망에 의한 열린 경영으로의 변화를 예견하였다. 이제 이와 같은 추세는 조직체뿐만 아니라 사회 전체에 확대되어 나가고 있고, 따라서 IT활용은 더욱 활발해진다.

(4) 다양한 옵션과 의사결정 대안

앞에서 설명한 바와 같이, IT는 산업사회의 대량생상기술과는 달리 소비자의 개별적인 욕구를 충족시켜 줄 수 있는 개인주문식의 맞춤 생산을 가능케 해 준다. 토플러에 의하면, 산업사회의 생산시스템은 전문화와 단순화 그리고 표준화에 의한 획일성과 대량생산을 강조함으로써 개인의 자율성을 제한하고 개인을 기술시스템에 종속시키는 강요적 기술(forced technology)의 성격을 지니고 있다. 따라서 산업사회의 전통적인 생산기술은 개인과 갈등을 야기시켜서 산업조직에서 개인과 조직체에 많은 문제를 가져왔다.

이에 반하여, 정보사회에서 IT는 개인에게 다양한 옵션(options)과 대안(alternatives)을 제공함으로써 그의 자율적인 선택과 욕구충족을 증진시킨다. 즉 조직체에서 IT는 조직구성원으로 하여금 그의 의사결정에 다양한 대안을 고려할 수 있도록 해 주고, 구성원들간의 상호작용을 증진시켜서 구성원의 능력과 창의성을 충분히 발휘할 수 있는 기회를 제공해 준다. 그리고 직무수행에 있어서도 이미 언급한 바와 같이 장소와 시간의 제약을 받지 않고 어느 곳에서는 어느 때에도 직무를 수행할 수 있는 신축성과 융통성을 제공해 준다. 일상생활에도 IT는 소비자들에게 제품과 서비스의 다양한 선택을 제공하여 그들의 욕구충족을 최대화시킬 수 있도록 한다. 그리고 개방된 정보체계는 개인으로 하여금 자신이 선호하는 집단이나 이익단체와의 직접적인 교류와 상호작용을 통하여 그의 사회활동이나 취미활동을 증진시킬 수 있게 해 준다.

이상 정보사회가 전개됨에 따른 정보 및 IT의 필요성에 대한 압력요소들을 살펴보았다. 컴퓨터 등 IT는 정보사회의 핵심요소로서 과학기술발전과 경제성장 그리고 산업발전에 기여하면서 조직체의 정보환경의 변화를 통하여 조직구성원들의 직장생활과 일상생활에까지도 많은 영향을 준다. 그 과정에서 IT는 정보의 개방과 공유화를 통하여 사회와 조직체를 모든 개인에게 개방하여 개인의 사회생활과 조직체생활에서 개인의 의사결정 선택범위와 활동범위를 넓혀 준다. 따라서 개인은 자신의 의사결정과정에서 더욱 많은 정보를 원하게 되고 IT활용에 대한 압력은 더욱 커진다. 이와같이 조직체 내에서 지식인력의 증가와 분권화 및 경영참여의 욕구 그리고 정보개방과 선택대안의 확대는 모두 상호강화적 그리고 상호매개적 관계에서 정보의 필요성과 IT의 활용을 증가시키는 압력요소로 작용하면서 조직체의 정보화환경을 한층 더 가속화 시킨다.

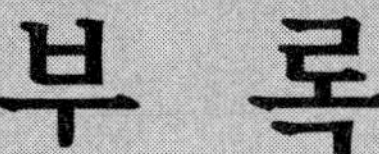

부 록

중소기업창업 지원법

[시행 2009.5.8] [법률 제9584호, 2009.4.1, 타법개정]

중소기업청 (창업진흥과) 042-481-4409

제1장 총칙

제1조 (목적) 이 법은 중소기업의 설립을 촉진하고 성장 기반을 조성하여 중소기업의 건전한 발전을 통한 건실한 산업구조의 구축에 기여함을 목적으로 한다.

제2조 (정의) 이 법에서 사용하는 용어의 뜻은 다음과 같다.

1. "창업"이란 중소기업을 새로 설립하는 것을 말한다. 이 경우 창업의 범위는 대통령령으로 정한다.
2. "창업자"란 중소기업을 창업하는 자와 중소기업을 창업하여 사업을 개시한 날부터 7년이 지나지 아니한 자를 말한다. 이 경우 사업 개시에 관한 세부 사항은 대통령령으로 정한다.
3. "중소기업"이란 「중소기업기본법」 제2조에 따른 중소기업을 말한다.
4. "중소기업창업투자회사"란 창업자에게 투자하는 것을 주된 업무로 하는 회사로서 제10조에 따라 등록한 회사를 말한다.
5. "중소기업창업투자조합"이란 창업자에게 투자하고 그 성과를 배분하는 것을 주된 목적으로 하는 조합으로서 제20조에 따라 등록한 조합을 말한다.
6. "중소기업상담회사"란 중소기업의 사업성 평가 등의 업무를 하는 회사로서 제31조에 따라 등록한 회사를 말한다.
7. "창업보육센터"란 창업의 성공 가능성을 높이기 위하여 창업자에게 시설·장소를 제공하고 경영·기술 분야에 대하여 지원하는 것을 주된 목적으로 하는 사업장을 말한다.

제3조 (적용 범위) 이 법은 창업에 관하여 적용한다. 다만, 숙박 및 음식점업과 부동산업 등 대통령령으로 정하는 업종의 중소기업에 대하여는 적용하지 아니한다.

제4조 (창업지원계획의 수립 등) ①중소기업청장은 창업을 촉진하고, 창업자의 성장·발전을 위한 중소기업 창업지원계획을 세워 고시하여야 한다.

②정부는 창업자 및 대통령령으로 정하는 창업지원에 관한 사업을 하는 자에 대하여 필요한 자금을 투자·출연·보조·융자하거나 그 밖에 필요한 지원을 할 수 있다.

제5조 (창업 정보의 제공) 정부는 창업자에 대하여 창업 및 중소기업의 성장과 발전에 필요한 자금, 인력, 기술, 판로, 입지 등에 관한 정보를 제공하기 위하여

필요한 시책을 강구하여야 한다.

제6조 (창업보육센터사업자의 지정 등) ①창업보육센터를 설립・운영하는 자(설립・운영하려는 자를 포함한다. 이하 “창업보육센터사업자”라 한다)로서 이 법에 따른 지원을 받으려는 자는 다음 각 호의 요건을 갖추어 중소기업청장의 지정을 받아야 한다. <개정 2008.2.29>

1. 다음 각 목의 시설을 갖출 것
   가. 창업자가 이용할 수 있는 시험기기나 계측기기 등의 장비
   나. 10인 이상의 창업자가 사용할 수 있는 500제곱미터 이상의 시설
2. 경영학 분야의 박사학위 소지자, 「변호사법」에 따른 변호사, 그 밖에 대통령령으로 정하는 전문인력 중 2명 이상을 확보할 것
3. 창업보육센터사업을 수행하기 위한 사업계획 등이 지식경제부령으로 정하는 기준에 맞을 것

②국가나 지방자치단체는 「국유재산법」, 「지방재정법」, 그 밖의 다른 법령의 규정에도 불구하고 창업보육센터에 입주한 자에게 국・공유재산의 임대료를 대통령령으로 정하는 바에 따라 감면할 수 있다.

제7조 (창업 교육) 중소기업청장은 창업 저변을 확충하기 위하여 청소년, 대학생 및 창업자 등에게 창업 교육을 할 수 있다.

제8조 (창업대학원의 지정 등) ①중소기업청장은 「고등교육법」 제29조제1항에 따른 대학원 중에서 창업 분야 전문인력 양성을 목적으로 하는 대학원(이하 “창업대학원”이라 한다)을 지정하여 예산의 범위에서 그 운영 등에 필요한 경비를 출연하거나 그 밖에 필요한 지원을 할 수 있다.

②중소기업청장은 창업대학원의 지정・지원 등에 관하여 필요한 사항을 고시하여야 한다.

제9조 (기금의 우선 지원) 「중소기업진흥 및 제품구매촉진에 관한 법률」 제63조에 따른 중소기업창업 및 진흥기금(이하 “중소기업창업 및 진흥기금”이라 한다)을 관리하는 자는 중소기업창업투자회사 또는 중소기업창업투자조합에 대하여 중소기업창업 및 진흥기금을 지원할 때 투자 실적 등이 대통령령으로 정하는 기준에 해당하는 자에게 먼저 지원할 수 있다. <개정 2008. 12.19>

제2장 중소기업창업투자회사

제10조 (등록) ①다음 각 호의 어느 하나에 해당하는 사업을 영위하는 회사로서 이 법에 따른 지원을 받으려는 자는 지식경제부령으로 정하는 바에 따라 중소기업청장에게 중소기업창업투자회사로 등록하여야 한다. 중소기업창업투자회사가 등록한 사항 중 회사명과 소재지 등 지시경제부령으로 정하는 중요사항을 변경하려는 경우에도 또한 같다. <개정 2008.2.29>

1. 창업자에 대한 투자

2. 「벤처기업육성에 관한 특별조치법」에 따른 벤처기업에 대한 투자
3. 중소기업창업투자조합 및 「벤처기업육성에 관한 특별조치법」 제4조의 3에 따른 한국벤처투자조합의 결성과 업무의 집행
4. 해외 기업의 주식 또는 지분 인수 등 중소기업청장이 정하는 방법에 따른 해외투자
5. 제1호부터 제4호까지의 사업에 딸린 사업으로서 중소기업청장이 정하는 사업

②중소기업창업투자회사는 다음 각 호의 요건을 모두 갖추어야 한다. <개정 2007.8.3>

1. 「상법」에 따른 주식회사로서 납입자본금이 대통령령으로 정하는 금액 이상일 것
2. 임원이 다음 각 목의 어느 하나에 해당하지 아니하는 자일 것. 이 경우 사목과 아목은 대표이사에게만 적용한다.
   가. 미성년자 · 금치산자 또는 한정치산자
   나. 파산 선고를 받고 복권되지 아니한 자
   다. 금고 이상의 실형을 선고받고 그 집행이 끝나거나(집행이 끝난 것으로 보는 경우를 포함한다) 집행이 면제된 날부터 5년이 지나지 아니한 자
   라. 금고 이상의 형의 집행유예를 선고받고 그 유예기간 중에 있는 자
   마. 「유사수신행위의 규제에 관한 법률」 이나 그 밖에 대통령령으로 정하는 금융 관련 법령을 위반하여 벌금 이상의 형을 선고받고 그 집행이 끝나거나(집행이 끝난 것으로 보는 경우를 포함한다) 집행이 면제된 날부터 5년이 지나지 아니한 자
   바. 이 법에 따라 등록이 취소된 중소기업창업투자회사의 취소 당시의 임원이었던 자(그 등록취소 사유의 발생에 관하여 직접 책임이 있거나 이에 상응하는 책임이 있는 자 또는 창업 투자 업무에 적합하지 아니하다고 판단되는 자로서 각각 대통령령으로 정하는 자만 해당한다)로서 등록이 취소된 날부터 5년이 지나지 아니한 자
   사. 금융거래 등 상거래에서 약정한 날짜 이내에 채무를 갚지 아니한 자로서 대통령령으로 정하는 자
   아. 다른 중소기업창업투자회사의 대주주(대통령령으로 정하는 출자자를 말한다) 또는 임직원
   자. 제12조에 따라 말소하기 전에 제43조에 따른 취소 사유가 있었던 경우에는 그 말소 당시의 임원(제43조에 따른 등록취소 사유에 직접 책임이 있거나 이에 상응하는 책임이 있는 자로서 대통령령으로 정하는 자만 해당한다)에게 그 사유를 통보한 후 그 통보를 받은 날부터 5년(등록 말소일부터 7년을 초과하는 경우에는 등록 말소일부터 7년으로 한다)이 지나지 아니한 자

3. 대통령령으로 정하는 기준에 따른 상근하는 전문인력과 시설을 보유할 것

4. 창업투자회사와 투자자 간, 특정 투자자와 다른 투자자 간의 이해상충을 방지하기 위한 체계를 갖출 것(제47조의2제1항에 따른 공모창업투자조합을 결성하고자 하는 창업투자회사에 한한다)

제11조 (권리 · 의무의 승계) ①중소기업창업투자회사가 그 영업을 양도하거나 합병을 하면 그 영업을 양수한 자 또는 합병한 후 존속하는 법인이나 합병으로 설립되는 법인은 이 법에 따른 중소기업창업투자회사로서의 지위를 승계한다. 다만, 그 영업을 양수한 자 또는 합병한 후 존속하는 법인이나 합병으로 설립되는 법인이 제10조제2항 각 호의 요건을 모두 갖추지 아니한 경우에는 그러하지 아니하다.

②제1항에 따라 중소기업창업투자회사로서의 지위를 승계한 자는 승계한 날부터 30일 이내에 지식경제부령으로 정하는 바에 따라 중소기업청장에게 이를 신고하여야 한다. <개정 2008.2.29>

제12조 (신청에 따른 등록의 말소) ①중소기업창업투자회사는 제10조제1항 각 호의 사업을 영위하기가 불가능하거나 어려운 경우에는 지식경제부령으로 정하는 바에 따라 그 등록의 말소를 신청할 수 있다. <개정 2008.2.29>

②중소기업청장은 중소기업창업투자회사가 제1항에 따른 등록 말소신청을 하면 지체 없이 그 등록을 말소하여야 한다.

제13조 (등록 등의 공고) 중소기업청장은 중소기업창업투자회사가 다음 각 호의 어느 하나에 해당하면 지체 없이 그 내용을 관보에 공고하고 컴퓨터 통신 등을 이용하여 일반인에게 알려야 한다.

1. 제10조제1항에 따라 등록을 한 경우
2. 제12조제2항에 따라 등록을 말소한 경우
3. 제43조제1항에 따라 등록을 취소한 경우

제14조 (중소기업창업투자회사의 공시) ①중소기업창업투자회사는 다음 각 호의 사항을 공시(公示)하여야 한다.

1. 조직과 인력에 관한 사항
2. 재무와 손익에 관한 사항
3. 중소기업창업투자조합의 결성 및 운영 성과에 관한 사항
4. 제42조에 따라 시정명령과 경영개선 등의 조치를 받은 경우 그 조치에 관한 사항

②제1항에 따른 공시의 시기 및 방법 등에 필요한 사항은 중소기업청장이 정한다.

제15조 (중소기업창업투자회사의 행위 제한) ①중소기업창업투자회사는 다음 각 호의 어느 하나에 해당하는 행위를 하여서는 아니 된다. 다만, 중소기업창업투자회사의 자산 운용의 건전성을 해칠 우려가 없는 경우로서 대통령령으로 정하는 경우에는 그러하지 아니하다.

1. 제3조 단서에 따른 업종을 영위하는 기업에 투자하는 행위
2. 「독점규제 및 공정거래에 관한 법률」 제9조에 따른 상호출자제한기업집단에 속하는 회사에 투자하는 행위
3. 대통령령으로 정하는 금융기관의 주식을 취득하거나 소유하는 행위
4. 창업보육센터 등 대통령령으로 정하는 범위의 업무용 부동산을 제외한 부동산(이하 "비업무용부동산"이라 한다)을 취득하거나 소유하는 행위. 다만, 담보권의 실행으로 비업무용부동산을 취득하는 경우에는 그러하지 아니하다.
5. 그 밖에 설립 목적을 해치는 것으로서 대통령령으로 정하는 행위

②중소기업창업투자회사는 제1항제4호 단서에 따라 담보권의 실행으로 비업무용부동산을 취득한 경우에는 1년의 범위에서 지식경제부령으로 정하는 기간에 이를 처분하여야 한다. <개정 2008.2.29>

제16조 (중소기업창업투자회사의 투자 의무) ①중소기업창업투자회사는 등록 후 3년이 지난 날부터 대통령령으로 정하는 기간에 납입자본금의 100분의 50의 범위에서 대통령령으로 정하는 비율의 금액을 제10조제1항제1호부터 제3호까지의 사업에 사용하여야 한다. 이 경우 같은 항 제1호와 제2호의 사업에 사용한 금액을 산정할 때 신규로 발행되는 주식 또는 무담보전환사채의 인수 등 지식경제부령으로 정하는 용도로 사용한 금액에 한하여 이를 포함하여 산정한다. 다만, 중소기업창업투자회사가 대통령령으로 정하는 일정 규모 이상의 중소기업창업투자조합을 결성하여 운영하는 경우에는 그러하지 아니하다. <개정 2008.2.29>

②중소기업창업투자회사가 투자회수·경영정상화 등 중소기업청장이 인정하는 사유로 제1항에 따른 투자의무비율을 유지하지 못하면 중소기업청장은 1년 이내의 범위에서 투자의무 이행 유예기간을 줄 수 있다.

제17조 (중소기업창업투자회사의 해외투자 요건) ①중소기업창업투자회사는 납입자본금의 100분의 10 이상의 금액을 제16조제1항에 따라 지식경제부령으로 정하는 용도로 제10조제1항제1호 및 제2호에 따른 사업에 사용한 경우에는 그 사업에 사용한 금액의 범위에서 같은 항 제4호에 따른 해외투자를 할 수 있다. 다만, 등록한 지 3년이 지난 중소기업창업투자회사는 제16조제1항에 따른 중소기업창업투자회사의 투자의무비율을 달성한 경우에 해외투자를 할 수 있다. <개정 2008.2.29>

②제1항에 따른 해외투자 한도는 납입자본금의 100분의 40의 범위에서 대통령령으로 정하는 비율로 한다.

제18조 (자금의 차입 등) ①중소기업창업투자회사는 그 사업 수행을 위하여 필요하면 정부, 정부가 설치한 기금, 국내외 금융기관, 외국정부 또는 국제기구로부터 자금을 차입할 수 있다.

②중소기업창업투자회사는 그 사업 수행에 필요한 재원을 충당하기 위하여 자본금과 적립금 총액의 10배의 범위에서 사채를 발행할 수 있다.

제19조 (결산 보고) 중소기업창업투자회사는 대통령령으로 정하는 바에 따라 회계연도마다 결산서를 중소기업청장에게 제출하여야 한다.

제3장 중소기업창업투자조합

제20조 (조합의 결성 등) ①중소기업창업투자회사와 중소기업창업투자회사 외의 자가 출자하여 중소기업창업투자조합을 결성하는 경우에는 대통령령으로 정하는 바에 따라 중소기업청장에게 등록하여야 한다. 등록 사항을 변경하는 경우에도 또한 같다.

②중소기업창업투자조합은 조합의 채무에 대하여 무한책임을 지는 업무집행조합원 1명과 출자액을 한도로 하여 유한책임을 지는 유한책임조합원으로 구성한다. 이 경우 출자자 중 업무집행조합원은 중소기업창업투자회사가 되고, 중소기업창업투자회사 외의 자는 유한책임조합원이 된다.

③조합원은 조합 규약에서 정하는 바에 따라 출자금액의 전액을 한꺼번에 출자하거나 나누어 출자할 수 있다.

④중소기업창업투자조합의 출자금액, 조합원 수 및 존속 기간 등 등록 요건과 그 운영 등에 필요한 사항은 대통령령으로 정한다.

제21조 (업무의 집행 등) ①중소기업창업투자조합의 업무는 업무집행조합원이 집행한다.

②업무집행조합원은 선량한 관리자의 주의로 제1항에 따른 업무를 집행하여야 한다. 이 경우 자기 또는 제삼자의 이익을 위하여 중소기업창업투자조합의 재산을 사용하여서는 아니 된다.

③중소기업창업투자조합은 등록 후 3년이 지난 날부터 대통령령으로 정하는 기간에 출자금의 100분의 50의 범위에서 대통령령으로 정하는 비율의 금액을 제16조제1항에 따라 지식경제부령으로 정하는 용도로 제10조제1항제1호 및 제2호에 따른 사업에 사용하여야 한다. 다만 중소기업창업투자조합이 투자회수 등 중소기업청장이 인정하는 사유로 대통령령으로 정하는 기간 이내에 대통령령으로 정하는 비율의 금액을 달성하지 못하면 중소기업청장은 1년 이내의 범위에서 투자의무 이행 유예기간을 줄 수 있다. <개정 2008.2.29, 2009.1.30>

④업무집행조합원은 중소기업창업투자조합의 업무를 집행할 때 자금차입, 지급보증 또는 담보제공을 하여서는 아니 된다.

⑤업무집행조합원의 중소기업창업투자조합 업무의 집행에 관하여는 제15조를 준용한다. 이 경우 "중소기업창업투자회사"는 "중소기업창업투자조합"으로 본다.

⑥중소기업창업투자조합의 해외투자에 관하여는 제17조를 준용한다. 이 경우 "중소기업창업투자회사"는 "중소기업창업투자조합"으로, "납입자본금"

은 "출자금"으로 본다.

제22조 (중소기업창업투자조합 재산의 관리와 운용) ①업무집행조합원은 중소기업창업투자조합 재산을 다음 각 호에서 정하는 바에 따라 관리하여야 한다. <개정 2007.8.3>

1. 중소기업창업투자조합 재산의 보관을 「자본시장과 금융투자업에 관한 법률」에 따른 신탁업자에 위탁할 것
2. 신탁업자를 변경하는 경우에는 조합원 총회의 승인을 받을 것

②제1항에 따른 수탁회사는 다음 각 호의 업무를 한다.

1. 중소기업창업투자조합 재산의 보관 및 관리
2. 업무집행조합원의 중소기업창업투자조합 재산 운용 지시에 따른 자산의 취득 및 처분의 이행

③업무집행조합원은 중소기업창업투자조합 재산으로 「자본시장과 금융투자업에 관한 법률」 제9조제13항에 따른 증권시장에 상장된 법인의 주식을 취득하는 경우에 출자금 총액의 100분의 20을 초과하여 투자할 수 없다. <개정 2007.8.3, 2009.1.30>

제23조 (결산 보고) 제21조제1항에 따른 업무집행조합원은 대통령령으로 정하는 바에 따라 해마다 중소기업창업투자조합의 사업연도가 끝난 뒤 3개월 이내에 그 결산서를 중소기업청장에게 제출하여야 한다.

제24조 (업무집행조합원의 탈퇴) 업무집행조합원은 다음 각 호의 어느 하나에 해당하는 경우가 아니면 중소기업창업투자조합에서 탈퇴할 수 없다.

1. 중소기업창업투자회사의 등록이 취소된 경우
2. 중소기업창업투자회사가 파산한 경우
3. 중소기업창업투자조합 조합원 전원의 동의가 있는 경우

제25조 (해산) ①중소기업창업투자조합은 다음 각 호의 어느 하나에 해당하는 사유가 있는 때에는 해산한다.

1. 존속기간의 만료
2. 유한책임조합원 전원의 탈퇴
3. 업무집행조합원의 탈퇴
4. 업무집행조합원인 중소기업창업투자회사의 등록의 말소
5. 그 밖에 대통령령으로 정하는 사유

②중소기업창업투자조합에 제1항제3호 및 제4호에 해당하는 사유가 발생하면 유한책임조합원 전원의 동의로 대통령령으로 정하는 바에 따라 그 사유가 발생한 날부터 3개월 이내에 업무집행조합원을 가입하게 하여 중소기업창업투자조합을 계속할 수 있다.

③중소기업창업투자조합이 해산하는 경우에는 그 업무집행조합원이 청산인이 된다. 다만, 해당 조합의 규약에서 정하는 바에 따라 업무집행조합원 외의 자를 청산인으로 선임할 수 있다.

④중소기업창업투자조합의 해산 당시에 출자금액을 초과하는 채무가 있으

면 업무집행조합원이 그 채무를 변제하여야 한다.

제26조 (청산결과 보고와 등록의 말소) ①제25조제3항에 따른 청산인이 청산사무를 끝마친 경우에는 지식경제부령으로 정하는 바에 따라 지체 없이 그 결과를 중소기업청장에게 보고하여야 한다. <개정 2008.2.29>

②중소기업청장은 제1항에 따른 보고를 받으면 지체 없이 그 중소기업창업투자조합의 등록을 말소하여야 한다.

제27조 (조합 재산의 보호) 중소기업창업투자조합 조합원의 채권자가 조합원에 대하여 채권을 행사할 때에는 「민법」 제704조와 제712조에도 불구하고 그 조합원이 중소기업창업투자조합에 출자한 금액의 범위에서 이를 행사할 수 있다.

제28조 (수익처분) 중소기업창업투자조합은 업무집행조합원인 중소기업창업투자회사에 조합 규약에서 정하는 바에 따라 투자수익에 따른 성과보수를 지급할 수 있으며, 성과보수 지급을 위한 투자수익의 산정 방식 등에 필요한 사항은 대통령령으로 정한다.

제29조 (조합의 공시) 업무집행조합원은 다음 각 호의 서류를 사무소에 갖추어 두고 누구든지 열람할 수 있도록 하여야 한다.

1. 해당 중소기업창업투자조합의 규약
2. 매 회계연도의 결산서
3. 그 밖에 조합의 운영에 관한 서류로서 중소기업청장이 고시하는 것

제30조 (「민법」의 준용) 중소기업창업투자조합에 관하여 이 법에 규정한 것 외에는 「민법」 중 조합에 관한 규정을 준용한다.

제4장 중소기업상담회사

제31조 (중소기업상담회사의 등록) ①다음 각 호의 사업을 영위하는 회사로서 이 법에 따른 지원을 받으려는 자는 지식경제부령으로 정하는 바에 따라 중소기업청장에게 중소기업상담회사로 등록하여야 한다. 중소기업상담회사가 등록한 사항 중 회사명과 소재지 등 지식경제부령으로 정하는 중요 사항을 변경하려는 경우에도 또한 같다. <개정 2008.2.29>

1. 중소기업의 사업성 평가
2. 중소기업의 경영 및 기술 향상을 위한 용역
3. 중소기업에 대한 사업의 알선
4. 중소기업에 대한 자금의 알선
5. 창업 절차의 대행
6. 창업보육센터의 설립·운영
7. 제1호부터 제6호까지의 사업에 딸린 사업으로서 중소기업청장이 정하는 사업

②제1항에 따른 중소기업상담회사는 다음 각 호의 요건을 모두 갖추어야 한다.

1. 「상법」에 따른 회사로서 납입자본금이 대통령령으로 정하는 금액 이상일 것
2. 임원이 다음 각 목의 어느 하나에 해당하지 아니하는 자일 것
   가. 미성년자·금치산자 또는 한정치산자
   나. 파산선고를 받고 복권되지 아니한 자
   다. 금고 이상의 실형을 선고받고 그 집행이 끝나거나(집행이 끝난 것으로 보는 경우를 포함한다) 집행이 면제된 날부터 3년이 지나지 아니한 자
   라. 금고 이상의 형의 집행유예를 선고받고 그 유예기간 중에 있는 자
   마. 금융거래 등 상거래에서 약정한 날짜 이내에 채무를 갚지 아니한 자로서 대통령령으로 정하는 자
3. 대통령령으로 정하는 기준에 따른 전문인력 및 시설을 보유할 것

제32조 (용역비의 지원) 중소기업청장은 중소기업상담회사가 창업자에게 용역을 제공하면 대통령령으로 정하는 바에 따라 그 용역 대금의 일부를 지원할 수 있다.

제5장 창업 절차 등

제33조 (사업계획의 승인) ①창업자는 대통령령으로 정하는 바에 따라 사업계획을 작성하고, 이에 대한 시장·군수 또는 구청장(자치구의 구청장만을 말한다. 이하 같다)의 승인을 받아 사업을 할 수 있다.

②시장·군수 또는 구청장은 제1항에 따른 사업계획의 승인을 할 때에는 그 공장의 건축면적이 「산업집적활성화 및 공장설립에 관한 법률」 제8조에 따른 기준공장면적률에 적합하도록 하여야 한다.

③시장·군수 또는 구청장은 제1항에 따른 사업계획의 승인 신청을 받은 날부터 20일 이내에 승인 여부를 알려야 한다. 이 경우 20일 이내에 승인 여부를 알리지 아니한 때에는 20일이 지난 날의 다음 날에 승인한 것으로 본다.

④중소기업청장은 창업에 따른 절차를 간소화하기 위하여 제1항에 따른 사업계획 승인에 관한 업무를 처리할 때 필요한 지침을 작성하여 고시할 수 있다.

제34조 (사전 협의) ①창업자는 제33조제1항에 따른 사업계획의 승인을 신청하기 전에 시장·군수 또는 구청장에게 사업계획의 승인 가능성 등에 관하여 사전 협의를 요청할 수 있다.

②제1항에 따른 사전 협의 절차 등에 필요한 사항은 대통령령으로 정한다.

제35조 (다른 법률과의 관계) ①제33조제1항에 따라 사업계획을 승인할 때 다음 각 호의 허가, 인가, 면허, 승인, 지정, 결정, 신고, 해제 또는 용도폐지(이하 이 조에서 "허가등"이라 한다)에 관하여 시장 · 군수 또는 구청장이 제4항에 따라 다른 행정기관의 장과 협의를 한 사항에 대해서는 그 허가등을 받은 것으로 본다. <개정 2007.12.27, 2008.3.21, 2009.1.30>

1. 「산업집적활성화 및 공장설립에 관한 법률」 제13조제1항에 따른 공장설립 등의 승인
2. 「사방사업법」 제14조에 따른 벌채 등의 허가와 같은 법 제20조에 따른 사방지(砂防地) 지정의 해제
3. 「공유수면관리법」 제5조에 따른 공유수면의 점용 · 사용의 허가 및 같은 법 제8조에 따른 실시계획의 승인 또는 신고
4. 「공유수면매립법」 제9조에 따른 공유수면 매립의 면허
5. 「하천법」 제30조에 따른 하천공사의 허가와 같은 법 제33조에 따른 하천의 점용허가
6. 「산지관리법」 제14조 및 제15조에 따른 산지전용허가, 산지전용신고 및 같은 법 제21조에 따라 산지전용된 토지의 용도변경 승인과 「산림자원의 조성 및 관리에 관한 법률」 제36조제1항 및 제4항에 따른 입목벌채 등의 허가와 신고
7. 「사도법」 제4조에 따른 사도(私道)의 개설허가
8. 「국토의 계획 및 이용에 관한 법률」 제56조제1항에 따른 개발행위의 허가, 같은 법 제86조에 따른 도시계획시설사업의 시행자 지정, 같은 법 제88조에 따른 실시계획의 작성 · 인가 및 같은 법 제118조에 따른 토지거래계약의 허가
9. 「농지법」 제34조제1항에 따른 농지의 전용허가, 같은 법 제35조제1항에 따른 농지의 전용신고 및 같은 법 제40조제1항에 따른 용도변경의 승인
10. 「초지법」 제23조에 따른 초지의 전용허가 또는 전용 신고
11. 「국유재산법」 제30조에 따른 국유재산의 사용허가 및 같은 법 제40조에 따른 도로, 하천, 도랑 및 제방의 용도폐지
12. 「도로법」 제38조제1항에 따른 도로의 점용허가
13. 「환경정책기본법」 제25조에 따른 사전환경성검토 협의
14. 「농어촌정비법」 제22조제1항 본문에 따른 농업기반시설의 목적 외 사용의 승인
15. 「장사등에 관한 법률」 제23조제1항에 따른 타인의 토지 등에 설치된 분묘 개장(改葬)의 허가
16. 「공유재산 및 물품 관리법」 제20조제1항에 따른 행정재산과 보전재산의 사용허가 · 수익허가 및 같은 법 제11조에 따른 행정재산 및 보전재산의 용도폐지

②제33조제1항에 따라 사업계획의 승인을 받은 공장에 대해 「건축법」 제11

조에 따른 건축허가를 할 때 해당 시장·군수 또는 구청장이 다음 각 호의 허가, 인가, 승인, 동의 또는 신고(이하 이 조에서 "승인등"이라 한다)에 관하여 제4항에 따라 다른 행정기관의 장과 협의를 한 사항에 대하여는 그 승인등을 받은 것으로 본다. <개정 2007.5.17, 2008.3.21>
1. 「도로법」 제38조제1항에 따른 도로의 점용허가
2. 「하수도법」 제24조에 따른 점용허가와 같은 법 제27조제3항 및 제4항에 따른 배수설비의 설치신고
3. 「하수도법」 제34조제2항에 따른 개인하수처리시설설치의 신고
4. 「소방시설설치유지 및 안전관리에 관한 법률」 제7조제1항에 따른 건축허가등의 동의, 「소방시설공사업법」 제13조제1항에 따른 소방시설공사의 신고와 「위험물안전관리법」 제6조제1항에 따른 제조소등의 설치허가
5. 「대기환경보전법」 제10조, 「수질 및 수생태계 보전에 관한 법률」 제33조, 「소음·진동규제법」 제8조 및 「가축분뇨의 관리 및 이용에 관한 법률」 제11조에 따른 배출시설의 설치허가 또는 설치신고
6. 「폐기물관리법」 제29조제2항에 따른 폐기물처리시설의 설치승인 또는 설치신고
7. 「수도법」 제52조와 제54조에 따른 전용수도설치의 인가
8. 「전기사업법」 제62조에 따른 자가용전기설비의 공사계획 인가 또는 신고
9. 「총포·도검·화약류 등 단속법」 제25조제1항에 따른 화약류 간이저장소 설치의 허가
10. 「건축법」 제11조제1항에 따른 건축허가, 같은 법 제14조제1항에 따른 건축신고, 같은 법 제20조제1항과 제2항에 따른 가설건축물의 건축허가 또는 건축신고 및 같은 법 제83조제1항에 따른 공작물 축조의 신고
11. 「토양환경보전법」 제12조에 따른 특정토양오염관리대상시설 설치의 신고
12. 「액화석유가스의 안전관리 및 사업법」 제3조에 따른 가스용품제조사업의 허가와 같은 법 제6조에 따른 액화석유가스저장소의 설치허가
13. 「고압가스 안전관리법」 제4조에 따른 고압가스의 제조허가와 고압가스 저장소 설치의 허가, 같은 법 제5조제1항에 따른 용기, 냉동기 및 특정설비의 제조등록, 같은 법 제20조제1항에 따른 특정고압가스 사용신고
14. 「축산물가공처리법」 제23조제1항에 따른 도축업·축산물가공업의 조건부허가 및 같은 조 제3항에 따른 조건이행의 신고

③제33조제1항에 따라 사업계획의 승인을 받은 공장에 대하여 「건축법」 제22조에 따라 건축물의 사용승인을 할 때 해당 시장·군수 또는 구청장이 다음 각 호의 검사, 신고, 동의 또는 신청(이하 이 조에서 "검사등"이라 한다)에 관하여 제4항에 따라 다른 행정기관의 장과 협의를 한 사항에 대하여는 그 검사등을 받은 것으로 본다. <개정 2007.5.17, 2008.3.21>

1. 「하수도법」 제37조에 따른 준공검사
2. 「소방시설설치유지 및 안전관리에 관한 법률」 제7조제1항에 따른 사용승인의 동의, 「소방시설공사업법」 제14조에 따른 소방시설공사의 완공검사와 「위험물안전관리법」 제9조에 따른 제조소등의 완공검사
3. 「폐기물관리법」 제29조제4항에 따른 폐기물처리시설 사용개시의 신고
4. 「대기환경보전법」 제14조제1항, 「수질 및 수생태계 보전에 관한 법률」 제37조 및 「소음·진동규제법」 제13조에 따른 배출시설 등의 가동개시 신고
5. 「총포·도검·화약류 등 단속법」 제43조에 따른 완성검사
6. 「먹는 물 관리법」 제23조제1항에 따른 먹는샘물제조업의 조건부 영업허가
7. 「전기사업법」 제63조에 따른 자가용전기설비의 사용 전 검사
8. 「액화석유가스의 안전관리 및 사업법」 제18조제2항에 따른 저장소 설치와 가스용품제조시설의 완성검사
9. 「고압가스 안전관리법」 제16조제3항에 따른 고압가스의 제조, 저장소 설치, 용기 등의 제조시설 설치공사의 완성검사 및 같은 법 제20조에 따른 특정고압가스시설의 완성검사
10. 「국토의 계획 및 이용에 관한 법률」 제62조제1항과 같은 법 제98조제2항에 따른 준공검사
11. 「지적법」 제3조제2항에 따른 토지 이동 등의 등록 신청

④시장·군수 또는 구청장이 제33조에 따른 사업계획의 승인 또는 「건축법」 제11조제1항 및 같은 법 제22조제1항에 따른 건축허가와 사용승인을 할 때 그 내용 중 제1항부터 제3항까지에 해당하는 사항이 다른 행정기관의 권한에 속하는 경우에는 그 행정기관의 장과 협의하여야 하며, 협의를 요청받은 행정기관의 장은 대통령령으로 정하는 기간에 의견을 제출하여야 한다. 이 경우 다른 행정기관의 장이 그 기간에 의견을 제출하지 아니하면 의견이 없는 것으로 본다. <개정 2008.3.21>

제36조 (법령 제정·개정 시의 협의) 관계 행정기관의 장은 제33조에 따른 사업계획의 승인, 창업자의 공장에 대한 「건축법」 제11조제1항의 건축허가나 같은 법 제22조제1항의 사용승인과 관련되는 사항을 법령으로 제정하거나 개정하려면 미리 중소기업청장과 협의하여야 한다. <개정 2008.3.21>

제37조 (사업계획 승인의 취소 등) ①시장·군수 또는 구청장은 사업계획의 승인을 받은 자가 다음 각 호의 어느 하나에 해당하면 사업계획의 승인과 공장 건축허가를 취소하거나 해당 토지의 원상회복을 명령할 수 있다.

1. 사업계획의 승인을 받은 날부터 대통령령으로 정하는 기간이 지난 날까지 공장의 착공을 하지 아니하거나 공장착공 후 대통령령으로 정하는 기간 이상 공사를 중단한 경우
2. 사업계획의 승인을 받은 공장용지를 공장착공을 하지 아니하고 다른 사

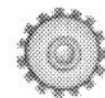

람에게 양도한 경우

3. 사업계획의 승인을 받은 공장용지를 다른 사람에게 임대하거나 공장이 아닌 용도로 활용하는 경우

4. 사업계획의 승인을 받은 후 대통령령으로 정하는 기간이 지난 날까지 공장 건축을 끝내지 아니한 경우

②시장・군수 또는 구청장은 제1항에 따른 원상회복명령을 위반하여 원상회복을 하지 아니하면 대집행(代執行)에 따라 원상회복을 할 수 있다.

③제2항에 따른 대집행의 절차에 관하여는 「행정대집행법」을 적용한다.

④시장・군수 또는 구청장은 제1항에 따라 사업계획의 승인을 취소하려면 청문을 하여야 한다.

제38조 (창업민원처리기구의 설치) ①정부는 민원인의 편의를 위하여 특별시・광역시・도・특별자치도 또는 시・군・구의 창업에 관련된 민원을 종합적으로 접수하여 처리할 수 있는 기구(이하 이 조에서 "중소기업창업민원실"이라 한다)를 설치할 수 있다.

②중소기업창업민원실의 설치 및 운영에 필요한 사항은 대통령령으로 정한다.

제39조 (창업진흥전담조직의 설치) ①중소기업청장은 창업을 촉진하기 위한 업무를 전담하는 조직(이하 이 조에서 "전담조직"이라 한다)을 설치할 수 있다.

②제1항에 따른 전담조직의 설치 및 운영 등에 필요한 사항은 대통령령으로 정한다.

제39조의2 (부담금의 면제) 「통계법」 제22조제1항에 따라 통계청장이 작성・고시하는 한국표준산업분류상의 제조업을 영위하기 위하여 중소기업을 창업하는 자에 대하여 사업을 개시한 날부터 3년 동안 다음 각 호의 부담금을 면제한다.

1. 「지방자치법」 제138조에 따른 분담금
2. 「농지법」 제38조제1항에 따른 농지보전부담금
3. 「초지법」 제23조제6항에 따른 대체초지조성비
4. 「전기사업법」 제51조제1항에 따른 부담금
5. 「대기환경보전법」 제35조제1항제2호의 기본부과금(대기오염물질배출량의 합계가 연간 10톤 미만인 사업장에 한한다)
6. 「수질 및 수생태계 보전에 관한 법률」 제41조제1항제1호의 기본배출부과금(1일 폐수배출량이 200㎥ 미만인 사업장에 한한다)
7. 「자원의 절약과 재활용촉진에 관한 법률」 제12조제2항에 따른 폐기물부담금(연간 매출액이 20억원 미만인 제조업자에 한한다)
8. 「한강수계 상수원수질개선 및 주민지원 등에 관한 법률」 제19조제1항에 따른 물이용부담금
9. 「금강수계 물관리 및 주민지원 등에 관한 법률」 제30조제1항에 따른 물이용부담금

10. 「낙동강수계 물관리 및 주민지원 등에 관한 법률」 제32조제1항에 따른 물이용부담금
11. 「영산강 · 섬진강수계 물관리 및 주민지원 등에 관한 법률」 제30조제1항에 따른 물이용부담금

[본조신설 2007.8.3]
[유효기간 2010.8.3]

제6장 보칙

제40조 (보고와 검사) ①중소기업청장은 필요하다고 인정하면 대통령령으로 정하는 바에 따라 중소기업창업투자회사, 중소기업창업투자조합의 업무집행조합원, 중소기업상담회사 또는 창업보육센터사업자에게 업무운용 상황 등에 관한 보고를 하게 할 수 있으며, 다음 각 호의 어느 하나에 해당하는 경우에는 소속 공무원에게 사무소와 사업장에 출입하여 중소기업창업투자회사 및 중소기업창업투자조합의 감사보고서 등 대통령령으로 정하는 장부 · 서류 등을 검사하게 할 수 있다.

1. 제10조제2항에 따른 중소기업창업투자회사의 등록요건 유지 여부의 확인이 필요한 경우
2. 제15조에 따른 중소기업창업투자회사의 행위제한 위반 여부의 확인이 필요한 경우
3. 제16조에 따른 중소기업창업투자회사의 투자의무 준수 여부의 확인이 필요한 경우
4. 제17조에 따른 중소기업창업투자회사의 해외투자 요건 준수 여부의 확인이 필요한 경우
5. 제21조에 따른 업무집행조합원의 행위 등에 대한 위반 여부 및 투자의무 준수 여부의 확인이 필요한 경우
6. 삭제 <2009.4.1>
7. 그 밖에 제1호부터 제6호까지의 사항에 준하는 경우로서 대통령령으로 정하는 경우

②제1항에 따라 검사를 하는 경우에는 검사 7일 전에 검사 일시, 검사 목적 및 검사 내용 등에 관한 검사계획을 검사받을 자에게 알려야 한다. 다만, 긴급하거나 증거인멸 등으로 검사 목적을 달성할 수 없다고 인정하는 경우에는 그러하지 아니하다.

③제1항에 따라 출입 · 검사하는 공무원은 그 권한을 표시하는 증표를 지니고 이를 관계인에게 내보여야 하며, 출입할 때 성명 · 출입시간 · 출입목적 등이 표시된 문서를 관계인에게 내주어야 한다.

제41조 삭제 <2009.4.1>

제42조 (임직원에 대한 제재 등) ①중소기업청장은 중소기업창업투자회사 또는 업무집행조합원이 제43조제1항 또는 제2항 각 호의 어느 하나(제1호는 제외한다)에 해당하여 중소기업창업투자회사 또는 중소기업창업투자조합의 건전한 운영을 해칠 우려가 있다고 인정되는 경우에는 다음 각 호의 어느 하나에 해당하는 조치를 할 수 있다.

1. 중소기업창업투자회사 임직원에 대한 문책의 요구
2. 해당 위반행위에 대한 시정명령

②중소기업청장은 중소기업창업투자회사가 대통령령으로 정하는 경영과 자산 건전성 기준을 갖추지 못하여 출자자를 해칠 우려가 있다고 인정되면 자본금의 증액, 이익 배당의 제한 등 경영개선을 위하여 필요한 조치를 요구할 수 있다.

제43조 (등록의 취소 등) ①중소기업청장은 중소기업창업투자회사가 다음 각 호의 어느 하나에 해당하면 그 등록을 취소하거나 이 법에 따른 지원을 중단할 수 있다. 다만, 제1호에 해당하면 그 등록을 취소하여야 한다. <개정 2007.8.3>

1. 거짓이나 그 밖에 부정한 방법으로 등록을 한 때
2. 제10조제2항에 따른 등록요건에 맞지 아니하게 된 때. 다만, 임원이 같은 항 제2호 각 목(같은 호 사목과 아목은 대표이사에게만 해당한다)의 어느 하나에 해당하는 경우 3개월 이내에 그 임원을 바꾸어 임명한 경우에는 그러하지 아니하다.
3. 정당한 사유 없이 1년 이상 계속하여 제10조제1항제1호 또는 제2호에 따른 투자를 하지 아니한 때
4. 회사의 책임 있는 사유로 제10조제1항에 따른 사업수행이 어렵게 된 때
5. 제15조제1항에 따른 행위제한 의무를 위반하거나 같은 조 제2항에 따른 비업무용부동산 처분의무를 위반한 때
6. 투자비율이 제16조에 따른 비율에 미치지 못할 때
7. 제17조를 위반하여 해외투자를 한 때
8. 중소기업창업투자조합의 업무집행조합원으로서 제21조제2항을 위반하여 자기 또는 제삼자의 이익을 위하여 중소기업창업투자조합의 재산을 사용한 때
9. 「유사수신행위의 규제에 관한 법률」 제3조를 위반한 때
10. 제42조제2항에 따른 요구를 이행하지 아니한 때
11. 중소기업창업투자조합의 업무집행조합원으로서 제21조제4항 또는 같은 조 제5항에 따라 준용되는 제15조를 위반하거나 「벤처기업육성에 관한 특별조치법」 제4조의3제2항에 따른 한국벤처투자조합의 업무집행조합원으로서 같은 법 제4조의4제2항을 위반한 때(제47조의2제1항에 따른 공모창업투자조합의 업무집행조합원의 경우 「자본시장과 금융투자업에 관한 법률」 또는 같은 법에 따른 명령이나 처분을 위반한 때를 포함한다)

②중소기업청장은 중소기업창업투자조합이 다음 각 호의 어느 하나에 해당하면 그 등록을 취소하거나 이 법에 따른 지원을 중단할 수 있다. 다만, 제1호에 해당하면 그 등록을 취소하여야 한다.
1. 거짓이나 그 밖에 부정한 방법으로 등록을 한 때
2. 제20조제4항에 따른 등록요건에 맞지 아니하게 된 때
3. 제21조제3항부터 제6항까지의 규정을 위반한 때
4. 업무집행조합원인 중소기업창업투자회사의 등록이 취소되거나 말소된 때
5. 제22조제1항 및 제3항을 위반한 때
6. 삭제 <2007.8.3>

③중소기업청장은 중소기업상담회사가 다음 각 호의 어느 하나에 해당하면 그 등록을 취소하거나 이 법에 따른 지원을 중단할 수 있다. 다만, 제1호에 해당하면 그 등록을 취소하여야 한다.
1. 거짓이나 그 밖에 부정한 방법으로 등록을 한 때
2. 제31조제2항에 따른 등록요건에 맞지 아니하게 된 때. 다만, 임원 중 같은 항 제2호 각 목의 어느 하나에 해당하는 자가 있는 경우 6개월 이내에 그 임원을 바꾸어 임명한 경우에는 그러하지 아니하다.
3. 회사의 책임 있는 사유로 제31조제1항에 따른 사업수행이 어렵게 된 때
4. 정당한 사유 없이 1년 이상 계속하여 사업을 하지 아니한 때
5. 삭제 <2007.8.3>

④중소기업청장은 창업보육센터사업자가 다음 각 호의 어느 하나에 해당하면 사업자의 지정을 취소하거나 이 법에 따른 지원을 중단할 수 있다. 다만, 제1호에 해당하면 그 지정을 취소하여야 한다. <개정 2008.2.29>
1. 거짓이나 그 밖에 부정한 방법으로 지정을 받은 때
2. 지원받은 자금을 다른 목적으로 사용한 때
3. 창업보육센터 시설 및 장소를 중소기업 창업지원 외의 목적으로 사용하거나 시설 및 장소의 임대 실적이 지식경제부령으로 정하는 기준에 미치지 못할 때
4. 제6조제1항에 따른 지정 요건에 맞지 아니하게 된 때

제44조 (청문) 중소기업청장은 제43조에 따라 중소기업창업투자회사, 중소기업창업투자조합 또는 중소기업상담회사의 등록을 취소하거나 창업보육센터사업자의 지정을 취소하려면 청문을 하여야 한다.

제45조 (권한의 위임·위탁) ①이 법에 따른 중소기업청장의 권한은 대통령령으로 정하는 바에 따라 그 일부를 소속 기관의 장이나 특별시장·광역시장·도지사 또는 특별자치도지사에게 위임할 수 있다.

②중소기업청장은 이 법에 따른 업무의 일부를 대통령령으로 정하는 바에 따라 다른 행정기관의 장, 「중소기업진흥 및 제품구매촉진에 관한 법률」 제68조에 따른 중소기업진흥공단, 중소기업창업투자회사, 중소기업상담회

사, 그 밖의 중소기업 관련 기관에 위탁할 수 있다.

제46조 (비슷한 명칭의 사용 금지) 중소기업창업투자회사나 중소기업창업투자조합이 아닌 자는 중소기업창업투자회사와 중소기업창업투자조합의 명칭 또는 이와 비슷한 명칭을 사용하지 못한다.

제47조 (업무기준의 고시) 중소기업청장은 중소기업창업투자회사, 중소기업창업투자조합, 중소기업상담회사 또는 창업보육센터사업자가 창업자에 대하여 효율적으로 지원할 수 있도록 창업지원 업무에 관한 기준을 정하여 고시할 수 있다.

제47조의2 (공모창업투자조합에 관한 특례) ① 「자본시장과 금융투자업에 관한 법률」 제11조부터 제16조까지, 제22조부터 제27조까지, 제29조부터 제32조까지, 제34조부터 제43조까지, 제48조, 제50조부터 제53조까지, 제56조, 제58조, 제60조부터 제65조까지, 제80조부터 제83조까지, 제85조제2호 · 제3호 및 제6호부터 제8호까지, 제86조부터 제95조까지, 제181조부터 제183조까지, 제184조제1항 · 제2항 · 제5항부터 제7항까지, 제185조부터 제187조까지, 제218조부터 제223조까지, 제229조부터 제253조까지 및 제415조부터 제425조까지는 공모창업투자조합(「자본시장과 금융투자업에 관한 법률」 제9조제19항에 따른 사모집합투자기구에 해당하지 아니하는 창업투자조합을 말한다. 이하 같다) 및 창업투자회사(공모창업투자조합이 아닌 창업투자조합만을 결성하여 그 업무를 집행하는 창업투자회사를 제외한다)에 대하여는 적용하지 아니한다.

② 중소기업청장은 공모창업투자조합 또는 창업투자회사(공모창업투자조합이 아닌 창업투자조합만을 결성하여 그 업무를 집행하는 창업투자회사를 제외한다)를 등록하는 경우에는 미리 금융위원회와 협의하여야 한다. <개정 2008.2.29>

③ 금융위원회는 공익 또는 공모창업투자조합의 조합원을 보호하기 위하여 필요한 경우에는 공모창업투자조합 및 창업투자회사(공모창업투자조합이 아닌 창업투자조합만을 결성하여 그 업무를 집행하는 창업투자회사를 제외한다)에 대하여 업무에 관한 자료의 제출이나 보고를 명할 수 있으며, 금융감독원의 원장으로 하여금 그 업무에 관하여 검사하게 할 수 있다. <개정 2008.2.29>

④ 금융위원회는 공모창업투자조합 및 창업투자회사(공모창업투자조합이 아닌 창업투자조합만을 결성하여 그 업무를 집행하는 창업투자회사를 제외한다)가 이 법 또는 이 법에 따른 명령이나 처분을 위반하거나, 「자본시장과 금융투자업에 관한 법률」 또는 「자본시장과 금융투자업에 관한 법률」에 따른 명령이나 처분을 위반한 경우에는 제42조제1항 각 호, 제43조제1항 · 제2항의 어느 하나에 해당하는 조치를 취하도록 중소기업청장에게 요구할 수 있고, 중소기업청장은 특별한 사유가 없는 한 이에 응하여야 한다. 이 경우 중소기업청장은 그 조치내역을 금융위원회에 통보하여야 한

다. <개정 2008.2.29>

[본조신설 2007.8.3]

제7장 벌칙

제48조 (과태료) ①다음 각 호의 어느 하나에 해당하는 자에게는 500만원 이하의 과태료를 부과한다.

1. 제10조제1항 후단 또는 제20조제1항 후단에 따른 변경 등록을 하지 아니하거나 거짓으로 변경 등록을 한 자
2. 제11조제2항에 따른 영업의 양수 등의 신고를 하지 아니하거나 거짓으로 신고한 자
3. 제14조에 따른 중소기업창업투자회사의 공시를 하지 아니하거나 거짓으로 공시한 자
4. 제19조 또는 제23조에 따른 결산서를 제출하지 아니하거나 거짓된 결산서를 제출한 자
5. 제40조제1항에 따른 보고를 하지 아니하거나 거짓된 보고를 한 자 또는 같은 항에 따른 검사를 거부・방해 또는 기피한 자
6. 삭제 <2009.4.1>
7. 제46조를 위반하여 비슷한 명칭을 사용한 자

②제1항에 따른 과태료는 대통령령으로 정하는 바에 따라 중소기업청장이 부과・징수한다.

③ 삭제 <2009.1.30>

④ 삭제 <2009.1.30>

⑤ 삭제 <2009.1.30>

부칙(산업발전법) <제9584호, 2009.4.1>

제1조(시행일) 이 법은 2009년 5월 8일부터 시행한다.

제2조부터 제4조까지 생략

제5조(다른 법률의 개정) ① 부터 ⑧ 까지 생략

⑨ 중소기업창업 지원법 일부를 다음과 같이 개정한다.

제40조제1항제6호, 제41조 및 제48조제1항제6호를 각각 삭제한다.

⑩ 및 ⑪ 생략

제6조 생략

중소기업창업 지원법 시행령

[시행 2009.7.1] [대통령령 제21590호, 2009.6.30, 타법개정]

중소기업청 (창업진흥과) 042-481-4409

제1장 총칙

제1조 (목적) 이 영은 「중소기업창업 지원법」에서 위임된 사항과 그 시행에 필요한 사항을 규정함을 목적으로 한다.

제2조 (창업의 범위) ①「중소기업창업 지원법」(이하 "법"이라 한다) 제2조제1호에 따른 창업은 다음 각 호의 어느 하나에 해당하지 아니하는 것으로서 중소기업을 새로 설립하여 사업을 개시하는 것을 말한다. <개정 2008.2.29>

1. 타인으로부터 사업을 승계하여 승계 전의 사업과 같은 종류의 사업을 계속하는 경우. 다만, 사업의 일부를 분리하여 해당 기업의 임직원이나 그 외의 자가 사업을 개시하는 경우로서 지식경제부령으로 정하는 요건에 해당하는 경우는 제외한다.
2. 개인사업자인 중소기업자가 법인으로 전환하거나 법인의 조직변경 등 기업형태를 변경하여 변경 전의 사업과 같은 종류의 사업을 계속하는 경우
3. 폐업 후 사업을 개시하여 폐업 전의 사업과 같은 종류의 사업을 계속하는 경우

②제1항 각 호에 따른 같은 종류의 사업의 범위는 「통계법」 제22조제1항에 따라 통계청장이 작성·고시하는 한국표준산업분류(이하 "한국표준산업분류"라 한다)상의 세분류를 기준으로 한다. 이 경우 기존 업종에 다른 업종을 추가하여 사업을 하는 경우에는 추가된 업종의 매출액이 총 매출액의 100분의 50 미만인 경우에만 같은 종류의 사업을 계속하는 것으로 본다. <개정 2007.10.23>

③제2항 후단에 따른 추가된 업종의 매출액 또는 총 매출액은 추가된 날이 속하는 분기의 다음 2분기 동안의 매출액 또는 총 매출액을 말한다.

제3조 (사업의 개시일) 법 제2조제2호에 따른 사업을 개시한 날은 다음 각 호와 같다.

1. 창업자가 법인이면 법인설립등기일
2. 창업자가 개인이면 「부가가치세법」 제5조제1항에 따른 사업개시일. 다만, 법 제33조에 따른 사업계획의 승인을 받아 사업을 개시하는 경우에는 「부가가치세법」 제5조제1항에 따른 사업자등록일

제4조 (창업에서 제외되는 업종) 법 제3조 단서에서 "대통령령으로 정하는 업종"이란 다음 각 호의 어느 하나에 해당하는 업종을 말한다. 이 경우 업종의 분류는 한국표준산업분류를 기준으로 한다. <개정 2008.2.29, 2008.5.9>
1. 숙박 및 음식점업
2. 금융 및 보험업
3. 부동산업
4. 무도장운영업
5. 골프장 및 스키장운영업
6. 기타 갬블링 및 베팅업
7. 기타 개인 서비스업(산업용 세탁업은 제외한다)
8. 그 밖에 제조업이 아닌 업종으로서 지식경제부령으로 정하는 업종

제5조 (창업지원계획의 수립 등) ①법 제4조제1항에 따른 중소기업창업지원계획에는 다음 각 호의 사항이 포함되어야 한다. <개정 2009.5.28>
1. 창업자의 지원에 관한 사항
2. 창업지원과 관련되는 기관·단체의 육성에 관한 사항
3. 「중소기업진흥 및 제품구매촉진에 관한 법률」 제63조에 따른 중소기창업 및 진흥기금에서 지원하는 중소기업 창업지원자금의 운용에 관한 사항
4. 그 밖에 창업지원을 위하여 필요한 사항

②법 제4조제2항에서 "대통령령으로 정하는 창업지원에 관한 사업을 하는 자"란 다음 각 호의 어느 하나에 해당하는 자를 말한다.
1. 법 제6조제1항에 따른 창업보육센터사업자
2. 법 제8조제1항에 따른 창업대학원
3. 법 제10조제1항에 따른 중소기업창업투자회사(이하 "창업투자회사"라 한다)
4. 법 제20조제1항에 따른 중소기업창업투자조합(이하 "창업투자조합"이라 한다)
5. 법 제31조제1항에 따른 중소기업상담회사(이하 "중소기업상담회사"라 한다)
6. 법 제39조에 따른 창업을 촉진하기 위한 업무를 전담하는 조직
7. 그 밖에 창업강좌의 개최 또는 창업정보의 제공 등 창업지원사업을 하는 자로서 중소기업청장이 고시하는 기준을 갖춘 사업자

제6조 (창업보육센터사업자의 지정) ①법 제6조제1항제2호에서 "그 밖에 대통령령으로 정하는 전문인력"이란 별표 1의 전문인력을 말한다.

②창업보육센터사업자의 지정을 받으려는 자는 지정신청서에 지식경제부령으로 정하는 서류를 첨부하여 중소기업청장에게 제출하여야 한다. 지정받은 사항을 변경한 경우에도 또한 같다. <개정 2008.2.29>

제7조 (국유재산 임대료의 감면) ①법 제6조제2항에 따른 국유재산의 연간 임대료는 「국유재산법 시행령」 제26조제2항에 따라 산출한 재산가액에 100분의 1

이상을 곱한 금액으로 하되, 월 단위로 나누어 계산할 수 있다.

②동일한 입주자(법 제6조제2항에 따라 창업보육센터에 입주한 자를 말한다)가 동일한 국유재산을 계속하여 2개 연도 이상 임차하는 경우로서 제1항에 따라 산출한 연간 임대료가 전년도의 임대료보다 10퍼센트 이상 인상되는 경우에는 「국유재산법 시행령」 제27조의2 및 별표에 따라 산출한 금액을 그 임대료로 한다.

제8조 (기금의 우선지원) 법 제9조에 따라 「중소기업진흥 및 제품구매촉진에 관한 법률」 제63조에 따른 중소기업창업 및 진흥기금을 우선적으로 지원받을 수 있는 자는 투자실적이 납입자본금의 100분의 50 이상이거나 부채비율이 중소기업청장이 정하여 고시하는 기준 이하인 창업투자회사 및 그 창업투자회사가 결성하는 창업투자조합으로 한다. <개정 2009.5.28>

제2장 중소기업창업투자회사

제9조 (창업투자회사의 등록요건) ①법 제10조제2항제1호에서 "대통령령으로 정하는 금액"이란 50억원을 말한다. <개정 2009.5.28>

②법 제10조제2항제2호마목에서 "대통령령으로 정하는 금융 관련 법령"이란 다음 각 호의 어느 하나에 해당하는 법률을 말한다. <개정 2008.5.9, 2008.7.29>

1. 「금융산업의 구조개선에 관한 법률」
2. 「은행법」
3. 「자본시장과 금융투자업에 관한 법률」
4. 삭제 <2008.7.29>
5. 삭제 <2008.7.29>
6. 삭제 <2008.7.29>
7. 삭제 <2008.7.29>
8. 「보험업법」
9. 「상호저축은행법」
10. 「여신전문금융업법」
11. 「신용보증기금법」
12. 「기술신용보증기금법」
13. 「신용협동조합법」
14. 「새마을금고법」
15. 「신용정보의 이용 및 보호에 관한 법률」
16. 「외국환거래법」
17. 「금융위원회의 설치 등에 관한 법률」
18. 「자산유동화에 관한 법률」

19. 「금융실명거래 및 비밀보장에 관한 법률」
20. 「외국인투자촉진법」
21. 「기업구조조정투자회사법」
22. 「산업발전법」

③법 제10조제2항제2호바목 및 자목에서 "대통령령으로 정하는 자"란 다음 각 호의 어느 하나에 해당하는 자를 말한다.

1. 대표이사
2. 감사
3. 등록취소의 원인이 되는 행위를 지시한 자

④법 제10조제2항제2호사목에서 "대통령령으로 정하는 자"란 정당한 사유 없이 약정한 날을 3개월 이상 지난 채무가 1천만원을 초과하는 자를 말한다.

⑤법 제10조제2항제2호아목에서 "대통령령으로 정하는 출자자"란 다음 각 호의 어느 하나에 해당하는 자를 말한다. <개정 2008.5.9, 2008.7.29>

1. 의결권 있는 발행주식총수를 기준으로 본인 및 「자본시장과 금융투자업에 관한 법률 시행령」 제8조에 따른 특수관계인(이하 "특수관계인"이라 한다)이 소유하는 주식이 가장 많고 그 주식수가 의결권 있는 발행주식총수의 100분의 10을 초과하는 경우의 그 본인
2. 누구의 명의로 하든지 자기의 계산으로 의결권 있는 발행주식총수의 100분의 30 이상의 주식을 소유한 자
3. 임원의 임면 등 해당 창업투자회사의 주요 경영사항에 대하여 사실상 지배력을 행사하고 있는 주주

⑥법 제10조제2항제3호에 따라 창업투자회사가 갖추어야 하는 상근하는 전문인력과 시설의 기준은 다음과 같다. <개정 2008.5.9, 2009.5.28>

1. 다음 각 목의 어느 하나에 해당하는 2명 이상의 전문인력. 다만, 법 제10조제2항제2호바목 또는 자목에 해당하는 자로서 등록이 취소된 날 또는 그 사유를 통보받은 날부터 3년(등록말소일부터 5년을 초과하는 경우에는 등록말소일부터 5년)이 지나지 아니한 자는 제외한다.
   가. 「변호사법」에 따른 변호사, 「공인회계사법」에 따른 공인회계사 또는 「변리사법」에 따른 변리사
   나. 「국가기술자격법」에 따른 기술사 자격을 취득한 자 또는 이공계열·경상계열 박사학위를 소지한 자
   다. 「중소기업진흥 및 제품구매촉진에 관한 법률」 제50조에 따른 경영지도사·기술지도사 또는 이공계열·경상계열 석사학위를 소지한 자로서 관련 업무에 3년 이상 종사한 자
   라. 이공계열 학사 이상의 학위를 소지한 자로서 국·공립연구기관, 「정부출연연구기관 등의 설립·운영 및 육성에 관한 법률」 또는 「과학기술분야 정부출연연구기관 등의 설립·운영 및 육성에 관한 법률」에 따른 정부출연연구기관, 「기술개발촉진법」 제7조제1항제2호에 따른

기업부설연구소에서 관련 업무에 4년 이상 종사한 자

마. 학사학위를 소지한 자로서 「금융위원회의 설치 등에 관한 법률」 제38조에 따른 검사대상기관(「여신전문금융업법」 제41조에 따른 신기술사업금융업을 경영하는 회사는 제외한다) 또는 창업투자회사의 업무에 준하는 업무를 수행하는 외국회사(그 계열사 및 지점을 포함한다)에서 3년 이상 투자심사업무(대출심사업무는 제외한다)를 한 경력이 있는 자

바. 창업투자회사, 「산업발전법」 제14조에 따른 기업구조조정전문회사 또는 「여신전문금융업법」 제41조에 따른 신기술사업금융업을 영위하는 회사에서 2년 이상 투자심사업무를 한 경력이 있는 자

사. 다목부터 마목까지에 따른 자격·학력기준을 충족한 자 중 경력기준에 못 미치는 자 또는 바목에 따른 경력기준에 못 미치는 자로서 중소기업청장이 인정하는 창업투자회사 전문인력양성 교육과정을 마친 자

2. 투자상담을 위한 전용공간 확보 등 중소기업청장이 정하는 기준을 충족한 사무실

제10조 (창업투자회사의 행위 제한) ①법 제15조제1항 각 호 외의 부분 단서에서 "대통령령으로 정하는 경우"란 다음 각 호의 어느 하나에 해당하는 경우를 말한다. <개정 2008.5.9, 2008.7.29>

1. 「자본시장과 금융투자업에 관한 법률」 제9조제13항에 따른 증권시장에서 주식을 취득하는 경우로서 중소기업청장이 인정하여 고시하는 경우
2. 다음 각 목의 조합의 업무집행조합원이나 회사의 업무집행사원으로 참여하는 경우

가. 「산업발전법」 제15조에 따른 기업구조조정조합(이하 "기업구조조정조합"이라 한다)

나. 「자본시장과 금융투자업에 관한 법률」 제9조제18항제7호에 따른 사모투자전문회사(이하 "사모투자전문회사"라 한다)

다. 그 밖에 다른 법령에 따라 설립된 조합이나 회사로서 그 업무가 창업투자조합이나 창업투자회사의 업무로 적합함을 중소기업청장이 인정하여 고시하는 조합이나 회사

3. 창업투자회사가 인수·합병을 목적으로 다른 창업투자회사의 주식을 취득하는 경우. 다만, 최초의 주식 취득일부터 6개월 이내에 인수·합병이 이루어지지 아니하는 경우에는 취득한 주식을 최초의 주식 취득일부터 9개월 이내에 처분하여야 한다.

②법 제15조제1항제3호에서 "대통령령으로 정하는 금융기관"이란 다음 각 호의 어느 하나에 해당하는 자를 말한다. <개정 2008.5.9>

1. 「금융실명거래 및 비밀보장에 관한 법률」 제2조제1호에 따른 금융기관
2. 「산업발전법」 제14조에 따른 기업구조조정전문회사 및 같은 법 제15조에 따른 기업구조조정조합

3. 사모투자전문회사

③법 제15조제1항제4호에서 "대통령령으로 정하는 범위의 업무용 부동산"이란 다음 각 호의 어느 하나에 해당하는 것을 말한다.

1. 해당 창업투자회사가 직접 설립한 창업보육센터
2. 제9조제6항제2호에 따른 사무실(지점을 포함한다)
3. 그 밖에 법 제10조제1항제5호에 따른 사업에 직접 필요한 부동산으로서 중소기업청장이 인정하는 것

④법 제15조제1항제5호에서 "대통령령으로 정하는 행위"란 다음 각 호의 어느 하나에 해당하는 행위를 말한다. <개정 2008.2.29, 2008.5.9, 2009.5. 28, 2009.5.28>

1. 다음 각 목의 어느 하나에 해당하는 자와 거래하는 행위
   가. 해당 창업투자회사가 결성한 창업투자조합. 다만, 창업투자회사가 창업투자조합의 해산이나 그 밖에 중소기업청장이 인정하는 불가피한 사유로 인하여 거래하는 경우는 제외한다.
   나. 해당 창업투자회사의 특수관계인. 다만, 제6호에 따라 창업투자회사가 경영지배를 목적으로 투자하는 경우에는 그러하지 아니하다.
   다. 해당 창업투자회사의 주요주주(누구의 명의로 하든지 자기의 계산으로 의결권 있는 발행주식총수의 100분의 10 이상의 주식을 소유하거나 임원의 임면 등 해당 창업투자회사의 주요경영사항에 대하여 사실상 지배력을 행사하고 있는 주주를 말한다) 및 그 특수관계인
   라. 해당 창업투자회사가 결성한 창업투자조합의 주요출자자(출자총액의 100분의 5 이상의 출자지분을 소유한 출자자를 말한다. 이하 이 목에서 같다) 및 그 특수관계인. 다만, 다음의 어느 하나에 해당하는 경우는 제외한다.
      1) 창업투자회사가 자신이 결성한 창업투자조합의 주요출자자의 특수관계인인 「벤처기업육성에 관한 특별조치법」 제4조의3에 따른 한국벤처투자조합(이하 "한국벤처투자조합"이라 한다) 중 창업투자회사 등이 보유하고 있는 주식 등의 자산 매수를 주된 목적으로 결성된 조합에 주식 등 보유자산을 매각하는 경우
      2) 창업투자회사가 자신이 결성한 창업투자조합의 주요출자자 중 다음의 어느 하나에 해당하는 자의 특수관계인인 다른 창업투자조합 또는 한국벤처투자조합과 거래하는 경우
         가) 「벤처기업육성에 관한 특별조치법」 제4조의2제1항에 따른 중소기업투자모태조합
         나) 「국가재정법」 제8조제1항에 따른 기금관리주체로서 같은 법 별표 2에 따른 기금을 관리·운용하는 자
         다) 「은행법」에 따른 금융기관(같은 법 제58조제1항에 따라 금융위원회의 인가를 받은 외국금융기관의 국내 지점·대리점

및 사무소를 포함한다)

라) 「한국산업은행법」에 따른 한국산업은행

마) 「중소기업은행법」에 따른 중소기업은행

바) 「농업협동조합법」에 따른 농업협동조합중앙회

사) 「상호저축은행법」에 따른 상호저축은행

아) 「보험업법」에 따른 보험회사

자) 「우체국 예금·보험에 관한 법률」에 따른 체신관서

차) 법률에 따라 공제사업을 경영하는 법인

3) 창업투자회사가 결성한 창업투자조합의 해산 또는 제3자에게 매각할 수 없는 투자지분의 회수를 위하여 거래하는 경우

2. 해당 창업투자회사가 결성한 창업투자조합이 다음 각 목의 어느 하나에 해당하는 조합이나 회사와 거래하는 행위. 다만, 해당 창업투자회사가 업무집행조합원 또는 업무집행사원인 조합이나 회사와의 거래인 경우만 해당한다.

가. 창업투자조합

나. 한국벤처투자조합

다. 기업구조조정조합

라. 사모투자전문회사

3. 창업투자회사의 자산으로 담보를 제공하거나 채무를 보증하는 행위

4. 해당 창업투자회사의 임직원에 대한 대출로서 지식경제부령으로 정하는 금액을 초과하는 대출

5. 창업투자회사 명의로 제3자를 위하여 주식을 취득하거나 자금을 중개하는 행위

6. 경영지배를 목적으로 투자하는 행위. 다만, 다음 각 목의 요건을 모두 갖춘 경우는 제외한다.

가. 지식경제부령으로 정하는 경영지배의 성립일부터 6개월(그 주식이나 지분을 보유함으로써 창업투자회사나 창업투자조합의 이익을 명백하게 해칠 우려가 있음을 중소기업청장이 인정하는 경우에는 기간을 단축할 수 있다)이 되는 날까지 해당 중소기업의 주식이나 지분을 보유할 것

나. 지식경제부령으로 정하는 경영지배의 성립일부터 7년(매각을 위한 협의가 늦어지는 등 해당 주식이나 지분을 매각하기 어려운 사유가 있음을 중소기업청장이 인정하는 경우에는 1년 안의 범위에서 기간을 연장할 수 있다) 안에 해당 중소기업의 주식이나 지분을 전부 매각할 것

7. 창업투자회사가 자신이 투자한 업체로부터 차입 또는 자산 매각 등 투자행위에 수반되는 정상적인 거래관계 외의 거래를 통하여 자금을 받는 행위

8. 그 밖에 부당한 목적으로 투자하는 행위로서 지식경제부령으로 정하는

행위

제11조 (창업투자회사의 투자의무비율) ①법 제16조제1항 본문에서 "등록 후 3년이 지난 날부터 대통령령으로 정하는 기간"이란 등록 후 3년이 지난 다음 날까지를 말하며, "대통령령으로 정하는 비율"이란 100분의 40을 말한다. <개정 2009.6.30>

②제1항에 따른 투자의무비율을 산정할 때 납입자본금이 증액되거나 감액된 경우에는 다음 각 호의 기준에 따라 산정한다.

1. 등록 당시의 납입자본금보다 증액된 경우에는 그 증액분에 대한 투자의무비율은 증액일(납입자본금이 증액된 후 감액된 경우로서 최근 증액된 금액에서 순차적으로 뺀 후 잔여 증액분이 있는 경우에는 잔여 증액분의 증액일)을 기준으로 연차적으로 별도로 산정한다.
2. 등록 당시의 납입자본금보다 감액된 경우에는 감액된 후의 납입자본금에 대한 투자의무비율은 등록일을 기준으로 산정한다.

③법 제16조제1항 단서에서 "대통령령으로 정하는 일정 규모 이상"이란 법 제20조에 따른 창업투자조합 출자금 총액이 창업투자회사 납입자본금의 100분의 200 이상인 경우를 말한다.

제12조 (창업투자회사의 해외투자한도) 법 제17조제2항에서 "대통령령으로 정하는 비율"이란 100분의 40을 말한다.

제13조 (창업투자회사의 결산 보고 등) ①법 제19조에 따라 창업투자회사는 매 사업연도 종료 후 3개월 이내에 결산서에 「공인회계사법」 제23조에 따른 회계법인(이하 "회계법인"이라 한다)의 감사의견서를 첨부하여 중소기업청장에게 제출하여야 한다.

②중소기업청장은 제1항에 따라 제출된 결산서를 검토한 결과 해당 창업투자회사의 투자활성화와 재무구조 건실화를 위하여 필요하다고 인정되면 회수가 불가능한 투자자산에 대하여 투·융자손실준비금과 투자손실금을 상계(相計) 처리하게 하거나 대손금(대손김)으로 처리하게 할 수 있다.

제3장 중소기업창업투자조합

제14조 (창업투자조합의 등록요건 및 절차) ①법 제20조에 따른 창업투자조합은 다음 각 호의 요건을 갖추어야 한다. <개정 2008.5.9>

1. 출자금 총액이 30억원 이상일 것. 다만, 법 제20조제3항에 따라 출자금액의 전액을 나누어 출자하는 경우에는 최초 출자금액은 10억원 이상이어야 한다.
2. 출자 1좌(좌)의 금액이 100만원 이상일 것
3. 유한책임조합원의 수가 49인 이하일 것
4. 업무집행조합원의 출자지분이 출자금 총액의 100분의 1 이상일 것

5. 존속기간이 5년 이상일 것

②창업투자회사는 창업투자조합을 결성하려면 다음 각 호의 사항이 적힌 결성계획서를 미리 중소기업청장에게 제출하여야 한다.

1. 사업 개요
2. 출자금 총액, 출자 1좌의 금액, 출자의 시기 및 방법
3. 유한책임조합원의 모집계획
4. 창업투자조합의 자산 운용 및 배분계획
5. 창업투자조합의 투자심사업무를 전담하는 전문인력의 인적사항(성명 · 주민등록번호 · 약력 및 투자경력 등을 말한다. 이하 같다)

③창업투자회사는 창업투자조합의 결성을 완료하면 등록신청서에 다음 각 호의 서류를 첨부하여 조합원총회 개최일부터 7일 이내에 중소기업청장에게 제출하여야 한다. <개정 2008.5.9, 2008.7.29>

1. 창업투자조합의 규약
2. 조합원명부
3. 조합원의 출자금액 및 출자이행을 증명하는 서류
4. 창업투자조합의 투자심사업무를 전담하는 전문인력의 인적사항
5. 법 제22조제1항제1호에 따라 창업투자조합 재산의 보관을 「자본시장과 금융투자업에 관한 법률」 제8조제7항에 따른 신탁업자 및 신탁업을 겸영하는 금융기관에 위탁하였음을 증명하는 서류

제15조 (등록원부의 비치 등) ①중소기업청장은 창업투자조합의 등록을 할 때에는 지식경제부령으로 정하는 바에 따라 등록원부를 갖추어 두고 다음 각 호의 사항을 적어야 한다. <개정 2008.2.29>

1. 창업투자조합의 명칭 및 사무소의 소재지
2. 업무집행조합원의 명칭 및 주소
3. 조합원별 출자금액 및 출자좌수
4. 해당 조합의 존속기간
5. 창업투자조합의 투자심사업무를 전담하는 전문인력의 인적사항

②창업투자조합의 업무집행조합원은 제1항 각 호의 사항이 변경되면 변경일부터 7일 이내에 변경된 사실을 증명하는 서류를 첨부하여 중소기업청장에게 변경등록을 신청하여야 한다.

③중소기업청장은 제1항이나 제2항에 따라 등록을 한 때에는 지식경제부령으로 정하는 바에 따라 그 등본을 신청인에게 내주어야 한다. <개정 2008.2.29>

④중소기업청장은 창업투자조합의 등록원부를 갖추어 관리하고 해당 조합의 조합원이나 그 조합원이 지정한 자가 열람할 수 있도록 하여야 한다. <개정 2008.5.9>

제16조 (창업투자조합의 투자의무비율 등) ① 법 제21조제3항 본문에서 "등록 후 3년이 지난 날부터 대통령령으로 정하는 기간"이란 등록 후 3년이 지난 날의

다음 날까지를 말하고, 같은 항 단서에서 "대통령령으로 정하는 기간"이란 등록 후 3년이 지난 날의 다음 날까지를 말하며, 같은 항 본문 및 단서에서 "대통령령으로 정하는 비율"이란 각각 100분의 40을 말한다.

② 제1항에 따른 투자의무비율을 계산할 때 등록 당시에 납입한 출자금보다 출자금이 증액된 경우에는 그 증액분에 대한 투자의무비율은 증액일을 기준으로 연차적으로 따로 계산한다.

③ 창업투자조합의 행위제한과 해외투자요건에 관하여는 제10조제1항제1호, 같은 조 제2항부터 제4항까지 및 제12조를 각각 준용한다. 이 경우 제10조제4항제1호가목 · 다목 및 라목, 같은 항 제2호 및 제7호 중 "창업투자회사"는 각각 "업무집행조합원"으로 보고, 그 밖의 규정의 경우에는 "창업투자회사"는 각각 "창업투자조합"으로 본다.

[전문개정 2008.5.9]

제17조 (조합의 결산 보고 등) ①법 제23조에 따라 창업투자조합의 업무집행조합원은 매 사업연도 종료 후 3개월 이내에 결산서에 회계법인의 감사의견서를 첨부하여 중소기업청장에게 제출하여야 한다.

②중소기업청장은 창업투자조합의 효율적 운영을 위하여 창업투자조합의 표준규약을 정할 수 있다.

제18조 (해산사유 등) ①법 제25조제1항제5호에서 "그 밖에 대통령령으로 정하는 사유"란 다음 각 호의 어느 하나에 해당하는 경우를 말한다.

1. 창업투자조합의 결성목적이 달성되었다고 조합원 전원이 동의하는 경우
2. 업무집행조합원인 창업투자회사의 등록이 취소되거나 파산 등으로 인하여 업무수행을 계속하기가 곤란한 경우
3. 조합의 자산이 잠식(蠶食)되거나 그 밖의 사유가 발생하여 중소기업청장이 조합원 보호를 위하여 필요하다고 인정하는 경우로서 조합원 총수 및 조합 총지분의 각 과반수의 동의를 받은 경우

②법 제25조제2항에 따라 업무집행조합원을 가입하게 하여 창업투자조합을 계속하려는 자는 다음 각 호의 사항을 적은 신청서에 조합을 해산하지 아니하려는 사유서 및 유한책임조합원 전원의 동의서를 첨부하여 중소기업청장에게 제출하여야 한다.

1. 창업투자조합의 명칭 및 사무소의 소재지
2. 새로 가입하게 한 업무집행조합원의 명칭 · 소재지 및 대표자의 성명
3. 조합원별 출자금액 및 출자좌수

③제2항에 따른 신청서를 제출한 자는 제15조제2항에 따른 변경등록을 신청한 것으로 본다.

④창업투자조합의 업무집행조합원은 창업투자조합이 해산하면 7일 이내에 중소기업청장에게 그 사실을 알려야 한다.

제19조 (투자수익의 산정 방식 등) ①법 제28조에 따른 성과보수 지급을 위한 투자

수익은 조합자산의 평가금액에서 출자금액과 중소기업청장이 정하는 운영경비를 제외한 금액으로 한다.

②법 제28조에 따라 투자수익에 따른 성과보수를 지급받은 업무집행조합원은 성과보수로 지급받은 금액의 범위에서 투자수익발생에 기여한 임직원에게 성과급을 지급할 수 있다.

제4장 중소기업상담회사

제20조 (중소기업상담회사의 등록요건) ①법 제31조제2항제1호에서 "대통령령으로 정하는 금액"이란 5천만원을 말한다.

②법 제31조제2항제3호에 따라 중소기업상담회사가 보유하여야 하는 전문인력 및 시설은 다음 각 호와 같다. <개정 2008.2.29, 2009.5.28>

1. 별표 1의 전문인력 중 2명 이상이 상근할 것
2. 지식경제부령으로 정하는 부대시설을 갖춘 사무실

③법 제31조제2항제2호마목에서 "대통령령으로 정하는 자"란 정당한 사유 없이 약정한 날을 3개월 이상 지난 채무가 1천만원을 초과하는 자를 말한다.

제21조 (용역 대금의 지원) ①법 제32조에 따라 용역 대금의 지원을 받을 수 있는 자는 창업투자회사를 겸업하지 아니하는 중소기업상담회사로서 그 지원금액은 해당 용역 대금의 100분의 80 이내로 한다.

②법 제32조에 따라 용역 대금의 지원을 받으려는 자는 용역대금지원신청서에 지식경제부령으로 정하는 서류를 첨부하여 중소기업청장이 지정하는 기관이나 단체에 제출하여야 한다. <개정 2008.2.29>

제5장 창업 절차 등

제22조 (사업계획의 승인) 법 제33조제1항에 따라 사업계획의 승인을 받으려는 창업자는 사업계획승인신청서에 지식경제부령으로 정하는 서류를 첨부하여 공장설립 예정지를 관할하는 시장·군수·구청장(자치구의 구청장을 말한다. 이하 같다)에게 제출하여야 한다. 사업계획의 변경승인을 받으려는 경우에도 또한 같다. <개정 2008.2.29>

제23조 (창업민원처리협의회의 설치) ①중소기업청장은 법 제33조에 따른 사업계획 승인업무의 지원 및 협의를 위하여 지방중소기업청에 창업민원처리협의회를 둘 수 있다.

②창업민원처리협의회의 구성 및 운영방법 등에 필요한 사항은 지식경제

부령으로 정한다. <개정 2008.2.29>

제24조 (사업계획 승인에 관한 업무처리지침) ①법 제33조제4항에 따른 사업계획의 승인에 관한 업무처리지침에는 법 제35조에 따른 허가, 인가, 면허, 승인, 지정, 결정, 신고, 해제, 동의, 검사 또는 용도폐지 등에 관한 업무처리기준(이하 이 조에서 "인·허가등기준"이라 한다)이 포함되어야 한다.

②관계 행정기관의 장은 제1항에 따른 업무처리지침의 작성에 필요한 인·허가등기준을 중소기업청장에게 통보하여야 한다. 인·허가등기준을 변경한 경우에도 또한 같다.

제25조 (사전 협의 절차) ①법 제34조제1항에 따라 사업계획의 승인가능성 등에 관한 사전협의를 신청하려는 창업자는 그 신청서에 지식경제부령으로 정하는 서류를 첨부하여 공장설립 예정지를 관할하는 시장·군수·구청장에게 제출하여야 한다. <개정 2008.2.29>

②시장·군수·구청장은 제1항에 따른 사전협의 신청을 받은 날부터 7일 이내에 사업계획의 승인 가능성 등에 관하여 알려야 한다.

제26조 (다른 행정기관과의 협의기간) 법 제35조제4항 전단에서 "대통령령으로 정하는 기간"이란 10일을 말한다.

제27조 (사업계획 승인의 취소 등) ① 법 제37조제1항제1호에서 "사업계획의 승인을 받은 날부터 대통령령으로 정하는 기간"이란 사업계획의 승인을 받은 날부터 3년(법 제35조제1항제9호에 따라 농지의 전용허가 또는 농지의 전용신고가 의제된 경우에는 사업계획의 승인을 받은 날부터 2년)을, "공장착공 후 대통령령으로 정하는 기간"이란 공장착공 후 1년을 말한다. <개정 2009.5.28>

②법 제37조제1항제4호에서 "대통령령으로 정하는 기간"이란 4년을 말한다.

③시장·군수·구청장은 법 제37조제1항에 따라 사업계획의 승인과 공장건축허가를 취소하려면 미리 일정한 기간을 정하여 해당 처분 대상자가 사업계획을 변경하거나 공장건축을 하도록 권고한 후 이에 응하지 아니한 경우에만 해당 처분을 하여야 한다.

제28조 (중소기업창업민원실의 설치·운영) ①시장·군수·구청장은 창업에 관련된 민원을 접수하여 처리할 수 있도록 법 제38조제1항에 따른 중소기업창업민원실(이하 이 조에서 "중소기업창업민원실"이라 한다)을 설치하고 창업 관련 업무를 전담할 직원을 배치하여야 한다.

②시장·군수·구청장은 중소기업창업민원실의 설치·운영에 필요한 사항을 따로 정할 수 있다.

제29조 (창업진흥전담조직의 설치 및 운영 등) ①중소기업청장은 중소기업창업 관련 비영리 전문기관 또는 단체의 신청을 받아 법 제39조제1항에 따른 창업진흥전담조직(이하 이 조에서 "창업진흥전담조직"이라 한다)을 설치할 수 있다.

②창업진흥전담조직은 다음 각 호의 사업을 수행한다. <개정 2009.5.28>

1. 창업 활성화를 위한 정책연구 및 제도개선 과제 발굴
2. 창업자에 대한 자금, 인력, 판로 및 입지 등에 관한 정보제공 및 지원
3. 창업촉진을 위한 교육모델 개발 및 운영 · 보급
4. 창업 실태조사 및 분석
5. 창업 관련 국제기구 및 외국과의 교류 및 협력
6. 우수 예비창업자의 발굴 및 지원
7. 청소년 및 예비창업자 등에 대한 창업교육 등 기업가정신 제고
8. 대학 및 연구기관 등의 창업촉진
9. 그 밖에 관계 중앙행정기관의 장이 위탁하는 사업

③창업진흥전담조직의 설치 · 업무수행 및 운영에 필요한 그 밖의 사항은 중소기업청장이 정하여 고시한다.

제6장 보칙

제30조 (업무운용 상황 등의 보고와 검사) ①법 제40조제1항에 따라 창업투자회사, 창업투자조합의 업무집행조합원, 중소기업상담회사 및 창업보육센터사업자는 다음 각 호의 기준에 따라 중소기업청장에게 업무운용 상황 등에 관한 사항을 보고하여야 한다.

1. 창업투자회사 및 창업투자조합의 업무집행조합원 : 월별
2. 중소기업상담회사 및 창업보육센터사업자 : 반기별

②제1항에 따른 업무운용 상황 등에 관한 보고는 전자문서(「전자거래기본법」 제2조제1호에 따른 전자문서를 말한다. 이하 같다)로 할 수 있다. <개정 2007.11.16>

③법 제40조제1항 각 호 외의 부분에서 “대통령령으로 정하는 장부 · 서류”란 다음 각 호의 어느 하나를 말한다.

1. 창업투자회사 및 창업투자조합의 감사보고서
2. 창업투자회사의 법인등기부 등본
3. 창업투자회사의 전문인력 보유현황 및 그 자격을 증명하는 서류
4. 창업투자회사의 사무실 확보현황에 관한 서류
5. 창업투자회사의 주주 명부
6. 창업투자조합의 출자자 명부
7. 창업투자회사 및 창업투자조합의 거래계약서
8. 창업투자회사 및 창업투자조합의 총계정원장
9. 창업투자회사 및 창업투자조합이 거래한 회사의 주주 명부 및 법인등기부등본

④법 제40조제1항제7호에서 “대통령령으로 정하는 경우”란 다음 각 호의 경우를 말한다.

1. 법 제10조제1항 각 호 외의 부분 후단에 따른 창업투자회사의 중요사항 변경등록 여부의 확인이 필요한 경우
2. 법 제42조제2항에 따른 창업투자회사의 경영 및 자산 건전성 준수 여부의 확인이 필요한 경우

제31조 (경영개선을 위한 조치) 중소기업청장은 창업투자회사의 자본잠식률(자본총계가 납입자본금에 미치지 못하는 비율을 말한다)이 100분의 50 이상이면 법 제42조제2항에 따라 경영개선을 위하여 필요한 조치를 요구할 수 있다.

제32조 (업무의 위탁 등) ①중소기업청장은 법 제45조제2항에 따라 다음 각 호의 업무를 「민법」 제32조에 따라 중소기업청장의 허가를 받아 설립된 한국벤처캐피탈협회(이하 이 조에서 "한국벤처캐피탈협회"라 한다) 또는 「벤처기업육성에 관한 특별조치법」 제4조의2제1항에 따른 투자관리전문기관(이하 이 조에서 "투자관리전문기관"이라 한다)에 위탁한다. <개정 2009.5.28>

1. 법 제10조제2항제3호에 따른 창업투자회사 전문인력 해당 여부의 확인 및 관리에 관한 업무
2. 법 제14조에 따른 창업투자회사 공시(公示)운영에 관한 업무
3. 법 제19조에 따른 창업투자회사의 결산서 및 법 제23조에 따른 창업투자조합의 결산서의 접수에 관한 업무
4. 법 제40조제1항 각 호 외의 부분에 따른 업무운용 상황 등에 관한 보고의 접수에 관한 업무

②중소기업청장은 필요한 경우에는 한국벤처캐피탈협회 또는 투자관리전문기관에 대하여 제1항의 업무에 관한 자료의 제출을 요구할 수 있다.

③중소기업청장은 제1항에 따라 업무를 위탁한 때에는 수탁기관 및 위탁업무를 고시하여야 한다.

제7장 벌칙

제33조 (과태료의 부과기준) 법 제48조제1항에 따른 과태료의 부과기준은 별표 2와 같다.

[전문개정 2009.5.28]

부칙
(한시적 행정규제 유예 등을 위한 건축법 시행령 등 일부개정령)
<제21590호, 2009.6.30>

제1조(시행일) 이 영은 2009년 7월 1일부터 시행한다. 다만, 제8조 및 제9조의 개정

규정은 2010년 1월 1일부터 시행한다.

제2조(「농지법 시행령」 개정에 따른 유효기간 등) ① 「농지법 시행령」 별표 2 제46호란의 개정규정은 2011년 6월 30일까지 효력을 가진다.

② 「농지법 시행령」 별표 2 제46호란의 개정규정은 이 영 시행 후 최초로 농지전용허가(변경허가의 경우와 다른 법률에 따라 농지전용허가 또는 그 변경허가가 의제되는 인가 또는 허가 등의 경우를 포함한다. 이하 이 항에서 같다)를 신청하거나 농지전용신고(변경신고를 포함한다. 이하 이 항에서 같다)를 하는 것부터 적용하고, 2011년 6월 30일까지 농지전용허가를 신청하거나 농지전용신고를 하는 것에 대하여도 이를 적용한다.

제3조(「관광진흥법 시행령」 개정에 따른 적용례) 「관광진흥법 시행령」 제32조제1호의 개정규정은 이 영 시행 전에 법 제15조에 따른 사업계획의 승인을 받거나 승인을 신청한 자에 대하여도 적용한다.

제4조(「산업입지 및 개발에 관한 법률 시행령」의 개정에 따른 적용례 등) ① 「산업입지 및 개발에 관한 법률 시행령」 제40조제2항의 개정규정은 이 영 시행 후 최초로 분양계획서를 작성하는 분부터 적용한다.

② 「산업입지 및 개발에 관한 법률 시행령」 제40조제2항의 개정규정에 따라 조례에 위임된 사항은 해당 조례가 제정 또는 개정될 때까지 종전의 규정에 따른다.

제5조(「고용보험법 시행령」의 개정에 따른 경과조치) 「고용보험법 시행령」 제13조제1항제2호의 개정규정은 이 영 시행 후 최초로 「고용보험법 시행령」 제13조제1항에 따라 근로시간을 단축한 사업장부터 적용한다.

제6조(「부동산개발업의 관리 및 육성에 관한 법률 시행령」의 개정에 따른 경과조치) 이 영 시행 전의 행위에 대한 과태료의 적용은 종전의 규정에 따른다.

제7조(「신항만건설촉진법 시행령」의 개정에 따른 경과조치) 이 영 시행 당시 종전의 규정에 따라 신항만건설사업실시계획 승인 신청기간의 연장을 받아 그 기간 중에 있는 자에 대하여는 「신항만건설촉진법 시행령」 제9조제5항 후단의 개정규정을 적용하되, 같은 개정규정에 따라 1회의 연장을 받은 것으로 본다.

제8조(「자원의 절약과 재활용촉진에 관한 법률 시행령」의 개정에 따른 경과조치) 이 영 시행 전의 행위에 대한 과태료의 적용은 종전의 규정에 따른다.

제9조(「하수도법 시행령」의 개정에 따른 경과조치) ① 「하수도법 시행령」 제38조제2항제2호가목의 개정규정에 따른 최초의 재교육은 이 영 시행 전에 실시한 가장 최근의 재교육 완료일부터 기산하여 5년이 되는 날이 속하는 해에 실시한다.

② 「하수도법 시행령」 제38조제2항제2호나목의 개정규정은 이 영 시행 후 최초로 해당 영업정지처분을 받은 경우부터 적용한다.

중소기업창업 지원법 시행규칙

[시행 2009.6.2] [지식경제부령 제73호, 2009.6.2, 일부개정]

중소기업청 (창업진흥과) 042-481-4409

제1조 (목적) 이 규칙은 「중소기업창업 지원법」 및 같은 법 시행령에서 위임된 사항과 그 시행에 필요한 사항을 규정함을 목적으로 한다.

제2조 (사업분리의 요건) 「중소기업창업 지원법 시행령」(이하 "영"이라 한다) 제2조제1항제1호 단서에 따라 창업으로 인정되는 경우는 사업을 개시하는 자가 다음 각 호의 요건을 갖춘 경우로 한다.

1. 사업을 하던 자와 사업을 개시하는 자 간에 사업 분리에 관한 계약을 체결할 것
2. 사업을 개시하는 자가 새로 설립되는 기업의 대표자로서 그 기업의 최대주주 또는 최대출자자가 될 것

제3조 (창업보육센터의 사업계획) 「중소기업창업 지원법」(이하 "법"이라 한다) 제6조제1항제3호에 따른 사업계획에는 다음 각 호의 사항이 포함되어야 한다.

1. 창업보육센터의 명칭 · 소재지
2. 사업의 목적 및 추진일정
3. 입주자에 대한 경영 및 기술 지원계획
4. 소요자금 조달 및 집행 계획

제4조 (창업보육센터사업자의 지정신청) ①법 제6조제1항에 따라 창업보육센터사업자로 지정을 받으려는 자는 별지 제1호서식의 지정신청서에 다음 각 호의 서류를 첨부하여 중소기업청장에게 제출하여야 한다. 이 경우 담당 공무원은 「전자정부법」 제21조제1항에 따른 행정정보의 공동이용을 통하여 법인등기부 등본(법인의 경우만 해당한다)을 확인하여야 하며, 신청인이 확인에 동의하지 아니하는 경우에는 해당 서류를 첨부하도록 하여야 한다.

1. 정관(법인인 경우만 해당한다)
2. 사업계획서
3. 전문인력 보유현황
4. 시설명세서

②창업보육센터사업자로 지정을 받은 자는 다음 각 호의 어느 하나에 해당하는 사항이 변경되면 변경일부터 7일 이내에 별지 제1호서식의 변경신청서에 변경된 사실을 증명하는 서류를 첨부하여 중소기업청장에게 제출하여야 한다.

1. 사업자명

2. 전문인력의 보유현황
3. 법 제6조제1항제1호 각 목의 시설
4. 제3조 각 호의 사항
5. 정관에 적힌 사업목적

제5조 (중소기업창업투자회사의 등록) ①법 제10조제1항에 따라 중소기업창업투자회사(이하 "창업투자회사"라 한다)로 등록을 하려는 자는 별지 제2호서식의 등록신청서(전자문서로 된 신청서를 포함한다)에 다음 각 호의 서류(전자문서를 포함한다)를 첨부하여 중소기업청장에게 제출하여야 한다. 이 경우 담당 공무원은 「전자정부법」 제21조제1항에 따른 행정정보의 공동이용을 통하여 법인등기부 등본을 확인하여야 하며, 신청인이 확인에 동의하지 아니하는 경우에는 해당 서류를 첨부하도록 하여야 한다.

1. 정관
2. 사업계획서
3. 임원의 이력서
4. 주주의 명부
5. 법 제10조제2항제1호에 따른 납입자본금의 납입을 증명하는 서류
6. 영 제9조제6항제1호에 따른 상근 전문인력의 보유현황 및 그 자격을 증명하는 서류
7. 영 제9조제6항제2호에 따른 사무실 확보현황에 관한 서류

②법 제10조제1항 후단에서 "지식경제부령으로 정하는 중요사항"이란 다음 각 호의 사항을 말한다. <개정 2009.6.2>

1. 회사명
2. 본점 소재지 및 지점 또는 사무소 설치현황
3. 대표자 및 임원
4. 납입자본금
5. 상근 전문인력의 보유현황
6. 정관에 적힌 사업목적
7. 의결권 있는 발행주식총수의 100분의 5 이상의 주식을 소유한 주주의 주식소유현황
8. 의결권 있는 발행주식총수의 100분의 10 이상의 주식소유현황의 변동

③창업투자회사는 제2항 각 호의 어느 하나에 해당하는 사항이 변경되면 변경일부터 7일 이내에 별지 제2호서식의 변경등록신청서에 변경된 사실을 증명하는 서류를 첨부하여 중소기업청장에게 변경등록을 신청하여야 한다.

④중소기업청장은 제1항에 따른 등록을 신청한 자 또는 제3항에 따른 변경등록을 신청한 자가 등록요건에 적합한 때에는 별지 제3호서식의 등록증을 발급하여야 한다.

제6조 (지위승계신고) 법 제11조제2항에 따라 창업투자회사의 지위 승계를 신고하려는 자는 다음 각 호의 서류를 중소기업청장에게 제출하여야 한다.

1. 제5조제1항 각 호의 서류
2. 승계한 사실을 증명하는 서류
3. 「공인회계사법」 제23조에 따른 회계법인의 감사의견서가 첨부된 결산서

제7조 (등록말소신청) 법 제12조제1항에 따라 창업투자회사등록의 말소를 신청하려는 자는 다음 각 호의 사항을 적은 서류에 제5조제4항에 따른 등록증을 첨부하여 중소기업청장에게 제출하여야 한다.

1. 회사명
2. 등록을 말소하려는 사유

제8조 (창업투자회사의 행위제한) ①영 제10조제4항제4호에서 "지식경제부령으로 정하는 금액"이란 5천만원을 말한다. <개정 2009.6.2>

② 영 제10조제4항제6호가목 및 나목에서 "지식경제부령으로 정하는 경영지배"란 각각 다음 각 호의 어느 하나에 해당하는 경우를 말한다. <신설 2009.6.2>

1. 창업투자회사(그 특수관계인을 포함한다)가 투자기업의 의결권 있는 주식 또는 출자지분의 100분의 50을 초과하여 소유하는 경우
2. 창업투자회사가 계약 등에 따라 투자기업의 이사회 또는 이에 준하는 의사결정기구의 구성원의 과반수 이상을 임면할 수 있는 권한을 가진 경우
3. 창업투자회사가 계약 등에 따라 투자기업의 주주총회 또는 이에 준하는 의사결정기구에서 과반수 이상의 의결권을 행사할 수 있는 경우
4. 창업투자회사의 임직원(창업투자회사의 특수관계인을 포함한다)이 투자기업의 대표이사를 겸직(창업투자회사와 투자기업이 각각 공동대표이사를 선임한 경우는 제외한다)하거나 투자기업의 이사회 구성원의 과반수 이상을 차지하는 등 창업투자회사가 투자기업의 재무 또는 영업에 관한 중요한 사항을 단독으로도 결정할 수 있는 경우

③영 제10조제4항제8호에서 "지식경제부령으로 정하는 행위"란 투자에 관한 계약서에 적힌 사항외에 별도의 조건을 설정하여 투자하는 행위를 말한다. <개정 2009.6.2>

④법 제15조제2항에서 "지식경제부령으로 정하는 기간"이란 1년을 말한다. <개정 2009.6.2>

제9조 (투자의 범위) 법 제16조제1항 본문 후단에서 "지식경제부령으로 정하는 용도"란 「자본시장과 금융투자업에 관한 법률」 제9조제13항에 따른 증권시장(이하 "증권시장"이라 한다)에 상장되지 아니한 창업자 또는 벤처기업에 대하여 행하는 다음 각 호의 어느 하나에 해당하는 것을 말한다. <개정 2009.6.2>

1. 신규로 발행되는 주식의 인수. 다만, 증권시장에 상장하기 위하여 신규로 발행되는 주식의 인수는 제외한다.
2. 신규로 발행되는 무담보전환사채 또는 무담보신주인수권부사채의 인수
3. 지분의 취득. 다만, 타인의 출자지분을 취득하는 경우는 제외한다.

4. 신제품 및 신기술의 개발과 이에 준하는 사업으로서 중소기업청장이 인정하는 사업에 대한 투자

제10조 (중소기업창업투자조합의 등록원부 등) ①영 제14조제3항 또는 제15조제2항에 따른 중소기업창업투자조합(이하 "창업투자조합"이라 한다)의 등록 또는 변경등록신청서는 별지 제4호서식에 따른다.

②영 제15조제1항에 따른 창업투자조합의 등록원부는 별지 제5호서식에 따른다. 이 경우 등록원부는 자기디스크 등으로 작성할 수 있다.

③중소기업청장은 영 제15조제3항에 따라 등록원부의 등본을 발행할 때에는 원부와 동일한 서식의 용지로 작성하고 그 끝에 등본임을 적어 중소기업청장의 관인을 날인하여야 한다.

제11조 (청산결과 보고) 법 제26조제1항에 따라 청산인은 다음 각 호의 사항이 포함된 청산결과보고서를 작성하여 중소기업청장에게 제출하여야 한다.

1. 조합원별로 창업투자조합의 재산을 배분한 명세
2. 법 제28조에 따라 업무집행조합원에게 배분한 투자수익의 명세
3. 영 제19조제2항에 따라 업무집행조합원이 임직원에게 지급한 성과급의 명세

제12조 (중소기업상담회사의 등록) ①법 제31조제1항에 따라 중소기업상담회사로 등록을 하려는 자는 별지 제2호서식의 등록신청서(전자문서로 된 신청서를 포함한다)에 다음 각 호의 서류(전자문서를 포함한다)를 첨부하여 중소기업청장에게 제출하여야 한다. 이 경우 담당 공무원은 「전자정부법」 제21조제1항에 따른 행정정보의 공동이용을 통하여 법인등기부 등본을 확인하여야 하며, 신청인이 확인에 동의하지 아니하는 경우에는 해당 서류를 첨부하도록 하여야 한다.

1. 정관
2. 사업계획서
3. 영 제20조제2항제1호에 따른 전문인력 보유현황 및 그 자격을 증명하는 서류

②법 제31조제1항 후단에서 "지식경제부령으로 정하는 중요 사항"이란 다음 각 호의 사항을 말한다. <개정 2009.6.2>

1. 회사명
2. 소재지
3. 대표자
4. 납입자본금
5. 전문인력 보유현황
6. 정관에 적힌 사업목적

③중소기업상담회사는 제2항 각 호의 어느 하나에 해당하는 사항이 변경되면 변경일부터 15일 이내에 별지 제2호서식의 변경등록신청서에 변경된 사실을 증명하는 서류를 첨부하여 중소기업청장에게 변경등록을 신청하여야

한다.

④영 제20조제2항제2호에서 "지식경제부령으로 정하는 부대시설"이란 창업자에 대한 경영 및 기술상담을 위한 전용공간을 말한다. <개정 2009.6.2>

⑤중소기업청장은 제1항에 따른 등록의 신청을 한 자 또는 제3항에 따른 변경등록의 신청을 한자가 등록요건에 적합하면 별지 제3호서식의 등록증을 발급하여야 한다.

제13조 (용역 대금의 지원신청) 영 제21조에 따라 용역 대금의 지원을 받으려는 중소기업상담회사는 별지 제6호서식의 신청서(전자문서로 된 신청서를 포함한다)에 다음 각 호의 서류(전자문서를 포함한다)를 첨부하여야 한다. 이 경우 담당 공무원은 「전자정부법」 제21조제1항에 따른 행정정보의 공동이용을 통하여 용역을 제공받은 창업자의 사업자등록증을 확인하여야 하며, 신청인이 확인에 동의하지 아니하는 경우에는 해당 서류를 첨부하도록 하여야 한다.

1. 용역결과보고서
2. 용역대금계산서
3. 용역계약서 사본

제14조 (사업계획의 승인신청) 창업자는 법 제33조제1항 및 영 제22조에 따라 사업계획의 승인 또는 변경승인을 받으려면 별지 제7호서식의 신청서에 다음 각 호의 서류를 첨부하여 시장·군수·구청장(자치구의 구청장을 말한다. 이하 같다)에게 제출하여야 한다.

1. 사업계획서(승인신청의 경우만 해당한다)
2. 변경계획서 및 변경사유서(변경승인신청의 경우만 해당한다)
3. 변경내용의 신·구 대비표(변경승인신청의 경우만 해당한다)
4. 부동산권리자의 사용동의서
5. 법 제33조제4항에 따른 지침에서 정하는 서류

제15조 (창업민원처리협의회의 구성·운영) ①영 제23조제1항에 따른 창업민원처리협의회(이하 "협의회"라 한다)의 위원장은 지방중소기업청장이 되고, 위원은 다음 각 호의 자가 된다.

1. 사업계획의 승인과 관련되는 행정기관의 실무책임자
2. 해당 시·군·구(자치구를 말한다. 이하 같다) 및 공공기관의 실무책임자
3. 시민단체(「비영리민간단체지원법」 제2조에 따른 비영리민간단체를 말한다) 또는 중소기업 관련 단체(중소기업협동조합이나 「민법」과 「산업자원부장관 및 그 소속청장의 주관에 속하는 비영리법인의 설립 및 감독에 관한 규칙」에 따라 설립된 비영리사단법인을 말한다)에서 추천하는 자 중 지방중소기업청장이 지정하는 자

②협의회는 다음 각 호의 사항을 협의한다.

1. 사업계획 승인업무의 지원

2. 창업 관련 사전정보의 제공 및 상담
3. 창업자로부터 접수된 민원의 일괄처리 등

③위원장은 사업계획 승인업무의 지원 등을 위하여 필요하다고 인정되거나, 창업자 또는 시·군·구의 요청이 있을 경우에는 협의회를 개최한다.

④위원장은 제3항에 따라 협의회를 개최하려면 개최 일시 및 안건을 개최 10일 전까지 각 위원에게 알려야 한다.

⑤그 밖에 협의회의 운영에 필요한 사항은 위원장이 정한다.

제16조 **(사업계획의 사전협의 신청)** 창업자가 법 제34조제1항 및 영 제25조제1항에 따라 사업계획의 사전협의를 신청하려는 경우에는 별지 제8호서식의 사업계획 사전협의신청서에 다음 각 호의 서류를 첨부하여 시장·군수·구청장에게 제출하여야 한다.

1. 사업계획서 1부
2. 환경 관련 법령에 따른 검토가 필요한 경우에는 기계 기구류, 규모, 마력수 등을 적은 서류 1부
3. 법 제35조제1항 각 호의 사항에 관한 서류(필요한 경우만 첨부한다)

제17조 **(창업보육센터사업자의 지정 취소)** 법 제43조제4항제3호에서 "지식경제부령으로 정하는 기준에 미치지 못할 때"란 해당 창업보육센터의 임대실적이 증·개축 등의 특별한 사유 없이 보육실 총면적의 100분의 60 미만으로 3개월 이상 임대한 때를 말한다. <개정 2009.6.2>

제18조 삭제 <2009.6.2>

부칙 <제73호,2009.6.2>

이 규칙은 공포한 날부터 시행한다.

벤처기업육성에 관한 특별조치법

[시행 2009.5.8] [법률 제9584호, 2009.4.1, 타법개정]

중소기업청 (벤처정책과) 042-481-4423

제1장 총칙 <개정 2007.8.3>

제1조 (목적) 이 법은 기존 기업의 벤처기업으로의 전환과 벤처기업의 창업을 촉진하여 우리 산업의 구조조정을 원활히 하고 경쟁력을 높이는 데에 기여하는 것을 목적으로 한다.

[전문개정 2007.8.3]

제2조 (정의 〈개정 2007.8.3〉) ① "벤처기업"이란 제2조의2의 요건을 갖춘 기업을 말한다. <개정 2007.8.3>

② "투자"란 주식회사가 발행한 주식, 무담보전환사채 또는 무담보신주인수권부사채를 인수하거나, 유한회사의 출자를 인수하는 것을 말한다. <개정 2007.8.3>

③ 삭제 <2006.3.3>

④ "벤처기업집적시설"이란 벤처기업 및 대통령령으로 정하는 지원시설을 집중적으로 입주하게 함으로써 벤처기업의 영업활동을 활성화하기 위하여 제18조에 따라 지정된 건축물을 말한다. <개정 2007.8.3>

⑤ "실험실공장"이란 벤처기업의 창업을 촉진하기 위하여 대학이나 연구기관이 보유하고 있는 연구시설에 「산업집적활성화 및 공장설립에 관한 법률」 제28조에 따른 도시형공장에 해당하는 업종의 생산시설을 갖춘 사업장을 말한다. <개정 2007.8.3>

⑥ "벤처기업육성촉진지구"란 벤처기업의 밀집도가 다른 지역보다 높은 지역으로 집단화·협업화(협업화)를 통한 벤처기업의 영업활동을 활성화하기 위하여 제18조의4에 따라 지정된 지역을 말한다. <개정 2007.8.3>

⑦ "전략적제휴"란 벤처기업이 생산성 향상과 경쟁력 강화 등을 목적으로 기술·시설·정보·인력 또는 자본 등의 분야에서 다른 기업의 주주 또는 다른 벤처기업과 협력관계를 형성하는 것을 말한다. <개정 2007.8.3>

⑧ "신기술창업전문회사"란 대학이나 연구기관이 보유하고 있는 기술의 사업화와 이를 통한 창업 촉진을 주된 업무로 하는 회사로서 제11조의2에 따라 등록된 회사를 말한다. <개정 2007.8.3>

⑨ "신기술창업집적지역"이란 대학이나 연구기관이 보유하고 있는 교지나

부지로서 「중소기업창업 지원법」 제2조제2호에 따른 창업자(이하 "창업자"라 한다)와 벤처기업 등에 사업화 공간을 제공하기 위하여 제17조의2에 따라 지정된 지역을 말한다. <개정 2007.8.3>

제2조의2 (벤처기업의 요건) ① 벤처기업은 다음 각 호의 요건을 갖추어야 한다. <개정 2007.8.3>

1. 「중소기업기본법」 제2조에 따른 중소기업(이하 "중소기업"이라 한다)일 것
2. 다음 각 목의 어느 하나에 해당할 것

가. 다음 각각의 어느 하나에 해당하는 자의 투자금액의 합계(이하 이 목에서 "투자금액의 합계"라 한다), 기업의 자본금 중 투자금액의 합계가 차지하는 비율 및 그 비율을 유지하는 기간이 각각 대통령령으로 정하는 기준 이상인 기업

(1) 「중소기업창업 지원법」 제2조제4호에 따른 중소기업창업투자회사(이하 "중소기업창업투자회사"라 한다)

(2) 「중소기업창업 지원법」 제2조제5호에 따른 중소기업창업투자조합(이하 "중소기업창업투자조합"이라 한다)

(3) 「여신전문금융업법」 제2조제14호에 따른 신기술사업금융업을 영위하는 자(이하 "신기술사업금융업자"라 한다)

(4) 「여신전문금융업법」 제41조제3항에 따른 신기술사업투자조합(이하 "신기술사업투자조합"이라 한다)

(5) 제4조의3에 따른 한국벤처투자조합

(6) 제4조의8에 따른 전담회사

(7) 중소기업에 대한 기술평가 및 투자를 하는 금융기관으로서 대통령령으로 정하는 기관

나. 기업(「기술개발촉진법」 제7조제1항제2호에 따른 기업부설연구소를 보유한 기업만을 말한다)의 연간 연구개발비와 연간 총매출액에 대한 연구개발비의 합계가 차지하는 비율이 각각 대통령령으로 정하는 기준 이상이고, 대통령령으로 정하는 기관으로부터 사업성이 우수한 것으로 평가받은 기업

다. 다음 각각의 요건을 모두 갖춘 기업(창업하는 기업을 포함한다)

(1) 「기술신용보증기금법」에 따른 기술신용보증기금(이하 "기술신용보증기금"이라 한다)이 보증을 하거나, 「중소기업진흥 및 제품구매촉진에 관한 법률」 제68조에 따른 중소기업진흥공단(이하 "중소기업진흥공단"이라 한다) 등 대통령령으로 정하는 기관이 개발기술의 사업화나 창업을 촉진하기 위하여 무담보로 자금을 대출할 것

(2) (1)의 보증 또는 대출금액과 그 보증 또는 대출금액이 기업의 총자산에서 차지하는 비율이 각각 대통령령으로 정하는 기준 이상일 것

(3) (1)의 보증 또는 대출기관으로부터 기술성이 우수한 것으로 평가를 받을 것

② 제1항제2호나목 및 다목(3)에 따른 평가기준과 평가방법 등에 관하여 필요한 사항은 대통령령으로 정한다.

[전문개정 2007.8.3]

제3조 (벤처기업에 포함되지 아니하는 업종의 결정) 제2조제1항에도 불구하고 우리 산업의 구조조정을 원활히 하고 경쟁력을 높이기 위하여 중소기업청장이 정하는 업종을 영위하는 기업은 벤처기업에 포함하지 아니한다.

[전문개정 2007.8.3]

제2장 벤처기업 육성기반의 구축 <개정 2007.8.3>

제1절 자금공급의 원활화 <개정 2007.8.3>

제4조 (벤처기업에 대한 기금의 투자 등 〈개정 2007.8.3〉) ① 「국가재정법」에 따른 기금으로서 대통령령으로 정하는 기금을 관리하는 자(이하 "기금관리주체"라 한다)는 대통령령으로 정하는 비율 이내의 자금을 그 기금운용계획에 따라 벤처기업에 투자하거나 중소기업창업투자조합 · 신기술사업투자조합 또는 한국벤처투자조합에 출자할 수 있다. <개정 2007.8.3>

② 기금관리주체가 기금운용계획의 범위에서 행하는 벤처기업에 대한 투자나 중소기업창업투자조합 · 신기술사업투자조합 또는 한국벤처투자조합에 대한 출자에 관하여는 관계 법령에 따른 인가 · 허가 · 승인 등을 받은 것으로 본다. <개정 2007.8.3>

③ 삭제 <1998.12.30>

④ 「보험업법」 제2조제5호에 따른 보험회사는 같은 법 제106조, 제108조 및 제109조에도 불구하고 금융위원회가 정하는 범위에서 벤처기업에 투자하거나 중소기업창업투자조합 또는 신기술사업투자조합에 출자할 수 있다. <개정 2007.8.3, 2008.2.29>

제4조의2 (중소기업투자모태조합의 결성 등) ① 중소기업청장이 중소기업진흥공단 등 대통령령으로 정하는 투자관리기관 중에서 지정하는 기관(이하 "투자관리전문기관"이라 한다)은 「중소기업진흥 및 제품구매촉진에 관한 법률」 제63조에 따른 중소기업창업 및 진흥기금(이하 "중소기업창업 및 진흥기금"이라 한다)을 관리하는 자 등으로부터 출자를 받아 중소기업과 벤처기업에 대한 투자를 목적으로 설립된 조합 또는 회사에 출자하는 조합(이하 "중소기업투자모태조합"이라 한다)을 결성할 수 있다. <개정 2009.1.30>

② 중소기업창업 및 진흥기금을 관리하는 자는 「중소기업진흥 및 제품구매

촉진에 관한 법률」 제67조에도 불구하고 중소기업투자모태조합(이하 "모태조합"이라 한다)에 출자할 수 있다. <개정 2009.1.30>

③ 투자관리전문기관은 모태조합의 자산을 다음 각 호의 조합이나 회사에 출자하여야 한다. <개정 2007.8.3, 2009.4.1>

1. 중소기업창업투자조합
2. 제4조의3에 따른 한국벤처투자조합
3. 「산업발전법」 (법률 제9584호 산업발전법 전부개정법률로 개정되기 전의 것을 말한다) 제15조에 따라 등록된 기업구조조정조합 및 「산업발전법」 제20조에 따른 기업구조개선 사모투자전문회사
4. 「자본시장과 금융투자업에 관한 법률」 제9조제18항제7호에 따른 사모투자전문회사
5. 신기술사업투자조합

④ 투자관리전문기관은 모태조합의 자산을 관리 · 운용하여야 하며, 그 밖에 투자관리전문기관의 지정 · 관리 등에 필요한 사항은 대통령령으로 정한다. <개정 2009.1.30>

⑤ 삭제 <2009.1.30>

⑥ 삭제 <2009.1.30>

⑦ 삭제 <2009.1.30>

⑧ 삭제 <2009.1.30>

⑨ 모태조합의 존속기간은 30년 이내의 범위에서 대통령령으로 정하는 기간으로 하며, 그 밖에 모태조합의 관리 · 운용 등에 필요한 사항은 대통령령으로 정한다. <개정 2009.1.30>

[전문개정 2007.8.3]

제4조의3 (한국벤처투자조합의 결성 등) ① 다음 각 호의 어느 하나에 해당하는 자는 모태조합으로부터 출자를 받아 중소기업과 벤처기업에 대한 투자와 제4항제3호에 따른 투자조합에 대한 출자 등을 목적으로 조합(이하 "한국벤처투자조합"이라 한다)을 결성할 수 있다. 이 경우 대통령령으로 정하는 바에 따라 중소기업청장에게 신고하여야 하고, 신고 사항을 변경하는 경우에도 같다.

1. 중소기업창업투자회사
2. 신기술사업금융업자
3. 다음 각 목의 요건을 갖추고 있는 「상법」상 유한회사
   가. 출자금 총액이 조합 결성금액의 1퍼센트 이상일 것
   나. 대통령령으로 정하는 기준에 맞는 전문인력을 보유할 것
4. 다음 각 목의 요건을 갖추고 있다고 중소기업청장이 인정하는 외국투자회사
   가. 국내지점과 전문인력 등 중소기업창업투자회사에 준하는 물적 · 인적

요건을 갖추고 있을 것

나. 국제적 신인도가 높고 사업계획이 타당할 것

② 한국벤처투자조합은 조합의 채무에 대하여 무한책임을 지는 조합원(이하 "업무집행조합원"이라 한다) 1인과 출자액을 한도로 하여 유한책임을 지는 조합원(이하 "유한책임조합원"이라 한다)으로 구성한다. 이 경우 출자자 중 업무집행조합원은 제1항 각 호의 어느 하나에 해당하는 자가 되고 그 외의 자는 유한책임조합원이 된다.

③ 한국벤처투자조합의 출자금액, 조합원 수 및 존속기간을 포함한 결성 요건과 신고 사항, 그 밖에 운영 등에 필요한 사항은 대통령령으로 정한다.

④ 업무집행조합원은 한국벤처투자조합의 자금을 다음 각 호의 사업을 위하여 사용하여야 한다. 다만, 제3호의 사업에 대하여는 그 사업을 주된 목적으로 결성된 조합에만 자금을 사용할 수 있다.

1. 중소기업과 벤처기업에 대한 투자
2. 「중소기업창업 지원법」 제10조제1항제4호에 따른 해외투자
3. 중소기업창업투자조합이나 신기술사업투자조합에 대한 출자
4. 그 밖에 중소기업과 벤처기업의 경쟁력을 강화하기 위하여 중소기업청장이 인정하는 사업

⑤ 업무집행조합원은 선량한 관리자로서 출자자의 이익을 위하여 한국벤처투자조합의 자산을 관리하여야 한다.

⑥ 한국벤처투자조합은 업무집행조합원에게 조합 규약으로 정하는 바에 따라 투자수익에 따른 성과보수를 지급할 수 있으며, 성과보수 지급을 위한 투자수익의 산정 방식 등에 관하여 필요한 사항은 대통령령으로 정한다.

[전문개정 2007.8.3]

제4조의4 (한국벤처투자조합의 업무의 집행 등) ① 한국벤처투자조합의 업무는 업무집행조합원이 집행한다.

② 업무집행조합원은 한국벤처투자조합의 업무를 집행할 때 다음 각 호의 어느 하나에 해당하는 행위를 하여서는 아니 된다.

1. 자기나 제삼자의 이익을 위하여 한국벤처투자조합의 재산을 사용하는 행위
2. 자금차입 · 지급보증 또는 담보를 제공하는 행위
3. 「독점규제 및 공정거래에 관한 법률」 제9조에 따른 상호출자제한기업집단에 속하는 회사에 투자하는 행위
4. 대통령령으로 정하는 금융기관의 주식을 취득하거나 소유하는 행위
5. 「중소기업창업 지원법」 제6조제1항에 따른 창업보육센터 등 대통령령으로 정하는 범위의 업무용 부동산 외의 부동산(이하 "비업무용부동산"이라 한다)을 취득하거나 소유하는 행위. 다만, 담보권의 실행으로 비업무용부동산을 취득하는 경우에는 그러하지 아니하다.

6. 그 밖에 설립목적을 해치는 것으로서 대통령령으로 정하는 행위

③ 업무집행조합원이 제2항제5호 단서에 따라 담보권의 실행으로 비업무용부동산을 취득한 경우에는 1년의 범위에서 지식경제부령으로 정하는 기간 내에 이를 처분하여야 한다. <개정 2008.2.29>

[전문개정 2007.8.3]

제4조의5 (한국벤처투자조합의 업무집행조합원의 탈퇴) 업무집행조합원은 다음 각 호의 어느 하나에 해당하는 경우가 아니면 한국벤처투자조합을 탈퇴할 수 없다.

1. 중소기업창업투자회사나 신기술사업금융업자의 등록이 취소되거나 말소된 경우
2. 업무집행조합원이 파산한 경우
3. 조합원 전원의 동의가 있는 경우

[전문개정 2007.8.3]

제4조의6 (한국벤처투자조합의 해산) ① 한국벤처투자조합은 다음 각 호의 어느 하나에 해당하는 사유가 있을 때에는 해산한다.

1. 존속기간의 만료
2. 유한책임조합원 전원의 탈퇴
3. 업무집행조합원의 탈퇴
4. 그 밖에 대통령령으로 정하는 경우

② 한국벤처투자조합에 제1항제3호에 해당하는 사유가 발생한 경우에는 유한책임조합원 전원의 동의로 대통령령으로 정하는 바에 따라 그 사유가 발생한 날부터 3개월 이내에 업무집행조합원을 가입하게 하여 한국벤처투자조합을 계속할 수 있다.

③ 한국벤처투자조합이 해산하면 그 업무집행조합원이 청산인이 된다. 다만, 조합의 규약으로 정하는 바에 따라 업무집행조합원 외의 자를 청산인으로 선임할 수 있다.

④ 한국벤처투자조합의 해산 당시의 출자금액을 초과하는 채무가 있으면 업무집행조합원이 그 채무를 변제하여야 한다.

[전문개정 2007.8.3]

제4조의7 (공모한국벤처투자조합에 관한 특례) ① 「자본시장과 금융투자업에 관한 법률」 제22조부터 제27조까지, 제29조부터 제32조까지, 제34조부터 제43조까지, 제48조, 제50조부터 제53조까지, 제56조, 제58조, 제60조부터 제65조까지, 제80조부터 제83조까지, 제85조제2호 · 제3호 및 제6호부터 제8호까지, 제86조부터 제95조까지, 제181조부터 제183조까지, 제184조제1항 · 제2항 · 제5항부터 제7항까지, 제185조부터 제187조까지, 제218조부터 제223조까지

및 제229조부터 제253조까지는 공모한국벤처투자조합(「자본시장과 금융투자업에 관한 법률」 제9조제19항에 따른 사모집합투자기구에 해당하지 아니하는 한국벤처투자조합을 말한다. 이하 같다) 및 그 업무집행조합원에 대하여는 적용하지 아니한다.

② 중소기업청장은 공모한국벤처투자조합을 등록하는 경우에는 미리 금융위원회와 협의하여야 한다. <개정 2008.2.29>

③ 금융위원회는 공익 또는 공모한국벤처투자조합의 조합원을 보호하기 위하여 필요한 경우에는 공모한국벤처투자조합에 대하여 업무에 관한 자료의 제출이나 보고를 명할 수 있고, 금융감독원의 원장으로 하여금 그 업무에 관하여 검사하게 할 수 있다. <개정 2008.2.29>

④ 금융위원회는 공모한국벤처투자조합이 이 법 또는 이 법에 따른 명령이나 처분을 위반하거나, 「자본시장과 금융투자업에 관한 법률」 또는 같은 법에 따른 명령이나 처분을 위반한 경우에는 제28조 각 호의 어느 하나에 해당하는 조치를 취하도록 중소기업청장에게 요구할 수 있고, 중소기업청장은 특별한 사유가 없는 한 이에 응하여야 한다. 이 경우 중소기업청장은 그 조치내역을 금융위원회에 통보하여야 한다. <개정 2008.2. 29>

[본조신설 2007.8.3]

[종전 제4조의7은 제4조의8로 이동 <2007.8.3>]

제4조의8 (전담회사의 설립 등) ① 정부는 중소기업과 벤처기업의 성장·발전을 위한 투자 촉진 등을 목적으로 하는 전담회사(이하 "전담회사"라 한다)를 설립할 수 있다.

② 중소기업창업 및 진흥기금을 관리하는 자는 「중소기업진흥 및 제품구매촉진에 관한 법률」 제67조에도 불구하고 전담회사에 출자할 수 있다. <개정 2009.1.30>

③ 국가나 지방자치단체는 전담회사에 대하여 조세 관련 법령으로 정하는 바에 따라 세제상의 지원을 할 수 있다.

[전문개정 2007.8.3]

[제4조의7에서 이동, 종전 제4조의8은 제4조의9로 이동 <2007.8.3>]

제4조의9 (전담회사의 업무 등) ① 전담회사는 다음 각 호의 업무를 영위한다.

1. 중소기업과 벤처기업에 대한 투자를 목적으로 설립된 조합 등에 대한 출자
2. 중소기업과 벤처기업에 대한 투자
3. 해외벤처투자자금의 유치 지원
4. 중소기업창업투자회사의 육성
5. 제1호부터 제4호까지의 규정에 부수(부수)되는 사업으로서 정부에서 위탁하는 사업

② 전담회사는 사업수행을 위하여 필요하면 정부, 정부가 설치한 기금 또는 국내외 금융기관으로부터 자금을 차입할 수 있다.
③ 전담회사는 자본금과 적립금총액의 10배의 범위에서 사채를 발행할 수 있다.
④ 전담회사의 정관을 변경할 때는 중소기업청장의 인가를 받아야 한다.
⑤ 전담회사에 관하여 이 법에 규정한 것 외에는 「상법」 중 주식회사에 관한 규정을 준용한다.
⑥ 전담회사가 제1항제2호의 업무를 위하여 중소기업창업투자회사로 등록하는 경우에는 「중소기업창업 지원법」 제15조제1항제4호와 같은 법 제16조를 적용하지 아니한다.

[전문개정 2007.8.3]
[제4조의8에서 이동 <2007.8.3>]

제5조 (우선적 신용보증의 실시) 기술신용보증기금은 벤처기업과 신기술창업전문회사에 우선적으로 신용보증을 하여야 한다.

[전문개정 2007.8.3]

제6조 (산업재산권등의 출자 특례) ① 벤처기업에 대한 현물출자 대상에는 특허권·실용신안권·디자인권, 그 밖에 이에 준하는 기술과 그 사용에 관한 권리(이하 "산업재산권등"이라 한다)를 포함한다.
② 대통령령으로 정하는 기술평가기관이 산업재산권등의 가격을 평가한 경우 그 평가 내용은 「상법」 제299조의2와 제422조에 따라 공인된 감정인이 감정한 것으로 본다.

[전문개정 2007.8.3]

제7조 삭제 <1998.12.30>

제8조 (외국인의 출자에 대한 특례) 「외국인투자촉진법」 제2조제1항제1호의 외국인이 행하는 중소기업창업투자조합이나 한국벤처투자조합에 대한 출자는 같은 항 제4호에 따른 외국인투자로 본다.

[전문개정 2007.8.3]

제9조 (외국인의 주식취득 제한에 대한 특례) ① 외국인(대한민국에 6개월 이상 주소나 거소를 두지 아니한 개인을 말한다) 또는 「자본시장과 금융투자업에 관한 법률」 제9조제16항의 외국법인등에 의한 벤처기업의 주식 취득에 관하여는 같은 법 제168조제1항부터 제3항까지의 규정을 적용하지 아니한다. <개정 2007.8.3, 2009.1.30>
② 제1항에 따른 외국인 또는 외국법인등에 의한 벤처기업의 주식 취득에 관하여는 그 벤처기업의 정관으로 정하는 바에 따라 제한할 수 있다.

[전문개정 2007.8.3]

제10조 삭제 <1998.12.28>

제10조의2 (주식회사의 자본금 규모에 대한 특례) ① 벤처기업인 주식회사의 자본은 「상법」 제329조제1항에도 불구하고 500만원 이상으로 할 수 있다.

② 자본을 5천만원 미만으로 하여 벤처기업을 설립하려는 자는 「비송사건절차법」 제203조에 따른 설립등기의 신청서에 제25조에 따른 벤처기업 확인서를 첨부하여야 한다.

[전문개정 2007.8.3]

제11조 삭제 <2001.2.3>

제11조의2 (신기술창업전문회사의 설립 등) ① 다음 각 호의 어느 하나에 해당하는 대학이나 연구기관은 신기술창업전문회사(이하 "전문회사"라 한다)를 설립할 수 있다. <개정 2009.1.30>

1. 대학(「산업교육진흥 및 산학협력촉진에 관한 법률」 제25조에 따른 산학협력단을 포함한다)
2. 국공립연구기관
3. 정부출연연구기관
4. 그 밖에 과학이나 산업기술 분야의 연구기관으로서 대통령령으로 정하는 기관

② 제1항에 따라 전문회사를 설립하는 경우 대학이나 연구기관은 대통령령으로 정하는 바에 따라 중소기업청장에게 등록하여야 한다. 이를 변경하는 경우에도 또한 같다.

③ 전문회사는 다음 각 호의 요건을 갖추어야 한다. <개정 2009.1.30>

1. 「상법」에 따른 주식회사일 것
2. 임원이 다음 각 목의 어느 하나에 해당하지 아니하는 사람일 것
   가. 금치산자 또는 한정치산자
   나. 파산선고를 받고 복권되지 아니한 사람
   다. 금고 이상의 실형을 선고받고 그 집행이 끝나거나(끝난 것으로 보는 경우를 포함한다) 집행을 받지 아니하기로 확정된 후 5년이 지나지 아니한 사람
   라. 금고 이상의 형을 선고받고 그 집행유예 기간이 끝난 날부터 2년이 지나지 아니한 사람
   마. 금고 이상의 형의 선고유예를 받고 그 유예기간 중에 있는 사람
   바. 법원의 판결 또는 다른 법률에 따라 자격이 상실되거나 정지된 사람
3. 보유인력과 보유시설이 대통령령으로 정하는 기준 이상일 것

④ 전문회사는 다음 각 호의 업무를 영위한다.

1. 대학·연구기관 또는 전문회사가 보유한 기술의 사업화

2. 제1호에 따른 기술의 사업화를 위한 자회사의 설립. 다만, 제1항제1호의 대학은 자회사를 설립할 수 없다.
3. 「중소기업창업 지원법」 제6조제1항에 따른 창업보육센터의 설립·운영
4. 제1호부터 제3호까지의 규정에 부수되는 사업으로 중소기업청장이 정하는 사업

[전문개정 2007.8.3]

제11조의3 (전문회사의 운영 등) ① 대학이나 연구기관은 해당 기관이 설립한 전문회사의 발행주식 총수의 100분의 20 이상을 보유하여야 한다. <개정 2009.1.30>

② 대학이나 연구기관은 전문회사를 설립할 때나 그 전문회사가 신주(신주)를 발행할 때에 산업재산권등의 현물이나 현금을 출자할 수 있다. 다만, 제11조의2제1항제1호의 대학이 현금만을 출자하여 전문회사를 설립할 경우에는 전문회사에 보유기술을 이전하여야 한다. <개정 2009.1.30>

③ 전문회사는 그 사업을 수행하기 위하여 필요하면 정부, 정부가 설치하는 기금, 국내외 금융기관, 외국정부 또는 국제기구로부터 자금을 차입할 수 있다.

[전문개정 2007.8.3]

제11조의4 (기금의 우선지원) 중소기업창업 및 진흥기금을 관리하는 자는 전문회사에 우선적으로 지원할 수 있다. <개정 2009.1.30>

[전문개정 2007.8.3]

제11조의5 (전문회사 등에 대한 특례) ① 대학이나 연구기관의 교원·연구원 또는 직원이 전문회사의 대표나 임직원으로 근무하기 위하여 휴직·겸직 또는 겸임하는 경우에는 제16조 및 제16조의2를 준용한다.

② 대학이나 연구기관이 제11조의3제2항에 따라 현물을 전문회사에 출자할 경우 산업재산권등에 대한 가격의 평가와 감정은 제6조제2항을 준용한다.

③ 「공익법인의 설립·운영에 관한 법률」에 따른 공익법인인 연구기관이 제11조의2제2항에 따라 전문회사를 등록한 경우에는 30일 이내에 주무관청에 신고하여야 한다. 신고를 한 경우에는 같은 법 제4조제3항에 따른 주무관청의 승인을 받은 것으로 본다.

[전문개정 2007.8.3]

제11조의6 (전문회사의 행위제한 등) ① 전문회사는 다음 각 호의 어느 하나에 해당하는 행위를 하여서는 아니 된다.

1. 「유사수신행위의 규제에 관한 법률」 제3조를 위반하여 출자자나 투자자를 모집하는 행위
2. 해당 전문회사가 설립한 자회사와의 채무 보증 등 대통령령으로 정하는 거래행위
3. 그 밖에 설립목적을 해치는 것으로서 대통령령으로 정하는 행위

② 전문회사는 주주총회의 특별결의에 의하여만 제11조의2제4항제2호에 따른 자회사를 설립할 수 있다.

③ 대학이나 연구기관은 전문회사에 대한 투자나 출자로 발생한 배당금·수익금과 잉여금을 대학이나 연구기관의 고유목적사업이나 연구개발 및 산학협력 활동 등 대통령령으로 정하는 용도로 사용하여야 한다.

[전문개정 2007.8.3]

제11조의7 (전문회사 등록의 취소) 중소기업청장은 전문회사가 다음 각 호의 어느 하나에 해당하면 그 등록을 취소할 수 있다. 다만, 제1호에 해당하는 경우에는 그 등록을 취소하여야 한다.

1. 거짓이나 그 밖의 부정한 방법으로 등록한 경우
2. 제11조의6제1항 각 호의 행위를 한 경우
3. 제11조의2제3항에 따른 등록요건에 맞지 아니하게 된 경우

[전문개정 2007.8.3]

제12조 (중소기업창업투자조합의 운영에 관한 특례) 「중소기업창업 지원법」 제21조부터 제29조까지의 규정에 따라 중소기업창업투자조합의 업무를 집행하는 업무집행조합원은 중소기업창업투자조합과의 계약에 따라 그 업무의 전부 또는 일부를 그 중소기업창업투자조합의 유한책임조합원에게 위탁할 수 있다.

[전문개정 2007.8.3]

제13조 (개인투자조합의 결성 등) ① 벤처기업과 창업자에 투자할 목적으로 개인들이 출자하여 결성하는 조합으로서 이 법에 따른 지원을 받으려는 조합은 대통령령으로 정하는 바에 따라 중소기업청장에게 등록하여야 한다. 등록한 사항을 변경하려는 경우에도 또한 같다.

② 제1항에 따라 등록한 조합(이하 "개인투자조합"이라 한다)은 개인투자조합의 업무를 집행하는 업무집행조합원 1명과 그 외의 조합원으로 구성한다. 다만, 업무집행조합원은 금융거래 등 상거래를 할 때 정당한 사유 없이 약정기일을 3개월 이상 지난 채무가 1천만원을 초과하여서는 아니 된다.

③ 업무집행조합원은 개인투자조합의 업무를 집행할 때 자금차입·지급보증 또는 담보를 제공하는 행위를 하여서는 아니 되며, 그 개인투자조합의 규약에서 달리 정하는 경우 외에는 탈퇴하거나 그 지위를 양도하여서는 아

니 된다.

④ 개인투자조합은 다음 각 호의 어느 하나에 해당하는 사유가 있을 때에는 해산한다.

1. 존속기간의 만료
2. 조합원 전원의 탈퇴
3. 그 밖에 대통령령으로 정하는 사유

⑤ 개인투자조합이 해산하는 경우에는 그 업무집행조합원이 청산인이 된다. 다만, 조합의 규약으로 정하는 바에 따라 업무집행조합원 외의 자를 청산인으로 선임할 수 있다.

⑥ 개인투자조합에 관하여 이 법에 규정한 것 외에는 「민법」 중 조합에 관한 규정을 준용한다.

⑦ 개인투자조합의 출자금액, 조합원 수 및 존속기간을 포함한 등록 요건과 그 운영 등에 필요한 사항은 대통령령으로 정한다.

⑧ 개인이 제1항에 따라 조합을 결성하고자 하는 경우에는 「자본시장과 금융투자업에 관한 법률」 제9조제8항에 따른 사모의 방법으로만 조합가입을 권유하여야 한다. <신설 2007.8.3>

[전문개정 2007.8.3]

제13조의2 (개인투자조합의 운영 등) ① 중소기업청장은 개인투자조합의 업무집행조합원이 조합자산을 운용할 때 벤처기업이나 창업자에 투자되지 아니한 조합자산에 대하여 「은행법」에 따른 금융기관에 예치하거나 국공채를 매입하는 방법으로 운용하도록 유도할 수 있다.

② 개인투자조합의 업무집행조합원은 매 사업연도가 지난 후 3개월 이내에 결산서에 공인회계사의 감사의견서를 첨부하여 중소기업청장에게 제출하여야 한다. 다만, 전년도 투자실적의 변동이 없는 조합인 경우에는 중소기업청장이 고시로 정하는 자료로 이를 갈음할 수 있다.

[전문개정 2007.8.3]

제13조의3 (등록의 취소) 중소기업청장은 개인투자조합이 다음 각 호의 어느 하나에 해당하면 그 등록을 취소할 수 있다. 다만, 제1호에 해당하는 경우에는 그 등록을 취소하여야 한다.

1. 거짓이나 그 밖의 부정한 방법으로 등록한 경우
2. 「유사수신행위의 규제에 관한 법률」 제3조를 위반하여 조합원을 모집한 경우
3. 제13조제2항 단서를 위반한 경우
4. 제13조제3항에 따른 자금차입 · 지급보증 또는 담보제공 금지의무를 위반한 경우
5. 제13조제7항에 따른 등록 요건에 맞지 아니하게 된 경우

[전문개정 2007.8.3]

제14조 (조세에 대한 특례) ① 국가나 지방자치단체는 벤처기업을 육성하기 위하여 「조세특례제한법」, 「지방세법」, 그 밖의 관계 법률로 정하는 바에 따라 소득세 · 법인세 · 취득세 · 재산세 및 등록세 등을 감면할 수 있다.
② 개인이나 개인투자조합이 벤처기업에 투자할 경우에는 조세에 관한 법률로 정하는 바에 따라 소득세 등을 감면할 수 있다. 이 경우 구체적인 투자대상 및 감면 절차 등은 대통령령으로 정한다.
③ 다음 각 호의 경우에는 조세에 관한 법률로 정하는 바에 따라 세제지원을 할 수 있다. 이 경우 세제지원 대상의 확인 등에 필요한 사항은 대통령령으로 정한다.
1. 주식회사인 벤처기업과 다른 주식회사의 주주 또는 주식회사인 다른 벤처기업이 주식교환을 하는 경우
2. 주식회사인 벤처기업과 다른 주식회사가 합병을 하는 경우

[전문개정 2007.8.3]

제2절 기업활동과 인력 공급의 원활화 <개정 2007.8.3>

제15조 (벤처기업의 주식교환) ① 주식회사인 벤처기업(「자본시장과 금융투자업에 관한 법률」 제9조제13항에 따른 증권시장에 상장된 법인은 제외한다. 이하 이 조, 제15조의2부터 제15조의11까지 및 제16조의3에서 같다)은 전략적제휴를 위하여 정관으로 정하는 바에 따라 자기주식을 다른 주식회사의 주요주주(해당 법인의 의결권 있는 발행주식 총수의 100분의 10 이상을 보유한 주주를 말한다. 이하 같다) 또는 주식회사인 다른 벤처기업의 주식과 교환할 수 있다. <개정 2007.8.3, 2009.1.30>
② 제1항에 따라 주식교환을 하려는 벤처기업은 「상법」 제341조에도 불구하고 제1항에 따른 주식교환에 필요한 주식에 대하여는 자기의 계산으로 자기주식을 취득하여야 한다. 이 경우 그 취득금액은 같은 법 제462조제1항에 따른 이익배당이 가능한 한도 이내이어야 한다.
③ 제1항에 따라 주식교환을 하려는 벤처기업은 다음 각 호의 사항이 포함된 주식교환계약서를 작성하여 주주총회의 승인을 받아야 한다. 이 경우 주주총회의 승인 결의에 관하여는 「상법」 제434조를 준용한다.
1. 전략적제휴의 내용
2. 자기주식의 취득 방법, 취득 가격 및 취득 시기에 관한 사항
3. 교환할 주식의 가액총액 · 평가 · 종류 및 수량에 관한 사항
4. 주식교환을 할 날
5. 다른 주식회사의 주요주주와 주식을 교환할 경우 주주의 성명, 주민등록번호, 교환할 주식의 종류 및 수량

④ 제1항에 따라 주식교환을 하려는 벤처기업은 그에 관한 이사회의 결의가 있을 때에는 즉시 결의내용을 주주에게 통보하고, 제3항에 따른 주식교환계약서를 갖추어 놓아 열람할 수 있도록 하여야 한다.
⑤ 벤처기업이 제1항에 따른 주식교환에 따라 다른 주식회사의 주요주주의 주식이나 다른 벤처기업의 주식을 취득한 경우에는 취득일부터 1년 이상 이를 보유하여야 한다. 제1항에 따른 주식교환에 따라 벤처기업의 주식을 취득한 다른 주식회사의 주요주주의 경우에도 또한 같다.
⑥ 제2항에 따른 자기주식의 취득 기간은 제3항의 주주총회 승인 결의일부터 6개월 이내이어야 한다.

[전문개정 2007.8.3]

제15조의2 (반대주주의 주식매수청구권) ① 제15조제3항에 따른 주주총회 승인 결의 전에 그 벤처기업에 서면으로 주식교환을 반대하는 의사를 알린 주주는 주주총회 승인 결의일부터 10일 이내에 자기가 보유한 주식의 매수를 서면으로 청구할 수 있다.
② 제1항에 따라 매수청구를 받은 벤처기업은 청구를 받은 날부터 2개월 이내에 그 주식을 매수하여야 한다. 이 경우 그 주식은 6개월 이내에 처분하여야 한다.
③ 제2항에 따른 주식의 매수가격의 결정에 관하여는 「상법」 제374조의2 제3항부터 제5항까지의 규정을 준용한다.

[전문개정 2007.8.3]

제15조의3 (합병 절차의 간소화 등) ① 주식회사인 벤처기업이 다른 주식회사와 합병결의(제15조의9에 따른 소규모합병 및 제15조의10에 따른 간이합병의 경우에는 이사회의 승인결의를 말한다)를 한 경우에는 채권자에게 「상법」 제527조의5제1항에도 불구하고 그 합병결의를 한 날부터 1주 내에 합병에 이의가 있으면 10일 이상의 기간 내에 이를 제출할 것을 공고하고, 알고 있는 채권자에게는 공고사항을 최고(최고)하여야 한다.
② 주식회사인 벤처기업이 합병 결의를 위한 주주총회 소집을 알릴 때는 「상법」 제363조제1항에도 불구하고 그 통지일을 주주총회일 7일 전으로 할 수 있다.
③ 주식회사인 벤처기업이 다른 주식회사와 합병하기 위하여 합병계약서 등을 공시할 때는 「상법」 제522조의2제1항에도 불구하고 그 공시 기간을 합병승인을 위한 주주총회일 7일 전부터 합병한 날 이후 1개월이 지나는 날까지로 할 수 있다.
④ 주식회사인 벤처기업의 합병에 관하여 이사회가 결의한 때에 그 결의에 반대하는 벤처기업의 주주는 「상법」 제522조의3제1항에도 불구하고 주주총회 전에 벤처기업에 대하여 서면으로 합병에 반대하는 의사를 알리

고 자기가 소유하고 있는 주식의 종류와 수를 적어 주식의 매수를 청구하여야 한다.

⑤ 벤처기업이 제4항에 따른 청구를 받은 경우에는 「상법」 제374조의2제2항 및 제530조제2항에도 불구하고 합병에 관한 주주총회의 결의일부터 2개월 이내에 그 주식을 매수하여야 한다.

⑥ 제5항에 따른 주식의 매수가액의 결정에 관하여는 「상법」 제374조의2제3항부터 제5항까지의 규정을 준용한다. 이 경우 같은 법 제374조의2제4항 중 "제1항의 청구를 받은 날"은 "합병에 관한 주주총회의 결의일"로 본다.

[전문개정 2007.8.3]

제15조의4 (신주발행에 의한 주식 교환 등) ① 주식회사인 벤처기업은 전략적제휴를 위하여 정관으로 정하는 바에 따라 신주를 발행하여 다른 주식회사의 주요주주의 주식이나 주식회사인 다른 벤처기업의 주식과 교환할 수 있다. 이 경우 다른 주식회사의 주요주주나 주식회사인 다른 벤처기업은 벤처기업이 주식교환을 위하여 발행하는 신주를 배정받음으로써 그 벤처기업의 주주가 된다.

② 제1항에 따른 주식교환을 하려는 벤처기업은 다음 각 호의 사항이 포함된 주식교환계약서를 작성하여 주주총회의 승인을 받아야 한다. 이 경우 주주총회의 승인 결의에 관하여는 「상법」 제434조를 준용한다.

1. 전략적제휴의 내용
2. 교환할 신주의 가액·총액·평가·종류·수량 및 배정에 관한 사항
3. 주식교환을 할 날
4. 다른 주식회사의 주요주주와 주식을 교환할 경우 주주의 성명, 주민등록번호, 교환할 주식의 종류 및 수량

③ 제1항에 따른 주식교환을 통하여 다른 주식회사의 주요주주가 보유한 주식이나 주식회사인 다른 벤처기업이 보유한 주식을 벤처기업에 현물로 출자하는 경우 대통령령으로 정하는 공인평가기관이 그 주식의 가격을 평가한 때에는 「상법」 제422조제1항에 따라 검사인이 조사를 한 것으로 보거나 공인된 감정인이 감정한 것으로 본다. 이 경우 「상법」 제422조제2항 및 제3항은 적용하지 아니한다.

④ 제1항에 따라 주식교환을 하는 경우에는 제15조제4항 및 제5항을 준용한다.

[전문개정 2007.8.3]

제15조의5 (신주발행 주식교환 시 주식매수청구권) 제15조의4에 따른 주식교환에 반대하는 주주의 주식매수청구권에 관하여는 제15조의2제1항부터 제3항까지의 규정을 준용한다.

[전문개정 2007.8.3]

제15조의6 (주식교환의 특례) ① 벤처기업이 제15조나 제15조의4에 따라 주식교환을 하는 경우 그 교환하는 주식의 수가 발행주식 총수의 100분의 50을 초과하지 아니하면 주주총회의 승인은 정관으로 정하는 바에 따라 이사회의 승인으로 갈음할 수 있다.

② 제1항에 따라 주식교환을 하려는 벤처기업은 주식교환계약서에 제15조제3항이나 제15조의4제2항에 따른 주주총회의 승인을 받지 아니하고 주식교환을 할 수 있다는 뜻을 적어야 한다.

③ 벤처기업은 주식교환계약서를 작성한 날부터 2주 이내에 다음 각 호의 사항을 공고하거나 주주에게 알려야 한다.

1. 주식교환계약서의 주요 내용
2. 주주총회의 승인을 받지 아니하고 주식교환을 한다는 뜻

④ 벤처기업의 발행주식 총수의 100분의 20 이상에 해당하는 주식을 소유한 주주가 제3항에 따른 공고나 통지가 있었던 날부터 2주 이내에 서면으로 제1항에 따른 주식교환에 반대하는 의사를 알린 경우에는 이 조에 따른 주식교환을 할 수 없다.

⑤ 제1항에 따른 주식교환의 경우에는 제15조의2나 제15조의5를 적용하지 아니한다.

[전문개정 2007.8.3]

제15조의7 (주식교환무효의 소) 제15조나 제15조의4에 따른 주식교환무효의 소(소)에 관하여는 「상법」 제360조의14를 준용한다. 이 경우 「상법」 제360조의14제2항 중 "완전모회사가 되는 회사"는 "벤처기업"으로 보고, 같은 조 제3항 중 "완전모회사가 된 회사"는 "벤처기업"으로, "완전자회사가 된 회사"는 "주식회사인 다른 벤처기업"으로 본다.

제15조의8 (다른 주식회사의 영업양수의 특례) ① 주식회사인 벤처기업이 영업의 전부 또는 일부를 다른 주식회사(「자본시장과 금융투자업에 관한 법률」 제9조제13항에 따른 증권시장에 상장된 법인은 제외한다. 이하 이 조, 제15조의9부터 제15조의11까지의 규정에서 같다)에 양도하는 경우 그 양도가액이 다른 주식회사의 최종 대차대조표상으로 현존하는 순자산액의 100분의 10을 초과하지 아니하면 다른 주식회사의 주주총회의 승인은 정관에서 정하는 바에 따라 이사회의 승인으로 갈음할 수 있다. <개정 2007.8.3, 2009.1.30>

② 제1항에 따른 경우에는 영업양도·양수계약서에 다른 주식회사에 관하여는 주주총회의 승인을 받지 아니하고 벤처기업의 영업의 전부 또는 일부를 양수할 수 있다는 뜻을 적어야 한다.

③ 제1항에 따라 벤처기업의 영업의 전부 또는 일부를 양수하려는 다른

주식회사는 영업양도·양수계약서를 작성한 날부터 2주 이내에 다음 각 호의 사항을 공고하거나 주주에게 알려야 한다.

1. 영업양도·양수계약서의 주요 내용
2. 주주총회의 승인을 받지 아니하고 영업을 양수한다는 뜻

④ 다른 주식회사의 발행주식 총수의 100분의 20 이상에 해당하는 주식을 소유한 주주가 제3항에 따른 공고나 통지가 있었던 날부터 2주 이내에 서면으로 제1항에 따른 영업양수를 반대하는 의사를 알린 경우에는 이 조에 따른 영업양수를 할 수 없다.

⑤ 제1항에 따른 영업양수의 경우에는 「상법」 제374조의2를 적용하지 아니한다.

[전문개정 2007.8.3]

제15조의9 (벤처기업 소규모합병의 특례) ① 주식회사인 벤처기업이 다른 주식회사와 합병을 하는 경우 「상법」 제527조의3제1항에도 불구하고 합병 후 존속하는 회사가 합병으로 인하여 발행하는 신주의 총수가 그 주식회사의 발행주식총수의 100분의 10 이하인 때에는 그 존속하는 회사의 주주총회의 승인은 이를 이사회의 승인으로 갈음할 수 있다. 다만, 합병으로 인하여 소멸하는 회사의 주주에게 지급할 금액을 정한 경우에 그 금액이 존속하는 회사의 최종 대차대조표상으로 현존하는 순자산액의 100분의 5를 초과하는 때에는 그러하지 아니하다.

② 제1항에 따른 합병에 반대하는 주주의 주식매수청구권은 인정하지 아니한다.

[본조신설 2007.8.3]

제15조의10 (벤처기업 간이합병의 특례) ① 주식회사인 벤처기업이 다른 주식회사와 합병을 하는 경우 「상법」 제527조의2제1항에도 불구하고 합병 후 존속하는 회사가 소멸회사의 발행주식총수 중 의결권 있는 주식의 100분의 90 이상을 보유하는 경우에는 그 소멸하는 회사의 주주총회의 승인은 이사회의 승인으로 갈음할 수 있다.

② 제1항에 따른 합병에 반대하는 주주의 주식매수청구권에 관하여는 「상법」 제522조의3제2항에 따른다.

[본조신설 2007.8.3]

제15조의11 (간이영업양도) ① 주식회사인 벤처기업이 영업의 전부 또는 일부를 다른 주식회사에 양도하는 경우 「상법」 제374조에도 불구하고 영업을 양도하는 회사의 총주주의 동의가 있거나 영업을 양도하는 회사의 발행주식총수 중 의결권 있는 주식의 100분의 90 이상을 다른 주식회사가 보유하는 경우에는 영업을 양도하는 회사의 주주총회의 승인은 이사회의 승인으로

갈음할 수 있다.

② 제1항의 경우에는 영업양도·양수계약서에 영업을 양도하는 회사에 관하여는 주주총회의 승인을 받지 아니하고 벤처기업의 영업의 전부 또는 일부를 양도할 수 있다는 뜻을 적어야 한다.

③ 제1항에 따라 벤처기업의 영업의 전부 또는 일부를 양도하려는 회사는 영업양도·양수계약서를 작성한 날부터 2주 이내에 다음 각 호의 사항을 공고하거나 주주에게 알려야 한다.

1. 영업양도·양수계약서의 주요 내용
2. 주주총회의 승인을 받지 아니하고 영업을 양도한다는 뜻

④ 제3항의 공고 또는 통지를 한 날부터 2주 이내에 회사에 대하여 서면으로 영업양도에 반대하는 의사를 통지한 주주는 그 2주의 기간이 지난 날부터 20일 이내에 주식의 종류와 수를 기재한 서면으로 회사에 대하여 자기가 소유하고 있는 주식의 매수를 청구할 수 있다.

⑤ 제4항의 매수청구에 관하여는 「상법」 제374조의2제2항부터 제5항까지의 규정을 준용한다.

[본조신설 2009.1.30]

[종전 제15조의11은 제15조의12로 이동 <2009.1.30>]

제15조의12 (준용규정) 제15조, 제15조의2부터 제15조의11까지, 제24조제1항제4호는 창업자에 관하여 준용한다. 이 경우 "벤처기업"은 "창업자"로 본다. <개정 2009.1.30>

[본조신설 2007.8.3]

[제15조의11에서 이동 <2009.1.30>]

제15조의13 (중소벤처기업 인수합병 지원센터의 지정) ① 중소기업청장은 중소벤처기업의 인수합병을 효율적으로 지원하기 위하여 중소기업지원 관련 기관 또는 단체를 중소벤처기업 인수합병 지원센터(이하 "지원센터"라 한다)로 지정할 수 있다.

② 지원센터의 업무는 다음 각 호와 같다.

1. 중소벤처기업의 인수합병계획의 수립 지원에 관한 사항
2. 중소벤처기업의 인수합병을 위한 기업정보의 수집·제공 및 컨설팅 지원에 관한 사항
3. 중소벤처기업의 기업가치평가모델의 개발 및 보급에 관한 사항
4. 중소벤처기업의 인수합병에 필요한 자금의 연계지원에 관한 사항
5. 중소벤처기업의 인수합병 전문가 양성 및 교육에 관한 사항
6. 그 밖에 중소벤처기업의 인수합병 촉진을 위하여 중소기업청장이 정하는 사항

③ 중소기업청장은 지원센터의 운영에 드는 경비의 전부 또는 일부를 지

원할 수 있다.

④ 제1항부터 제3항까지에서 규정한 사항 외에 지원센터의 지정기준, 지정절차 및 운영 등에 필요한 사항은 대통령령으로 정한다.

[본조신설 2009.1.30]

제15조의14 (지원센터의 지정취소) 중소기업청장은 지원센터가 다음 각호의 어느 하나에 해당하는 경우에는 그 지정을 취소할 수 있다. 다만, 제1호에 해당하는 경우에는 그 지정을 취소하여야 한다.

1. 거짓이나 그 밖의 부정한 방법으로 지정을 받은 경우
2. 제15조의13제4항에 따른 지정기준에 미달하게 되는 경우
3. 지정받은 업무를 정당한 사유 없이 1개월 이상 수행하지 아니한 경우

[본조신설 2009.1.30]

제16조 (교육공무원등의 창업 시 휴직 허용) ① 다음 각 호의 어느 하나에 해당하는 자(이하 "교육공무원등"이라 한다)는 「교육공무원법」 제44조제1항, 「국가공무원법」 제71조제2항, 「지방공무원법」 제63조제2항 및 「사립학교법」 제59조제1항에도 불구하고 「중소기업창업 지원법」 제2조제1호에 따른 창업을 하거나 벤처기업의 임원으로 근무하기 위하여 휴직할 수 있다.

1. 「고등교육법」에 따른 대학(산업대학과 전문대학을 포함한다. 이하 같다)의 교원(대학부설연구소의 연구원을 포함한다. 이하 같다)
2. 국공립연구기관의 연구원(「한국과학기술원법」 제15조와 「광주과학기술원법」 제14조에 따른 교원 및 연구원을 포함한다. 이하 같다)

② 제1항에 따른 휴직 기간은 3년(창업 준비기간 6개월을 포함한다) 이내로 한다. 다만, 소속 기관의 장이 필요하다고 인정하면 3년 이내에서 휴직 기간을 연장할 수 있다. 이 경우 대학교원의 휴직 기간은 「교육공무원법」 제45조제2항에도 불구하고 임용기간 중의 잔여기간을 초과할 수 있다. <개정 2009.1.30>

③ 제1항에 따라 대학의 교원이나 국공립연구기관의 연구원이 6개월 이상 휴직하는 경우에는 휴직일부터 그 대학이나 국공립연구기관에 그 휴직자의 수에 해당하는 교원이나 연구원의 정원이 따로 있는 것으로 본다.

[전문개정 2007.8.3]

제16조의2 (교육공무원등의 겸임이나 겸직에 관한 특례) ① 교육공무원등 또는 대통령령으로 정하는 정부출연연구기관(국방분야의 연구기관은 제외한다)의 연구원은 그 소속 기관의 장의 허가를 받아 벤처기업의 대표자나 임직원을 겸임하거나 겸직할 수 있다. 다만, 공무원에 대한 허가는 직무상의 능률을 저해할 우려가 없는 경우에만 할 수 있다.

② 제1항에 따른 소속 기관의 장의 허가를 받은 경우에는 「교육공무원

법」 제18조제1항과 「협동연구개발 촉진법」 제6조제4항에 따른 겸임 및 겸직허가를 받은 것으로 본다.

[전문개정 2007.8.3]

제16조의3 (벤처기업의 주식매수선택권) ① 주식회사인 벤처기업은 「상법」 제340조의2부터 제340조의5까지의 규정에도 불구하고 정관으로 정하는 바에 따라 주주총회의 결의가 있으면 다음 각 호의 어느 하나에 해당하는 자 중 해당 기업의 설립 또는 기술·경영의 혁신 등에 기여하였거나 기여할 능력을 갖춘 자에게 특별히 유리한 가격으로 신주를 매수할 수 있는 권리나 그 밖에 대통령령으로 정하는 바에 따라 해당 기업의 주식을 매수할 수 있는 권리(이하 이 조에서 "주식매수선택권"이라 한다)를 부여할 수 있다. 이 경우 주주총회의 결의는 「상법」 제434조를 준용한다.

1. 벤처기업의 임직원(대통령령으로 정하는 자는 제외한다)
2. 기술이나 경영능력을 갖춘 자로서 대통령령으로 정하는 자
3. 대학 또는 대통령령으로 정하는 연구기관

② 제1항의 주식매수선택권에 관한 정관의 규정에는 다음 각 호의 사항을 포함하여야 한다.

1. 일정한 경우 주식매수선택권을 부여할 수 있다는 뜻
2. 주식매수선택권의 행사로 내줄 주식의 종류와 수
3. 주식매수선택권을 부여받을 자의 자격 요건
4. 주식매수선택권의 행사 기간
5. 일정한 경우 주식매수선택권의 부여를 이사회의 결의에 의하여 취소할 수 있다는 뜻

③ 제1항에 따른 주주총회의 특별결의에서는 다음 각 호의 사항을 정하여야 한다.

1. 주식매수선택권을 부여받을 자의 성명이나 명칭
2. 주식매수선택권의 부여 방법
3. 주식매수선택권의 행사 가격과 행사 기간
4. 주식매수선택권을 부여받을 자 각각에 대하여 주식매수선택권의 행사로 내줄 주식의 종류와 수

④ 제3항에도 불구하고 제2항제2호에 따른 주식 총수의 100분의 20 이내에 해당하는 주식을 해당 벤처기업의 임직원 외의 자에게 주식매수선택권으로 부여하는 경우에는 주주총회의 특별결의로 제3항제1호 및 제4호의 사항을 그 벤처기업의 이사회에서 정하게 할 수 있다.

⑤ 주식매수선택권을 부여하려는 벤처기업은 제3항과 제4항에 따른 결의를 한 경우 대통령령으로 정하는 바에 따라 중소기업청장에게 그 내용을 신고하여야 한다.

⑥ 벤처기업의 주식매수선택권에 관하여는 「증권거래법」 제189조의4제4

항부터 제6항까지의 규정을 준용한다.
⑦ 주식매수선택권을 부여한 벤처기업이 주식매수선택권을 부여받은 자에게 내줄 목적으로 자기주식을 취득하는 경우에는 「상법」 제341조의2제1항 본문에도 불구하고 발행주식 총수의 100분의 10을 초과할 수 있다.
⑧ 주식매수선택권의 부여 한도 등에 관하여 필요한 사항은 대통령령으로 정한다.

[전문개정 2007.8.3]

제16조의4 (벤처기업에 대한 정보 제공) ① 정부는 벤처기업의 창업 및 영업활동과 관련된 투자·자금·인력·기술·판로 및 입지 등에 관한 정보를 제공하거나 그 밖에 벤처기업의 정보화를 촉진하기 위한 지원을 할 수 있다.
② 중소기업청장은 중앙행정기관의 장, 지방자치단체의 장 또는 「공공기관의 운영에 관한 법률」의 적용을 받는 공공기관의 장에게 제1항에 따른 정보 제공에 필요한 자료를 요청할 수 있다.
③ 중소기업청장은 벤처기업에 대한 개인이나 개인투자조합(이하 이 항에서 "개인등"이라 한다)의 투자를 촉진하기 위하여 지식경제부령으로 정하는 바에 따라 벤처기업의 투자가치에 관한 정보 등 필요한 정보를 개인등에게 제공할 수 있다. <개정 2008.2.29>

[전문개정 2007.8.3]

제16조의5 (벤처기업인 유한회사에 대한 특례) ① 벤처기업인 유한회사의 사원의 총수는 「상법」 제545조제1항 본문에도 불구하고 50인 이상 300인 이하로 할 수 있다.
② 제1항의 벤처기업인 유한회사의 설립등기에 관하여는 제10조의2제2항을 준용한다.
③ 유한회사인 벤처기업은 정관에서 정하는 바에 따라 「상법」 제580조에도 불구하고 사원총회의 결의로 이익배당에 관한 기준을 따로 정할 수 있다.

[전문개정 2007.8.3]

제16조의6 (출자에 대한 특례) 유한회사인 벤처기업의 출자를 인수한 중소기업창업투자회사·중소기업창업투자조합·신기술사업금융업자·신기술사업투자조합 또는 개인투자조합은 「상법」 제556조에도 불구하고 그 벤처기업의 정관으로 정하는 바에 따라 그 지분의 전부 또는 일부를 타인에게 양도할 수 있다.

[전문개정 2007.8.3]

제16조의7 (산업재산권 사용에 관한 특례) 대학이나 연구기관의 장은 직무발명한 교

원·연구원에 대하여 제16조 또는 제16조의2에 따른 휴직이나 겸직을 승인한 경우에는 직무발명에 따른 산업재산권등의 이용을 허락할 때 「기술의 이전 및 사업화 촉진에 관한 법률」 제24조제4항 및 제5항에도 불구하고 전용실시권을 부여할 수 있다.

[전문개정 2007.8.3]

제3절 입지 공급의 원활화 <개정 2007.8.3>

제17조 삭제 <2006.3.3>

제17조의2 (신기술창업집적지역의 지정) ① 대학이나 연구기관의 장은 해당 기관이 소유한 교지나 부지의 일정 지역에 대하여 창업자·벤처기업 등의 생산시설 및 그 지원시설을 집단적으로 설치하는 신기술창업집적지역(이하 "집적지역"이라 한다)의 지정을 중소기업청장에게 요청할 수 있다.

② 대학이나 연구기관의 장은 제1항에 따라 집적지역의 지정을 요청할 때 집적지역의 명칭, 집적지역 지정 면적 등 대통령령으로 정하는 사항을 포함하는 집적지역개발계획을 제출하여야 한다.

③ 중소기업청장은 집적지역의 지정을 요청받으면 제17조의3 각 호의 요건에 맞는지를 검토하여 집적지역으로 지정할 수 있다. 이 경우 대통령령으로 정하는 바에 따라 그 내용을 고시하여야 한다.

④ 중소기업청장은 제3항에 따라 집적지역을 지정할 때 그 면적이 대통령령으로 정하는 면적 이상이면 집적지역이 속하는 특별시장·광역시장·도지사·제주특별자치도지사(이하 "시·도지사"라 한다)와 협의하여야 한다.

[전문개정 2007.8.3]

제17조의3 (집적지역의 지정 요건) 집적지역은 다음 각 호의 요건을 갖추어야 한다.

1. 해당 기관이 보유한 교지나 부지의 연면적에 대한 지정 면적의 비율이 대통령령으로 정하는 비율을 초과하지 아니할 것
2. 지정 면적이 3천 제곱미터 이상일 것
3. 집적지역개발계획이 실현 가능할 것

[전문개정 2007.8.3]

제17조의4 (집적지역에 대한 특례 등) ① 집적지역은 「국토의 계획 및 이용에 관한 법률」 제76조에도 불구하고 같은 법 제36조에 따른 지역 중 보전녹지지역 등 대통령령으로 정하는 지역 외의 지역에 지정할 수 있다.

② 집적지역에서 창업자나 벤처기업은 「건축법」 제19조제1항과 「국토의 계획 및 이용에 관한 법률」 제76조제1항에도 불구하고 구조안전에 지장이 없는 범위에서 「산업집적활성화 및 공장설립에 관한 법률」 제28조에 따른 도시형공장(대통령령으로 정하는 도시형공장만을 말한다)과 이와 관련된

업무시설을 설치할 수 있다. 이 경우 제17조의2제4항에서 대통령령으로 정한 면적 이상인 지역 외에는 「산업집적활성화 및 공장설립에 관한 법률」 제13조에 따른 공장설립등의 승인, 같은 법 제14조의3에 따른 제조시설설치승인 및 같은 법 제16조에 따른 공장등록 절차를 따른다. <개정 2008.3.21>

③ 집적지역 중 지정 면적이 제17조의2제4항에서 대통령령으로 정한 면적 이상이고 도시지역에 지정된 경우에는 「산업입지 및 개발에 관한 법률」 제7조의2에 따른 도시첨단산업단지로 본다.

④ 중소기업청장은 제3항에 따른 집적지역의 관리권자(「산업집적활성화 및 공장설립에 관한 법률」 제30조제1항에 따른 관리권자를 말한다)가 된다.

⑤ 대학이나 연구기관은 제3항에 따른 집적지역의 관리기관(「산업집적활성화 및 공장설립에 관한 법률」 제30조제2항에 따른 관리기관을 말한다)이 된다.

⑥ 대학이나 연구기관의 장은 「국유재산법」 제18조와 제27조, 「공유재산 및 물품 관리법」 제13조와 제20조, 「고등교육법」 및 「사립학교법」 에도 불구하고 창업자·벤처기업 또는 지원시설을 설치·운영하려는 자가 집적지역에 건물(공장용 건축물을 포함한다)이나 그 밖의 영구시설물을 축조하려는 경우에는 집적지역의 일부를 임대할 수 있다. 이 경우 임대계약(갱신되는 경우를 포함한다) 기간이 끝나면 그 시설물의 종류·용도 등을 고려하여 해당 시설물을 대학이나 연구기관에 기부하거나 교지나 부지를 원상으로 회복하여 되돌려 주어야 한다. <개정 2009.1.30>

⑦ 제6항에 따른 임대료와 임대 기간 등에 관하여 필요한 사항은 대통령령으로 정한다.

⑧ 집적지역에 대하여는 제22조제1항 및 제3항을 준용한다.

[전문개정 2007.8.3]

제17조의5 (집적지역의 운영 지침) 중소기업청장은 집적지역의 지정·운영에 관한 지침을 수립하여 고시하여야 한다.

[전문개정 2007.8.3]

제17조의6 (집적지역의 지정취소) 중소기업청장은 제17조의2제3항에 따라 지정된 집적지역이 다음 각 호의 어느 하나에 해당하면 그 지정을 취소할 수 있다.

1. 사업 지연, 관리 부실 등의 사유로 지정목적을 달성할 수 없는 경우
2. 제17조의3에 따른 지정 요건을 충족하지 못한 경우

[전문개정 2007.8.3]

제18조 (벤처기업집적시설의 지정 등) ① 벤처기업집적시설을 설치하거나 기존의 건축물을 벤처기업집적시설로 사용하려는 자는 대통령령으로 정하는 연면

적 이상인 경우 시·도지사로부터 그 지정을 받을 수 있다. 지정받은 사항을 변경하는 경우에도 또한 같다.
② 제1항에 따라 지정을 받은 벤처기업집적시설은 지정받은 날(건축 중인 건축물은 「건축법」 제22조에 따른 건축물의 사용승인을 받은 날을 말한다)부터 1년 이내에 다음 각 호의 요건을 갖추어야 한다. <개정 2008.3.21, 2009.1.30>
1. 벤처기업 등 대통령령으로 정하는 기업이 입주하게 하되, 입주한 기업 중에서 벤처기업이 4개 이상(「수도권정비계획법」 제2조제1호에 따른 수도권 외의 지역은 3개 이상)일 것
2. 연면적의 100분의 70(「수도권정비계획법」 제2조제1호에 따른 수도권 외의 지역은 100분의 50) 이상을 벤처기업 등 대통령령으로 정하는 기업이 사용하게 할 것
3. 제2호에 해당하지 아니하는 지정 면적은 벤처기업집적시설 등 대통령령으로 정하는 시설이 사용하게 할 것
③ 시·도지사는 벤처기업을 지원하기 위하여 필요하다고 인정하면 벤처기업집적시설을 설치하거나 기존의 건축물을 벤처기업집적시설로 지정하여 벤처기업과 그 지원시설을 입주하게 할 수 있다.
④ 시·도지사는 벤처기업집적시설이 다음 각 호의 어느 하나에 해당하면 그 지정을 취소할 수 있다. 다만, 제1호에 해당하는 경우에는 그 지정을 취소하여야 한다.
1. 거짓이나 그 밖의 부정한 방법으로 지정받은 경우
2. 제1항이나 제2항에 따른 지정 요건에 맞지 아니하게 된 경우
⑤ 시·도지사는 제4항에 따라 벤처기업집적시설의 지정을 취소하려면 청문을 하여야 한다.
⑥ 제1항에 따른 지정신청과 그 밖에 지정에 관하여 필요한 사항은 대통령령으로 정한다.

[전문개정 2007.8.3]

제18조의2 (실험실공장에 대한 특례) ① 다음 각 호의 어느 하나에 해당하는 자는 「건축법」 제19조제1항, 「국토의 계획 및 이용에 관한 법률」 제76조제1항, 「대덕연구개발특구 등의 육성에 관한 특별법」 제36조제1항에도 불구하고 그 소속 기관의 장의 승인을 받아 실험실공장을 설치할 수 있다. 이 경우 「산업집적활성화 및 공장설립에 관한 법률」 제13조에 따른 공장설립 등의 승인 또는 같은 법 제14조의3에 따른 제조시설설치승인을 받은 것으로 본다. <개정 2008.3.21>
1. 「고등교육법」에 따른 대학의 교원
2. 국공립연구기관이나 정부출연연구기관의 연구원
3. 과학이나 산업기술 분야의 연구기관으로서 대통령령으로 정하는 기관

의 연구원

② 실험실공장은 생산시설용으로 쓰이는 바닥면적의 합계가 3천 제곱미터를 초과할 수 없다.

③ 실험실공장의 총면적(실험실공장이 둘 이상인 경우에는 그 면적을 합한 것을 말한다)은 해당 대학이나 연구기관의 건축물 연면적의 2분의 1을 초과할 수 없다.

④ 시장·군수 또는 구청장(자치구의 구청장을 말한다. 이하 같다)은 실험실공장에 대한 공장등록신청을 받으면 「산업집적활성화 및 공장설립에 관한 법률」 제16조에 따른 공장의 등록을 하여야 한다.

⑤ 대학이나 연구기관의 장은 제1항에 따른 실험실공장을 설치한 교원이나 연구원이 퇴직하더라도 퇴직일부터 2년을 초과하지 아니하는 범위에서 실험실공장을 사용하게 할 수 있다.

⑥ 실험실공장의 설치·운영 등에 관하여 그 밖에 필요한 사항은 대통령령으로 정한다.

[전문개정 2007.8.3]

제18조의3 (창업보육센터에 입주한 벤처기업과 창업자에 대한 특례) ① 대학이나 연구기관 안에 설치·운영 중인 창업보육센터로서 다음 각 호의 어느 하나에 해당하는 창업보육센터에 입주한 벤처기업이나 창업자는 「건축법」 제19조제1항, 「국토의 계획 및 이용에 관한 법률」 제76조제1항 및 「대덕연구개발특구 등의 육성에 관한 특별법」 제36조제1항에도 불구하고 「산업집적활성화 및 공장설립에 관한 법률」 제28조에 따른 도시형공장을 설치할 수 있다. <개정 2008.3.21>

1. 「중소기업창업 지원법」 제6조제1항에 따라 중소기업청장이 지정하는 창업보육센터
2. 중앙행정기관의 장이나 지방자치단체의 장이 인정하는 창업보육센터

② 시장·군수 또는 구청장은 제1항에 따른 창업보육센터에 입주한 벤처기업이나 창업자로부터 공장등록신청을 받으면 「산업집적활성화 및 공장설립에 관한 법률」 제16조에 따른 공장의 등록을 하여야 한다.

③ 대학이나 연구기관 안에 설치·운영 중인 창업보육센터는 「건축법」 제19조제4항제2호에 따른 시설군으로 본다. <개정 2008.3.21>

[전문개정 2007.8.3]

제18조의4 (벤처기업육성촉진지구의 지정 등) ① 시·도지사는 벤처기업을 육성하기 위하여 필요하면 관할 구역의 일정지역에 대하여 벤처기업육성촉진지구(이하 "촉진지구"라 한다)의 지정을 중소기업청장에게 요청할 수 있다.

② 중소기업청장은 제1항에 따라 촉진지구를 지정한 경우에는 대통령령으로 정하는 바에 따라 그 내용을 고시하여야 한다.

③ 중소기업청장은 제1항에 따라 지정된 촉진지구가 다음 각 호의 어느 하나에 해당하면 그 지정을 해제할 수 있다.
1. 촉진지구육성계획이 실현될 가능성이 없는 경우
2. 사업 지연, 관리 부실 등의 사유로 지정목적을 달성할 수 없는 경우
④ 제1항에 따른 지정의 요건 및 절차와 촉진지구의 지원 등에 필요한 사항은 대통령령으로 정한다.

[전문개정 2007.8.3]

제18조의5 (촉진지구에 대한 지원) ① 중소기업청장은 촉진지구의 활성화를 위하여 「지역균형개발 및 지방중소기업 육성에 관한 법률」 제44조제1항에 따라 지방중소기업육성관련기금의 조성을 지원할 때 촉진지구를 지정받은 지방자치단체를 우대하여 지원할 수 있다.
② 국가나 지방자치단체는 촉진지구에 있거나 촉진지구로 이전하는 벤처기업에 자금이나 그 밖에 필요한 사항을 우선하여 지원할 수 있다.
③ 국가나 지방자치단체는 촉진지구에 설치되는 벤처기업집적시설의 설치·운영자 및 창업보육센터사업자에게 그 소요자금의 전부 또는 일부를 지원하거나 우대하여 지원할 수 있다.
④ 촉진지구의 벤처기업과 그 지원시설에 대하여는 제22조를 준용한다.

[전문개정 2007.8.3]

제19조 (국공유 재산의 매각 등) ① 국가나 지방자치단체는 벤처기업집적시설의 개발 또는 설치와 그 운영을 위하여 필요하다고 인정하면 「국유재산법」 또는 「공유재산 및 물품 관리법」에도 불구하고 수의계약에 의하여 국유재산이나 공유재산을 벤처기업집적시설의 설치·운영자에게 매각하거나 임대할 수 있다.
② 제1항에 따른 국유재산의 가격, 임대료, 임대 기간 등에 관하여 필요한 사항은 대통령령으로 정한다.
③ 국가나 지방자치단체는 국유인 일반재산 또는 공유인 잡종재산인 부동산을 벤처기업에 임대하는 조건으로 「자본시장과 금융투자업에 관한 법률」에 따른 신탁업자에 신탁할 수 있다. 이 경우 공유부동산의 신탁에 관하여는 「국유재산법」 제58조의 규정을 준용한다. <개정 2007.8.3, 2009.1.30>
④ 국가·지방자치단체 또는 사립학교의 학교법인은 「국유재산법」 제18조, 「공유재산 및 물품 관리법」 제13조 및 제20조, 「고등교육법」 및 「사립학교법」에도 불구하고 벤처기업집적시설의 설치·운영자에게 국공유 토지나 대학 교지의 일부를 임대하여 건물이나 그 밖의 영구시설물을 축조하게 할 수 있다. 이 경우 임대계약 기간이 끝나면 해당 시설물의 종류·용도 등을 고려하여 그 시설물을 국가·지방자치단체 또는 사립학교의 학교법인에 기부하거나 토지 또는 교지를 원상으로 회복하여 되돌려 주는 것을 임대조

건으로 하여야 한다. <개정 2009.1.30>

⑤ 벤처기업집적시설의 설치·운영자는 「국유재산법」 제30조제2항, 「공유재산 및 물품 관리법」 제35조, 「고등교육법」 및 「사립학교법」 에도 불구하고 제4항에 따라 축조한 시설물을 임대목적과 동일한 용도로 사용하려는 다른 자에게 사용·수익(수익)하게 할 수 있다. <개정 2009.1.30>

[전문개정 2007.8.3]

제20조 (시설비용의 지원) 국가나 지방자치단체는 집적지역의 조성 및 벤처기업집적시설의 설치에 필요한 시설비의 전부 또는 일부를 지원할 수 있다.

[전문개정 2007.8.3]

제21조 (건축금지 등에 대한 특례 〈개정 2007.8.3〉) ① 삭제 <2006.3.3>

② 벤처기업집적시설은 「국토의 계획 및 이용에 관한 법률」 제76조제1항에도 불구하고 「국토의 계획 및 이용에 관한 법률」 제36조에 따른 지역(녹지지역 등 대통령령으로 정하는 지역은 제외한다)에 건축할 수 있다. <개정 2007.8.3>

③ 벤처기업집적시설에 입주한 자는 「건축법」 제19조제1항, 「국토의 계획 및 이용에 관한 법률」 제76조제1항 및 「대덕연구개발특구 등의 육성에 관한 특별법」 제36조제1항에도 불구하고 구조안전에 지장이 없는 범위에서 대통령령으로 정하는 공장을 설치할 수 있다. 이 경우 「산업집적활성화 및 공장설립에 관한 법률」 제13조에 따른 공장설립등의 승인이나 같은 법 제14조의3에 따른 제조시설설치승인을 받은 것으로 본다. <개정 2007.8.3, 2008.3.21>

④ 시장·군수 또는 구청장은 벤처기업집적시설에 입주한 자로부터 제3항에 따른 공장등록신청을 받으면 「산업집적활성화 및 공장설립에 관한 법률」 제16조에 따른 공장의 등록을 하여야 한다. <개정 2007.8.3>

제22조 (각종 부담금의 면제 등 〈개정 2007.8.3〉) ①벤처기업집적시설에 대하여는 다음 각 호의 부담금을 면제한다. <개정 1998.9.23, 1999.2.5, 2002.1.26, 2002.12.30, 2005.7.21, 2006.3.3, 2007.4.11, 2007.8.3, 2008.3.28>

1. 「개발이익환수에 관한 법률」 제5조에 따른 개발부담금
2. 삭제 <2007.8.3>
3. 「산지관리법」 제19조에 따른 대체산림자원조성비
4. 「농지법」 제38조에 따른 농지보전부담금
5. 「초지법」 제23조에 따른 대체초지조성비
6. 「도시교통정비 촉진법」 제36조에 따른 교통유발부담금

② 삭제 <2006.3.3>

③ 벤처기업집적시설을 건축하려는 자는 「문화예술진흥법」 제9조에도 불구하고 미술장식을 설치하지 아니할 수 있다. <개정 2007.8.3>

제3장 삭제 <2007.8.3>

제23조 삭제 <2007.8.3>

제4장 보칙 <개정 2007.8.3>

제24조 (벤처기업이었던 기업에 대한 주식발행 등의 특례) ① 벤처기업이었던 기업이 벤처기업에 해당하지 아니하게 되는 경우 벤처기업이었던 당시 이루어진 다음 각 호의 행위는 계속 유효한 것으로 본다. <개정 2009.1.30>

1. 제6조에 따른 산업재산권등의 출자 행위
2. 제9조에 따라 외국인 또는 외국법인등이 해당 기업의 주식을 취득한 행위
3. 제10조의2에 따라 자본을 5천만원 미만으로 하여 설립한 행위
4. 제15조 및 제15조의2부터 제15조의11까지의 규정에 따른 주식교환 등의 행위
5. 제16조의3에 따라 주식매수선택권을 부여한 행위
6. 제16조의5에 따라 사원을 50명 이상 300명 이하로 하여 설립한 행위

② 벤처기업집적시설에 입주하였던 벤처기업이 벤처기업에 해당하지 아니하게 된 경우에도 계속하여 벤처기업집적시설에 입주할 수 있다.

[전문개정 2007.8.3]

제25조 (벤처기업의 해당 여부에 대한 확인) ① 벤처기업으로서 이 법에 따른 지원을 받으려는 기업은 벤처기업 해당 여부에 관하여 기술신용보증기금 등 대통령령으로 정하는 기관이나 단체(이하 “벤처기업확인기관”이라 한다)의 장에게 확인을 요청할 수 있다.

② 벤처기업확인기관의 장은 제1항에 따라 확인 요청을 받으면 지식경제부령으로 정하는 기간 내에 확인하여 그 결과를 요청인에게 알려야 한다. 이 경우 그 기업이 벤처기업에 해당될 때에는 대통령령으로 정하는 바에 따라 유효기간을 정하여 벤처기업확인서를 발급하여야 한다. <개정 2008.2.29>

③ 벤처기업확인기관의 장은 벤처기업 확인의 투명성을 확보하기 위하여 대통령령으로 정하는 바에 따라 확인된 벤처기업에 관한 정보를 공개할 수 있다. 다만, 다음 각 호의 정보는 공개하여서는 아니 된다.

1. 「부정경쟁방지 및 영업비밀보호에 관한 법률」 제2조제2호에 따른 영업비밀
2. 대표자의 주민등록번호 등 개인에 관한 사항

④ 제1항과 제2항에 따른 확인 절차 등에 관하여 필요한 사항은 지식경제부령으로 정한다. <개정 2008.2.29>

[전문개정 2007.8.3]

제25조의2 (벤처기업 확인의 취소) ① 벤처기업확인기관의 장은 벤처기업이 다음 각 호의 어느 하나에 해당하면 제25조제2항에 따른 확인을 취소할 수 있다. 다만, 제1호에 해당하는 경우에는 확인을 취소하여야 한다.

1. 거짓이나 그 밖의 부정한 방법으로 벤처기업임을 확인받은 경우
2. 제2조의2의 벤처기업의 요건을 갖추지 아니하게 된 경우. 다만, 제25조에 따라 벤처기업으로 확인을 받은 날부터 6개월이 지나지 아니한 기업은 제외한다.
3. 휴업·폐업 또는 파산 등으로 대통령령으로 정하는 기간 동안 기업활동을 하지 아니하는 경우
4. 대표자·최대주주 또는 최대출자사원 등이 기업재산을 유용(유용)하거나 은닉(은닉)하는 등 기업경영과 관련하여 주주·사원 또는 이해관계인에게 피해를 입힌 경우 등 대통령령으로 정하는 경우

② 벤처기업확인기관의 장은 제1항에 따라 벤처기업의 확인을 취소하려면 청문을 실시하여야 한다.

[전문개정 2007.8.3]

제26조 (보고 등) ① 중소기업청장은 이 법을 시행하기 위하여 필요하다고 인정하면 중소기업창업투자회사·중소기업창업투자조합 또는 한국벤처투자조합에 대하여 투자실적을 보고하게 할 수 있다.

② 중소기업청장은 분기마다 신기술사업금융업자, 신기술사업투자조합, 「한국산업은행법」에 따른 한국산업은행 또는 「중소기업은행법」에 따른 중소기업은행에 대하여 중소기업과 벤처기업에 대한 투자실적에 관한 자료를 제출하게 할 수 있다.

③ 중소기업청장은 이 법을 시행하기 위하여 필요하다고 인정하면 제14조제2항에 따른 개인이나 개인투자조합으로 하여금 투자실적 등을 보고하게 할 수 있다.

④ 중소기업청장은 이 법을 시행하기 위하여 필요하다고 인정하면 벤처기업확인기관으로 하여금 제25조와 제25조의2에 따른 벤처기업의 확인 및 확인의 취소 실적 등을 보고하게 하거나, 소속 공무원으로 하여금 해당 기관에 출입하여 장부나 그 밖의 서류를 검사하게 할 수 있다. 이 경우 검사를 하는 공무원은 그 권한을 표시하는 증표를 지니고 이를 관계인에게 내보여야 한다.

⑤ 시·도지사는 제18조에 따라 지정된 벤처기업집적시설에 대하여 그 지정을 받은 자로 하여금 입주 현황과 운영 상황에 관한 자료를 제출하게 할 수 있다.

⑥ 벤처기업확인기관의 장은 제25조와 제25조의2에 따른 벤처기업의 확인

및 확인의 취소 등을 위하여 필요하다고 인정하면 벤처기업으로 하여금 경영실태 등에 관하여 필요한 자료를 제출하게 할 수 있다.

⑦ 중소기업청장은 대학이나 연구기관에 대하여 제16조, 제16조의2 및 제18조의2에 따른 교원이나 연구원의 휴직 · 겸임 및 겸직허가 실적, 실험실공장 설치승인 실적에 관한 자료를 제출하게 할 수 있다.

⑧ 중소기업청장은 전문회사에 대하여 제11조의2제4항 각 호에 관한 자료나 전문회사의 매 회계연도의 결산서를 제출하게 할 수 있다.

[전문개정 2007.8.3]

第27조 (권한의 위임 · 위탁) 이 법에 따른 중소기업청장의 권한은 그 일부를 대통령령으로 정하는 바에 따라 소속기관의 장 또는 시 · 도지사에게 위임하거나 다른 행정기관의 장 또는 대통령령으로 정하는 중소기업 관련 기관과 단체에 위탁할 수 있다.

[전문개정 2007.8.3]

第28조 (행정처분) 중소기업청장은 한국벤처투자조합이 다음 각 호의 어느 하나에 해당하면 시정을 명하거나 이 법에 따른 지원을 중단할 수 있다.

1. 제4조의3제1항에 따른 신고 또는 변경신고를 하지 아니하거나 거짓으로 한 자
2. 제4조의3제3항에 따른 결성 요건에 맞지 아니하게 된 경우
3. 중소기업창업투자회사 및 신기술사업금융업자의 등록이 취소되거나 말소된 경우
4. 제4조의4제2항을 위반한 경우

[전문개정 2007.8.3]

第29조 (청문) 중소기업청장은 다음 각 호의 어느 하나에 해당하는 처분을 하려면 청문을 실시하여야 한다. <개정 2009.1.30>

1. 제13조의3에 따른 개인투자조합의 등록취소
2. 제18조의4에 따른 촉진지구의 지정해제
3. 제11조의7에 따른 전문회사의 등록취소
4. 제17조의6에 따른 집적지역의 지정취소
5. 제15조의14에 따른 지원센터의 지정취소

[전문개정 2007.8.3]

第30조 (유사명칭의 사용 금지) 한국벤처투자조합이 아닌 자는 한국벤처투자조합의 명칭이나 이와 유사한 명칭을 사용하지 못한다.

[전문개정 2007.8.3]

제30조의2 (벌칙 적용 시의 공무원 의제) 제25조와 제25조의2에 따른 벤처기업의 확인 및 확인의 취소 업무에 종사하는 벤처기업확인기관의 임직원은 「형법」 제129조부터 제132조까지의 규정을 적용할 때에는 공무원으로 본다.

[전문개정 2007.8.3]

제30조의3 (불복 절차) 제25조 및 제25조의2에 따른 벤처기업의 확인이나 확인의 취소에 대하여는 「행정심판법」에 따른 행정심판을 청구할 수 있다. 이 경우 벤처기업의 확인·확인취소에 대한 감독행정기관은 중소기업청장으로 한다. <개정 2008.2.29>

[전문개정 2007.8.3]

제31조 (다른 법률의 준용) 한국벤처투자조합 업무의 집행에 관하여는 「중소기업창업 지원법」 제23조, 제26조, 제27조 및 제29조를 준용한다. 이 경우 "창업투자조합"을 "한국벤처투자조합"으로 본다.

[전문개정 2007.8.3]

제5장 벌칙 <신설 2004.12.31>

제32조 (과태료) ① 다음 각 호의 어느 하나에 해당하는 자에게는 500만원 이하의 과태료를 부과한다.

1. 제4조의4제2항·제3항을 위반한 자
2. 제28조에 따른 시정명령을 위반한 자
3. 제30조를 위반하여 유사명칭을 사용한 자
4. 제31조에 따른 결산서를 제출하지 아니하거나 거짓의 결산서를 제출한 자

② 제1항에 따른 과태료는 대통령령으로 정하는 바에 따라 중소기업청장이 부과·징수한다.

③ 삭제 <2009.1.30>

④ 삭제 <2009.1.30>

⑤ 삭제 <2009.1.30>

[전문개정 2007.8.3]

부칙(산업발전법) <제9584호, 2009.4.1>

제1조(시행일) 이 법은 2009년 5월 8일부터 시행한다.

제2조부터 제4조까지 생략

제5조(다른 법률의 개정) ① 및 ② 생략

③ 벤처기업육성에 관한 특별조치법 일부를 다음과 같이 개정한다.

제4조의2제3항제3호를 다음과 같이 한다.

3. 「산업발전법」 (법률 제9584호 산업발전법 전부개정법률로 개정되기 전의 것을 말한다) 제15조에 따라 등록된 기업구조조정조합 및 「산업발전법」 제20조에 따른 기업구조개선 사모투자전문회사

④ 부터 ⑪ 까지 생략

제6조 생략

벤처기업육성에 관한 특별조치법 시행령

[시행 2009.6.1] [대통령령 제21518호, 2009.5.29, 타법개정]

중소기업청 (벤처정책과) 042-481-4423

제1조 (목적) 이 영은 「벤처기업육성에 관한 특별조치법」에서 위임된 사항과 그 시행에 필요한 사항을 정함을 목적으로 한다.

[전문개정 2008.11.4]

제2조 (지원시설의 범위) 「벤처기업육성에 관한 특별조치법」 (이하 "법"이라 한다) 제2조제4항에서 "대통령령으로 정하는 지원시설"이란 다음 각 호의 어느 하나에 해당하는 회사 등이 벤처기업의 영업활동을 장려하기 위하여 설치·관리하는 시설을 말한다. <개정 2009.5.6>

1. 「중소기업창업 지원법」 제2조제4호에 따른 중소기업창업투자회사(이하 "중소기업창업투자회사"라 한다)
2. 「중소기업창업 지원법」 제2조제6호에 따른 중소기업상담회사
3. 「중소기업창업 지원법」 제2조제7호에 따른 창업보육센터
4. 「은행법」 제2조제1항제2호에 따른 금융기관(같은 법 제58조제1항에 따라 금융위원회의 인가를 받은 외국금융기관의 국내 지점·대리점 또는 사무소를 포함한다)
5. 「여신전문금융업법」 제2조제14호에 따른 신기술사업금융업을 하는 자
6. 「신용보증기금법」 에 따른 신용보증기금
7. 「기술신용보증기금법」 에 따른 기술신용보증기금(이하 "기술신용보증기금"이라 한다)
8. 「기술개발촉진법」 제7조제1항제2호에 따른 기업부설연구소
9. 「중소기업진흥 및 제품구매촉진에 관한 법률」 제68조에 따른 중소기업진흥공단(이하 "중소기업진흥공단"이라 한다)
10. 「산업집적활성화 및 공장설립에 관한 법률」 제45조의3에 따른 한국산업단지공단
11. 「산업발전법」 (법률 제9584호 산업발전법 전부개정법률로 개정되기 전의 것을 말한다) 제14조에 따라 등록된 기업구조조정전문회사(이하 "기업구조조정전문회사"라 한다)
12. 「지역신용보증재단법」 에 따른 지역신용보증재단
13. 「자본시장과 금융투자업에 관한 법률」 제8조제2항 및 제3항에 따른 투자매매업자와 투자중개업자
14. 그 밖에 벤처기업을 지원하는 기관으로서 중소기업청장이 정하는 기관

[전문개정 2008.11.4]

제2조의2 삭제 <2006.6.2>

제2조의3 (벤처기업의 요건 등) ① 법 제2조의2제1항제2호가목(1)부터 (7)까지의 규정 외의 부분에서 "대통령령으로 정하는 기준"이란 다음 각 호의 기준을 말한다.

1. 법 제2조의2제1항제2호가목(1)부터 (7)까지에 규정된 자가 해당 기업의 주식이나 출자지분을 인수하는 금액이 5천만원 이상이고, 그 기업의 자본금의 100분의 10(해당 기업이 「문화산업진흥 기본법」 제2조제9호에 따른 제작자 중 법인이면 자본금의 100분의 7) 이상일 것
2. 제1호에 따른 기준을 법 제25조제1항에 따라 벤처기업에 해당하는지에 관하여 확인을 요청한 날부터 직전 6개월 이상 계속하여 유지하였을 것

② 법 제2조의2제1항제2호가목(7)에서 "대통령령으로 정하는 기관"이란 다음 각 호의 기관을 말한다. <개정 2009.5.29>

1. 법 제13조제2항에 따른 개인투자조합
2. 「한국산업은행법」 에 따른 한국산업은행

2의2. 「한국정책금융공사법」 에 따른 한국정책금융공사

3. 「중소기업은행법」 에 따른 중소기업은행
4. 「은행법」 제2조제1항제2호에 따른 금융기관
5. 「자본시장과 금융투자업에 관한 법률」 제9조제18항제7호에 따른 사모투자전문회사(이하 "사모투자전문회사"라 한다)

③ 법 제2조의2제1항제2호나목에서 "대통령령으로 정하는 기준"이란 다음 각 호의 기준을 말한다. 다만, 창업 후 3년이 지나지 아니한 기업에 대하여는 제2호를 적용하지 아니한다.

1. 연간 연구개발비가 5천만원 이상일 것
2. 연간 총매출액에 대한 연구개발비의 합계가 차지하는 비율이 100분의 5 이상으로서 중소기업청장이 업종별로 정하여 고시하는 비율 이상일 것

④ 제3항에 따른 연간 연구개발비와 연간 총매출액의 적용기준은 다음 각 호와 같다.

1. 법 제25조제1항에 따라 벤처기업에 해당하는지에 관하여 확인을 요청한 경우에는 그 요청한 날이 속하는 분기의 직전 4개 분기의 연구개발비와 총매출액
2. 법 제25조의2제1항제2호에 따라 벤처기업 확인을 취소하는 경우에는 법 제26조제6항에 따라 벤처기업확인기관의 장이 벤처기업으로 하여금 자료를 제출하게 한 날이 속하는 분기의 직전 4개 분기의 연구개발비와 총매출액

⑤ 법 제2조의2제1항제2호나목에서 "대통령령으로 정하는 기관"이란 다음 각 호의 기관을 말한다. <개정 2009.4.30>

1. 기술신용보증기금

2. 중소기업진흥공단
3. 「산업기술혁신 촉진법」 제38조에 따른 한국산업기술진흥원(이하 "한국산업기술진흥원"이라 한다)
4. 「기술의 이전 및 사업화 촉진에 관한 법률」 제35조에 따라 지정된 기술평가기관
5. 「정보화촉진 기본법」 제35조의2에 따른 정보통신연구진흥원(이하 "정보통신연구진흥원"이라 한다)

⑥ 법 제2조의2제1항제2호나목에 따른 사업성 평가기준은 제품경쟁력, 사업추진 능력, 시장 전망 등으로 하되, 구체적인 평가기준과 평가방법은 중소기업청장이 정하여 고시한다.

⑦ 법 제2조의2제1항제2호다목(1)에서 "대통령령으로 정하는 기관"은 중소기업진흥공단을 말한다.

⑧ 법 제2조의2제1항제2호다목(2)에서 "대통령령으로 정하는 기준"이란 다음 각 호의 기준을 말한다. 다만, 창업 후 1년이 지나지 아니한 기업에는 제1호의 기준을 4천만원으로 하고, 제2호의 기준을 적용하지 아니하며, 보증 또는 대출금액이 10억원 이상인 기업에는 제2호의 기준을 적용하지 아니한다.
1. 보증 또는 대출금액이 8천만원 이상일 것
2. 기업의 총자산에 대한 보증 또는 대출금액의 비율이 100분의 5 이상일 것

⑨ 법 제2조의2제1항제2호다목(3)에 따른 기술성 평가기준은 기술의 우수성, 기술의 활용도 등으로 하되, 구체적인 평가기준과 평가방법은 중소기업청장이 정하여 고시한다.

[전문개정 2008.11.4]

제3조 (벤처기업에 대한 기금의 투자 등) ① 법 제4조제1항에서 "대통령령으로 정하는 기금"이란 별표 1의 기금을 말한다.

② 중소기업청장은 벤처기업에 대한 투자재원을 조성하기 위하여 필요하면 법 제4조제1항에 따른 기금관리주체(이하 "기금관리주체"라 한다)로 하여금 「중소기업창업 지원법」 제2조제5호에 따른 중소기업창업투자조합(이하 "중소기업창업투자조합"이라 한다)이나 법 제4조의3제1항에 따른 한국벤처투자조합(이하 "한국벤처투자조합"이라 한다)에 출자할 것을 권고할 수 있다.

③ 법 제4조제1항에서 "대통령령으로 정하는 비율 이내의 자금"이란 해당 기금의 운용자금 중 100분의 10 이내의 자금으로 한다.

[전문개정 2008.11.4]

제3조의2 (투자관리전문기관의 지정 등) ① 법 제4조의2제1항에서 "대통령령으로 정하는 투자관리기관"이란 다음 각 호의 기관이나 단체를 말한다.

1. 중소기업진흥공단
2. 법 제4조의2제1항에 따른 중소기업투자모태조합(이하 "모태조합"이라 한다)의 운용에 필요한 전문인력과 시설 등 중소기업청장이 정하여 고시하는 기준을 갖춘 기관 또는 단체

② 법 제4조의2제1항에 따른 투자관리전문기관(이하 "투자관리전문기관"이라 한다)은 법 제4조의2제4항에 따라 모태조합 운용에 필요한 전문인력과 시설 등에 변동이 있으면 중소기업청장에게 보고하여야 한다.

③ 투자관리전문기관은 법 제4조의2제4항에 따라 매 사업연도 종료 후 4개월 이내에 결산서에 회계법인의 감사의견서를 첨부하여 중소기업청장에게 제출하여야 한다.

④ 투자관리전문기관의 관리에 필요한 그 밖의 사항은 중소기업청장이 정한다.

[전문개정 2008.11.4]

제3조의3 삭제 <2009.4.30>

제3조의4 (모태조합의 존속기간) 법 제4조의2제9항에서 "대통령령으로 정하는 기간"이란 30년을 말한다.

[전문개정 2008.11.4]

제3조의5 (모태조합의 관리 등) ① 법 제4조의2제9항에 따라 중소기업청장은 다음 각 호의 사항을 포함한 다음 해의 모태조합 운용지침안을 매년 12월 31일까지 작성하여야 한다. <개정 2009.4.30>

1. 모태조합 자산의 배분 기준
2. 법 제4조의2제3항 각 호의 조합이나 회사에 대한 모태조합의 출자한도
3. 투자관리전문기관의 임직원에 대한 성과급 지급한도
4. 그 밖에 모태조합의 운용계획에 포함되어야 할 주요사항

② 투자관리전문기관은 모태조합 운용계획을 매년 1월 31일까지 제출하고, 전년도의 모태조합 운용실적을 4월 30일까지 중소기업청장에게 제출하여야 한다.

[전문개정 2008.11.4]

제3조의6 (한국벤처투자조합의 결성 등) ① 법 제4조의3제1항 각 호의 어느 하나에 해당하는 자가 한국벤처투자조합을 결성하려면 다음 각 호의 사항이 적힌 결성계획서를 중소기업청장에게 제출하여야 한다.

1. 사업 개요
2. 출자금 총액, 출자 1좌(좌)의 금액, 출자의 시기 및 방법
3. 법 제4조의3제2항에 따른 유한책임조합원(이하 "유한책임조합원"이라

한다)의 모집계획
4. 한국벤처투자조합의 자산운용계획 및 배분계획
5. 한국벤처투자조합의 투자심사업무를 전담하는 전문인력의 인적사항(성명, 주민등록번호, 약력 및 투자경력 등을 말한다. 이하 같다)

② 법 제4조의3제1항제3호나목에서 "대통령령으로 정하는 기준에 맞는 전문인력"이란 중소기업창업투자회사 등 중소기업청장이 인정하는 기관에서 투자와 관련된 업무에 5년 이상 종사한 경력이 있는 사람 1명 및 3년 이상 종사한 경력이 있는 사람 2명 이상을 말한다.

③ 법 제4조의3제2항에 따라 한국벤처투자조합에 출자하여 유한책임조합원이 될 수 있는 자는 다음 각 호의 자를 포함한다.
1. 「외국인투자촉진법」 제2조제1항제1호에 따른 외국인
2. 기금관리주체
3. 국가 또는 지방자치단체
4. 「법인세법 시행령」 제17조의2제8항제1호부터 제5호까지의 규정에 따른 법인

④ 법 제4조의3제3항에 따라 한국벤처투자조합은 다음 각 호의 요건을 모두 갖추어 신고하여야 한다.
1. 출자금 총액이 30억원 이상일 것. 다만, 조합 규약에서 정하는 바에 따라 나누어 출자하는 경우에는 최초 출자금이 10억원 이상이어야 한다.
2. 출자 1좌의 금액이 100만원 이상일 것
3. 유한책임조합원의 수가 49명 이하일 것
4. 법 제4조의3제2항에 따른 업무집행조합원(이하 "업무집행조합원"이라 한다)의 출자지분이 출자금 총액의 100분의 1 이상일 것
5. 존속기간이 5년 이상일 것

⑤ 업무집행조합원은 한국벤처투자조합의 결성을 마치면 다음 각 호의 서류를 첨부한 신고서를 조합원총회의 개최일부터 7일 이내에 중소기업청장에게 제출하여야 한다.
1. 한국벤처투자조합의 규약
2. 조합원 명부
3. 조합원의 출자금액과 출자이행을 증명하는 서류
4. 한국벤처투자조합의 투자심사업무를 전담하는 전문인력의 인적사항

⑥ 업무집행조합원은 제5항의 신고사항 중 다음 각 호의 내용이 변경되면 7일 이내에 그 사실을 증명하는 서류를 첨부한 변경신고서를 중소기업청장에게 제출하여야 한다.
1. 한국벤처투자조합의 명칭과 사무소의 소재지
2. 업무집행조합원의 명칭 및 주소
3. 조합원별 출자금액 및 출자좌수
4. 해당 조합의 존속기간

5. 한국벤처투자조합의 투자심사업무를 전담하는 전문인력의 인적사항

[전문개정 2008.11.4]

제3조의7 삭제 <2007.4.26>

제3조의8 (투자수익의 산정방식 등) ① 법 제4조의3제6항에 따른 성과보수를 지급하기 위한 투자수익은 한국벤처투자조합 자산의 평가금액에서 출자금액과 중소기업청장이 정하는 운영경비를 뺀 금액으로 한다.

② 법 제4조의3제6항에 따라 투자수익에 따른 성과보수를 받은 업무집행조합원은 받은 금액의 범위에서 투자수익 발생에 이바지한 임직원에게 성과급을 지급할 수 있다.

[전문개정 2008.11.4]

제3조의9 (한국벤처투자조합의 업무의 집행 등) ① 법 제4조의4제2항제4호에서 "대통령령으로 정하는 금융기관"이란 다음 각 호의 기관이나 단체를 말한다. <개정 2009.5.6>

1. 「금융실명거래 및 비밀보장에 관한 법률」 제2조제1호에 따른 금융기관
2. 기업구조조정전문회사와 「산업발전법」 (법률 제9584호 산업발전법 전부개정법률로 개정되기 전의 것을 말한다) 제15조에 따라 등록된 기업구조조정조합(이하 "기업구조조정조합"이라 한다) 또는 「산업발전법」 제20조에 따른 기업구조개선 사모투자전문회사

② 법 제4조의4제2항제5호 본문에서 "대통령령으로 정하는 범위의 업무용 부동산"이란 다음 각 호의 부동산을 말한다.

1. 「중소기업창업 지원법」 제2조제7호에 따른 창업보육센터(해당 한국벤처투자조합이 직접 설립한 것만 해당한다)
2. 투자상담을 위한 전용공간 확보 등 중소기업청장이 정하는 기준을 충족하는 사무실

③ 법 제4조의4제2항제6호에서 "대통령령으로 정하는 행위"란 다음 각 호의 행위를 말한다. <개정 2009.5.6>

1. 다음 각 목의 어느 하나에 해당하는 자와 거래하는 행위
   가. 해당 업무집행조합원이 결성한 한국벤처투자조합. 다만, 업무집행조합원이 한국벤처투자조합의 해산이나 그 밖에 중소기업청장이 인정하는 불가피한 사유로 인하여 거래하는 경우는 제외한다.
   나. 해당 업무집행조합원의 특수관계인(「자본시장과 금융투자업에 관한 법률 시행령」 제8조에 따른 특수관계인을 말한다. 이하 이 조에서 같다)
   다. 해당 업무집행조합원의 주요주주(누구의 명의로 하든지 자기의 계산으로 의결권 있는 발행주식총수의 100분의 10 이상의 주식을 소유하

거나 임원의 임면 등 해당 업무집행조합원의 주요 경영사항에 대하여 사실상 지배력을 행사하고 있는 주주를 말한다) 및 그 특수관계인

라. 해당 업무집행조합원이 결성한 한국벤처투자조합의 주요 출자자(출자 총액의 100분의 5 이상의 출자지분을 소유한 출자자를 말한다. 이하 이 목에서 같다) 및 그 특수관계인. 다만, 다음의 어느 하나에 해당하는 경우는 제외한다.

1) 업무집행조합원이 해당 한국벤처투자조합(중소기업창업투자회사나 중소기업창업투자조합 등이 보유하고 있는 주식 등의 자산을 매수할 목적으로 결성된 조합만 해당한다) 주요출자자의 특수관계인인 중소기업창업투자회사나 중소기업창업투자조합으로부터 주식 등의 자산을 매수하는 경우

2) 해당 업무집행조합원이 결성한 한국벤처투자조합의 주요출자자인 모태조합 또는 「국가재정법」 별표 2에 규정된 기금설치 근거 법률에 따라 설치된 기금을 관리·운용하는 자(기금의 관리나 운용 업무를 위탁받은 자는 제외한다)의 특수관계인인 다른 중소기업창업투자조합이나 한국벤처투자조합과 거래하는 경우

2. 해당 업무집행조합원이 결성한 한국벤처투자조합이 다음 각 목의 어느 하나에 해당하는 조합이나 회사와 거래하는 행위. 다만, 해당 업무집행조합원이 업무집행조합원 또는 업무집행사원인 조합이나 회사와 거래하는 경우만 해당한다.

가. 한국벤처투자조합

나. 중소기업창업투자조합

다. 「여신전문금융업법」 제41조제3항에 따른 신기술사업투자조합

라. 기업구조조정조합 또는 「산업발전법」 제20조에 따른 기업구조개선 사모투자전문회사

마. 사모투자전문회사

3. 한국벤처투자조합의 명의로 제3자를 위하여 주식을 취득하거나 자금을 중개하는 행위

4. 투자에 관한 계약서에 적힌 사항 외에 별도의 조건을 설정하여 투자하는 행위

5. 해당 업무집행조합원이 결성한 한국벤처투자조합이 투자한 업체로부터 차입이나 자산 매각 등 투자에 따르는 정상적인 거래관계 외의 거래를 통하여 자금을 받는 행위

[전문개정 2008.11.4]

제3조의10 (한국벤처투자조합의 해산) ① 법 제4조의6제1항제4호에서 "그 밖에 대통령령으로 정하는 경우"란 다음 각 호의 어느 하나에 해당하는 경우를 말한다.

1. 한국벤처투자조합의 결성목적이 달성되었다고 조합원 전원이 동의하는 경우
2. 한국벤처투자조합의 자산이 출자금 총액보다 적어지거나 그 밖의 사유가 생겨 업무를 계속 수행하기 어려운 경우로서 조합원 총수 및 조합원 총지분의 각 과반수의 동의를 받은 경우

② 법 제4조의6제2항에 따라 업무집행조합원을 가입하게 하여 한국벤처투자조합을 계속하려는 자는 다음 각 호의 사항을 신고서에 적고 조합을 계속하려는 사유서와 유한책임조합원 전원의 동의서를 첨부하여 중소기업청장에게 제출하여야 한다.

1. 한국벤처투자조합의 명칭과 사무소의 소재지
2. 새로 가입하게 한 업무집행조합원의 명칭, 소재지 및 대표자의 성명
3. 조합원별 출자금액 및 출자좌수

③ 제2항에 따라 신고서를 제출한 경우에는 제3조의6제6항에 따른 변경신고를 한 것으로 본다.

④ 한국벤처투자조합의 업무집행조합원은 한국벤처투자조합이 해산한 날부터 7일 이내에 중소기업청장에게 그 사실을 알려야 한다.

[전문개정 2008.11.4]

제4조 (기술평가기관) 법 제6조제2항에서 "대통령령으로 정하는 기술평가기관"이란 다음 각 호의 기관을 말한다. <개정 2009.4.30>

1. 한국산업기술진흥원
2. 기술신용보증기금
3. 「산업기술혁신 촉진법」 제39조에 따른 한국산업기술평가관리원
4. 「환경관리공단법」 에 따른 환경관리공단(「환경기술개발 및 지원에 관한 법률」 제2조제1호에 따른 환경기술에 대한 기술평가만 해당한다)
5. 기술표준원
6. 「과학기술분야 정부출연연구기관 등의 설립·운영 및 육성에 관한 법률」 에 따른 한국과학기술연구원과 한국과학기술정보연구원
7. 정보통신연구진흥원

[전문개정 2008.11.4]

제4조의2 (신기술창업전문회사의 설립 등) ① 법 제11조의2제1항제4호에서 "대통령령으로 정하는 기관"이란 다음 각 호의 기관을 말한다.

1. 「산업기술혁신 촉진법」 제42조에 따른 전문생산기술연구소(이하 "전문생산기술연구소"라 한다)
2. 「민법」 제32조에 따라 설립된 비영리법인으로서 과학 또는 산업기술 분야 연구기관

② 법 제11조의2제2항에 따라 신기술창업전문회사(이하 "전문회사"라 한다)

를 등록하려는 대학 또는 연구기관은 지식경제부령으로 정하는 등록신청서에 다음 각 호의 서류를 첨부하여 중소기업청장에게 제출하여야 한다. 이 경우 신청을 받은 중소기업청장은 「전자정부법」 제21조제1항에 따른 행정정보의 공동이용을 통하여 법인등기부 등본을 확인하여야 하며, 신청인이 담당 공무원의 확인에 동의하지 않는 경우에는 그 서류를 제출하게 하여야 한다.

1. 정관
2. 사업계획서(출자비율, 출자내용, 보유인력 및 보유시설에 관한 사항을 포함한다)
3. 임원의 이력서

③ 전문회사는 다음 각 호의 사항이 변경된 날부터 7일 이내에 지식경제부령으로 정하는 변경등록신청서에 변경된 사실을 증명하는 서류를 첨부하여 중소기업청장에게 제출하여야 한다.

1. 상호
2. 본점의 소재지
3. 임원
4. 보유인력
5. 보유시설
6. 의결권 있는 발행주식총수의 100분의 30 이상을 소유한 주주

④ 법 제11조의2제3항제3호에서 "대통령령으로 정하는 기준"이란 다음 각 호와 같다.

1. 별표 2의 경영 분야나 기술 분야에 해당하는 1명 이상의 상근(常勤) 전문인력
2. 전문회사의 업무를 수행하기 위한 독립된 전용공간

[전문개정 2008.11.4]

제4조의3 (전문회사의 행위제한 등) ① 법 제11조의6제1항제2호에서 "대통령령으로 정하는 거래행위"란 전문회사와 해당 전문회사가 설립한 자회사 간의 거래로서 다음 각 호에 해당하는 거래를 말한다. 다만, 인수·합병 등 정당한 목적이 있는 거래행위는 제외한다.

1. 채무 보증
2. 담보 제공

② 법 제11조의6제3항에서 "대학이나 연구기관의 고유목적사업이나 연구개발 및 산학협력 활동 등 대통령령으로 정하는 용도"란 다음 각 호의 용도를 말한다.

1. 대학이나 연구기관의 고유목적사업
2. 연구개발 및 산학협력 활동에 필요한 경비
3. 해당 전문회사에 대한 재투자
4. 기술개발과 사업화에 이바지한 인력과 부서에 대한 보상금

[전문개정 2008.11.4]

제5조 (개인투자조합의 등록요건과 절차) ① 법 제13조에 따른 개인투자조합(이하 "개인투자조합"이라 한다)은 다음 각 호의 요건을 갖추어야 한다.

1. 출자금 총액이 2억원 이상일 것
2. 출자 1좌의 금액이 100만원 이상일 것
3. 조합원 수가 49명 이하일 것
4. 업무집행조합원의 출자지분이 출자금 총액의 100분의 5 이상일 것
5. 존속기간이 5년 이상일 것

② 법 제13조제1항에 따라 개인투자조합을 결성하여 등록하려는 자는 조합원 모집계획 및 투자계획 등이 포함된 결성계획서를 미리 중소기업청장에게 제출하여야 한다.

③ 제2항에 따른 결성계획에 따라 결성을 마친 개인투자조합의 업무집행조합원은 지식경제부령으로 정하는 등록신청서에 다음 각 호의 서류를 첨부하여 결성총회 개최일부터 5일 이내에 중소기업청장에게 제출하여야 한다.

1. 조합 규약
2. 조합원 명부
3. 조합원의 출자금액과 출자이행을 증명하는 서류

④ 제3항에 따라 등록한 개인투자조합의 업무집행조합원은 등록 내용에 변경이 있을 때에는 5일 이내에 변경등록을 신청하여야 한다.

⑤ 중소기업청장은 개인투자조합이 등록을 할 때에는 다음 각 호의 사항이 적힌 등록원부를 갖추어 두고 관리하여야 한다.

1. 조합의 명칭과 사무소 소재지
2. 업무집행조합원의 성명 및 주소
3. 조합원별 출자금액 및 출자좌수
4. 해당 조합의 존속기간

[전문개정 2008.11.4]

제5조의2 (해산사유) 법 제13조제4항제3호에서 "그 밖에 대통령령으로 정하는 사유"란 다음 각 호의 어느 하나에 해당하는 경우를 말한다.

1. 개인투자조합의 결성 목적이 달성되었다고 조합원 전원이 동의하는 경우
2. 조합원 간에 이해관계가 충돌하여 조합의 업무가 중단되는 등의 사유가 생겨 중소기업청장이 조합원을 보호하기 위하여 필요하다고 인정하는 경우로서 조합원 총수 및 조합 총지분 각 과반수의 동의를 받은 경우

[전문개정 2008.11.4]

제5조의3 (조합의 운영) 중소기업청장은 개인투자조합의 효율적인 운영을 위하여 개인투자조합의 표준규약을 정할 수 있다.

[전문개정 2005.10.26]

제6조 (조세감면을 위한 투자대상 등) ① 법 제14조제2항에 따른 투자대상은 창업 후 7년 이내인 벤처기업 또는 벤처기업으로 전환한 지 7년 이내인 기업에 대한 투자로 한다.

② 법 제14조제2항에 따라 소득세 등을 감면받으려는 개인, 개인투자조합의 업무집행조합원은 중소기업청장에게 투자실적의 확인을 요청할 수 있다.

③ 중소기업청장은 제2항에 따른 투자실적의 확인 요청을 받으면 그 투자실적을 확인하여 투자실적확인서를 발급하여야 한다. 이 경우 투자실적의 확인을 위하여 필요하면 개인이나 개인투자조합이 투자한 벤처기업에 자료 제출을 요청할 수 있다.

④ 중소기업청장은 제3항에 따라 투자실적을 확인받은 개인이나 개인투자조합이 그 투자지분을 투자일부터 5년 이내에 회수하거나 양도한 사실을 확인하면 지체 없이 그 사실을 소득세 등의 원천징수의무자, 납세조합(「소득세법」 제149조에 따른 납세조합을 말한다. 이하 제6조의2제3항에서 같다) 또는 세무서장에게 알려야 한다.

⑤ 제2항부터 제4항까지의 규정에서 정한 것 외에 투자실적의 확인절차 등에 관하여 필요한 사항은 중소기업청장이 정하여 고시한다.

[전문개정 2008.11.4]

제6조의2 (세제지원대상 주식교환의 확인 등) ① 법 제14조제3항 각 호 외의 부분 후단에 따라 법 제15조 또는 법 제15조의4에 따른 주식교환에 대하여 세제지원을 받으려는 자는 관련 자료를 첨부하여 중소기업청장에게 세제지원대상 주식교환의 확인을 요청할 수 있다.

② 제1항에 따라 주식교환의 확인요청을 받은 중소기업청장은 그 주식교환이 법 제15조 또는 법 제15조의4에 따른 주식교환에 해당하면 주식교환 확인서를 발급하여야 한다.

③ 중소기업청장은 제2항에 따라 세제지원대상 주식교환의 확인을 받은 자가 주식교환을 한 날부터 1년 이내에 그 주식을 타인에게 양도한 사실을 확인하면 지체 없이 그 사실을 소득세 등의 원천징수의무자, 납세조합 또는 세무서장에게 알려야 한다.

④ 그 밖에 세제지원대상 주식교환의 확인 방법 및 절차 등에 관하여 필요한 사항은 중소기업청장이 정하여 고시한다.

[전문개정 2008.11.4]

제6조의3 (공인평가기관) 법 제15조의4제3항 전단에서 "대통령령으로 정하는 공인평가기관"이란 다음 각 호의 기관을 말한다. <개정 2009.4.30>

1. 「자본시장과 금융투자업에 관한 법률」에 따른 투자매매업자와투자중

개업자(증권의 인수·중개·주선 또는 대리업무의 인가를 받은 자만 해당한다)

2. 「신용정보의 이용 및 보호에 관한 법률」 제4조에 따라 신용평가업무 및 그에 부수하는 업무에 대한 허가를 받은 자

3. 「공인회계사법」 에 따른 회계법인으로서 소속 공인회계사가 100명 이상인 회계법인

4. 한국산업기술진흥원

5. 기술신용보증기금

[전문개정 2008.11.4]

제7조 (중소벤처기업 인수합병 지원센터 지정기준 등) ① 법 제15조의13제1항에 따라 중소벤처기업 인수합병 지원센터(이하 "지원센터"라 한다)로 지정받으려는 기관 또는 단체는 다음 각 호의 요건을 갖추어야 한다.

1. 법인일 것
2. 업무 내용에 중소벤처기업 인수합병에 관한 업무가 포함되어 있을 것
3. 중소벤처기업의 인수합병을 지원할 수 있는 전담조직을 갖추고 있을 것
4. 다음 각 목의 어느 하나에 해당하는 전문인력을 3명 이상 보유할 것
   가. 「공인회계사법」 에 따른 공인회계사, 「변호사법」 에 따른 변호사 또는 「세무사법」 에 따른 세무사로서 기업의 인수합병 업무에 3년 이상 종사한 경력이 있는 사람
   나. 「중소기업진흥 및 제품구매촉진에 관한 법률」 제46조에 따른 경영지도사로서 기업의 인수합병 업무에 3년 이상 종사한 경력이 있는 사람
   다. 「금융실명거래 및 비밀보장에 관한 법률」 제2조제1호에 따른 금융기관 또는 「산업발전법」 제14조에 따른 기업구조조정전문회사에서 기업의 인수합병 업무에 3년 이상 종사한 경력이 있는 사람
   라. 가목부터 다목까지에서 규정한 자와 동등한 자격이 있다고 중소기업청장이 인정하는 사람

② 법 제15조의13에 따라 지원센터로 지정받으려는 중소기업지원 관련 기관 또는 단체는 중소기업청장이 정하여 고시하는 바에 따라 중소기업청장에게 지정신청을 하여야 한다.

③ 중소기업청장은 지원센터를 지정한 경우에는 이를 고시하여야 한다.

④ 지원센터로 지정받은 기관 또는 단체는 해당 연도의 사업계획과 전년도의 사업추진 실적을 매년 다음 연도 1월 31일까지 중소기업청장에게 제출하여야 한다.

[본조신설 2009.4.30]

제8조 (지원센터의 지정취소) 중소기업청장은 법 제15조의14에 따라 지원센터의 지정을 취소한 경우에는 이를 고시하여야 한다.

[본조신설 2009.4.30]

제9조 삭제 <2001.11.22>

제10조 삭제 <2001.11.22>

제11조 삭제 <2001.11.22>

제11조의2 (연구원의 겸임이나 겸직이 허용되는 연구기관의 범위) 법 제16조의2제1항 본문에서 "대통령령으로 정하는 정부출연연구기관"이란 다음 각 호의 연구기관을 말한다.

1. 「정부출연연구기관 등의 설립·운영 및 육성에 관한 법률」 또는 「과학기술분야 정부출연연구기관 등의 설립·운영 및 육성에 관한 법률」에 따라 설립된 연구기관
2. 「방사선 및 방사성동위원소 이용진흥법」 제13조의2에 따른 한국원자력의학원
3. 「한국원자력안전기술원법」에 따른 한국원자력안전기술원
4. 「과학기술기본법」 제20조에 따른 한국과학기술기획평가원

[전문개정 2008.11.4]

제11조의3 (주식매수선택권의 부여방법 등) ① 법 제16조의3제1항에 따른 주식매수선택권의 부여는 다음 각 호의 어느 하나에 해당하는 방법에 따른다.

1. 주식매수선택권의 행사가격으로 새로 신주를 발행해서 주거나 자기주식을 주는 방법
2. 주식매수선택권의 행사가격과 시가(時價)와의 차액(행사가격이 시가보다 낮은 경우의 차액을 말한다)을 현금이나 자기주식으로 주는 방법

② 제1항 각 호에 따른 주식매수선택권의 행사가격(주식매수선택권을 부여한 후 그 행사가격을 조정하는 경우에도 또한 같다)은 다음 각 호의 가액(價額) 이상이어야 하며, 제1항제2호에 따른 시가는 주식매수선택권을 행사한 날을 기준으로 제1호가목에 따라 평가한 해당 주식의 시가로 한다.

1. 새로 주식을 발행하여 주는 경우에는 다음 각 목의 가액 중 높은 금액
   가. 주식매수선택권을 부여한 날을 기준으로 「상속세 및 증여세법 시행령」 제54조를 준용하여 평가한 해당 주식의 시가
   나. 해당 주식의 권면액(券面額)
2. 현금이나 자기주식으로 주는 경우에는 제1호가목에 따라 평가한 해당 주식의 시가

③ 법 제16조의3제1항제1호에서 "대통령령으로 정하는 자"란 「상법 시행령」 제9조제2항에 규정된 자를 말한다. <개정 2009.2.3>

④ 법 제16조의3제1항제2호에서 "대통령령으로 정하는 자"란 다음 각 호의 사람을 말한다.

1. 법 제16조제1항제1호 또는 제2호에 해당하는 사람

2. 제11조의2 각 호에 따른 연구기관의 연구원
3. 「변호사법」 제15조에 따라 개업신고를 한 변호사
4. 「공인회계사법」 제12조에 따라 사무소를 개설한 공인회계사
5. 「변리사법」 제6조의2제2항에 따라 개업신고를 한 변리사
6. 「중소기업진흥 및 제품구매촉진에 관한 법률」 제50조에 따라 등록한 경영지도사 또는 기술지도사
7. 「세무사법」 제13조에 따라 개업신고를 한 세무사
8. 「민법」에 따라 설립된 비영리법인으로서 과학 또는 산업기술 분야 연구기관의 연구원
9. 자본금의 100분의 30 이상을 출자하고 최다출자자로 있는 외국법인의 임직원
10. 자본금 또는 출자총액의 100분의 30 이상을 출자하고 최다출자자로 있는 법인의 기술혁신을 위한 연구개발활동을 하는 외국 연구소의 연구원

⑤ 법 제16조의3제1항제3호에서 "대통령령으로 정하는 연구기관"이란 다음 각 호의 연구기관을 말한다.

1. 국공립 연구기관(「한국과학기술원법」 에 따른 한국과학기술원과 「광주과학기술원법」 에 따른 광주과학기술원을 포함한다)
2. 제11조의2 각 호에 따른 연구기관
3. 전문생산기술연구소
4. 「민법」에 따라 설립된 비영리법인으로서 과학 또는 산업기술 분야 연구기관

⑥ 주식매수선택권을 부여할 수 있는 주식의 총한도는 해당 벤처기업이 발행한 주식총수의 100분의 50으로 한다.

⑦ 주식매수선택권을 부여하려는 벤처기업이 법 제16조의3제5항에 따른 신고를 할 때에는 그 신고서에 주주총회 의사록과 이사회 의사록(법 제16조의3제4항에 따라 이사회에서 주식매수선택권의 부여에 관한 사항을 정한 경우만 해당한다)을 첨부하여 제출하여야 한다.

⑧ 주식매수선택권을 부여한 벤처기업이 주식매수선택권 부여를 취소하는 경우에는 「상법 시행령」 제9조제6항을 준용한다. <개정 2009.2.3>

[전문개정 2008.11.4]

제11조의4 (신기술창업집적지역의 지정 등) ① 법 17조의2제2항에서 "집적지역의 명칭, 집적지역 지정 면적 등 대통령령으로 정한 사항"이란 다음 각 호를 말한다.

1. 신기술창업집적지역(이하 "집적지역"이라 한다)의 명칭, 위치 및 지정 면적
2. 해당 기관이 보유한 학교 부지나 부지의 연면적
3. 주요 시설의 배치계획

② 중소기업청장은 법 제17조의2제3항에 따라 집적지역을 지정하려면 시장·군수 또는 구청장(자치구의 구청장을 말한다. 이하 같다)과 협의하여야 한다.
③ 중소기업청장은 법 제17조의2제3항에 따라 집적지역을 지정하였을 때에는 그 집적지역의 명칭, 위치 및 지정 면적 등을 관보에 고시하여야 한다.
④ 법 제17조의2제4항에서 "대통령령으로 정하는 면적"이란 1만 제곱미터를 말한다.

[전문개정 2008.11.4]

제11조의5 (집적지역의 지정면적 비율) 법 제17조의3제1호에서 "대통령령으로 정하는 비율"이란 100분의 30을 말한다.

[전문개정 2008.11.4]

제11조의6 (집적지역의 지정 제외 지역 등) ① 법 제17조의4제1항에서 "대통령령으로 정하는 지역"이란 다음 각 호의 지역을 말한다. <개정 2009.4.30>
1. 「국토의 계획 및 이용에 관한 법률」 제36조제1항에 따른 용도지역 중 보전관리지역, 농림지역 및 자연환경보전지역
2. 「국토의 계획 및 이용에 관한 법률 시행령」 제30조에 따른 용도지역 중 제1종전용주거지역, 제2종전용주거지역, 유통상업지역 및 보전녹지지역
② 법 제17조의4제2항 전단에서 "대통령령으로 정하는 도시형공장"이란 「산업집적활성화 및 공장설립에 관한 법률 시행령」 제34조제1호의 공장을 말한다.

[전문개정 2008.11.4]

제11조의7 (집적지역의 임대료 등) ①법 제17조의4제7항에 따른 임대료에 관하여는 제13조제1항 및 제2항을 준용한다.
②법 제17조의4제7항에 따른 임대기간에 관하여는 제13조제3항 및 제4항을 준용한다.

[본조신설 2007.4.26]
[종전의 제11조의7은 제11조의11로 이동 <2007.4.26>]

제11조의8 (벤처기업집적시설의 지정 요건 등) ① 법 제18조제1항 전단에서 "대통령령으로 정하는 연면적"이란 건축물의 연면적(전용면적을 말한다. 이하 이 조에서 같다)이 1천200제곱미터 이상인 경우를 말한다. 다만, 건축물의 일부를 지정받으려는 경우에는 각 층 연면적의 100분의 50 이상을 지정대상에 포함하여야 한다.
② 법 제18조제2항제1호에서 "벤처기업 등 대통령령으로 정하는 기업"이

란 다음 각 호의 기업을 말한다.
1. 법 제25조에 따라 벤처기업으로 확인받은 기업
2. 「조세특례제한법 시행령」 제6조제6항에 따른 지식기반산업을 경영하는 중소기업
3. 「산업집적활성화 및 공장설립에 관한 법률 시행령」 제6조제2항에 따른 지식산업 또는 같은 조 제3항에 따른 정보통신산업을 경영하는 중소기업
③ 법 제18조제2항제2호에서 "대통령령으로 정하는 기업"이란 제2항 각 호에 해당하는 기업을 말한다.
④ 법 제18조제2항제3호에서 "벤처기업집적시설 등 대통령령으로 정하는 시설"이란 다음 각 호의 시설을 말한다.
1. 제2조에 따른 지원시설
2. 공용회의실, 공동이용장비실 및 전시장 등 제2항에 따른 기업의 업무활동과 관련된 시설
3. 휴게실, 구내식당 및 체력단련실 등 제2항에 따른 기업의 종업원을 위한 후생복지시설

[전문개정 2008.11.4]

제11조의9 (벤처기업집적시설의 지정신청 등) ① 법 제18조제1항에 따라 벤처기업집적시설로 지정받으려는 자는 지식경제부령으로 정하는 바에 따라 특별시장・광역시장・도지사・제주특별자치도지사(이하 "시・도지사"라 한다)에게 벤처기업집적시설의 지정신청을 하여야 한다. 지정받은 사항을 변경하려는 경우에도 또한 같다.
② 시・도지사는 제1항에 따라 벤처기업집적시설 지정신청을 받은 건축물이 제11조의8제1항의 요건에 해당하면 벤처기업집적시설로 지정하고, 지식경제부령으로 정하는 바에 따라 벤처기업집적시설 지정서를 발급하여야 한다.

[전문개정 2008.11.4]

제11조의10 (실험실공장의 설치 등) ① 법 제18조의2제1항 전단에 따라 실험실공장을 설치하려는 자는 지식경제부령으로 정하는 서류를 갖추어 그 소속 기관의 장에게 승인을 신청하여야 한다. 승인받은 사항을 변경하려는 경우에도 또한 같다.
② 법 제18조의2제1항제3호에서 "대통령령으로 정하는 기관"이란 다음 각 호의 연구기관을 말한다.
1. 전문생산기술연구소
2. 「대덕연구개발특구 등의 육성에 관한 특별법」 제2조제1호에 따른 연구개발특구에 입주한 기관

[전문개정 2008.11.4]

제11조의11 (벤처기업육성촉진지구의 지정) ① 법 제18조의4에 따른 벤처기업육성촉진지구(이하 "촉진지구"라 한다)는 다음 각 호의 요건을 모두 갖춘 지역으로 한다.

1. 해당 지역에 있는 벤처기업의 수가 「중소기업기본법」 제2조에 따른 중소기업(「소기업 및 소상공인지원을 위한 특별조치법」 제2조제2호에 따른 소상공인은 제외한다) 총수의 100분의 10 이상일 것
2. 대학이나 연구기관이 있을 것
3. 교통 · 통신 · 금융 등의 기반시설이 갖추어져 있을 것

② 시 · 도지사는 법 제18조의4제1항에 따라 촉진지구의 지정을 요청할 때에는 지식경제부령으로 정하는 바에 따라 지정요청서와 촉진지구 육성계획서를 중소기업청장에게 제출하여야 한다.

③ 중소기업청장은 관계 중앙행정기관의 장과 협의하여 촉진지구를 지정하고, 촉진지구를 지정하였으면 법 제18조의4제2항에 따라 다음 각 호의 사항을 고시하여야 한다.

1. 촉진지구의 명칭
2. 촉진지구의 위치 및 면적
3. 촉진지구 육성계획의 개요

④ 이 영에서 정한 것 외에 촉진지구의 지정에 필요한 사항은 중소기업청장이 정하여 고시한다.

[전문개정 2008.11.4]

제12조 (국유재산의 매각) 법 제19조제2항에 따른 국유재산의 매각가격은 2개 이상의 감정평가법인(「부동산 가격공시 및 감정평가에 관한 법률」 제28조에 따른 감정평가법인을 말한다)이 감정평가한 가액을 산술평균한 금액으로 한다.

[전문개정 2008.11.4]

제13조 (국유재산의 임대 등) ① 법 제19조제1항에 따른 국유재산의 연간 임대료는 「국유재산법 시행령」 제26조제1항에도 불구하고 같은 조 제2항에 따라 산출한 금액에 1천분의 10 이상을 곱한 금액으로 하되, 월 단위로 나누어 낼 수 있다.

② 국유재산을 계속하여 두 해 이상 임차하는 경우로서 제1항에 따라 산출한 연간 임대료가 전년도 임대료의 100분의 10 이상 오르는 경우에는 「국유재산법 시행령」 제27조의2 및 같은 법 시행령 별표에 따라 산출한 금액을 그 임대료로 한다.

③ 법 제19조제1항에 따른 국유재산의 임대기간은 20년 이하로 한다.

④ 제3항에 따른 임대기간은 갱신할 수 있다. 이 경우 갱신기간은 갱신할 때마다 제3항에 따른 기간을 초과할 수 없다.

[전문개정 2008.11.4]

제14조 (건축허용이 제외되는 지역 등) ① 법 제21조제2항에서 "녹지지역 등 대통령령으로 정하는 지역"이란 「국토의 계획 및 이용에 관한 법률 시행령」 제30조에 따른 지역 중 전용주거지역, 제1종일반주거지역 및 녹지지역을 말한다.

② 법 제21조제3항 전단에서 "대통령령으로 정하는 공장"이란 「산업집적활성화 및 공장설립에 관한 법률 시행령」 제34조제1호의 도시형공장 중 공장건축면적(건축물 각 층의 바닥면적과 옥외공작물의 수평투영면적을 더한 면적을 말한다)이 2천 제곱미터 이하인 도시형공장을 말한다.

③ 벤처기업집적시설에 입주한 자가 법 제21조제3항에 따라 벤처기업집적시설에 공장을 설치하려는 경우(설치하려는 공장의 적재하중이 벤처기업집적시설로 지정받은 건축물의 적재하중 이하인 경우는 제외한다)에 벤처기업집적시설의 설치 · 운영자는 미리 시장 · 군수 또는 구청장에게 해당 건축물의 구조안전에 대한 확인을 받아야 한다. 이 경우 시장 · 군수 또는 구청장은 필요하다고 인정하면 「건축사법」 제2조제1호에 따른 건축사나 「건축법 시행령」 제91조의3에 따른 구조기술사등에게 구조안전에 관한 사항을 검토하게 할 수 있다.

[전문개정 2008.11.4]

제15조 삭제 <2008.2.29>

제16조 삭제 <2008.2.29>

제17조 삭제 <2008.2.29>

제18조 삭제 <2008.2.29>

제18조의2 삭제 <2008.2.29>

제18조의3 (벤처기업확인기관) 법 제25조제1항에서 "기술신용보증기금 등 대통령령으로 정하는 기관이나 단체"란 다음 각 호의 기관이나 단체를 말한다.

1. 기술신용보증기금
2. 중소기업진흥공단
3. 「민법」 제32조에 따라 중소기업청장의 허가를 받아 설립된 한국벤처캐피탈협회(이하 "한국벤처캐피탈협회"라 한다)

[전문개정 2008.11.4]

제18조의4 (벤처기업확인서의 유효기간) 법 제25조제2항 후단에 따른 벤처기업확인서의 유효기간은 다음 각 호와 같다.

1. 법 제2조의2제1항제2호가목 및 다목에 따른 벤처기업은 확인일부터 1년
2. 법 제2조의2제1항제2호나목에 따른 벤처기업은 확인일부터 2년

[전문개정 2008.11.4]

제18조의5 (벤처기업에 관한 정보의 공개) ① 벤처기업확인기관의 장은 법 제25조제2항에 따라 벤처기업임을 확인하면 법 제25조제3항에 따라 그 벤처기업에 관한 다음 각 호의 정보를 벤처기업확인서를 발급한 날부터 15일 이내에 공개하여야 한다.

1. 일반정보: 상호, 업종, 등기부상의 법인등록번호, 주소, 전화번호, 주요제품 및 그 변경사항
2. 재무정보: 대차대조표와 손익계산서
3. 투자 관련 정보: 법 제2조의2제1항제2호가목에 따른 벤처기업의 경우에는 같은 목 (1)부터 (7)까지 규정된 자로부터 투자받은 금액, 투자시기 및 그 변경사항
4. 보증 또는 대출 관련 정보: 법 제2조의2제1항제2호다목에 따른 벤처기업의 경우에는 같은 목 (1)에 규정된 자로부터 보증이나 대출을 받은 금액, 그 시기 및 그 변경사항
5. 벤처기업확인서: 발급일, 유효기간 및 그 변경사항

② 제1항에 따른 공개의 구체적인 방법은 중소기업청장이 정하여 고시한다.

[전문개정 2008.11.4]

제18조의6 (벤처기업 확인의 취소 요건) ① 법 제25조의2제1항제3호에서 "대통령령으로 정하는 기간"이란 3개월을 말한다.

② 법 제25조의2제1항제4호에서 "기업경영과 관련하여 주주·사원 또는 이해관계인에게 피해를 입힌 경우 등 대통령령으로 정하는 경우"란 기업의 대표자·최대주주 또는 최대출자사원 등이 기업재산을 유용하거나 은닉하는 등 기업경영과 관련하여 주주·사원 또는 이해관계인에게 피해를 발생하게 하여 「민법」 제32조에 따라 지식경제부장관의 허가를 받아 설립된, 벤처기업을 구성원으로 하는 법인이 벤처기업확인기관의 장에게 벤처기업의 확인취소를 요청하는 경우를 말한다.

[전문개정 2008.11.4]

제19조 (권한의 위임·위탁 등) ① 법 제27조에 따라 다음 각 호의 사항에 관한 중소기업청장의 권한은 지방중소기업청장에게 위임한다.

1. 법 제16조의4제3항에 따른 벤처기업의 투자가치에 관한 정보 등의 제공
2. 법 제26조제3항 및 이 영 제6조제2항부터 제4항까지의 규정에 따른 보고, 투자실적확인서의 발급 및 투자실적 등의 통보와 자료 제출
3. 법 제26조제4항에 따른 보고 및 검사에 관한 사항

② 법 제27조에 따라 다음 각 호의 사항에 관한 중소기업청장의 권한은 한

국벤처캐피탈협회에 위탁한다.
1. 법 제26조제1항에 따른 보고에 관한 사항
2. 법 제26조제2항에 따른 자료 제출에 관한 사항
[전문개정 2008.11.4]

제20조 (권한 위탁 등에 따른 조정) ① 중소기업청장은 한국벤처캐피탈협회에 제19조제2항 각 호의 업무와 관련된 자료의 제출을 요구할 수 있다.
② 한국벤처캐피탈협회는 제19조제2항 각 호의 업무를 수행하는 과정에서 그 협회 가입을 강제하거나 그 밖의 불공정한 거래행위를 하여서는 아니 된다.
[전문개정 2008.11.4]

제21조 (과태료의 부과) 법 제32조제1항에 따른 과태료의 부과기준은 별표 3과 같다.
[전문개정 2008.11.4]

부칙(한국정책금융공사법 시행령) <제21518호, 2009.5.29>

제1조(시행일) 이 영은 2009년 6월 1일부터 시행한다.
제2조 생략
제3조(다른 법령의 개정) ① 부터 ⑫ 까지 생략
⑬ 벤처기업육성에 관한 특별조치법 시행령 일부를 다음과 같이 개정한다.
제2조의3제2항에 제2호의2를 다음과 같이 신설한다.
2의2. 「한국정책금융공사법」에 따른 한국정책금융공사
⑭ 부터 <25> 까지 생략

벤처기업육성에 관한 특별조치법 시행규칙

[시행 2009.5.1] [지식경제부령 제66호, 2009.4.30, 일부개정]

중소기업청 (벤처정책과) 042-481-4423

제1조 (목적) 이 규칙은 「벤처기업육성에 관한 특별조치법」 및 같은 법 시행령에서 위임된 사항과 그 시행에 필요한 사항을 규정함을 목적으로 한다.

[전문개정 2009.4.30]

제2조 (연구개발비의 산정기준) 「벤처기업육성에 관한 특별조치법」 (이하 "법"이라 한다) 제2조의2제1항제2호나목에 따른 연구개발비는 「조세특례제한법 시행령」 별표 6에 따른 연구 · 인력개발비세액공제를 적용받는 비용과 이에 준하는 비용으로서 중소기업청장이 필요하다고 인정하여 고시하는 비용으로 한다.

[전문개정 2009.4.30]

제3조 (한국벤처투자조합의 신고) 「벤처기업육성에 관한 특별조치법 시행령」 (이하 "영"이라 한다) 제3조의6제5항 · 제6항에 따른 신고 또는 변경신고는 별지 제1호서식에 따른다.

[전문개정 2007.4.27]

제3조의2 삭제 <2000.8.16>

제4조 (한국벤처투자조합의 업무집행) 법 제4조의4제3항에서 "지식경제부령으로 정하는 기간"이란 1년을 말한다.

[전문개정 2009.4.30]

제4조의2 (신기술창업전문회사의 등록 등) ① 영 제4조의2제2항 · 제3항에 따른 등록신청서 · 변경등록신청서는 별지 제2호서식에 따른다.

② 중소기업청장은 영 제4조의2제2항 · 제3항에 따른 등록 · 변경등록을 한 자에게 별지 제2호의2서식에 따른 등록증을 내주어야 한다.

[전문개정 2009.4.30]

제4조의3 (개인투자조합의 등록신청서 등) ① 영 제5조제3항 · 제4항에 따른 등록신청서 · 변경등록신청서는 별지 제3호서식에 따른다.

② 영 제5조제5항에 따른 개인투자조합의 등록원부는 별지 제4호서식에 따른다. 이 경우 등록원부는 자기디스크 등으로 작성하여 보관할 수 있다.

[전문개정 2009.4.30]

제4조의4 (주식매수선택권 부여계약 등) ① 법 제16조의3제1항에 따른 주식매수선택권을 부여하는 벤처기업은 주식매수선택권을 부여받는 임직원 등과 다음 각 호의 사항에 관하여 계약을 체결하고 계약서 사본을 그 임직원 등에게 주어야 하며, 그 계약서를 그 주식매수선택권의 행사기한까지 보관하여야 한다.

1. 주식매수선택권의 행사가격
2. 주식매수선택권의 행사가격의 조정에 관한 사항
3. 주식매수선택권의 행사기간
4. 주식매수선택권의 행사 방법 및 절차
5. 주식매수선택권의 양도 및 담보 제공 등이 제한된다는 뜻
6. 주식매수선택권의 행사에 따른 주식매수선택권을 부여한 벤처기업의 이행기한
7. 주식매수선택권 부여의 취소에 관한 사항

② 주식매수선택권을 부여한 벤처기업은 주식매수선택권을 부여받은 임직원 등이 사망하거나, 정년이나 그 밖에 자신에게 책임 없는 사유로 퇴임 또는 퇴직한 경우에는 그 임직원 등이 해당 행사기간 동안 주식매수선택권을 행사할 수 있도록 하여야 한다.

③ 주식매수선택권의 행사기한을 그 임직원 등의 퇴임일 또는 퇴직일까지로 하는 경우 그 임직원 등이 귀책사유 없이 퇴임하거나 퇴직한 경우에는 그 퇴임일 또는 퇴직일부터 3개월 이상의 행사기간을 추가로 부여하여야 한다.

[전문개정 2009.4.30]

제4조의5 (개인투자조합 등에 대한 정보 제공) ① 중소기업청장은 법 제16조의4제3항에 따라 개인이나 개인투자조합이 벤처기업에 투자하는 것을 지원하기 위하여 해당 벤처기업의 동의를 받아 벤처기업의 기술력, 재무 상태 및 주식의 가격 등 투자에 필요한 정보를 제공할 수 있다.

② 벤처기업에 대한 투자정보를 제공하기 위하여 필요한 사항은 중소기업청장이 정하여 고시한다.

[전문개정 2009.4.30]

제5조 (벤처기업집적시설의 지정신청 등) ① 법 제18조제1항에 따라 벤처기업집적시설의 지정을 받으려는 자는 별지 제5호서식에 따른 신청서에 다음 각 호의 서류를 첨부하여 특별시장 · 광역시장 · 도지사 · 제주특별자치도지사(이하 "시 · 도지사"라 한다)에게 제출하여야 한다.

1. 벤처기업집적시설로 지정받으려는 건축물이 영 제11조의8제1항에 해당함

을 증명하는 서류. 다만, 「전자정부법」 제21조제1항에 따른 행정정보의 공동이용을 통하여 첨부서류에 대한 정보를 확인할 수 있는 경우에는 그 확인으로 첨부서류를 갈음할 수 있다.

2. 별지 제6호서식에 따른 벤처기업집적시설 운영계획서

② 벤처기업집적시설의 지정을 받은 자는 벤처기업집적시설로 지정받은 건축물의 지정면적을 변경하려는 경우에는 미리 별지 제5호서식에 따른 벤처기업집적시설 지정변경신청서에 그 사유를 증명하는 서류를 첨부하여 시·도지사에게 제출하여야 한다.

③ 벤처기업집적시설의 지정을 받은 자가 변경된 경우에는 벤처기업집적시설을 이전받은 자는 그 사유가 발생한 날부터 15일 이내에 별지 제5호서식에 따른 벤처기업집적시설 지정변경신청서에 그 사유를 증명하는 서류를 첨부하여 시·도지사에게 제출하여야 한다.

④ 영 제11조의9제2항에 따른 벤처기업집적시설 지정서는 별지 제7호서식에 따른다.

⑤ 그 밖에 벤처기업집적시설의 지정·관리 등에 관하여 필요한 사항은 중소기업청장이 정하여 고시한다.

[전문개정 2009.4.30]

제6조 삭제 <2002.11.15>

제7조 (벤처기업집적시설의 지정계획의 수립·통보 등) ① 법 제18조제1항에 따라 벤처기업집적시설의 지정을 하려는 시·도지사는 벤처기업집적시설의 지정계획을 수립하여 1월 31일까지 중소기업청장에게 통보하여야 한다.

② 시·도지사는 법 제18조에 따라 벤처기업집적시설을 지정하거나 설치한 경우에는 다음 각 호의 사항을 매 반기가 끝나는 달의 다음 달 20일까지 중소기업청장에게 통보하여야 한다.

1. 벤처기업집적시설의 현황(지정 및 지정취소 현황을 포함한다)
2. 벤처기업집적시설에 입주하는 기업 및 시설 현황

[전문개정 2009.4.30]

제7조의2 (실험실공장 설치승인신청서 등) ① 영 제11조의10제1항에 따라 실험실공장의 설치승인 또는 변경승인의 신청을 하려는 자는 별지 제8호서식의 신청서에 다음 각 호의 서류를 첨부하여 소속 기관의 장에게 제출하여야 한다.

1. 사업계획서
2. 제조시설 배치도

② 법 제18조의2제1항에 따라 실험실공장을 설치하는 자가 그 실험실공장에 대한 공장등록신청을 할 때에는 그 소속 기관의 장이 승인한 서류를 제출하여야 한다.

[전문개정 2009.4.30]

제7조의3 (벤처기업육성촉진지구의 지정 요청 등) 법 제18조의4에 따라 시·도지사가 벤처기업육성촉진지구의 지정을 요청하는 경우에는 다음 각 호의 서류를 중소기업청장에게 제출하여야 한다.

1. 벤처기업육성촉진지구 지정대상 지역의 위치 및 면적을 표시한 도면
2. 벤처기업육성촉진지구 지정대상 지역의 산업환경 및 특징(벤처기업 및 그 지원시설에 관한 사항이 포함되어야 한다)
3. 벤처기업육성촉진지구의 육성을 위한 사업별 예산

[전문개정 2009.4.30]

제8조 (벤처기업 해당 여부의 확인 절차) ① 법 제25조제1항에 따라 벤처기업 해당 여부를 확인받으려는 자는 중소기업청장이 정하여 고시하는 신청서에 법 제2조의2제1항제2호 각 목의 어느 하나에 해당함을 증명하는 서류를 첨부하여 영 제18조의3에 따른 벤처기업확인기관(이하 "벤처기업확인기관"이라 한다)의 장에게 제출하여야 한다.

② 벤처기업확인기관의 장은 제1항에 따라 벤처기업 해당 여부의 확인을 요청받은 경우에는 요청받은 날부터 다음 각 호의 구분에 따른 기간 이내에 확인을 요청한 자에게 그 결과를 알려야 한다. 다만, 부득이한 사유로 그 기간 이내에 알리기 어려운 경우에는 20일 이내의 범위에서 한 번만 그 기간을 연장할 수 있다.

1. 벤처기업 해당 여부의 확인을 요청한 자가 법 제2조의2제1항제2호가목에 해당하는지 여부: 30일
2. 벤처기업 해당 여부의 확인을 요청한 자가 법 제2조의2제1항제2호나목 및 다목에 해당하는지 여부: 45일

③ 그 밖에 벤처기업 해당 여부에 관한 확인 절차 등에 관하여 필요한 사항은 중소기업청장이 정하여 고시한다.

[전문개정 2009.4.30]

제9조 (벤처기업집적시설 입주 현황 및 운영 상황 자료 제출) 법 제26조제5항에 따라 벤처기업집적시설 운영관리자는 매 분기 종료 후 15일 이내에 별지 제9호서식에 따른 벤처기업집적시설 입주 현황과 운영 상황에 관한 자료를 시·도지사에게 제출하여야 한다.

[전문개정 2009.4.30]

부칙 <제66호,2009.4.30>

이 규칙은 2009년 5월 1일부터 시행한다.

참고문헌

국내문헌

강신민 · 신승종, 벤처기업인을 위한 창업경영실무, 대경, 2001.

김규태, 창업경영과 실무, 형설출판사, 2002.

김기수 외 3인, 성공을 위한 전략적 창업론, 백산출판사, 2001.

김낙훈, 누구나 할 수 있는 창업 아무나 할 수 없는 창업, 다산출판사, 1997.

김이태 외 3인, 벤처창업경영론, 한올출판사, 2002.

김이태, 창업경영전략, OK Press, 2002.

김철교 외, 벤처기업 창업과 경영, 삼영사, 1999.3

김철교 · 조순희, 벤처기업창업과 경영, 삼영사, 2001.

김한원, 중소기업론, 학문사, 1998.

김형길 외, 벤처기업창업과 경영, 도서출판 두남, 2001.

김희철, 창업경영론, 도서출판 두남, 2003.

박경민, 연구보고서 97-16, LG경제연구원, 1997.7.

박정기 외, 소상공인의 창업과 경영, 도서출판 두남, 2003.

배재광, 벤처기업 창업에서 코스닥등록까지, 전자신문사, 2000.1

백형기, 벤처기업 창업과 경영전략, 미래와 경영, 1999.6

서성무 · 이지우, 경영학원론, 형설출판사, 1993.

서종상 외, 벤처 · 중소기업 창업실무, 세학사, 1999.6

송기재 외, 벤처기업을 위한 자금원 확충방안, 산업연구원, 1998.2

안중호, 디지털 경영과 정보통신, 홍문사, 2003.

윤주석 외, 사업계획서 작성과 사례, 도서출판 두남, 2004.

이경원, 이인찬, 김성현, 이경형(2002), 한국 벤처캐피탈 투자행태에 관한 실증연구, 정보통신정책연구원

이경환 외 경영영정보 시스템, 도서출판 두남, 2003.

이국철 외, 정보기술시대의 경영전략, 푸른산, 1995.

이봉수 외 3인, 경영학원론, 명경사, 1997.

이석규, 창업 및 사업성 검토, 다산출판사, 1997.

이신모, 창업학, 대학문화, 1999.

이응렬 · 전성호, 창업자금 가이드, 도서출판 씨티미디어, 1998.

이인찬, 김도환, 이광훈, 김은민, 신성문, 김운호(1999), 정보통신창업 애로요인분석 및 활성화 방안 연구, 정보통신정책연구원 연구보고 99-10

이인찬, 김성현, 윤충한, 김준한, 이경형(2001), 효율적 벤처캐피탈 시장 구축을 위한 제도개선 연구, 정보통신정책연구원 연구보고 01-41

이인찬 · 윤충한 (2000), 벤처캐피탈의 투자행태, 《경제학연구》 제48집 제4호, pp. 5-26

이장우 외, 벤처기업의 현황과 발전방향, 대종,1998.10

이재연 · 이문연, 창업과 경영, 형설출판사, 2003.

이철호 외, 벤처@알아야 성공한다, 조세통람사, 2000.1

이학종, 정보기술과 현대경영, 박영사, 2000.

정승화, 벤처창업론, 박영사, 1999.10

조동훈, 사례중심의 벤처경영학, 한올출판사, 2001.

중소기업청 소상공인 지원센타, 벤처기업의 이해, 20000. 6

최동수 외 인터넷 시대를 위한 디지털 경제, 박영사, 2003.

최상덕 외 창업과 경영, 도서출판 두남, 2000.

한국생산성본부, 사업계획서작성, 1998.

한정화, 벤처창업과 경영전략, 홍문사, 2002.

허창문, 벤처기업 창업과 자금조달의 모든", 청림출판, 1999.5

홍성도, 벤처캐피탈의 투자기법, 학문사, 1998.4

외국문헌

Adfmati, A.R. and Pfleiderer (1994), “Robust Financial Contracting and the Role of Venture Capitalists,” Journal of Finance, 371-402

Bygrave, W. D. (1987), “Syndicated Investments by Venture Capital Firms; A Networking Perspective,“ Journal of Business Venturing, vol. 2(2), pp.139-154.

Bygrave, W. D. (1988), “The Structure of the Investment Networks of Venture Capital Firms,” Journal of Business Venturing, vol. 3(2), pp.139-154.

Bygrave, W. D. and Timmons, J. A., (1992) Venture Capital at the Crossroads,

Gompers Paul A., (1996) “Grandstanding in the venture capital industry,” Journal of Financial Economics (42) 1 pp.133-156.

Gompers, Paul A., (1998), “Venture capital growing pains: Should the market diet?” Journal of Banking and Finance 22, pp.1089-1104.

Gompers, Paul and Josh Lerner (1999a) The Venture Capital Cycle, MIT PressGompers, Paul and Josh Lerner (1999b) “An analysis of compensation in the U.S. venture capital partnership,” Journal of Financial Economics, 51, pp.3-44; reprinted in Gompers and Lerner (1999a) as Chapter 4.

Gompers, Paul and Josh Lerner (2001), “Venture capital revolution,” Journal of Economic Perspectives, 15, 2, pp. 45-168

Gompers, Paul and Josh Lerner (2001), The Money Of Invention: How Venture

Capital Creates New Wealth, Harvard Business School Press
Gupta, A.K. and H.J. Sapienza (1992), "Determinants of Venture Capital Firms'
Harvard Business School Press,Gompers, P (1995), "Optimal Investment, Monitoring, and the Staging of Venture Capital," The Journal of Finance, Vol. 1, No. 5, December 1995.1461-1489.
Jensen, Michael and William Meckling (1976), "Theory of the Firm: Manageria Behavior, Agency Costs, and Ownership Structure," Journal of Financial Economics 3, 305-360
Lerner, Josh (1994) "The Syndication of Venture Capital Investments," Financial Management 23, 16-27
Lerner, Josh (2000) Venture Capital and Private Equity: A Casebook, JohnWiley
Preferences Regarding the Industry Diversity and Geographic Scope of their Investments," Journal of Business Venturing, vol. 7, pp. 347-362.

인터넷

http:// www.kibo.co.kr
http://www.kiupbank.co.kr
http://www.smba.go.kr
http://www.digitalsme.com
http://www.kipo.go.kr
http://depthome.kipo.go.kr/~nip21/
http://www.kipa.org/sub/index9.htm
http://jus.snu.ac.kr/~sjjong/
http://my.netian.com/~kipri/
http://my.netian.com/~cosmos1/
http://www.kipo.go.kr/html/LawIndex.html

□ 저자 약력 □

조 석 홍(趙錫弘)

(현) 울산대학교 경영대학 경영학부 교수

- 경제학 박사
- KAIST/안동대학교 교수
- 한국원자력연구원 책임연구원
- 한양, 한남대학교 대학원, 고려대학교 경영정보대학원, 한양대학교 경영대학원, 고려대학교 등 출강

〈주요 저서〉

- E-비즈니스법률과 윤리, 도서출판 두남, 2006.
- 국제협상의 이해, 도서출판 두남, 2008 외 15여권.

〈주요 논문〉

- 우리나라의 통신서비스 통상정책의 시사점과 방향에 관한 연구, 2009.
- 우리나라 서비스산업 경쟁력 강화 방안, 2008.
- IT산업 확산과 향후 정책 방안, 2005.외 15편

이 준 원(李俊源)

(현) 안동대학교 전자정보산업학부 교수

- 전산학박사
- ASTAP Rapporteur
- 안동대 교수회평의원회 의장
- 대구경북지역교수(협의)회연합회 회장
- 지역중심국립대학교교수회연합회 회장
- 전국국공립대학교교수회연합회 공동회장

〈학력 및 주요 경력〉

- 서울대 전자공학과(학사)
- 충북대 전산과(박사)
- 삼성전기 기술개발실
- 한국전자통신연구원 초고속망연구실장
- 솔루넷(주) 대표
- 스웨덴 LM Ericsson사 기술연수
- 미국AT&T Bell연구소 방문연구원
- 미국University of Virginia 교환교수
- 한국통신학회 대구경북지부장
- APT(아태전기통신협의체) SG 의장

인 지

벤처 창업론 -IT 벤처 중심-

초 판 1쇄 인쇄 — 2010년 3월 5일
초 판 1쇄 발행 — 2010년 3월 10일
지은이 — 조 석 홍·이 준 원
펴낸이 — 전 두 표
펴낸데 — 도서출판 **두남**
서울시 강동구 성내 1동 455-12 두남빌딩
신고 : 제25100-1988-9호
(구 제2-624호, 1988. 7. 21)
TEL : (02) 478-2065~7, 478-2311
FAX : (02) 478-2068
E-mail : dunam1@unitel.co.kr
http://www.dunam.co.kr

정가 25,000원

ISBN 978-89-6414-035-2 93320